品 位 锦 江　　幸 福 城 区

锦江年鉴

2022

成 都 市 锦 江 区 人 民 政 府　主办
成都市锦江区地方志编纂委员会办公室　　编

方志出版社
Publishing House of Local Records

图书在版编目（CIP）数据

锦江年鉴. 2022/成都市锦江区地方志编纂委员会办公室编. —北京：方志出版社，2022. 12
ISBN 978-7-5144-5567-0

Ⅰ.①锦… Ⅱ.①成… Ⅲ.①区（城市）—成都—2022—年鉴 Ⅳ.①Z527.14

中国版本图书馆CIP数据核字（2022）第256562号

责任编辑：王海荣
责任校对：刘玉霞
责任印制：梅中英
出 版 者：方志出版社
地　　址：北京市朝阳区潘家园东里 9 号（国家方志馆4层）
邮　　编：100021
网　　址：http://www.zgfzcb.cn
发　　行：方志出版社图书营销中心（010-67110500）
印　　刷：成都蜀通印务有限责任公司
开　　本：889毫米 × 1194毫米　1/16
印　　张：21
字　　数：697千字
版　　次：2022年12月第1版
印　　次：2022年12月第1次印刷
定　　价：238.00元

《锦江年鉴（2022）》编纂顾问

陈志勇　中共成都市锦江区委书记

缪晓波　中共成都市锦江区委副书记、成都市锦江区人民政府区长

王　昕　成都市锦江区人大常委会党组书记、主任

潘雪松　政协成都市锦江区委员会党组书记、主席

《锦江年鉴（2022）》编辑部

总　　编　黄　婉

执行总编　蹇一萍

副 总 编　赵正飞　邓南平　罗开渝　苏栋琛　韩　旭

总　　纂　韩　旭

责任编辑　韩　旭　龙倩妤

图片编辑　罗开渝　韩　旭　龙倩妤

摄　　影　罗开渝

校　　对　邓南平　韩　旭　龙倩妤

发　　行　邓南平　巫静波　龙倩妤

印刷装帧　成都蜀通印务有限责任公司

《锦江年鉴（2022）》参编单位及人员

中共成都市锦江区委办公室（区委办公室）
刘晓艳　潘泳江

成都市锦江区人大常委会办公室（区人大常委会办公室）
胡　箫　何明俊

成都市锦江区人民政府办公室（区政府办公室）
钟书建　周　骁

政协成都市锦江区委员会办公室（区政协办公室）
周　勇　陈　峰

中共成都市锦江区纪律检查委员会（区纪委）
罗月敏　张海娇

成都市锦江区监察委员会（区监察委）
罗月敏　张海娇

成都市锦江区人民武装部（区人武部）
周凌云　朱　毅

成都市锦江区人民法院（区法院）
任　雷　李树娟

成都市锦江区人民检察院（区检察院）
唐　祥　胡芮铭

中共成都市锦江区委组织部（区委组织部）
郭夏明　孙　优

中共成都市锦江区委宣传部（区委宣传部）
田　甜　刘　意

中共成都市锦江区委统战部（区委统战部）
古　斌　赵　波

中共成都市锦江区委政法委（区委政法委）
浦娇娇

中共成都市锦江区委机构编制办公室（区委机构编制办公室）
马　力　杨　娟

中共成都市锦江区委政策研究室（区委政研室）
张　勇　袁　田

中共成都市锦江区委党校（区委党校）
朱汉杰　谢　娟

中共成都市锦江区委社治委（区委社治委）
郭清平　李建华

中共成都市锦江区委老干部局（区委老干部局）
刘　浣　王碧佳

成都市锦江区发展改革局（区发改局）
陈　丹　杨书钧

成都市锦江区人力资源和社会保障局（区人社局）
李志国　吴卫波

成都市锦江区机关事务管理局（区机关事务管理局）
蒋　晋

成都市锦江区教育局（区教育局）
付璺慧

成都市锦江区民政局（区民政局）
何婉霞　刘丽娜

成都市锦江区司法局（区司法局）
杨　莉　仇恒伟

成都市锦江区财政局（区财政局）
常　娟　徐诗静

成都市公安局锦江区分局（区公安分局）
全　成　李媛媛

成都市锦江生态环境局（锦江生态环境局）
曾秀凤

成都市锦江区住房和建设交通局（区住建交局）
郝　华

成都市锦江区公园城市建设和城市更新局（区公园城市局）
杨　雪　吴　青

成都市锦江区商务局（区商务局）
席赣卿

成都市锦江区投资促进局（区投促局）
李　飘

成都市锦江区文化体育和旅游局（区文体旅局）
何宇航　刘祎鹏

成都市锦江区卫生健康局（区卫健局）
曾德勇　何　懿

成都市锦江区退役军人事务局（区退役军人事务局）
余　影　李　波

成都市锦江区应急管理局（区应急局）
杨　澜

成都市锦江区审计局（区审计局）
张小龙　唐小峰

成都市锦江区市场监督管理局（区市场监管局）
李朝阳　黄彬彬

成都市锦江区统计局
（区统计局）
蒲　玥

成都市锦江区群众工作和信访局（区信访局）
阳运平　王　健

成都市锦江区金融工作局
（区金融局）
罗志荣

成都市锦江区新经济和科技局
（区新科局）
潘　爽

成都市锦江区医疗保障局
（区医保局）
冯志灵　杨双权

成都市锦江区行政审批局
（区行政审批局）
麦　慧　陈胤玺

成都市锦江区综合行政执法局
（区综合行政执法局）
覃　兵　战　婕

成都市锦江区规划和自然资源局（区规自局）
唐　嵋　黄晓熠

成都市锦江区税务局
（区税务局）
舒　磊　胥　月

成都市锦江区档案馆
（区档案馆）
赵　晖　雷大秀

成都市锦江区地方志办公室
（区地方志办公室）
韩　旭　龙倩妤

成都市锦江区春熙路时尚活力区管委会
（春熙路时尚活力区）
刘　瑾　李晓欢

成都市锦江区白鹭湾新经济总部功能区管委会
（白鹭湾新经济总部功能区管委会）
潘　爽

成都交子公园金融商务区锦江片区
（交子公园金融商务区锦江片区）
张继军

成都市锦江区总工会
（区总工会）
周　蕾　钟　平

共青团成都市锦江区委员会
（团区委）
郭园园

成都市锦江区妇女联合会
（区妇联）
陶　菓　葛琳莉

成都市锦江区科学技术协会
（区科协）
乐兆峰　孙雅静

成都市锦江区归国华侨联合会
（区侨联）
朱　泉　陈　迪

成都市锦江区残疾人联合会
（区残联）
赵庆华　肖莉莉

成都市锦江区红十字会
（区红十字会）
沈定武　唐　行

成都市锦江区工商业联合会
（区工商联）
胡小旭　尹　菁

成都市锦江区文化艺术界联合会
（区文联）
田　甜　刘　意

成都市锦江区人民政府春熙路街道办事处（春熙路街道）
袁子钧

成都市锦江区人民政府书院街街道办事处（书院街街道）
张恩峰

成都市锦江区人民政府锦官驿街道办事处（锦官驿街道）
石楚娟

成都市锦江区人民政府牛市口街道办事处（牛市口街道）
彭　涛　贾　静

成都市锦江区人民政府东湖街道办事处（东湖街道）
韩锐

成都市锦江区人民政府柳江街道办事处（柳江街道）
吴胜强　李永福

成都市锦江区人民政府成龙路街道办事处（成龙路街道）
张维婷

成都市锦江区人民政府狮子山街道办事处（狮子山街道）
雷　鸣

成都市锦江区人民政府沙河街道办事处（沙河街道）
李　胤

成都市锦江区人民政府锦华路街道办事处（锦华路街道）
苟建伟　周宇欣

成都市锦江区人民政府三圣街道办事处（三圣街道）
宋阳俊　万洪骥

成都锦江发展集团有限公司
（锦江发展集团公司）
黎　磊

数字锦江（2021年）

- 区域面积：62平方千米
- 年末户籍人口：65.85万人
- 年末常住人口：90.89万人
- 耕地面积：496.05公顷
- 空气优良天数：303天
- 地区生产总值：1260.60亿元
- 三次产业结构比：0.06∶11.08∶88.86
- 民营经济增加值：634.89亿元
- 社会消费品零售总额：1324.30亿元
- 外贸进出口总额：76.30亿元
- 外商投资额：32.10亿元
- 世界500强企业数量：138家
- 游客接待量：2500万人
- 旅游收入：265亿元
- 一般公共预算收入：90.05亿元
- 一般公共预算支出：59.86亿元
- 医院和社区卫生服务中心数量：47家
- 医院和社区卫生服务中心床位：11208个
- 区属小学数量：37所
- 普通中学数量：15所
- 职业高中数量：2所
- 幼儿园数量：103所
- 城镇居民可支配收入：55359元
- 企业职工基本养老保险参保人数：53.10万人
- 城乡居民基本医疗保险参保人数：18.94万人

（数据提供：区统计局）

编辑说明

一、本年鉴以马克思列宁主义、毛泽东思想、邓小平理论、“三个代表”重要思想、科学发展观、习近平新时代中国特色社会主义思想为指导，坚持辩证唯物主义和历史唯物主义立场、观点、方法，按照“一年一鉴”要求，连续编纂出版。本卷年鉴是锦江区第十五部地方综合年鉴。

二、本年鉴编辑工作遵循“党委领导、政府主持，单位供稿、志办总纂”原则，由成都市锦江区人民政府主办，成都市锦江区地方志编纂委员会办公室编纂。

三、本年鉴是一部具有纪实性、指南性、知识性的资料性工具书，客观记述2021年度锦江区围绕“品位锦江·幸福城区”建设，推动区域社会经济发展的实况。

四、本年鉴按照体例严谨、编排系统、检索方便的要求编纂，分为综合情况、动态信息、附属资料、检索系统四大部类。综合情况的内容由区情概览和部分概述条目组成。动态信息的内容即各类年度大事要闻和其他重要信息。附属资料的内容包括统计资料、大事记、图片、附录等便览性、参考性资料。检索系统由目录和索引组成。

五、本年鉴构架依据国民经济分类标准，结合区情实际，采用分类编辑法设置类目、分目、条目。条目是基本记述单位和基本寻检单元。选材注重择大择要与常规内容相结合，所选题材新颖性与稳定性并举，兼顾“概”和“实”的特点，集信息主题、情况主题、知识主题、资料主题于一书。既相对独立，又互为策应。

六、本年鉴设区情概览、中共成都市锦江区委、成都市锦江区人大常委会、成都市锦江区人民政府、政协成都市锦江区委员会、民主党派、群众团体、法治、军事、城市建设与生态环境保护、城市管理、经济管理、经济产业、产业功能区建设、区属国有公司、社会事务、社会事业、乡村振兴、人民生活、街道共20个类目。另设文前彩图、特载、大事记、附录4个附属资料板块和对口支援专记栏目。索引单设。

七、本年鉴以公报语体为主要记述语体，结合运用记叙文体和说明文体。语言文字严格使用符合国家规范的简化汉字，以现代书面语为表现方式，以第三人称表述称谓。

八、本年鉴数字用法、标点符号用法分别采用国家标准《出版物上数字用法》（GBIT 15835—2011）、《标点符号用法》（GBIT 15834—2011），计量单位采用国家技术监督局1993年12月发布的《量和单位》系列国家标准。

九、本年鉴记录2021年锦江区政治、经济、社会、文化各领域重要时事和区域内的自然、地理情况，收录年度重要文献和统计资料，为社会各界了解和研究锦江区提供准确信息。

十、本年鉴涉及的省、市、区党政机构名称均使用简称。如省委、省政府、市委、市政府、区委、区政府以及省司法厅、市总工会等。区级部门统一在参编单位及人员中标注全称和简称。

十一、本年鉴文字和图片资料来自区级各部门、各群众团体、各功能区管委会、各街道办事处、各国有公司，数据由供稿单位和统计部门审定，登载资料通过供稿单位和保密部门审核。

庆祝中国共产党成立100周年

2021年7月1日，区领导集中收看庆祝中国共产党成立100周年大会直播节目（区融媒体中心提供）

2021年7月1日，成都市七中育才学校汇源校区教师集中收看庆祝中国共产党成立100周年大会直播节目（区融媒体中心提供）

2021年7月1日，锦江区沙河街道组织退休党员、企业员工集中收看庆祝中国共产党成立100周年大会直播节目（区融媒体中心提供）

2021年6月，区委书记陈志勇（左）慰问老党员刘家婉（区融媒体中心提供）

2021年6月，区委副书记、区政府区长缪晓波（右）慰问老党员徐忠明（区融媒体中心提供）

2021年6月，区政协主席张松（左）慰问老党员张友木（区融媒体中心提供）

2021年6月30日，成都市锦江区庆祝中国共产党成立100周年暨“两优一先”表彰大会召开（区融媒体中心提供）

2021年5月24日，锦江区成龙路街道卓锦城社区开展“永远跟党走”党史学习教育（成龙路街道办事处提供）

2021年6月30日，锦江区庆祝中国共产党成立100周年“奋斗百年路 启航新征程”文艺演出活动举办（区融媒体中心提供）

成都市先进基层党组织——春熙路派出所党总支部开展重温入党誓词活动（区融媒体中心提供）

四川省先进基层党组织——沙河街道汇泉路社区党委牵头开展党建联盟活动（区融媒体中心提供）

锦江区“光荣在党50年”老党员代表张东周在区“两优一先”表彰大会上发言（区融媒体中心提供）

四川省优秀共产党员——锦江区疾病预防控制中心传染病防制科副科长、主管医师陈立煌（左三）带队开展流行病学调查工作（区融媒体中心提供）

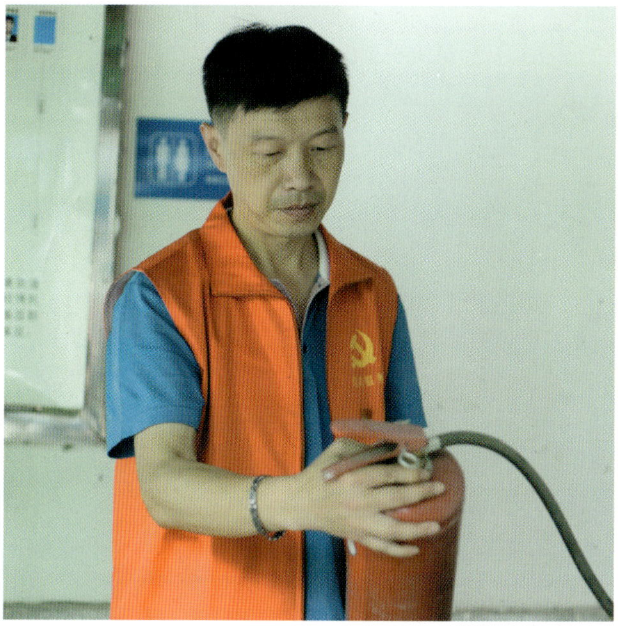

成都市优秀共产党员——锦江区牛市口街道水碾河路路南社区党委书记、居委会主任陈彪检查消防器材（区融媒体中心提供）

成都市优秀党务工作者——锦江区东湖街道永兴社区党委书记、居委会主任马皖轶处理社区事务（区融媒体中心提供）

对口支援

2021年2月25日，全国脱贫攻坚总结表彰大会在北京召开，中共成都市锦江区委获得“全国脱贫攻坚先进集体”称号（区融媒体中心提供）

2021年12月，区委书记陈志勇(右二)到甘孜州炉霍县调研对口支援工作，区委常委、统战部部长唐勇(左二)参加（区对口支援办公室提供）

2021年5月，区委副书记、区政府区长缪晓波(左一)到甘孜州炉霍县调研对口支援工作，时任区委常委、统战部部长李香贵(右二)参加（区对口支援办公室提供）

锦江区参与援建的甘孜州炉霍县霍尔广场（区融媒体中心提供）

锦江区援建的宗塔草原帐篷城（区融媒体中心提供）

锦江区援建的甘孜州炉霍县秋日河综合整治项目（区融媒体中心提供）

2021年2月，锦江区在炉霍县举办“格桑花开·锦绣炉霍”书画摄影活动（区融媒体中心提供）

锦江区坚持党建引领、模式创新、全域支援，投入援助资金2.6亿元，援建涉及产业发展、民生工程、社会治理等领域的项目100个，帮助甘孜州炉霍县88个贫困村的2364户10019人脱贫摘帽。

疫情防控

2021年，区委、区政府坚决贯彻习近平总书记关于疫情防控工作的重要指示批示精神，落实落细党中央、国务院和省、市疫情防控工作部署，坚持人民至上、生命至上的原则，区疫情防控领导小组和区疫情防控指挥部统筹全局、协调各方、科学部署、快速处置，常态化疫情防控和应急处置有效衔接，统筹推进疫情防控和区域经济社会发展各项工作。区委、区人大常委会、区政府、区政协领导下沉街道、社区靠前指挥，各级党组织发挥战斗堡垒作用，区级部门、街道（社区）高效协同，共同筑牢“外防输入、内防反弹”防控底线。

2021年11月3日，区委书记陈志勇，区委副书记、区政府区长缪晓波，区人大常委会党组书记王宏斌，区政协党组书记潘雪松，区疫情防控领导小组副组长、区疫情防控指挥部副指挥长及成员单位主要负责人参加市疫情防控视频会议，并安排部署锦江区疫情防控工作（区融媒体中心提供）

2021年11月，区委书记陈志勇（中）督导疫情防控工作（区融媒体中心提供）

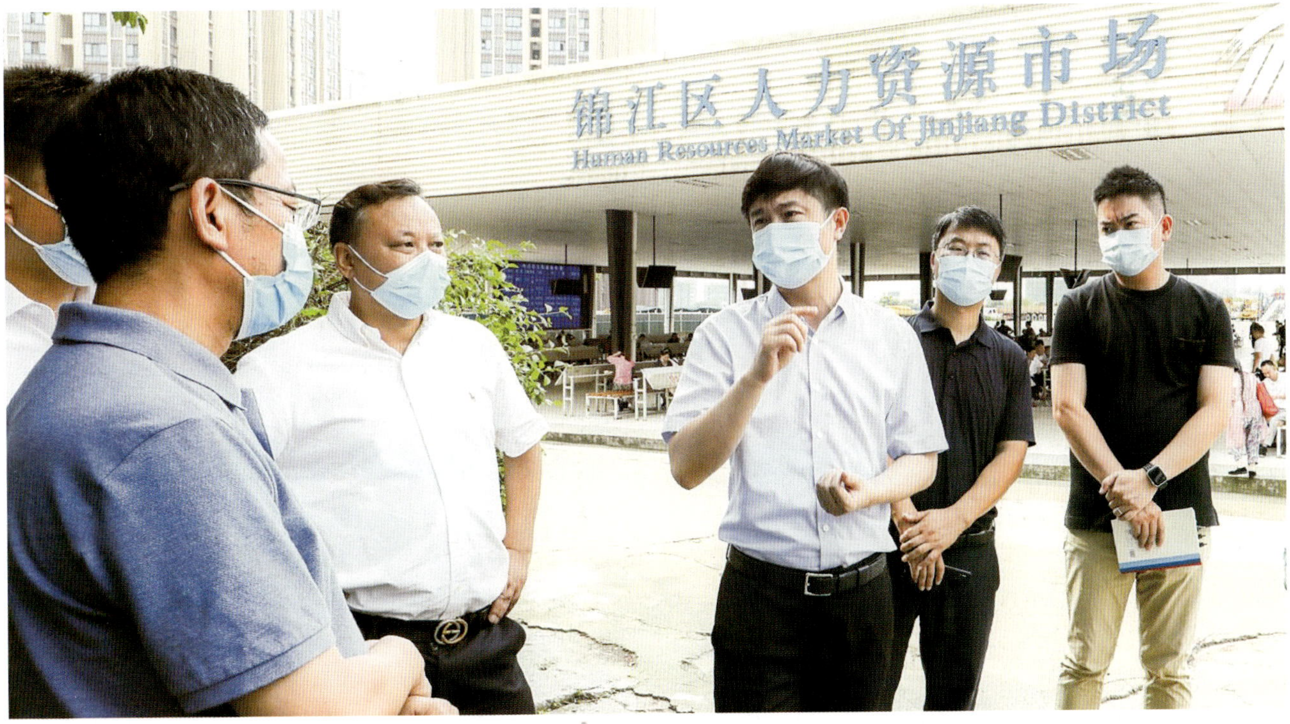

2021年7月，区委副书记、区政府区长缪晓波（右三）督导疫情防控工作（区融媒体中心提供）

2021年11月，区人大常委会党组书记王宏斌（左二）督导疫情防控工作（区融媒体中心提供）

2021年11月，区政协党组书记潘雪松（右一）督导疫情防控工作（区政协办公室提供）

2021年2月，区政协主席张松（左一）督导疫情防控工作（区政协办公室提供）

2021年11月，锦江区总工会、成龙路街道总工会组建锦江职工抗疫突击队（区融媒体中心提供）

2021年11月，锦江区“小牛哥”志愿服务队党支部成立应急小分队（区融媒体中心提供）

2021年11月，锦江区公安分局组建青年突击队和党员突击队（区融媒体中心提供）

2021年11月，四川友谊医院组建党员突击队（区融媒体中心提供）

2021年11月，锦江区图书馆党员干部在锦华路街道参与疫情防控工作（区融媒体中心提供）

2021年11月，锦江区志愿者上门送生活物资
（区融媒体中心提供）

2021年11月，锦华路街道凯天社区党员干部到封控管理的蓝光凯丽香江小区开展疫情防控工作
（区融媒体中心提供）

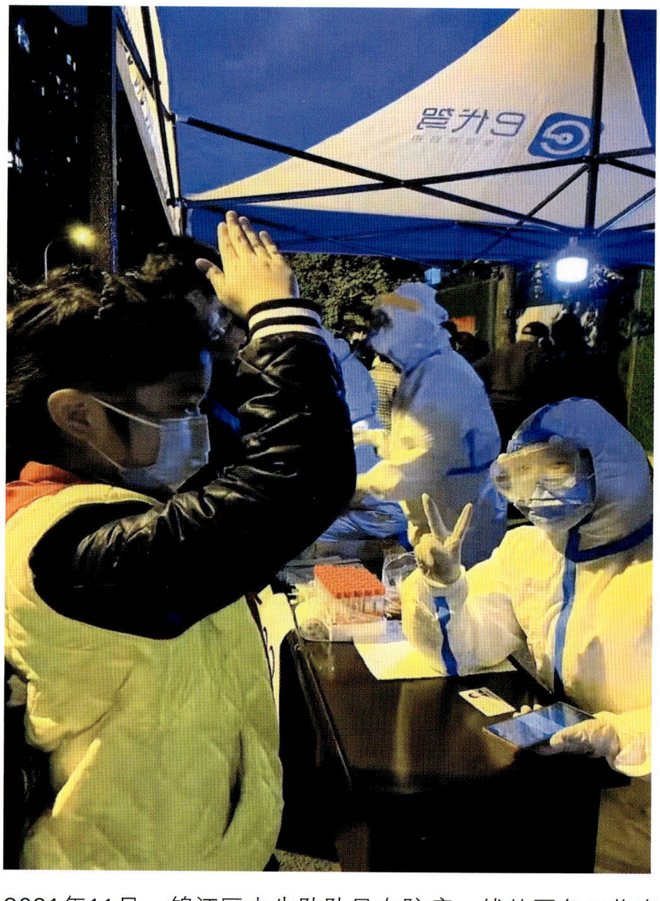

2021年11月，锦江区少先队队员向防疫一线的医务工作者致敬（区融媒体中心提供）

2021年11月，锦江区退役军人战旗红志愿服务队参与各街道（社区）疫情防控工作（区融媒体中心提供）

2021年11月，锦江区建立商场扫码准入制度（区融媒体中心提供）

2021年11月，锦江区设立外来及返蓉人员登记卡点（区融媒体中心提供）

2021年11月，锦江区开展防疫消毒工作（区融媒体中心提供）

2021年11月，锦江区为封控小区配送生活物资（区融媒体中心提供）

换届选举

2021年10月29日，中共锦江区委八届一次全体会议选举产生八届区委常委会班子，陈志勇（中）当选区委书记，缪晓波（右五）、吴斌（左五）当选区委副书记，刘刚毅（右四）、彭洪泽（左四）、刘嘉聪（右三）、余家洪（左三）、杨世映（右二）、黄婉（左二）、唐勇（右一）、罗明俊（左一）当选区委常委（区融媒体中心提供）

2021年12月23日，锦江区人民代表大会八届一次会议选举产生八届区人大常委会班子，王宏斌（中）当选区人大常委会主任，邹燕（右三）、刘平（左三）、吴文辉（右二）、张卫东（左二）、唐高原（右一）当选区人大常委会副主任，罗培民（左一）任区人大常委会办公室主任（区融媒体中心提供）

2021年12月23日，锦江区人民代表大会八届一次会议选举产生八届区政府班子，缪晓波（中）当选区政府区长，黄婉（右三）、游锦（左三）、郑麟（右二）、周晓（左二）、万科（右一）、兰华娟（左一）当选区政府副区长（区融媒体中心提供）

2021年12月19日，政协成都市锦江委员会八届一次全体会议选举产生八届区政协班子，潘雪松（左四）当选区政协主席，刘琳（右四）、宋宗铭（左三）、朱波（右三）、张晓惠（左二）、杨小明（右二）、杨洪（左一）当选区政协副主席，李小松（右一）当选区政协秘书长（区融媒体中心提供）

公园城市建设

——进可都市退可田园　推门就是美好生活

2021年，锦江区建成菱窠路绿道、下莲池街绿道等社区绿道51条，打造“回家的路、上班的路”30.5千米，打造琉璃路公园、卓锦公园篮球场等天府绿道健身场所5个，新建、改建小游园和微绿地58个，新增绿地50公顷。针对屋顶、阳台、桥柱、桥体、墙体实施立体绿化项目，立体绿化面积1.6万平方米。利用桥下空间、街旁空间、地下空间、屋顶空间实施“金角银边”植绿项目，打造“域上和美”等25个点位。采取业态植入方式改造8个老旧小区，完成老旧社区微更新项目15个，打造特色文化示范小区3个，创建市级园林式居住小区4个。提升改造447个老旧小区的基础设施和配套设施，为66个老旧小区安装192部电梯，惠及居民4.3万户。

锦江区升级改造后的三圣街道红砂社区入口处（区融媒体中心提供）

锦江区打造的三圣街道“江家艺苑”公园
（区融媒体中心提供）

锦江区三圣街道“农家乐”升级改造的“艺家乐”点位
“都市里的院子”（区融媒体中心提供）

实施焕新工程后的锦江区华兴街乘风巷（区融媒体中心提供）

锦江区星桥街获“成都市首条最美上学路”称号（区融媒体中心提供）

锦江公园国华街环河段绿道（区融媒体中心提供）

改建后的域上和美先锋剧场绿地（区融媒体中心提供）

琉璃路公园（锦江发展集团公司提供）

锦江区打造的街头小游园（区融媒体中心提供）

有机更新后的马家沟片区（区融媒体中心提供）

改造后的锦江区老旧小区和睦苑门廊文化墙（区融媒体中心提供）

改造后的锦江区老旧小区学道街42号院内部环境（区融媒体中心提供）

改造后的锦江区老旧小区五福苑（区融媒体中心提供）

锦江区老旧小区和睦苑2单元电梯加装项目（区融媒体中心提供）

锦江区高质量发展攻坚年动员大会

2021年2月9日，锦江区召开高质量发展攻坚年动员大会暨建设“天府成都·品位锦江”先进表彰大会。区委书记陈志勇出席大会，并讲话。会议表彰锦江区建设“天府成都·品位锦江”国际化城区和国际消费中心突出贡献奖先进集体和先进个人。春熙路时尚活力区管委会、区商务局的负责人发言，汇报产业高质量发展情况。区委社治委负责人围绕街道建设和夯实社区基础专题发言。锦官驿街道负责人围绕高水平场景、高能级产业社区、高品质美好生活交流发言。陈志勇强调：“要提高站位，保持推动高质量发展的战略定力；要突出重点攻坚，推动高质量发展落地见效；要以下牵上，汇聚推动高质量发展合力。”

2021年2月9日，锦江区高质量发展攻坚年动员大会暨建设“天府成都·品位锦江”表彰大会召开（区融媒体中心提供）

投资促进

2021年3月3日，锦江区实施“幸福美好生活十大工程”推进大会暨投资机会清单发布会召开（区融媒体中心提供）

2021年3月4日，锦江区高质量发展推介会暨重大项目签约仪式（第二轮签约）举行 （区融媒体中心提供）

2021年4月13日，锦江区投资促进洽谈会暨城市合伙人签约仪式在沈阳市香格里拉大酒店举办（区投促局提供）

2021年6月16日，锦江区消费引领重点项目签约仪式举行（区投促局提供）

2021年7月21日，锦江区（上海）人工智能产业专场招商座谈会召开（区新科局提供）

2021年12月3日，锦江区与蜀道投资集团有限责任公司、深圳市投资控股有限公司签订战略合作协议和投资服务协议（白鹭湾新经济总部功能区管委会提供）

新经济发展

2021年4月29日，成都市锦江区新经济发展大会召开（白鹭湾新经济总部功能区管委会提供）

2021年5月19日，锦江区参加在杭州市举办的成都市生产性服务业暨数字经济产业（杭州）推介会（区投促局提供）

2021年7月，锦江区白鹭湾新经济小镇项目暨重大产业项目开工仪式举行（区融媒体中心提供）

白鹭湾新经济小镇是白鹭湾新经济总部功能区的核心项目（区融媒体中心提供）

文商旅融合发展

成都十二月市

2021年2月，锦江区“十二月市·春熙闹灯”活动在红星路商业步行街举办（区融媒体中心提供）

2021年3月，锦江区“十二月市·蚕市”活动在晶融汇广场举办（区融媒体中心提供）

2021年4月8日，锦江区“新场景·新消费·新机遇”成都十二月市商业机会场景清单发布大会在春熙路召开（区商务局提供）

2021年5月，锦江区“十二月市·锦市荣熙”潮爱城市秀活动在春熙路举办（锦江发展集团公司提供）

2021年7月，锦江区“十二月市·七宝市”活动在梨花街举办（春熙路时尚活力区管委会提供）

2021年5月，锦江区“十二月市·锦蚕两生花 熙市扇香来——五月消费季”活动在春熙路举办（春熙路时尚活力区管委会提供）

商业地标

成都远洋太古里商业街（区融媒体中心提供）

锦江区“1.314爱情专线”文旅消费场景提档升级后开放（区融媒体中心提供）

特色街区锦江区华兴街（区融媒体中心提供）

锦江区春熙路商业步行街（区融媒体中心提供）

紧邻青年路商业街的小吃街（韩旭提供）

位于锦江区红星路商业街的成都国际金融中心（区融媒体中心提供）

文创产业

2021年5月16日，锦江区“天府文创大集市”活动在上东大街123号举办（区委宣传部提供）

锦江区水井坊博物馆（区融媒体中心提供）

锦江区华熙528文创街区（区融媒体中心提供）

方所太古里旗舰店（区融媒体中心提供）

2021年7月，成都许燎源现代设计艺术博物馆第五季“创造力发生器”艺术设计人才创作营活动启动（区委宣传部提供）

夜游锦江

2021年12月2日，锦江区“成都夜真热闹”夜间经济示范点位发布会召开（区商务局提供）

成为夜间经济新场景的锦江区“爱情斑马线”（区融媒体中心提供）

春熙路大慈坊街区入选国家级夜间文化和旅游消费集聚区（区融媒体中心提供）

合江亭夜景（区融媒体中心提供）

成为成都网红打卡点位的成都盈嘉广场裸眼3D显示屏（区融媒体中心提供）

安顺廊桥夜景（区融媒体中心提供）

九眼桥夜景（区融媒体中心提供）

“故奈·九眼桥头”特色消费场景（区融媒体中心提供）

获“最美河湖”称号的锦江东风大桥至合江亭段（区融媒体中心提供）

东门码头夜景（区融媒体中心提供）

“成都十二月市·春台市锦”夜间经济点位（区融媒体中心提供）

公共服务

成都市锦江区市民服务中心、成都市锦江区政务服务中心（区融媒体中心提供）

锦江区政务服务中心大厅（区融媒体中心提供）

一网通办24小时自助服务大厅（区行政审批局提供）

锦江区公共法律服务中心（区融媒体中心提供）

锦江区青年人才服务中心（区融媒体中心提供）

锦江区养老服务中心（区融媒体中心提供）

教育

2021年3月24日，成都市七中育才学校水井坊校区开设党史课（区融媒体中心提供）

2021年3月，锦江区获“全国青少年校园足球试点县”称号（区融媒体中心提供）

2021年4月，成都市七中育才学道分校第十七届校园艺体展演暨中俄国际友好学校艺术交流活动举办（区融媒体中心提供）

2021年3月，成都市天涯石小学校开设“学会垃圾分类”户外课程（区融媒体中心提供）

医疗

建设中的四川大学华西第二医院锦江院区（区融媒体中心提供）

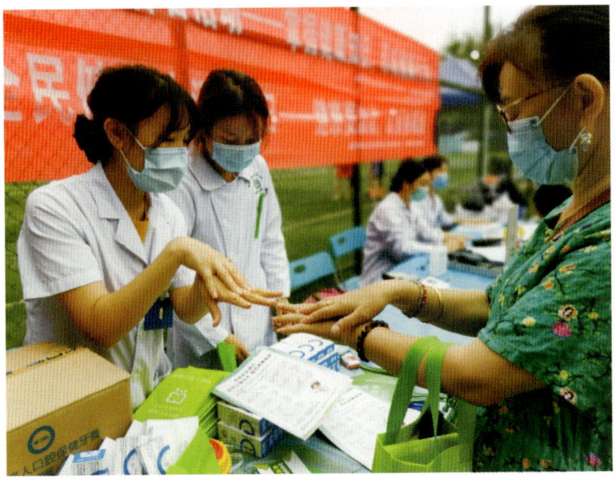

2021年6月，锦江区基本公共卫生服务宣传活动举办（区卫健局提供）

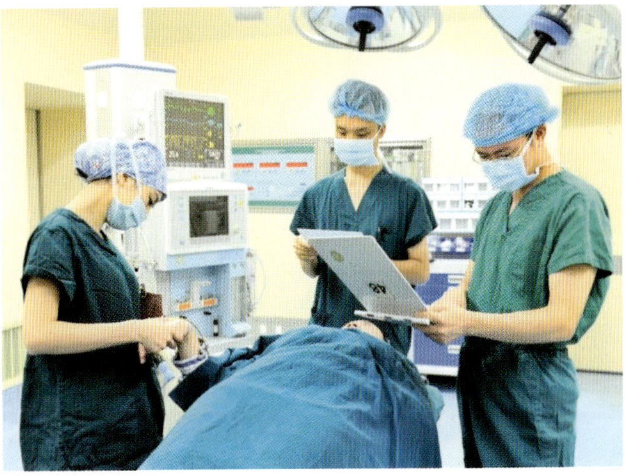

手术中的锦欣妇女儿童医院医生（区融媒体中心提供）

就业

2021年5月，“民营企业招聘月”现场招聘会在锦江区人力资源市场举办（区融媒体中心提供）

2021年5月，锦江区“智汇锦江·才聚渝中”双城人才招聘活动举办（区融媒体中心提供）

文体活动

2021年3月4日，锦江区三圣街道“爱成都•迎大运”天府绿道健康行暨广场舞展示活动在红砂社区水景广场举办（三圣街道办事处提供）

2021年4月16日，“大运在身边，畅玩乐不停”2021成都市第二届社区运动节启动仪式暨锦江区“体育嘉年华”活动在红星路广场启动（区文体旅局提供）

2021年5月28日，锦江区东湖街道“走基层”文化惠民活动举办（东湖街道办事处提供）

2021年6月5日，锦江区文化和自然遗产日非遗宣传展示“非遗在社区”传拓体验活动在沙河街道汇泉路社区举办（区融媒体中心提供）

2021年6月10日，成都市“走基层”文化惠民活动暨锦江区“我们的节日·端午”志愿服务活动在成龙路街道国槐社区举办（区文体旅局提供）

2021年9月16日，“爱成都·迎大运”2021年成都市“楼宇体育运动季”活动在锦江区红星路广场启动（区文体旅局提供）

2021年10月14日，锦江区三圣街道“我们的节日·重阳”文化惠民志愿服务活动举办（区文体旅局提供）

2021年12月25日，“爱成都·迎大运”全民健身活动之“体验新生活，品完美人生”动力皮划艇体验活动在三圣街道“江家艺苑”启动（成龙路街道办事处提供）

幸福生活

锦江区一环路市井生活圈开街（区融媒体中心提供）

成都国际金融中心楼顶熊猫广场（区融媒体中心提供）

被誉为“最美婚姻登记处”的锦江区合江亭婚姻登记处（区融媒体中心提供）

合江亭古典集体婚礼（区融媒体中心提供）

锦江区东门市井特色休闲街区（区融媒体中心提供）

锦江区居民小区旁的休闲公园（区融媒体中心提供）

锦江好人

锦江区举办2020年“锦江好人”评选活动，评选产生敬业奉献、助人为乐、孝老爱亲、诚实守信、见义勇为五类“锦江好人”10人。宣传“锦江好人”先进事迹，推进公民思想道德建设。

敬业奉献“锦江好人”汪晖（左）（区融媒体中心提供）

诚实守信 “锦江好人”陈姗姗（左二）（区融媒体中心提供）

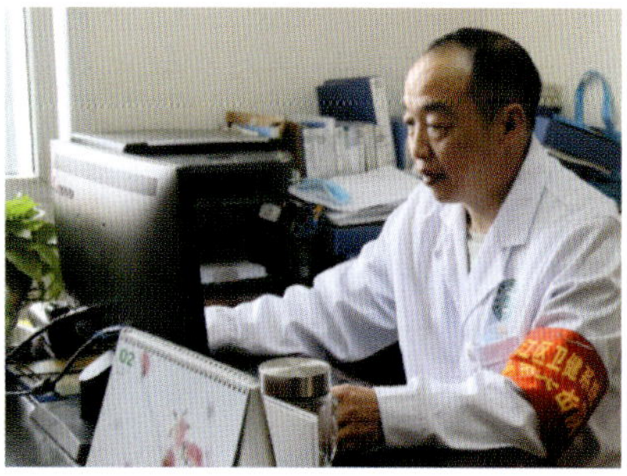
敬业奉献“锦江好人”张家锋（区融媒体中心提供）

孝老爱亲“锦江好人”高才蓉（右二）（区融媒体中心提供）

助人为乐“锦江好人”姚德英（右一）（区融媒体中心提供）

敬业奉献“锦江好人” 苏琴（右一）（区融媒体中心提供）

见义勇为 “锦江好人”官仲林（区融媒体中心提供）

助人为乐“锦江好人”曾政光（左二）（区融媒体中心提供）

敬业奉献“锦江好人”王耀军（右）（区融媒体中心提供）

见义勇为“锦江好人”叶剑（区融媒体中心提供）

目 录
CONTENTS

特 载
SPECIAL REPORTS

专 记
SPECIAL RECORDS

大事记
A SURVEY OF JINJIANG DISTRICT SITUATIONS

区情概览
A SURVEY OF JINJIANG DISTRICT

中共成都市锦江区委
THE CPC CHENGDU JINJIANG DISTRICT COMMITTEE

成都市锦江区人大常委会
STANDING COMMITTEE OF CHENGDUJINJIANG DISTRICT PEOPLE'S CONGRESS

成都市锦江区人民政府
CHENGDU JINJIANG DISTRICT PEOPLE'S GOVERNMENT

政协成都市锦江区委员会
THE CPC CHENGDU JINJIANG DISTRICT COMMITTEE

民主党派
NON- CPC PARTIES

群众团体
MASS ORGANIZATIONS

法 治
GOVERNED BY LAW

军 事
MILITARY

城市建设与生态环境保护
URBAN CONSTRUCTION AND ECOLOGICAL ENVIRONMENT PROTECTION

城市管理
CITY MANAGEMENT

经济管理
ECONOMIC MANAGEMENT

经济产业
ECONOMIC INDUSTRIES

产业功能区建设
CONSTRUCTION OF INDUSTRIAL FUNCTIONAL ZONES

区属国有公司
CONSTRUCTION OF

社会事务
MENT OF SOCIAL AFFAIRE

社会事业
SOCOAL IMDERTALOMGS

乡村振兴
RURAL VITALIZATION

人民生活
PEOPLE'S LIVELINOOD

街　道
SUB-DISTRICTS

附 录
APPENDIX

索 引
INDEX

奋进新时代 启航新征程 担当新使命 为高质量建设“品位锦江·幸福城区”而接续奋斗

——在中国共产党成都市锦江区第八次代表大会上的报告

中共成都市锦江区委书记 陈志勇

（2021 年 10 月 28 日）

这次代表大会是在“两个一百年”奋斗目标历史交汇的关键节点，在成都加快建设践行新发展理念的公园城市示范区的重要时期，在锦江全面实施“十四五”规划的开局之年召开的一次重要会议。大会的主题是：坚持以习近平新时代中国特色社会主义思想为指导，增强“四个意识”，坚定“四个自信”，做到“两个维护”，团结带领全区广大党员干部群众，凝心聚力、同心同德，奋进新时代、启航新征程、担当新使命，为高质量建设“品位锦江·幸福城区”而接续奋斗！

一、五年砥砺奋进，筑牢锦江高质量发展的坚实基础

区第七次党代会以来的五年，是极不平凡、极不寻常的五年。我们深切感受了中共十九大胜利召开、庆祝改革开放 40 周年、中华人民共和国成立 70 周年、中国共产党成立 100 周年的欢欣鼓舞，亲身经历了经济转型、产业升级、城市治理的现实挑战，全力应对了突如其来的新冠肺炎疫情等重大考验，各项目标在奋斗中实现，各项事业在创新中发展。

这五年，我们学思践悟新思想新理念新要求，发展质量持续提高。深入学习习近平新时代中国特色社会主义思想，全面贯彻中共十九大和十九届二中、三中、四中、五中全会精神，认真开展“两学一做”学习教育、“不忘初心、牢记使命”主题教育和党史学习教育，政治领悟力、政治判断力、政治执行力不断增强。全面贯彻习近平总书记对四川及成都工作系列重要指示精神，认真落实省委“一干多支、五区协同”战略部署，以建设践行新发展理念的公园城市示范区为统领，抢抓成渝地区双城经济圈建设战略机遇，加快构建“一核两轴三带三区”空间功能布局，不断推动高质量发展、创造高品质生活、实施高效能治理，新发展理念在锦江得到生动实践，取得明显成效。

这五年，我们全力以赴抓产业转型，发展能级持续提升。牢固树立抓产业就是抓发展的理念，加快构建“1+3+3”产业体系，着力提升产业竞争力，大力塑造发展新优势。充分发挥白鹭湾数字总部港等百亿级项目牵引作用，聚集高新技术企业 104 家，高新技术产业主营业务收入达 595 亿元，服务业增加值年均增速 6.3%，预计全区地区生产总值从 834.6 亿元增至 1260 亿元，一般公共预算收入从 58.3 亿元增至 89.2 亿元，连续四年入选“赛迪全

国百强区”，产业实力和发展动能不断增强。

这五年，我们千方百计促消费升级，商业优势持续巩固。扎实推进国际消费中心城市引领区建设，全力推动春熙路商圈提档升级，攀成钢、东村、交子商圈联动发展，春熙路商圈重要节庆期间日均客流量超80万人，成为全国第二大人气商圈。大力发展首店经济，引进各类首店379家，居全市首位。聚集国际一线品牌74个、国际知名品牌643个，培育全球、亚洲、全国销售冠军52家，品牌集聚度和旗舰店数量全国领先。高水平举办首发首秀首展活动200次，推出“美好生活·品位锦江”主题消费活动，高品质活化再现“成都十二月市”，春熙路大慈坊获评首批“国家级夜间文化和旅游消费集聚区”，“夜游锦江”成为假日游网红项目。2020年实现社会消费品零售总额1164.6亿元、连续17年全市第一，在仲量联行发布的国际消费中心城市中心城区商业发展指数中，位列全国第三。

这五年，我们不断深化改革开放，发展活力持续迸发。机构改革全面完成，“两项改革”成效明显，国资国企、营商环境等重点领域改革扎实推进，入选全省政务服务“一事一次办”改革试点区，“仅跑一次”放管服改革获评“中国改革十大年度案例”。开放活力持续增强，承办第八次中日韩领导人会议等重大国际交往活动，招引落地重大产业化项目122个，聚集世界500强企业138家，到位内资1658.2亿元、外资60.3亿美元，外商投资实际到位稳居全市前列，入选2020胡润中国最具投资潜力区域百强榜，引进产业人才8.1万人、“蓉漂”青年人才3.2万人。

这五年，我们全域推进公园城市建设，功能品质持续优化。坚持以公园城市理念创新设计城市价值，扎实做好中央生态环境保护督察问题整改，锦江、沙河地表水考核断面水质达标率100%，空气质量综合指数居五城区前列，累计建成三级绿道192公里、小游园微绿地58处，绿化覆盖率达47.2%，获得“国家生态文明建设示范区”称号，成功创建“国家全域旅游示范区”。城市有机更新加速推进，拆迁腾地1.04万亩，实施旧改棚改项目22个，完成老旧院落改造368个，精心打造华兴街等特色街区29个，锐钯街入选“全球最酷50城市街区”，德必川报易园等成为有机更新典范，三圣花乡持续提升品质。

这五年，我们用心用情改善民生，人民福祉持续增进。坚定践行以人民为中心的发展思想，深入开展“我为群众办实事”实践活动，高质高效推进民生项目169个，民生支出占一般公共预算支出比重保持在69%以上，成为民政领域国家基本公共服务标准化试点。新增城镇就业8.2万人，2021年城镇居民人均可支配收入预计达5.5万元。新建中小学、幼儿园45所，在全国率先创建“五育并举”人才培养实验示范区。文化馆图书馆总分馆制成为全省试点，圆满承办中宣部社会主义核心价值观融入社会生活全国现场会。创新推进网格化城市医联体全国试点工作，入选“全国健康促进区”“国家智慧健康养老应用示范基地”。双拥共建、民族团结成效显著，连续十一届获得“四川省双拥模范区”称号，成功创建“四川省民族团结进步示范区”。心系脱贫攻坚、情系贫困群众、接力对口帮扶，创新“飞地＋众筹”产业扶贫模式，被国务院扶贫办评为全国社会帮扶示范案例，区委被党中央、国务院表彰为“全国脱贫攻坚先进集体”。这是锦江建区三十年来获得的最高荣誉。这份荣誉属于全体锦江人民，属于全区各级党组织和党员干部，属于在座各位代表。

这五年，我们坚持共建共治共享，社会治理持续进步。深入推进治理体系和治理能力现代化，有效构建“1+5+1”基层治理制度体系，建成全国首个社区音乐厅——成都伽地社区音乐厅。全力维护国家政治安全和社会稳定，持续强化“三张清单”化解攻坚，深入开展扫黑除恶专项斗争，扎实开展政法队伍教育整顿，公共安全基础持续巩固，获评全国法治区创建活动先进单位、“七五”普法中期先进集体、全国信访工作“三无”区，连续五年被省委、省政府评为“维护社会稳定先进区”“平安建设先进区”，春熙路派出所入选全国首批“枫桥式公安派出所”。筑牢新冠肺炎疫情坚实防线，“五全五化”经验做法获评“全国城乡社区疫情防控优秀案例”。越来越多的人感到，来成都到锦江，推门就是美好生活！

这五年，我们深化全面从严治党，政治生态风清气正。切实担负管党治党政治责任，严格落实中央八项规定精神，党风政风持续改善，群众对党委政府的公信力和满意度不断提升，连续三年被表彰为全市落实党风廉政建设责任制先进单位。

扎实推进党风廉政建设和反腐败斗争，实现七届区委巡察全覆盖，政治生态不断净化。鲜明政治过硬、业绩突出、群众公认、清正廉洁的用人导向，注重从基层一线选用干部，深入实施干部队伍梯次培养行动计划，出台“激励十条”“减负六条”，选人用人公认度越来越高，干事创业活力持续激发。深入开展基层党建高质量创新发展示范行动，大力加强新兴领域党建，商圈党建“1+7+N”模式入选“全国城市基层党建创新案例”。打好意识形态领域主动仗，持续巩固壮大主流思想舆论，高标准建成区融媒体中心，讲好锦江故事、传播锦江声音，向上向善的社会风尚日益浓厚。

五年来，区委总揽全局、协调各方，大力支持人大、政府、政协依法依章开展工作，工会、共青团、妇联等人民团体桥梁纽带作用进一步增强，民主党派、工商联和无党派人士作用积极发挥，民族、宗教领域保持和谐稳定，港澳台侨工作取得明显成效，党管武装工作和国防后备力量建设得到切实加强。

各位代表，取得的成绩来之不易，共识凝聚力量。过去五年取得的成绩，在锦江发展历程中留下了浓墨重彩的一笔。今天的锦江，活力与魅力交相辉映、开拓与创新相得益彰，正在书写新时代高质量发展的崭新篇章。这些成绩的取得靠的是习近平新时代中国特色社会主义思想科学指导、擘画引领，靠的是省委和市委坚强领导、把关定向，靠的是广大干部群众勠力同心、众志成城。在此我代表中共成都市锦江区第七届委员会向所有关心、支持、参与锦江各项事业发展的同志们朋友们，表示衷心的感谢，致以崇高的敬意。

各位代表，成绩来之不易，经验弥足珍贵。回首过去，我们不负时代、不负人民；展望未来，我们信心百倍、豪情满怀。区第七次党代会以来的生动实践，深刻启示我们：必须旗帜鲜明讲政治，牢牢把握正确方向。“上下同欲者胜，同舟共济者赢”。五年来，我们始终向以习近平同志为核心的党中央对表看齐，同广大人民群众想在一起、干在一起，撸起袖子加油干，铆足干劲抓落实，取得了一个又一个胜利，赢得了人民群众的支持拥护。必须遵循发展规律，加快培育竞争优势。“潮平两岸阔，风正一帆悬”。五年来，我们抢抓机遇而不坐失良机，守正创新而不因循守旧，认清形势、明辨大势，把握趋势、发挥优势，不等、不靠、不懈怠，苦干、实干、加油干，推动各项事业迈上新台阶。必须强化担当实干，砥砺奋进善作善成。“幸福是奋斗出来的”“社会主义是干出来的”。五年来，我们始终把实干和奋斗作为工作主题，引导党员干部用心谋实事、用情干实事、用力解难事，奋斗坚守在改革发展主战场、项目攻坚第一线、化解矛盾最前沿，开创了锦江高质量发展的新局面。必须牢记为民宗旨，情系人民造福百姓。“江山就是人民，人民就是江山”。五年来，我们自觉践行以人民为中心的发展思想，始终把人民对美好生活的向往作为奋斗目标，把实事办好、把好事办实，做到发展为了人民、发展依靠人民、发展成果由人民共享，用党员干部的辛苦指数换来了人民群众的幸福指数。必须全面从严治党，凝聚干事创业合力。“打铁还需自身硬”。五年来，我们始终把纪律和规矩挺在前面，教育引导党员干部正作风、强素质、抓落实，党委的领导核心作用、党组织的战斗堡垒作用和党员的先锋模范作用充分发挥，汇聚起同心建设锦江的强大力量。

同时，我们的工作还存在许多不足，面临不少困难和挑战。主要是：产业发展能级不高，新旧动能转换不快，产业“空心化”问题较为突出，转型发展任重道远；城市功能品质不优，优质公共服务供给不足，与人民对幸福美好生活的期盼还有差距；一些党员干部能力素质还不适应新形势新要求，全面从严治党还需要持续用力。对此，我们必须保持足够清醒，在今后工作中认真加以解决。

二、站位新的起点，锚定锦江高质量发展的奋斗目标

各位代表，今后五年是锦江强支撑、增动能、提能级的重要五年，是大有可为的战略机遇期、干事创业的黄金期、转型发展的关键期。未来五年，我们要始终保持永不懈怠的精神状态和一往无前的奋斗姿态，团结带领全区广大党员干部群众，在新时代中国特色社会主义的伟大实践中，实干担当、奋发有为，只争朝夕、不负韶华！

着眼大局大势，我们拥有顺势而为的有利条件。世界百年未有之大变局加速演变，新冠肺炎疫情影响广泛深远，我国已转向高质量发展阶段，以国内大循环为主体、国内国际双循环相互促进的新发展格局正在加速构建，经济长期向好的基本面持续巩固。这为我们加快转

型升级、提升城区能级创造了有利环境、打开了广阔空间。

服务省市发展，我们迎来乘势而上的难得机遇。当前，新一轮西部大开发、“一带一路”、长江经济带、成渝地区双城经济圈建设等国家战略机遇相互叠加，省委“一干多支、五区协同”发展战略深化拓展，成都正加快建设践行新发展理念的公园城市示范区，政策集成效应、发展协同效应正在加速释放。这为我们引进落地重大项目、承担城市重大功能，带来了千载难逢的宝贵机遇。

立足锦江实际，我们具备聚势而兴的良好基础。经过长期发展和积累，我们拥有全国领先的商业优势、实力雄厚的产业基础、持续优化的营商环境、日益完善的基础设施、激情勃发的干部人才队伍。当前的锦江，进的力度在加大、蓄的势能在增强、优的质效在提升。这为我们战胜各种困难挑战、实现高质量发展奠定了坚实基础。

基于对形势的判断和区情的把握，今后五年全区工作的指导思想是：坚持以习近平新时代中国特色社会主义思想为指导，全面贯彻中共十九大和十九届二中、三中、四中、五中、六中全会精神，深入学习贯彻习近平总书记对四川及成都工作系列重要指示精神，全面落实中共中央和省委、市委决策部署，立足新发展阶段，贯彻新发展理念，服务新发展格局，坚持稳中求进工作总基调，坚持以建设践行新发展理念的公园城市示范区为统领，围绕“品位锦江·幸福城区”总体目标，着力推进高质量发展，着力扩大改革开放，着力促进共同富裕，着力提升超大城市中心城区治理水平，纵深推进全面从严治党，把一个更加美丽、更具活力、更有品位、更具幸福感的现代化国际化锦江推向新时代，为成都建设践行新发展理念的公园城市示范区贡献更多锦江力量。

建设“品位锦江·幸福城区”，必须全力实现四大支撑目标。

一是高质量发展迈上新台阶。“一核两轴三带三区”空间功能布局加快形成，“1+3+3”产业体系竞争力大幅提升，以项目驱动的多层级企业培育机制更加完善，以效益驱动的创新活力加速迸发，产业“空心化”有效破解，实现地区生产总值1600亿元以上，一般公共预算收入115亿元，社会经济更加繁荣，人民生活更加富裕。

二是高品质生活实现新提升。优质均衡公共服务体系不断完善，全覆盖多层次社会保障体系基本建成，生活成本和创业成本不断降低，工资性收入和财产性收入持续提高，居民增收渠道更加多元，教育、养老等重点领域需求得到更好满足，居民人均可支配收入增长率7%以上，迈进国内高收入城区行列，让“来成都到锦江，推门就是美好生活”更有温度、更有质感、更有内涵。

三是高效能治理达到新水平。城市治理的智能化、精细化、科学化水平大幅提升，平安锦江工作体系不断完善，网格化智慧治理体系更加健全，社区功能品质持续优化，街道、社区、小区综合信息系统覆盖率100%，超大城市中心城区的高效能治理模式成型见效，宜居宜业、安全韧性、智慧互联的平安新家园基本建成。

四是高素质队伍呈现新气象。坚持党管干部、党管人才，干部培养机制更加健全，选人用人导向更加鲜明，激励约束机制更加完善，忠诚、干净、担当的高素质干部队伍建设取得明显成效，干部精气神进一步提振，想干事、能干事、干成事的氛围更加浓厚。

三、勇担时代重任，开创锦江高质量发展的崭新局面

奋进新时代、启航新征程、担当新使命，全区广大党员干部必须以逢山开路、遇水架桥的闯劲，抓铁有痕、踏石留印的狠劲，水滴穿石、铁杵磨针的韧劲，全力以赴推动锦江各项事业取得新成就、迈上新台阶，用高质量发展的“金钥匙”打开美好生活的“幸福门”。

（一）坚持创新驱动，全力打造产业新高地。创新是动力之源，产业是发展之基。要坚持创新核心地位，积极抢抓成渝地区双城经济圈建设等重大战略机遇，大力推进数字产业化、产业数字化，加快构建以人工智能创新应用为牵引的“1+3+3”产业体系，努力把科技创新的“关键变量”转化为高质量发展的“最大增量”。

1. 前瞻布局人工智能创新应用新赛道。顺应全球科技创新和产业发展大势，积极推进人工智能赋能产业转型，全力建设成都国家人工智能创新应用先导区。加快布局新兴业态，以锦江大道为产业纽带，转型升级锦江数智产业港，推进白鹭湾数字总部港等百亿级项目建设，打造一批人工智能产业孵化器、加速器。加大应用场景供给，深入实施“场景营城·产品赋能”行动，打造智慧园区、智慧医疗、智慧楼

宇等应用场景，推动人工智能融入城市建设、助力产业升级、服务市民生活。强化企业招引培育，大力推进十强引领、百企壮大、千企成长、万企引育“四大工程”，梯队发展“种子+瞪羚+独角兽”企业，努力打造千亿级人工智能产业集群。

2. 大力培育主导产业转型升级新动能。加快推进现代商贸、新兴金融、数字传媒三大主导产业智能化升级，全面提升显示度和竞争力。领跑发展现代商贸，创新智慧零售、云消费、AI定制等商业模式，推动线上线下消费融合发展、协同供给，打造具有国际影响力的时尚科技消费高地。巩固发展新兴金融，全力推进“一街一城”建设，大力培育消费金融、财富管理、金融科技等业态，积极开展数字人民币应用先行试点，做强“交子普惠”金融服务品牌，全力打造西部金融中心的重要增长极。壮大发展数字传媒，做强红星路文化传媒走廊等产业集聚区，大力培育网络视听、数字出版、线上演播等新兴业态，全力打造成都数字传媒高地。

3. 积极打造特色产业细分领域新优势。大力提质都市工业、都市文旅、都市医养，打造产业发展新引擎。聚链发展都市工业，聚焦时尚产业、生命经济等细分领域，盘活低效工业用地，提升工业楼宇质效，全力创建省级高新技术产业园区。串联发展都市文旅，聚焦都市商圈游、都市文化游、都市田园游等细分领域，升级打造春熙路、三圣花乡等一批文旅目的地，积极创建天府旅游名县，全力建设文商旅体融合发展高地。补链发展都市医养，聚焦妇幼健康、医美服务、遗传生殖等细分领域，推动5G远程诊疗、AI影像诊断、居家智能照护等创新应用，加快建设华西智慧健康产业园等五大产业园，全力打造都市医养高地。

4. 加快构建高质量创新创业新体系。坚持“企业主体、科技主导、人才核心、资本催化”理念，壮大科创主体，建设高品质科创空间，落地一批高能级企业总部、研发中心、智造中心，打造中小微企业成长创新集聚地。强化科研攻关和成果转化，加快构建院校企地合作平台，鼓励科技创新“揭榜挂帅”，协同突破“卡脖子”难题，不断提升产业创新策源能力。优化“锦遇良才”人才政策体系，打造招才引智锦江品牌，创建人才发展联盟，大力引育紧缺产业领军人才、青年人才和新职业人才。增强金融支撑服务，以政府引导基金撬动更多社会资本，畅通科技、产业和资本对接渠道，支持企业上市融资，助力更多优质企业、优秀人才汇聚锦江、圆梦锦江。

（二）坚持协调布局，全力厚植发展新优势。坚持协调发展在全局中的统筹作用，统筹人口、空间、产业三大结构，全力推进城市有机更新、片区规划建设、公服设施配套、产业协同发展，切实推动城市有序生长。

1. 全域优化城市空间布局。坚持增量拓展与存量盘活并举，持续优化“一核两轴三带三区”空间功能布局，促进生产空间集约高效、生活空间宜居适度、生态空间山清水秀。高品质推进四圣祠片区等20个单元有机更新，加快实施锦江公园特色街巷改造、东大街焕新等重点项目，精雕细琢街区、建筑，让老城区焕发新活力、绽放高颜值。以世界眼光、国际标准推进锦江大道沿线、锦秀绿道沿线、环城生态带周边等片区综合开发，精心设计打造一批充满时尚感、彰显文化味的城市地标，实现建筑可阅读、街区可漫步、滨水可游憩的建设目标。

2. 全力促进产业协同发展。以做强区域核心功能为目标，完善产业链条，努力走出一条产业深度融合、良性互动、协调发展之路。优化产业结构，推动产业联动发展，大力发展都市工业，做强生产性服务业，做优生活性服务业，提升高新技术产业增加值占GDP比重。引导各类企业协同共进发展，支持领军型企业跨行业、跨地区、跨所有制发展，支持成长型企业拓展业务、做大做强，支持小微企业向“专、精、特、新”发展。

3. 全面提升综合承载能力。聚焦春熙路时尚活力区、白鹭湾新经济总部功能区、交子公园金融商务区锦江片区三大产业功能区发展定位，协同错位打造盐市口总部商务活力区等八大产业社区，加速形成功能复合、要素集聚、资源共享、产业协同的利益共同体。统筹优化公服设施布局，加快推进道路交通等市政设施建设，加快布局智慧能源、5G网络等“新基建”，持续完善医卫文体等功能配套，推动全域公共服务功能优质均衡。积极适应人口发展趋势，科学制定区域人口发展规划，调控人口总量、优化人口结构、提升人口素质、释放人口红利，推进人口与产业、城市协调发展，为区域可持续发展注入源源不断的动力活力。

（三）坚持绿色底蕴，全力提升宜居新品质。自觉践行“绿水青山就是金山银山”理念，优化生态环境、塑造绿色形态、推进低碳转型，加快把生态优势转化为发展优势，让绿色成为锦江高质量发展最靓丽的底色。

1. 提升生态环境品质。始终把保护生态环境放在突出位置，切实做好央督、省督反馈问题整改，坚决打好污染防治攻坚战。坚持源头治理、分类治理和科技治理，推动大气综合治理常态化、长效化。严格落实河（湖）长制和口长制，推进“供排净治”一体化管理，加快梅香湖、东湖等水环境治理，让“濯锦之江”水清岸绿、鱼翔浅底。全面实施土壤环境监测，推行生活垃圾分类管理，提升固体废物资源利用和处置能力。织密生态环境监测监控网络，坚决守护好蓝天、碧水、净土，为子孙后代留下生态空间、留下宝贵资源。

2. 塑造城市大美形态。深入推进全域筑景增绿，让市民出门见园、开窗见绿，畅享“绿色福利”。提升打造“锦江—沙河—环城”三条生态基带，精心打造一批“金角银边”的社区公园、口袋公园。高品质打造彰显锦江文化、体现国际水准的三级绿道体系，加快亲水泊岸生态化改造，实现“心随环境律动，人与生态共融”。高标准编制片区城市设计，加强天际线、水岸线及城市色彩营造，加快呈现天府锦城“四街两坊两景”，打造一批特色街区和文创地标，绘就城市最美风景线。

3. 推动绿色低碳发展。坚持推动产业生态化、生态产业化，把碳达峰、碳中和纳入区域生态文明建设整体布局，实施碳排放总量和强度“双控”行动，试点建设“零碳”楼宇，探索近零碳示范工程。大力发展节能环保等产业，培育一批绿色企业，构建绿色发展产业链。加快构建“轨道＋公交＋慢行”三网融合的绿色交通体系，鼓励市民绿色出行、绿色消费，营造绿色低碳生产生活新风尚。

4. 创新生态价值转化。生态资源是条“金扁担”，一头挑着“绿水青山”，一头挑着“金山银山”。积极探索生态导向型城市开发模式，以锦秀绿道为主轴，沿锦江、沙河和环城生态带，加快植入文化旅游、教育科研、生命健康等业态，有机嵌入文创、健身、休闲等多元场景，推动城市绿色空间与核心商圈、特色产业、产业社区等创新融合，为生活添彩、为经济赋能，让生态资源既成为最普惠的民生福祉，又转化为可持续发展的强劲动力。

（四）坚持开放格局，全力拓展合作新成效。主动融入国内国际双循环新发展格局，坚持扩大内需和对外开放相结合，在更宽领域、更深层次拓展消费市场、深化交流合作，服务国家和省市发展大局。

1. 巩固商业领先优势，提升锦江消费影响力。商业历来是锦江的鲜明特质和最大优势，承载着一代代锦江人的奋斗梦想和美好记忆，我们要传承创新千年商业基因，推动锦江商业强势突围、走向世界。聚焦国际消费中心城市指标体系，坚持特色化、高端化发展，全力建设国际消费中心城市引领区。以东大街国际消费活力轴串联春熙路、攀成钢、东村、交子四大商圈，全力打造天府茂业城、环球汇等商业新地标，加速推动商圈提档升级、协同发展。引领时尚消费前沿，大力发展首店经济、户外经济、后街经济、夜间经济，重振老字号品牌，支持开发“国潮新品”，全力打造全球新品首发地、高端品牌首选地、原创品牌集聚地。精心营造高品质消费场景，做强“成都十二月市”品牌，丰富潮购、潮游、潮玩、潮享专线，升级推出“美好生活·品位锦江”等系列促消费活动，不断增强“锦江消费”知名度，让锦江走向世界，让世界了解锦江。

2. 建好对外交往平台，拓展锦江开放辐射力。要开拓视野、敢想敢为，增强全球资源要素配置能力，加快打造新发展格局中的开放锦江。加快建设国际城市会客厅等五大国际交往平台，积极引进高能级全球服务机构和优质城市合伙人，推进国际贸易、项目投资优化升级。坚持“走出去”和“引进来”双向互动，大力招引高能级500强、行业龙头企业、结算型总部、功能性平台，支持本土企业拓展业务、做大做强。主动融入成渝地区双城经济圈建设，加强与京津冀、长三角、粤港澳大湾区城市群互动，构筑多层次、宽领域开放合作新格局。

3. 打造一流营商环境，增强锦江发展竞争力。深入推进营商环境3.0、4.0政策落地，加快完善公平竞争审查、包容审慎监管等制度机制，落实负面清单管理制度，提高政策含金量、精准度、知晓率、直达性。扎实开展国家级政务服务标准化项目试点，持续深化“一窗受理”“证照分离”等放管服改革，发布“川渝通办”“告知承诺”等事项清单，打造便捷高效政务环境。

健全企业全生命周期服务体系，优化楼宇服务“四级工作体系”，强化“专班+专员”精准对接，当好“店小二”，做到“有呼必应、无事不扰”，全力营造“亲”“清”新型政商关系，助力企业放心投资、安心创业、顺心发展。

（五）坚持共享成果，全力创造幸福新生活。坚持以人民为中心的发展思想，把市民满意作为检验“我为群众办实事”成效的第一标准，持续推进“幸福美好生活十大工程”，聚焦生活富裕富足、服务普及普惠、精神自信自强、社区和睦和谐，探索共同富裕的锦江路径。

1. 完善社会保障体系，让共同富裕的支撑更有力。坚持就业优先政策，健全就业公共服务体系，做强“技能锦江”品牌，实现更加充分更高质量就业。多渠道增加居民收入，缩小收入分配差距，扩大中等收入群体，不断夯实共同富裕的基础。深入实施全民参保计划，完善分层分类社会救助体系，推进慈善事业高质量发展，实现社会保险、社会救助、社会福利有效衔接，确保共同富裕路上一个都不掉队。聚焦“一老一小”，构建多层次养老服务体系，建设儿童友好城区，落实三孩生育养育配套支持政策，让老人舒心长寿，让孩子开心成长。加快保障性租赁住房建设。做好退役军人服务保障工作。持续深化炉霍、简阳对口帮扶，深入实施“格桑花开·锦绣炉霍”携手同行行动，创新开展“飞地+N”产业帮扶模式，巩固扶贫成效，助力乡村振兴。

2. 优化公共服务供给，让共同富裕的基础更厚实。坚持教育优先发展，深化全国“五育并举”人才培养实验示范区建设，全面落实“双减”政策，推动学前教育普惠优质、义务教育优质均衡、高中教育多样特色、职业教育融合创新，建设全国高品质教育强区，努力让每个孩子都学有优教。全面推进健康锦江建设，持续深化网格化城市医联体建设内涵，健全完善优质高效医疗卫生服务体系，为群众提供全方位全生命周期健康管理服务。深入推进体育强区建设，优化布局公共体育设施，借势大运会等国际赛事，打响“运动成都、健康锦江”全民健身品牌。

3. 抓好精神文明建设，让共同富裕的内核更强劲。坚持用社会主义核心价值观凝魂聚力，实施“最美锦江人”示范引领工程，扎实做好全国文明典范城市创建工作，让崇德向善蔚然成风。创新推动天府文化融入街巷里坊，全力提升大慈寺、水井坊等文化地标显示度，扎实做好文化遗产保护利用工作，加快打造世界文化名城核心功能区。健全公共文化服务体系，加快建设“成都十二月市”博物馆等文化场馆设施，丰富“夜游锦江”文化内涵，让市民享有更加丰富、更高质量的精神文化生活。

4. 深化社区发展治理，让共同富裕的保障更充分。坚持党建引领，完善“一核三治、共建共治共享”基层治理机制，积极创建全国基层治理标杆城市先行区。扎实做好两项改革“后半篇”文章，深化“街道呼·部门应”服务基层工作机制，推进街道“三融合、四统一、一平台”管理机制改革，促进社会治理重心下移、资源下沉。实施社会组织和社会企业倍增计划，健全社区发展市场化机制。创新商圈、楼宇和街区治理，实施小区院落治理攻坚六大提升行动，持续打造“春熙孃孃”等特色服务品牌，为市民提供更多可感可及的美好体验。

（六）坚持安全思维，全力建设平安新家园。安全和发展如鸟之双翼、车之双轮。只有安全得到保证，才能为发展创造和谐稳定的内外环境。我们要全面贯彻总体国家安全观，全力促进安全与发展良性互动、秩序与活力融合共生，打造安宁有序的和谐平安锦江。

1. 持续增强安全韧性。深入实施“铸墙”“净土”“攻心”三大工程，夯实国家政治安全基层基础。强化社会稳定风险防控，深化“三张清单”化解攻坚和诉源治理，推进扫黑除恶斗争常态化，加强金融、住建等领域风险评估和预警处置。健全“四一零”安全工作体系，扎实开展安全生产专项整治。慎终如始抓好常态化疫情防控，建立健全长效工作机制，持续加强流调溯源、核酸检测、转运隔离、医疗救治等能力建设，坚决守住疫情防控底线。提升食品、药品监管保障水平。强化防灾减灾救灾能力建设，推进自然灾害综合风险普查，持续增强城区系统安全韧性。

2. 大力推进法治建设。坚持依法治区、依法执政、依法行政一体推进，加快建设法治政府，全面提升司法公信力，维护好企业和市民合法权益。高质量开展“八五”普法，深入推进“法润锦江”志愿普法行动，构建“区—街道—社区”三级法律服务保障体系，拓展法律援助和司法救助渠道。积极创建一批“枫桥式”派出所、司法所，大力发展行业性、专业性人民调解组织，让尊法守法蔚然成风。

3. 创新建设智慧城市。大力实施“五联”智慧城市建设，迭代升级“智慧锦江”城市大脑，建立网格化智慧治理体系，推动现代科技与城市运行深度融合。加快推进数字政府建设，深入推进政务服务“一网通办”、城市运行“一网统管”、社会诉求“一键回应”，营造城市全场景智慧应用，让市民畅享智慧新生活。

（七）坚持从严治党，全力担当时代新使命。事业发展，关键在党。我们要全面贯彻新时代党的建设总要求，推动全面从严治党向纵深发展，为锦江高质量发展提供坚强政治保障。

1. 坚持政治引领，永葆“两个维护”的忠诚本色。坚持不懈加强理论武装，始终把学习好贯彻好习近平新时代中国特色社会主义思想作为首要政治任务，要坚决维护习近平总书记党中央的核心、全党的核心地位，坚决维护党中央权威和集中统一领导。建立完善“第一议题”制度，持续推动党史学习教育走深走实、入脑入心，切实提高政治判断力、政治领悟力、政治执行力。严肃党内政治生活，严明政治纪律和政治规矩，坚持“五个必须”，严查“七个有之”，做到“五个绝不允许”。严格落实意识形态工作责任制，加强资源整合，创新传播形式，强化“锦江发布”等全媒体平台建设，增强主导权和话语权。

2. 坚持党的领导，凝聚创新发展的强大合力。充分发挥区委总揽全局、协调各方作用，建立完善党政联席会等制度，定期听取区人大常委会、区政府、区政协、区法院、区检察院的党组工作汇报，把党的领导落实到各领域、各方面、各环节。支持民主党派、工商联和无党派人士履职尽责，建立建言献策“直通车”制度，建设统一战线实践平台，创建一批省级民族团结进步示范单位。支持工会、共青团、妇联等人民团体改革创新、发挥作用。用心用情做好老干部工作。坚持党管武装制度，加强国防动员和后备力量建设，推进国防教育、军民融合、双拥工作创新发展。

3. 坚持做强基层，构筑本固基强的战斗堡垒。实施基层党建整体提升工程，扩大党的组织和工作的有效覆盖，持续整顿软弱涣散党组织，加强项目化规范化品牌化建设，不断提升基层党组织组织力。加强基层骨干队伍建设，拓宽选人视野，健全培养体系，完善待遇保障，全面提升素质。深化“三名”工程，创新党建引领基层治理模式，推动基层党建全面过硬、全域示范。

4. 坚持严管厚爱，锻造善作善成的干部队伍。坚持新时代好干部标准，鲜明政治过硬、业绩突出、群众公认、清正廉洁用人导向，注重在招商引资、产业发展、基层治理等一线选拔使用干部。深入实施干部队伍梯次培养行动计划，加大年轻干部培养选拔使用力度，建立多岗位历练、专项历练机制，积极选派年轻干部到城市更新、项目建设、信访维稳等吃劲岗位经风雨、见世面、长才干。加强组织调训，持续办好锦江论坛、干部夜校和主导产业专题培训，不断提升干部专业能力。健全正向激励和容错纠错机制，深化红白榜等制度，实施差异化目标绩效考核，强化考核结果运用，全面提振干事创业精气神。

5. 坚持标本兼治，巩固风清气正的政治生态。持续深化纪检监察体制改革，完善对“一把手”和领导班子全覆盖的监督体系，推进纪律监督、监察监督、派驻监督、巡察监督统筹衔接，发挥审计监督、统计监督职能作用，提高监督治理效能。严格落实中央八项规定精神，驰而不息整治“四风”，健全完善作风建设长效机制，坚决防止“四风”问题反弹回潮、隐形变异。坚定不移推进反腐败斗争，严查重点领域关键环节腐败问题，健全损害群众利益问题治理机制，使铁的纪律转化为党员干部的日常习惯和自觉遵循，面对诱惑和考验时，稳得住心神、管得住行为、守得住清白，形成建功新时代、争创新业绩的浓厚氛围。

各位代表、同志们，雄关漫道真如铁，而今迈步从头越。让我们更加紧密地团结在以习近平同志为核心的党中央周围，弘扬伟大建党精神，牢记初心使命，勇担时代重任，在市委的坚强领导下，求真务实、开拓创新，高质量建设“品位锦江·幸福城区”，为成都建设践行新发展理念的公园城市示范区贡献更多锦江力量。

名词解释

1. 一核两轴三带三区：“一核”即春熙路国际时尚消费中心，“两轴”即东大街国际消费活力轴、锦秀绿道都市文旅活力轴，“三带”即锦江生态带、沙河生态带、环城生态带，“三区”即春熙路时尚活力区、白鹭湾新经济总部功能区、交子公园金融商务区（锦江片区）。

2. “1+3+3”产业体系：以人工智能创新应用为主牵引主方向，大力发展现代商贸业、新兴金融业、数字传媒业三大主导产业，都市工业、都市文旅业、都市医养业三大特色产业。

3. 两项改革：乡镇（街道）行政区划调整和村（社区）体制机制改革。

4. “飞地 + 众筹”产业帮扶模式：在藏区适宜发展现代农业等产业的区域，为域外贫困村培育“飞地”现代产业；同时为贫困村选聘“荣誉村长”众筹社会资源，共同帮扶贫困村发展产业，助力脱贫攻坚。

5. 三张清单：社会重大风险、历史遗留问题、突出信访问题。

6. 三无：无进京越级上访、无大规模集体上访、无因信访问题引发的极端恶性事件。

7. 五全五化：全域划分网格、全面动员组织、全口径收集核心数据、全方位聚焦重点人群、全链条出台专项政策，社区疫情防控精细化、多元化、信息化、人本化、与企业复工复产融合化。

8. 激励十条：用新思想武装头脑、鲜明选人用人导向、用好职级晋升政策、推进精准差异考核、拉开考核结果差距、实施及时表扬奖励、开展激励性调训、完善澄清保护机制、完善容错纠错机制、关心关爱干部身心健康。

9. 减负六条：进一步精简会议、进一步精简文件、改进文件材料报送、为干部手机“瘦身松绑”、保障基层工作力量、规范督查检查调研工作。

10. 商圈党建“1+7+N”模式：“1”即成立商圈党委核心，以党员服务中心为平台，负责开展商圈党建工作；“7”即依托中小微企业联合会、餐饮、物流、药材、婚纱、珠宝等行业协会建立7个行业党总支；“N”即充分发挥各级群团组织和各类社会组织作用。

11. 智慧零售：运用互联网、物联网技术，感知消费习惯，预测消费趋势，引导生产制造，为消费者提供多样化、个性化产品和服务。

12. 云消费：利用云计算、电子商务等技术，通过云整合、云物流等手段，使供应链向外发展延伸，从而达到构建安全、稳健的供应链渠道，提高消费质量、降低消费成本，实现经济效益提升。

13. 一街一城：东大街、金融城（锦江片区）。

14. 金融科技：企业通过利用大数据、区块链、云计算、人工智能等科技手段创新传统金融行业所提供的产品和服务，提升金融服务效率并有效降低运营成本，从而形成的一种经济产业。

15. 数字出版：利用数字技术进行内容编辑加工，并通过网络传播数字内容产品的一种新型出版方式，其主要特征为内容生产数字化、管理过程数字化、产品形态数字化和传播渠道网络化。

16. 新基建：以新发展为理念，以技术创新为驱动，以信息网络为基础，面向高质量发展需要，提供数字转型、智能升级、融合创新等服务的基础设施体系。

17. “零碳”楼宇：楼宇消耗的能源量与其自身产生的能源量大体相当，从而实现零排放。

18. 首店经济：利用特有的资源优势，吸引国内外品牌在区域首次开设门店，使品牌价值与区域资源实现最优耦合，对区域经济发展产生积极影响的一种经济形态。

19. 国潮新品：将中国传统文化与时下潮流相融合而更具时尚感的新兴商品。

20. 川渝通办：在高频政务服务“跨省通办”事项清单基础上，进一步拓展“跨省通办”范围和深度，全面实现川渝两地线上“全网通办”，线下“异地可办”。

21. 楼宇服务“四级工作体系”：在发展楼宇经济过程中，充分发挥区级、街道、楼长、物业“四级服务”。

22. 一老一小：城镇无保障老人、在校学生、学龄前婴幼儿和特殊群体。

23. “三融合、四统一、一平台”管理机制：“三融合”即业务、人员、经费融合，“四统一”即一张网格、一支队伍、一个平台、一套机制统一，“一平台”即城市管理数字化监督管理中心。

24. “四一零”安全工作体系：“四”即铁心布置、铁面检查、铁腕执法和铁石作风的安全“四铁”工作方法；“一”即十个方面三十个细项涉及平安锦江的安全工作“一票否决”责任体系；“零”即日快报、周调度、月考核、季评比、年奖惩的安全工作“零容忍”督导体系。

25. “三名”工程：基层党建名项目、名机制和基层党组织名书记工程。

成都市锦江区人大常委会工作报告

——在成都市锦江区第八届人民代表大会第一次会议第二次全体会议上

（2021年12月24日）

过去五年的主要工作

区七届人大常委会任期的五年，是锦江区改革发展迈上新台阶的五年，是锦江区民主法治建设取得成效的五年。五年来，在区委的坚强领导下，区人大常委会深入贯彻落实中共十九大和十九届二中、三中、四中、五中、六中全会精神，以习近平新时代中国特色社会主义思想为指引，紧紧围绕全区工作大局依法行使职权，充分发挥地方国家权力机关作用，推进监督、决定、任免、代表等工作。五年来，共筹备召集人代会6次，举行常委会会议40次、主任会议71次；听取审议“一府两院”专项工作报告131个，开展执法检查、调研、视察、专题询问、专项评议等450余次；作出决议决定150余项；任免国家机关工作人员290人次。区七届人大历次会议确定的任务全面完成，常委会各方面工作都取得新进展新成效，为我区经济社会和民主法治建设作出了积极贡献。

一、坚定人大工作正确政治方向，确保中央及省、市、区委重大决策部署贯彻落实

区人大常委会始终坚持党对人大工作的全面领导，旗帜鲜明坚定正确政治方向，增强“四个意识”、坚定“四个自信”、做到“两个维护”，在区委领导下，强化责任担当，依法履行职责。

贯彻中央和省、市、区委人大工作会议精神。认真学习贯彻中央人大工作会议和习近平总书记重要讲话精神，贯彻落实省委、市委人大工作会议精神，积极配合区委召开人大工作会议，出台关于加强新时代人大工作和建设的实施意见，扎实推进会议精神落实见效。坚持人大重要事项、重要工作向区委请示报告制度，五年来，共向区委请示、报告工作68件次。发挥好人民代表大会制度作为实现全过程人民民主的重要制度载体作用，在党的领导下，不断扩大人民有序政治参与，健全吸纳民意、汇集民智的工作机制。全面加强人大自身建设，努力打造让区委放心、群众满意的政治机关、国家权力机关、工作机关、代表机关。

助推夺取疫情防控和经济社会发展双胜利。常委会积极参加疫情防控，助推经济社会发展。主任会议成员深入对口联系街道开展督导，协调解决问题。区人大机关派驻工作组增援狮子山街道疫情防控力量，抽调机关干部常驻区级隔离观察点支援一线疫情防控。组织代表视察调研，听取审议我区新冠肺炎疫情防控工作报告。调研复工复产工作，形成调研报告，为区委决策提供参考。全区人大代表全力投身疫情防控和复工复产，为打赢疫情防控阻击战和经济社会稳步发展作出了积极贡献。

坚决贯彻区委决策抓好大事要事。适应我区总体规划调整和发展新要求，听取《锦江区分区详细规划（2016–2035年）》编制情况汇报，切实发挥规划战略引领和刚性管控作用。聚焦“幸福美好生活十大工程”开展视察调研，推动形成共建共治共享新格局。按照区委要求，组织专班对黑臭水体整治清零、建设工地安全环境综合整治、燃气电力供水管网管线安全隐患整治、电动车安全整治、重型货车安全运行治理等五个方面专项调研，推动重点领域综合治理水平提升。主动融入锦江发展大局，积极参与危旧房棚户区改造、春盐商圈转型升级、区属公房清理处置等重要工作，推进经济高质量发展。

二、坚持问题导向，增强监督工作实效

常委会突出监督重点，改进监

督方式，切实增强监督工作的针对性、实效性。

加强对经济工作的监督。高度关注宏观经济运行，听取审议国民经济和社会发展计划执行情况。听取审议“十三五”规划纲要中期评估报告，做出相应决定。提前介入“十四五”规划编制工作，依法进行审查，并在区人代会通过后加强规划实施监督。围绕全区重大项目建设、国有企业改革、楼宇经济、新经济产业、电子商务业、汽车销售行业等开展视察、调研，助推区域产业转型升级。开展锦江区2017–2019年税收情况和企业注册中“一址多户”情况专题调研，督促政府进一步重视经济发展质量。组织代表开展民营企业发展情况调研、《中小企业促进法》《消费者权益保护法》执法检查，助推国际化营商环境建设。

加强财政运行审查监督。完成年度区级财政预算执行情况和财政预算草案、财政决算草案、财政半年预算执行情况、财政预算调整变动、政府债务限额的审查并作出决议。开展预算执行、财政预决算公开、财政支出绩效评价等工作督查检查，规范政府收支行为，强化预算管理。建成预算联网监督系统，实现与财政部门预算收支数据联网，强化预算执行预警和数据分析。自系统开通以来，累计导入数据信息共计10万余条，筛查预警疑点100余个。强化国有资产管理监督，听取审议区政府年度国有资产管理情况综合报告，对区级行政事业性国有资产管理工作情况和企业国有资产管理工作情况开展重点监督，对区教育局、锦江发展生态公司等15个单位国有资产管理工作情况进行重点检查。听取审议区政府年度审计工作报告、年度审计整改工作报告和8家单位审计整改工作专项报告，累计检查72家单位304个具体问题的审计整改情况，督促政府强化审计监督。

加强对民生工作的监督。聚焦构建“15分钟社区生活服务圈”，围绕教育、医疗、卫生、体育、文化、民政领域的18个民生短板问题开展询问，9个政府部门应询回答，并接受满意度测评。开展《食品安全法》执法检查，保障人民群众“舌尖上的安全”。围绕“三网融合”、公建配套设施建设、义务教育、社区教育、学前教育、物业管理服务、医养结合、健康服务、养老服务、消费者权益保护等群众普遍关注的问题开展监督，促进发展成果惠及全体人民。开展文物和历史建筑保护，“三城三都”建设等专题视察调研活动，助力“国家全域旅游示范区”成功创建。开展社区发展治理大调研，聚焦社区治理的体制性障碍、机制性梗阻和政策性问题4大类17项，向区委提交调研报告。

加强对城乡建设和环境保护监督。持续开展《大气污染防治法》《水污染防治法》《土壤污染防治法》《固体废物污染环境防治法》等法律法规的贯彻执行情况执法检查，打好生态环境保护和污染防治攻坚战。全程参与迎接中央、省、市环保督察，助力圆满完成环保督察迎检任务。坚持每年依法听取审议区政府关于环境状况和环境保护目标完成情况的报告，切实加强大气、水和土壤环境治理监督。着眼城市永续发展空间承载能力提升，开展国有土地上零星地块利用情况监督，推动区政府通过多种方式实现闲置土地兼容复合利用，国有土地零星地块利用率由2018年46.15%上升至80.77%。持续关注“三圣花乡”转型升级，围绕规划建设、产业升级、长效管理等方面提出建设性意见，促进“花乡农居”提档升级。五年来，围绕公建配套建设、危旧房棚户区改造、环城生态带建设、垃圾分类、环卫保洁、河长制、口长制等工作情况开展视察调研50余次，为我区城乡建设和环境保护工作发挥了积极作用。

聚焦法治锦江建设开展监督。推进依法行政，集中视察法治政府建设、扫黑除恶专项斗争、区重点区域社会治安立体防控体系建设、区生产企业作业场所职业病预防等工作；专题调研基层司法所规范化建设、社区矫正、网络理政、退役军人服务保障体系建设、区应急管理工作情况。推进公正司法，五年来，听取审议区法院执行工作、行政审判、知识产权审判、刑事审判、劳动争议联调机制等工作报告，听取审议区检察院侦查监督、未成年人检察、刑事检察、公益诉讼、适用认罪认罚从宽刑事制度等工作报告，促进司法机关完善工作机制，规范司法行为，提升司法公信力。开展普法调研和宪法日活动，推进全民学法普法。对区政府7件规范性文件依法进行审查备案。注重社会矛盾化解，认真办理群众来信来访，五年来，共受理群众来信来访349件(次)，办结率100%。

三、依法行使重大事项决定权、人事任免权，做好换届选举工作

依法决定重大事项。作出《关

于锦江区国民经济和社会发展第十四个五年规划和二〇三五年远景目标纲要》的决议，把“十四五”规划纲要转变为全区的共同意志和统一行动。作出全区街道行政区划调整方案决议，提升城区治理体系和治理能力现代化水平。作出关于加强审计查出问题整改工作监督的决定，明确整改内容和要求，增强人大审计监督实效。作出关于开展“七五”法治宣传教育的决议，督促抓好宪法法律法规的宣传教育，推动全民学法守法用法。为保证决议决定的贯彻实施，组织开展督促检查，维护决议、决定的严肃性和权威性。

严格规范人事任免。坚持党管干部原则与人大依法行使任免权相统一，确保党组织推荐的人选经过法定程序成为国家机关工作人员。贯彻全国人大常委会关于在全国各地推开国家监察体制改革工作的决定，及时选举任命产生区监察委员会主任、副主任、委员。严格落实任前法律考试、拟任人员述职、审议票决、颁发任命书、宪法宣誓制度等。五年来，常委会任免国家机关工作人员265人，任命区法院人民陪审员143人，组织任职陈述212人，任前法律知识考试210人，宪法宣誓167人。

切实抓好换届选举。本届共补选区七届人民代表14人，接受6名区人民代表辞去代表职务，补选出席成都市十七届人民代表大会代表4人。为保证换届选举工作依法平稳有序进行，常委会认真明确政治责任和工作责任，严格换届选举纪律和规矩，强化督促检查和指导，选举产生新一届区人大代表267名，代表结构进一步优化，代表性、广泛性、先进性进一步增强。

四、支持保障代表依法履职，充分发挥代表作用

常委会充分尊重人大代表的主体地位，完善保障机制，创新服务载体，切实加强和改进代表工作。

加强人大代表之家、社区联络站建设。坚持“代表之家”和代表联络站设置在一线，代表履职在一线，解决问题在一线，全区共建成“代表之家”14个，升级改造代表联络站56个，实现街道全覆盖和区人民代表全进入目标。区人民代表在“代表之家”和代表联络站接待选民3000人，收集建议和问题800个，协调解决问题率62%。充分发挥示范带动作用，“春熙路街道人民代表之家”“沙河街道人民代表之家”荣获“成都市优秀人大代表之家先进单位”称号，大慈寺社区人民代表联络站等5个人民代表社区联络站荣获“成都市优秀人民代表社区联络站先进单位”称号。

加强和改进代表履职服务保障。出台常委会组成人员联系代表、代表履职、经费管理、述职评议等制度6项，充分保障代表依法履职。坚持每年组织参加省市人大举办的业务培训，做到代表培训全覆盖。拓展代表知情知政渠道，通报重要事项，提供政情区情资讯。开展“全面落实年——人大代表在行动”“走访企业、群众”等专题活动4次，推动120项群众急难愁盼问题解决。坚持每年组织代表向选民述职，加大代表履职事迹宣传，展示代表履职风采。

拓展代表参与常委会工作的广度和深度。邀请提出相关议案、建议或熟悉相关工作的代表列席会议，五年来，累计155名代表列席会议。做到邀请代表参加视察调研、专题询问、执法检查等活动常态化，为代表依法履职创造条件。代表来自基层、来自群众，在参与常委会活动中提出的意见建议，为提高常委会工作质量发挥了重要作用。

加强和改进代表意见建议办理工作。运用“互联网+”，在全省首家开发网上办理代表建议系统，实现建议提出便捷化、内容规范化、办理网络化、督办在线化、结果公开化。深化重点议案建议常委会领导领衔督办、相关工委跟踪督办、人大街道工委延伸督办等机制，常委会每年两次听取政府代表意见建议办理情况报告，开展办理工作专项评议，促进办理工作质量提升。评选通报年度代表优秀建议和先进承办单位，激发代表履职动力，提升承办单位办理质效。“一府一委两院”和有关方面高度重视，代表建议的满意率和落实率逐年提高。五年来，1345件建议、批评和意见已全部办理完毕并答复代表。

五、切实加强自身建设，努力提高履职水平

常委会认真贯彻全面从严治党要求，提高政治站位，坚定政治方向，切实加强自身建设，为各项工作的顺利开展提供保障。

全面加强思想政治建设。始终把思想政治建设摆在首位，认真学习贯彻习近平总书记系列重要讲话精神和中央、省委、市委、区委重要会议精神。按照中央和省、市委部署，扎实开展“不忘初心、牢记使命”主题教育、“党史学习教育”，坚持“两学一做”学习教育常态化、

制度化。认真组织学习习近平法治思想、习近平总书记关于坚持和完善人民代表大会制度思想，坚持常委会会议、主任会议会前学法，五年共举办《中华人民共和国民法典》《中华人民共和国刑事诉讼法》《中华人民共和国预算法》等法律法规专题学习40次，增强法治意识和法律素养。

持续深入推进作风建设。坚决执行全面从严治党各项规定，严守政治纪律和政治规矩，严格执行党风廉政建设责任制，驰而不息正风肃纪。大兴调研之风，虚心听意见，认真察实情。对表信念过硬、政治过硬、责任过硬、能力过硬、作风过硬的要求，建设一支忠诚干净担当的人大干部队伍。

深化制度建设。坚持民主集中制原则，集体行使职权，集体讨论决定问题。修改常委会议事规则、组成人员守则等规章制度9项，常委会工作更加规范有序。夯实基层基础履职保障，制定人大各街道工委工作职责和工作制度7项，强化基层人大的履职支撑。

发挥人大工作整体合力。加强对专门委员会的领导，强化协调配合，形成工作合力。设立区人大常委会机关党组，加强机关建设，提高服务保障能力和水平。加强人大街道工委工作指导，开展“街道人大工作提升年”活动，推进规范化建设。五年来，各人大街道工委积极探索，勇于实践，创造了一些好做法、好经验，全区人大工作水平进一步提升。

通过本届的工作实践，我们深切体会到，做好新形势下人大工作，要做到“三个坚持”。一是坚持党的领导这一最高政治原则。党的领导是人大工作保持正确政治方向的根本保证。区委始终把人大工作摆在重要位置，为常委会履职行权提供了坚强的保证。常委会始终坚持党的领导、人民当家作主、依法治国有机统一，严格按法定程序办事，维护宪法和法律权威。

二是用好宪法赋予人大的监督权。常委会始终聚焦区委重大决策部署，聚焦人民群众所思所盼所愿，推动解决制约经济社会发展的突出矛盾和问题，持续加强对法律法规实施情况的监督。五年来，“一府一委两院”严格执行常委会做出的决议决定，依法报告工作，自觉接受人大监督，同心合力，共同推进全区各项事业。

三是坚持依靠代表、服务代表。人大工作活力在代表、动力在代表、潜力在代表。常委会始终坚持尊重代表主体地位，充分发挥人民代表作用。五年来，全区代表肩负全区人民赋予的光荣职责，站稳政治立场，履行政治责任，密切同人民群众的联系，积极投身改革发展“主战场”，唱响议政督政“好声音”，当好人民群众“代言人”，展现了新时代人民代表风采。

各位代表，区七届人大常委会取得的成绩，是区委坚强领导的结果，是全体代表、常委会组成人员、各专门委员会组成人员和区人大常委会机关工作人员辛勤工作的结果，是区政府、区监察委员会、区法院、区检察院密切配合的结果，是全区人民和社会各界大力支持的结果。

回顾总结本届常委会工作，我们也清醒地看到，区七届人大常委会依法履职尽责，为锦江区民主法治建设发挥了积极作用，但也存在一些不足。这些都将在今后的工作中认真加以改进。

下一步工作建议

各位代表，区第八次党代会提出：要加快建设“品位锦江·幸福城区”，为成都建设践行新发展理念的公园城市示范区贡献锦江力量。这对进一步做好人大工作提出了更高的要求。我们坚信，区八届人大及其常委会一定能适应把握新要求，积极顺应人民群众新期待，更好地担负起历史重任。根据区第八次党代会决策部署，下一步人大工作的指导思想是：高举中国特色社会主义伟大旗帜，以习近平新时代中国特色社会主义思想为指导，全面贯彻中共十九大和十九届二中、三中、四中、五中、六中全会精神以及中央人大工作会议精神，深入贯彻习近平总书记对四川及成都工作系列重要指示精神，深入学习贯彻习近平法治思想、习近平总书记关于坚持和完善人民代表大会制度的重要思想，坚持党的领导、人民当家作主、依法治国有机统一，紧紧围绕“品位锦江·幸福城区”总体目标，依法履职尽责，推动经济社会发展，促进民主法治进程，为成都建设践行新发展理念的公园城市示范区贡献锦江人大力量。

在今后的人大工作中要深入贯彻落实中共十九大精神和十九届二中、三中、四中、五中、六中全会精神以及中央人大工作会议精神和习近平总书记重要讲话精神，自觉把总书记的重要讲话精神和中央、省、市、区委决策部署贯彻落实到人大工作各方面各环节全过程，不断提升新时代人大工作质量和水平；旗帜鲜明、坚定不移贯彻落实坚持党的领导这一最高政治原则，确保人大各项工作都在区委的领导下进行；保持政治上的清醒和坚定，始终坚持中国特色社会主义政治发展道路这一根本方向；高举人民民主的旗帜，发挥好人民代表大会制度作为实现全过程人民民主的重要制度载体作用；围绕区委中心工作开展人大工作，切实做到区委工作重心在哪里，人大工作就跟进到哪里，力量就汇聚到哪里，作用就发挥到哪里；切实做好人大代表工作，使发挥人大代表作用成为人民当家作主的重要体现；着力推动工作高质量发展，让人民代表大会制度优势更好转化为国家治理效能；全面加强自身建设，增强“四个意识”、坚定“四个自信”、做到“两个维护”，努力打造让党委放心、人民群众满意的政治机关、国家权力机关、工作机关、代表机关。

成都市锦江区人民政府工作报告

——在锦江区第八届人民代表大会第一次会议上

成都市锦江区人民政府区长　缪晓波

（2021 年 12 月 23 日）

一、过去五年和 2021 年工作总结和回顾

区七届人大一次会议以来，区政府在市委市政府和区委的坚强领导下，在区人大、区政协的监督支持下，始终坚持以习近平新时代中国特色社会主义思想为指导，深入贯彻习近平总书记对四川及成都工作系列重要指示精神，政治上同心同向、思想上同心同德、工作上同心同力，团结依靠全区干部群众，解决了一批制约区域发展的困局难题，化解了一批影响安全发展的矛盾隐患，办成了一批多年想办而没办成的实事好事，积累了一批具有锦江特色的经验做法，取得了一批可圈可点的成绩成果，较好地完成了区七届人大一次会议确定的主要目标任务，实现了“十三五”圆满收官和“十四五”良好开局的目标。

五年来，我们坚持以经济建设为中心，实现“三个千亿突破”，综合实力再上台阶。2021 年，预计完成地区生产总值 1260 亿元，是 2016 年的 1.5 倍，人均地区生产总值 14 万元、达到高收入国家和地区水平。社会消费品零售总额 1280 亿元，是 2016 年的 1.4 倍，连续 18 年位居全市第一。服务业增加值 1090 亿元，是 2016 年的 1.5 倍。一般公共预算收入 88.45 亿元，是 2016 年的 1.8 倍。锦江区连续四年入选“赛迪全国百强区”。

五年来，我们坚持以政治建设为统领，攻坚“四类重点改革”，政府效能切实增强。始终把中国共产党的全面领导贯穿政府工作全过程，全力破除制约高质量发展的体制机制障碍。深化机构改革，重设 26 个部门，新增区公园城市局、区行政审批局、区综合执法局等部门，实现机构职能整体重构。启动区划调整改革，调减 5 个街道 13 个社区，区域版图格局重塑。推动国企改革，组建锦江发展集团，建立“1+3+N”架构，将区属国企数量从 64 家压减至 42 家，单个国企资产规模由近 400 亿元激增至 845 亿元，实现发展支撑功能重建。创新“放管服”改革，成功申报“全国社会管理和公共服务综合标准化”试点，“仅跑一次”服务机制入选“中国改革十大年度案例”。

五年来，我们坚持以文化建设为引领，彰显“三大文化定位”，品质内涵显著提升。在城市更新中注重体现“老成都”，精心打造华兴街等特色街区 29 个，锐钯街入选“全球最酷 50 城市街区”。在旅游消费中着重体现“蜀都味”，在全市中心城区率先创建“国家全域旅游示范区”，春熙路大慈坊获评首批“国家级夜间文化和旅游消费集聚区”。在对外开放中侧重体现“国际范”，成功承办第八次中日韩领导人会议等重大国际交往活动，聚集成都市近四分之三的外国驻蓉领事机构和近二分之一的世界 500 强企业、近四分之五的外资金融机构。

五年来，我们坚持以社会建设为根基，荣获“一项最高荣誉”，民生福祉持续增进。坚持心系藏区群众、助力脱贫攻坚，2021年锦江区被中共中央、国务院表彰为“全国脱贫攻坚先进集体”，是1991年建区以来获得的最高荣誉。飞地+众筹产业扶贫模式入选“全国社会帮扶示范案例”和第二届“全球减贫案例”。坚持发展为民、发展惠民，民生支出占一般公共预算支出比重保持在69%以上，城镇居民人均可支配收入预计达5.5万元，是2016年的1.5倍。坚持以人为本、健康先行，创建“五育并举人才培养实验示范区”，获得“全国健康促进区”称号，成为国家智慧健康养老示范基地。

五年来，我们坚持以生态文明建设为抓手，实现“三个位居前列”目标，绿色底蕴不断厚植。空气质量综合指数位居五城区前列，优良天数由237天增加到300天。水环境治理成效位居全市前列，锦江、沙河地表水考核断面水质达标率100%。全域绿化覆盖率位居中心城区前列、达47.2%，建成三级绿道体系207公里。锦江区获得“国家生态文明建设示范区”称号。

各位代表，2021年是“十四五”开局之年。这一年，区政府深入贯彻落实区委七届十二次、十三次、十四次全会精神，坚持稳中求进总基调，统筹推进疫情防控和经济社会生态高质量发展，较好完成了区七届人大六次会议确定的各项目标任务，为本届区政府任期画上了圆满句号。

刚刚过去的11月，新冠肺炎疫情再次肆虐。我们第一时间启动疫情防控应急预案，24小时完成重点区域、重点人群全员核酸检测，疫情发生72小时后再无新增病例，疫情防控能力在实战考验中获得显著提升，相关工作得到市委市政府主要领导和分管领导充分肯定。组建“专业+应急”流调队伍，变单线作战为联合作战。成立由街道牵头，疾控、公安等多部门组成的点位流调工作专班，围绕3个重点区域、21个轨迹点位全面开展流调溯源。构建“全时+多维”监测系统，变“人海战术”为“数据跑路”。整合全区2个中风险小区、17家隔离酒店等点位天网系统和内部视频监控，接驳区网络理政智能化分析平台，构建全时空、多维度智慧防疫体系。建立“集中+快速”指挥机制，变层层反馈为实时指挥。制定流调溯源等6个工作导则。每日1名副指挥长24小时在岗，指挥部成员单位集中值守，实时对重点场所可视化指挥。实行“战区+兵种”防控模式，变多头安排为统一调度。绘制作战图，落实战区负责制，教育、商贸等领域分兵种抗疫，避免交叉指挥、重复调度。规划建设“公益+经营”健康驿站，变应急调用为平疫统用。兼顾短期防疫应急需求和长期资产增值需要，创新国有企业自建、自持、自营模式，按照“三区三通道”标准，在环城生态公园规划建设2处健康驿站，新增600余间高品质酒店隔离房间。

回望这场抗疫斗争，在市委市政府和区委的坚强领导下，广大党员干部闻令而动、冲锋在前，广大医务工作者坚毅逆行、奋战一线，广大公安干警、社区工作者和志愿者不辞辛劳、无私奉献，广大市民坚强勇敢、主动配合，与时间赛跑、同病毒竞速，构筑起共同战疫的坚实防线。从隔离酒店的秩序井然，到娇子一号、凯丽香江“封控小区”的温情服务，再到商场超市、医院学校的科学管控，充分展示了锦江人民守望相助的大爱精神和众志成城的必胜信念。这，就是推动锦江高质量发展的强大动力！

在坚决守住疫情防线、安全底线、生态红线的基础上，区政府完整、准确、全面贯彻新发展理念，推动经济社会生态持续稳定健康发展。全年主要做了以下工作。

（一）坚持创新驱动，区域竞争实力在产业转型中切实增强

“一二三三”经济地理格局初步成型。一个动力极核支撑引领。春熙路国际时尚消费中心极核效应凸显，中心区域GDP占比55%，经济贡献同比增长10%。两条发展轴线加快构建。东大街国际消费活力轴、锦秀绿道都市文旅活力轴功能不断提升强化，包装策划重点项目及消费场景130个。三条生态基带增绿提质。锦江公园建成二环路至南绕城7公里自行车道，二环路至九眼桥3.6公里慢行绿道有序推进，合江公园提升打造，活水公园启动改造；沙河公园生态日趋完善，琉璃路公园建成开放，塔子山公园全面升级；环城生态公园完成用地移交4621亩、进场率100%，整治提升重点点位11处。三大产业功能区活力迸发。春熙路时尚活力区、白鹭湾新经济总部功能区、交子公园金融商务区锦江片区能级跃升，建成投运科创空间24万平方米，新落地高能级项目35个，新增限上企业50家，重点企业营收突破4000亿元。

"1+3+3"现代产业体系加速成势。一个主引领强势破局。人工智能新经济引领作用凸显，出台产业扶持、人才引育、金融服务、场景营造四大政策体系，"成都国家人工智能创新应用先导区"成功落地锦江，数字人民币创新应用试点走在全国前列。三大主导产业高位求进。现代商贸业预计营收1600亿元，同比增长6.8%；新兴金融业预计营收1400亿元，重点企业营收同比增长8.7%，成功落地全省第一家外资牌照金融机构友邦人寿，全省第二家消费金融持牌法人机构四川唯品富邦消费金融有限公司；数字传媒业预计营收230亿元，同比增长15%。三大特色产业初具规模。都市工业预计营收961亿元，同比增长15%；都市文旅业预计营收265亿元，同比增长2.9%；都市医养业预计营收105亿元，同比增长14.5%。

"三三五"重点项目工作全面推进。三大战略工程有序实施。春熙路商圈提质工程，一期39个项目陆续呈现；东大街焕新工程，一期47个项目启动建设；三圣花乡转型工程，实施花乡农居景观提升和幸福梅林道路基础设施建设，打造产业院落11个、网红打卡地12处。三个百亿级项目重磅启幕。天府茂业城顺利动工；四圣祠"大城之窗"历史建筑保护修缮和协议搬迁工作稳步开展；白鹭湾数字总部港隆重开工，成为成渝地区双城经济圈与粤港澳大湾区深度联动的示范项目。五级企业培育体系初具规模。全力培育锦欣医疗集团、中国五冶集团、锦江发展集团三个千亿级本土龙头企业，支持壮大延长壳牌、永辉超市、新华文轩、成都启润、蜀道资本集团五个百亿级结算总部企业，提质发展成都生研所、电信五所、核西南院三个十亿级效益科研机构，加快培育赛肯思等100家亿元级"专精特新"小巨人企业和绿微生物等1000家高成长创业企业。

（二）坚持协调布局，人城产格局在有机融合中加速形成

"三类人才需求供给乏力问题"明显改善。紧缺高端人才不多问题明显改善。升级"锦遇良才"行动计划2.0版，在全市率先建成三级青年人才服务体系，新引进培育国家、省、市人才计划入选者26人、产业高端人才203人、"濯锦工匠"技能人才327人，"蓉漂"青年人才落户7050人。人才安居保障不足问题明显改善。全市首个人才公寓项目锦城峰荟交付使用，崇德雅苑人才公寓项目启动销售，新增保障性租赁住房3000套。人才创业扶持不够问题明显改善。新建桉树林城市创客空间等创新创业载体17家，新增青年创业市场主体近7000户、创业青年近3万人；创新建立中小微企业普惠金融服务机制，帮助融资8.7亿元，入选四川省要素市场化配置改革首批试点。

"三类城市建设失衡问题"有效破解。三环外区域建设滞后问题有效破解。完成槐子树2组、成自高铁等5个片区共1313亩拆迁腾地，出让土地16宗843亩，潘家沟、驸马片区基础设施建设有序推进。三环内区域院落老旧问题有效破解。五福苑等40个老旧小区完成改造，新建东湖路等规划道路6条，打通宏济新路、晨光路2条"断头路"。部分区域综合环境不优问题有效破解。整治提升背街小巷5条，玉成街等7个特色街区各美其美，23个大运会风貌整治项目靓丽呈现。

"三类产业发展短板问题"逐步解决。市场主体量质不优问题逐步解决。新增市场主体5.6万家，同比增长36%；引育种子企业14家、准独角兽企业3家、独角兽企业1家；新增入库企业55家、固定资产投资项目296个，均居五城区第一。楼宇经济质效不强问题逐步解决。打造亿元楼宇24栋；全区32栋重点楼宇平均入驻率为96.72%、入区率87.96%、入库率5.93%、纳税率51.21%，楼宇"四率"同比提高7.44%、19.31%、3.43%、23.31%。高新企业总量不足问题逐步解决。预计有效高新技术企业达150家，高新技术产业主营业务收入超过550亿元，技术合同交易额超过120亿元，全社会研发投入15.5亿元。

（三）坚持绿色转型，公园城区品质在生态赋能中持续提升

"三大保卫战"持续推进。坚决打赢"蓝天"保卫战。空气质量优良天数较去年同期增加10天，居五城区第一。着力打好"碧水"保卫战。全面推行"河长制+口长制"，锦江流域市级挂牌20个污水下河排口全部整治完成。扎实推进"净土"保卫战。居民小区垃圾分类投放点设置全覆盖，垃圾无害化处理率100%。第二轮央督反馈问题整改和"大棚房"问题专项清理整治行动"回头看"扎实推进。

"三级绿化体系"有机塑造。绿道体系加速成网。新建绿道30公里，新增"上班的路、回家的路"50条，完成32条道路行道树增量提质和1.6万平方米立体绿化。绿地

公园再添新景。建成全市最大的锦江体育公园，高品质呈现晨辉路公园，改造提升小游园、微绿地8处。绿色空间持续拓展。完成“两拆一增”103处，拆除违建20万平方米，增加开敞空间34.2万平方米。

“两种生态价值转化模式”成效初显。创新探索生态策展型转化模式。高品质打造“1.314爱情专线”，吸引沿线商家积极参与，特别是香格里拉大酒店、兰桂坊、水井坊博物馆等大企业主动参与，预计沿线商家全年实现社会消费品零售总额12.5亿元，核心路段商家营收总额相比打造前增长12倍。积极探索生态赋能型转化模式。三圣花乡接待游客同比增长24%，中秋国庆期间游客数居全省第二，预计全年旅游收入同比增长67%；红砂村获评首批“天府旅游名村”，集体经济组织年增收1500万元，村民家庭年增收5万元；“公园+乡村”生态价值转化新路径获评人民网2021年乡村振兴示范案例。

（四）坚持开放合作，对外交往门户在协作互助中加快构建

“四大商圈”持续升级。春熙路商圈极核引领。新增全国首店16家，首店总量居全市第一，举办首发首秀首展活动22场，在世邦魏理仕发布的《中国重点城市核心区户外经济活力指数报告》中位居第一。攀成钢商圈有序呈现。高线公园设计方案编制完成，乐天广场、环球贸易广场、环球汇广场等重大项目有序推进，联合广场、蔚然中心入驻率分别达92%、99%。东村商圈加快建设。绿地468蜀峰2022年春节前封顶，政企联合招商团队全球招商全面开展，并与中国五冶集团、四川音乐学院、京东方等完成签约。交子商圈蓄势待发。地下综合管廊及地下环形车道建设完工，交子金融梦工场四期开工建设，特色金融街区建筑设计方案国际征集全面启动。

“四潮专线”品质呈现。潮游专线（1.314爱情专线）亮点纷呈。水井街“最美上学路”得到周边学校师生一致好评，合江亭“最美婚登所”浪漫登场、在全省率先开展涉外婚姻登记，天仙桥南路获评全市“最美街道”，“1.314爱情专线”获评全市“最美社区游线”，带动沿线临街商铺营收同比增长58.7%。潮购专线惊艳亮相。中西部首块8K超高清户外大屏建成投运，万紫商城改造完成，春台市锦二期开工建设，带动沿线重点商超营收同比增长22.4%。潮玩专线初步呈现。一环路市井生活圈宏济路、点将台片区完成打造，潮力方5GXR体验中心2022年春节前主体完工，带动沿线品牌潮店营收同比增长28.9%。潮享专线精致展现。西部文化产业中心竣工投用，一台好戏西南首店、阿来书房西南旗舰店等一批文创IP签约进驻；四圣祠国际医美城加快建设和项目招引；完成3处历史建筑保护修缮和暑袜街、华兴街、望福街特色街区打造，建成全市首个“公寓书屋”阿奇书店，带动沿线老字号店铺营收同比增长38.6%。

“十二月市”品牌初塑。“十二月市博物馆”精心打造。将于2022年元旦春节期间开馆，135家区内重点企业入驻展陈，“交子券”促消费机制同步启动。“十二月市特色街巷”有序建设。梨花街“七宝市”华丽开街，吸聚100余家黄金珠宝企业参加策展，成为全国第三大黄金首饰交易中心和西南最大珠宝散批集散地。联升巷“锦市”联合上海TX淮海共同打造，悬浮视觉效果装置年底呈现。均隆街“药市”光彩工程初步呈现。春熙路“灯市”，兰桂坊、黄伞巷“酒市”年底呈现。幸福梅林“梅市”风貌景观一体化打造设计方案完成编制。福字街“桃符市”、红星路“扇市”等特色街巷策划方案加快完善。

“两种资源双向合作”深入推进。国际合作持续拓展。成功举办医美产业对日网络招商推介会等各类投资促进活动147场，新引进友邦保险、深投控等首进成都的世界500强2家，促进埃克森美孚、葛兰素史克等2家世界500强设立法人机构。国内合作不断深化。深度融入成渝地区双城经济圈建设，与重庆市渝中区签订商务、金融、文旅合作协议，促成两地合作项目48个，开通川渝通办事项87个。招商引资工作体系全面创新。构建扁平化决策、专业化分工、清单化推进、实效化考核的“大招商”工作机制；优化投促部门“龙头招商”、产业部门“专业招商”、产业功能区“平台招商”、街道办事处“税源招商”、平台公司“配套招商”的“大组合”招商策略；明确投资目标任务、工作效率任务、项目能级任务的“大会战”招商要求，解决招商“谁来干”“怎么干”“干成什么样”的问题；“大招商大组合大会战”初见成效，预计全年新引进重大产业化项目21个，实际到位内资190亿元、外商投资实际到位32亿元、FDI完成1.39亿美元。

（五）坚持共享成果，幸福美好生活在优质供给中逐步实现

“五个一便民机制”促进民生保障坚实有力。创新实施养老领域“五个一”便民机制改革，获市政府主要领导肯定并在全市推广。创新“一次认证”改革。以社保认证数据为基础，推动民政、人社、公安等部门数据联通，老年人一年仅需进行一次认证即可全领域通用，并以此促进60岁以上人口城乡居民养老保险在全市率先实现全覆盖，全区城乡居民医保参保率达99.7%。创新“一认多证”改革。推动“一次认证”结果跨领域、跨部门使用，让“数据跑”代替“群众跑”，避免老年人多部门重复认证。创新“一卡通用”改革。拓展社保卡功能应用，39项惠民惠农财政补贴资金纳入社保卡统一发放管理，挂号就医、个人社保缴纳等63项公共服务实现社保卡“一卡通用”。创新“一码通付”改革。开通“锦江支付码”，集成天府市民云、养老服务金卡等功能，让6.4万名老年人享受到便捷、高效、安全的数字消费新体验。创新“一网通办”改革。推动一体化政务服务平台涉老服务事项“线上审批”，街道、社区综合服务窗口涉老服务事项“一窗受理”，办理事项平均时限较法定时限提速85%，并以此推动政务服务事项全部实现“最多跑一次”，全程网办率达94%。扎实开展“我为群众办实事”实践活动，66件民生实事全面完成。建成全省首个智慧就业服务专业化平台，城镇登记失业率控制在3%以内。区退役军人服务中心获评“全国示范型退役军人服务中心”。“困难群体救助体系建设工作”入选国家标准化十大典型案例。

“三项社会事业行动”促进公共服务高效供给。“优教锦江”提升行动扎实开展。新建中小学3所、幼儿园13所，扎实推进“五项管理”促进“双减”政策落地，发布全国首套县域《中小学生劳动教育指南》，进入“全国儿童青少年近视防控试点区”“全国青少年校园足球试点区”称号。“健康锦江”提能行动有力实施。四川大学华西医院锦江院区、四川大学华西第二医院锦江院区二期、成都骨科医院改扩建项目加快建设，网格化城市医联体国家试点深入推进，获国家卫健委领导高度认可。“文体锦江”提质行动有序推进。成都市文化馆新馆开放运营，新增全民健身场地超过10万平方米，举办庆祝建党100周年系列活动等各类文体活动480余场。

“三四一网格化模式”促进社区治理示范推进。扎实做好两项改革“后半篇”文章，试点探索“三融合、四统一、一平台”网格化智慧治理体系。推动业务融合、人员融合、经费融合“三融合”。试点整合全区综合执法、道路交通、应急管理、生态环境、市场监管、社会治安等领域业务和人员力量，按照“费随事转原则”精准确定工作经费，推动管理权限、人员编制、工作经费向街道下沉，基层治理综合能力切实提升。推动一张网格、一支队伍、一个平台、一套机制“四统一”。科学划定基础网格、经济网格、干道网格、企事业单位网格和特色网格，综合基层服务人员、物业管理人员、社区志愿者等建立统一网格队伍，推动网格工作平台链接“智慧锦江”大脑实现智慧调度，健全“街道呼部门应”、警城联动、管罚一体等机制实现联勤联动，基层治理协同能力切实提升。推动建设网格化智慧治理“一平台”。实现线上智慧化实时调度加线下网格化精准处置，基层治理智慧能力切实提升。新建天府小院等社区美空间12个，喜树路社区打造全国首个“全龄友好公园社区”、获评“全国社区综合服务中心创新示范工程”；获得“国家智能社会治理实验基地”称号。建成全市首个社区商业孵化基地，建立社会组织和社会企业双孵化中心，培育社会组织和社会企业68家，入选“全国市域社会治理创新优秀案例”。

（六）坚持安全底线，社会平安大局在共建共治中和谐稳定

“四一零平安锦江体系”深入推进。严格落实“四铁”工作法。坚持铁心布置、铁面检查、铁腕执法和铁的作风，区政府领导带队“四不两直”“三带三查”督导安全工作166次。压实安全工作“一票否决”责任体系。“平安锦江”工作拓展到11大类36小项，生产安全事故数同比下降72.73%，降幅居全市第一。健全安全工作“零容忍”督导体系。坚持日快报、周调度、月考核、季评比、年奖惩，陡沟河、成龙大道枫树街路口等90个点位整治完成，多年内涝问题得以解决，获评2021年省防汛抗旱先进集体。常态化推进扫黑除恶，破获黄赌毒、盗抢骗等民生侵财案533件、打掉诈骗窝点12个，违法犯罪警情同比下降15.1%。

“五联智慧锦江体系”加快建设。泛在感知的物联网络逐步呈

现。视频感知系统基本实现重点场所全覆盖，街道空气自动监测站实现全覆盖，下河排口智能监测设备和小区院落油烟、噪声智能传感器加快布局。智能互联的网联体系加快构建。新建5G基站900个，“5G三千兆”网络实现功能性覆盖；升级打造智慧服务大厅，实现人证核验、材料智审、进度查询等十大主题服务24小时“不打烊”。整合共享的数联体系加速成型。区数据资源治理平台整合41个部门、417个目录、521项资源，政务数据资源初步具备共享能力。高效协同的智联体系初步建成。经济大数据平台功能持续拓展，整合三次产业、9大行业、51个支撑指标，加载综合数据11万余条、基础数据150万余条，实现全区经济工作调度“一屏统览”“一网统调”。安全共享的信联体系探索推进。以数字人民币为支付媒介的“交子券”智能信用平台加快建设，8000余家商户开通数字人民币结算功能。

“四类风险防范体系”有效运行。安全维稳风险有力防控。建成区、街道、社区“三级调解体系”，获评全国信访工作“三无”区：无进京越级上访、无大规模集体上访、无因信访问题引发的极端恶性事件。金融领域安全风险全力整治。完善风险甄别筛查模式，妥善处置80余起涉众型金融风险，隐性债务化解完成既定目标。住房领域安全风险创新治理。在全省率先开展房屋质量安全智慧监管平台试点，实现既有房屋建筑安全风险全面排查和隐患动态清零。食品安全风险防控全市领先。推行“互联网+阳光厨房”，创新开展“你点我检、共治食安”活动，食品安全风险防控指数列全市第二。

同时，政府自身建设全面深化。我们坚持把政治建设摆在首位，深入开展党史学习教育，学习贯彻习近平总书记七一重要讲话和党的十九届六中全会精神，政治判断力、政治领悟力和政治执行力进一步提升。坚持把主动接受监督作为改进工作的动力，自觉接受区人大及其常委会法律监督、工作监督和区政协民主监督，认真做好225件人大代表建议、政协委员提案办理，按时办结率、满意率均为100%。坚持把依法行政贯穿政府工作各个环节，行政规范性文件备案报备率、及时率、规范率均为100%，行政复议依法受理率、办结率均为100%。坚持把营商环境作为区域发展核心竞争力，深入推进行政审批便利化改革，在区政务服务中心设立“办不成事”受理窗口，办理各类咨询200余件。坚持把全面从严治党主体责任落到实处，驰而不息抓作风、正风气，坚决反对和整治形式主义、官僚主义，支持立案查处政府系统各类作风和腐败问题43件、48人；坚决落实中央八项规定及其实施细则精神，一般性支出预算较上年度压减5.3%，风清气正干事创业环境巩固提升。

国防动员、双拥共建、民兵预备役、兵员征集、人防、机关事务等工作切实加强，档案、保密、粮食、地方志等工作有序推进，民族宗教、外事侨务、人口计生、总工会、共青团、妇女儿童、工商联、残疾人、关心下一代等工作成效明显。

各位代表，这些成绩的取得，是市委市政府和区委坚强领导、科学决策的结果，是区人大、区政协有效监督、大力支持的结果，是全区人民勠力同心、团结奋斗的结果。在此，我谨代表区人民政府，向在各条战线、各个岗位辛勤付出的全区人民，向给予我们支持和帮助的人大代表、政协委员、各人民团体、驻区部队和社会各界人士，向所有积极参与疫情防控的友邻单位、党员干部和人民群众，向所有关心关注锦江建设、参与支持锦江发展的同志们、朋友们，表示衷心的感谢并致以崇高的敬礼！

在总结成绩的同时，我们也清醒地认识到，当前发展还面临许多困难和挑战，尤其是“超大城市中心城区”这一最大区情给经济社会生态发展提出了更高要求，主要表现在：“产业空心化”问题亟待解决，经济总量不大且增速放缓，有效投资还需进一步扩大和提振，主导产业尚在转型发展，特色产业尚未形成支撑；“大城市病”问题亟待解决，部分片区形态老旧，基础设施及公共服务还存在短板，油烟污染、噪声扰民、交通拥堵等群众“急难愁盼”问题还需下大力气解决；“队伍能力短板”问题亟待解决，部分干部创新意识、工作作风、干事能力、进取精神还不能适应新形势新要求。这些问题和挑战需要尽快在下一步工作中认真加以解决。

在分析问题的同时，我们更要清晰地认识到，未来发展也蕴含着巨大的机遇和优势。一方面，国家、省、市层面多重机遇叠加，主要表现在：国家“双循环”新发展格局构建所催生的历史机遇，成渝“双城记”打造区域发展第四极所带来的战略机遇，“成都都市圈”作为第三个国家层面规划实施所带来的发展机遇，大运会等国际赛事举办所带来的营城机遇。另一方面，锦江区自身具备差异化的独特竞争优势，从比较优势来看“消费领先”，被仲量联行评为国际消费中心城市中心城区全国第三；从发展基础来看“创新抢先”，成都国家人工智能创新应用先导区成功落地；从资源禀赋来看“生态优先”，成功创建国家生态文明建设示范区。这些机遇和优势需要进一步推动转化为新一轮发展动力。

二、未来五年和2022年工作思路和安排

未来五年是锦江区转型发展、跨越提升的关键五年。总体思路是：坚持以习近平新时代中国特色社会主义思想为指导，全面贯彻中共十九大和十九届历次全会精神，弘扬伟大建党精神，深入学习贯彻习近平总书记对四川及成都工作系列重要指示精神，全面落实中共中央、国务院和省委、省政府、市委、市政府及区委系列决策部署，立足新发展阶段、贯彻新发展理念、融入新发展格局，坚持以人民为中心的发展思想，坚持稳中求进工作总基调，坚持统筹发展，紧紧围绕区第八次党代会确定的“品位锦江·幸福城区”总体目标，筑牢有预见性的安全，推动有实物量的发展，实施有感受度的治理，谋划有支撑力的举措，把一个更加美丽、更具活力、更有品位、更具幸福感的现代化国际化锦江推向新时代，探索成都建设践行新发展理念的公园城市示范区的锦江路径。

未来五年锦江区经济社会发展的主要奋斗目标是：到2026年，地区生产总值达到1600亿元以上，一般公共预算收入达到115亿元以上，社会消费品零售总额达到1900亿元以上，城镇居民人均可支配收入年均增长7%以上。2022年工作目标是：地区生产总值增长6%，一般公共预算收入增长6%，社会消费品零售总额增长6%，城镇居民人均可支配收入增长7%。

各位代表，10月28日召开的锦江区第八次党代会是锦江区承前启后、继往开来的一次具有历史意义的重要会议，充分体现了区委站位全局、服务大局的政治自觉，抢抓机遇、勇挑重担的使命担当，人民至上、心系民生的为民情怀。特别是会议确定的“品位锦江·幸福城区”总体目标，为未来五年发展指明了方向、擘画了蓝图，我们一定要深刻领会、深入贯彻、深度践行。

对于品位，我们理解品位的内核是历史文化，两江千年交汇的合江亭和“震旦第一丛林”的大慈寺蕴含着锦江品位。品位的表现是商业繁荣，“门泊东吴万里船”的东门码头和“众人熙熙，如登春台”的春熙路体现着锦江品位。品位的追求是科技时尚，生物疫苗、数字人民币、裸眼3D等创新技术的率先应用代表着锦江品位。由此我们自信地昭示，品位之于锦江区就是“文商漫古今，科创育未来”。

对于幸福，我们感受幸福的前提是要有安全感，让每一个锦江人都享有平等自由的安宁生活；幸福的基础是要有获得感，让每一个锦江人都享有可感可及的发展成果。幸福的目标是要有成就感，让每一个锦江人都享有勤劳致富的出彩机会；幸福的境界是要有归属感，让每一个锦江人都怀有自信和美的家国情怀。由此，我们自豪地宣称，幸福之于锦江区就是“进可都市退可田园，推门就是美好生活”。

对于品位与幸福，我们认为品位与幸福是追寻与获得的关系。品位让旅游者向往，通过宜商宜游让人走进来；幸福被居住人点赞，通过宜居宜业让人留下来。品位与幸福是过程与结果的关系。品位推动解决发展不充分问题，幸福推动解决发展不平衡问题。品位与幸福是外延与内涵的关系。品位是经济基础和物质保障，幸福是上层建筑和精神感受。“品位锦江”与“幸福城区”相辅相成、相得益彰。既要以“品位锦江”吸引更多优质企业投资兴业共建“幸福城区”，又要以“幸福城区”吸引更多优秀人才安居乐业共享“品位锦江”。由此我们坚定认为唯“文商漫古今，科创育未来”必“进可都市退可田园，推门就是美好生活”。

未来五年，我们将紧紧围绕“品位锦江·幸福城区”这一总体目标，埋头苦干，勇毅前行，全力以赴实现“再造一个春熙路商圈、再建一个产业锦江、再塑一番大城之美”三个具体目标。

（一）力争再造一个春熙路商圈

以建设春熙路时尚活力区为核心，以创建国家级国际消费中心城市引领区为牵引，重点发展现代商贸业、新兴金融业、数字传媒业，聚焦“潮”，让“文商漫古今”成为“品位锦江”最显著的特质。

习近平总书记指出“文化和科技融合，既催生了新的文化业态、延伸了文化产业链，又集聚了大量创新人才，是朝阳产业，大有前途”。

在春熙路时尚活力区体现品位，就是要以线下与线上融合模式再造一个春熙路商圈，沿成都“东进”方向融入“成渝地区双城经济圈”，汇入“长江经济带”，形成以国际商圈为带动的需求牵引供给、供给创造需求良性循环，买全球、卖全球、服全球。

百年春熙路，文商潮未来，品味都市繁荣魅力的成都味。在春熙路展现“文化与商业融合”的成都味，推动春熙路商圈进一步“潮”起来。春熙路是中国西部“洋务”和“兴商”的发祥地，是全国商业第三街。提升提能春熙路商圈，必须通过“文商旅体娱融合”吸聚“流量”这一核心资源，聚焦人流倍增和消费翻番，持续深化“四潮专线+十二月市+交子券”新消费体系，推动流量经济转化为平台经济，全力打造千亿级国际商圈。延伸打造“有逛头”的“四潮专线”，展现独特文化魅力，回答人为什么来。“四潮专线”是目前全国独有的城市主题游购体系。打造以品牌时尚为主题的潮购专线，沿春熙路至太古里发展首店经济，重点建设蓝润U立方、文轩国际金融中心、春台市锦二期三期等项目，让“购潮货，到锦江”成为共识。打造以鲜花爱情为主题的潮游专线，沿锦江公园大力发展幸福经济，重点实施超级兰桂坊、水井坊博物馆升级改造等项目，让“游潮景，到锦江”成为共识。打造以电音电竞电影为主题的潮玩专线，沿一环路市井生活圈大力发展夜间经济，重点建设青和里国际社区、星桥影视产业大厦等项目，让“玩潮店，到锦江”成为共识。打造以美容美食为主题的潮享专线，沿华兴正街到四圣祠北街发展美丽经济，重点实施西部文化产业中心、四圣祠国际医美城等项目，让“享潮品，到锦江”成为共识。提升打造“有买头”的“十二月市”，丰富新颖消费场景，回答人来了干什么。“十二月市”是成都延续千年的全年不间断节会消费体系。精心打造十二月市博物馆，围绕“商品、商摊、商铺、商人、商币、商路、商街、商场、商圈”九大要素传承延续千年的商业基因，植入“交子券”兑换平台，植入AR蜀锦汉服换装体验、水井坊古法酿酒体验等多媒体互动功能，植入微缩宋代大慈寺、东大街市井图等艺术展陈场景，全面展示商业历史文化、展望城市商运未来。精致打造十二月市特色街巷，在东大街、春熙路打造以“不夜锦江”为主题的“灯市”，在四季花街、花乡农居打造以“繁花似锦”为主题的“花市”，在新开街打造以“花鸟鱼虫”为主题的“蚕市”，在联升巷打造以“蜀锦汉服”为主题的“锦市”，在红星路户外空间打造以“文玩书画”为主题的“扇市”，在南糠市街打造以“天香国色”为主题的“香市”，在梨花街打造以“文创珠宝”为主题的“七宝市”，在华兴正街打造以“梨园赏桂”为主题的“桂市”，在均隆街打造以“道地药材”为主题的“药市”，在兰桂坊、黄伞巷打造以“酒文化”为主题的“酒市”，在幸福梅林打造以“观湖品梅”为主题的“梅市”，在福字街打造以“祈福创意”为主题的“桃符市”。精准打造十二月市节会体系，在每月举办十二月市主题节会活动的基础上，打造具有锦江特色的“元旦节、春节、元宵节、情人节、“3·14”白色情人节、劳动节、“5·20”爱情节、端午节、七夕节、中秋节、“9·22”国际熊猫节、国庆节、“11·11”购物节”等全年不间断节会活动体系。创新打造“有搞头”的“交子券”模式，彰显普适诚信品质，回答人来了为什么还要来。“交子券”是实惠便民的社会诚信消费体系。加快提升“交子券”购物打折功能，联动区内优质商家开展促消费活动，让消费者享受“商家折扣”，形成“人人有优惠”的消费效应；加快推动“交子券”与线上平台融合，与数字人民币、中国银联、微信支付、支付宝等移动支付平台，与58同城、美团、携程、滴滴、高德等消费互联网平台，与各类直销厂家、新品展销平台等产业互联网平台合作，常态化开展“交子券”线上促消费活动，让消费者享受“支付折扣”“平台折扣”，形成“线上线下齐打折”的协同作用；加快完善“交子券”个人信用累计功能，让消费量大的顾客、“回头客”等“高商业信用人群”可以享受更多折扣，让劳动模范、优秀教师、抗疫卫士、杰出青年、见义勇为者、志愿者等“高社会信用人群”，以及高龄老人、残疾人、低保户等“特别困难群众”可以享受最高折扣，让消费者享受“信用折扣”，形成“好人有好报”的社会氛围；加快优化“交子券”商家信用管理机制，设置“交子券”商家准入条件、品质规范和管理导则，要求入选商家注册纳税、诚信经营并持续优化服务，让消费者在锦江区放心消费，形成“好商家有好回报”的商业导向。

千年东大街，一街潮古今。品味历史感知情致的时尚感。沿东大街展现“历史与当下融合”的时尚感，将春熙路商圈的“潮”沿东大街向东延伸。东大街自古就是成都东向出川要道，有“蜀中第一街”的美誉，当前又是成渝地区双城经济圈成都主城区“东进”廊道。探索通过赓续东大街千年商路文脉，推动春熙路商圈影响力沿东大街向东延伸，高标准建设“国际时尚段、市井人文段、文创生态段”三大特色路段和沿线六个综合开发片区，向东连接龙泉驿区大运城，再向东带动东部新区商业商贸繁荣发展，全力打造国际消费活力轴。建设“最美城市会客厅”盐市口总部活力区。盐市口位于天府广场城市中心，是城市“东进”“南拓”原点，具有发展总部经济的天然禀赋和历史传承。以天府文化公园为依托，利用天府广场站TOD汇聚人气，引导天府茂业城、百扬大厦等高品质商务楼宇持续提能，推动仁恒置地广场业态升级并联动周边区域整体建设国际城市会客厅，深入挖掘红照壁等片区文化特质，打造皇城坝蜀韵大城风貌街区。建设“最酷时尚潮玩地”春熙路国际潮购城（即春熙路商圈）。以锦江公园为依托，利用春熙路站TOD汇聚人气，深入推动实施“四潮专线＋十二月市＋交子券”新消费体系，挖掘大慈寺、耿家巷等片区文化特质，提升打造大慈寺历史文化风貌街区。建设“新兴金融总部群”牛王庙金融集聚区。以一环路市井公园为依托，利用牛王庙站TOD汇聚人气，持续提升私募基金产业园能级，推动一心桥、林家坡片区等商业综合体加快建设，深入挖掘锦官驿、财神楼等片区文化特质，打造交子金融文化风貌街区。建设“未来时空消费场”攀成钢艺术商务港。以“无限环”高线公园为依托，利用牛市口站、东大路站TOD汇聚人气，推动乐天广场、环球贸易广场、环球汇广场等项目加快建设，深入挖掘得胜场、工业记忆等片区文化特质，打造全国最大的露天行为艺术空间并与国际化商圈深度融合的现代流行文化风貌区。建设“文体融合休闲社”沙河堡生态人文湾。以沙河公园为依托，升级打造塔子山公园、马家沟大运公园，利用塔子山公园站、四川师大站TOD汇聚人气，引导联合广场、天廊广场持续提能，推动省林科院城市更新、邮电学院异地搬迁等项目加快实施，深入挖掘沙河堡、九天楼等片区文化特质，打造成渝古驿道文化风貌街区。建设“中心城区东门户”468数字文创谷。以468米高空花园为依托，利用洪河站TOD汇聚人气，引导468锦峰、468云里等商务楼宇持续提能，推动468蜀峰以整层为单元招引优质企业入驻，深入挖掘西南第一高楼文化特质，建设云端文化创意商业街区。

万里长江水，潮自锦江来。品味世界时代风潮的国际范。从国际视野展现“锦江与世界融合”的国际范，将春熙路、东大街的“潮”顺锦江东流、汇入长江、涌进大海。坚持“跳出锦江看锦江”，锦江区最具国际标识度的是商业，最有可能在全国乃至世界格局中凸显功能的是商圈。春熙路商圈日均客流55万人、年营业额240亿元，分列全国主要商圈第二和第五，但较纽约第五大道商圈、东京银座商圈等国际顶级商圈仍有较大差距。积极探索以“商圈联盟”为突破，将锦江区摆位到更大格局中谋划工作，使之成为成都市乃至四川省融入“双循环”的重要路径，开拓更大空间，不断提升锦江区在全市、全省乃至全国格局中更大的分量。策划推动贯穿东西的以需求为牵引的消费活力轴，推动成都助力中国成为全球市场的重要部分。探索以春熙路商圈为主体，沿成都“东进”方向汇入长江经济带，联动重庆解放碑商圈、武汉武广商圈、南京新街口商圈、上海南京路商圈等，协动北京国贸商圈、广州天河商圈等，组建国际商圈联盟，打造以需求为核心的长江经济带国际消费活力轴，形成中国打造全球市场的强大磁场。推进辐射全国的以供给为支撑的产业增长极，依托商圈联盟形成的消费活力轴，牵引以长三角、大湾区、环渤海、成渝四大区域经济中心为供给主体的产业增长极，形成内陆沿海互通、东西南北互动、国内国际互联的“双循环”产业链供应链新格局，强化中国作为“世界工厂”的巨大势能。融入连接全球的以供需平衡为导向的国际商贸机制，推动成都参与中国发挥“国际规则”的引领作用。与欧美、日韩等知名商圈加强合作，不断拓展国际商圈联盟覆盖面，建立统一的市场准入机制、商圈服务标准、营商服务准则，积极融入国际大市场，特别是要带动我国40个大类的国民经济领域都能在消费活力轴和产业增长极中形成进口和出口并重的“双循环”发展格局，带动全球商品服务贸易进一步增长和繁荣，促进中国创制“国际规则”的引领地位。这样就更有可能把春熙路商圈快速推进国际商圈第一梯队，让锦江区在国家战略和国际大势中扮演更重要的角色。

2022年，根据“四潮专线”计划，实施蓝润U立方、超级兰桂坊等34个重点项目，预计年度投资36.6亿元。根据“十二月市”计划，实施春熙路灯市、联升巷锦市等14个重点项目，预计年度投资7.2亿元。根据“交子券”计划，实施节庆促消费活动项目，预计年度投资8000万元，带动消费18亿元以上。根据“盐市口总部活力区”计划，实施天府茂业城、红照壁商业综合体、仁恒置地广场业态升级等7个重点项目，预计年度投资7.5亿元。根据“牛王庙金融集聚区”计划，实施空压机厂地块商业体、卓越国际艺术中心等8个重点项目，预计年度投资18.3亿元。根据“攀成钢艺术商务港”计划，实施高线公园、环球贸易广场、环球汇广场等4个重点项目，预计年度投资16.5亿元。根据“沙河堡生态人文湾”计划，实施林科院更新改造、劼人片区城市更新等5个重点项目，预计年度投资30.4亿元。根据“468数字文创谷”计划，实施绿地中心、468剧本工厂2个重点项目，预计年度投资18亿元。根据“国际商圈联盟”计划，实施商圈信息联通平台等2个重点项目，举办第一届国际商圈高峰论坛。

星垂平野阔，潮涌大江流。我们用一个“潮”字来统领“文商漫古今”，将其贯穿“再造一个春熙路商圈”工作主线，作为“品位锦江”最显著的特质。“潮”的核心是以文商旅体娱融合思维实现流量吸附，将流量优势转化为平台价值，进而实现商圈的产值倍增目标。如果全国14亿人中10%的人因为想感知锦江区的“潮”，选择一年之内到锦江区游玩一次，如果其中10%的人因为想体验锦江的“潮”愿意消费1000元，那么就会新增140亿元销售收入，相当于成都国际金融中心和太古里一年销售收入的总和，相当于再造了一个春熙路商圈。加之我们将“潮”的模式沿东大街延伸，推动攀成钢商圈、东村商圈和交子商圈加快发展，同时将“潮”的概念向网络拓展，推动线上线下流量倍增，甚至可以再造几个春熙路商圈。“潮”同时也寓意“时代大潮”，我们希望锦江区的企业和群众能一直顺应时代潮流、把握发展潮流、引领时尚潮流，勇做建功新时代的弄潮儿。

（二）力争再建一个产业锦江

以建设白鹭湾新经济总部功能区为核心，以建设国家级人工智能创新应用先导区为导向，重点发展都市工业、都市文旅业、都市医养业，聚焦“新”，让“科创育未来”成为“品位锦江”最鲜明的标识

习近平总书记指出：“要推动数字经济和实体经济融合发展，利用互联网新技术对传统产业进行全方位、全链条的改造，发挥数字技术对经济发展的放大、叠加、倍增作用”。在白鹭湾新经济总部功能区体现品位，就是要以“人工智能创新应用路径”再建一个产业锦江，在约4平方公里待开发区域发展高新技术产业找“高新增量”，在约20平方公里生态绿地区域推动生态价值转化找“生态增量”，在对口帮扶炉霍区域探索共同富裕模式找“外部增量”。

一道九园，数智新未来。打造科技与产业结合的发展实力品位。策划打造锦江科创大道并串联发展九个产业园区，让企业感受到来锦江投资就是有品位有追求有实力。锦江大道弧线贯穿东大街国际消费活力轴和锦秀绿道都市文旅活力轴“两条锦江区发展轴线”，西连高新技术产业领先的成都高新区，东连工业制造企业集聚的龙泉驿区，通过人工智能创新应用赋能打造产业园区，加快推进特色产业“建圈强链”，全力推动锦江区产业发展由春熙路商圈“单点支撑”向春熙路商圈、白鹭湾新经济总部功能区“双核共振”转变。将锦江大道提升打造为科创大道。夯实锦江大道交通功能，加快实施道路“双向八车道”提升改造工程，向道路两侧延伸拓展开敞空间、建设慢行绿道。提升锦江大道生态功能，加快实施全线U型空间风貌提升工程，重点提升两侧建筑立面、行道树和光彩景观，节点植入标识性城市家具和艺术装置，形成“观白鹭、赏蓝韵、品红叶、映彩灯”的四季景观。升级锦江大道产业功能，沿线打造新技术应用、新业态体验、新产品首发的策展空间，节点植入智慧传感器、无线充电、物联网等智慧功能，招引华为、小鹏等头部企业联合建设新能源汽车、智能汽车路测实验基地，共同打造“聪明的车、智慧的路、综合的站、强大的云”。沿锦江大道整体发展九大产业园区。联合发展“交子公园金融商务区”。与成都高新区合作，加快建设锦言大桥、锦尚大桥、交子人行桥促进锦江两岸人气连通，推动2.82平方千米产业园区由北向南梯次开发，聚焦金融科技、财富管理、数字人

民币等赛道打造金融城东站TOD、河东金融特色街2个产业组团，聚焦文创消费、国潮消费、数字消费等赛道打造滨江商业街、成都街坊2个产业组团，高品质呈现交子公园东区，全力建设全国一流的创新金融中心和引领时代潮流的世界级新商圈。转型发展“锦江数智产业港”。推动1.29平方千米锦江工业园整体提档升级，沿锦江植入特色消费场景打造数智生活服务带集聚人气，带动华侨凤凰都市工业国际创新港、成都传媒港、中鼎国际二期等示范项目加快建设，带动西藏药业、精典汽车等闲置低效用地强力盘活，推动片区逐步转型为以先进智造业为主体的“专精特新”小巨人企业集群发展区。升级发展“中生科创谷”。深化与中国生物集团的项目合作，支持成都生研所生物疫苗生产线迭代升级，推动中国生物集团加快布局生物医药研发板块，集聚一批产业链上下游关联企业，打造集研发、孵化、生产、服务一体的生物疫苗研发产业集群，以环境综合整治提升为切入点，实施3.1平方公里园区一体化开发。特色发展“58数字生活城”。高品质打造槐子树站TOD汇聚人流，依托1.15平方公里58产业园区，联合58集团围绕劳动力求职需求升级打造智慧就业服务平台，推动58集团加快落地全国新业务运营中心、生活服务数据中心和西部结算中心，打造服务全市、辐射西南的智慧生活服务产业链条。示范发展“白鹭湾科技生态园”。深化与深投控、成都产业集团合作，学习借鉴深圳湾科技生态园开发模式，推动2.43平方公里园区一体化开发运营。在0.73平方千米（占比30%）生产空间，聚焦人工智能、新能源汽车等新赛道，通过承接粤港澳大湾区外溢产业蓄势起步，加快集聚云天励飞等人工智能头部企业和高新技术服务企业；在0.41平方千米（占比17%）生活空间，建设中央商业步道、滨水休闲轴、绿轴休闲步道和休闲商业通廊；在1.29平方千米（占比53%）生态空间，建设深度融入生产生活空间的生态场景，让每栋大楼推窗见景、每个小区出门见绿，打造生产生活生态融合发展的深蓉合作示范园区。提质发展“新能源汽车商贸城”。促进0.8平方千米汽车商贸城业态升级，吸引小鹏、哪吒等新能源汽车头部企业入驻，引导奔驰、宝马、奥迪等传统品牌车企新能源项目落地，通过汽车商贸产业集群引入共享出行头部企业，打造集汽车研发销售和后市场服务为一体的新能源汽车交付服务中心。同时，建设支持无人驾驶路测、新车路试、购车试驾的新能源智能汽车测试基地，策划白鹭湾科技生态园植入新能源汽车研发中心，协同春熙路商圈、锦华万达广场打造新能源汽车展示中心，联动龙泉驿区新能源汽车制造中心，推动成都新能源汽车“建圈强链”，探索成都汽车产业新版图。连通发展“智慧康养产业园”。与四川大学华西医院、锦欣医疗集团合作开发6.42平方公里国际智慧康养产业园，加快建设四川大学华西医院锦江院区，巩固提升区域医疗服务能力；加快建设紫檀街国际妇幼健康主题街区和幸福梅林康养社区，优化配套服务供给；加快建设四川大学华西第二医院锦江院区二期，植入药物临床试验（GCP）中心和药械研发中心；加快建设德胜智慧医疗产业大厦，打造集办公、研发、孵化、应用为一体的智慧医疗产业中心。融合发展“都市文旅产业带”。发挥4.44平方公里网红新媒体产业园区集聚优势，聚焦直播电商、音乐演艺、智慧体育等赛道，加快推进华熙528艺术东村、枫树街新媒体产业园、创意山商业中心等项目建设，利用市政景观公园等开敞空间，打造集动漫展、音乐节等于一体的文商旅体娱户外会展产业街区。集成发展“468数字文创谷”。依托西南第一高楼468蜀峰地标效应，以高楼观光、空中餐饮、高空灯光秀等集聚人气，整合1.52平方千米产业园区载体空间，集成发展468蜀峰、468锦峰、468云里、锦江文创中心等项目，打造成都“云端”城市门户文化创意产业谷。

五朵金花，科创新农居，打造艺术与生态结合的生态文明品位。坚持三圣花乡“都市田园乡愁”品牌定位，让游客感受到来锦江旅游就是有品位有格调有价值。三圣花乡片区曾是全国城乡统筹先行示范点，是成都主城区最大的城市绿肺。推动宝贵的生态空间有机融入生产、生活空间，按照中心城区标准优化完善基础设施和公建配套，联合行业龙头实施一体化开发运营，赋予“五朵金花”新的时代内涵。“花乡农居”提升打造创享农居。将柳荫路、农居路等升级为都市级道路，建设三圣乡TOD商业综合体、九曲商业花街等重点项目，发展以“花”为主题的特色餐饮、品质民宿吸聚人气，依托许燎源博物馆、水景广场等艺术空间，策划布局红砂网络文学产业园，联动鲜花交易市场打造“花艺、花市、花居”的沉浸式鲜花主题消费场景。“幸福梅林”提升打造创养梅林。将幸福路、滨湖路等升级为都市级道路，全面完成梅香湖水生态修复工程，建设梅香湖艺术馆、滨湖生活街区等项目，打造以观湖品梅为主题的梅市。依托四川大学华西医院锦江院区、四川大学华西第二医院锦江院区等优质医疗资源，发展康养理疗、母婴照护、休闲养生等业态，打造集疗养、康养、调养于一体的智慧医养产业社区。“荷塘月色”提升打造创智荷塘。将黉柏路、环荷路等升级为都市级道路，将蓝顶青年艺术村打造为全国知名的艺术家创作村，高标准建设A08商业艺术综合体、数字前沿展厅等项目，加快集聚一批原创作家、设计师、音乐创作者等新艺术人才，打造集艺术创作、展示、交易为一体的文化艺术产业聚集区。“江家菜地”提升打造创联菜地。将驸江路、时蔬路等升级为都市级道路，持续优化江家艺苑片区商业配套，建设科创生态花廊、景观田园超市等项目，发展体验农业、景观农业、创意农业等业态，打造都市微度假旅游新场景。“东篱菊园”提升打造创艺菊园。将铃兰路、椰树街等升级为都市级道路，实施片区农田景观化整理，建设菊香文创园、花卉科创院等项目，发展定制摄影、创意写生、音乐节会等业态，打造户外艺术展示基地。

三园一线，锦炉新合作，打造帮扶与共富结合的民族团结品位。与甘孜州炉霍县共同策划打造“三园一线”产业园区，让伙伴感受到与锦江区合作就是有品位、有奉献、有情怀。在锦炉脱贫攻坚对口帮扶成果的基础上探索合作共赢新渠道新机制，力争成为乡村振兴新典范。建设产业合作平台，打造“生产+销售”策展平台，与省农科院、省林科院、炉霍县合作建设高原现代农业产业园、高原现代林业产业园、高原农产品精深加工产业园，力争成为“产在炉霍、卖在锦江”的产业合作典范。打造“平原+高原”文旅平台，顺应国内游、短途游趋势，联合品质旅行社、星级酒店宾馆开发锦绣炉霍高原文旅精品线，力争成为“锦江集散、炉霍游玩”的文旅合作典范。持续拓展多元帮扶模式，深入推进飞地+众筹捐赠模式、飞地+商业租赁模式、飞地+代建代管运营模式，探索对口帮扶资金的金融化、杠杆化、市场化转型路径，持续扩大资金效益，助力帮扶企业发展壮大，力争成为“投在锦江、惠在炉霍”的创投合作典范。探索“互利共赢路径”路径，探索国资以股权投资方式代替帮扶现金模式，以市场化方式助力炉霍县企业建好“三园一线”，共享帮扶发展成果。促使资源互换，利用四川与浙江两省对口联系机制，通过土地指标增减挂钩实现跨区域增补平衡目标，同步解决锦江区土地指标需求和炉霍县发展资金需求。推进生态互补，聚焦碳达峰、碳中和重大战略部署，探索锦炉碳汇帮扶新模式。

2022年，根据“一道九园”计划，实施锦江大道提升改造工程、华侨凤凰都市工业国际创新港、白鹭湾数字总部港一期项目、交子金融梦工场四期项目等30个重点项目，预计年度投资63.9亿元，力争新增产业空间入住率70%以上。根据“五朵金花”计划，实施紫檀街延伸线、梅林东规划路、三圣喜雨康养等11个重点项目，预计年度投资1.5亿元。根据炉霍县“三园一线”计划，实施俄色茶深加工、新都村旅游提档升级、1314高原爱情专线等8个重点项目，预计投入对口支援产业帮扶资金2000万元。

危机育新机，变局开新局。我们用一个“新”字来统领“科创育未来”，将其贯穿“再建一个产业锦江”工作主线，作为“品位锦江”最鲜明的标识。“新”的逻辑在于创新创造，赋能产品服务，实现价值倍增目标。锦江区现有产业空间1000万平方米，之前入住这些空间的企业只有50%左右，即500万平方米产业空间在支撑现有产业发展。锦江大道两侧未来三年内将新增520万平方米产业空间，只要严格落实楼宇经济“四率”工作要求，入住率和入区率达到100%，就能再建一个产业锦江。如果招引培育的都是以人工智能创新应用为主的高新技术企业，叠加生态价值高效转化和区域合作互利共赢，甚至可以再建几个产业锦江。“新”同时也意味着新境界新未来。我们希望锦江区的企业和群众能传承和发扬创新基因，共同营造充满生机、焕发活力、彰显新气的锦江区。

（三）力争再塑一番大城之美

以探索公园城市示范区生态价值转化模式为核心，以建设国家级生态文明建设示范区为引领，重点呈现多元特征、丰富多重功能、营造多维体验，聚焦“美”，让“进可都市退可田园，推门就是美好生活”成为“幸福城区”最真切的感受。

习近平总书记指出：“一个城

市的预期就是整个城市都是一个大公园，老百姓走出来就像在自己家的花园一样。”锦江区是成都历史上著名的皇城、少城、大城中的大城所在地，拥有丰富的历史文化资源与深厚的城市记忆。在锦江全域时时处处感受幸福，就是要以精雕细琢的“绣花功夫”再塑大城之美，更加自觉践行以人民为中心的发展思想，推动生态本底在绿色的基础上更有效益，治理能力在精细的基础上更具智慧，公共服务在优质的基础上更加均衡，让“幸福城区”更有温度、更有质感、更有内涵。

幸福首先是安全的。我们将全力夯实生命、生产、生活、生态安全保障，打造“平安锦江”。

保护生命安全。持续加强新冠肺炎疫情常态化防控，压实压细“四方”责任，织密“外防输入、内防反弹”防控网，强化智能监测预警和院感防控，筑牢免疫屏障。精准做好艾滋病防治，坚决清零母婴传播。常态化开展扫黑除恶斗争，坚持“情、指、勤、舆、督”一体推进，健全完善科技支撑、专群结合、警民联勤的立体化信息化社会治安防控体系，严厉打击电信诈骗、黄赌毒、盗抢骗、假冒伪劣食品药品等违法犯罪活动。加强禁毒工作，深入开展禁毒“两打三控”工作，加强吸毒人员管控、毒品预防教育、易制毒化学品管理和行业场所禁毒管理，持续完善城市生活污水涉毒检测等毒情监测网。加强道路交通安全管理，组建区交通秩序大队，科技赋能电子警察，深入开展“减量控大”工作，强化“两客一危一货”等重点车辆及其运营企业监管，严厉打击“三超一疲劳”、酒驾醉驾等违法行为。

守护生产安全。持续开展安全生产专项整治三年行动，完善城市安全风险信息数据库，加强应急救援演练和预案管理，新建一类应急避难场所。深入推进公共消防基础设施建设，加强小型消防站和“一主两辅”队伍建设。开展建筑施工领域安全整治，加强深基坑、起重机械等方面隐患排查治理。维护“生活安全”。推动老旧小区改造，棚户区、D级危房清零，推行“街区公约＋院落公约”共治机制，新建项目规划阶段必须开展群众意见征询和社会风险评估，长效解决垃圾处埋设施等“邻避效应”问题。整治餐饮油烟和噪声扰民问题，依托网格化智慧治理平台自动感知、快速反应、及时处置，实现餐饮单位油烟净化设施和居民小区噪声监测设备全覆盖目标。精细整治占道经营问题，针对重点区域人行道划定占道外摆线，限定临时占道时间和距离，明确管理规范和处罚措施。加强食品药品安全监管，严格落实冷库库长制，抓牢冷链食品管控，开展网络订餐、速食食品等领域专项整治。呵护生态安全，打好大气污染防治攻坚战，建设全覆盖大气智慧监测网络，优化拥堵点位及周边交通组织，力争空气质量达到二级标准限值，空气质量优良率保持在80%以上。打好水污染防治攻坚战，实施东湖、梅香湖、白鹭湾湿地等水生态提升工程，加快推进再生水综合利用工程，强化综合管廊规划建设和综合管网病害治理，杜绝污水直排现象，全域消除劣V类水体。打好固体废物污染防治攻坚战，推行生活垃圾、餐厨垃圾、建筑垃圾和医疗废物等各类固体废物源头减量、分类管理、资源化利用、无害化处理，强化产、收、运、处全过程监督，确保新、改、扩建项目固体废物污染防治措施落实率100%。

幸福必须是环保的。我们将全力推动空间、产业、交通、能源绿色转型，打造“生态锦江”。

推动空间绿色转型。在春熙路国际时尚消费中心高品质打造“城市森林”，沿红星路到纱帽街打造“文、商、旅、体、娱、绿”融合的10分钟精品游线。沿东大街国际消费活力轴和锦秀绿道都市文旅活力轴构建区域级、城区级、社区级三级绿道体系。沿锦江公园、沙河公园、环城生态公园三条生态基带打造城市公园、社区公园、口袋公园三级公园体系。实现城区绿化覆盖率达48%以上的目标。

推动产业绿色转型。推动商贸服务业绿色转型，促进永辉超市等大型商超、香格里拉等高端酒店、锦泰宝驹等汽车4S店使用节能环保设备。推动都市工业绿色转型，促进川报印务、博瑞印务等印刷企业使用环保技术和绿色耗材。推动建筑业绿色转型，支持五冶集团等建筑企业发展装配式建筑等绿色建筑。发展新兴绿色产业，引进培育一批绿色环保服务、资源循环利用相关企业。

推动交通绿色转型。构建绿色交通体系，促进“上班的路、上学的路、回家的路”与公共交通深度融通。推广绿色交通设施，实现环卫车新能源替代率100%的目标。倡导绿色出行方式，联合美团、哈啰等共享单车企业开展低碳骑行公益活动。

推动能源绿色转型。加快传统能源替代，重点推动餐饮企业气改电项目。加强新能源设施建设，在春熙路商圈、东大街、锦江大道布局分布式能源设施、纯电动汽车充换电设施等新能源基础设施。倡导节能生活方式，引导居民以节能环保的方式使用空调等家电设备。

幸福更是便利的。我们将全力推进一网通办、一网统管、一键回应、一屏统调、一券通付便民举措，打造“智慧锦江”。

推动政务服务一网通办进程。迭代升级24小时智慧服务大厅，加快打造“不打烊的无人政务服务超市”智慧应用场景，实现非工程建设类事项一窗受理、全域通办目标。推动城市运行一网统管进程。推行“三融合、四统一、一平台”网格化智慧治理体系，推动综合管廊、道路交通等基础设施智慧化升级，加快构建全覆盖的感知信息管理网络，实现城市各类风险智能感知和智慧处置目标。

推动社会诉求一键回应进程。升级打造网络理政智能分析平台，汇集市长热线、区长信箱等平台的群众诉求，加强监测分析，确保群众诉求及时反映、快速回应。推进经济运行一屏统调进程。持续拓展经济大数据平台对比分析维度，实现经济运行调度数字化智能化转型目标。持续完善大数据智能分析功能，精准反映行业景气指数，科学指导“1+3+3”产业高质量发展。持续健全走访服务、企业画像、跟踪培育功能，增强政策扶持和企业服务的精准性。

推动民生福利一券通付进程。推动养老服务一券通付模式，提高养老助餐补助金、高龄老人津贴的使用效率和效益。开展扶弱领域一券通付试点工作，提高低收入家庭住房补贴、低保金的直达性和实效性。创新探索扬善奖励一券通付模式，让见义勇为者和社会志愿者得实惠、享福利。

幸福肯定是和谐的。我们将全力促进社会全龄友好、社区发展治理、居民共同富裕三大社会治理，打造“和美锦江”。

促进社会全龄友好。深入推进“幼有善育”项目，完善落实“三孩”政策配套措施，加快推进备孕、妊娠、分娩、产后全流程妇幼保健服务机构规范化建设。探索“示范性照护机构＋社区照护设施”模式，加快完善0～3岁婴幼儿照护托育服务，打造一批儿童友好街区。深入推进“少有优教”项目，推动学前教育普及普惠发展，持续扩大普惠性学前教育资源供给和学位覆盖率。推动义务教育优质均衡发展，落实“双减”政策，义务教育新优质学校覆盖率达到100%。推动高中教育多样特色发展，主动适应高考综合改革要求，深入推进选课走班教学改革。推动职业教育融合创新发展，探索中职学校与高职院校联合办学模式。持续健全家庭教育指导服务体系，加快构建家校社协同育人机制。深入推进“青有乐创”项目，实施青年创业倍增计划，优化“锦遇良才”人才政策体系，高质量举办“蓉漂人才荟”“濯锦工匠”等品牌活动，升级打造青年人才驿站、青年企业家俱乐部、青年创业者之家等社交平台，吸引更多青年人才创新创业。深入推进“中有良业”项目，优化人力资源供需对接平台，持续开展促进就业专项行动、技能锦江行动、职业技能提升行动，扎实做好高校毕业生、退役军人等重点群体就业工作，确保全区城镇登记失业率控制在3%以内。深入推进“老有颐养”项目，加快构建“133”养老服务体系，提档升级养老服务指导中心，融合居家养老、社区养老、机构养老三种模式，健全政府完全兜底、政策引导市场合作、完全市场化运营三种机制。加快构建医疗、医保、医药、医养、医惠“五医联动”医疗卫生健康服务体系，新建2家三级医院、10家互联网医院，完成区疾控中心“三乙”达标建设任务。

促进社区发展治理。聚焦发展，发展社区经济组织，盘活社区低效闲置用房，鼓励通过租赁、参股、联营等市场化方式参与社区建设、优化社区服务、强化社区治理、做大社区经济。聚焦治理，建强区、街道、社区、小区四级联动基层治理体系，健全居民议事会制度和协同治理机制，创建“全国基层治理标杆城市先行区”。聚焦服务，创新探索医养结合的社区服务模式，健全社会心理服务体系，围绕“一老一小”需求，探索“国资＋民营”“基金＋保险”等创新养老模式，通过打造一批示范点、提升一批硬实力、优化一批软服务、创新一批新机制实施未成年人保护行动。

促进居民共同富裕。提高初次分配比例，深入推进“锦江无欠薪”行动，鼓励有条件的企业推广员工持股制，支持技能人才、科研人员、小微创业者等重点人群增技增收，持续壮大中等收入群体规模。优化再分配，加大财政民生投入力度，加强普惠性、基础性、兜底性民生建设，确保民生及公共支出占比不低于70%。探索三次分配新模式，发展慈善事业，加快推动社会保险、社会救助、社会福利有效衔接，聚焦社会需求精心策划实施一批慈善项目，促进形成向上向善、互帮互助的良好风尚。

幸福还是欣欣向荣的。我们将全力探索轨交导向、创新导向、生态导向、文化导向发展策略，打造“活力锦江”。

实施TOD模式汇商。探索交通枢纽型TOD模式，以牛市口站、东大路站等TOD站点为片区枢纽，汇聚地铁、地面、二环路高架“三级交通体系”，联通地下、地面、高线公园三层消费动线。探索城市更新型TOD模式，以狮子山站TOD为牵引，带动邮电学院等周边片区城市更新，打造狮子山创设园等商业综合体。探索便利生活型TOD模式，以牛王庙站TOD为试点，连通一环路市井生活圈，引导游客到“四潮专线”消费游玩。

实施IOD模式兴产。联合科研院所推动成果转化，重点加强与成都生研所合作，加快转化生物疫苗领域科研成果。与电信五所合作转化通信领域科研成果，与核西南院合作转化特种检测领域科研成果，与四川师大合作转化文化艺术领域科研成果。鼓励区内企业加强自主创新，重点支持锦欣医疗集团在辅助生殖领域科技创新，在医养结合领域模式创新。支持五冶集团在绿色建筑领域研发创新。鼓励青年人才创新创业，加快盘活闲置楼宇和低效用地，利用城市地下空间和金角银边，打造一批创新创业空间和资源共享平台，吸引年轻人重回老城区。

实施EOD模式聚人。打造旅游空间EOD，在锦江公园植入消费结算平台发展滨江会展经济。打造居住空间EOD，在沙河公园实施沙河生态修复和景观提升工程，植入休闲游憩项目升腾沙河烟火地图。打造办公空间EOD，在环城生态公园内将白鹭湾科技生态园打造为“在公园里上班”的示范园区。引导商务楼宇升级室内环境、空气净化与新风系统，推动屋顶“第五立面”提升改造和地下车库“第六立面”环境整治，实现“在高楼大厦也能感受绿意盎然、在地下车库也能呼吸新鲜空气”的目标。

实施COD模式铸魂。以文润城，在天府锦城“四街两坊两景”创新正科甲巷唐宋遗址展陈方式，积极创建天府旅游名县。以文兴产，围绕十二月市博物馆、特色街巷和节会体系推动文商旅体娱融合发展。以文化人，依托“交子券”智能信用平台涵养广大群众诚信文明的优良素质，弘扬社会主义核心价值观。

2022年，计划实施健康驿站、禁毒教育基地等8个重点项目，预计年度投资2.8亿元。“生态锦江”计划实施再生水综合利用、城市森林公园等9个重点项目，预计年度投资3亿元。“智慧锦江”计划实施智慧治理中心、多维感知源等4个重点项目，预计年度投资2亿元。“和美锦江”计划实施成都社会组织学院、成都骨科医院改扩建、崇德雅苑人才公寓等47个重点项目，预计年度投资19.9亿元。“活力锦江”计划实施四川师大站TOD、东光南站TOD等16个重点项目，预计年度投资19.7亿元。

美德有根本，广誉久益荣。我们用一个美字来统领“进可都市退可田园，推门就是美好生活”，将其贯穿“再塑一番‘大城之美’”工作主线，作为“幸福城区”最真切的感受。“美”的核心是共建共享。如果我们的城市因为我们携手共建而变得更加安全宜业、生态宜游、便利宜商、和谐宜居、富足宜人，那么我们也会因为城区的增值而共享更多发展成果，也就能再塑“大城之美”的繁荣盛景，也就能助力成都实现大城崛起目标。“美”同时也代表着美美与共，我们希望锦江区的企业和群众能够将“美”内化于心、外化于形，共同推动“大美锦江”“大爱锦江”成为锦江区核心竞争力。

三、不忘初心、践行使命，全力打造人民满意的服务型政府

习近平总书记在重要讲话和在全国各地考察时，“人民”和“为人民服务”是频率最高、分量最重的用语，是习近平总书记治国理政的核心理念。全力打造人民满意的服务型政府既是深入贯彻坚持以人民为中心的发展思想，又是自觉践行全心全意为人民服务的根本宗旨。完成未来五年的奋斗目标和2022年工作任务，实现“一个总体目标、三个具体目标”既是本届政府义不容辞的光荣使命，又是本届政府对人民群众的庄重承诺。

实践证明，不依法的“区别对待”会让群众对政府丧失信任。因此坚持公平公正，建设法治政府是打造服务型政府的第一要务。不主动的低效作为会让群众对政府不满埋怨。所以坚持高效务实，建设效能政府

是打造服务型政府的核心基础。不守纪的“吃、拿、卡、要”会让群众对政府痛恨厌恶，因而坚持廉洁自律，建设廉洁政府是打造服务型政府的重要保障。我们必须全面加强法治政府、效能政府、廉洁政府建设，努力用政府的服务指数提升锦江区的品位指数和幸福指数。

依法行政不乱来。政府最该做到的是法治，人民最想得到的是公平。我们将加强法治政府建设，让人民更感安心。

重在接受监督。自觉接受人大监督，完善区人大监督、区政府执行互动机制，以政府常务会议定期研究人民代表建议，加快整改代表提出的龙王庙小学学位不足、选民反映的超期安置等问题。自觉接受政协监督，完善区政协提案、区政府办理互动机制，以政府常务会议专题研究政协委员提案。自觉接受纪律监督，完善区纪委监委执纪、区政府遵纪互动机制，研究重要工作时主动邀请区纪委监委过程监督。自觉接受司法监督，完善区法检两院司法、区政府执法互动机制，积极提升行政机关负责人出庭应诉工作实效。自觉接受社会监督，完善群众诉求、区政府回应工作机制，健全网络理政分级限时标准化处置流程。

强在依法合规。提升政府依法决策能力，健全重大决策社会稳定风险评估机制和政府法律顾问工作机制，严格执行评估论证、意见征询、集体审议等流程，不断优化规范性文件动态清理制度。提升政府依法执法能力，加强行政执法标准化建设，严格落实行政执法三项制度，加快梳理整合综合执法日常检查清单，实现“一次检查、全面体检”目标。提升政府依法化解纠纷能力，进一步规范行政复议办理程序，加强人民调解、行政调解和行业性、专业性调解组织建设，推动各类矛盾纠纷从源头化解。

贵在公平正义。推行阳光政务，扎实开展国家级政务服务标准化项目试点，深入推进政务公开，充分发挥传统媒体、新兴媒体作用，让权力在阳光下运行。加强法治教育，深入开展“八五”普法，加快构建区公共法律服务中心、街道法律服务工作站、社区法律之家三级法律服务体系，不断提高法律服务精准性。营造法治氛围，深入开展“法治示范街道”“法治示范社区”创建活动，积极探索可行措施督促企事业单位和公民个人落实疫情防控主体责任。

高效作为不拖沓。政府最需提升的是效率，人民最想看到的是实效，我们将加强效能政府建设，让人民更觉省心。

坚决放。大力推进“强街优社”工作，深化“街道呼、部门应”服务基层工作机制，加快推动楼宇经济和物业管理领域职权下放，赋予街道指挥棒，让看得见民生问题的人管得了。持续深化招商引资等领域扁平化决策机制，赋予招商部门决策权，让听得到企业诉求的人能定事。

审慎管。严格落实国家市场准入负面清单制度，持续优化手续最简、环节最少、成本最低、效率最高的办事流程，营造宽松准入环境。针对新技术、新业态、新模式推行容缺受理、柔性执法等包容审慎监管模式，探索建立知识产权侵权快速反应机制，营造鼓励创新环境。加快推进“双随机、一公开”监管常态化，结合“交子券”推行信用分级分类监管，试点推行“沙盒监管”，营造专心发展环境。

全面服。持续健全企业全生命周期政策服务体系，不断提高政策的含金量、精准度、知晓率、直达性，让公开透明可预期的政策兑现机制成为企业落户的定心丸。坚持“放水养鱼”，组建产业投资基金，不断优化政策性投融资服务产品，让真金白银的投资融资成为企业成长的助推器。全面落实营商环境政策，构建中小企业网格化服务、重点企业专人服务、龙头企业专班服务机制，让真心实意的优质服务成为企业发展的压舱石。

廉洁自律不越线。政府最好的形象是清廉，人民最大的期盼是担当。我们将加强廉洁政府建设，让人民更能放心。

作风廉。切实履行党风廉政建设责任制，认真落实中央八项规定及其实施细则精神，重点加强国资国企、城市管理、工程建设等领域廉政风险防控，大力惩治发生在群众身边的不正之风和腐败问题。切实改进文风会风，杜绝念稿子、走过场现象，通过远程调度、智慧平台等方式实现会议文件无纸化、审议事项图表化，让政府会议开出效率、开出效果。

资金严。切实树牢过紧日子思想，从严从紧核定“三公”经费预算，硬化预算执行约束，完善财政绩效管理，深入推进审计监督，不断提高财政资金使用效益。进一步增强国有资产造血能力，加快推进锦江发展集团资产重组和职能转变，更好发挥国有平台公司的投资支撑、融资担当、税收贡献、产业促进作用。

担当实。切实改进工作作风，深入推进“红白榜”制度，持续开展“不作为、乱作为、慢作为”问题专项整治。加快完善鼓励实物量、奖励新增量的动力机制，带动全区政府系统形成“对上争、往外跑、拼命干”良好氛围。干在实处，走在前列。

为政之道，以顺民心为本。我们深知，民心就是最大的政治，为人民服务就是政府的最高境界，如果人民群众不满意，消费再“潮”、产业再“新”、城市再“美”都没有任何意义。我们坚信，唯有法治阳光、高效务实、廉洁自律的政府，才能真正做到为人民服务。我们承诺，区政府必将依法行政、高效勤政、廉洁从政，重视每一个人的成就，珍视每一家企业的发展，全心全意为群众为企业服好务。

风劲潮涌唯有奋楫破浪，任重道远更须砥砺担当！回顾过去，成绩来之不易，经验弥足珍贵；展望未来，形势催人奋进，更需扬鞭奋蹄！各位代表，让我们更加紧密地团结在以习近平同志为核心的党中央周围，在市委市政府和区委的坚强领导下，在区人大、区政协的监督支持下，锐意进取，开拓创新，实心干事，科学作为，高质量建设“品位锦江·幸福城区”，为成都建设践行新发展理念的公园城市示范区贡献更多锦江力量！

名词解释

1. 飞地＋众筹：飞地指在涉藏地区县域内适宜发展现代产业的区域，为区域外的贫困村培育产业。众筹指为炉霍县88个贫困村选聘荣誉村长，牵头为贫困村众筹社会资源，助力贫困村飞地产业发展。

2. 五育并举：突出德育实效、提升智育水平、强化体育锻炼、增强美育熏陶、加强劳动教育，构建德智体美劳全面培养的教育体系。

3. 三区三通道：三区即清洁区、半污染区（缓冲区）、污染区，三通道即医护人员通道、隔离人员通道、污染物通道。

4. “一二三三”经济地理格局：“一”指一个动力极核。即春熙路国际时尚消费中心动力极核。“二”指2条发展轴线．即东大街国际消费活力轴、锦秀绿道都市文旅活力轴。“三”指3条生态基带。即锦江生态带、沙河生态带、环城生态带。“三”指三大产业功能区。即春熙路时尚活力区、白鹭湾新经济总部功能区、交子公园金融商务区锦江片区。

5. “1+3+3”现代产业体系：“1”指把发展人工智能新经济作为主引领。“3”指发展现代商贸业、新兴金融业、数字传媒业三大主导产业。“3”指培育都市工业、都市文旅业、都市医养业三大特色产业。

6.“三三五”重点项目工作：“三”指三大战略工程。即春熙路商圈提质工程、东大街焕新工程、三圣花乡转型工程。“三”指三个百亿级项目。即天府茂业城项目、四圣祠“大城之窗”项目、白鹭湾数字总部港项目。“五”指五级企业培育体系。即千亿级本土龙头企业、百亿级结算总部企业、十亿级效益科研机构、亿元级“专精特新”小巨人企业和高成长创业企业培育体系。

7. 三级青年人才服务体系：青年人才服务中心、青年人才服务站、青年人才服务使者。

8. 楼宇四率：指入住率、入区率、入库率、纳税率。即楼宇内进驻企业使用面积/楼宇可租用面积，楼宇内注册在锦江区的市场主体单位数/楼宇入住市场主体总数，楼宇内注册在锦江区纳入“四上”统计的单位数/楼宇入住市场主体总数，楼宇内纳税在锦江区的市场主体单位数/楼宇入住市场主体总数。

9. 河长制＋口长制：河长制指区级、街道党政主要负责人和社区负责人担任河长，负责组织领导相应河湖的管理和保护工作；口长制指在“河长制”基础上建立分级管理的入河排口“一口一长”制度。

10. 两拆一增：拆除公共区域的违法建筑，拆除有碍空间开放的围墙，增加公共开敞空间。

11. 5GXR：支持5G的扩展现实（XR）平台，融合增强现实（AR）、虚拟现实（VR）和混合现实（MR）实现广泛扩展。

12. 十二月市：唐代成都每月都会在大慈寺一带举行商品交易集会，到宋代固定为“十二月市”形式。即正月灯市、二月花市、三月蚕市、四月锦市、五月扇市、六月香市、七月七宝市、八月桂市、九月药市、十月酒市、十一月梅市、十二月桃符市。

13. 五项管理：手机管理、睡眠管理、读物管理、作业管理、体质管理。

14. 双减政策：指中共中央办公厅、国务院办公厅印发的《关于进一步减轻义务教育阶段学生作业负担和校外培训负担的意见》。

15. 四不两直：四不：不发通知、不打招呼、不听汇报、不用陪同接待，两直：直奔基层、直插现场。

16. 三带三查：带着专家查、带着执法查、带着问题查。

17. 5G 三千兆：5G 千兆、宽带千兆、Wi-Fi 千兆。

18. 四方责任：在疫情期间，全面落实属地、部门、单位、个人的四方责任。

19. 情、指、勤、舆、督机制：情报研判、指挥调度、勤务行动、舆情管控、督察盯办一体化实战化警务运行机制。

20. 两打三控：两打：严打制毒犯罪、严打贩毒犯罪，三控：严控制毒物品、严控高危吸毒人员、严控贩毒通道。

21. 一主两辅：一主：消防救援大队，两辅：街道应急队、社区应急分队。

22. TOD：以轨道交通为导向的开发模式。以地铁、轻轨等轨道交通站点为中心，依托轨道交通汇集商气，通过商业率先发展，带动城市更新、产业植入和配套升级，最终实现片区城市功能整体焕新。

23. IOD：以科技创新为导向的开发模式。以科研院所、龙头企业、青年人才等富有创新精神的社会主体为焦点，通过支持创新创造带动各类创新要素汇聚，通过创新创业空间需求带动城市更新和城市剩余空间高效利用，通过促成创新成果转化带动研发型企业孵化成长，最终实现创新驱动下的人、城、产创新发展。

24. EOD：以生态环境为导向的开发模式。以公园、绿道、河流等生态要素为核心，依托优质生态本底吸聚人气，带动旅游、居住、办公空间全面绿色转型和提档升级，最终实现“在公园里上班”“在公园旁居住”“在公园中游玩”的公园城市美好愿景。

25. COD：以历史文化为导向的开发模式。以历史遗存、文化记忆、人文精神等各类有形无形的历史文化资源为重点，通过遗址文物保护利用牵引城市有机更新，通过文创品牌还原再现牵引文商旅体娱融合发展，最终实现在城市开发中彰显地区文化特质、传承发扬文化资源、营造社会文明氛围的多重目的。

26. 四街两坊两景：四街：春熙路街区、华兴街街区、四圣祠街区、耿家巷街区，两坊：水井坊、大慈坊，两景：合江亭、大慈寺。

27. 行政执法三项制度：行政执法公示制度，执法全过程记录制度，重大执法决定法制审核制度。

28. 双随机、一公开：监管过程中随机抽取检查对象，随机选派执法检查人员，抽查情况及查处结果及时向社会公开。

中国人民政治协商会议
第七届成都市锦江区委员会常务委员会工作报告

——在政协第七届成都市锦江区委员会第五次会议上

政协成都市锦江区委员会主席　张松

（2021 年 1 月 19 日）

2020 年工作回顾

2020 年，区委召开政协工作会议，对当前和今后一个时期全区政协工作进行了全面部署，为锦江政协事业发展指明了前进方向、提供了政治保证。在区委的坚强领导和市政协的有力指导下，区政协坚持以习近平新时代中国特色社会主义思想为指导，全面贯彻落实中共中央大政方针和省委、市委、区委决策部署，切实发挥人民政协专门协商机构作用，为我区夺取疫情防控和经济社会发展双胜利、全力打造“天府成都·品位锦江”作出积极贡献。主要做了以下几个方面工作。

一、政治引领把握方向，广泛凝聚共识合力

（一）加强学习，统一思想

坚持把学习作为“第一议题”，

认真开展全体会议、常委会会议、主席会议和专门委员会议政治理论学习，组织各类学习、培训、研讨活动40余场次，覆盖政协委员、政协干部900人，深入领会中央和省委、市委、区委政协工作会议精神，及时传达党中央和省委、市委、区委重要会议文件要求，宣讲中共十九届五中全会精神，开展政协理论和实践研究，用党的创新理论武装头脑、指导政协履职工作。

（二）广泛联系，团结各界

加强与社会各界的联系，组织开展"政协委员走访困难企业群众"专项活动，深入开展"大学习、大调研、大走访"活动，多种形式联系政协委员、专家人才、重点企业和重点项目，广泛收集社会各界诉求期盼，宣传政策、化解矛盾，协调解决问题困难，调动各方积极因素，为招商留商、招才引智主动牵线搭桥、积极协调服务，扎实做好联系群众、助推发展、汇聚力量工作。

（三）打造阵地，传播共识

全面升级改版区政协公众信息网站，打造锦江政协凝聚共识的宣传阵地、履职服务的工作平台、委员风采的展示窗口。在各级新闻媒体上组织新闻宣传200余条，讲好政协故事，扩大政协工作影响。举办"锦江政协讲坛"3场，邀请知名专家学者授课，宣传阐释党和国家重大决策部署。以市井文化为主题，开展锦江文史资料第15辑编纂工作，为"天府成都·品位锦江"提供史料参考，发挥"存史、资政、团结、育人"作用。

二、多层协商建言资政，精准服务中心大局

（一）知情明政，精心组织协商活动

发挥专门协商机构作用，坚持调研于协商之前，在充分知情明政基础上精准建言。聚焦激发消费潜力巩固服务业优势，将疫情发生后首次专题议政性常委会议题确定为"全力创建国家全域旅游示范区和天府旅游名县"，为常态化疫情防控形势下我区主导产业的恢复发展献计助力。聚焦创新经济组织方式转换新旧动能，组织委员对我区三个产业功能区开展调查研究，对标先进找差距、谋对策，开展常委会会议专题协商，就推动产业功能区提质增效提出意见建议。聚焦做好街道行政区划调整和社区体制机制改革"后半篇"文章，深入街道、社区、社会组织实地调研，开展主席会议专题协商，围绕我区构建新型基层治理机制建言献策。

我们还聚焦产业升级、消费引领、场景营造、开放合作、治理提能等方面，组织全体会议、常委会会议、主席会议、专门委员会等多层面协商议政活动20余次，围绕事关全区发展大局的重要问题和重大事务，以及新经济应用场景营造、教师队伍建设等协商议题，提出意见建议近400条。

（二）问题导向，扎实开展民主监督

认真履行民主监督职能，寓监督于协商之中，着力助推区委、区政府决策部署落实。聚焦我区医疗卫生服务体系建设，组织委员深入医院、疾控中心、社区卫生服务中心，就公共卫生和疾病防控专业能力建设开展视察调研，召开主席会议专题协商会，直面我区公共卫生领域的问题不足，找症结、提建议。聚焦落实成都加快建设践行新发展理念的公园城市示范区战略部署，组织委员对马家沟、华熙528、猛追湾等示范片区建设进行专项民主监督，对晨辉西路、耀辉路等市政道路提档升级开展专题视察调研，针对工作中存在的重点、难点问题协商建言。聚焦推动生态价值转化运用，就"三圣花乡"转型升级工作开展专项民主监督，组织委员实地查看建设进度、现场听取工作汇报，收集景区商家、游客和辖区群众的建议期盼，为"三圣花乡"未来发展献计献策。

我们还紧扣全区经济社会发展目标和民生重点领域，对产业功能区重大项目推进、义务教育优质均衡发展等工作开展专项民主监督6次、专委会视察调研12次，累计提出监督意见和工作建议70余条。

（三）拓展渠道，积极搭建协商平台

持续推进开展更加灵活更为经常的协商活动，不断拓展协商参与面，为促进锦江经济社会发展广开言路、集思广益。举办区政协"天府成都·品位锦江"互动协商座谈会，邀请区委、区政府领导、区级部门负责同志与政协委员、社会各界一起，围绕锦江经济社会发展、"十四五"规划编制和企业群众关心关注的热点难点，面对面互动交流，反映问题、沟通情况、讲解政策、提出建议。充分发挥政协街道工委"聚智聚力、共助发展""联系群众、知情明政""服务民生、促进和谐"三个平台作用，11个街道政协工委组织委员广泛开展多种形式的"走基层、进社区"活动，参与基层协商，集中委员智慧、发挥委员优势，

建言辖区发展，为群众办实事，积极探索政协协商同社会治理相结合的新形式，春熙路、锦官驿、成龙路等街道政协工委举办的“春熙夜话”“阳光下午茶”“网络见面会”等主题活动，架起委员“听民声、汇民意、解民忧”的连心桥。

我们还结合实施协商计划、推动年度工作、发挥界别作用等方面，依托专委会组织开展形式多样的协商活动，为界别互动、委员交流拓展空间、创造条件，更好反映各界愿望诉求、更好凝聚各方智慧力量。

三、发挥优势主动作为，积极融入锦江发展

（一）迅速行动，投入疫情防控工作

面对突如其来的新冠肺炎疫情，区政协坚决贯彻落实党中央和省委、市委、区委决策部署，第一时间发出《“众志成城战疫情——政协委员在行动”倡议书》，动员政协委员协力防疫物资保障，捐资筹款及协助采购各类紧缺防疫物资折合人民币2000余万元。第一时间建成远程协商系统，主动适应疫情防控形势下的协商工作需要，以在线视频形式召开专题协商会议，实现政协履职与疫情防控两手抓、两不误。第一时间建言疫情趋稳后的城市恢复发展，采取多种方式广泛征集委员意见建议，累计收到委员提案20件、社情民意信息35篇、书面建言40篇，整理形成意见建议200条。

（二）突出重点，组织委员议政建言

围绕全区中心工作和民生领域弱项短板，组织委员深入开展调查研究，形成《关于锦江区产业功能区建设的思考》等6篇重点课题调研报告和《关于建议将区属综合公立医院建设纳入我区“十四五”规划加快推进》调研专报，主动向区委、区政府反映改革发展和重大工作推进情况，为改进完善有关工作提出对策建议。瞄准经济社会发展中的重点领域和关键环节组织提案工作，征集提案174件，遴选《关于加快锦江区国际交流服务中心建设的建议》等4件重点提案，撰写《关于锦江区文旅产业发展在后疫情时代化危为机的建议》等4件专委会集体提案，开展提案办理协商，123件立案提案全部办理完毕。针对疫情形势下的社会热点问题，发动委员广泛收集社情民意49篇，整理形成《关于对“开敞式”无物管老旧居民院落加强疫情防控的建议》等社情民意信息简报17期，切实发挥社情民意“直通车”作用。

（三）全员参与，助力脱贫攻坚

发动政协委员广泛参与各类扶贫开发项目和扶贫济困献爱心活动，委员个人爱心捐款150余万元，动员社会资金3300余万元，实现委员参与“我为扶贫攻坚做件事”活动全覆盖。持续开展“格桑花开·锦绣炉霍——政协委员在行动”活动，在委员中募集善款10余万元，定向帮扶政协委员担任荣誉村长的炉霍县贫困村，相继建成宜木乡邓达村人畜饮水项目、雅德乡交纳村乡村旅游太阳能路灯建设项目和更知乡更达二村乡村照明项目，圆满完成区政协确定的三年精准帮扶目标。

四、坚持标准严格要求，不断强化自身建设

（一）增添举措，激发委员责任担当

加强履职服务管理，完成七届区政协委员届中调整和增补，持续做好委员日常履职情况登记和年度履职情况通报，坚持开展委员全体会议述职、评议和表彰，首次安排委员在全体会议上以大会发言形式建言献策，认真整理报送委员协商发言摘要，及时向委员反馈提案办理和意见建议采纳情况，制定实施《锦江区政协慰问区政协委员的暂行办法》，尊重和关心委员，委员履职积极性、主动性不断增强，履职意识、责任意识持续提升。

（二）保持活力，夯实政协履职基础

坚持专门委员会在全体会议上报告履职情况，年度工作接受常委会会议评议，定期向主席会议汇报工作，支持各专门委员会紧密结合自身工作特点，组织开展内容丰富、形式多样的委员学习、考察、交流、联谊活动，主动服务委员、联系界别，更好发挥专委会在政协工作中的基础性作用。

（三）鼓励创新，推动政协工作延伸

完成街道行政区划调整改革后政协街道工委挂牌组建和委员划分等相关工作，召开政协街道工委工作会议，开展街道政协工作人员培训，加强对各街道工委工作指导，鼓励各街道创新活动载体，为委员开展调查研究、收集社情民意、参与辖区建设搭建平台、提供服务，巩固提升我区政协工作向基层延伸的创新成果。

（四）建强队伍，服务政协高效运转。持续推进学习型、服务型、效能型、创新型、廉洁型机关建设，以省委巡视组巡视锦江区为契机，深入开展“未巡先改”“以巡促改”，

不断健全完善机关各项工作制度，狠抓政协干部队伍建设，严肃纪律规矩，强化责任意识，弘扬政协“一线”精气神，始终保持风清气正、积极向上的干事氛围。

2020年，在中共成都市锦江区委的坚强领导下，在全体政协委员的积极参与和社会各界的大力支持下，区政协工作取得明显成效，得到各级领导和社会各方面的广泛认可。11月5日，市政协主席李仲彬到我区调研工作时，对我区贯彻落实中央和省委、市委政协工作会议精神的措施成效给予充分肯定，特别指出“锦江政协这支队伍素质高、作风硬”。7月13日，区委书记陈志勇在《区政协2020年上半年主要工作情况的报告》上批示“区政协工作扎实、有效，为全区统筹疫情防控和经济社会发展作出了积极贡献！希望继续保持良好状态，团结带领政协委员知情明政、建言献策、汇聚共识，在打造‘天府成都·品位锦江’进程中再立新功。”一年来，区政协向区委、区政府报送政协专报、政协参阅、重点提案30余件，全部得到区委、区政府主要领导和分管领导的阅批，特别是志勇书记高度重视政协和委员的建议，广泛听取意见，亲自督促指导有关方面抓好落实，激发了政协委员和政协干部的履职热情，许多意见建议经有关部门认真研究采纳，协商成果得到有效转化，为我区经济社会健康发展发挥了积极作用。

这些成绩的取得，是区委坚强领导的结果，是区人大、区政府以及区级各部门、各街道和社会各界热情帮助、全力支持的结果，是全体政协委员团结奋斗、共同努力的结果，也是区政协机关和各专门委员会、各街道工委履职尽责、辛勤工作的结果。在此，我代表区政协常委会向为政协工作付出智慧心血、作出积极贡献的全体政协委员、全区政协工作者，向所有关心、支持政协工作的各级领导、各界朋友，致以最崇高的敬意和衷心的感谢！

总结2020年的政协工作，我们也清醒看到，区政协在推动协商民主广泛多层制度化发展方面还需持续用力，政协协商成果的质量还有较大提升空间。对此，我们将在今后的工作中采取措施加以改进，努力推动锦江政协事业不断向前发展。

2021年工作思路

2021年是中国共产党成立100周年，是“十四五”规划和全面建设社会主义现代化国家的开局之年，也是成都加快建设全面体现新发展理念城市的关键之年，更是新时代锦江“三步走”战略第二步目标的起步之年。区政协工作的总体要求是：要坚持以习近平新时代中国特色社会主义思想为指导，全面深入学习贯彻中共十九大精神和十九届二中、三中、四中、五中全会精神，深入学习贯彻习近平总书记关于加强和改进人民政协工作的重要思想、习近平总书记对四川及成都工作系列重要指示精神，在中共成都市锦江区委的领导下，认真落实省委十一届八次全会、市委十三届八次全会和区委七届十三次全会各项决策部署，紧扣“高质量发展攻坚年”主题，切实发挥人民政协专门协商机构作用，站位新发展阶段、贯彻新发展理念、服务新发展格局，不断提高政治协商、民主监督、参政议政水平，为加快建设更加美丽、更具活力、更有品位的现代化国际化锦江贡献政协智慧力量。

要聚焦“十四五”开局深入协商议政。突出推动高质量发展主题，瞄准深化供给侧结构性改革主线，紧扣我区当前和今后一个时期总体发展思路，以及在全市发展大局中的地位作用，组织政协委员和有关方面深入调查研究、有序协商议政，为锦江区“十四五”规划实施开好局、起好步多提具有前瞻性、科学性、操作性的意见建议，发挥好专门协商机构作用。

要以人民为中心积极履行政协职能。把实现好、维护好、发展好广大人民根本利益作为政协履职的出发点和落脚点，围绕民生领域短板、弱项，广泛收集社情民意，积极推动“有事来协商”平台建设，把各界群众的利益诉求和对锦江未来发展的期盼反映好、建议好，着力推动解决群众“急难愁盼”的现实问题，始终做到人民政协为人民。

要持续抓好政协“两支队伍”建设。深入学习贯彻习近平总书记关于加强和改进人民政协工作的重要思想，深刻认识人民政协的性质定位和在国家治理体系中的重要地位作用，教育引导政协委员“懂政协、会协商、善议政，守纪律、讲规矩、重品行”，着力提升政协干部服务政协履职工作的能力素质，主动适应时代要求，在全面建设社会主义现代化国家的新征程中，更好担当新时代人民政协的使命任务。

专 记

SPECIAL RECORDS

对口支援

2021年，锦江区落实中央深化全域结对帮扶机制，在甘孜州炉霍县和成都简阳市镇金镇、踏水镇脱贫摘帽的基础上持续推进对口支援工作，继续保障援助资金和项目，帮助受援地发展产业、优化环境、健全基层治理体系，为受援地乡村振兴提供助力，确保脱贫攻坚成果巩固与乡村振兴有效衔接。中共中央、国务院授予中共锦江区委“全国脱贫攻坚先进集体”称号，锦江区“以‘党建+众筹’点睛，绘出党建引领乡村振兴图”案例入选“中国乡村人才振兴优秀案例”，锦江区“飞地+众筹”产业扶贫模式在联合国第二届全球减贫案例征集活动中入选“最佳减贫案例”“南南合作减贫案例”，中央党校将锦江区开创的“飞地+众筹”模式选入“献礼建党百年·基层党建与民生发展优秀案例”，锦江区“飞地+众筹”模式在成都市区（市）县对标创新工作评审中获第一名。“锦江·归来荟”公益慈善项目获第三届“四川慈善奖”，入选“十大最具影响力慈善项目”。区委组织部获“四川省脱贫攻坚先进集体”称号，区委统战部获“成都市对口支援阿坝州甘孜州工作先进集体”称号。

对口支援炉霍县

【概况】2021年，锦江区与甘孜州炉霍县签订结对帮扶协议，编制2021—2025年对口支援规划，制定锦江区第三轮全域结对帮扶计划，选派32名对口支援干部人才组建锦江区第六批对口支援甘孜州炉霍县工作队，召开对口支援干部人才先进事迹报告会暨新一批对口帮扶工作动员会和第六批对口支援干部人才培训座谈会，向对口支援炉霍县乡村振兴提出要求。区委、区政府主要领导赴炉霍县考察援建项目，慰问对口支援的干部人才，主持召开对口支援工作推进会、对接会4次。按照2020年地方公共财政预算收入0.5%的标准拨付援助资金2317万元，募集社会帮扶资金192万元。持续实施“格桑花开·锦绣炉霍”携手同行行动，深化“飞地+众筹”模式，利用“云端上的艺术馆”活动平台推介炉霍县唐卡、文创产品、文旅资源，通过以购代帮模式帮助炉霍县销售价值100万元的农特产品。截至12月，锦江区完成7类23个对口支援项目。其中民生项目和产业发展项目占比达到98.06%。

【对口支援炉霍县规划编制】锦江区对接炉霍县国民经济和社会发展“十四五”规划，聚焦脱贫攻坚成果巩固与乡村振兴衔接，编制《对口支援炉霍县五年规划（2021—

2025年）》。锦江区计划投入援助资金1.2亿元，以“三园一线”重点援建项目为抓手，深化“飞地+众筹”模式，实施产业发展、基础设施、人才组织、社会支援、招商引资等六类28个援建项目。拟打造创新合作平台，健全信息共享、利益分享机制，纵深拓展政府、社会、市场三位一体全域帮扶格局，帮助炉霍县产业振兴、人才振兴、文化振兴、生态振兴、组织振兴。

2021年2月24日，锦江区·炉霍县巩固脱贫攻坚成果接续乡村振兴工作对接会召开

（区对口支援领导小组办公室提供）

【引进项目落地】 锦江区引进的邛崃市黑虎蓝海生态农业有限责任公司与炉霍县国有平台公司共同出资成立四川圣洁康源生态农业发展有限公司，注册资金2000万元。黑虎蓝海生态农业有限责任公司持股51%，炉霍县国有平台公司持股49%。双方合作建设炉霍县标准化设施农业蔬菜产业园。项目占地1000亩，总投资2.68亿元，分三期建设智能蔬菜大棚560个，主要种植生态大番茄等有机蔬菜。2021年的实际投资达到4800万元，建成智能蔬菜大棚100个。

2021年9月17日，省委书记彭清华（右二）调研锦江区援建的炉霍县高原现代农业产业园

（区对口支援领导小组办公室提供）

2021年锦江区第六批对口支援炉霍县工作队干部人才一览表

表1

序号	姓名	性别	原单位和职务	对口支援单位和职务
1	胡　军	男	区城管行政执法大队大队长、二级调研员	县委常委、副县长、对口帮扶工作队领队
2	郑孝恒	男	牛市口街道综合办公室主任	县委组织部副部长
3	高俊国	男	区财政局债务管理科二级主任科员	县财政局副局长
4	陈鑫杨	男	区委党校社会组织培训科科长	县经信商务局副局长
5	刘斌誉	男	区审计局社会保障与企业审计科科长	新都镇党委副书记
6	马永成	男	锦华路街道办事处便民服务中心服务部负责人、三级主任科员	雅德乡党委副书记
7	臧　涛	男	三圣街道办事处综合办公室二级主任科员	虾拉沱镇党委副书记

续表 1

序号	姓名	性别	原单位和职务	对口支援单位和职务
8	孙赤睿	男	柳江街道办事处办公室四级调研员	县水利局副局长
9	赵　奎	男	区规划和自然资源局征地事务中心信访办副主任、机关党委副书记	县自然资源局副局长
10	刘旭刚	男	区住建交局四级主任科员	县交通运输局副局长
11	王富强	男	成龙路街道办事处综合便民服务中心工作人员	县市政管理所副所长
12	邓　超	男	区新科局办公室工作人员	县经济合作和电商物流服务中心副主任
13	邓维东	男	四川友谊医院护士长、主管护师	县藏医院副院长
14	陈　南	女	锦江妇幼保健院产房护士长、主管护师	县卫健局副局长
15	孙红松	男	区退役军人局党组成员、副局长	县委办公室副主任
16	刘　云	男	区委办公室法制科负责人、二级主任科员	县政府办公室副主任
17	向　杨	男	区社保局机关事业保险科科长	县发改局副局长
18	陈小朝	男	成都肛肠医院副院长、副主任医师	县医院副院长
19	李艳羽	女	成都肛肠医院肛肠科主治医师、副主任医师	县藏医院副院长
20	周　屹	女	成都肛肠医院肛肠科副主任、主治医师	县医院副院长
21	杨　青	女	成都七中育才学校物理教师	县中学副校长
22	李由军	男	锦江外国语小学副校长	县教体局副局长
23	夏榕涓	女	成都市龙舟路小学英语教师	新都小学办公室副主任
24	龚红阳	男	锦江实验学校音乐教师	县牧区重点寄宿制学校办公室副主任
25	邓东跃	男	成都七中育才学校学道分校历史教师	县中学办公室副主任

对口帮扶简阳市

【概况】2021 年，区对口帮扶简阳市脱贫攻坚领导小组办公室撤销，对口帮扶成都简阳市工作由区委统战部牵头负责。锦江区采取对口帮扶方式，划拨对口帮扶资金 200 万元，发动民主党派和社会力量共同推动简阳市镇金镇、踏水镇 10 个脱贫村乡村振兴，推动镇金镇产业发展、基础设施建设和社会事业发展。区委副书记、区政府区长缪晓波出席对口帮扶座谈会，向镇金镇红庙山村困难群众发送慰问品和慰问金。

【对口帮扶座谈会召开】锦江区对口帮扶简阳市镇金镇和踏水镇接续推进乡村振兴工作座谈会在简阳市镇金镇金桥党群服务中心召开，区委副书记、区政府区长缪晓波与中共简阳市委副书记、市政府市长罗开敏出席会议。会议围绕中央“对口帮扶五年过渡期”的要求，作出“推动受援镇产业、人才、文化、生态、组织全面振兴”的决定。

【产业发展助力】锦江区使用帮扶资金400万元，入股简阳市三新惠农德青源蛋鸡项目，帮助简阳市镇金镇提高产业能级，为镇金镇增加集体经济收入20万元。向牌坊村杏子产业园项目和回归园乡村旅游发展有限公司分别注资40万元，带动简阳市乡村农旅经济发展，为牌坊村增加集体经济收入2万元。

【民主党派参与对口帮扶】1月，民盟锦江区总支部与简阳市镇金镇、踏水镇签署防返贫资金爱心捐赠协议。拟在2021—2023年，每年向锦基金专户划拨资金13.5万元，用于镇金镇、踏水镇的脱贫摘帽群众因病因灾返贫现象。2021年专项资金划拨到位。民盟锦江区总支部与简阳市镇金镇初级中学签订爱心助学协议，拟在2021—2023年期间，每年向锦基金专户划拨助学金1.5万元。2021年助学金划拨到位。

【社会力量参与对口帮扶】四川金安特农业股份有限公司与镇金镇政府签订种子科研创新基地及粥用米深加工中心战略合作协议。锦江区11所学校与简阳市11所学校建立结对帮扶关系，成都师范附属小学华润分校选派5名干部和教师托管镇金镇小学。锦江区市民服务中心等地设置25个专柜，春熙路等地设置4个专区，专门售卖简阳市农特产品。成龙路街道组织党员到简阳市红庙山村开展支部共建活动，向红庙山村群众赠送价值3000元的口罩、书籍等物资。区委统战部、成龙路街道的部分干部以购代帮，购买简阳市踏水镇大树村价值7000元的跑山鸡40只、番茄150公斤。

（古　斌　赵　波）

2021年12月1日，区委书记陈志勇（左七）和区委副书记、区政府区长缪晓波（左六）与炉霍县委书记王东升（左八）出席锦江区·炉霍县对口支援工作对接会

（区对口支援领导小组办公室提供）

2021年3月24日，锦江区召开脱贫攻坚干部人才先进事迹报告会暨新一轮对口帮扶工作动员会。区委书记陈志勇，区委副书记、区长缪晓波出席会议。在脱贫攻坚一线工作的5名干部人才代表讲述脱贫攻坚故事，与会领导向脱贫攻坚干部人才颁发“锦绣炉霍”奖牌，第六批对口支援工作队领队发言。陈志勇指出，区委贯彻落实习近平总书记对脱贫攻坚的系列重要讲话精神，围绕“两不愁三保障”，坚持党建引领、模式创新、全域帮扶，携手甘孜州炉霍县脱贫攻坚，帮助炉霍县脱贫摘帽。十年时间，选派干部人才137人，投入对口支援资金2.1亿元，实施住房、产业、医疗、教育、基础设施等8个领域的援建项目超过100个。“飞地＋众筹”模式成为全国精准扶贫典范。陈志勇强调，巩固拓展脱贫攻坚成果要与乡村振兴有效衔接，要深化“格桑花开·锦绣炉霍”携手同行行动，打造锦江区对口支援炉霍县“云端上”系列品牌，为炉霍县农业高质高效、乡村宜居宜业、农民富裕富足、基层治理有效提供援助。

（图片由区融媒体中心提供）

大事记

成都锦江
CHENGDU JINJIANG

A SURVEY OF JINJIANG DISTRICT SITUATIONS

1月

5日 区委七届十三次全体会议暨区委经济工作会议召开，审议通过《区委关于制定锦江区国民经济和社会发展第十四个五年规划和2035年远景目标的建议》，讨论《2021年全区经济工作要点》。

10日 区委书记陈志勇率队调研并检查督导“三圣花乡”转型升级工作和一环路（锦江段）市井生活圈建设、锦江公园建设。区委副书记、区政府区长缪晓波，区政府副区长吴文辉、张敏参加调研。

12日 区政府七届六次全体会议召开，审议《区政府工作报告（讨论稿）》《锦江区国民经济和社会发展第十四个五年规划和2035年远景目标纲要（讨论稿）》《关于锦江区2020年国民经济和社会发展计划执行情况及2021年国民经济和社会发展计划草案的报告（讨论稿）》《关于锦江区2020年财政预算执行情况和2021年财政预算草案的报告（讨论稿）》，总结2020年区政府工作，部署2021年工作。

12日 区委书记陈志勇会见成都市广播电视台党委书记、台长曾义，交流加快推动合作项目事宜。邱长宝、张敏、唐勇等区领导参加。

15日 锦江区锦城公园、锦江公园建设及一环路市井生活圈改造提升推进工作专题会召开，传达全市加快锦城公园、锦江公园建设及一环路市井生活圈改造提升推进工作专题会精神，安排推进工作。区委书记陈志勇出席会议，并讲话。陈志勇强调，锦城公园、锦江公园建设和一环路改造提升是重构城市空间结构的牵引工程，是推动城市有机更新的筑基工程，创造了市民高品质生活新空间，打造了成都走向世界的新名片。全区上下要以“争一流、出精品”的意识，增强责任心，发挥专业精神，提高创新能力，高质量高标准推进三大重点工作。区委副书记、区政府常务副区长王庆出席会议，李香贵、吴文辉、张卫东、朱波、张敏、唐勇等区领导参加会议。

15日 省司法厅授予锦江区春熙路司法所“枫桥式司法所”称号。

18日 区政协七届五次全体会议开幕，区委书记陈志勇出席会议，并讲话。区委副书记、区政府区长缪晓波向大会作《区政府工作报告》说明，区政协主席张松作区政协常委会工作报告。

20日 区七届人大六次会议开幕，区委书记陈志勇出席会议，并讲话。区委副书记、区政府区长缪晓波代表区政府向大会作工作报告。

20日 区委书记陈志勇会见华为集团川藏区域总经理彭雄基，交流加强合作事宜。区委副书记、区政府区长缪晓波参加会见。

22日 以“灯市”“桃符市”“花市”为主元素的“春熙闹灯”活动在锦江区红星路商业街广场揭幕。市文广旅局局长多央娜姆，市商务局副局长朱容，区委书记陈志勇，区委副书记、区政府区长缪晓波，区政协主席张松共同点亮主灯塔，悬挂寓意吉祥的桃符，宣布“春熙闹灯”活动启幕。媒体称“璀璨的花灯照亮了百年金街春熙路，让‘成都十二月市’以一种创新的方式得以重现，也将浓浓年味儿带到了市民身边”。

25日 区委常委会七届第一百九十五次（扩大）会议暨2020年度各街道党工委书记和区级有关部门党组（党工委、党委）书记落实主体责任述职评议会议召开。区委书记陈志勇主持会议，听取述职发言，并逐一点评。陈志勇强调，各级党（工）委（党组）书记要牢记第一身份是党的书记、第一职责是管党治党、第一政绩是抓好党建，要履责于行，压紧压实管党治党第一责任人职责，切实把全面从严治党主体责任记在心上、扛在肩上。区委副书记、区政府区长缪晓波，区政协主席张松，区委副书记、区政府常务副区长王庆出席会议。

26日 锦江区2021年度党管武装述职工作会议召开，表彰2020年度武装工作先进单位和个人，总结锦江区2020年武装工作，部署2021年工作。区委书记、区人武部党委第一书记陈志勇到会讲话。

27日 主题为“三圣万物生、花重锦官城”的“花乡农居焕新亮相开街盛典”活动启动。区委书记陈志勇，区委副书记、区政府区长缪晓波出席活动。

28日 区委书记陈志勇到春熙路街道，参加春熙路街道2020年度党员领导干部民主生活会，审阅春熙路街道班子及成员自身检视材料，听取发言。陈志勇指出，春熙路街道2020年度党员领导干部民主生活会学习领会习近平新时代中国特色社会主义思想和习近平总书记对四川及成都工作系列重要指示批示精神，主动认领问题、主动认识问题、主动检查问题、主动整改问题，做到真认账、真反思、真整改、真负责，开出了高的质量、好的效果。要求坚持以习近平新时代中国特色社会主义思想统揽工作，深入学习贯彻习近平总书记对四川及成都工作系列重要指示精神，以此次民主生活会为契机，以坚决有力的举措、雷厉风行的作风抓好问题整改各项工作，坚定不移贯彻新发展理念，切实加强班子建设，不折不扣把中共中央和省委、市委、区委决策部署落到实处。

2月

2日 区委副书记、区政府区长缪晓波到柳江街道参加柳江街道2020年度党员领导干部民主生活会。在仔细审阅柳江街道班子及其成员自身检视剖析材料并听取大家发言后，缪晓波指出，柳江街道2020年度党员领导干部民主生活会学习领会习近平新时代中国特色社会主义思想和习近平总书记对四川及成都工作的重要指示精神，班子成员问题查摆精准，原因分析到位，自我批评诚恳，相互批评坦诚，是讲政治、讲团结、讲大局的党内政治生活实践。要求坚持以习近平新时代中国特色社会主义思想统揽工作，深入学习贯彻习近平总书记对四川及成都工作系列重要指示精神，以此次民主生活会为契机，进一步增强班子及成员发现和解决自身问题能力，实心干事，科学作为，不断开创各项工作新局面。

3日 国家卫健委授予锦江区“2018—2020年全国计划生育优质服务先进单位”称号。

7日 千年蓉城·烟火锦江——2021年“点亮锦江”春节系列活动启动，区委书记陈志勇参加启动仪式。同时点亮锦江区打造的“1.314爱情专线”。专线集中呈现成都见证爱情的网红地标，是体验式消费新场景。

8日 一环路市井生活圈开街暨春节系列活动序幕在成都市拉开，区委书记陈志勇在锦江畔的音乐坊黑胶广场成都主会场参加启动仪式。当晚同时，锦江区在华兴街、玉成街、宏济上路、黄伞巷、点将台5个片区正式启动活动。区委副书记、区政府区长缪晓波在锦江主会场华兴街纯阳市集参加活动。

9日 锦江区高质量发展攻坚年动员大会暨建设“天府成都·品位锦江”先进表彰大会召开。会议表彰锦江区建设“天府成都·品位锦江”国际化城区和国际消费中心突出贡献奖先进集体和先进个人。区委书记陈志勇出席大会，并讲话。代表区委、区人大常委会、区政府、区政协向受表彰的单位和个人表示祝贺。要求全区上下以先进为榜样，比学赶超、争先创优，进一步解放思想、抢抓机遇，攻坚克难、争先进位，在新征程上展现新作为、创造新业绩，奋力谱写锦江高质量发展新篇章。

19日 区委书记陈志勇会见太古地产（中国）业务发展总经理隋颂伟，双方就进一步加强合作开展深入交流。区委副书记、区政府区长缪晓波参加会见。

20 日 安宁疗护建设及服务管理能力评级达二级的成都锦欣老年病医院、成都市老年康疗院入选成都市安宁疗护定点机构名单。

24 日 锦江区·炉霍县巩固脱贫攻坚成果接续乡村振兴工作对接会召开，会商 2021 年锦江区对口帮扶炉霍县乡村振兴工作计划，研究巩固脱贫攻坚成果及推进乡村振兴工作。中共炉霍县委书记伍强，区委副书记、区政府区长缪晓波等两地领导参加会议。

25 日 全国脱贫攻坚总结表彰大会在北京人民大会堂召开，锦江区作为四川省市（区）县唯一帮扶地代表参会。区委获“全国脱贫攻坚先进集体”称号。区委书记陈志勇代表锦江区赴北京参加全国脱贫攻坚总结表彰大会，在人民大会堂接受党中央、国务院的表彰。

26 日 区委常委会七届第二百零一次会议召开，学习贯彻习近平总书记在全国脱贫攻坚表彰大会上的重要讲话精神，通报区委获“全国脱贫攻坚先进集体”的情况。

3月

2 日 教育部授予锦江区“全国青少年校园足球试点县（区）”称号，成都市马家沟小学获“全国青少年校园足球特色学校”称号。

3 日 锦江区实施“幸福美好生活十大工程”推进大会暨投资机会清单发布会召开，表彰“突出贡献百强企业”和“产业示范优秀企业”，解读锦江区“十四五”规划，发布锦江区投资机会清单，向首批“幸福美好生活市民观察员”颁发聘书。

4 日 锦江区高质量发展推介会暨重大项目签约仪式在成都香格里拉大酒店举行。总投资 124 亿元的 11 个重大项目集中签约，现场推介百亿级产业化项目 3 个。四川省经济合作局一级巡视员吴燕翔，成都市投促局一级调研员张志宏，中共锦江区委书记陈志勇，中共锦江区委副书记、区政府区长缪晓波出席会议。

5 日 锦江区 2021 年党政领导班子务虚会召开，区委书记陈志勇主持会议，并讲话。陈志勇要求坚定以习近平新时代中国特色社会主义思想为指导，认真贯彻落实中共中央、省委、市委决策部署，进一步深化对新发展阶段、新发展理念、新发展格局的理解把握，不断提升谋划工作、落实工作的能力和水平，以非一般的担当，奋力推动锦江经济社会高质量发展，确保“十四五”开好局、起好步。区委副书记、区政府区长缪晓波，区政协主席张松等区领导出席会议。

5 日 区纪委七届十次全体会议召开，传达学习中央纪委十九届五次全会精神、省纪委十一届五次全会精神和市纪委十三届九次全会精神。区委书记陈志勇出席会议并讲话。区委常委、区纪委书记、区监察委主任刘嘉聪代表区纪委常委会作工作报告。

20 日 锦江区 76 个社区居民委员会换届选举工作完成，选举产生社区居委会主任 76 人、副主任 76 人、委员 312 人，书记主任“一肩挑”比例达到 100%。

24 日 锦江区脱贫攻坚干部人才先进事迹报告会暨新一轮对口帮扶工作动员会召开。区委书记陈志勇，区委副书记、区政府区长缪晓波，王庆、罗文川等区领导出席会议。5 名脱贫攻坚一线的干部人才代表讲述脱贫攻坚的感人故事，与会领导向脱贫攻坚干部人才颁发“锦绣炉霍”纪念奖牌，第六批对口支援工作队领队作了表态发言。陈志勇指出，十年来，区委、区政府始终将对口支援工作作为重要政治任务来抓，坚持党建引领、模式创新、全域帮扶，倾情倾力倾智援建帮扶甘孜州炉霍县 88 个贫困村，2364 户 1 万余名贫困人口全部脱贫。2020 年，炉霍县顺利通过退出贫困县省级验收及国家复核检查，群众满意度排名全省第一；2021 年，锦江区委被党中央、国务院授予全国脱贫攻坚先进集体称号。倾情十年，举全区之力尽锐出战，努力帮扶炉霍县如期全面脱贫，没有辜负党中央和省委、市委的重托；倾情十年，各级党组织和广大党员干部冲锋在前、精准落实，各项帮扶任务圆满完成，没有辜负炉霍人民的信任和期盼；倾情十年，锦江区对口支援干部人才和社会各界接续奋斗、攻坚克难，书写了中华民族守望相助的人间大爱，没有辜负党和人民的期望。

24 日 锦江区政法英模先进事迹报告会召开，以“凝聚政法力量·守护美好生活”为题，弘扬政法英模精神。

25 日 锦江区 17 个新冠疫苗接种点启动服务，接受新冠疫苗接种个人预约。

25 日 锦江区 2020 年度直属机关党组织书记抓党建工作述职评议大会召开，各区直机关党组书记就党建工作述职，部署2021年机关党建工作。区委常委、组织部部长罗文川出席会议。

28日 锦江区诗词楹联学会成立大会召开，学会会长、名誉会长、顾问、副会长、秘书长获颁聘书。

4月

8日 新场景·新消费·新机遇——成都十二月市商业机会场景清单发布大会在红星路步行街广场召开，发布《中国重点城市核心区户外经济活力指数报告》、成都十二月市商业机会场景清单，通过文化名人讲堂、成都十二月市场景演绎，展现成都繁盛的商业文明，探索成都商业发展前景。成都市副市长刘筱柳，区委书记陈志勇等市、区领导参加活动。

8日 省卫健委制发《关于公布2020年新晋等级医院评审结果的通知》，四川锦欣妇女儿童医院、四川友谊医院晋升国家三级甲等综合医院。

9日 区委书记陈志勇主持召开锦江区对口支援甘孜州炉霍县工作领导小组会议，传达《2021年成都市对口支援阿坝州甘孜州工作要点》文件精神，审议《锦江区2021年对口支援炉霍县工作要点（送审稿）》。区委副书记、区政府区长缪晓波，区政协主席张松，区委副书记、区政府常务副区长王庆等区领导出席会议。

13日 2021四川成都锦江区投资促进洽谈会暨城市合伙人签约仪式（沈阳专场）在沈阳举办。锦江区与辽宁省四川商会、辽宁省中小企业发展促进会等7家商会和协会签订城市合伙人协议。区委书记陈志勇出席会议。

13日 中华慈善总会与成都市锦江区食品安全委员会办公室高质量守护食品安全战略合作协议签约仪式举行，与中华慈善总会签署高质量守护食品安全战略合作协议。区委常委、统战部部长李香贵出席活动。

13日 成都市锦江区高坪商会成立大会召开。

16日 “大运在身边，畅玩乐不停”2021年成都市第二届社区运动节启动仪式暨锦江区“体育嘉年华”活动在锦江区红星路商业街广场启动，市委常委、组织部部长、社治委主任邓涛，市政府副市长王平江，市政协副主席韩铁，区委书记陈志勇参加活动。

23日 “点亮幸福美好生活”成都市物业行业党建示范建设启动仪式在锦江区举行。省委两新工委专职副书记尹显耀，省住建厅副厅长樊晟，市委常委、组织部部长、社治委主任邓涛，区委书记陈志勇出席活动。

23日 全国政协常委、民革中央副主席兼秘书长李惠东率民革中央调研组到锦江区考察“民革党员之家”，出席民革重庆市渝中区委与民革成都市锦江区总支部友好合作协议签约仪式。市委统战部副部长戴浚，区委书记陈志勇参加调研和签约仪式。

26日 华西第二医院锦江院区引进具有国际先进水平的达芬奇第四代内窥镜手术控制设备。

29日 区总工会在汇融国际广场举行首届锦江区“犇犇干将·筑梦锦江”评选活动颁奖仪式，向获“犇犇干将”称号的20名代表颁奖，赠送职工互助保险。

29日 锦江区召开新经济发展大会，发布《锦江区2021年产业功能区高质量发展的工作方案》和6个细分产业推进方案、4个产业专项扶持政策、3个市场主体倍增计划。区委副书记、区政府区长缪晓波致辞，区委副书记、区政府常务副区长王庆出席活动。

30日 四川省教育学会联合重庆市教育学会在成都七中育才学校举办“整体推进育人方式转变，促进区域教育高质量发展——成都市锦江区‘服务学习’区域实践成果推广”活动。中国教育学会副会长、重庆市教育学会会长钟燕，重庆市教育学会秘书长粟梅，省教育学会会长刘东，省教育学会常务副会长刘涛，区政府副区长唐勇参加活动。

5月

10日 国务院医改领导小组专家组到锦江区五福社区卫生服务中心调研网格化城市医联体建设、基本公共卫生服务、家庭医生签约服务等工作进展情况。

13日 四川锦欣妇女儿童医院三甲医院揭牌仪式举行。

17日 锦江区区属国有企业改革发展大会召开，宣布成都市锦江投资发展集团有限责任公司成立，部署锦江区国有企业改革发展工作。区委书记陈志勇出席会议，并讲话。区委副书记、区政府区长缪晓波主持会议。区政协主席张松，区委副书记、区政府常务副区长王庆出席会议。区委、区人大常委会、区政府、区政协的其他领导参加会议。

19日 省政府、中国侨商联合会主办，省侨联、重庆市侨联、成都市侨联、锦江区联合承办的“2021侨界菁英川渝汇”主体活动在锦江区举行，省委副书记邓小刚出席活动，并致辞。锦江区“华侨凤凰都市工业国际创新港”作为唯一现场签约项目，由区委副书记、区政府区长缪晓波和企业负责人签约。

20日 教育部授予锦江区“全国儿童青少年近视防控试点县(市、区)”称号。

20日 锦江区在合江公园举行主题为“锦江河畔人成双，合江亭下结鸳鸯”的婚姻登记集体颁证仪式。省、市、区领导及嘉宾为10对新人颁发结婚证，四川省首个婚礼艺术中心成立，四川省首批在区县增设的港澳台、华侨及涉外婚姻登记窗口对外服务。区委副书记、区政府区长缪晓波出席活动，并致辞，邹燕、张敏、张晓惠等区领导出席活动。

26日 全国文化和旅游消费工作现场交流会（西南片区）暨2021四川省文化和旅游消费季启动仪式在锦江区红星路商业街广场举行，四川省、重庆市、贵州省、云南省、西藏自治区及四川省泸州、南充、绵阳、乐山、宜宾5个城市现场发布2021年文化和旅游消费特色主题活动及夜间文化和旅游消费新场景项目，成都市发布2021年消费季活动和携手五省示范城市共建区域文旅消费城市群行动计划。区委副书记、区政府区长缪晓波，区政府副区长文华参加启动仪式。

28日 中国共产党成立100周年大型剪纸艺术展在锦江区三圣街道喜树路社区综合体“喜乐荟”举办，锦江区发布全国首个社区级幸福美好生活指标体系。

31日 成都工匠命名大会召开，锦江区8名技能人才获“成都工匠”称号。

6月

8日 以“尚俭崇信 守护阳光下的盘中餐”为主题的“2021年四川省暨成都市食品安全宣传周”活动启动仪式在锦江区举行。

10日 教育部党组成员、副部长、总督学郑富芝到成都市盐道街小学校、成都七中育才学校调研义务教育均衡发展及校园安全工作。省教育厅党组书记、厅长邹瑾，省委教育工委副书记、省教育厅党组成员、省教育厅副厅长崔昌宏以及省政府教育督导委员会专职副主任傅明、市政府副市长刘筱柳、市教育局党组书记戴志勇，区委副书记、区政府区长缪晓波参加调研。

10日 以“做城乡社区合伙人、共建幸福美好公园社区”为主题的成都市“幸福美好生活十大工程”社区发展治理专场项目发布会在锦江区东湖公园红美术馆召开。市委常委、组织部部长、社治委主任邓涛出席会议并致辞，区委副书记、区长缪晓波，区委常委、组织部部长、社治委主任罗文川出席会议。

15日 锦江区第五届“濯锦工匠”命名大会召开，全区100名能工巧匠获锦江区第五届“濯锦工匠”称号。区委书记陈志勇出席会议并讲话，要求大力弘扬劳模精神、劳动精神、工匠精神，加快建设更加美丽、更具活力、更有品位的现代化国际化锦江。区委副书记、区政府区长缪晓波主持会议，罗文川、吴文辉、邹燕、文华、李大江等区领导出席大会。

16日 中国新消费新场景创新论坛暨第十二届中购联中国购物中心渠道与商业IP大会在锦江区召开，中购联发布商业IP价值榜单，成都远洋太古里“拥抱天空、快要慢活”入选购物中心IP价值榜单、成都国际金融中心“大熊猫 I AM HERE”入选商业品牌IP价值榜单、成都百年春熙集团公司“成都十二月市”入选商业营销IP价值榜单。区委书记陈志勇，区政府副区长唐勇参加会议。

17日 “永远跟党走”幸福美好生活巾帼建功颁奖典礼举行，向获“成都市幸福美好生活巾帼文明岗”“成都市幸福美好生活巾帼建功标兵”称号的先进集体和个人颁奖，授予区文化馆“成都市幸福美好生活巾帼文明岗”称号。

17日 新华网主办的第七届绿色发展论坛在北京市举行，锦江区获“点赞·2021践行生态文明发展优秀区”称号，锦江区“探索以水为径转化模式 打造特大城市中心城区生态文明创建样板”入选《2021绿色影响力案例汇编》。

18日 省委、省政府授予锦江区“2020年度对口帮扶涉藏地区和彝区贫困县先进集体”称号。

25日 区委书记陈志勇会见世邦魏理仕中国区总裁李凌，交流加强合作事宜。区政府副区长唐勇参加会见。

27日 “奋斗百年路 启航新征程”锦江区庆祝中国共产党成立100周年文艺演出在成都市妇女儿童中心剧场举办。

30日 锦江区召开庆祝中国共产党成立100周年暨“两优一先”表彰大会，区领导为老党员代表颁发“光荣在党50年”纪念章，会议宣读《关于表彰全区优秀共产党员、优秀党务工作者和先进基层党组织的决定》和《关于表扬锦江区共驻共建示范单位的通报》，表彰“优秀共产党员”95人、“优秀党务工作者”29人，表彰“先进基层党组织”68个，授予20家单位“锦江区共驻共建示范单位”称号。

7月

1日 锦江区生态环境保护工作暨生态环境保护委员会第一次全体会议召开，听取“十三五”期间全区生态环境保护工作情况汇报，研究部署2021年全区生态环境保护工作。区委书记陈志勇，区委副书记、区政府区长缪晓波出席会议，并讲话。区委副书记、区政府常务副区长王庆出席会议，邱长宝、朱波、张敏等区领导参加会议。

6日 锦江区庆祝中国共产党成立100周年座谈会召开。区委书记陈志勇出席会议，并讲话。牛思庆、涂美艳、张家锋、万书勇、刘嘉、蒲航等代表发言。陈志勇强调，勇担新使命、奋进新征程，要坚持党的全面领导，广泛凝聚担当奉献接续奋斗的强大合力，要坚持新发展理念导航，持续汇聚锦江高质量发展新优势，要坚持全心全意为人民服务的根本宗旨，不断创造幸福美好生活，要坚持系统性思维，积极探索超大城市中心城区有效治理路径，要坚持全面从严治党，巩固发展风清气正干事创业的政治生态。区委副书记、区政府区长缪晓波主持会议，区政协主席张松出席会议，区委、区人大常委会、区政府、区政协等相关领导参加会议。

8日 区政府与成都农村商业银行股份有限公司签署战略合作协议，加强普惠金融、重大项目建设、城市有机更新等领域的合作，区委书记陈志勇，区委副书记、区政府区长缪晓波，成都农商银行党委书记梁其洲等领导出席签约仪式。

9日 白鹭湾新经济小镇项目暨锦江区重大产业项目开工仪式举行，宣布白鹭湾新经济小镇项目等锦江区26个重大功能性项目集中开工，总投资额365.7亿元。市委副书记、市政府市长王凤朝出席开工仪式。区委书记陈志勇出席开工仪式，并致辞。宣布白鹭湾新经济小镇将打造成成渝地区双城经济圈与粤港澳大湾区“两极互动”的合作典范。区委副书记、区政府区长缪晓波主持开工仪式，区政协主席张松出席开工仪式。

12日 锦江区年轻干部座谈会召开。区委书记陈志勇出席会议，并讲话。陈志勇肯定全区年轻干部的工作成绩，结合自身成长经历和所学所思，与干部交流工作感悟，强调要坚定理想信念、永葆忠诚之心，自觉用习近平新时代中国特色社会主义思想武装头脑、指导实践、推动工作，衷心拥护“两个确立”、忠诚践行“两个维护”，做到在政治上清醒坚定，在党性上永葆纯洁，在规矩上坚决守牢，要锤炼过硬本领、永葆求索之心，不断增强理论知识本领、工作实践本领和改革创新本领，涵养“正气”、坚守“清气”、沉住“心气”，当好接班人。区委副书记吴斌出席会议，刘刚毅、刘嘉聪、余家洪等区领导参加会议。

15日 成都市全国示范型退役军人服务中心(站)授牌仪式举行，锦江区退役军人服务中心获“全国示范型退役军人服务中心”称号，牛市口街道退役军人服务站、沙河街道退役军人服务站等6个街道退役军人服务站获“全国示范型退役军人服务站”称号。

21日 中国儿童数字阅读中心基地授牌仪式在锦江区伽地社区音乐厅举行，宣布中国儿童数字阅读中心基地在锦江区成立。

23日 成都市七中育才学校学道分校2018届学生获得第三十二届国际生物奥林匹克竞赛(IBO)金牌。

26日 区委书记陈志勇会见新加坡仁恒置地集团、新加坡UE集团主席钟声坚，交流合作事宜。区委副书记、区政府区长缪晓波参加会见。

8月

7日 区委七届十四次全会召开，审议通过《区委关于大力探索高质量建设践行新发展理念的公园城市示范区锦江路径高水平创造新时代幸福美好生活的意见》《区委关于加快建设成都国家人工智能创新应用先导区积极构建“1+3+3”现代产业体系的意见》。

9日 区青年工作联席会议第二次全体会议召开，审议通过《2020年锦江区贯彻落实〈四川省中长期青年发展规划（2017—2025年）〉工作总结（审议稿）》《锦江区贯彻落实〈四川省中长期青年发展规划（2017—2025年）〉2021年工作要点（审议稿）》及《锦江区青年工作联席会议成员单位工作细则（审议稿）》。区委常委、区总工会主席吴文辉参加会议。

19日 成都市城乡社区发展治理工作领导小组命名100个“成都市百佳示范社区”和100个“成都市百佳示范小区”。锦江区6个社区获“成都市百佳示范社区”称号，6个小区获“成都市百佳示范小区”称号。

23日 四川省文旅公共服务高质量发展优秀品牌、优秀案例、优秀团队、优秀站点推荐活动结果发布，区文体旅局申报的“旅游厕所革命提升工程”入选优秀案例。

24日 省文旅厅公示第一批“天府旅游名镇”“天府旅游名村”“天府旅游名宿”“天府旅游名导”“天府旅游名品”名单，锦江区红砂社区（村）获“天府旅游名村”称号。

25日 省文旅厅发布2021—2023年度“四川省民间文化艺术之乡”名单，锦江区获“糖画之乡”称号。

9月

1日 区政府与成都锦欣医疗投资管理集团有限公司、中国五冶集团有限公司、成都市锦江投资发展集团有限责任公司举行千亿级企业培育服务签约仪式。区委书记陈志勇出席签约仪式，并致辞。区委副书记、区政府区长缪晓波主持签约仪式，区政协主席张松出席签约仪式，文华、张敏等区领导参加签约仪式。

3日 “礼赞百年 画说锦江”锦江区职工书画大赛展览开幕式暨惠民职工画院揭牌仪式在第三大街社区美术馆举办。

6日 区七届人大第三十四次会议召开，审议同意王庆、李刚辞去区政府副区长职务，同意杨文波辞去区监委副主任职务，同意任命黄婉、郑麟为区政府副区长。

9日 产业融合赋新大会暨西部文化产业中心呈现仪式举行，标志着西部文化产业中心项目建成。.

10日 《锦江区高品质公共服务倍增工程实施方案（2021—2025年）》发布。

15日 区七届人大第三十五次会议和第三十六次会议召开，审议同意文华、朱波、张敏、唐勇辞去区政府副区长职务，同意周晓、游锦、万科、兰华娟任区政府副区长。

18日 中国乡村振兴人才论坛在中共中央党校（国家行政学院）举办，锦江区申报的“锦江区以‘党建+众筹’点睛 绘出党建引领乡村振兴图”入选“中国乡村人才振兴优秀案例”。

22日 锦江区梨花街七宝市开街仪式举行，发布《梨花街七宝市产业政策汇编》，锦江区在全市首推的“交子券”在仪式上首发，工商银行成都分行同步发布了包括数字人民币应用等在内的多个金融支持政策。区委书记陈志勇，区委副书记、区政府区长缪晓波，区人大常委会党组书记王宏斌，区政协党组书记潘雪松，余家洪、唐勇、张卫东、游锦、兰华娟、李大江等区领导出席开街仪式。

23日 区委七届十五次全体（扩大）会议召开，传达区（市）县领导班子换届政策，民主评议锦江区第七届领导班子成员和现任成员工作及区法院院长、区检察院检察长工作。

23日 区政府七届七次全体会议召开，传达学习省委十一届九次全会精神和市委十三届九次全会精神、区委七届十四次全会精神，通报锦江区上半年经济社会运行情况，下达2021年经济目标任务。

29日 “美好生活·品位锦江”金秋文旅消费季启动仪式在春熙路举行，现场发布50个“美好生活·品位锦江”热门打卡点位和3条“金秋游成都、安逸耍锦江”精品旅游线路。四川日报社副总编李鹏，市文化广电旅游局局长多央娜姆，区委书记陈志勇，区委副书记、区政府区长缪晓波出席活动。

10月

12日 区总工会四届五次全委会召开，同意吴文辉辞去区总工会第四届委员会主席、委员职务，选举杨世映为区总工会第四届委员会主席。

14日 锦江区在联合国《生物多样性公约》缔约方大会第十五次

会议生态文明论坛活动中获“国家生态文明建设示范区”称号。

20 日 成都市 2021 年“夏季最美街道”评选结果揭晓，锦江区天仙桥南路入选。

22 日 锦江区就业服务体系建设工作获四川省优秀公共就业创业服务成果三等奖。

23 日 区委七届十六次全会召开，听取锦江区第八次党代会报告起草情况的说明，区纪委工作报告起草情况的说明以及《第八届区委委员、候补委员、区纪委委员候选人建议名单》的说明，审议通过《区第八次党代会报告（草案）》《区纪委工作报告（草案）》。

23 日 2021 年乡村振兴大会召开，锦江区推荐的“三圣花乡探索‘公园 + 乡村’生态价值转化新路径”入选“2021 乡村振兴示范案例”。

28 日 锦江区第八次党代会开幕，区委书记陈志勇作《奋进新时代 启航新征程 担当新使命为高质量建设“品位锦江·幸福城区”而接续奋斗》的报告。

29 日 锦江区锦官驿街道、沙河街道和成龙路街道国槐社区、锦官驿街道大慈寺社区、春熙路街道总府路社区、三圣街道红砂社区、牛市口街道九眼桥社区获“四川省基层治理示范街道和社区”称号。

29 日 区委八届一次全体会议召开，选举产生区委第八届常委会委员和书记、副书记，陈志勇当选区委书记，缪晓波、吴斌当选区委副书记，刘刚毅、彭洪泽、刘嘉聪、余家洪、杨世映、黄婉、唐勇、罗明俊当选区委常委，批准区纪委八届一次全会选举产生的书记、副书记和区纪委常务委员会委员人选，批准刘嘉聪为区纪委书记，淳茂、龚仁勇为区纪委副书记，祝勋、李直、马伊、罗月敏为区纪委常委。

11 月

6 日 文化和旅游部公布第一批国家级夜间文化和旅游消费集聚区名单，锦江区春熙路大慈坊街区入选。

6 日 第八届全国特奥会落幕，来自锦江区的智力二级残疾游泳运动员黄海地获得 5 枚金牌。

30 日 2021 年锦江区招商大会战启动暨招商合伙人（第三批）签约仪式举办，通过“线上 + 线下”的方式，北京、上海、深圳等国内 15 个重点城市以及意大利、日本等国家的 5 个知名国际城市的 100 家企业参与活动，区级部门、产业功能区、街道办事处、区属平台公司的 21 个专业招商队伍集体亮相宣言。区委书记陈志勇出席活动，为受聘的招商大使颁发聘书。区委副书记、区政府区长缪晓波出席活动，并致辞。唐勇、兰华娟等区领导参加活动。

12 月

1 日 区委庆祝中国共产党成立 100 周年活动暨党史学习教育领导小组第五次会议召开。区委书记、领导小组组长陈志勇主持会议，并讲话。陈志勇强调，要按照中共中央、省委和市委要求，推动党史学习教育常态化，始终做到力度不减、节奏不变、尺度不松，在学党史、悟思想、办实事、开新局上取得新进展。一要在锤炼党性上力行，把学习贯彻习近平新时代中国特色社会主义思想作为根本遵循和指引，深刻领悟理论的真理力量和实践力量，切实做到学史明理、学史增信、学史崇德、学史立行，把伟大建党精神转化为推动区域发展的强劲动力。二要在为民服务上力行，聚焦群众反映集中的共性需求和存在的普遍问题，聚焦发展亟待解决的痛点难点问题，聚焦长期未能解决的民生历史遗留问题，用心用情、动真碰硬解决群众的“急难愁盼”，不断增强群众获得感幸福感安全感。三要在推动发展上力行，紧密结合区域实际，谋深谋实谋细重大产业、重大项目、重大工程，抓好建圈强链、招商引智、科技创新、城市治理等重点工作，加快推动锦江高质量发展，用实际行动和发展成效检验党史学习教育的成果。区委副书记、领导小组副组长吴斌出席，领导小组副组长、成员及街道、区级部门负责人参加会议。

1 日 锦江区·炉霍县对口支援工作对接会召开，对接会商 2022 年对口支援的重点工作，区委书记陈志勇、炉霍县委书记王东升，区委副书记、区政府区长缪晓波出席会议。

3 日 锦江区人民政府、蜀道投资集团有限责任公司、深圳市投资控股有限公司在锦江区举行合作签约仪式，签订“战略合作”“项目投资服务”等相关协议，蜀道资本集团成为签约入驻白鹭湾数字总部港的首家重点企业。蜀道集团董事长冯文生，深投控董事长何建锋，区委书记陈志勇，区委副书记、区政府区长缪晓波，区委副书记吴斌出席签约仪式，杨世映、游锦、兰华娟等区领导参加签约仪式。

3日 锦江区与财达证券股份有限公司签署战略合作协议。区委副书记、区政府区长缪晓波和财达证券股份有限公司总经理张明出席签约仪式。

7日 市委组织部发布《关于表扬2020年度全市基层党建工作创新项目和先进单位的通报》，锦江区"利用学校红色体验馆促进微党校中心校创新建设"项目入选"成都市基层党建工作创新最佳项目"，锦江区"点亮信仰之灯传承红色基因"项目入选"都市基层党建工作创新优秀项目"。

10日 区政府七届八次全体会议召开，传达中共十九届六中全会精神和省委十一届十次全会精神，审议《区政府工作报告（讨论稿）》《关于锦江区2021年国民经济和社会发展计划执行情况及2022年国民经济和社会发展计划草案的报告（讨论稿）》《关于锦江区2021年财政预算执行情况和2022年财政预算草案的报告（讨论稿）》。

13日 成都市"四个十佳"志愿服务先进典型名单发布，锦江区"魅力总府、有你有我——春熙商圈志愿者联盟"入选"十佳志愿服务项目"，四川（北京同仁堂）大药房有限公司入选"十佳志愿服务组织"，锦江区关爱团志愿服务队队员曾和陶入选"十佳志愿者"。

16日 锦江区楼宇金融服务创新示范基地启动暨签约仪式在成都国际金融中心举行，区金融局、工商银行春熙支行和"MFG创客联邦"签订楼宇金融服务创新示范基地共建协议。

17日 "把握金融新时代 赋能私募新机遇"锦江区私募基金及财富管理专场招商会召开，锦江区金融安全科技协会揭牌。

19日 区政协八届一次全体会议召开。区委书记陈志勇出席会议，并讲话。区委副书记、区政府区长缪晓波向大会说明《区政府工作报告》。21日，大会闭幕。会议选举产生八届区政协主席1人、副主席6人、秘书长1人、常委45人。

23日 区八届人大一次会议召开。区委书记陈志勇出席会议，并讲话。区委副书记、区政府区长缪晓波向大会报告2021年区政府工作。25日，会议闭幕。会议选举王宏斌为区第八届人大常委会主任，选举缪晓波为区政府区长，选举邹燕、刘平、吴文辉、张卫东、唐高原为区第八届人大常委会副主任，选举黄婉、游锦、郑麟、周晓、万科、兰华娟为区政府副区长，选举李科为区法院院长，选举赵峰为区检察院检察长，选举王文等29人为区第八届人大常委会委员。

（龙倩妤）

2021年，锦江区实施百年春熙路商圈提质工程，打造千亿级国际商圈。延伸打造"有逛头"的"四潮专线"，以潮游、潮购、潮玩、潮享4条专线为载体，发展首店经济、爱情经济、夜经济、美经济，培育"来成都，逛锦江"共识。提升打造"有买头"的"十二月市"，升级成都十二月市博物馆，在天府锦城锦江片区植入特色展馆，打造十二月市特色街巷，培育"来成都，购锦江"共识。打造"有搞头"的"交子券"模式，引领文商旅体娱融合发展，培育"再到成都，还来锦江"共识。

（右图由区融媒体中心提供）

区情概览

成都锦江 CHENGDU JINJIANG

A SURVEY OF JINJIANG DISTRICT SITUATIONS

政区设置

【概况】2021年，锦江区位于成都市区东南部，区域面积62平方千米。东与成都市成华区交界，东南与成都市龙泉驿区相连，南与成都市双流区毗邻，西与成都市武侯区隔河相望，西北与成都市青羊区接壤，北分别与青羊区、成华区相连，北边的华星路边界与成华区隔河相望。辖春熙路、书院街、锦官驿、牛市口、东湖、沙河、狮子山、锦华路、柳江、成龙路、三圣11个街道，下设76个社区。

【政区勘界】锦江区东部区域的书院街、锦官驿、牛市口、沙河、狮子山、成龙路6个街道以新华桥、三槐树路、迎晖路、双桂路为界，分别与成华区的猛追湾街道、双桥子街道、万年场街道、保和街道毗邻。东南部区域的成龙路、三圣2个街道以驿都大道为界，与龙泉驿区大面街道相连。南部区域的三圣、柳江2个街道以成都绕城高速公路、大安桥路外延为界，与高新区中和街道、天府新区新兴街道接壤。西北区域的春熙路、书院街2个街道以南大街、红照壁街、人民南路一段、东御街、人民中路一段、大有巷、顺城大街、提督街、太升南路、玉沙路为界，与青羊区太升路街道、草市街街道、西御街街道、汪家拐街道交界。西部区域的春熙路、锦官驿、牛市口、东湖、锦华路、柳江6个街道以国华街、翠柳湾路、科创路、翠风路、河滨路、顺江路为界，隔锦江与武侯区桂溪街道、火车南站街道、跳伞塔街道、致民路街道、小天竺街道相望。北部区域的书院街街道以红星路一段为界，与青羊区太升路街道交界。北部区域的书院街街道经红星路一段、红星桥，与成华区猛追湾街道相连。北部区域的书院街街道以华星路为界，与成华区猛追湾街道隔河相望。

【街道勘界】春熙路街道东至红星路三段、红星路四段西街沿，南至锦江南堤岸水涯线，西至南大街西街沿、人民南路一段东街沿、西沟头巷西街沿，北至红照壁街北街沿、人民东路南街沿、总府路北街沿。区域面积2.45平方千米。书院街街道东、北方向以府河为界，由东风大桥沿河至红星桥与成华区猛追湾街道隔河相望；西沿红星路一段、新华大道玉沙路、东玉龙街、冻青树街、暑袜北一街、暑袜北二街，与青羊区相邻；南由东风大桥沿蜀都大道至暑袜街，与春熙路街道相邻。区域面积1.8平方千米。锦官驿街道东至一环路东四段、东五段东街沿，南至锦江南堤岸水涯线，西至红星路三段、四段西街沿，北至大慈寺路、东风路北街沿。区域面积2.2平方千米。牛市口街道东至二环路东四段东街沿，南至龙舟路北街沿、锦江南堤岸水涯线，西至一环路东四段、东五段东街沿，北至水碾河路北街沿。区域面积3.14平方千米。东湖街道东至龙舟路、静居寺路北街沿，南至沙河南堤岸水涯线，西至二环路内锦江西堤岸水涯线、二环路外锦江中心线，顺江路与龙舟路交会处。区域面积3.4平方千米。沙河街道东至锦江区与成华区区界，南至静居寺路、静康路北街沿，西至二环路东四段东街沿，北至双桂路北街沿。区域面积4.66平方千米。狮子山街道调整后东至成绵乐高铁北侧，西至静缘路、静平路东街沿，北至驿都大道静康路、静明路北街沿及锦江区与成华区区界。区域面积3.77平方千米。锦华路街道东至静平路、经天东路东街沿，南至南三环路二段、三段北街沿，西至锦江中心线，北至沙河南堤岸水涯线。区域面积4.8平方千米。柳江街道东至楗子树、皇经楼、江家堰社区区划调整勘界线，南至锦江区与双流区区界，西至锦江中心线，北至南三环路二段、三段北街沿。区域面积11.98平方千米。成龙路街道东至锦江区与龙泉驿区区界，南至成龙路街道香樟社区、华新社区与三圣街道银木街社区、喜树路社区、栀子街社区、幸福社区交界线，西至经天东路东街沿及楗子树社区、皇经楼社区、江家堰社区勘界线，北至成绵乐高铁北侧。区域面积8.24平方千米。三圣街道东至锦江区与龙泉驿区区界，南至锦江区与高新区区界，西至楗子树、皇经楼、江家堰社区区划调整勘界线，北至成龙路街道香樟、华新社区与三圣街道银木街、喜树路、栀子街、幸福社区交界线。面积15.65平方千米。

【社区设置】锦江区春熙路街道设督院街、总府路、盐市口、盐道街4个社区。书院街街道设福字街、庆云、五昭路、华兴街4个社区。锦官驿街道设崇德里、合江亭、大慈寺、交子、点将台、水井坊6个社区。牛市口街道设水碾河路南、华成路、九眼桥、莲桂西路、得胜街、一心桥、莲花、锦东、紫东、龙舟10个社区。东湖街道设观音桥、东怡、永兴、石牛堰、河滨、翡翠城、锦华7个社区。沙河街道设沙河、静康、塔子山、牛沙路、五福桥、汇泉路、双桂路7个社区。狮子山街道设四川师大、花果、菱窠、万科城花、佳宏路、金像寺6个社区。锦华路街道设琉璃、柳江、金象花园、凯天、晨辉、皇经、经天7个社区。柳江街道设锦阳、锦逸、锦馨、楗子树、包江桥、祝国寺6个社区。成龙路街道设华新、水杉、卓锦城、国槐、香樟、皇经楼、蓝谷地、粮丰、枫树9个社区。三圣街道设幸福、红砂、驸马、万福、江家堰、大安桥、喜树路、栀子街、白桦林路、海棠路10个社区。

附：2021年锦江区各街道社区勘界情况

1. 春熙路街道所辖社区情况

（1）督院街社区面积0.56平方千米。东至红星路四段，南至锦兴路，西至顺城大街、大业路，北至东大街上东大街段和城守东大街段。

（2）总府路社区面积0.69平方千米。东至红星路三段，南至东大街上东大街段、东大街城守东大街段，西至顺城大街，北至提督街、蜀都大道总府路。

（3）盐市口社区面积0.55平方千米。东至顺城大街、大业路，南至新光华街，西至东华门街、天府广场东、人民南路一段，北至大有巷。

（4）盐道街社区面积0.65平方千米。东至红星路四段，南至锦江，西至上南大街、中南大街、下南大街，北至红照壁街、新光华街、锦兴路。

2. 书院街街道所辖社区情况

（1）福字街社区面积0.36平方千米。东至锦江，南至蜀都大道大慈寺路，西至红星路二段，北至武成大街。

（2）庆云社区面积0.37平方千米。东至锦江，南至武成大街，西至红星路二段，北至三槐树路。

（3）五昭路社区面积0.44平方千米。东至锦江，南至三槐树路，西至红星路一段，北至锦江。

（4）华兴街社区面积0.63平方千米。东至红星路二段，南至蜀都大道总府路，西至冻青树街、暑袜北一街、暑袜北二街，北至玉沙路。

3. 锦官驿街道所辖社区情况

（1）崇德里社区面积0.36平方千米。东至义学巷、耿家巷、下莲池街、东南里，南至锦江、红石柱横街，西至红星路四段，北至东大街下东大街段、拱背桥街。

（2）合江亭社区面积0.29平方千米。东至锦江，南至锦江、拱背桥街，西至义学巷、耿家巷、下莲池街、东南里，北至东大街下东大街段、红石柱横街。

（3）大慈寺社区面积0.49平方千米。东至锦江，南至东大街下东大街段，西至红星路三段，北至蜀都大道大慈寺路。

（4）交子社区面积0.23平方千米。东至点将台街、较场坝中街，南至东大街芷泉段、东大街紫东楼段，西至锦江，北至蜀都大道东风路。

（5）点将台社区面积0.3平方千米。东至一环路东四段，南至东大街紫东楼段、东大街牛王庙段，西至点将台街、较场坝中街，北至蜀都大道东风路。

（6）水井坊社区面积0.53平方千米。东至一环路东五段，南至锦江；西至锦江，北至东大街芷泉段、东大街紫东楼段、东大街牛王庙段。

4. 牛市口街道所辖社区情况

（1）水碾河路南社区面积0.41平方千米。东至一心桥横街、水碾河南路、宏济中路、宏济上路，南至锦东路，西至一环路东四段和东五段，北至蜀都大道水碾河路。

（2）华成路社区面积0.36平

方千米。东至经华南路，南至锦东路，西至一心桥横街、水碾河南路，北至蜀都大道水碾河路。

（3）九眼桥社区面积0.45平方千米。东至一心桥南街、宏济新路、新桂村西五街，南至锦江，西至宏济上路、宏济中路，北至锦东路。

（4）莲桂西路社区面积0.52平方千米。东至莲桂南路、莲花西路，南至锦江、龙舟路，西至新桂村西五街、莲桂西路，北至新桂巷、莲桂西路。

（5）得胜街社区面积0.25平方千米。东至二环路东四段，南至锦东路，西至经华南路，北至蜀都大道水碾河路。

（6）一心桥社区面积0.18平方千米。东至海椒市街，南至莲花北路，西至一心桥南街，北至锦东路。

（7）莲花社区面积0.22平方千米。东至海椒市街，南至莲桂西路，西至莲花西路、宏济新路，北至莲花北路。

（8）锦东社区面积0.15平方千米。东至二环路东四段，南至海椒市东街，西至海椒市街，北至锦东路。

（9）紫东社区面积0.2平方千米。东至二环路东四段，南至莲桂东路，西至海椒市街，北至海椒市东街。

（10）龙舟社区面积0.4平方千米。东至二环路东四段，南至龙舟路，西至莲桂南路，北至莲桂东路。

5. 东湖街道所辖社区情况

（1）观音桥社区面积0.43平方千米。东至净居寺路，南至沙河，西至东光街、东光北二巷，北至净居寺西街。

（2）东怡社区面积0.36平方千米。东至东光街、东光北二巷，南至沙河，西至锦华路一段，北至净居寺西街。

（3）永兴社区面积0.31平方千米。东至净居寺路，南至净居寺西街，西至锦华路一段，北至二环路东五段。

（4）石牛堰社区面积0.48平方千米。东至橡树林路，南至二环路东五段，西至锦江，北至锦江。

（5）河滨社区面积0.32平方千米。东至二环路东五段，南至二环路东五段，西至锦江、橡树林路，北至龙舟路。

（6）翡翠城社区面积0.83平方千米。东至石牛堰、锦华路一段，南至沙河，西至锦江，北至二环路东五段、华润路。

（7）锦华社区面积0.67平方千米。东至锦华路一段，南至华润路，西至石牛堰，北至二环路东五段。

6. 沙河街道所辖社区情况

（1）沙河社区面积0.63平方千米。东至静沙北路，南至静康路，西至沙河，北至下沙河铺街。

（2）静康社区面积0.51平方千米。东至下沙河铺街和静康路交会处，南至静康路，西至静沙路，北至中沙河铺街、下沙河铺街。

（3）塔子山社区面积1.14平方千米。东至锦江区与成华区保和街道斑竹社区交界线，南至上沙河铺街、中沙河铺街、下沙河铺街、静明路，西至沙河，北至迎晖路。

（4）牛沙路社区面积0.53平方千米。东至沙河，南至净居寺路，西至二环路东四段，北至牛沙路。

（5）五福桥社区面积0.65平方千米。东至沙河，南至牛沙路，西至二环路东四段，北至通宝街。

（6）汇泉路社区面积0.61平方千米。东至汇泉北路、沙河，南至通宝街，西至二环路东四段，北至通汇街、通源街。

（7）双桂路社区面积0.59平方千米。东至沙河，南至通汇街、通源街，西至汇泉北路、二环路东四段，北至双桂路。

7. 狮子山街道所辖社区情况

（1）四川师大社区面积1平方千米。东至菱窠路与菱安路以及菱安路与锦绣大道交会处，南至菱窠路与锦绣大道以及华润幸福里二期北面围墙与静安路交会处，西至华润幸福里二期北面围墙与静安路、菱安路交会处，北至菱窠路与菱安路以及菱安路与华润幸福里二期东面围墙交会处。

（2）花果社区面积0.43平方千米。东至菱窠路，南至静远路，西至成龙大道，北至驿都大道静康路。

（3）菱窠社区面积0.55平方千米。东至佳宏南横街、菱窠东路、菱窠东路与劼人路交会处，再至静明路与静康路交会处；南至菱窠路与锦绣大道交会处，再至锦绣大道与佳宏南横街交会处；西至菱窠路；北至静康路与菱窠路交会处，再至静康路与静明路交会处。

（4）万科城花社区面积0.38平方千米。东至菱安路，南至静远路、花果新居围墙，西至静安路，北至静渝路。

（5）佳宏路社区面积0.31平方千米。东至驿都大道静明路，南至锦绣大道，西至佳宏南横街，北至劼人路。

（6）金像寺社区面积1.1平方千米。静宁路与铁路内侧护栏交会处沿铁路内侧护栏至静平路与铁路内侧护栏交会处以北；静平路与铁路内侧护栏交会处沿静平路、静缘路，至静缘路与沙河东河岸线交会处以东；静缘路与沙河东河岸线交会处沿沙河至净居寺路与沙河东河岸线交会处以南；净居寺路与沙河东河岸线交会处沿净居寺路、静安路、静宁路至静宁路与铁路内侧护栏交会处以西。

8. 锦华路街道所辖社区情况

（1）琉璃社区面积1.1平方千米。东至锦华路二段，南至南三环路三段，西至洗瓦堰，北至科创路、琉璃一街。

（2）柳江社区面积0.46平方千米。东至锦华路二段、琉璃路，南至科创路、琉璃一街，西至锦江，北至沙河、锦绣大道。

（3）金象花园社区面积0.41平方千米。东至锦华路二段、晨辉北路，南至锦绣大道，西至琉璃路，北至沙河、晨辉路。

（4）凯天社区面积1平方千米。东至洗瓦堰，南至南三环路三段，西至锦江，北至科创路。

（5）晨辉社区面积0.63平方千米。东至静平路，南至锦绣大道、晨辉路，西至锦华路二段、晨辉北路，北至沙河。

（6）皇经社区面积0.56平方千米。东至经天东路，南至经天二街、仁居路，西至锦华路二段，北至锦绣大道。

（7）经天社区面积0.64平方千米。东至经天东路，南至南三环路二段，西至锦华路二段，北至仁居路、经天二街。

9. 柳江街道所辖社区情况

（1）锦阳社区面积3.95平方千米。东至锦阳社区与三圣街道江家堰社区、幸福社区交界线，南至锦阳社区与三圣街道江家堰社区交界线以及锦江区与高新区中和街道朝阳社区交界线，西至锦阳社区与祝国寺社区、包江桥社区交界线，北至锦江大道、锦阳社区与棬子树社区交界线以及锦阳社区与成龙路街道华新社区交界线。

（2）锦逸社区面积0.65平方千米。东至锦逸社区与成龙路街道华新社区、皇经楼社区交界线，南至锦江大道，西至皇经楼路，北至南三环路二段。

（3）锦馨社区面积0.4平方千米。东至玉树路，南至锦江大道，西至锦馨社区与包江桥社区交界线，北至桐云路。

（4）棬子树社区面积1.1平方千米。东至皇经楼路、棬子树社区与成龙路街道华新社区交界线，南至桐云路、棬子树社区与锦阳社区交界线，西至锦华路三段、棬子树社区与包江桥社区交界线，北至南三环路二段。

（5）包江桥社区面积3.58平方千米。东至包江桥社区与棬子树社区、锦馨社区、锦阳社区交界线，南至包江桥社区与祝国寺社区交界线，西至锦江，北至南三环路三段。

（6）祝国寺社区面积2.3平方千米。东至祝国寺社区与锦阳社区交界线，南至锦江区与高新区中和街道新民社区、朝阳社区交界线，西至锦江，北至祝国寺社区与包江桥社区交界线。

10. 成龙路街道所辖社区情况

（1）华新社区面积2.06平方千米。东至成龙大道，南至锦江大道以及华新社区与柳江街道锦阳社区交界线、华新社区与三圣街道幸福社区交界线，西至金像寺路、华新社区与皇经楼社区交界线、华新社区与柳江街道锦城逸景社区和棬子树社区交界线，北至静逸路。

（2）水杉社区面积0.91平方千米。东至锦江区与成华区保和街道斑竹社区交界线，南至南三环路一段、东三环路五段，西至水杉社区与国槐社区交界线，北至成绵乐高速铁路。

（3）卓锦城社区面积0.58平方千米。东至海棠路，南至锦江大道，西至成龙大道，北至南三环路二段。

（4）国槐社区面积0.66平方千米。东至国槐社区与水杉社区交界线，南至南三环路一段、南三环路二段，西至玉兰街，北至成绵乐高速铁路、合欢树街。

（5）香樟社区面积0.72平方千米。东至锦江区与龙泉驿区大面街道洪柳社区交界线，南至茶花街、喜树路、百日红中路，西至锦江大道，北至锦江区与龙泉驿区大面街道东洪社区交界线。

（6）皇经楼社区面积1.07平方千米。东至龙兴大道静宁路、金像寺路、皇经楼社区与华新社区交界线，南至南三环路二段、皇经楼社区与华新社区交界线，西至经天东路、皇经楼社区与柳江街道锦逸社区交界线，北至成绵乐高速铁路。

（7）蓝谷地社区面积0.48平方千米。东至玉兰街，南至南三环路一段、合欢树街，西至龙兴大道静宁路，北至成绵乐高速铁路。

（8）粮丰社区面积1.03平方千米。东至驿都大道、锦江区与龙泉驿区大面街道东洪社区交界线，南至锦江大道，西至百日红西路，北至南三环路一段、东三环路五段。

区情概览

（9）枫树社区面积0.73平方千米。东至百日红西路，南至锦江大道，西至海棠路，北至南三环路一段。

11. 三圣街道所辖社区情况

（1）幸福社区面积1.84平方千米。东至簧柏路，南至驸江路，西至幸福社区与柳江街道锦阳社区交界线、幸福社区与成龙路街道华新社区交界线，北至锦江大道、滨湖路。

（2）红砂社区面积1.78平方千米。东至红砂社区与龙泉驿区大面街道天鹅湖村交界线，南至红砂社区与万福社区、驸马社区、白桦林路社区交界线，西至银杏大道，北至红砂社区与龙泉驿区大面街道洪柳社区交界线。

（3）驸马社区面积2.76平方千米。东至陡沟河，南至驸马社区与江家堰社区交界线，西至驸马社区与幸福社区交界线，北至簧柏路、成龙大道。

（4）万福社区面积2.4平方千米。东至经开区西五路，南至蓝顶二期路，西至新机场高速路，北至花卉路。

（5）江家堰社区面积2.25平方千米。东至江家堰社区与驸马社区交界线，南至陡沟河以及江家堰社区与大安桥社区交界线，西至江家堰社区与柳江街道锦阳社区交界线，北至江家堰社区与幸福社区交界线。

（6）大安桥社区面积2.62平方千米。东至大安桥社区与天府新区新兴街道庙山社区交界线，南至大安桥社区与天府新区新兴街道庙山社区交界线，西至大安桥社区与高新区中和街道朝阳社区交界线，北至大安桥社区与江家堰社区交界线。

（7）喜树路社区面积0.38平方千米。东至喜树街，南至成龙大道，西至锦江大道，北至茶花街。

（8）栀子街社区面积0.6平方千米。东至银木街，南至滨湖东路，西至锦江大道，北至成龙大道、喜树路、百日红中路。

（9）白桦林路社区面积0.4平方千米。东至花博路，南至簧柏路，西至桦树街，北至成龙大道。

（10）海棠路社区面积0.62平方千米。东至银杏大道，南至成龙大道，西至银木街，北至百日红中路以北海棠路社区与龙泉驿区大面街道洪柳社区交界线。

（韩　旭　何婉霞）

自然地理

【概况】2021年，锦江区空气质量综合指数在成都市5个中心城区中排名第三。区域内主要河道水质年度平均值达到Ⅲ类标准，市控河道断面水质达到市级目标要求，人工湖水质达标。锦江区地形地貌较2020年无变化，平均海拔500米。锦江区西北部区域延续商贸繁华特征，东南部区域形成文、商、旅融合发展态势。

【地形地貌】锦江区地处成都平原东部和龙泉山脉西部边缘延伸部位，地形以平原和浅丘为主，东部高，西南部低，东南部偶有浅丘，西北部地势平坦，平均海拔500米。最高处海拔543米，位于三圣街道凉风顶。最低处海拔476.9米，位于柳江街道祝国寺社区。

【经济地理】锦江区西北部区域是传统商贸繁华区，商业和现代服务业发达。西北部区域的东大街、春熙路、盐市口、华兴街连片融合发展，保持成都市商务商业中心区地位。东南部区域曾是成都东山的客家场镇，于20世纪80年代成为成都市的蔬菜、肉、蛋、奶、鱼、禽等农副产品生产基地。随着城乡统筹发展，东南部区域的传统农业和农副产业弱化，重点发展以花卉产业为主导产业的都市型农业，带动观光农业发展。锦江区挖掘东南部区域“三圣花乡”三百年花卉种植历史，促进片区文化、商业、旅游业融合发展。

【大气环境】锦江区环境空气质量优良天数303天，较2020年增加12天，超过年度目标天数3天。造成空气污染的可吸入悬浮颗粒物（$PM_{2.5}$）平均浓度每立方米41微克，较2020年上升2.5%。空气质量综合指数在成都市22个区（市）县中排名第十九，在成都市主城区中排名第三。

【水环境】锦江区主要河道包括府河、南河、沙河。主要河道的水质年度平均值达到《地表水环境质量标准》（GB 3838—2002）Ⅲ类水质标准，区域内3条市控河道的断面水质达到市级目标要求。府河水津桥断面的氨氮年度平均值每升0.53毫克，断面水的总磷年度平均值每升0.075毫克。南河永安大桥的断面氨氮年度平均值0.56毫克，断面水的总磷年度平均值每升0.143毫克。沙河成仁桥断面的氨氮年度平均值每升0.62毫克，断面水的总磷年度平均值0.089毫克。区域内中小河渠的洗瓦堰、陡沟河水质年度平均值达到《地表水环境质量标准》（GB 3838—2002）Ⅲ类水质标准。人工湖泊中的东湖水质达到《地表水环境质量标准》（GB 3838—2002）Ⅲ类水质标准，梅香湖水质达到《地表水环境质量标准》（GB 3838-2002）Ⅳ类水质标准。

（韩　旭　曾秀凤）

区域人口

【概况】2021 年，锦江区户籍人口 239209 户 658528 人，平均每户 2.75 人。年末实有人口 122.82 万人，较 2020 年增加 24.15 万人（含购房落户、人才引进等人口）。人口密度每平方千米 19809 人，较 2020 年增加 3894 人。实有人口基数最大的街道是成龙路街道，实有人口基数最小的街道是春熙路街道。人口密度最大的街道是书院街街道，人口密度最小的街道是柳江街道。

2021 年锦江区各街道人口分布情况表

表 2

街道	总人口（人）	外来人口（人）	户籍人口（户/人）
春熙路	55965	18644	12505/37321
书院街	99108	31628	18532/67480
锦官驿	83701	33803	17648/49898
牛市口	154432	63546	34629/90886
东　湖	133015	58720	29714/74295
沙　河	118836	49588	27536/69248
狮子山	91757	46616	16429/45141
锦华路	98317	55810	17707/42507
柳　江	60044	37275	4885/22769
三　圣	114259	59117	17105/55142
成龙路	218769	114928	42519/103841

【人口结构】锦江区 17 岁及以下年龄人口 30.45 万人，占总人口的 24.79%。18 岁至 34 岁人口 23.96 万人，占总人口的 19.51%。35 岁至 59 岁人口 46.69 万人，占总人口的 37.64%。60 岁及以上年龄人口 21.72 万人，占总人口的 18.06%。男性人口 58.93 万人，女性人口 62.77万人，男女性别比 93。少数民族人口 2.4 万人，占总人口的 2%。

【人口变动】锦江区迁入人口 24893 人，迁入率 3.94%。迁出人口 7038 人，迁出率 1.11%。出生人口 8898 人，死亡人口 3680 人，人口出生率 8.58‰，人口自然增长率 4.96‰。受疫情影响，外来人口 56.97 万人，较 2020 年减少 2.09 万人。其中 18 岁至 59 岁的男性外来人口 21.21 万人，较 2020 年减少 1.87 万人；女性外来人口 22.51 万人，较 2020 年减少 1.39 万人。外来人口男女性别比 94。

（全　成　李媛媛）

经济社会发展

【概况】2021 年，锦江区按照成都市中心城区优化部署，明确“构建国际时尚消费中心、国际商务交往客厅、天府文化魅力窗口、都市品质生活典范四大功能支撑，加快建设更加美丽、更具活力、更有品位的现代化国际化锦江”的发展方向和“品位锦江·幸福城区”发展定位以及“贯彻新发展理念，服务新发展格局”的工作思路，以“成渝地区双城经济圈”建设为契机，实施“幸福美好生活十大工程”，推动“高质量发展攻坚年”建设。锦江区按照中共中央、国务院和省委、省政府、市委、市政府“稳就业、稳金融、稳外贸、稳外资、稳投资、稳预期”的要求，制定“保居民就业、保基本民生、保市场主体、保粮食能源安全、保产业链供应链稳定、保基层运转”目标，统筹推进常态化防控新冠肺炎疫情工作和经济社会发展各项工作。锦江区发布“1+3+3”产业体系 2021 年重点项目机会清单，涉及项目 59 个，投资金额超过 1000 亿元。举办投资促进活动 147 次，引进友邦保险公司等世界 500 强企业 2 家，埃克森美孚公司、葛兰素史克公司 2 家世界 500 强企业设立法人机构，引进重大产业化项目 21 个，引进国内资金 200.5 亿元、外资 32.1 亿元。与重庆市渝中区签订商务、金融、文旅等领域的合作协议，促成两地合作项目 48 个。与深圳投资控股有限公司、成都产业投资集团公司合作开发白鹭湾数字总部港。截至 12 月，锦江区地区生产总值 1260 亿元，较 2020 年增长 10%。服务业增加值 1090 亿元，较 2020 年增长 8%。一般公共预算收入 90.05 亿元，较 2020 年增长 6.9%。固定资产投资 313.5 亿元，较 2020 年增长 8%。社会消费品零售总额 1324.3 亿元，较 2020 年增长 10%。城镇居民每人每年可支配收入 55359 元，较 2020 年增长 8%。锦江区推动全域公园城市建设，改善空气质量和水质，打造晨辉路公园，提升改造小游园、微绿地，推动绿道建设，优化道路环境，垃圾分类全覆盖，持续优化城市生活空间。新建幼儿园和中小学 16 所、新增学位 10600 个。实施就业服务质量提升计划，城镇新增就业1.2万人。实施网格化城市医联体建设，整体提升诊所服务水平，构建居家社区养老服务网络，形成“十五分钟公共文化服务圈”和“社区十分钟健身圈”，为群众养老、就医和精神文化生活提供服务。通过“平安锦江”建设，社会安全度和群众安全感得到提升。5月，锦江区入选“2021年中国幸福百强区”，排名14位。8月，锦江区入选“2021年中国高质量发展百强区”，排名72位；列“2021年赛迪百强区”全国第69位，排名上升三位。

【发展蓝图呈现】锦江区发布“再造一个春熙路商圈、再建一个产业锦江”发展蓝图。“再造一个春熙路商圈”以三大工程为抓手，推动春熙路商圈提质增效。即以实施百年春熙路商圈提质工程为抓手，打造千亿级国际商圈；以实施千年东大街焕新工程为抓手，打造国际消费活力轴；以实施万里长江商圈联盟工程为抓手，打造“双循环”发展范例。“再建一个产业锦江”即以“一道九园”“五朵金花”“三园一线”为抓手，推动区域经济再上台阶。建设“一道九园”即推动锦江大道改造提升和智慧化升级，在锦江大道沿线打造交子公园金融商务区锦江片区、锦江数智产业港、白鹭湾数字总部港等9个产业园区，力争三年新增550万平方米产业空间。升级“五朵金花”即打造“创享农居”，发展品质民宿产业；打造“创养梅林”，发展智慧康养产业；打造“创智荷塘”，发展特色消费产业；打造“创联菜地”，发展体验农业产业；打造“创艺菊园”，发展艺展产业。打造“三园一线”即再建一个“飞地锦江”，与对口帮扶的甘孜州炉霍县携手打造高原现代农业产业园、高原现代藤草产业园、高原农产品精深加工产业园，联合开发锦绣炉霍高原文旅精品线。

【空间功能布局】锦江区确定“一核两轴三带三区”空间功能布局。“一核”即以春熙路国际时尚消费中心为发展极核。春熙路国际时尚消费中心覆盖范围的地区国民生产总值占锦江区地区国民生产总值的55%，经济贡献较2020年增长10%。“两轴”即东大街国际消费活力轴、锦秀绿道都市文旅活力轴。在2条轴线区间包装策划重点项目和消费场景130个。“三带”即三条生态基带。第一条生态基带是锦江生态带。包括锦江公园二环路至南绕城公路7千米自行车专用道建设，二环路至九眼桥3.6千米慢行绿道建设，合江公园、活水公园提档升级，是锦江区拥江发展、凸显城市生态和户外消费的功能区间。第二条生态基带是沙河生态带。包括沙河公园生态环境优化，琉璃路公园建设，塔子山公园升级改造，是锦江区滨水宜居定位、凸显城市亲水生态景观的功能区间。第三条生态基带是环城生态带。包括环城生态公园308万平方米（4621亩）建设用地移交和11个点位提升改造，是锦江区探索绿色发展路径、促进城市生态价值转化的功能区间。“三区”即春熙路时尚活力区、白鹭湾新经济总部功能区、交子公园金融商务区锦江片区。建成24万平方米科创空间，落地35个高能级项目，新增50家限额以上企业，重点企业营收突破4000亿元。

【产业体系优化】锦江区根据区域产业优势，构筑“1+3+3”现代产业体系。“1”即新经济。将新经济培育为经济发展新动力。“3”即现代商贸业、新兴金融业、数字传媒业。以人工智能创新应用为牵引，将现代商贸业、新兴金融业、数字传媒业培育为三大主导产业。“3”即都市工业、都市文旅业、都市医养业，培育三大特色产业。锦江区以人工智能创新应用为抓手，出台涉及产业扶持、人才引育、金融服务、场景营造的配套政策，打造“成都国家人工智能创新应用先导区”，推动新经济发展。按照“打造新场景，提供新服务，创造新体验，推动新消费”的理念，绘制“成都十二月市机会场景地图”，提升现代商贸业能级，推动三大主导产业转型升级。增加限额以上商贸企业50家，商贸业营收1600亿元，较2020年增长6.8%。推进私募证券基金产业孵化园建设，引进四川唯品富邦消费金融有限公司、友邦人寿四川分公司等15家总部型金融机构，带动新兴金融业发展。金融业营收1400亿元，重点企业营收较2020年增长8.7%。引进天府数字文创产业中心等重点项目，打造红砂网络作家产业园，实施川报印务改造项目，推动数字传媒业发展。增加数字传媒企业200家，数字传媒业营收230亿元，较2020年增长15%。打造白鹭湾数字总部港，启动博瑞数字新经济科创园、华侨凤凰都市工业国际创新港、梨花街黄金珠宝特色街区建设，推动都市工业聚链发展。都市工业营收961亿元，较2020年增长 15%。培育“天府锦城 + 三圣花乡”都市文旅发展双核，推进“天府旅游名县”创建工作，推动都市文旅业串联发展。旅游业营收 265 亿元，较 2020 年增长 2.9%。实施四川大学华西医院锦江院区项目、四川大学华西第二医院锦江院区二期项目、成都骨科医院改扩建项目，促进都市医养产业聚集发展。都市医养业营收 105 亿元，较 2020 年增长 14.5%。

【企业培育体系构建】锦江区启动千亿级企业培育项目，培育对象为锦欣医疗集团公司、中国五冶集团公司、锦江发展集团公司。支持延长壳牌加油站、永辉超市、新华文轩书店、成都启润投资公司 4 个百亿元级结算总部企业发展，与成都生物研究所、中国电信五所、核能研究西南院 3 个十亿元级科研机构建立战略合作关系，培育 100 家亿元级小巨人企业和 1000 家高成长性创新创业企业。新增企业 5.6 万家，较 2020 年增长 36%。新增结算型总部企业 20 家、效益型楼宇企业 100 家，引进和培育种子企业 14 家、准独角兽企业 3 家、独角兽企业 1 家，新增新经济 500 强企业 3 家。打造税收达到 1 亿元的楼宇 24 幢，新增入库企业 55 家、入库重大项目 296 个。入库企业和入库重大项目数量居成都市中心城区第一。

【三大工程和百亿级项目启动】锦江区结合“一核两轴三带三区”发展布局，实施三大战略工程，推进三个百亿项目建设。三大战略工程即春熙商圈提质工程、东大街焕新工程、“三圣花乡”提升工程。启动春熙路商圈提质工程一期工程，实施项目 39 个。启动东大街焕新工程一期工程，实施项目 47 个。启动“三圣花乡”提升工程，升级“花乡农居”和“幸福梅林”业态，打造产业院落 11 个、网红打卡地 12 个。投资体量达到 100 亿元的天府茂业城项目、四圣祠“大城之窗”项目、白鹭湾数字总部港项目加快建设，启动四圣祠“大城之窗”的历史建筑保护修缮工作和白鹭湾数字总部港建设。

【社会建设】锦江区明确“全域公园城市”建设思路，持续优化城市品质，为实现“推门就是美好生活”目标夯实环境基础。空气质量优良天数较 2020 年增加 10 天，市级考核断面水质达标率 100%，居民小区垃圾分类投放点设置全覆盖。改造老旧小区 40 个，建成晨辉路公园，提升改造小游园、微绿地 8 个，新建绿道 30 千米。按照“回家的路、上班的路”理念，完成 50 条道路的亮化工程。为 32 条道路种植行道树，增绿 1.6 万平方米。整治背街小巷 5 条，增加开敞空间 34.2 万平方米。实施锦江区城市通勤效率提升工程，启动锦江大道改扩建项目，畅通“断头路”2 条，新建 6 条规划道路。新建幼儿园 13 所，新增学位 3900 个，创建成都市示范性托育机构 2 家。新建小学校和中学校 3 所，新增学位 6700 个。实现“幼有善育、学有优教”目标。实施就业服务质量提升计划，搭建智慧就业服务专业化平台，建立“蓝、黄、红”三级就业精准服务机制，每日平均提供岗位 4000 个，城镇登记失业率小于 3%。推进华西医院锦江院区、华西第二医院锦江院区二期项目、成都骨科医院改扩建项目建设，实施网格化城市医联体国家试点工作和促进诊所健康发展安宁疗护全国试点工作，改善群众医疗条件。锦江区 60 岁以上人口城乡居民养老保险全覆盖，居家社区养老服务网络形成。完善“十五分钟公共文化服务圈”“社区十分钟健身圈”，启动文化中心和体育中心建设，实施文轩体育文化中心提档升级项目，新增全民健身场地 10 万平方米。深化“平安锦江”建设，推进扫黑除恶斗争，违法犯罪警情较 2020 年下降 15.1%。

（陈　丹　杨书钧）

改革创新

【概况】2021 年，锦江区实施国有企业改革，整合区属国有公司，组建成都市锦江发展集团公司，形成区属国有企业三级架构。创新实施中小微企业普惠金融服务机制，入选四川省要素市场化配置改革首批试点单位。推进国家级政务服务标准化项目试点工作和养老领域“一次认证、一认多证、一卡通用、一码通付、一网通办”便民机制改革试点工作。持续推进“一窗受理”改革，设置“零差别”综合窗口 12 个，开创“店小二式”服务模式。创新打造智慧城市，围绕城市大脑中枢贯通目标，构建网格化智慧治理体系，启动网格“微脑”试点工作。以优化营商环境为目的，推动行政审批制度改革，构筑方便企业的行政审批环境。推进行政执法类人员分类改革和税收体制改革，优化区文化体育旅游市场综合执法大队职能，完成税收征管方式转型升级第一步工作。深化教育改革，构建教师编制管理创新制度体系。创新审判与执行工作模式，利用互联网打造科技法庭，司法区块链平台建设入选全国法院试点工作。

【行政审批制度改革】锦江区建立"前台综合受理、后台分类审批、统一窗口出件"的行政审批一窗受理模式，设立分类综合窗口126个，纳入综合窗口的事项总数占申请类政务服务事项的97%，一窗受理率100%。区政府政务服务中心将商事登记、社会事务、投资建设、城市管理等12个业务板块的27个服务窗口调整为12个零差别综合窗口，确保407项行政审批事项零差别受理，企业和群众办事时间缩减三分之一。同时，按照"成渝地区双城经济圈"建设部署，与重庆市对接，开启成都市和重庆市政务服务一网通办模式，开通"企业设立"等通办事项85个，全程网办率94%，一次性审批率100%，审批事项即办率56%。

【行政执法类人员分类改革】锦江区征求涉改人员及单位意见，推进行政执法类人员分类改革工作。批准区文化体育旅游市场综合执法大队的19名干部上划市文化市场综合行政执法总队，批准区农业综合执法大队的31名干部和区交通执法大队的4名干部划转至区城管综合行政执法大队，批准区审计执法监察所的12名干部划转至区内部审计事务指导中心，完成174名干部的任职备案工作。

【税收体制改革】锦江区落实中共中央办公厅、国务院办公厅制发的《关于进一步深化税收征管改革的意见》精神，制定税务改革方案，将区税务局内设的6个属地税源管理部门调整为4个。同时将2个属地税源管理部门和2个重点税源管理部门整合为专业化税费管理部门，设自然人税收管理部门。根据改革方案，区税务局成立大数据分析研究团队和土地增值税清算团队。7月31日，区税务局完成内设机构、人员以及征管对象的调整工作。

【财政管理体制改革】锦江区推进财政预算绩效改革，促进财政预算管理一体化信息平台建设，完成信息平台的初始化配置和复盘测试工作，利用平台开展项目库管理和预算编制工作。深化部门整体绩效管理改革，针对934个项目和70家区级单位的整体支出开展绩效自评工作，针对54个项目和3项财政政策以及12家区级单位的整体支出开展重点评价工作。完善绩效激励约束机制，开展绩效运行监控和中期预算评估工作，将部门支出进度、绩效评估评价结果与预算安排挂钩，预算平均审减率达29.8%。

【政府采购改革】锦江区落实政府采购主体责任，健全采购主体内部决策机制，要求69家一级预算单位及下属单位建立政府采购内控制度，备案政府采购专管员160人。融合分散采购网上交易"政采云"平台、集中采购平台、政府采购电子化商场平台，公开采购信息，提升全程监管效能。通过政策手段支持小型企业和微型企业发展，1—9月的小型企业和微型企业政府采购合同金额占政府采购合同总金额的85%。帮助企业争取"蓉采贷"政府采购信用贷款600万元。清理政府采购备选库、名录库、资格库，实施政府采购营商环境"找短板促提升"专项行动，专项整治政府采购突出问题，联合市财政局开展政府采购代理机构监督评价工作，建立政府采购监督管理联席会议制度，处理政府采购投诉和举报案件7件。

【教育教学改革】锦江区探索以教育质量监测评价工作推进区域教育高质量发展模式，入选"四川省教育评价改革试验区"。出台《中小学校机构设置和编制管理办法》，规范中小学校机构设置、编制管理、校级领导配备以及监督检查等工作，提高中小学校机构设置和编制管理的标准化、规范化水平，强化教职工管理和校级领导队伍建设。印发《创新教师编制管理的实施方案》，作为教师编制管理创新制度体系构建的导向性文件，明确"资源配置创新规范、高品质教育资源倍增、管理方式创新"三大任务以及"规范机构编制管理、统筹合理配置编制、提高教师人员总量、创新员额管理、完善供给方式"等13项具体任务。建立教师"编制＋员额"管理模式，将编制外教师核定为员额教师，核定中小学员额教师2430人，核定每天一节体育课专项员额教师161人、幼儿园员额教师1414人。选送学习课改项目、小学初中语文项目、英语学科课例项目参加教育部课程中心举办的第三届基础教育课程改革实验区课改项目与课例展示活动，入选"全国优秀实践项目"，获得教学能手奖、教学创意奖。锦江区6所学校入选“中小学数学建模实践研究项目实验校”，锦江区57名教师成为项目核心组成员。教育部基础教育课程改革专家委员会委员、中国教育学会学术委员会顾问、国家督学成尚荣，北京师范大学原校长钟秉林，中国教育学会副会长高书国，教育部课程中心刘月霞副主任等专家到锦江区指导国家级教学改革成果申报工作。锦江区参加四川省教学成果奖评选，获得奖项15个。其中特等奖3个、一等奖6个、二等奖6个。参加成都市教学成果奖评选，获得奖项12个。其中一等奖5个、二等奖6个、三等奖1个。

2021年5月17日，锦江区区属国有企业改革发展大会召开　　（锦江发展集团公司提供）

【审判与执行工作创新】 区法院推进互联网司法建设，建成科技法庭20个，推行网上立案、网络开庭、电子送达、网上调解等电子诉讼事务。在线立案22696件，在线庭审案件550件，跨域立案29件。自主研发调诉一体智审平台，实现足不出户一网通办目标。司法区块链平台建设入选全国法院试点工作，获得三等奖。最高法院信息中心内刊登载区法院报送的工作信息。人民网等40家媒体报道区法院以数字人民币方式交纳诉讼费的工作经验。探索跨部门办案平台审理刑事案件流程，构建无纸化办案模式。建立执行一体化机制，开创“4个攻坚团队+4个员额法官办案团队+1个执行调解窗口”的“4+4+1”团队化执行工作模式，促使执行效能提升。明确“矛盾减量、解纷减时、当事人减负”的工作目标，利用物业纠纷联合调解中心化解纠纷2000件，纠纷化解周期缩短至30日内，物业纠纷案件受理数较2020年下降49%。

【智慧城市建设创新】 锦江区参照《成都市智慧城市建设行动方案（2020—2022年）》，启动智慧城市建设。区人大法制委员会开展调研，提出意见和建议。区行政审批局拟订锦江区2021—2022年智慧城市建设工作计划，编制《锦江区智慧城市建设项目规划设计方案》。与兴锦文旅公司共同编制《166园区11号楼配套用房（智慧治理中心）设计方案（送审稿）》。围绕城市大脑中枢贯通目标，牵头推进网格化智慧治理体系建设，在春熙路、牛市口、东湖3个街道启动网格“微脑”试点工作。启动网络理政智能化分析平台建设，整理群众诉求数据，综合分析社情民意，掌握社会治理突出问题，提升风险因素预测和防范能力，办理网络理政工单事件113801件，解决率92.1%，平均回复周期4.6个工作日，群众满意率92.81%。推行智能化疫情防控工作，开启封控小区空地一体立体监测模式。采用无人机空中巡逻，配合区疫情防控指挥部管理封控小区。构建指挥调度网络化体系，增设视频感知设备和网络专线，配合5G信号传输等技术手段，接通隔离酒店、黄码核酸检测定点医院、重点学校等视频感知数字平台，提高指挥和协调效能。在青石桥海鲜市场部署人脸识别设备，自动识别未佩戴口罩人群，自动发出预警提示。

【区属国有企业重组】 锦江区实施国有企业改革三年行动，建立改革任务台账，明确37大项65小项改革任务，启动区属国有公司资产重组工作，将64家区属国有公司整合为42家公司。其中集团公司1家。即锦江发展集团公司。下设二级公司3家。即锦江发展建投公司、锦江发展生态公司、锦江发展百年春熙公司。另设三级公司和参股公司、项目公司38家。形成“一集团、三领域、多中心”企业组织架构。

（韩　旭）

中共成都市锦江区委

THE CPC CHENGDU JINJIANG DISTRICT COMMITTEE

区委重要会议

【概况】2021年，七届区委召开全体会议4次、常委会会议39次，八届区委召开全体会议1次、常委会会议6次。召开庆祝中国共产党成立100周年座谈会、中共锦江区第八次代表大会、高质量发展攻坚年动员大会、“幸福美好生活十大工程”推进会、脱贫攻坚干部人才先进事迹报告会、新经济发展大会、区属国有企业改革发展大会等重要会议。

【庆祝中国共产党成立100周年座谈会】7月6日，区委召开锦江区庆祝中国共产党成立100周年座谈会。区委、区人大常委会、区政府、区政协领导和区法院院长、区检察院检察长出席会议，离休和退休区级干部、各民主党派代表、无党派人士代表、各功能区主要负责人、各街道党工委书记、区级部门主要负责人、锦江发展集团公司主要负责人、四川省和成都市的优秀中共党员代表、社会各界人士和群众代表应邀参加会议。老党员代表、老干部代表、基层党组织代表、中共党员代表、科技领域代表、民生领域代表、“濯锦工匠”代表、“蓉漂”创新创业代表、对口帮扶代表、青年学生代表发言，区委书记陈志勇讲话。会议学习贯彻习近平总书记出席庆祝中国共产党成立100周年大会的重要讲话精神，回顾中国共产党领导锦江区改革发展的历程，提出“赓续红色血脉，坚定革命理想，坚持以习近平新时代中国特色社会主义思想为指引，凝聚实干力量，为建设更加美丽、更具活力、更有品位的现代化国际化锦江努力奋斗”的要求。

【中共锦江区第八次代表大会】10月28日，锦江区召开中共锦江区第八次代表大会。区委书记陈志勇以“奋进新时代 启航新征程 担当新使命 为高质量建设‘品位锦江·幸福城区’而接续奋斗”为题，代表七届区委向大会作报告。会议总结锦江区落实中共锦江区第七次代表大会精神，以建设“践行新发展理念的公园城市示范区”为统领，抢抓“成渝地区双城经济圈”建设机遇，

2021年7月6日，锦江区庆祝中国共产党成立100周年座谈会召开　（区融媒体中心提供）

推动高质量发展，创造高品质生活，实施高效能治理，构建“1+3+3”产业体系，推进“国际消费中心城市引领区”建设，推进国资国企、营商环境等重点领域改革，推动对口支援脱贫攻坚工作，推进社会治理体系和治理能力现代化建设，推动全面从严治党各项工作，在政治、经济、社会、文化、生态建设领域付出的努力和取得的成绩。会议明确锦江区工作的指导思想：坚持以习近平新时代中国特色社会主义思想为指导，贯彻中共十九大精神和中共十九届二中全会精神、中共十九届三中全会精神、中共十九届四中全会精神、中共十九届五中全会精神，学习习近平总书记指示四川及成都工作的系列重要精神，落实中共中央和省委、市委的决策部署，立足新发展阶段，贯彻新发展理念，服务新发展格局，坚持稳中求进的工作总基调，坚持以建设“践行新发展理念的公园城市示范区”为统领，围绕“品位锦江·幸福城区”总体目标，推进高质量发展，扩大改革开放，促进共同富裕，提升超大城市中心城区治理水平，推进全面从严治党，把“更加美丽、更具活力、更有品位、更具幸福感”的现代化、国际化锦江区推向新时代，为成都建设“践行新发展理念的公园城市示范区”贡献更多力量。会议指出，建设“品位锦江·幸福城区”必须具备四大支撑。即高质量发展支撑、高品质生活支撑、高效能治理支撑、高素质队伍支撑。会议提出“勇担时代重任，开创高质量发展新局面”的要求，作出“建设产业新高地、厚植发展新优势、提升宜居新品质、拓展合作新成效、创造幸福新生活、建设平安新家园、担当时代新使命”的部署。

2021 年 10 月 28 日，中共锦江区第八次代表大会召开 （区委办公室提供）

【区委七届十三次全体会议】 1 月 5 日，区委召开七届十三次全体会议暨经济工作会议。区委七届十三次全体会议第一次会议书面传达中共十九届五中全会精神、中央经济工作会议精神、省委十一届八次全会精神、省委经济工作会议精神、市委十三届八次全会暨市委经济工作会议精神，区委书记陈志勇代表区委常委会作工作报告，说明《区委关于制定锦江区国民经济和社会发展第十四个五年规划和 2035 年远景目标的建议（讨论稿）》。1 月 6 日，区委七届十三次全体会议第二次全体会议通过《区委关于制定锦江区国民经济和社会发展第十四个五年规划和 2035 年远景目标的建议（草案）》，通过《区委七届十三次全会决议（草案）》，区委副书记、区政府区长缪晓波总结锦江区 2020 年经济工作，部署 2021 年经济工作。区委书记陈志勇讲话。会议作出“更好融入‘双循环’，抢抓‘成渝地区双城经济圈’建设机遇，以建设践行新发展理念的公园城市示范区为统揽，围绕‘天府成都·品位锦江’形象定位，加快建设更加美丽、

2021 年 1 月 5 日，中共锦江区委七届十三次全体会议暨区委经济工作会议召开

（区委办公室提供）

更具活力、更有品位的现代化国际化锦江”的部署。陈志勇、缪晓波等34名区委委员和4名候补区委委员出席会议。非区委委员和候补区委委员的区人大常委会副主任、区政府副区长、区政协副主席、副区级干部、区人武部政委、区纪委常委、区监察委委员、区委各巡察组组长、区人大各专委会主任委员、区人大常委会各工委主任、区人大常委会驻会委员、区政协秘书长、区政协各工作机构负责人、区政协各专委会负责人、区政协专职常委、区级部门主要负责人、各功能区主要负责人、区属国有公司主要负责人、各街道党政主要负责人、中共锦江区第七次代表大会代表中的基层代表和专家学者、非公有制经济组织和社会组织的中共组织书记或出资人代表列席会议。列席会议人员131人。

【区委七届十四次全体会议】 8月7日，区委召开七届十四次全体会议。区委七届十四次全体会议第一次会议传达省委十一届九次全会精神和市委十三届九次全会精神，区委书记陈志勇说明《区委关于大力探索高质量建设践行新发展理念的公园城市示范区锦江路径高水平创造新时代幸福美好生活的意见（讨论稿）》，区委副书记、区政府区长缪晓波说明《区委关于加快建设成都国家人工智能创新应用先导区积极构建“1+3+3”现代产业体系的意见（讨论稿）》。区委七届十四次全体会议第二次会议设5项议程。区委书记陈志勇说明《关于召开中国共产党成都市锦江区第八次代表大会的决议（草案）》，与会人员表决通过《关于召开中国共产党成都市锦江区第八次代表大会的决议（草案）》，表决通过《区委关于大力探索高质量建设践行新发展理念的公园城市示范区锦江路径高水平创造新时代幸福美好生活的意见》，表决通过《区委关于加快建设成都国家人工智能创新应用先导区积极构建“1+3+3”现代产业体系的意见（草案）》，表决通过《区委七届十四次全会决议（草案）》，区委书记陈志勇讲话。会议作出“学习贯彻习近平新时代中国特色社会主义思想和习近平总书记指示四川及成都工作的重要精神，贯彻省委十一届九次全会精神和市委十三届九次全会精神，坚持以建设践行新发展理念的公园城市示范区为统领，紧扣‘高质量发展攻坚年’主题，推动城市有机更新、产业迭代升级和发展活力再造，加快建设更加美丽、更具活力、更有品位的现代化国际化锦江”的部署。陈志勇、缪晓波等34名区委委员和4名候补区委委员出席会议。非区委委员和候补区委委员的区人大常委会副主任、区政府副区长、区政协副主席、副区级干部、区人武部政委、区纪委常委、区监察委委员、区委各巡察组组长、区人大各专委会主任委员、区人大常委会各工委主任、区人大常委会驻会委员、区政协秘书长、区政协各工作机构负责人、区政协各专委会主要负责人、区政协专职常委、区级各部门主要负责人、各功能区管委会主要负责人、锦江发展集团公司主要负责人、各街道党政主要负责人、中共锦江区第七次代表大会代表中的基层代表和专家学者、非公有制经济组织和社会组织的中共组织书记或出资人代表列席会议。列席会议人员123人。

【区委七届十五次全体（扩大）会议】 9月23日，区委召开七届十五次全体（扩大）会议。市委第五换届考察组组长叶雪梅讲话。会议民主推荐第八届锦江区领导班子成员和区法院院长人选、区检察院检察长人选。民主评议锦江区七届党政领导班子成员和现任成员工作，民主评议区法院院长和区检察院检察长工作。同步开展政治素质负面清单评价和党政领导班子及领导干部推动高质量发展实绩评价。书面传达区（市）县领导班子换届政策。陈志勇、缪晓波等34名区委委员和3名候补区委委员出席会议。非区委委员和区委候补委员的区人大常委会党组书记、区政协党组书记、区人大常委会副主任、区政府副区长、区政协副主席、市管干部、区人武部政委、担任过区级领导职务的离退休干部、区纪委副书记、区监察委副主任、区纪委常委、区监察委委员、区委各巡察组组长、区人大各专委会主任委员、区人大常委会各工委主任、区人大常委会驻会委员、区政协秘书长、区政协各工作机构负责人、区政协各专委会主要负责人、区政协专职常委、各功能区主要负责人、区级部门主要负责人、锦江发展集团公司主要负责人、各街道党政主要负责人列席会议。列席会议人员127人。

【区委七届十六次全体会议】 10月23日，区委召开七届十六次全体会议。区委委员和区委候补委员出席会议。会议讨论通过《中国共产党成都市锦江区第八次代表大会报告（草案）》《中共成都市锦江区第七届纪律检查委员会向中国共产党成都市锦江区第八次代表大会的工作报告（草案）》，酝酿第八届区委委员、区委候补委员和区纪委委员的候选人。区委书记陈志勇讲话。陈志勇、缪晓波等34名区委委员和3名候补区委委员出席会议。

2021年10月29日，中共锦江区委八届一次全体会议召开　（区委办公室提供）

【区委八届一次全体会议】 10月29日，区委召开八届一次全体会议。市委组织部副部长、市委老干部局局长叶雪梅应邀参会。区委书记陈志勇讲话。会议选举产生八届区委常委和书记、副书记。陈志勇当选区委书记，缪晓波、吴斌当选区委副书记，刘刚毅、彭洪泽、刘嘉聪、余家洪、杨世映、黄婉、唐勇、罗明俊当选区委常委。会议批准区纪委八届一次全体会议选举产生的八届区纪委书记、副书记和常委。刘嘉聪当选区纪委书记，淳茂、龚仁勇当选区纪委副书记，祝勋、李直、马伊、罗月敏当选区纪委常委。区委书记陈志勇提出“五个表率”的要求。即对党忠诚，做信念坚定、政治过硬的表率；履职尽责，做奋发有为、担当实干的表率；坚守初心，做践行宗旨、服务群众的表率；团结协作，做和谐共事、和衷共济的表率；严守纪律，做克己奉公、清正廉洁的表率。

【区委常委会七届一百九十三次会议】 1月5日，区委书记陈志勇主持召开区委常委会七届一百九十三次会议。区委副书记王庆汇报区委七届十三次全会暨区委经济工作会议的文件讨论情况，与会人员讨论《区委七届十三次全会决议（草案讨论稿）》。

【区委常委会七届一百九十四次会议】 1月12日，区委书记陈志勇主持召开区委常委会七届一百九十四次会议。会议学习习近平总书记出席中央农村工作会议的重要讲话精神，传达市委常委会十三届一百六十六次会议精神，听取区人大常委会党组、区政府党组、区政协党组、区法院党组、区检察院党组2020年工作汇报，讨论区人大七届六次会议和区政协七届五次会议的上会文件，讨论《政府工作报告（讨论稿）》《锦江区国民经济和社会发展第十四个五年规划和2035年远景目标纲要（讨论稿）》《锦江区2020年国民经济和社会发展计划执行情况及2021年国民经济和社会发展计划草案报告（讨论稿）》《关于锦江区2020年财政预算执行情况和2021年财政预算草案的报告（讨论稿）》，审议《关于召开锦江区第七届人民代表大会第六次会议有关具体事项的请示》，讨论《政协锦江区第七届常委会工作报告（讨论稿）》《政协锦江区第七届常委会关于七届四次以来提案工作情况的报告（讨论稿）》《锦江区人民法院工作报告（讨论稿）》《锦江区人民检察院工作报告（讨论稿）》。

【区委常委会七届一百九十五次会议】 1月25日，区委书记陈志勇主持召开区委常委会七届一百九十五次会议。各街道党工委书记和区级部门党组织书记到会述职，评议街道党工委和区级部门党组织落实主体责任的情况。

【区委常委会七届一百九十六次会议】 1月26日，区委书记陈志勇主持召开区委常委会七届一百九十六次会议。会议学习习近平总书记出席省部级主要领导干部学习贯彻中共十九届五中全会精神专题研讨班开班仪式的重要讲话精神，传达省委常委会1月18日会议精神和1月19日会议精神。学习中共中央中华人民共和国《法治社会建设实施纲要（2020—2025年）》和中共中央办公厅《关于持续解决形式主义问题深化拓展基层减负工作情况的报告》，部署锦江区贯彻落实措施。传达全国和四川省、成都市的宣传部部长会议精神、宗教工作督查整改经验交流会精神。会议传达全国疫情防控工作电视电话会议精神和省委应对新冠疫情工作领导小组会议精神，安排春运期间防疫工作。会议传达市委常委会十三届一百六十九次扩大会议精神，安排2月重点工作。会议传达成都市2020年十大民生实事完成情况汇报会精神。传达市委《关于加强新时代退役军人工作的实施方案》精神和市纪委、市监察委《关于2020年各区（市）县党风政风监督工作情况的通报》精神，研究锦江区贯彻落实措施。部分区领导述责述廉。

【区委常委会七届一百九十七次会议】 2月8日，区委书记陈志勇主持召开区委常委会七届一百九十八次会议。会议学习习近平总书记参加中共中央政治局第二十七次集体学习的重要讲话精神。传达中央、省委、市委的政法工作会议精神，听取锦江区2020年政法工作情况汇报。学习《中国共产党统一战线工作条例》，传达中央、省委、市委的统战部部长会议精神，区委统战部汇报2020年工作情况。《中国共产党统一战线工作条例》一并作为区委理论学习中心组学习内容。传达全国公安厅（局）长会议精神和四川省、成都市的公安处（局）长会议精神，听取锦江区2020年公安工作汇报。传达四川省和成都市的两会精神，传达市委常委会十三届一百七十一次扩大会议精神。传达市委办公厅《关于做好人民群众就地过年服务保障工作的通知》精神，研究部署贯彻落实工作。传达四川省乡（镇）行政区划和村级建制调整改革"后半篇"文章工作推进会议精神和成都市镇（街道）行政区划调整和村（社区）体制机制改革"后半篇"文章工作推进会议精神。传达成都市幸福美好生活十大工程工作推进领导小组第一次会议精神、成都市"东进"工作推进会暨片区综合开发工作专题会精神。学习《领导干部报告个人有关事项规定》《领导干部个人有关事项报告查核结果处理办法》，通报锦江区专项整治问题整改情况。学习省纪委《关于违反中央八项规定精神典型问题的通报》精神以及"一岗双责"推进全面从严治党的规定，安排贯彻落实措施。会议听取锦江区2020年宣传思想工作情况汇报和省委第九巡视组反馈意见整改工作推进情况汇报，部署2021年宣传思想工作。听取区委第七轮巡察情况汇报和被巡察党组织整改情况汇报。会议审议区政府党组提交的《锦江区2021年主要经济指标目标分解方案（送审稿）》《锦江区关于做实产业功能区加快培育区域经济增长极的实施方案（送审稿）》《关于审定〈锦江区国资局出资人审批事项责任清单〉等四个文件的请示》《关于报请审定建设"天府成都·品位锦江"国际化城区和国际消费中心突出贡献奖的先进集体和先进个人表彰建议名单的请示》。

【区委常委会七届一百九十八次会议】 2月9日，区委书记陈志勇主持召开区委常委会七届一百九十八次会议。会议审议干部事项。

【区委常委会七届一百九十九次会议】 2月9日，区委书记陈志勇主持召开区委常委会七届一百九十九次会议。会议审议干部事项。

【区委常委会七届二百次会议】 2月20日，区委书记陈志勇主持召开区委常委会七届二百次会议。会议学习习近平总书记出席中共十九届中央纪委五次全会的重要讲话精神，传达省纪委十一届五次全会精神，安排贯彻落实措施。传达省委农村工作电视电话会精神和成都市实施"幸福美好生活十大工程"动员大会精神，学习成都市实施"幸福美好生活十大工程"系列文件。通报元旦节和春节期间开展纠治"四风"工作情况，通报春节期间旅游、消费、安全维稳等情况，安排旅游经济促进和维护稳定工作。会议审议区委办公室提交的《中共成都市锦江区委关于省委第九巡视组巡视锦江区反馈意见整改阶段进展情况的报告（送审稿）》。

【区委常委会七届二百零一次会议】 2月26日，区委书记陈志勇主持召开区委常委会七届二百零一次会议。会议学习习近平总书记出席全国脱贫攻坚表彰大会的重要讲话精神。传达省级领导干部和市厅级主要负责人读书班精神。传达市委常委会十三届一百七十二次扩大会议精神、市纪委十三届九次全会精神，听取区纪委、区监察委2020年工作情况汇报，审议区纪委七届十次全会建议方案和会议文稿。听取锦江区主要经济指标完成情况汇报，安排经济促进工作。审议区委组织部提交的《2020年度锦江区委落实主体责任述职点评问题整改方案（送审稿）》，审议区委办公室、区政府办公室提交的《锦江区实施幸福美好生活十大工程动员大会暨投资机会清单发布会工作方案（送审稿）》《关于表扬“天府成都·品位锦江”突出贡献百强企业和优秀企业的决定（送审稿）》，审议区政府党组提交的《关于实施幸福美好生活十大工程的工作方案（送审稿）》。

【区委常委会七届二百零二次会议】3月4日，区委书记陈志勇主持召开区委常委会七届二百零二次会议。会议学习习近平总书记出席中央党校（国家行政学院）中青年干部培训班开班仪式的重要讲话精神，学习中央和省、市的党史学习教育动员大会精神，传达中共中央《关于在全党开展党史学习教育的通知》精神，审议锦江区庆祝中国共产党成立100周年和开展党史学习教育的文件精神。传达四川省巡视指导督导工作专题培训会议暨推进新时代四川巡视巡察工作高质量发展会议精神。传达四川省和成都市的政法队伍教育整顿动员部署会议精神，安排锦江区贯彻落实措施。传达马骏、谢瑞武出席省委第三巡视组政府采购专项巡视成都市情况反馈会议的讲话精神，审议《省委第三巡视组政府采购专项巡视成都市反馈意见锦江区整改工作方案（送审稿）》。传达市委常委会十三届一百七十三次扩大会议精神，安排3月重点工作。学习《成都市贯彻〈中国共产党机构编制工作条例〉实施方案》，安排锦江区贯彻落实措施。传达《关于2020年度区（市）县和市级部门落实党风廉政建设责任制情况的通报》精神，研究部署党风廉政工作。会议审议区委组织部提交的《锦江区贯彻落实〈关于巩固深化“不忘初心、牢记使命”主题教育成果的意见〉实施方案（送审稿）》，审议区人大常委会党组提交的《锦江区人大常委会2021年工作要点（送审稿）》《区委关于加强新时代人大工作和建设的实施意见（送审稿）》。

【区委常委会七届二百零三次会议】3月23日，区委书记陈志勇主持召开区委常委会七届二百零三次会议。会议学习习近平总书记参加中共中央政治局第二十八次集体学习的重要讲话精神，传达全国两会精神。传达全国和省、市的党史工作会议精神，传达成都市举办局级领导干部读书班的精神和成都市区（市）县和镇领导班子换届工作会议精神。传达市委常委会十三届一百七十四次扩大会议精神，安排贯彻落实措施。传达市委农村工作会议精神。会议审议区委组织部提交的《关于开展中国共产党成立100周年系列庆祝活动暨党史学习教育专题培训活动的建议方案》，审议区委政研室提交的《区委常委会2021年工作要点（送审稿）》，审议区委政法委提交的《锦江区政法队伍教育整顿实施方案（送审稿）》《锦江区2021年政法工作要点（送审稿）》，审议区委统战部提交的《锦江区2021年统战工作要点（送审稿）》，审议区人武部提交的《锦江区2021年武装工作要点（送审稿）》，审议区政协党组提交的《锦江区政协2021年工作要点（送审稿）》《2021年度政协协商计划（送审稿）》《2021年度“有事来协商”平台小微协商计划（送审稿）》，审议区政府党组提交的《锦江区国企改革三年行动实施方案（送审稿）》。

【区委常委会七届二百零四次会议】4月9日，区委书记陈志勇主持召开区委常委会七届二百零四次会议。会议传达全国和省、市组织部长会议精神，听取区委组织部2020年工作情况汇报，审议《锦江区2021年组织工作要点（送审稿）》。传达全国和四川省第一批政法队伍教育整顿工作推进会精神，学习省委常委、市委书记范锐平在成都市政法队伍教育整顿专题党课上的讲话内容。学习省委常委、市委书记范锐平出席市委宣传部调研座谈会的讲话精神。传达成都市产业功能区及园区建设工作领导小组第八次会议精神，安排4月重点工作。传达市纪委文件精神。会议通报区领导带队招商引资情况，听取生态环境保护工作汇报。学习《2021年成都市对口支援阿坝州甘孜州工作要点》，审议《锦江区2021年对口支援炉霍县工作要点（送审稿）》。审议区政府党组提交的《锦江区关于推进产业功能区高质量发展的实施方案（送审稿）》《锦江区关于构建“1+3+3”产业体系的推进方案（送审稿）》《锦江区关于提升“1+3+3”产业体系的若干政策（送审稿）》《锦江区关于培育“1+3+3”产业体系市场主体的行动计划（送审稿）》。

【区委常委会七届二百零五次会议】4月29日，区委书记陈志勇主持召开区委常委会七届二百零五次会议。会议学习国务院总理李克强到四川省考察的指示精神，传达中共中央《关于加强对“一把手”和领导班子监督的意见》精神，学习中央政法委委员、中央政法委秘书长、中央跨军地改革工作小组组长陈一新调研天津的讲话精神，传达四川省深化中央督导组第一轮督导反馈问题整改落实工作部署会精神和中央第十四督导组与成都市各区（市）县委书记座谈会精神。传达四川省脱贫攻坚总结表彰大会精神、四川省生态环境保护督察成都市动员汇报会精神，听取四川省生态环境保护督察交办案件办理情况汇报，研究部署环保督察工作。传达省委常委、市委书记范锐平与区（市）县主要负责人和市级部门主要负责人的谈话精神。传达省委全面依法治省工作会议精神和市委全面依法治市工作会议精神，学习《成都市党政主要负责人履行推进法治建设第一责任人职责实施方案》，听取锦江区2020年度全面依法治区工作情况汇报，安排2021年依法治区工作。传达市委举办成都党史学习教育市级领导班子中心组学习暨市级领导干部专题读书班的精神和省委常委、市委书记范锐平出席市纪委监委机关调研座谈会的讲话精神。传达成都市区（市）县和镇领导班子换届工作领导小组成员及区（市）县党政正职严肃换届纪律专题谈心谈话会精神。传达市委常委会十三届一百七十六次扩大会议精神，安排5月重点工作。会议听取区委领导班子成员、区人大常委会主任、区政协主席、区法院院长、区检察院检察长汇报2021年第一季度履行党风廉政建设主体责任情况。会议分析锦江区一季度经济运行形势，部署二季度经济工作。会议审议区委宣传部提交的《锦江区2021年宣传思想工作要点（送审稿）》。

【区委常委会七届二百零六次会议】5月10日，区委书记陈志勇主持召开区委常委会七届二百零六次会议。会议学习习近平总书记参加中共中央政治局第二十九次集体学习的重要讲话精神。会议通报市信访联席会议办公室文件精神，学习《成都市担当作为先进集体通报表扬工作办法》，审议《锦江区担当作为先进集体通报表扬工作办法（送审稿）》。会议审议区政府党组提交的《成都市锦江区区属国有企业整合重组方案（送审稿）》，审议《关于设立中共成都市锦江区委国资国企监督管理工作领导小组的请示》。审议干部事项。

【区委常委会七届二百零七次会议】5月27日，区委书记陈志勇主持召开区委常委会七届二百零七次会议。会议审议《锦江区贯彻落实全国政法队伍教育整顿中央第十四督导组反馈问题整改方案（送审稿）》《锦江区贯彻落实政法队伍教育整顿省第一指导组反馈问题整改方案（送审稿）》《锦江区贯彻落实政法队伍教育整顿省第一指导组压茬式推进指导第三组反馈问题整改方案（送审稿）》。会议审议《锦江区统一战线服务“高质量发展攻坚年”行动方案（送审稿）》。传达四川省和成都市的重大项目现场推进会精神，传达四川省督导生态环境保护暨推进碳达峰碳中和工作专题会精神和成都市碳达峰碳中和工作推进会精神。传达学习市委常委、市纪委书记王川红到区纪委调研座谈的讲话精神，学习《中国共产党组织处理规定（试行）》。会议通报区领导带队招商引资情况及锦江区1—4月经济指标、生态指标、税源指标完成情况和争取资金情况，安排经济工作、生态建设工作。会议审议区委组织部提交的《推荐市委表彰的优秀共产党员、优秀党务工作者和先进基层党组织的建议名单》《关于推荐市政协理论研究会第三届理事会成员人选的请示》。

【区委常委会七届二百零八次会议】6月6日，区委书记陈志勇主持召开区委常委会七届二百零八次会议。会议学习贯彻习近平总书记到福建省和广西壮族自治区考察的重要讲话精神，学习贯彻习近平总书记出席全国党史学习教育动员大会、中国科学院第二十次院士大会、中国工程院第十五次院士大会、中国科学技术协会第十次全国代表大会的系列重要讲话精神，传达学习中央党史学习教育领导小组第二次会议精神以及各省（区）市党史学习教育领导小组负责人座谈会精神，传达学习省委和市委庆祝中国共产党成立100周年活动暨党史学习教育领导小组第二次会议精神。传达学习省委常委、市委书记范锐平出席市委政法委调研座谈会的讲话精神和成都工匠命名大会精神，传达贯彻成都市国资国企改革发展暨片区综合开发工作推进会精神。传达贯彻市委常委会十三届一百八十一次（扩大）会议精神，安排6月重点工作。

【区委常委会七届二百零九次会议】6月22日，区委书记陈志勇主持召开区委常委会七届二百零九次会议。会议传达中央统一战线工作领导小组专题会议精神和促进统战工作的文件精神。学习习近平总书记指示湖北省十堰市张湾区艳湖社区集贸市场燃气爆炸事故的重要精神和国务院总理李克强批示精神，传达全国和省、市的安全生产电视电话会议精神。传达全国政法队伍教育整顿领导小组第三次会议精神和全国教育整顿办第四次主任会议精神，宣讲防止干预司法的“三个规定”。传达省委十一届第九次全体会议精神及省、市庆祝中国共产党成立100周年宣传工作专题会议精神。学习省委常委、市委书记范锐平到成都大学督导党史学习教育工作的讲话精神。传达成都市“幸福美好生活十大工程”工作推进领导小组第二次会议暨“我为群众办实事”实践活动推进会精神。传达市委常委会十三届一百八十二次扩大会议精神和成都市总河长全体会暨锦江公园建设推进会精神，安排贯彻落实措施。通报区领导带队招商引资和考察学习情况，通报市纪委“阳光监督·线上坝坝会”锦江区专场情况。审议区委组织部提交的《成都市锦江区庆祝中国共产党成立100周年暨“两优一先”表彰大会建议方案》。

【区委常委会七届二百一十次会议】6月30日，区委书记陈志勇主持召开区委常委会七届二百一十次会议。会议学习习近平总书记出席“七一勋章”颁授仪式以及参加中央政治局第三十次集体学习的重要讲话精神。传达省委全面深化改革委员会和市委全面深化改革委员会的会议精神。传达四川省生态环境保护督察意见反馈会精神、四川省生态环境保护工作会议精神、成都市生态环境保护工作会暨安全环保稳定突出问题排查整治工作动员部署会精神，安排贯彻落实措施。学习省委《关于推进2021年全面从严治党、党风廉政建设和反腐败工作的意见》和市委《关于推进2021年全面从严治党、党风廉政建设和反腐败工作的意见》，审议区纪委、区监察委提交的《关于推进2021年全面从严治党、党风廉政建设和反腐败工作的意见（送审稿）》。传达市委常委会十三届一百八十六次扩大会议精神，安排锦江区7月重点工作。会议听取疫情防控工作情况汇报、城乡防火工作情况汇报、防汛减灾工作情况汇报，安排防疫、防火、防汛、信访等工作。通报锦江区1—5月经济指标、生态指标完成情况，安排经济和生态建设工作。会议审议区政府党组提交的《关于成都兴锦建设发展投资集团有限公司下属子公司实施非公开协议增资扩股的请示》。

【区委常委会七届二百一十一次会议】7月2日，区委书记陈志勇主持召开区委常委会七届二百一十一次会议。会议专题学习习近平总书记在庆祝中国共产党成立100周年大会的重要讲话精神。

【区委常委会七届二百一十二次会议】7月21日，区委书记陈志勇主持召开区委常委会七届二百一十二次会议。会议学习习近平总书记在庆祝中国共产党成立100周年大会和中国共产党与世界政党领导人峰会上的重要讲话精神。通报全国政法队伍教育整顿中央第十四督导组和省政法队伍教育整顿第一指导组的反馈意见，审议《锦江区政法队伍教育整顿“回头看”工作方案（送审稿）》，安排政法队伍教育整顿工作。传达省委常委、市委书记范锐平出席成都市庆祝中国共产党成立100周年座谈会和市委理论学习中心组（扩大）专题学习会的讲话精神，传达市委常委会十三届一百八十八次扩大会议和成都市加强干部选拔任用监督暨选人用人巡视巡察检查问题整改推进会精神，安排贯彻落实措施。通报区领导带队招商引资和考察学习情况，听取区委领导班子成员、区人大常委会主任、区政协主席、区法院院长、区检察院检察长汇报2021年上半年履行党风廉政建设主体责任情况。会议审议区委宣传部提交的《关于当前我区意识形态领域形势的通报（送审稿）》。审议干部事项。

【区委常委会七届二百一十三次会议】7月28日，区委书记陈志勇主持召开区委常委会七届二百一十三次会议。会议学习习近平总书记指示防汛救灾工作的重要精神，传达市委十三届九次全会精神和成都市疫情防控视频调度会精神，安排贯彻落实措施。传达成都市疫情防控视频调度会精神，部署防疫工作。

【区委常委会七届二百一十四次会议】8月6日，区委书记陈志勇主持召开区委常委会七届二百一十四次会议。会议学习习近平总书记在中共中央政治局第三十一次和三十二次集体学习上的重要讲话精神。传达省委应对新冠病毒肺炎疫情工作领导小组第十三次会议精神和市委常委会十三届一百九十三次扩大会议暨市疫情防控领导小组第二十一次会议精神，安排贯彻落实措施。会议通报市纪委文件精神和区领导带队招商引资情况。审议《区委七届十四次全体会议建议方案》，讨论《区委关于大力探索高质量建设践行新发展理念的公园城市示范区锦江路径高水平创造新时代幸福美好生活的意见（讨论稿）》《区委关于加快建设成都国家人工智能创新应用先导区积极构建“1+3+3”现代产业体系的意见（讨论稿）》。会议审议区委组织部提交的《关于召开中共锦江区第八次代表大会的建议方案》《关于成立中共锦江区第八次代表大会筹备工作领导小组及其工作机构的建议方案》《关于中共锦江区第八次代表大会代表名额确定的建议方案》《关于召开中共锦江区第八次代表大会的决议（草案）及其说明（送审稿）》《成都市锦江区红色遗址资源普查情况（送审稿）》。

【区委常委会七届二百一十五次会议】8月7日，区委书记陈志勇主持召开区委常委会七届二百一十五次会议。会议听取区委七届十四次全体会议文件讨论情况的汇报，讨论《区委七届十四次全会决议（草案讨论稿）》。

【区委常委会七届二百一十六次会议】8月19日，区委书记陈志勇主持召开区委常委会召开七届二百一十六次会议。会议专题审议干部事项。

【区委常委会七届二百一十七次会议】8月19日，区委书记陈志勇主持召开区委常委会七届二百一十七次会议。会议专题审议干部事项。

【区委常委会七届二百一十八次会议】8月25日，区委书记陈志勇主持召开区委常委会七届二百一十八次会议。会议传达学习中央财经委员会第十次会议精神。学习贯彻习近平总书记指示疫情防控工作的重要精神和国务院总理李克强批示疫情防控工作的精神，传达贯彻全国新冠肺炎疫情防控工作电视电话会议精神。传达学习四川省和成都市的档案工作会议精神、市委常委会十三届一百九十四次扩大会议精神。传达学习省委常委、市委书记范锐平出席成都市城市更新和老旧小区改造提升工程重大项目集中启动仪式的讲话精神以及成都市环城生态公园周边未来公园社区规划建设和东进区域片区综合开发工作专题会精神，安排贯彻落实措施。会议通报区领导招商引资情况，听取迎接第二轮中央生态环境保护督察准备情况的汇报。会议审议区政府党组提交的《锦江区落实四川省生态环境保护例行督察成都市督察意见整改方案（送审稿）》《关于加强新时代退役军人工作的实施方案（送审稿）》。

【区委常委会七届二百一十九次会议】9月1日，区委书记陈志勇主持召开区委常委会七届二百一十九次会议。会议专题审议干部事项。

【区委常委会七届二百二十次会议】9月2日，区委书记陈志勇主持召开区委常委会七届二百二十次会议。会议专题审议干部事项。

【区委常委会七届二百二十一次会议】9月8日，区委书记陈志勇主持召开区委常委会七届二百二十一次会议。会议专题审议干部事项。

【区委常委会七届二百二十二次会议】9月8日，区委书记陈志勇主持召开区委常委会七届二百二十二次会议。会议专题审议干部事项。

【区委常委会七届二百二十三次会议】9月10日，区委书记陈志勇主持召开区委常委会七届二百二十三次会议。会议学习习近平总书记到河北省考察的重要指示精神，学习习近平总书记出席中央民族工作会议和中央党校中青年干部培训班开班仪式的重要讲话精神，传达中央政治局8月31日的会议精神、中央第五生态环境保护督察组督察四川省动员会精神，安排贯彻落实措施。传达省委书记彭清华出席成都市领导干部会议的讲话精神以及市委常委会十三届一百九十七次会议精神、市委全面依法治市工作会议精神，安排贯彻落实措施和9月重点工作。会议通报市纪委文件精神，听取区委第九轮巡察综合情况汇报、1—7月经济指标和生态指标完成情况汇报、1—8月稳定税源和争取资金情况汇报，安排经济工作和生态建设工作。

【区委常委会七届二百二十四次会议】9月14日，区委书记陈志勇主持召开区委常委会七届二百二十四次会议。会议审议干部事项和区委书记、副书记、常委工作分工。

【区委常委会七届二百二十五次会议】 9月16日，区委书记陈志勇主持召开区委常委会七届二百二十五次会议。会议传达区（市）县领导班子换届政策，明确换届考察的主要任务和方法步骤。

【区委常委会七届二百二十六次会议】 9月22日，区委书记陈志勇主持召开区委常委会七届二百二十六次会议。会议学习习近平总书记出席中央全面深化改革委员会第二十一次会议的重要讲话精神，传达市委常委会十三届一百九十九次会议精神，安排贯彻落实措施。审议区委统战部提交的《锦江区对口帮扶甘孜州炉霍县规划（2021—2025年）（送审稿）》，审议区委办公室提交的《区委七届十五次全体（扩大）会议建议方案》。会议审议干部事项。

【区委常委会七届二百二十七次会议】 9月26日，区委书记陈志勇主持召开区委常委会七届二百二十七次会议。会议审议干部事项。

【区委常委会七届二百二十八次会议】 9月27日，区委书记陈志勇主持召开区委常委会七届二百二十八次会议。会议传达中央第五生态环境保护督察组组长马中平到成都市调研的指示精神，传达成都市组织部门重点工作专题会精神，通报区领导招商引资和考察学习情况，安排国庆节日期间工作。会议审议区委组织部提交的《锦江区排查整顿涉农社区发展党员违规违纪问题工作建议方案》，审议区人大常委会党组提交的《关于锦江区人民代表大会换届选举工作的请示》。

【区委常委会七届二百二十九次会议】 10月8日，区委书记陈志勇主持召开区委常委会七届二百二十九次会议。会议学习习近平总书记出席中央人才工作会议和参加中共中央政治局第三十三次集体学习的重要讲话精神，传达四川省文化和旅游发展大会精神以及成都市深化全国文明城市创建暨争创全国文明典范城市动员大会精神。传达省委常委、市委书记施小琳出席成都市对口支援甘孜州干部人才座谈会的讲话精神和市委常委会十三届二百零三次（扩大）会议精神，安排10月重点工作。会议通报国庆节日期间稳定工作和旅游消费市场运行情况。

【区委常委会七届二百三十次会议】 10月14日，区委书记陈志勇主持召开区委常委会七届二百三十次会议。会议审议干部事项。审议区委组织部提交的《区委、区纪委换届人事安排建议方案》《区人大、区政府、区政协、区监察委、区法院、区检察院换届候选人建议方案》《区委提名的区级党员领导干部分配到基层进行选举的建议方案》，审议区委统战部提交的《关于政协第八届成都市锦江区委员会委员人选推荐提名有关工作的意见（送审稿）》。

【区委常委会七届二百三十一次会议】 10月23日，区委书记陈志勇主持召开区委常委会七届二百三十一次会议。会议学习习近平总书记出席纪念辛亥革命110周年大会、中央人大工作会议和参加中共中央政治局第三十四次集体学习的重要讲话精神，学习习近平总书记出席《生物多样性公约》第十五次缔约方大会领导人峰会的重要讲话精神。传达成都市政法领域全面深化改革推进会精神，通报区领导招商引资情况。会议讨论区委政研室提交的《中国共产党锦江区第八次代表大会报告（讨论稿）》，听取打击治理电信网络新型违法犯罪工作情况汇报。会议审议团区委提交的《锦江区县域共青团基层组织改革试点工作责任分工方案（送审稿）》，审议区委办公室提交的《区委七届十六次全体会议建议方案》，审议区纪委、区监察委提交的《区第七届纪律检查委员会第十二次全体会议建议方案》《区第七届纪律检查委员会向中共锦江区第八次代表大会的工作报告（讨论稿）》，审议区委组织部提交的《中共锦江区第八次代表大会筹备工作情况报告（送审稿）》《中共锦江区第八次代表大会预备会议议程和日程（草案）》《中共锦江区第八次代表大会议程和日程（草案）》《中共锦江区第八次代表大会代表选举工作和代表资格初步审查的情况报告（送审稿）》《出席中共锦江区第八次代表大会代表名册（送审稿）》《中共锦江区第八次代表大会主席团成员建议名单》《中共锦江区第八次代表大会主席团常务委员会建议名单》《中共锦江区第八次代表大会秘书处机构设置建议方案和秘书长、副秘书长建议名单》《中共锦江区第八次代表大会代表资格审查委员会建议名单》

《中共锦江区第八次代表大会代表团编团建议方案和各代表团团长、副团长建议名单》《中共锦江区第八次代表大会列席人员建议名单》《中共锦江区第八次代表大会主席台就座人员建议名单》《中共锦江区第八次代表大会选举办法(草案)》《中共锦江区第八届委员会第一次全体会议选举办法（草案）》《中共锦江区第八届纪律检查委员会第一次全体会议选举办法(草案)》《关于全区党费收缴、使用和管理情况的报告（草案）》。

【区委常委会八届一次会议】 11月12日，区委书记陈志勇主持召开区委常委会八届一次会议。会议传达中共十九届六中全会精神，与会人员学习习近平总书记出席黄河流域生态保护和高质量发展座谈会的重要讲话精神，传达中共中央组织部《关于领导干部及时报告个人有关事项的通知》精神，传达统筹推进四川省乡村国土空间规划编制和两项改革“后半篇”文章工作会议精神和四川省重点行业领域突出问题治理工作推进会精神。传达市委常委会十三届二百零八次扩大会议精神，安排11月重点工作。听取防疫工作汇报，部署常态化疫情防控工作。疫情防控议题作为区疫情防控领导小组第二十二次会议议题。会议通报区领导带队招商引资情况，研究信访工作，审议《锦江区开展第二批“治重化积”专项工作的实施方案（送审稿）》。会议审议区委办公室提交的《贯彻落实中共锦江区第八次代表大会重点工作任务分工方案（送审稿）》和区政府党组提交的《关于春熙路时尚活力区管理委员会与成都交子数字金融投资集团有限公司签订〈投资服务协议〉相关事宜的请示》，审议区政协党组提交的《关于召开政协第八届锦江区委员会第一次会议的请示》《政协第七届锦江区委员会常务委员会工作报告（草案）》《政协第七届锦江区委员会常务委员会关于提案工作情况的报告（草案）》《关于评选表扬区政协七届五次会议以来提案办理先进单位的请示》。

【区委常委会八届二次会议】 11月17日，区委书记陈志勇主持召开区委常委会八届二次会议。会议学习习近平总书记出席党外人士座谈会的重要讲话精神，学习新修订的《中华人民共和国安全生产法》。传达市委常委会十三届二百一十次扩大会议精神，研究贯彻落实措施。审议区委组织部提交的《锦江区第八届人民代表大会正式代表候选人建议人选名单》《政协第八届锦江区委员会委员建议人选名单》。

【区委常委会八届三次会议】 11月25日，区委书记陈志勇主持召开区委常委会八届三次会议。会议学习习近平总书记出席第三次“一带一路”建设座谈会的重要讲话精神，传达中共中央办公厅《关于做好中共十九届六中全会精神学习宣传的通知》精神和省委办公厅《关于学习宣传贯彻中共十九届六中全会精神的通知》精神，传达成都市区(市)县和镇领导班子换届工作推进暨加强选举指导和风气现场督导工作会议精神和成都市严肃换届纪律专题谈心谈话会议精神，审议区政府党组提交的《锦江区关于进一步加强学校、幼儿园安全风险防控体系建设的实施方案（送审稿）》《锦江区应对处置校园突发事件的联防联控机制（送审稿）》《关于锦江区人民政府与蜀道投资集团有限责任公司和成都市兴锦白鹭湾建设开发有限公司签订〈投资服务协议〉相关事宜的请示》，审议区人大常委会党组提交的《关于召开锦江区第八届人民代表大会第一次会议的请示》《关于优化调整锦江区人民代表大会工作机构设置的请示》。审议干部事项。

【区委常委会八届四次会议】 11月29日，区委书记陈志勇主持召开区委常委会八届四次会议。会议传达习近平总书记出席中央全面深化改革委员会第二十二次会议的重要讲话精神。

【区委常委会八届五次会议】 12月13日，区委书记陈志勇主持召开区委常委会八届五次会议。会议学习习近平总书记出席全国宗教工作会议和参加中共中央政治局第三十五次集体学习的重要讲话精神，传达中共中央政治局12月6日会议精神，学习省委书记彭清华出席四川省新任县委书记暨年轻干部学习贯彻中共十九届六中全会精神专题培训班开班仪式的讲话精神，传达省委十一届十次全会精神，学习省委常委、市委书记施小琳出席市委理论学习中心组专题学习会暨应急管理专题培训会的讲话精神。传达市委常委会十三届二百一十二次扩大会议精神，安排12月重点工作。传达成都市产业建圈强链工作领导小组第一次会议精神和成都市乡村国土空间规划编制和两项改革“后半篇”文章工作会议精神，传达成都市市域社会治理现代化试点创新工作交流会议暨岁末年初安全稳定工作会议精神。听取锦江区2021年1—11月禁毒工作情况汇报，安排岁末年初禁毒工作。听取锦江区2021年食品安全工作情况汇报，安排2022年食品安全工作。会议讨论区政府党组提交的《区政府工作报告（讨论稿）》《关于锦江区2021年国民经济和社会发展计划执行情况及2022年国民经济和社会发展计划草案的报告（讨论稿）》《关于锦江区2021年财政预算执行情况和2022年财政预算草案的报告（讨论稿）》，讨论区法院党组提交的《锦江区法院工作报告（讨论稿）》和区检察院党组提交的《锦江区检察院工作报告（讨论稿）》，审议区人大常委会党组提交的《关于召开锦江区第八届人民代表大会第一次会议具体事项的请示》，审议区委组织部提交的《向锦江区第八届人民代表大会第一次会议推荐的候选人建议人选名单》《锦江区第八届人民代表大会各专门委员会组成人员建议人选名单》《向政协第八届锦江区委员会第一次会议推荐的候选人建议人选名单》《政协第八届锦江区委员会副秘书长和各专委会主任、副主任建议人选名单》《政协第八届锦江区委员会第一次会议选举办法（草案）》《锦江区局级领导干部2020年度考核等次评定建议方案》。

【区委常委会八届六次会议】 12月25日，区委书记陈志勇主持召开区委常委会八届六次会议。与会人员学习习近平总书记出席中国文联第十一次全国代表大会和中国作协第十次全国代表大会开幕式的重要讲话精神，通报成都市党政代表团赴重庆市考察学习情况，传达四川省新就业形态劳动者集中入会暨权益维护工作推进会精神。听取2021年度锦江区意识形态工作责任制落实情况和专项督查情况汇报，安排2022年工作。

2021年2月9日，锦江区高质量发展攻坚年动员大会暨建设“天府成都·品位锦江”表彰大会召开
（区融媒体中心提供）

【高质量发展攻坚年动员会】 2月9日，区委召开锦江区高质量发展攻坚年动员大会暨建设“天府成都·品位锦江”表彰大会。会议设主会场和分会场，同步召开。区委、区人大常委会、区政府、区政协的领导和区法院院长、区检察院检察长、区级部门主要负责人、区属国有公司主要负责人、各街道党政主要负责人、表彰对象到主会场参会，各街道党政班子其他成员和社区党委书记、居委会主任到分会场参会。会议提出“以习近平新时代中国特色社会主义思想为指导，落实中共中央和省委、市委的决策部署，抢抓‘成渝地区双城经济圈’建设机遇，落实‘中优’战略，围绕‘天府成都·品位锦江’形象定位，实施五大行动，抓好四大重点任务，实施‘幸福美好生活十大工程’，统筹推进‘高质量发展攻坚年’各项工作，加快建设更加美丽、更具活力、更有品位的现代化国际化锦江，为成都建设带动全国高质量发展的重要增长极和新的动力源作出贡献”的要求。

【“幸福美好生活十大工程”推进会】 3月3日，区委召开锦江区实施“幸福美好生活十大工程”推进

2021年3月3日，锦江区实施幸福美好生活十大工程推进大会暨投资机会清单发布会召开
（区融媒体中心提供）

大会暨投资机会清单发布会。区委、区人大常委会、区政府、区政协的领导和区法院院长、区检察院检察长出席会议，区级部门主要负责人、区属国有公司主要负责人、各街道党政主要负责人、各社区党委书记、首批锦江区幸福美好生活市民观察员代表、表彰企业代表参加会议。会议表彰突出贡献企业，发布“锦江区幸福美好生活十大工程”，解读“十四五”规划，推介锦江区投资机会。会议提出“贯彻落实省委十一届八次全会精神、省委经济工作会议精神、市委十三届八次全会暨市委经济工作会议精神、区委七届十三次全会暨区委经济工作会议精神，为‘十四五’发展开好局、起好步，站位新发展阶段，贯彻新发展理念，服务和融入新发展格局，向社会各界展现锦江区发展势头，提振企业信心，吸引企业投资发展，建设更加美丽、更具活力、更有品位的现代化国际化锦江”的要求。

【区委人大工作会议】3月23日，区委召开人大工作会议。会议传达市委人大工作会议精神，区教育局党组、区公园城市局党组、区人大锦华路街道工委的负责人交流发言。会议指出，要学习习近平新时代中国特色社会主义思想和中共十九届二中全会、三中全会、四中全会、五中全会的会议精神，深入学习贯彻习近平总书记坚持和完善人民代表大会制度的重要思想，落实市委人大工作会议精神，把人民代表大会的制度优势转化为治理效能，推进治理能力建设。会议强调，区人大及区人大常委会要履行宪法和法律赋予的职责，以新思想引领新实践，以代表工作厚植人大优势。要加强党的建设，为推动新时代人大工作高质量发展提供保障。要坚持党委领导人大工作制度，支持区人大及区人大常委会行使职权。区委副书记、区政府区长缪晓波主持会议。区委书记陈志勇、区政协主席张松和区委副书记、区政府副区长王庆出席会议。区委常委、区人大常委会副主任、区政府副区长、区政协副主席、区法院院长、区检察院检察长和区级部门、产业功能区、街道的党政主要负责人以及区人大各街道工委主任参加会议。

【脱贫攻坚干部人才先进事迹报告会】3月24日，区委落实省委组织部《关于进一步落实省委关心激励脱贫攻坚帮扶干部政策措施的通知》精神，召开锦江区脱贫攻坚干部人才先进事迹报告会暨新一轮对口帮扶工作动员会。区委书记陈志勇，区委副书记、区政府区长缪晓波，区委副书记、区政府副区长王庆，区委常委、组织部部长罗文川，区委常委、统战部部长李香贵出席会议。区级部门主要负责人、各街道党政主要负责人、区属国有公司主要负责人，锦江区六批对口支援干部人才参加会议。第五批对口支援工作队领队蹇一萍汇报工作，第三批、第四批、第五批的对口支援干部人才作报告，第六批对口支援工作队领队胡军发言。与会领导向对口支援的干部人才颁发“锦绣炉霍”奖牌。区委书记陈志勇指出，锦江区开展对口支援工作十年，贯彻落实习近平总书记脱贫攻坚精准扶贫系列重要讲话精神，按照省委、省政府和市委、市政府决策部署，围绕“两不愁三保障”，坚持党建引领、模式创新、全域帮扶，投入帮扶资金2.1亿元，选派干部人才137人，对口支援甘孜州炉霍县88个贫困村脱贫攻坚。在住房、产业、医疗、教育、基础设施等8个领域实施援建项目100个，建立“飞地+众筹”产业精准扶贫模式，打造高原现代生态农业飞地产业园区，建成百公里绿色生态农牧产业带。2019年，炉霍县2364户1万余名贫困人口脱贫摘帽。2020年，炉霍县通过退出贫困县省级验收和国家复核检查，群众满意度排名全省第一。2021年2月25日，中共中央、国务院授予区委“全国脱贫攻坚先进集体”称号。陈志勇强调，要按照省委、省政府持续深化省内对口帮扶工作的要求，保持原有结对关系和工作机制，继续对口支援炉霍县，在巩固拓展脱贫攻坚成果的基础上与乡村振兴有效衔接。

【新经济发展大会】4月29日，区委采取“现场会议+线上直播”方式召开锦江区新经济发展大会。主会场设在成都瑯珀·凯悦臻选酒店，另设产业功能区分会场，线上设北京分会场、上海分会场、广州分会场、深圳分会场、杭州分会场、国外分会场。会议由市新经济发展委员会、市科技局、市投促局联合指导，成都新经济发展研究院协办。市政府领导和市新经济发展委员会、市科技局、市投促局、市经信局、成都产业投资集团公司、成都科技创新投资集团公司的领导应邀出席会议。区委书记陈志勇，区委副书记、区政府区长缪晓波，区政协主席张松，区委副书记、区政府常务副区长王庆，区委常委、组织部部长罗文川，区委常委、统战部部长李香贵，区委常委、区总工会主席吴文辉，区委常委、宣传部部长邱长宝，区政府副区长朱波、文华、唐勇出席会议。区级部门、产业功能区、街道、区属国有公司的负责人和新经济企业代表、成都大数据产业联盟等行业协会的代表、云石基金等投资机构的代表、金融机构代表参加会议。会议发布《锦江区2021年产业功能区高质量发展的工作方案》《锦江区关于构建“1+3+3”产业体系的推进方案》《锦江区关于构建“1+3+3”产业体系的若干政策》《锦江区关于构建“1+3+3”产业体系的市场主体培育计划》《锦江区“1+3+3”产业体系2021年重点项目机会清单》。举办圆桌论坛，研讨成都国家人工智能创新应用先导区发展方向和建设路径。《四川日报》、今日头条、《成都日报》、腾讯新闻、凤凰网等媒体报道会议实况。

【区属国有企业改革发展大会】 5月17日，区委召开区属国有企业改革发展大会。区委副书记、区政府常务副区长王庆宣读锦江发展集团公司成立的决定，区委常委、组织部部长罗文川宣布锦江发展公司负责人任职决定，区委书记陈志勇和区委副书记、区政府区长缪晓波向锦江发展集团公司董事长皮红跃、总经理夏勇授牌。会议传达和学习贯彻习近平总书记指示国资国企改革工作的重要精神，作出“落实中共中央、国务院、省委、省政府、市委、市政府推动国资国企改革的决策部署，结合锦江区国企改革三年行动实施方案，按照‘小总部+大产业’和‘集团总部资本层+下属专业化公司执行层’布局模式，加大国企产业资源和产业经营专业化整合力度”的决定。区委书记陈志勇指出，区属国有企业改革发展大会的主要任务是推动区属国有企业战略性、市场化转型，推动区属国有企业做优做强，发挥国有经济的引领和支撑作用。同时要按照“压层级、提质量、控风险”的思路，引导投融资平台型公司转型为专业化公众型公司。要在发展理念、管理体系、激励机制、企业文化等方面对标行业领军企业，提升国有企业发展质效。

区委工作协调服务

【概况】 2021年，区委办公室发挥综合协调服务作用，承担重要会议和区委重要工作、重大活动的文件制发工作，以区委名义制发文件13份，以区委、区政府名义制发文件2份。承办锦江区高质量发展攻坚年动员大会等重要会议，为锦江区第八次党代会等重要会议提供协调服务。编发《锦江要讯》及增刊69期，接待到区考察的党委代表团队35个。会同区保密局开展保密工作，连续第四年实现互联网电脑和党政网电脑在线保密检查全覆盖目标。

【区委办公室机构及人员设置】 区委办公室内设常委办公室、秘书一科、秘书二科、秘书三科、秘书四科、信息调研科、目标管理科、督查督办科、保密管理科、技术督查科、机要密码科、内网保障科、外事工作科、公务服务科、综合科。下设区外事服务中心，为副处级事业单位。代管区档案馆，为参照《中华人民共和国公务员法》管理的处级直属事业单位。区委办公室设公务员编制人员32人，区外事服务中心设事业编制人员10人，区档案馆设参公编制人员20人。

【办文办会】 区委办公室以“锦委办”的名义制发《关于印发〈锦江区共青团基层组织改革试点工作责任分工方案〉的通知》等文件，以“锦委发”的名义制发《关于印发〈实施幸福美好生活十大工程的工作方案〉的通知》等文件。2月7日，区委办公室承办锦江区高质量发展攻坚年动员大会暨建设“天府成都·品位锦江”表彰大会。3月1日，会同区政府办公室承办锦江区实施“幸福美好生活十大工程”推进大会暨投资机会清单发布会。3月2日，区委会同区委宣传部承办全媒体时代突发事件处置与舆论引导专题培训会暨区委理论学习中心组专题学习会。4月19日，承办锦江区2021年组织、宣传、统战、政法、社治工作会议。8月6日，承办区委七届十四次全体会议。9月22日，承办区委七届十五次全体扩大会议。协助区人大常委会、区纪委、区委组织部、区委宣传部、区委政法委等单位承办会务，为区纪委七届十次全体会议暨锦江区警示教育大会、区委人大工作会议、区委理论学习中心组（扩大）专题学习会、锦江区区属国有企业改革发展大会、锦江区庆祝中国共产党成立100周年座谈会、锦江区领导干部大会、锦江区第八次党代会等重要会议提供服务。

2021 年中共锦江区委制发文件情况表（选录）

表 3

序号	文件标题	发文字号	发布机关	发文日期
1	关于印发《实施幸福美好生活十大工程的工作方案》的通知	锦委发〔2021〕2 号	区委、区政府	3 月 2 日
2	关于加强新时代人大工作建设实施意见	锦委发〔2021〕3 号	区委	3 月 17 日
3	关于推进 2021 年全面从严治党、党风廉政建设和反腐败工作的意见	锦委发〔2021〕8 号	区委	7 月 6 日
4	关于大力探索高质量建设践行新发展理念的公园城市示范区锦江路径高水平创造新时代幸福美好生活的意见	锦委发〔2021〕9 号	区委	8 月 16 日
5	关于印发《锦江区落实四川省生态环境保护例行督察成都市督察意见整改方案》的通知	锦委发〔2021〕12 号	区委、区政府	9 月 2 日
6	关于中国共产党成都市锦江区第八次代表大会代表选举工作的通知	锦委发〔2021〕13 号	区委	9 月 17 日
7	关于印发《中共成都市锦江区第七届委员会工作报告》的通知	锦委发〔2021〕15 号	区委	12 月 2 日

【信息报送】 区委办公室编发《锦江要讯》46 期，编发《锦江要讯》增刊 23 期。向市委办公厅报送工作信息 393 条，市级刊物采用 155 条。向省委办公厅、中共中央办公厅报送信息 76 条，省级刊物采用 11 条，中央级刊物采用 3 条。其中 2 条信息得到市委领导批示。市委办公厅授予区委办公室“向市委报送信息工作先进单位”称号。

【接待服务】 区委办公室接待省会城市党政代表团 3 个、地市级党政代表团 7 个、区（县）级党政代表团 15 个，接待 386 人。协助区级部门和街道办事处完成 6 个政务接待任务，接待 77 人。

【保密管理】 区委办公室、区保密局落实区委提出的“深化教育强意识、严格制度促规范、强化末端抓落实”的要求，践行“清单制 + 责任制”的管理制度，明确保密工作主体责任，执行定密、涉密人员、网络保密三项制度，指导区级单位自查自评保密工作情况，检查区级单位使用的计算机 2692 台，合格率 100%、优秀率 85.9%。同时依托区级监管平台监管涉密信息。指导区级单位销毁涉密文件 1000 份，销毁的非密文件重量达 5 万公斤。按照市保密局部署，承担区域内高考、中考、英语考级、研究生考试的保密监督和服务保障工作。锦江区实现“保密安全零事故”目标。中国共产党成立 100 周年庆祝活动期间，区保密局确定“讲好保密故事、传播保密声音、凝聚保密力量”的工作方针，制定保密工作宣传方案，开展“红色保密故事”、保密警示语征集、保密知识竞赛等活动。

（张　昱　崔言新）

纪律检查与监察

【概况】 2021 年，区纪委和区监察委坚守“不敢腐、不能腐、不想腐”原则，按照“无禁区、全覆盖、零容忍”的要求，发挥“监督、保障、执行”作用，一体推进纪检监察工作。区纪委召开全体会议 4 次，总结和部署锦江区纪检监察工作。明确“清除两面派、两面人”的工作要求，督促各级党组织动态研判政治生态情况，促使党员干部落实“两个维护”。受理信访举报案件 87 件，处置问题线索 326 条，立案查处案件 138 件，党纪政务处分 118 人，留置 6 人，移送司法机关 9 人。重点开展形式主义和官僚主义现象集中整治行动，查处案件 5 件，处理 14 人。打造“锦廉杯”和“童心向廉”活动品牌，举办“讲正风反腐锦江故事”活动，组织干部观看警示教育片《“钱”途》，通报违纪典型案例，帮助党员干部筑牢拒腐防变思想底线，提升“廉洁锦江”美誉度。5 月 11 日，市纪委授予区纪委、区监察委“办理省委巡视组转交办件工作先进单位”“以案促改工作先进单位”称号。11 月 12 日，中央纪委和国家监察委新闻传播中心记者站、通联站授予区纪委、区监察委“2021 年度宣传工作优秀集体”称号。

【区纪检监察机构及人员设置】 区纪委和区监委下设办公室、组织部、宣传部、党风政风监督室、信访室、案件管理室、第一纪检监察室、第二纪检监察室、第三纪检监察室、第四纪检监察室、第五纪检监察室、纪检监察干部监督室、案件审理室。下属事业单位1家。即区纪检监察信息中心。向区人大常委会、区政协、区委办公室、区政府办公室、区委组织部、区委宣传部、区委统战部、区委政法委、区发改局、区教育局、区经信局、区民政局、区财政局、区人社局、区住建交局、区公园城市局、区卫健局、区市场监管局、区行政审批局、区综合执法局派驻纪检监察组，向11个街道派出纪工委和监察办公室。区纪委机关、区监察委机关及派驻和派出纪检监察机构的纪检监察干部129人。

【区纪委全体会议召开】3月5日，区纪委七届十次全体会议第一次大会以区委名义召开。区委常委、区纪委书记、区监察委主任刘嘉聪主持会议，区委常委、区人大常委会主任、区政协主席、区人大常委会副主任、区政府副区长、区政协副主席、区法院院长、区检察院检察长出席会议，区纪委委员、区监察委委员、区委巡察办公室主任、区委巡察办公室副主任、区委巡察组组长、区委巡察组副组长、非区纪委委员的派驻和派出纪检监察机构负责人、垂管单位纪检监察机构负责人、区纪委和区监察委内设机构负责人参加会议，特约监察员代表应邀参加会议。参会人员210人。会议书面传达中央纪委十九届五次全会精神、省纪委十一届五次全会精神、市纪委十三届九次全会精神，区委书记陈志勇讲话。第二次大会安排街道党工委、办事处和区级部门主要负责人依次述责述廉，述责述廉对象接受参会代表质询，参会代表民主评议述责述廉对象工作。会议由区纪委副书记、区监察委副主任罗培民主持，述责述廉干部、区纪委委员、区监察委委员、区委巡察办公室主任、区委巡察办公室副主任、区委巡察组组长、区委巡察组副组长、非区纪委委员的派驻和派出纪检监察机构负责人、垂管单位纪检监察机构负责人、区纪委和区监察委内设机构主要负责人参加会议，特约监察员代表应邀参加会议。参会人员110人。第三次大会由区纪委副书记、区监察委副主任罗培民主持，区纪委委员、区监察委委员、区委巡察办公室主任、区委巡察办公室副主任、区委巡察组组长、区委巡察组副组长、非区纪委委员的派驻和派出纪检监察机构负责人、垂管单位纪检监察机构负责人、区纪委和区监察委内设机构负责人参加会议，特约监察员代表应邀参加会议。参会人员100人。区委常委、区纪委书记、区监察委主任刘嘉聪以“推动纪检监察工作高质量发展为加快建设‘天府成都·品位锦江’提供坚强保障”为题，作区纪委常委会工作报告。第四次大会由区委常委、区纪委书记、区监察委主任刘嘉聪主持，区纪委委员、区监察委委员、区委巡察办公室主任、区委巡察办公室副主任、区委巡察组组长、区委巡察组副组长、非区纪委委员的派驻和派出纪检监察机构负责人、垂管单位纪检监察机构负责人、区纪委和区监察委内设机构负责人参加会议，特约监察员代表应邀参加会议。参会人员100人。会议审议通过区纪委七届第十次全体会议工作报告和决议。9月23日，区纪委召开七届十一次全体会议。会议采取民主测评方式，评议区纪委领导班子成员的工作情况。市纪委派驻市委政法委纪检监察组组长吴坚主持会议，区纪委委员参加会议。参会人员29人。10月23日，区纪委召开七届十二次全体会议。区纪委副书记、区监察委副主任罗培民说明《中共成都市锦江区第七届纪律检查委员会向中国共产党成都市锦江区第八次代表大会的工作报告》审议稿的起草情况，会议审议报告内容。区委常委、区纪委书记、区监察委主任刘嘉聪主持会议，区纪委委员参加会议。参会人员29人。10月29日，区纪委召开八届一次全体会议。会议通过《中国共产党成都市锦江区第八届纪律检查委员会第一次全体会议选举办法》，选举区纪委第八届常委会委员、书记、副书记。区委常委、区纪委书记、区监委主任刘嘉聪主持会议，区纪委委员参加会议。参会人员29人。

【政治监督】 区纪委优化责任制考核、述责述廉、追责问责等制度，开展谈话提醒工作75次，传唤50名干部诫勉谈话，向29名干部和3个基层党组织问责，协助区委推进全面从严治党工作。监督“花乡农居”田园风貌整治、锦城公园拆迁交地、锦江花园安置房建设等重点项目实施过程，发现履职尽责、决策程序等方面的问题6个，立案调查2人，组织处理3人。聚焦营商环境建设，开展“纪检监察干部访百企”“阳光监督解难题”等主题活动，帮助企业解决问题60个。针对常态化疫情防控工作建立监督机制，督促整改问题496个。协助政法队伍教育整顿工作，办理涉及政法干警的案件8件，立案1件，组织处理3人。强化换届监督工作，为区党代表、区人民代表、区政协委员、社区“两委”人选的候选人出具党风廉政意见函1425份。持续推动中央和省委环保督察反馈问题整改专项监督及反馈问题整改“回头看”工作，督促整改问题6个，办理市追责问责组交办案件5件，党纪处分1人，组织处理8人，责令一家单位书面检查。

【政治巡察】 区纪委根据中央巡视和省委巡视的反馈意见，制发《关于进一步加强巡察整改工作的实施办法》，明确巡察整改责任、任务、流程，加强常态化政治巡察的监督检查和整改工作。通过常规巡察方式，巡察区级单位10家；通过延伸方式，巡察社区党组织24个，发现问题467个，移送问题线索20个。截至12月，锦江区66家区级单位和76个社区党组织的区委巡察工作完成，达到两个“全覆盖”要求。同时针对疫情防控、网络意识形态、粮食安全领域开展专项巡察工作，发现问题178个。按照市委巡察安排，区委巡察组巡察区规划和自然资源局、锦江生态环境局，编发情况说明书8份，发现问题88个。向第八轮和第九轮被巡察单位反馈问题746个，下达一级整改事项通知14份，抄送区领导巡察情况专报11份，要求区级部门整改问题11个。

【日常监督】 区纪委按照“精准发现、及时提醒、及早预防”的要求，采取听汇报、查资料、受理信访举报、提出纪检监察建议等方式，加强近距离常态化纪律监督工作。检举举报平台受理检举控告类信访举报案件138件，通过四种形态查处违法违纪人员494人。四种形态的占比分别达到72.9%、16.4%、5.8%、4.9%。其中“咬耳扯袖、红脸出汗”的第一种形态成为常态，监督执纪工作由“惩治极少数”向“管住大多数”拓展。区纪委6次以报告单形式提醒领导班子成员党风廉政注意事项，向区领导报送主体责任提示单4份。重点开展“揭榜挂帅”监督工作，发布榜单39期，调动派驻和派出机构积极性，督促责任单位整改问题303个，移送案件线索14条。敦促发案单位落实专题民主生活会制度，向发案单位制发纪律检查建议书、监察建议书9份，指导发案单位建章立制，以案促改。推进廉政档案规范化建设，建立区管干部廉政档案900份。

【违反中央八项规定精神案件查处】 区纪委针对无公函接待和利用空白公函、虚假公函接待问题，会同财政、审计、税务等部门开展“吃公函”专项排查清理工作。针对节假日易发和高发“四风”问题现象，开展正风肃纪专项监督工作，查处违反中央八项规定精神案件5件，处理14人。

【行业领域腐败查处】 区纪委持续整治重点行业领域突出问题，开展粮食购销领域腐败问题专项整治行动，督促发改、财政、市场监管等部门自查自纠，整改问题7个。截至12月，区纪委督导牵头行业主管部门6个，督促整改问题13个，收集问题线索23条。立案查处案件3件，查处责任人3人。给予1名干部党纪政务处分，组织处理7人。

【阳光问责问廉】 区纪委牵头召开“阳光监督·线上坝坝会”锦江区专场会议，收集群众反映问题47个。针对群众反映问题，向责任单位编发问题交办单17份，报送主体责任提示单1份，督促责任单位整改。给予2名责任人党纪政务处分，组织处理7人。1—12月，指导区级部门、街道、社区分层分类召开“阳光问廉坝坝会”83次，督促责任单位整改问题110个。

【群众身边的腐败现象查处】 区纪委结合“微腐败”常态长效治理，加大群众身边的腐败现象整治力度。针对“窗口腐败”现象建立流动接访常态化机制，接待群众234人。根据群众意见整治政务服务窗口的形式主义现象、官僚主义现象和“吃、拿、卡、要”等作风问题，解决群众反映问题131个。同时查处群众身边腐败案件47件，处置72名责任人；查处涉及黑恶案件的腐败案件1件，处置责任人2人。

【为群众办实事】 区纪委明确“问题看解决、项目看速度、品质看呈现、成效问群众”的工作思路，围绕人民代表建议、政协委员提案、网络理政反馈问题，针对群众“急、难、愁、盼”问题，确定选题 90个，开展“主体责任项目化·我为群众办实事”活动，督促责任部门解决群众关切问题 87个。《四川日报》专题报道区纪委为群众办实事工作推进情况。

2021 年中共锦江区纪委为群众办实事项目一览表（选录）

表 4

序号	项 目	承办单位
1	为业主和物业公司提供物业纠纷法律咨询服务	区法院
2	整治殡葬行业存在的突出问题	区民政局
3	解决为企业和群众提供法律咨询质量不高、个性化服务不足的问题	区司法局
4	整治春熙路商圈欺诈消费等问题	区市场监管局
5	推动解决消费者投诉类网络理政回复群众满意率不高的问题	区市场监管局
6	提高网络理政办理实效和群众满意度	区行政审批局
7	推动解决群众反映强烈的卓锦城等小区物业管理和矛盾纠纷问题	区住建交局
8	解决老旧院落消防隐患突出问题	区应急局
9	解决青石桥南街 38 号院管理混乱问题	春熙路街道办事处
10	解决群众反映强烈的华兴街社区“三无”院落安全防护问题	书院街街道办事处
11	综合整治水津桥夜间游商占道经营、油烟、噪声扰民等问题	锦官驿街道办事处
12	推动莲花北路 6 号小区加装电梯项目	牛市口街道办事处
13	解决摩玛城旁绿化带无人管护的问题	东湖街道办事处
14	解决澳龙名城增设侧门中的矛盾纠纷问题	沙河街道办事处
15	解决马家沟沿线周边环境问题	沙河街道办事处
16	解决群众反映突出的辉煌佳苑小区管理无序和脏乱差问题	狮子山街道办事处
17	解决晨辉社区闲置地块空间环境差和空间利用不充分的问题	锦华路街道办事处
18	整治人力资源市场及周边区域社会治安、生活秩序、环境等问题	柳江街道办事处
19	解决小区非机动车停车棚私拉乱接问题	成龙路街道办事处
20	整治群众反映强烈的锦江城市花园周边市容环境问题	三圣街道办事处

（罗月敏　张海娇）

组织建设

【概况】 2021 年，区委组织部践行新时代中国共产党的组织路线，落实中共中央和省委、市委、区委推进组织建设的部署，落实锦江区第八次党代会精神，统筹推进中共党员的思想政治建设、班子建设、队伍建设、基层组织建设，调整区人事调配工作领导小组成员，办理 45 名公务员区内调动手续和 8 名公务员跨区调动手续。创办优秀干部人才库，培养青年干部和后备干部，加强干部培训，通过引进选调生、公招参公人员、接收军转干部等方式优化干部队伍结构，完善干部任用和晋升流程，推动公务员信息大数据建设，完成 2021 年度公务员年报工作。发展中共党员 298 人，中共党员人数为 37353 人。

【中国共产党成立 100 周年庆祝活动】 6 月 30 日，锦江区召开庆祝中国共产党成立 100 周年暨“两优一先”表彰大会。会议表彰“锦江区优秀共产党员”95 人、“锦江区优

2021 年 6 月 30 日，锦江区庆祝中国共产党成立 100 周年暨“两优一先”表彰大会召开，区委书记陈志勇（前排左一）带领中共党员代表重温入党誓词　（区委组织部提供）

秀党务工作者”68人、“锦江区先进基层党组织”68个，授予20家单位“锦江区共驻共建示范单位”称号。会议向3527名离休党员、退休党员颁发“光荣在党50年”纪念章。区委组织部以“百年荣光闪耀，‘两新’逐梦远航”为主题，发起“两新”组织党组织“与党同心、与党同唱、与党同行”系列庆祝活动，以征文、书画、摄影、红歌等形式庆祝中国共产党成立100周年。《中国组织人事报》《组织人事报》登载部分作品。

【中共党员发展】 区委组织部组织3个涉农街道11个涉农社区排查中共十八大召开后违规违纪发展中共党员的问题。截至12月，锦江区发展中共党员298人，中共党员总数37353人。其中35岁及以下年龄的中共党员7343人，占比达19.66%。大专及以上学历的中共党员24921人，占比达66.72%。女性中共党员16124人，占比达43.17%。“两新”组织中共党员4492人，占比达12.03%。

【中共党员教育培训】 区委组织部承办成都市基层党员党史学习教育“学党史、守初心、担使命”活动发布仪式，开展庆祝中国共产党成立100周年、锦江区党史学习教育主题征文等特色活动4次。举办基层党建工作专题培训、基层党建实务暨新任社区党委书记培训、预备党员发展对象培训等党员教育专题培训班8期，利用“蓉城先锋”“共产党员”“学习强国”“锦江党建”等学习平台推送党员教育信息300条。

【党内政治生活】 1月27日，区委召开常委班子党史学习教育专题民主生活会。会议通报区委常委班子“不忘初心、牢记使命”专题民主生活会整改措施落实情况和区委常委班子征求意见情况。区委常委班子成员对照检查。会议指出，要深入学习习近平总书记出席中央政治局民主生活会作出的“讲政治”的重要讲话精神，增强政治意识，从严从实推进作风建设和惩贪治腐工作，巩固和扩大整改成效。

【微党校中心校建设】 区委组织部以沙河街道汇泉路社区市级微党校中心校为枢纽，实施微党校中心校全覆盖工作，构建“区级抓总、区域辐射、基层盘活、特色凸显”的“1+15+N”锦江党员教育阵地集群，指导沙河街道以外的10个街道打造微党校中心校，指导5家区级机关打造微党校中心校，同步推进“两新”组织和行业领域建设中心校。

【党课模式创新】 区委组织部探索建立开放式党课教学模式，设计快板式特色微党课课程20个，开创的“歌声中的党史——主题党课云讲堂”课程在“蓉城先锋”“学习强国”学习平台和人民日报客户端等新媒体发布，编辑出版《悦读红色基因》《推门就是美好生活》等党员教育培训教材5套，拍摄《致敬长征》《吉祥天绘》等党员教育电视片4部。中央纪律检查委员会和国家监察委员会主办的网站发布区委组织部制作的党员教育电视片《吉祥天绘》。

【党建引领社区发展治理】 区委组织部牵头启动锦江区城市基层党建高质量创新发展示范行动，明确“小区院落中共组织全覆盖”目标，建立街道、社区、小区院落三级中共组织规范运行制度体系，制发《中国共产党成都市锦江区社区委员会工作细则（试行）》，强化社区党委工作职责，健全“一肩挑”社区党委书记和社区居委会主任激励监督机制。以11个街道的12个社区为试点，启动“优秀社区书记种子计划”项目，按照“一社一品”的模式打造喜树路全龄友好公园社区和5类商业场景社区。社会组织培育发展锦江路径入选“全国市域社会 治理创新优秀案例”，入选四川省和成都市“基层治理示范项目”的社区和住宅小区达到14个。区委组织部探索建立“红色物业”体系，发布《锦江区“暖心物管”创建导则》，承办成都市物业行业党建示范建设启动仪式。新华社报道锦江区党建引领物业服务融入社区发展治理工作。

【党建工作述职评议】 1月27日，区委召开2021年度各街道党工委书记和区级部门党委、党工委、党组书记抓基层党建工作述职评议会。锦江区11个街道的党工委书记、中共锦江区委新经济组织和新社会组织工委负责人、区教育局党组书记、区住建交局党组书记、锦江发展集团公司党委书记到会述职，区直机关工委、区民政局、区司法局、区财政局、区国有资产管理局、区公园城市局、区卫生健康局、区市场监管局、区公安分局、春熙路时尚活力区、白鹭湾新经济总部功能区、成都七中育才学校的党组织负责人向会议提交书面述职材料。

2021 年 1 月 27 日，锦江区 2021 年度各街道党工委书记和区级部门党（工）委（党组）书记抓基层党建工作述职评议会召开　（区委组织部提供）

【领导班子建设】 区委组织部按照中共中央明确的“好干部”标准，对标省委提出的“政德、为民、担当、实干、廉洁、公认”导向和市委提出的“讲政治、懂城市、会经济、善治理”要求，结合换届工作，推动领导班子建设。牵头成立锦江区领导班子换届工作领导小组，配合市委组织部开展换届考察工作。邀请区级单位领导班子成员谈话，收集干部诉求，坚持实绩导向原则，为承担城市更新、项目招引、脱贫攻坚、社区治理、疫情防控等工作的区级部门配备领导班子成员。

【干部选拔任用】 区委组织部出台《激励全区干部实心干事担当作为的十条措施》《进一步为基层减负为干部减压六条措施》，在职级晋升、及时奖励、差异考核、关心关爱等方面建章立制，激发干部干事创业积极性和主动性。同时加大日常考察力度，注重察作风、听口碑、看实效，近距离接触干部，了解干部完成急难险重任务情况和复杂问题处置情况，发现 100 名表现优秀的干部。截至 12 月，提拔 76 名干部，批准 14 名干部晋升职级。

【干部培训】 区委组织部开设处级主要领导干部读书班和学习贯彻中共十九届五中全会精神暨党史学习教育轮训班 7 期，培训处级领导干部 600 人。联合浙江大学、贵州省遵义市党性教育基地、江西省永新县三湾改编干部学院举办习近平新时代中国特色社会主义思想专题培训班、“学党史、悟思想”专题培训班、“新时代·濯锦青年”专题培训班，培训干部 160 人。开展“党史开讲啦”党课活动 6 次，利用“濯锦讲堂·云课堂”开设党课 3 次，利用微信公众号“锦学”发送党课课程 10 期、学习卡片 67 期。组织干部赴中山大学、浙江大学、中国人民大学、上海财经大学、上海交通大学、山东大学参加国际消费中心打造专题培训班、数字文创产业发展专题培训班、打造超大城市中心城区治理样板区专题培训班、聚力新兴金融促进新经济产业加速成势专题培训班、基层党建工作专题培训班、“两新”组织党组织建设专题培训班，培训干部 300 人。开设新进人员任职培训班、社区书记履职提能进修班等主体班 12 期，培训干部 900 人。创办“锦江论坛”，围绕“城市美学”“国际消费中心建设”“数字人民币先行示范区打造”等主题，开设培训班 13 期，培训干部 1800 人。持续利用互联网开展培训，培训干部 3000 人。选送领导干部参加四川省和成都市的培训班 78 期，培训干部 1150 人。

【青年干部和后备干部培养】 区委组织部牵头创办优秀干部人才库，收录综合管理、社区治理、信访维稳、

2021 年 4 月 8 日，锦江区承办成都市基层党员党史学习教育“学党史 守初心 担使命”活动发布仪式　（区委组织部提供）

招商引资、城市更新等领域的干部人才信息，为锦江区高质量发展储备人才。持续推进实施新时代治蜀兴川执政骨干递进培养计划，遴选第八批年轻干部人才50人，跟踪管理七批遴选人才。注重课堂培训的同时，选派300名干部参与四圣祠片区有机更新、信访实践锻炼、大运会锦江赛区筹备、疫情防控等工作，为遴选的年轻干部提供实践机会。综合课堂培训成绩和实践考核成绩，提拔1980年后出生的年轻干部26人。落实成都市优秀年轻干部实践锻炼“双百”计划和四川重庆互派优秀年轻干部挂职计划，选派2名年轻干部到市级部门挂职锻炼，与重庆市渝中区互派1名年轻干部挂职锻炼。

【干部招录】 区委组织部优化干部队伍的学历、年龄、专业，接收清华大学、北京大学、中国人民大学、密歇根大学等国内外高等院校金融、规划、交通专业的选调生38人，面向全国公开招录10名参公人员，安置2021年军队转业干部47人、随军家属1人。完成2022年选调生招录专场推介、成都市2021年上半年公务员考试笔试、2021年军转干部接收安置等工作。登记管理公务员143人，调任事业干部3人，划转新兴传媒功能区员额制人员11人。制定锦江区新录用公务员试用期满考核实施办法，持续提高干部队伍入口关质量。

【选调生培养管理】 区委组织部制定九条选调生培养管理措施，为39名招录的2020届选调生定岗，组织招录的2021届选调生培训和轮岗锻炼。实施驻村选调生“风筝式”培养计划，安排71名选调生到村任职，《四川党的建设》登载锦江区工作经验。抽调90名选调生到隔离酒店、社区防疫卡点参与疫情防控工作，《成都组工信息》登载工作信息。

【科级干部任用和晋升管理】 区委组织部修订《锦江区科级领导干部选拔任用办法》《锦江区一级主任科员以下职级晋升操作流程》，编印《公务员管理工作政策资料》，完善选拔任用、职级晋升、任免备案、交流转任等11个工作流程。依据《中华人民共和国公务员法》建立一审流程、二审资格、三审信息和双人复审复核“3+2”工作法，指导区级单位职级晋升。锦江区63家区级单位参照“3+2”工作法为干部晋升职级，职级晋升的干部达56批次。审核干部任免和晋升资料500份，涉及干部1200人，备案700人。

【公务员信息维护】 区委组织部推动公务员信息大数据建设，完善编制、人员、职数、任免、调动5类台账，录入对应信息，采取“日更新、周对账、月联调、季汇总”的方式动态管理。更新2925名公务员和参公人员信息，核对公务员和参公人员个人基础信息85条。

【党史整理与学习教育】 区委组织部牵头启动执政实录编纂工作，安排区委党史办公室编纂《中国共产党锦江执政实录（2020）》，推动《锦江区党史》三卷的编纂工作。结合中国共产党成立100周年庆祝活动，开展“党史七进+”活动。联合四川师范大学狮子山校区举行“狮享锦江·党史宣讲团”出征仪式，依托“春熙嬢嬢”志愿服务队组建党史讲习小分队，到机关、学校、社区、企业开展党史宣讲活动30次。举办“伟人诗词金句中的党史”书法展、“学党史办实事”民法典公益讲座、“红色故事会·四史一起学”等活动200次。申报成都市党史学习教育基地点位8个，包括成都市李劼人故居纪念馆、春熙路步行街中山广场等点位。梳理成都市烈士陵园等“红色文化”遗址3处。联合成都市李劼人故居博物馆、成都市水井街酒坊遗址博物馆、成都市盐道街小学红色文化体验馆打造沉浸式党史学习教育场景，构筑党史学习教育共享平台。

【社区换届指导】 区委组织部指导各社区的党组织、居委会换届工作，选举产生社区党委委员457人。其中社区党委书记76人、社区居委会委员312人。社区党委书记兼任居委会主任，一肩挑比例达100%。实现210名社区党委委员交叉任职目标。社区党委班子成员和居委会班子成员的学历以及专业社工人才的数量占比提升，班子成员的平均年龄下降。

【新兴领域党建】 区委组织部指导建成“锦小牛·同心小站”37个，“小牛哥·刹一脚”爱心智慧驿站建成投用。省委组织部批准锦江区“小牛哥·刹一脚”爱心智慧驿站为四川省快递物流业党建工作现场会观摩点位。锦江区快递物流行业党建工作得到中共中央组织部肯定，入选“成都市基层党建创新项目”。同时推进商圈楼宇党建工作，盐市

锦江区打造的“小牛哥·刹一脚”爱心智慧驿站　　（区委组织部提供）

口商圈党建工作得到全国人大常委会副委员长、中华全国妇女联合会主席沈跃跃肯定，市委组织部批准锦江区绿地468锦峰大厦、德必川报易园为成都市物业党建示范建设启动仪式现场观摩点位。锦江区6家律师事务所的中共支部分别获得“四川省先进基层党组织”“成都市先进基层党组织”“锦江区先进基层党组织”称号。锦江区2所学校的党建工作案例入选“成都市基层党建创新项目”，新华社、央视新闻等媒体专题报道成都市盐道街小学党建工作。

【人才计划实施】 区委组织部推出“锦遇良才”行动计划2.0版，出台“1+3+3”产业体系人才引育政策，发布《锦江区急需紧缺人才和高端人才目录》，推动人才计划实施。锦江区引进入选国家级、省级、市级人才项目的26名人才，引进203名产业高端人才和2.5万名产业人才。举办“蓉漂杯”七宝青年设计师大赛、“锦Show耀未来”人才发展峰会等活动38次，开展“智汇锦江·才聚渝中”协同招引活动10次。开展新职业人才培训57次。建成创新创业平台51个、青年见习基地36个，提供就业岗位1.5万个、实习岗位1000个，孵化创业项目220个。利用“交子普惠”平台帮助人才融资10.3亿元。成立青年人才服务中心，建成“锦城峰荟”人才公寓。锦江区人才引进工作入选“全国人才工作创新案例”，获得优秀案例奖。

（郭夏明　孙　优）

宣传思想政治建设

【概况】 2021年，锦江区以习近平新时代中国特色社会主义思想为指导，以习近平总书记对四川及成都工作系列重要指示精神为主线，开展区委理论学习中心组学习、党史学习教育等工作，推动党员干部思想政治建设。同时坚持“团结稳定鼓劲、正面宣传为主”和“弘扬正能量、提振精气神”的原则，明确“高扬主基调、唱响主旋律、营造好氛围”的思路，举办“100句誓言、100条祝福、100张笑脸”微视频征集等特色活动，打造“锦江融媒”矩阵，运用短视频、直播、航拍、线上线下活动等方式，推出互动式、服务式、体验式新闻信息服务，开展对外宣传工作，为建设“品位锦江·幸福城区”提供思想保障、舆论支持、精神动力、文化条件。截至12月，编印《成都锦江》46期，锦江有线电视《锦江新闻》栏目播出295期，手机平台“锦界”发布信息3万条，“锦江发布”微信公众号、“锦江融媒”微视号、“品位锦江”新浪微博号的粉丝总量达到100万人，点击率超过100万次的信息17条，获各级新闻类奖项的信息28条，中央电视台播出信息3条，各级媒体发表锦江区各项事业发展的新闻稿件达6300篇。

【宣传工作机构及人员设置】 区委宣传部是区委主管意识形态方面工作的处级职能部门，列入区委工作机关序列。区委宣传部并设锦江区精神文明办公室、区委对外宣传办公室、区政府新闻办公室、区新闻出版局、区版权局、区互联网信息办公室。区委宣传部下属2家副处级公益一类财政全额拨款事业单位。即区网络新闻信息中心、区文创促进中心。区融媒体中心为区委直属处级事业单位，归口区委宣传部领导和管理。区委宣传部代管成都市锦江区文学艺术界联合会和成都市锦江区社会科学界联合会。9月14日，免去邱长宝的部长职务，彭洪泽任区委宣传部部长。11月25日，赵怡兼任区委宣传部副部长。

【理论学习】区委宣传部作出“高扬思想旗帜，持续推动习近平新时代中国特色社会主义思想入脑入心”的安排，提出“把学习、宣传、贯彻习近平新时代中国特色社会主义思想作为首要政治任务，深化中国共产党的创新理论学习宣传阐释工作，巩固团结奋斗的共同思想基础”的要求，推动理论学习活动深入开展。区委宣传部统筹安排区委理论学习中心组的学习课程，采用专题学习会、专题研讨会、宣讲报告会等形式，组织区委理论学习中心组成员学习22次，集中学习中共十九届六中全会精神和习近平总书记在庆祝中国共产党成立100周年大会上的重要讲话精神。区委理论学习中心组成员参学率达到95%。同时发挥区委宣讲团、特色宣讲分队、新时代文明实践中心宣讲工作队伍的作用，组织党员干部深入学习习近平总书记在庆祝中国共产党成立100周年大会上的重要讲话精神以及中央和省委、市委、区委的全体会议精神。采取对象化、分众化、互动化、通俗化相结合的方式，开展“进企业、进学校、进机关、进社区、进农村、进家庭、进公共场所”活动，向基层党员干部和群众宣讲1200次，推动新思想、新理念深入人心。在手机平台“锦界”开设专栏，发布习近平总书记重要讲话内容和系列指示批示内容，转载主流媒体发表的理论文章。

2021年3月4日，区委理论学习中心组成员集中学习 （区委宣传部提供）

2021年中共锦江区委理论学习中心组学习情况表

表5

序号	专题名称	学习时间	学习情况	参会人员
1	“全媒体时代突发事件处置与舆论引导：新平台 新战略 新标配”专题辅导	3月4日	中国传媒大学博士生导师董关鹏作专题辅导	1. 区委理论学习中心组成员 2. 区人大常委会副主任、区政府副区长、区政协副主席 3. 区法院院长、区检察院检察长 4. 区级部门主要负责人 5. 区属国有公司主要负责人 6. 各街道党政主要负责人
2	“中国共产党革命成功的历史经验”专题辅导	4月15日	四川大学马克思主义学院中国近现代史纲要教研室主任冯兵开设“中国共产党革命成功的历史经验”专题讲座	1. 区委理论学习中心组成员 2. 区人大常委会副主任、区政府副区长、区政协副主席 3. 区法院院长、区检察院检察长 4. 区级和副区级干部 5. 区人武部政委 6. 区级部门主要负责人 7. 区属国有公司主要负责人 8. 各街道党政主要负责人

续表 5

序号	专题名称	学习时间	学习情况	参会人员
3	“中国共产党的百年奋斗历程和基本经验”专题辅导	4 月 25 日	中共四川省委党校教授郭伟开设“中国共产党的百年奋斗历程和基本经验”专题讲座	1. 区委、区人大常委会、区政府、区政协的领导班子成员 2. 区法院院长、区检察院检察长 3. 副区级干部 4. 区人武部政委 5. 区委办公室主任、区人大常委会办公室主任、区政府办公室主任、区政协秘书长 6. 区级部门主要负责人 7. 区属国有公司主要负责人 8. 各街道党政主要负责人
4	区委理论学习中心组第一次党史专题学习会	4 月 26 日	学习中国共产党新民主主义革命时期的历史	区委理论学习中心组成员
5	1. 党风廉政建设专题学习 2. 市委宣讲团党史宣讲 3. 严肃换届纪律专题学习 4. 严肃换届纪律专题谈话	5 月 21 日	1. 省纪委党风政风监督室副主任邓全富作“坚持示范引领 切实履职尽责 推动全面从严治党向纵深发展”专题辅导 2. 成都大学马克思主义学院院长屈陆开设党史专题讲座 3. 学习成都市换届风气监督工作会暨培训会精神 4. 区委书记陈志勇与参会人员谈话	1. 区委理论学习中心组成员 2. 区人大常委会副主任、区政府副区长、区政协副主席 3. 区法院院长、区检察院检察长 4. 副区级干部 5. 区人武部政委 6. 区级部门主要负责人 7. 区属国有公司主要负责人 8. 各街道党政主要负责人
6	区委理论学习中心组第二次党史专题学习会	6 月 18 日	专题学习中国共产党社会主义革命和建设时期历史	区委理论学习中心组成员
7	区委理论学习中心组学习会	6 月 21 日	观看电视专题片《生命重于泰山——学习习近平总书记关于安全生产的重要论述》	1. 区委理论学习中心组成员 2. 区人大常委会副主任、区政府副区长、区政协副主席 3. 区法院院长、区检察院检察长 4. 副区级干部 5. 区人武部政委
8	区委理论学习中心组第三次党史专题学习会	6 月 22 日	学习中国共产党改革开放历史	区委理论学习中心组成员
9	区委理论学习中心组第四次党史专题学习会	6 月 24 日	学习中国共产党十八大以来的发展史	区委理论学习中心组成员
10	区委理论学习中心组学习会	7 月 2 日	学习习近平总书记在庆祝中国共产党成立 100 周年大会上的重要讲话精神	区委理论学习中心组成员
11	四川省“碳达峰、碳中和”路线图学习	8 月 19 日	国务院参事、国务院政府职能转变协调小组专家组副组长仇保兴专题授课	1. 区委理论学习中心组成员 2. 区人大常委会副主任、区政府副区长、区政协副主席 3. 区法院院长、区检察院检察长 4. 副区级干部 5. 区人武部政委 6. 各功能区管委会主要负责人 7. 锦江发展集团公司主要负责人 8. 区级部门主要负责人 9. 各街道党政主要负责人

续表 5

序号	专题名称	学习时间	学习情况	参会人员
12	“从人口视角看区域发展问题”讲座	9 月 7 日	西南财经大学社会发展研究院副教授、人口研究所所长杨帆开设“从人口视角看区域发展问题——以锦江区为例”专题讲座	1. 区委理论学习中心组成员 2. 区人大常委会副主任、区政府副区长、区政协副主席 3. 区法院院长、区检察院检察长 4. 副区级干部 5. 区人武部政委 6. 各功能区管委会主要负责人 7. 锦江发展集团主要负责人 8. 区级部门主要负责人 9. 各街道党政主要负责人
13	中国共产党“共同富裕”的理论解读与实践分析	11 月 2 日	成都理工大学马克思主义学院教授张春和开设“中国共产党‘共同富裕’的理论解读与实践分析——以初心和使命托举中华民族的千年大同梦”专题讲座	1. 区委理论学习中心组成员 2. 区人大常委会副主任、区政府副区长、区政协副主席 3. 区法院院长、区检察院检察长 4. 其他市管干部 5. 区人武部部长 6. 区委办公室、区人大常委会办公室、区政府办公室、区政协办公室的主要负责人 7. 区“幸福美好生活十大工程”涉及单位的主要负责人 8. 各街道党工委主要负责人
14	市委理论学习中心组（扩大）专题学习会暨疫情防控专题培训会	11 月 14 日	疫情防控专题培训	1. 区委理论学习中心组成员 2. 区人大常委会副主任、区政府副区长、区政协副主席 3. 区法院、区检察院的分管领导 4. 区委办公室、区人大常委会办公室、区政府办公室、区政协办公室的主要负责人 5. 区级部门主要负责人 6. 各街道党政主要负责人
15	中共十九届六中全会精神学习	11 月 24 日	成都大学马克思主义学院院长屈陆开设“学习中共十九届六中全会精神”专题讲座	1. 区委理论学习中心组成员 2. 区人大常委会副主任、区政府副区长、区政协副主席 3. 区法院、区检察院的分管领导 4. 区级部门主要负责人 5. 各街道主要负责人
16	中共十九届六中全会精神宣讲报告会	11 月 25 日	中央宣讲团宣讲中共十九届六中全会精神	1. 区委、区人大常委会、区政府、区政协的领导 2. 区法院、区检察院的领导 3. 区委办公室、区人大常委会办公室、区政府办公室、区政协办公室的主要负责人 4. 区人大各专委会、区人大常委会各工委、区政协各专委会的主要负责人 5. 锦江发展集团公司主要负责人 6. 区级部门的主要负责人 7. 各街道党政主要负责人

续表 5

序号	专题名称	学习时间	学习情况	参会人员
17	市委理论学习中心组（扩大）专题学习会暨应急管理专题培训会	11 月 28 日	国务院应急管理专家组组长、国家减灾委专家委员会副主任、国务院参事闪淳昌专题授课	1. 区委、区人大常委会、区政府、区政协的领导 2. 区法院、区检察院的领导 3. 区委办公室、区人大常委会办公室、区政府办公室、区政协办公室的主要负责人 4. 锦江发展集团公司主要负责人 5. 区级部门主要负责人 6. 各街道党政主要负责人
18	《成渝地区双城经济圈建设规划纲要》解读	12 月 1 日	中共成都市委党校经济学教研部主任常晓鸣专题《成渝地区双城经济圈建设规划纲要》	1. 区委理论学习中心组成员 2. 区人大常委会副主任、区政府副区长、区政协副主席 3. 区法院、区检察院的领导 4. 区级部门主要负责人 5. 各街道一名主要负责人
19	中共十九届六中全会精神和省委十一届十次全会精神宣讲报告会	12 月 3 日	省委宣讲团宣讲中共十九届六中全会精神和省委十一届十次全会精神	1. 区委、区人大常委会、区政府、区政协的领导 2. 区法院、区检察院的领导 3. 区委办公室、区人大常委会办公室、区政府办公室、区政协办公室的主要负责人 4. 锦江发展集团公司主要负责人 5. 区级部门主要负责人 6. 各街道党政主要负责人
20	区委理论学习中心组学习会	12 月 9 日	交流学习中共十九届六中全会精神和习近平总书记在中共十九届六中全会上的重要讲话精神	1. 区委理论学习中心组成员 2. 区委办公室、区人大常委会办公室、区政府办公室、区政协办公室的主要负责人 3. 区委理论学习中心组学习秘书 4. 区委党史研究室主要负责人
21	学习贯彻中共十九届六中全会精神和省委十一届十次全会精神宣讲报告会	12 月 27 日	市委宣讲团第五分团负责人、市文联党组书记杨晓阳宣讲中共十九届六中全会精神和省委十一届十次全会精神	1. 区委理论学习中心组成员 2. 区人大常委会副主任，区政府副区长、区政协副主席 3. 区法院院长、区检察院检察长 4. 区级部门主要负责人 5. 各街道主要负责人

【党史学习教育】 区委宣传部作出“提升政治站位，高标准高质量推进党史学习教育”的安排，向各级党员领导干部提出“带头自学、以讲领学、督导促学”的要求，要求党员干部在学深悟透中增强“以史为鉴、开创未来”的政治自觉和行动自觉。区委宣传部牵头编制《锦江区党史学习教育实施意见》和13个专项方案，开设专题读书班7期，开展“党课共享·党史开讲啦”专题培训，开设主题党课500次，邀请党史研究专家、老战士、老党员开设讲座100次，举办先进典型事迹报告会20次，召开座谈会30次，引导党员干部和群众知史爱党。同时借助“进商圈、进社区、进学校”工作机制，推动党史学习教育工作。在春熙路商圈建成“春熙学习舫”，利用商圈内13个电子显示屏播放党史学习教育的主题公益广告，举办“百名思政教师百堂党史课”“向党告白”“党史茶叙”等主题学习活动，与北京市海淀区、重庆市渝中区联合开展“三城”联学互动活动，在社区公共空间打造党史学习教育微景观和“红色读书角”，联合盐道街小学打造红色体验馆，多层次营造体验式、沉浸式学习氛围。在强化党史学习教育的同时，区委宣传部明确“党的盛典、人民的节日”基调，采用裸眼3D视频的方式制作《红船记忆》，开展“永远跟党走”群众性主题宣传教育活动，开展“100句誓言、100条祝福、100张笑脸”微视频征集活动，举办“红色记忆·礼赞百年”创意展、“百人百歌万人唱”以及“春熙放歌·红色快闪”等活动300次，在熊猫广场、锦江宾馆、合江公园等地打造10个“新思想新理念”户外景观，在区级媒体开设“奋斗百年路 启航新征程”专栏，营造庆祝中国共产党成立100周年氛围。

【宣传工作】 区委宣传部坚持“党管宣传、党管意识形态、党管媒体”原则，围绕世界大学生运动会筹备和“天府旅游名县”创建等重点工作和区委、区政府中心工作，发挥区融媒体中心作用，开展新闻采编、文化传播等工作，在春熙路商圈、城市干道、公园景区、社区院落投放公益广告，打造主题灯光秀、主题艺术景观，通过特色活动、场景营造的方式传播主流价值，凝聚社会共识。区融媒体中心践行“市县联动、服务基层、链接全国”的发展思路，在手机平台“锦界”客户端、锦江有线电视、《成都锦江》内刊、锦江区公众信息网及微信、微博的基础上对接今日头条、川报观察、看度等新媒体平台，开通“锦江融媒”账号17个，形成锦江区媒体矩阵，促进媒体融合发展。锦江区在川观新闻平台开通的“锦江观察”获“2020年度优质媒体类川观号”称号。区融媒体中心围绕中国共产党成立100周年、中共十九届六中全会、第二轮中央生态环境保护督察、疫情防控、锦江区第八次党代会、锦江区人代会和政协会、“品位锦江·幸福城区”形象定位、“1+3+3”产业体系、全国脱贫攻坚先进集体等大事要闻推送新闻信息，开设《奋斗百年路 启航新征程》《学习贯彻习近平总书记“七一”重要讲话精神》《同心抗疫 守好疫情防控线》等30个专题栏目，发布信息4万条。“锦江发布”微信公众号粉丝达到4.6万人，“品位锦江”新浪微博号粉丝达到43.62万人。区融媒体中心推送的《百米慢时光 老街新市井》在光明网组织的评选活动中入选“2020年区县融媒体中心优秀案例”，第八届中国媒体及文化产业创新论坛暨“影响中国传媒”全国广播影视推介活动将《停不下来的你》《城邀你来 锦江印记》列为“2020年度影响力影片”，成都市网络视听作品大赛向《在这里推门就是美好生活》颁发“优秀短视频奖”，第三十八届成都新闻奖评选活动分别授予区融媒体中心的6件作品电视新闻奖、融媒融合奖及专项奖。区融媒体中心制作的5件作品浏览量突破100万次，中央电视台的《新

2021年5月21日，锦江区党史学习教育专题宣讲报告会举办　（区委宣传部提供）

闻联播》《朝闻天下》《新闻直播间》等栏目分别采用区融媒体中心制作的《首店经济》《夜经济促恢复消费市场活力增强》等节目。区融媒体中心联合春熙路时尚活力区管委会开展的春熙路地铁站广场取名征集活动征集作品2000件，活动信息在四川日报抖音官方账号的阅读量达到190万次，点赞量达到9404次，留言3200条。新浪微博话题“成都春熙路地铁站广场向全社会征名”2次进入“同城热搜榜”，《四川日报》、四川观察、封面新闻、《成都日报》、看度、锦江发布等媒体报道活动情况，曝光量达到1亿次。新华通讯社新闻信息中心授予区融媒体中心“媒体融合优秀案例奖”。

【社会主义核心价值观建设】 区委宣传部推进社会主义核心价值观建设，在盐市口商圈党群服务中心、三圣街道喜树路社区、成都市盐道街小学打造社会主义核心价值观特色点位，在成都市第十七中学打造家风家训家规特色点位，成都师范学校附属小学华润分校、成都市李劼人故居纪念馆、成都水井坊博物馆打造爱国主义教育基地，成都市盐道街小学盐道街校区成为成都市社会主义核心价值观特色点位，成都市第十七中学成为锦江区家风家训家规特色点位，市委、市政府批准成都师范学校附属小学华润分校、成都市李劼人故居纪念馆、成都水井坊博物馆为“成都市爱国主义教育基地”，《锦江区实施幸福美好生活十大工程 建设全龄友好公园社区——锦江区三圣街道喜树路社区探索打造全龄友好公园社区样本示范》入选《2020年成都市社会主义核心价值观建设案例选编》。

（田　甜　刘　意）

统一战线工作

【概况】 2021年，区委统一战线工作领导小组召开全体会议2次，传达全国和四川省、成都市的统战部部长会议精神，部署锦江区统战工作。区委统战部完善民营经济代表人士数据库、党外知识分子和新社会阶层人士数据库，牵头落实非中共代表人士和民营经济代表人士政治权利。以庆祝中国共产党成立100周年为主线，开展学习教育活动。持续开展民族宗教政策法规培训、爱国爱教、“民族团结进步十进”等活动，构建和谐民族关系。市委统战部授予区委统战部“2020年度基层统战工作提升年先进单位”和“2020年度全市统战信息工作先进单位”称号，区民宗局获“成都市2020年度综合绩效及信息工作先进单位”称号。

【统战工作机构设置】 区委统战部是区委主管统一战线工作的处级职能部门，列入区委工作机关序列。内设办公室、党派工作科（党外代表人士服务科）、民宗事务科、两非工作科、侨台工作科、对口帮扶科。下属区党外人士服务中心（直属事业单位），并设成都市锦江区政府侨务和台湾事务办公室，统一管理锦江区台湾事务和侨务工作。与区民宗局合署办公。

【统战工作会议】 2月8日，区委书记陈志勇主持召开区委常委会七届一百九十七次会议暨区委统一战线工作领导小组第一次全体会议。与会人员学习《中国共产党统一战线工作条例》，传达全国和四川省、成都市的统战部部长会议精神。5月21日，区委统战部组织统一战线工作领导小组成员单位和各街道参加四川省统战部部长读书班会议暨锦江区统战干部培训班。学员集中学习《中国共产党统一战线工作条例》和省委制定的实施方案。5月27日，区委书记陈志勇主持召开区委常委会七届二百零七次会议暨区

中国视窗 > 党建

成都市锦江区委：接续奋斗助力对口支援地区乡村振兴

2021-02-25 15:38:37 来源：川观新闻 作者：吴亚飞

2月25日，在北京人民大会堂，全国脱贫攻坚总结表彰大会隆重举行，中共成都市锦江区委员会荣获全国脱贫攻坚先进集体，成都市锦江区委书记陈志勇在现场接受表彰。

2021年2月25日，中国网采访区委书记陈志勇，报道锦江区助力对口支援乡村振兴工作

（区委宣传部提供）

2021 年 2 月 8 日，中共锦江区委常委会七届一百九十七次会议暨区委统一战线工作领导小组第一次全体会议召开 （区委统战部提供）

委统一战线工作领导小组第二次全体会议。会议传达省委常委、市委书记范锐平出席市委统战部调研座谈会的讲话精神和市委统一战线工作领导小组全体会议精神，审议《锦江区统一战线服务“高质量发展攻坚年”行动方案（送审稿）》。

【非中共代表人士政治权利落实】 锦江区副区级党外干部 6 人、处级党外干部 2 人、副处级党外干部 10 人。区委统战部以庆祝中国共产党成立 100 周年为契机，携手各民主党派基层组织开展主题学习教育活动 30 次，邀请民主党派成员列席会议 10 次。利用“蓉城先锋”综合教育培训服务平台培训非中共干部 377 人，选派 50 名非中共代表人士参加省、市、区重要会议。

【民营经济代表人士政治权利落实】 区委统战部落实《四川省贯彻落实〈关于加强新时代民营经济统战工作的意见〉重点任务分工方案》，构筑民营经济大统战格局。开展民营企业理想信念教育培训，强化民营企业业的社会主义核心价值观。民营企业负责人组织学习中共中央发展民营经济的方针政策。推荐使用建言献策、社会公益等方面表现突出的民营经济代表人士。针对拟作政治安排的民营经济代表人士综合评价工作。

【数据库建设】 区委统战部完善民营经济代表人士数据库，录入民营经济代表人士信息 60 条。更新党外知识分子和新社会阶层人士数据库，录入党外知识分子信息 65 条、新社会阶层人士信息 59 条。

【庆祝中国共产党成立 100 周年活动】 5 月 25 日，区委统战部在非中共党员的知识分子和新社会阶层中开展庆祝中国共产党成立 100 周年暨“学党史、跟党走”主题教育实践活动。5 月 24 日，开展庆祝中国共产党成立 100 周年“蓉城同心·智荟千言话幸福”征文活动。围绕“幸福美好生活十大工程”谈幸福生活的见闻和感想，引导党外知识分子强化思想认识，宣传“幸福美好生活十大工程”。

【主题沙龙活动】 4 月 29 日，区委统战部在新社会阶层中开展“税收征管改革下企业如何把控风险”主题沙龙活动。邀请职能部门负责人、税务专家、企业代表共商税务服务经济等工作。

【主题音乐会举办】 6 月 15 日，区委统战部举办“弘扬民族文化·传承红色基因”主题音乐会，邀请 200 名非中共党员的知识分子和新社会阶层人士参加活动。

【创客联邦提档升级】 3 月，区委统战部实施“MFG 创客联邦”全国新社会阶层人士统战工作实践创新基地提档升级项目。提升基本硬件和制度方面的服务能力。

【新联会换届及活动】 9 月 16 日，锦江区召开新的社会阶层人士联谊会三届一次会员大会。听取新联会二届理事会工作报告，审议通过章程和选举办法，选举产生第三届会长、副会长、秘书长、理事、监事长和监事。9 月 30 日，举办成都·眉山新联会“促合作、谋发展”交流座谈会。

【民族宗教政策法规宣传】 区委统战部、区民宗局开展民族宗教界人士政策法规培训 10 次，向群众和民族宗教界人士宣传中国共产党的民族宗教政策，组织民族宗教界人士学习习近平总书记关于宗教工作的重要论述精神和《中华人民共和国民法典》《中华人民共和国劳动法》《反分裂国家法》《中华人民共和国宗教事务条例》《四川省宗教事务条例》等法律法规，号召民族宗教界人士在法律框架下依法开展宗教活动。

【民族宗教人士爱国爱教活动】区委统战部、区民宗局按照宗教中国化思路，引导宗教界开展爱国爱教活动，建立宗教场所教职人员数据库。数据库收录大慈寺、恩光堂教职人员数据信息23条。在宗教活动场所开展学教宣传活动，组织教职人员学习《中华人民共和国宗教事务条例》，宣讲社会主义核心价值观，举办法律知识讲座。在宗教活动场所开展升国旗活动，激发宗教界的民族认同感和自豪感。10月1日，大慈寺举行升国旗仪式。

【和谐城市民族关系构建】锦江区以推进城市民族工作制度化、规范化、精细化为抓手，划拨专项经费60万元，推动民族团结进步创建工作。开展民族团结创建活动20次，开展"蓉城一家亲——讲好民族团结成都故事"主题征文活动，在成都市第三中学和"MFG创客联邦""锦江归来荟"等地打造民族团结进步示范点位。省民宗委将锦江区对口支援甘孜州炉霍县民族团结进步创建工作案例上报国家民宗委，省政府授予区委统战部常务副部长、区民宗局局长王耀军"四川省民族团结进步模范个人"称号。

【港澳台侨权益维护】区委统战部落实"三侨生"(归侨学生、归侨子女、华侨在国内的子女)早期归侨认定等政策。为1名早期归侨认定身份，发放早期归国华侨生活补助16.2万元。协调解决侨台企业和台湾同胞家属、海外侨胞家属的困难10次。

【川港澳台青少年交流基地挂牌】3月27日，锦江区选送的成都市女学文化研究会、锦江爱有戏社区发展中心入选四川省首批"川港澳台青少年交流基地"。由省委统战部、省港澳办公室、省台湾事务办公室、省人大常委会港澳台事务工委、省政协港澳台侨和外事委员会、省教育厅、省文旅厅、团省委向2家单位授牌。其中成都市女学文化研究会的川港澳台青少年交流基地在"锦江归来荟"挂牌。

【海外交流活动】9月6日，区委统战部组织项目参加第七届"海科杯"全球华侨华人创新创业大赛，推送的"大夫花圪""上风文化""洛可可设计"3个项目入围半决赛。9月8日，参加第十九届中国西部海外高新科技人才洽谈会，现场签订"三只小蜜蜂"新子乐园项目合作合同。

2021年1月26日，省人大常委会调研组到沙河街道汇泉路社区调研锦江区城市民族工作

（区委统战部提供）

机构编制管理

【概况】2021年，区委机构编制办公室明确"立梁架柱向精细化管理转变"的工作思路，推动机构职能体系建设。牵头编制《区级部门职责分工协商协调办法》，明确区级部门职责分工协商、机构编制部门协调等程序性事项。以"三定"规定为基础，以政府权责清单和重点领域职责任务清单为补充，构建职责管理体系。优化人大、政协机构，推进区级群团机关"三定"规定修订工作，促进党政机构、人大机关、政协机关、群团组织的职能有机衔接。按照"全灾种、大应急"要求增设区应急局兼职副局长2人。持续推动街道扩权赋能工作，向街道下放行政检查、行政确认、行政奖励等行政权力事项17项。同步推进街道"三张清单"权责制度体系建设，构建"照清单履职、依清单办事、按清单问责"的街道职能精细化管理制度体系，批准各街道民生服务办公室并设物业管理办公室。

【机构编制管理机构及人员设置】区委机构编制委员会办公室设综合

科、行政体制改革科、机构编制科、监督检查科、登记管理科。核定行政编制人员 10 人。其中主任 1 人、副主任 2 人。实有在编人员 13 人。下属区机构编制信息中心，为公益一类事业单位。核定事业编制人员 3 人。实有在编人员 2 人，编外聘用人员 1 人。

【人大机关研究室机构调整】 区委机构编制办公室根据人大机关工作需要，将区人大常委会研究室从区人大常委会办公室划出，作为区人大常委会处级常设工作机构单设。机构主要职责是围绕人民代表大会制度、地方人大工作和民主法制建设中的理论与实践问题开展理论研究，负责区人大常委会综合类调研课题的组织协调工作，负责区人大常委会重要文件、工作报告、工作要点等综合性文稿的起草工作。

【群团机关“三定”方案修订】 区委机构编制办公室针对区级群团机关“三定”规定 20 年未修订的情况，启动区级群团机关“三定”规定修订工作。以区委办公室和区政府办公室名义印发群团“三定”规定，指导 11 家群团单位修订“三定”方案，优化职能配置，解决机构与职能不匹配、群团与党政机构职能衔接不顺畅等问题，强化群团机关联系群众的桥梁纽带作用。

【并设机构设置】 区委机构编制办公室撤销区司法局社区矫正和基层建设科（法律援助科），设立区矫正管理局，并设区司法局基层建设科。区矫正管理局是区政府在区司法局内设的社区矫正管理机构。在区委办公室并设区委保密机要局的基础上并设区委保密委员会办公室。批准区文体旅局并设区文物局。

【议事协调机构清理整顿】 区委机构编制办公室围绕区委、区政府重大战略、重大项目、重大工程，建立动态管理长效机制，促使党委谋大事、议大事、抓大事的作用最大程度体现。强化源头管控和日常管理，严把议事协调机构设置关口。落实为基层减负部署要求，会同区委办公室、区政府办公室清理整顿区级议事协调机构，保留机构 156 个（含 7 个更名机构），整合机构 8 个，撤销机构 24 个。同时清理 9 个未纳入编制管理的区级议事协调机构，规范其中 5 个机构。区级议事协调机构精减率 22.8%。

【区属事业单位设立】 区委机构编制办公室撤销成都市锦江区经济信息中心、成都市锦江区价格认证中心，整合 2 个中心职能，在区发改局下设区项目促建服务中心，为副处级公益一类事业单位。区促建中心主要负责建立健全项目促建工作机制，跟踪重点项目推进工作，研究和协调解决项目建设过程中出现的问题，价格认定等工作。批准撤销成都市锦江区危旧房改造中心、成都市锦江区公园城市建设服务中心、成都市锦江区房屋管理服务中心，整合 3 个中心职能，设立区城市更新中心，为区政府直属处级公益一类事业单位。同时在区城市更新中心并设区公园城市建设服务中心，由区公园城市局代管，承担城市有机更新和公园城市建设的具体事务性工作，承担林木、绿地、湿地保护工作，负责种植业、畜牧业、渔业、农业机械化等农业农村领域监督管理的事务性工作。批准设立区房屋征收中心，为区公园城市局下属副处级公益一类事业单位，由区城市更新中心代管，是区政府房屋征收实施单位，承担国有土地房屋征收补偿的事务性工作。批准撤销成都市锦江区楼宇经济综合服务中心，设立区服务业投服中心，为区商务局下属副处级公益一类事业单位，负责服务业、商贸流通业、会展业等领域的产业投资促进和招商引资服务保障工作，负责楼宇经济、总部经济发展的事务性工作。批准设立区殡葬服务中心，为区民政局下属副处级公益二类事业单位。并设成都市东郊殡仪馆。批准区教育局电化教育馆并设区智慧教育中心，增加智慧教育大数据采集、应用与运行分析职责。批准区人力资源中心并设区青年人才中心，增加青年人才服务、高校毕业生报到接收及人才集体户口管理工作，负责高校毕业生就业基地建设和管理考核职责。

【学校和幼儿园设立】 区委机构编制办公室批准设立成都七中育才华兴分校、四川师范大学附属中学锦华分校、锦江区东华小学、锦江区特殊教育学校。批准将锦江区特殊教育资源中心从成都市和平街小学划出，划入区特殊教育学校。批准设立锦江区东怡幼儿园。

【机构职责调整】 区委机构编制办公室调整区应急局职责，将“负责协调组织全区防汛抗旱工作，负责收集、整理、上报汛期雨情、水情、险情、旱情、灾情，协调指导街道、部门开展防汛抗旱工作”的职责划入区综合执法局。将区公园城市局、区农业农村局承担的“监督管理移民工作和移民资金落实，监督指导、协调落实大中型水利水电工程移民安置政策”职责划入区综合执法局。批准区社保局增加“工伤保险法律法规宣传培训、政策落实、参保、待遇审核、待遇支付”职责。

【职能精细化管理】 区委机构编制办公室编制食品安全工作和消防安全工作职责任务清单，明确区级部门食品与消防安全共同职责任务。按照“财务和内部审计职责分离以及机构分设”的规定，明确各单位内设财务科室的内部审计职责，要求代管单位承担被代管单位的内部审计职责。印发街道职责任务、公共服务、属地管理重点领域责任分工“三张清单”，厘清街道与部门权责边界。街道职责任务清单将街道职能分解为269项工作，公共服务清单明确区级部门下沉街道的127项公共服务事项，属地管理重点领域责任分工清单包括基层反应强烈的91项工作。编制锦江区向街道下放行政权力事项清单，首批向街道下放行政检查、行政确认、行政奖励、其他行政权力等区级行政权力事项17项，重点加强街道在民政、住房城乡建设、生态环境等领域的行政权力。

【产业功能区机构调整】 区委机构编制办公室按照成都市产业功能区布局调整部署，批准撤销调出市级功能区名录的成都市锦江区新兴传媒功能区管委会，撤销区政务服务中心派驻功能区审批服务分中心，批准在成都市锦江区春熙路时尚活力区管委会并设成都国家广告产业园管委会。

【行政执法机构与职能调整】 区委机构编制办公室参照成都市区(市)县副局级执法机构名录，批准区城市管理综合行政执法大队更名区城管执法大队，批准区市场监督管理综合执法大队更名区市场监管综合行政执法大队。批准区市场监管综合行政执法大队与区市场监管局队局合一，承担工商、质检、食品、药品、物价、商标、专利以及商务商业反垄断等领域的执法工作。批准区市场监管局局长兼任区市场监管综合行政执法大队队长，同意设副处级专职副队长1人。

【事业单位登记管理】 区委机构编制办公室完成事业单位年度报告公示工作，年报率达到100%。并在事业单位在线网公示170家事业单位的法人年度报告。同时会同青羊区、武侯区、金牛区的机构编制部门抽查事业单位法人年度报告网上公示情况，提升年度报告准确率，加强事业单位事中和事后监管。区委机构编制办公室牵头开展党政机关和群团机关赋码颁证工作，登记新设事业单位7家，完成34家事业单位变更登记手续，办理13家事业单位注销登记手续，办理24家事业单位统一社会信用代码信息变更手续。并按照网上名称规范化管理的要求，维护注册的中文域名256个，新增注册中文域名8个，删除无效域名29个。

（马　力　杨　娟）

政策研究

【概况】 2021年，区委政研室围绕党史学习教育、“一核两轴三带三区”空间功能布局、“1+3+3”产业体系建设、国际消费中心城市核心区建设、“幸福美好生活十大工程”实施等区委重点工作，拟订调研课题，开展调查研究，起草领导讲话、情况报告等重要文稿200篇，为区域经济社会高质量发展、创造高品质生活、推动高效能治理提供参考。

【政策研究机构及人员设置】 区委政研室是协助区委开展调查研究和提供决策服务的处级工作机关，下设综合科、综合文稿科、经济发展科、社会文化科、区改革发展研究中心。综合科并设改革工作科。区委全面深化改革委员会办公室设在区委政研室。设行政编制人员10人、事业编制人员7人。

【政策调研】 区委政研室聚焦国际消费中心城市核心区建设等重点工作，开展基层调研，与业务部门沟通，收集涉及产业空间、城市治理、公共服务、人居环境等领域的意见和建议，撰写《活化焕新成都十二月市，助力国际消费中心城市建设》等调研报告，为区委决策提供参考。

【专项文稿起草】 区委政研室为区委全体会议、区第八次党代会起草会议所需文稿，拟制《锦江区党史学习教育开展情况汇报》《锦江区“幸福美好生活十大工程”推进大会讲话提纲》等文稿200篇，参与《中共成都市锦江区委关于制定锦江区国民经济和社会发展第十四个五年规划和2035年远景目标的建议》等40份重要文件编制工作。

【改革推进】 区委政研室落实中央和省委、市委、区委改革部署，依据区委全面深化改革委员会2021年工作要点和改革落实台账，围绕“高质量发展攻坚年”主题，推动“成渝地区双城经济圈”建设、“公园城市示范区”建设等重点领域改革攻坚工作。旅游业供给侧机构性改革、中小微企业普惠金融服务机制改革成为省、市推广案例。截至12月，区委政研室编印《锦江改革》14期，向省市报送改革信息15条。《四川改革动态》《成都改革》登载锦江区改革信息各1条。

（张　勇　袁　田）

党校教育

【概况】 2021年，区委党校按照区委机构编制办公室要求，调整“三定”方案，设参公事业编制12个、专职教师事业编制6个。推动校区建设，一期工程获得“成都市优质示范工程”称号。汇泉路社区、成都李劼人故居博物馆和“花乡农居”等5个点位创建为成都市干部教育培训现场教学基地。区委党校坚持“党校姓党”的办学方针，明确“特色立校、质量兴校、创新强校、从严治校”的工作思路，持续开展中共党员、中共预备党员和党政干部培训工作。根据与中共重庆市渝中区委党校签署的干部培训合作协议，与中共重庆市渝中区委党校同步开展对口支援干部专题培训班和中青年干部培训班。同时发挥成都社会组织学院的阵地作用，培训406名“两新”组织党建指导员和民营企业党组织负责人、社会组织党组织负责人。推进科研资政工作，《智库时代》发表区委党校编写的《全面建设美丽宜居公园城市的锦江实践》。

【党校机构及人员设置】 区委党校内设干训科、教研科、社训科、办公室。设编制18个。其中常务副校长编制1个、副校长编制2个、科技干部编制4个。校长由区委组织部部长余家洪兼任。

【党政干部培训】 区委党校开设学习贯彻中共十九届五中全会精神暨党史学习教育专题培训班7期，培训处级及以上职级的领导干部472人。开设公园城市建设规划管理专题培训班，培训干部55人。开设新进人员培训班，培训新录用干部210人。开设锦江区领头雁妇联干部培训班，培训妇女干部60人。举办锦江区预备党员发展对象集中培训班2期，培训中共预备党员297人。开设锦江区乡科级领导干部进修班，培训干部30人。开设锦江区中青年干部培训班，培训干部41人。开设锦江区公务员任职培训班，培训干部26人。开设锦江区新任基层党组织书记培训班，培训干部17人。开设锦江区社区党组织书记进修班2期，培训干部59人。承办中共成都市委党校2021年秋季学期市管党员领导干部进修班，培训干部40人。

【民营企业和社会组织党组织培训】 区委党校承办成都市党员教育电视制片骨干队伍能力提升专题示范培训班，培训50人。承办成都市“两新”组织全职党建指导员专题示范培训班2期，培训150人。承办成都市重点领域、民营企业和社会组织党组织素能提升专题示范培训班2期，培训150人。承办成都市党员志愿服务队伍示范培训班，培训56人。

【党史学习教育培训】 区委党校采取“互联网培训＋实体课题”的方式开设党课共享·党史学习教育专题培训班6期。区级部门和

2021年3月，中共锦江区委党校开设学习贯彻中共十九届五中全会精神暨党史学习教育专题培训班

（区委党校提供）

街道的党员干部、社区党组织和居委会干部、企业职工、成都社会组织党建研究学会会员单位的党组织书记和党员参训，学员人数2000人。区委党史学习教育办公室主编的《党史学习教育简报》第37期登载《“党课共享·党史开讲啦”专题培训实力圈粉》。

【科研资政】区委党校确定7个调研课题。其中省委党校课题2个、市委党校课题5个。调研课题“四川县级党校分类改革案例研究”结项，调研报告入选中央党校报刊社理研会论文集。《推进我区土地复合利用与产业融合发展的建议》和《关于把华兴街特色片区打造成中优区域典范片区的建议》得到区委书记陈志勇批示。对标成都党建引领社区发展治理研究基地年度考核任务，编撰《全面建设美丽宜居公园城市的锦江实践》。

（朱汉杰　谢　娟）

社区发展治理

【概况】2021年1月，锦江区入选“2020年度中国社会治理百佳示范县市”，排名第11位。区委社治委制发《锦江区社会企业倍增计划（2021—2023年）》，支持成都市共香餐饮有限公司等52家企业向社会企业发展。出台关心关爱社区干部11条措施，激发社区专职工作者干事创业激情。明确“强街优社”的工作思路，利用“街道呼、部门应”服务基层工作机制，探索建立“三融合、四统一、一平台”网格化智慧治理体系，促使社会治理重心下移和资源下沉。以幸福美好生活十大工程为牵引，构建社区级幸福美好生活评价体系。成都市幸福美好生活十大工程社区发展治理专场项目发布会在锦江区召开。锦江区5个社区治理项目列入“成都市重大贡献和创新突破项目”，盐道街小学等3家单位和2名个人入选第二届“成都市党建引领社区发展治理十佳系列”，9个街道、社区、小区获“四川省基层治理示范单位”称号，静康社区入选“全国示范性老年友好型社区”，共享居住产业院落治理模式获得“中国城市治理创新优秀案例奖”，第十一届中国社会治理论坛分享锦江区党建引领社区发展治理的工作经验，“创新探索党建引领社会组织培育发展锦江路径”入选“全国市域社会治理创新优秀案例”。截至12月，锦江区志愿者团队1980个，志愿者16.08万人，开展志愿服务活动4500次。

【社区发展治理机构及人员设置】区委社治委设综合科、政策研究科、社区发展科、社区治理科、社会治理科、社区人力资源科，下属锦江区社会管理信息服务中心。在编人员28人。其中处级领导职务4人、处级非领导职务8人、科级及以下工作人员16人。调入处级领导干部1人、科级干部1人，调出处级领导干部1人。

【社区环境营造】区委社治委牵头打造“天府小院”等市级“社区美空间”示范点位12个，狮子山街道老旧院落整治成果“花园之间”获得2021年中国·成都首届社区美空间创意设计全球征集活动一等奖。打造邻里美好生活馆等微更新点位15个，锦华路街道“爱乐园”和牛市口街道第三大街社区美术馆分获成都市社区微更新竞赛一等奖、三等奖。建成“故奈·九眼桥头”等2个市级示范社区商业点位，“星空里”咖啡烘焙馆等4个项目入选“成都市社区商业好项目”，中央党校将锦馨家园小区“同馨共治”模式编入《新时代中国社会建设》。

【国际化社区建设】区委社治委编制《锦江区2021年国际化社区建设工作方案》，指导盐市口、华兴街、合江亭、九眼桥4个社区创建国际化社区。与瑞士苏黎世大学共同成

2021年6月，成都市幸福美好生活十大工程社区发展治理专场项目发布会在锦江区东湖公园红美术馆举办

（区委社治委提供）

立锦江·苏黎世大学政治学院社区发展治理研究中心，为国际化社区建设提供智库支持。开展“世界足迹”英语口语练习、国际文化鉴赏等中外文化活动80次。向外籍人士印发1000册多语种防疫手册，为居家隔离的外籍人士服务。

锦江区沙河街道汇泉路社区建成“成都市智慧应用场景示范社区” （区委社治委提供）

【社区智慧治理服务场景营造】 区委社治委整合民政、医疗、文化、教育等区级信息资源，在成都市天府市民云平台开发“养老服务”“挂号就医”“社区治理”等19个服务板块。借助“天府市民云·社智在线”社区综合服务信息平台完成基础数据库建设，汇集人口数据信息99.1万条、房屋数据信息35.7万条。利用“报到码”功能，线上自主登记6.22万人。结合社区综合服务信息平台建设，推进智慧社区和智慧小区建设。汇泉路社区、红砂社区入选“成都市智慧应用场景示范社区”，塔子山壹号小区获“成都市十佳天府智慧小区”称号。

【社区志愿服务】 锦江区新增“战旗红”等志愿服务团队180个，志愿者团队达到1980个。新注册志愿者18019人，志愿者总数达16.08万人，占常住人口总数的17.8%。开展“锦江”主题志愿服务活动2352次，志愿者参与人数达5.2万人，服务群众11.7万人。“小牛哥·先锋车手”志愿服务项目入选“成都市社区文明实践志愿服务品牌项目”，幸福社区党员学雷锋志愿服务队获得“蓉城邻里好组织”称号，“社商联盟献爱心”义务理发活动、“智慧老人微课堂”活动、“童心向党——乐活少年品书话三圣研学行”活动入选“蓉城邻里好活动”，黄生蓉、商宇潭获“蓉城好邻居”称号。锦江区3个志愿服务项目成为“成都市四个十佳志愿服务先进典型”。

（郭清平　李建华）

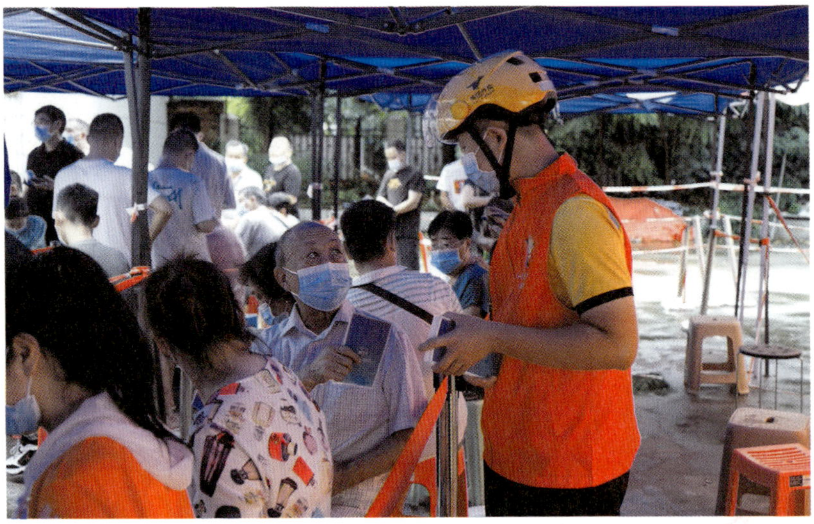

2021年7月，锦江区“小牛哥”志愿服务队参与社区疫情防控 （区委社治委提供）

老干部管理服务

【概况】 2021年，区委老干部局管理离休干部和退休干部741人。接待离休干部和退休干部80人，了解离休干部和退休干部思想动态，为离休干部和退休干部解读待遇政策，解决生活困难。组织离休干部和退休干部开展政治学习、党史学习教育、健康休养、参观考察等活动，落实离休干部和退休干政治待遇和生活待遇。锦江区4名党龄达到50年的党员缴纳大额党费3.2万元。区委老干部局获全国涉老工作部门庆祝中国共产党成立100周年暨党史学习教育宣传工作优秀奖，创建为成都市离退休干部微党校示范点，获成都市离退休干部“百年风华 红心向党”文艺演出优秀组织奖。市委老干部局授予区委老干部局“成都市老干部宣传思想工作先进单位”“成都市老干部系统调研工作优秀组织单位”称号。中共锦江区离退休干部总支部获“成都市示范离退休干部党支部”称号。

【老干部服务管理机构及人员设置】区委老干部局设办公室和管理科，在编人员16人。其中干部14人、职工2人。下属区老干部活动中心为副处级公益一类事业单位。内设活动科、后勤管理科，在编人员6人。其中干部5人、职工1人。负责管理老干部活动中心大楼，组织离休干部和退休干部开展文体活动。区老干部活动中心并设成都市锦江区老干部休养所。

【老干部登记管理】区委老干部局登记管理离休干部46人。其中区级机关离休干部15人、区属事业单位离休干部4人、区属企业离休干部2人、市属下放企业离休干部9人、易地安置离休干部16人。登记管理退休干部695人。其中区级和副区级退休干部49人、处级退休干部362人、副处级退休干部284人。

【政治待遇落实】区委老干部局依托区离退休干部微党校和区离退休干部总支部学习教育阵地，采取专题辅导、集中培训、支部学习、座谈讨论等形式，组织离休干部和退休干部学习习近平新时代中国特色社会主义思想，学习习近平总书记出席全国党史学习教育动员大会的重要讲话精神和习近平总书记在庆祝中国共产党成立100周年大会上的重要讲话精神。分批组织60名离休干部和退休干部参加市、区两级党委和政府的重要会议，邀请退休党员代表参加锦江区庆祝中国共产党成立100周年座谈会，举办“我看建党百年新成就”座谈会、“我为成渝经济献良言”座谈会，收集离休干部和退休干部意见建议，为锦江区经济社会建设建言献策。举行“光荣在党”纪念章颁发仪式，向156名退休党员颁发“光荣在党50周年”纪念章。

2021年6月24日，中共锦江区委老干部局举行“光荣在党50周年”纪念章颁发仪式

（区委老干部局提供）

【生活待遇落实】区委老干部局以“我为群众办实事”工作为抓手，关心离休干部和退休干部生活，提高为老干部服务的工作水平。为450名离休干部和退休干部订购《成都日报》《中国老年报》，组织离退休干部体检，分批安排离休干部和退休干部到成都市大邑县疗养。举办“智慧助老”培训活动46次，帮助离休干部和退休干部解决智能数字产品使用障碍。节日期间慰问离休干部和退休干部983人。为54名新中国成立初期参加革命工作的部分退休干部落实门诊医疗补贴政策，补贴门诊费21.6万元。安排救助金5万元，帮助10名生活困难的离休干部和退休干部。

【革命传统教育】区委老干部局向531名离休和退休党员干部赠送党史读本，借助市委老干部局主办的“蓉城金秋”党史学习教育专栏和“蓉城金秋”微信公众号微党课栏目推送学习资料。把党史学习教育作为区离退休干部总支部“三会一课”和主题党日的主要内容，举办党史学习教育专题会170次。组织区离退休干部总支部书记和各支部书记到广西百色市开展“传承红色基因，弘扬时代精神”主题培训，组织离退休干部开展“缅怀革命先烈 铭记光辉历史”活动。

【老干部活动中心建设】区委老干部局按照规范化老干部活动中心创建要求，改造区离退休干部总支部

2021 年，中共锦江区委老干部局开展“缅怀革命先烈 铭记光辉历史”活动

（区委老干部局提供）

活动室和乒乓球室，整合区图书馆和区总工会资源，以老干部活动中心为载体，依托同城通借通还共享阅读空间打造“职工书屋”。创办退休干部人才数据库，录入退休干部年龄、身体状况、特长等信息。组织离退休干部参加锦江区庆祝中国共产党成立 100 周年书画摄影比赛和市委老干部局举办的“风展红旗如画——我的入党故事”征文活动，征集书画、诗歌、文章等作品 109 件，媒体发表作品 42 件。

（刘　浣　王碧佳）

“智慧助老”课堂

2021 年 3 月，区委老干部局、区关心下一代工委打造的离退休干部微党校“智慧助老”课堂开讲。区离退休干部党总支部、区退管会党总支部成员参加学习。首期培训重点讲解“天府市民云”手机应用平台“蓉城金秋”使用方法。至 12 月，开设“智慧助老”课堂 10 期，课程划分为智慧社交、智慧出行、智慧就医、智慧购物、智慧娱乐五大板块，每月一课，帮助离退休干部掌握信息化知识。

（右图由区委老干部局提供）

成都市锦江区人大常委会

成都锦江
CHENGDU JINJIANG

STANDING COMMITTEE OF CHENGDUJINJIANG DISTRICT PEOPLE'S CONGRESS

区人大重要会议

【概况】2021年，锦江区召开区人民代表大会会议2次、常委会会议11次、主任会议13次，听取和审查“一府两院”工作报告，审查涉及锦江区“十四五”规划、国民经济和社会发展、财政预决算以及人大常委会工作的重要文件，研究和审查锦江区经济社会建设的重要工作，选举产生八届区人大常委会、区政府、区监察委、区法院、区检察院的班子成员，决议事项32项，批准48名干部的任免事项。

【区七届人大六次会议】1月20日至22日召开。区委书记陈志勇到会讲话。会议听取和审查区政府工作报告。审查通过《锦江区国民经济和社会发展第十四个五年规划和2035年远景目标纲要（草案）》《锦江区2020年国民经济和社会发展计划执行情况的报告及2021年国民经济和社会发展计划（草案）的报告》《锦江区2020年财政预算执行情况和2021年财政预算（草案）的报告》《2021年锦江区本级财政预算》。听取和审查区人大常委会工作报告、区法院工作报告、区检察院工作报告。应邀出席第一次全体会议、第二次全体会议、第三次全体会议的区级领导15人。区级部门、各功能区管委会、各街道的主要负责人和各街道人大工委主任列席会议，教育行业、卫健行业、驻区部队的人大工作室分管负责人和区纪委、区监察委驻区人大机关纪检监察组组长列席会议。区政协秘书长、区政协各部门主要负责人、驻会常委和民主党派基层组织主要负责人、区老干局局长、区委党校常务副校长、区委政法委常务副书记、区委巡察办公室主任列席第一次全体会议和第三次全体会议。区人民代表和区级领导在锦江区会议中心主会场参会，列席人员在分会场参会。区委书记陈志勇向人大工作提出“坚定正确政治方向，服务发展大局，增

2021年1月20日，成都市锦江区第七届人民代表大会第六次会议召开

（区人大常委会办公室提供）

进民生福祉，加强自身建设”等要求。

【区八届人大一次会议】12月23日至25日召开。区委副书记、区政府区长缪晓波向大会报告2021年区政府工作，七届区人大常委会主任何立祥向大会报告七届区人大常委会工作，区法院代理院长李科向大会报告区法院工作，区检察院代理检察长赵峰向大会报告区检察院工作。大会审议通过《区政府工作报告》《区法院工作报告》《区检察院工作报告》《锦江区2021年国民经济和社会发展计划执行情况的报告及2022年国民经济和社会发展计划的报告（草案）》《锦江区2021年财政预算执行情况和2022年财政预算（草案）的报告》《七届区人大常委会工作报告》，批准2022年区级财政预算。审议八届区人大常委会主任、副主任、委员候选人名单，审议区政府区长、副区长候选人名单，审议区监察委主任候选人名单，审议区法院院长和区检察院检察长候选人名单。听取区人民代表大会八届一次会议议案组汇报收到议案、建议、批评和意见的情况，审议《区政府关于区七届人大六次会议以来议案、建议、批评和意见办理情况的报告》，审议区人民代表大会八届一次会议议案审查委员会提交的《关于区七届人大六次会议议案审查报告》。大会选举产生八届区人大常委会主任、区政府区长、区监察委主任、区法院院长、区检察院检察长，选举产生八届区人大常委会副主任、区政府副区长、区人大常委会委员，表决通过八届区人民代表大会各专委会组成人员名单。大会向当选的区人大常委会主任、区人大常委会副主任、区政府区长、区政府副区长、区监察委主任、区法院院长颁发“当选证书”。区委书记陈志勇，区人大常委会主任王宏斌，区委副书记、区政府区长缪晓波分别讲话。区委书记陈志勇指出，推动锦江区经济高质量发展要突出创新驱动，做强高质量发展的产业支撑。要提升开放格局，激发高质量发展的蓬勃活力。要推动低碳转型，厚植高质量发展的绿色底蕴。要促进共同富裕，擦亮高质量发展的民生底色。希望人民代表为锦江区经济高质量发展履职尽责。出席会议的人民代表267人，六届区人大常委会主要领导和七届区人大常委会主要领导应邀出席会议，应邀出席区人民代表大会八届一次会议的区级领导26人，列席会议的区级部门主要负责人、各街道党政主要负责人和区纪委（区监察委）驻区人大常委会的纪检监察组组长31人，列席区人民代表大会八届一次会议第一次全体会议和第三次全体会议的区政协秘书长、区政协各部门主要负责人、区政协驻会常委、区委各部委负责人、锦江区各民主党派主要负责人27人。大会第一代表团出席人员35人，列席人员7人；第二代表团出席人员40人，列席人员4人；第三代表团出席人员41人，列席人员5人；第四代表团出席人员40人，列席人员4人；第五代表团出席人员37人，列席人员5人；第六代表团出席人员36人，列席人员5人；第七代表团出席人员38人，列席人员5人。

2021年12月23日，成都市锦江区第八届人民代表大会第一次会议召开

（区人大常委会办公室提供）

【区七届人大常委会第二十九次会议】1月15日召开。区人大常委会办公室主任王强三受区人大常委会主任会议委托，到会说明《锦江区第七届人民代表大会第六次会议议程（草案）》《锦江区第七届人民代表大会第六次会议日程（草案）》。会议作出“将《锦江区第七届人民代表大会第六次会议议程（草案）》提交区人民代表大会七届六次会议预备会议审议，将《锦江区第七届人民代表大会第六次会议日程（草案）》提交区人民代表大会七届六次会议主席团第一次会议审议”的决定。区人大常委会办公室主任王强三受区人大常委会主任会议委托，说明《锦江区人大常委会工作报告（草案）》起草情况。会议作出“将《锦江区人大常委会工作报告（草案）》提交区人民代表大会七届六次会议

审查”的决定。会议审议《锦江区第七届人民代表大会第六次会议主席团和秘书长、常务主席、执行主席、大会副秘书长，邀请出席、列席人员建议名单的说明》《锦江区人大各专门委员会工作总结》。会议作出“将《锦江区第七届人民代表大会第六次会议主席团和秘书长、常务主席、执行主席、大会副秘书长，邀请出席、列席人员建议名单的说明》提交区人民代表大会七届六次会议主席团第一次会议审议”的决定。决定将《成都市锦江区人大各专门委员会2020年工作总结》印发参加区人民代表大会七届六次会议的人民代表。

【区七届人大常委会第三十次会议】 1月22日召开。区人大常委会副主任魏彬受区人大常委会主任会议委托，到会说明《锦江区人大常委会主任会议关于提名补选缪晓波同志为锦江区出席成都市第十七届人民代表大会代表的议案》。区人大常委会人事代表工作委员会主任杜远杰说明《锦江区第七届人大常委会第三十次会议关于补选锦江区出席成都市第十七届人民代表大会代表选举办法（草案）》。会议表决通过《锦江区第七届人大常委会第三十次会议关于补选锦江区出席成都市第十七届人民代表大会代表选举办法（草案）》和监票人建议名单，补选缪晓波为锦江区出席成都市第十七届人民代表大会的人民代表，补选结果以区人大常委会名义报送市人大常委会代表资格审查委员会。

【区七届人大常委会第三十一次会议】 4月1日召开。区人大常委会办公室主任王强三说明《锦江区人大常委会2021年工作要点（草案）》。会议要求区人大常委会组成人员以“工作要点”为遵循，加强调研，提高会议审议质量，为成都市建设新发展理念的公园城市示范区和锦江区建设“天府成都·品位锦江”提供支撑。会议作出“将《锦江区人大常委会2021年工作要点（草案）》印发全区”的决定。区政府副区长李刚受区委副书记、区政府区长缪晓波委托，到会说明罗晓东等7名干部的职务任免情况。会议表决通过7名干部的任命事项，同意罗晓东任区人社局局长、付尤宏任区商务局局长、张大伟任区应急局局长，同意免去刘沛的区政府副区长职务、武德箭的区人社局局长职务、罗晓东的区商务局局长职务、王敏的区应急局局长职务。

【区七届人大常委会第三十二次会议】 5月27日召开。区行政审批局党组成员、区政务服务中心副主任李峰受区政府委托，到会作锦江区智慧城市建设工作报告。区人大法制委员会主任郑崇高宣读《区人大法制委员会关于“智慧治理中心建设”工作情况的调研报告》。会议决定由区人大法制委员会修改完善调研报告，转交区政府研究办理。区民政局局长朱文飞受区政府委托，作锦江区社会组织助力社区发展治理情况报告。区人大社会事业委员会主任任军宣读《区人大社会事业委员会关于锦江区社会组织助力社区发展治理情况调研报告》。会议决定由区人大社会事业委员会修改完善调研报告，转交区政府研究办理。区审计局党委书记李廷斌受区政府委托，向大会报告锦江区整改2019年度区级财政预算执行和其他财政收支的审计工作报告中审计查出问题的情况。区人大预算委员会主任魏宇光宣读《〈区人大预算委员会关于锦江区2019年度区级财政预算执行和其他财政收支审计查出问题整改情况的报告〉的审议意见》。会议作出“将《〈锦江区2019年度区级财政预算执行和其他财政收支审计查出问题整改情况的报告〉的审议意见》转交区政府研究办理”的决定。区经信局、狮子山街道办事处、区恒锦公司的负责人到会作审计调查问题整改情况的报告，与会人员测评整改满意度。区人大常委会副主任邹燕受区人大常委会主任会议委托，宣读《锦江区人大常委会主任会议关于提请郭辉职务任免的议案》。会议表决通过郭辉的辞职事项，同意郭辉辞去区人大常委会副主任职务，报区人民代表大会备案。

【区七届人大常委会第三十三次会议】 8月24日召开。区发改局局长罗仕明受区政府委托，到会作区政府2021年1—6月执行国民经济和社会发展计划的报告。区人大经济委员会主任委员魏光宣读《锦江区人大经济委员会关于锦江区2021年1—6月国民经济和社会发展计划执行情况的审查报告》。区财政局局长皮红跃受区政府委托，作锦江区2021年财政预算变动和2021年1—6月财政预算执行情况的报告。区人大预算委员会主任委员魏宇光宣读《锦江区人大预算委员会关于成都市锦江区2021年财政预算变动和2021年1—6月财政预算执行情况报告的审查结果报告》。会议批准锦江区2021年财政预算变动计划。区审计局党委书记李廷斌受区政府委托，作锦江区2020年度区级预算执行和其他财政收支的审计工作报告。会议审议《区政府关于锦江区2020年度区级财政预算执行和其他财政收支的审计工作报告》，提出“强化重点领域、重点支出、重大政策执行绩效的审计监督力度，做好审计审查问题整改工作”等要求。区发改局局长罗仕明受区政府委托，作“幸福美好生活十大工程”推进情况报告。区人大常委会办公室主任王强三宣读《区人大常委会关于“锦江区幸福美好生活十大工程”上半年推进工作情况的调研报告》。会议提出“统筹项目规划，分类施策，强化观察员作用，构建多元参与、多方建设的共建共治共享格局”的要求。会议审议《区政府关于2021年上半年区人大代表建议办理情况的报告》，提出“加强督促协调，强化培训指导，提高承办人员工作能力和业务水平，完善办理制度和流程，促使政府工作科学化、制度化、规范化，提升建议办理质效”的要求。区人大常委会副主任邹燕受主任会议委托，宣读《锦江区人大常委会主任会议关于提请蔡永瑞等3人职务任免的议案》。会议表决通过蔡永瑞等3名干部的任免事项，同意蔡永瑞任区人大常委会书院街街道工作委员会主任。同意免去张力的区人大常委会书院街街道工作委员会主任职务、李成彦的区人民代表大会法制委员会副主任职务。区政府副区长唐勇受区委副书记、区政府区长缪晓波委托，说明林渠丰等2名干部的任免事项。会议同意凌刚任区新科局局长、林渠丰任区金融局局长，同意免去林渠丰的区新科局局长职务、凌刚的区金融局局长职务。

【区七届人大常委会第三十四次会议】 9月6日召开。区人大常委会副主任魏彬受区人大常委会主任会议委托，宣读《区人大常委会主任会议关于提请接受王庆、李刚两名同志辞职请求议案》。会议表决通过王庆等2名干部的辞职请求，同意王庆、李刚辞去区政府副区长职务，报区人民代表大会备案。区委副书记、区政府区长缪晓波说明《区政府关于提请黄婉、郑麟任职的事项》。会议表决同意黄婉、郑麟任区政府副区长。区监察委副主任罗培民受区监察委主任刘嘉聪委托，说明杨文波免职情况。会议同意免去杨文波的区监察委副主任职务。

【区七届人大常委会第三十五次会议】 9月15日召开。区人大常委会副主任魏彬受区人大常委会主任会议委托，宣读《区人大常委会主任会议关于提请接受朱波、文华两名同志辞职请求议案》。会议同意朱波、文华辞去区政府副区长职务，报区人民代表大会备案。区政府常务副区长黄婉受区委副书记、区政府区长缪晓波委托，宣读《区政府关于提请游锦、周晓任职的事项》。会议同意游锦、周晓任区政府副区长。

【区七届人大常委会第三十六次会议】 9月15日召开。区人大常委会副主任魏彬受区人大常委会主任会议委托，宣读《区人大常委会主任会议关于提请接受张敏、唐勇两名同志辞职请求议案》。会议同意张敏、唐勇辞去区政府副区长职务，报区人民代表大会备案。区政府常务副区长黄婉受区委副书记、区政府区长缪晓波委托，宣读《区政府关于提请万科、兰华娟任职的事项》。会议同意万科、兰华娟任区政府副区长。

【区七届人大常委会第三十七次会议】 9月29日召开。区人大常委会人事代表工作委员会主任杜远杰宣读《区人大常委会关于区人民代表大会换届选举工作实施方案（草案）》。会议将八届区人民代表大会的换届选举时间定在2021年6月1日至2022年1月31日，确定2021年11月25日为八届区人民代表大会代表选举日。会议表决通过《区人大常委会关于区人民代表大会换届选举工作实施方案》和《关于设立成都市锦江区选举委员会的决定（草案）》。

【区七届人大常委会第三十八次会议】 10月25日召开。区法院院长昌荣珍到会作报告，介绍区法院“一站式”联动化解劳动纠纷，实现“精准诉源治理”目标的情况。区人大常委会法制工作委员会主任郑崇高宣读《关于区法院开展联动化解劳动纠纷工作情况的调研报告》。会议决定由区人大常委会法制工作委员会修改完善调研报告，转交区法院研究办理。区检察院副检察长李薇薇受区检察院检察长伍健委托，报告区检察院落实认罪认罚从宽制度的情况。区人大常委会法制工作委员会主任郑崇高宣读《关于区检察院落实认罪认罚从宽制度情况的调研报告》。会议决定由区人大法制委员修改完善调研报告，转交区检察院研究办理。区财政局局长皮红跃受区政府委托，作区政府2020年财政决算报告。同时报告区政府国有资产管理工作。区人大预算委员会主任委员魏宇光宣读《区人大预算委员会关于锦江区人民政府2020年财政决算（草案）报告的审查结果报告》。会议表决同意区政府提交的《关于锦江区2020年财政决算（草案）的报告》，批准2020年区级财政决算。成都兴锦生态建设投资集团有限公司董事长曾武到会报告公司国有资产管理情况。区人大预算委员会主任委员魏宇光宣读《区人大预算委员会关于锦江区人民政府2020年度国有资产管理工作情况综合报告的审议意见》。会议要求成都兴锦生态建设投资集团有限公司清产核资，加强国有资产管理。区法院院长昌荣珍说明李科的拟任职情况。会议表决通过李科的任职事项，同意李科任区法院副院长、审判委员会委员、审判员。区检察院副检察长李薇薇说明赵峰的拟任职情况。会议表决通过赵峰的任职事项，同意赵峰任区检察院副检察长、检察委员会委员、检察员。区人大常委会副主任魏彬受区人大常委会主任会议委托，宣读《区人大常委会主任会议关于提请接受昌荣珍、伍健两名同志辞职的议案》。会议表决通过昌荣珍等2名干部的辞职请求，同意昌荣珍辞去区法院院长职务，同意伍健辞去区检察院检察长职务，报区人民代表大会备案，报市人大常委会批准。区人大常委会副主任魏彬受区人大常委会主任会议委托，宣读《区人大常委会主任会议关于提请李科、赵峰两名同志任职议案》。会议表决通过李科等2名干部的任职事项，同意李科任区法院代理院长，同意赵峰任区检察院代理检察长，报市检察院和市人大常委会备案。

【区七届人大常委会第三十九次会议】 12月15日召开。区商务局局长付尤宏代表区政府作电子商务业发展报告，区环保局局长徐洋代表区政府报告区政府落实《中华人民共和国环境保护法》的情况，区财政局党组书记张红宇代表区政府作锦江区2021年财政预算调整变动情况报告。区人大预算委员会主任魏宇光宣读《锦江区人大预算委员会关于锦江区2021年财政预算调整变动情况报告的审查结果报告》。会议同意区政府提交的《关于锦江区2021年财政预算调整变动情况的报告》，批准锦江区2021年财政预算调整变动计划。区人大常委会办公室主任王强三受区人大常委会主任会议委托，说明《八届区人民代表大会第一次会议议程（草案）、日程（草案）》。会议决定将《八届区人民代表大会第一次会议议程（草案）》提交区人民代表大会八届一次会议预备会议审议，将《八届区人民代表大会第一次会议日程（草案）》提交区人民代表大会八届一次会议主席团第一次会议审议。会议审议《区人民代表大会八届一次会议主席团和秘书长、常务主席、执行主席、副秘书长建议名单（草案）》《区人民代表大会八届一次会议邀请出席、列席人员名单（草案）》，决定将《区人民代表大会八届一次会议主席团和秘书长、常务主席、执行主席、副秘书长建议名单（草案）》提交区人民代表大会八届一次会议主席团第一次会议审议。区人大常委会办公室主任王强三同志受区人大常委会主任会议委托，说明《区人大常委会工作报告（草案）》起草情况。会议决定将《区人大常委会工作报告（草案）》提交区人民代表大会八届一次会议审查。会议审议《区人大常委会代表资格审查委员会关于区人民代表大会八届一次会议代表资格审查报告（草案）》《区人民代表大会八届一次会议选举办法（草案）》《八届区人民代表大会各专委会组成人员人选表决办法（草案）》《区人民代表大会八届一次会议关于候选人提名截止时间的决定（草案）》，会议将审议文件提交区人民代表大会八届一次会议审议。审议《区人民代表大会八届一次会议计划、预算审查委员会建议名单》《区人民代表大会八届一次会议议案审查委员会建议名单》，决定将审议文件提交区人民代表大会八届一次会议审议。会议审议《七届区人大常委会关于提请审议八届区人民代表大会专委会设置的议案（草案）》，决定将审议文件提交区人民代表大会八届一次会议审议。会议审议《七届区人大常委会关于七届区人民代表大会议案审查的报告》《区政府关于区人民代表大会七届六次会议代表议案、建议、批评和意见办理情况的报告》，决定将审议文件提交区人民代表大会八届一次会议审议。审议《区人大常委会主任会议关于接受王宏斌等9名同志辞去锦江区选举委员会职务请求的报告》，同意王宏斌等9名干部辞去锦江区选举委员会职务的请求。区政府常务副区长黄婉受区委副书记、区政府区长缪晓波委托，说明罗伟等9名干部的职务任免情况。会议表决通过罗伟等9名干部的职务任免事项，同意罗伟任区司法局局长、张红宇任区财政局局长和区国有资产管理局局长、文军任区审计局局长、黄勤任区行政审批局局长和区政务管理和网络理政办公室主任，同意免去兰毅的区经信局局长职务、张文的区司法局局长职务、皮红跃的区财政局局长职务、皮红跃的区国有资产管理局局长职务、杨刚的区公园城市局局长职务、杨刚的区农业农村局局长职务、陈雪松的区医保局局长职务、张红宇的区行政审批局局长职务、张红宇的区政务服务管理和网络理政办公室主任职务。

人大监督

【概况】2021年，区人大常委会运用调研视察、督导检查等方式，依法监督经济发展和社会建设的重要工作、财政预决算计划和实施情况、城乡建设与生态环境保护工作、依法治区各项工作、干部任免事项，推动区委决策部署落地落实，促进区政府及职能部门依法履职。

【经济发展监督】区人大常委会监督区政府及经济部门推动经济发展的重要事项，审查锦江区2020年国民经济计划执行情况、锦江区2021年国民经济发展计划、锦江区2021年上半年国民经济发展计划执行情况。组织人民代表调研汽车销售行业发展情况，撰写《锦江区汽车销售行业发展情况的报告》，转交区政府研究办理。牵头开展直管公房清查工作，核查直管公房漏管情况，挽回历史遗留问题导致的经济损失。

【财政预决算和审计整改工作监督】区人大常委会审查锦江区2020年财政决算和2020年财政预算执行情况，审查锦江区2021年财政预算和2021年上半年财政预算执行情况，审查锦江区2021年政府债务限额情况，批准锦江区2021年财政预算调整变动计划。监督检查区财政预算公开、财政支出绩效评价等工作情况，利用预算联网监督平台监督财政预算执行预警和数据分析信息7万条，筛查预警疑点80个，督促区政府强化预算管理。审议区政府2020年实行国有资产管理的情况，组织人民代表视察区属企业，调研国有资产管理情况。审议《区政府2020年审计工作报告》《区政府2020年审计整改工作情况报告》，审查区经信局等12家被审计单位的审计问题整改情况。

【社区发展治理监督】区人大常委会组织干部和人民代表视察社区发展治理过程中存在的机制性障碍、机制性梗阻等情况，了解阻碍社区治理的政策性问题，听取区级部门汇报社区发展治理机制建设情况，提出意见和建议。按照深化“社区治理机制改革，探索社区还权、赋能、归位路径，发挥社会组织助力社区发展治理的思路和网格化管理、社会化服务”的要求，组织干部和人民代表调研撰写《社会组织助力社区发展治理情况的报告》。监督社区自治组织换届选举工作，检查《中华人民共和国城市社区居民委员会组织法》《成都市社区发展治理促进条例》的落实情况。组织干部和人民代表调研区社区养老服务工作，了解养老服务平台建设情况，推动锦江区养老服务综合改革进程。

【环保督察工作监督】区人大常委会开展环保法律法规执行情况执法检查，检查区级部门和街道办事处执行环保法律法规情况，提出督导意见。迎接中央环保督察组和四川省环保督察组到锦江区督察环保工作，督促区级部门和街道办事处整改督察反馈问题。审议《区政府关于环境状况和环境保护目标完成情况的报告》，监督大气环境、水环境和土壤环境治理工作。

【城乡建设监督】区人大常委会连续第五年开展国有土地上零星地块利用情况的监督检查工作，促进城市有机更新，为土地兼容复合助力，促进国有土地零星地块利用率提升。贯彻省委农业农村会议精神，结合“三圣花乡”转型升级工程开展花卉产业发展现状专题调研活动，为壮大都市农业和观赏农业建言献策。组织人民代表视察历史建筑保护项目和历史文化街区建设，监督区级部门和施工单位在实施城市更新项目时的历史建筑保护工作。

【依法治区工作监督】区人大常委会根据《市人大常委会规范性文件备案审查工作办法》“备案审查范围由区政府扩大到一府两院”的要求，修订和印发《区人大常委会规范性文件备案审查工作办法》，备案审查《锦江区关于构建“1+3+3”

产业体系的产业扶持政策》《锦江区关于构建“1+3+3”产业体系的场景营造政策》《锦江区关于构建“1+3+3”产业体系的金融服务政策》《锦江区关于构建“1+3+3”产业体系的人才引育政策》等规范性文件，促使规范性文件合法合规。组织人民代表视察锦江区物业纠纷一站式联动化解工作，审议《区法院关于“一站式”联动化解物业纠纷实现“精准诉源治理”工作情况报告》。审议《区检察院关于适用认罪认罚从宽制度工作情况报告》以及《中华人民共和国刑事诉讼法》修改后确立的认罪认罚从宽制度落实情况。

【城市管理监督】 区人大常委会按照市委和区委实施重点领域综合治理专项整治工作部署，组织人民代表视察电动自行车安全专项整治工作和重型货车安全运行专项治理工作，提出监督意见。组织人民代表调研政府消防队建设、应急管理工作、危险化学品管理工作，提出监督意见。组织人民代表视察区智慧治理中心建设，审议《区政府关于区智慧治理中心建设相关情况的报告》。

【干部任免监督】 区人大常委会坚持“党管干部和人大依法任免统一”的原则，监督拟任命干部任前法律知识考试工作，审查职务任免事项，任免国家机关工作人员75人，组织48名拟任干部参加任前法律知识考试。通过履行干部任免监督职能，确保干部任免工作合法合规，达到提升干部依法行政水平和依法执法水平的目的。

（胡　箫　何明俊）

人民代表工作促进

【概况】 2021年，区人大常委会围绕“幸福美好生活十大工程”等经济社会热点难点问题，开展“我为群众办实事”主题活动，组织人民代表视察调研，为锦江区经济社会建设建言。持续推进“人民代表之家”和人民代表社区联络站建设，打造人民代表履职阵地。办理人民代表议案98件。选举八届区人民代表大会代表267人，指导街道和社区完成换届选举工作。

【“我为群众办实事”活动】 区人大常委会持续开展“我为群众办实事——人大在行动”活动。建立问题收集台账、问题解决台账，组织176名人民代表走访群众和企业，了解民生诉求和企业需求。走访群众1212人，走访企业266家，收集问题402个，帮助解决问题237个，解决率58%。人民代表提出意见和建议39条。

【人民代表专题调研】 区人大常委会确定“成渝地区双城经济圈”建设、锦江区“十四五”规划编制、“幸福美好生活十大工程”实施、新冠肺炎疫情防控等调研课题，组织人民代表开展专题调研活动。人民代表提出意见和建议98条，协助区委、区政府解决经济社会发展过程中面临的问题。

【人民代表履职阵地建设】 区人大常委会按标准化、规范化要求，指导街道和社区持续推进“人民代表之家”、人民代表联络站建设，打造“春熙嬢嬢”“小马姐工作室”等人民代表履职阵地品牌。建成“人民代表之家”14个、人民代表社区联络站56个。各级人民代表编入“人民代表之家”和人民代表联络站，参加调研视察活动。全国人大常委会副委员长沈跃跃视察春熙路街道的“人民代表之家”，给予肯定。

【人民代表选举】 区人大常委会成立八届区人民代表大会代表选举委员会，下设办公室和综合秘书组、法律信访组、选举组织组、宣传纪律组、疫情防控组。锦江区各街道办事处设选举工作指导办公室，各选区设领导小组，区人大常委会领导班子成员分片指导街道和社区选举工作。同步开展业务培训，向培训工作人员提出“当好选举政策解读员、文件式样领学员、表格填制示范员”的要求。选举工作接受社会监督，采取印发资料、上门登记、悬挂横幅等形式，宣传换届政策，营造风清气正的选举氛围。选举产生八届区人民代表大会中共党员代表189人、非中共党员代表78人、妇女代表109人、少数民族代表7人。参选率78.83%，代表候选人与选民代表见面率100%。

【人民代表议案办理】 区人大常委会梳理《关于整顿东洪广厦小区住改商问题的建议》《关于国槐街北小游园增加路灯设施的建议》《关于加大租赁住房支持力度，让更多的青年才俊“住在锦江”的建议》等98份人民代表议案，督导街道办事处和区级职能部门办理，办结率100%，人民代表满意率100%。

（胡　箫　何明俊）

2021年锦江区人民代表议案办理情况表

表6

序号	议案标题	撰写人	办理单位	办理情况	满意度
1	关于整顿东洪广厦小区住改商问题的建议	黄伟东	成龙路街道办事处	已办结	100%
2	关于整治地铁2号线洪河地铁口车辆非法营运现象的建议	杜远杰	成龙路街道办事处	已办结	100%
3	关于“三圣花乡”提档升级的建议	宋兴荣	三圣街道办事处	已办结	100%
4	关于加快成都市锦江区马家沟市政道路主体建设进度的建议	宋兴荣	区住建交局	已办结	100%
5	关于尽快建好沙河堡南片区社区文化配套综合体项目的建议	张建华	沙河街道办事处	已办结	100%
6	关于加快推进大观里老旧院落改造的建议	朱小飞	成龙路街道办事处	已办结	100%
7	关于解决马家沟沿线公共交通问题的建议	岳其凤	区住建交局	已办结	100%
8	关于打造成都现代职业技术学校“文创·时尚地标”的建议	王　军	区教育局	已办结	100%
9	关于慎用人脸识别，防范未知风险的建议	倪　克	区公安分局	已办结	100%
10	关于推进“三圣花乡”转型升级的建议	蔡少雄	三圣街道办事处	已办结	100%
11	关于加快晨辉东路沿线道路施工进度的建议	刘　勇	区住建交局	已办结	100%
12	关于全面促进消费升级，加快国际消费中心城市引领区建设的建议	任红兵	区商务局	已办结	100%
13	关于弘扬社会主义核心价值观，发展文化旅游产业的建议	任红兵	区文体旅局	已办结	100%
14	关于推进健康锦江建设的建议	范玉兰	区卫健局	已办结	100%
15	关于街道行政区划调整后做好居民基本医疗保障等民生工程建设建议	范玉兰	区卫健局	已办结	100%
16	关于建立公用停车场的建议	杨向东	区住建交局	已办结	100%
17	关于持续强化公共卫生应急管理体系建设的建议	万　科	区卫健局	已办结	100%
18	关于拆除包江桥老小区的建议	颜其福	柳江街道办事处	已办结	100%
19	关于做好加快安置潘家沟三组、四组、七组“农转非”人员的建议	韦廷学	区规自局	已办结	100%
20	关于对牛市口辖区莲花西路人行道路进行修复的建议	庞　燕	区公园城市局	已办结	100%
21	关于对牛市口蜀都花园部分楼栋安装电梯加快年审的建议	余　映	牛市口街道办事处	已办结	100%
22	关于国槐街北小游园增加路灯设施的建议	朱小飞	区执法局	已办结	100%
23	关于在簧柏路驸马社区设置减速带的建议	周达彬	区住建交局	已办结	100%
24	关于尽快清理驸马社区锦江区环城生态区域垃圾杂物的建议	周达彬	三圣街道办事处	已办结	100%
25	关于清理闲置经营场所枯枝落叶、积存垃圾的建议	朱大顺	三圣街道办事处	已办结	100%
26	关于完善校园安全管理及重大事故应急处置工作的建议	皮红跃	区教育局	已办结	100%
27	关于建立退役军人服务超市的建议	肖福明	区退役军人局	已办结	100%
28	关于尽快打通锦华路三段地下管网的建议	颜其福	区住建交局	已办结	100%
29	关于重新改造小区周边人行道路的建议	高宏伟	区住建交局	已办结	100%
30	关于加强大观堰水质维护的建议	苟候才	区公园城市局	已办结	100%
31	关于锦城逸景社区设立健身活动场地的建议	高宏伟	柳江街道办事处	已办结	100%
32	关于对牛市口辖区莲花新区南一二巷进行绿化维护的建议	林　露	牛市口街道办事处	已办结	100%
33	关于对牛市口辖区大田坎街杨记烧烤店进行整治的建议	蔡少雄	莲新街道办事处	已办结	100%

续表 6

序号	议案标题	撰写人	办理单位	办理情况	满意度
34	关于对牛市口海椒市街 12 号公交公司宿舍倾斜大树进行排危的建议	林　露	牛市口街道办事处	已办结	100%
35	关于解决皇经楼六组、七组农户过度安置超期的建议	朱小飞	成龙路街道办事处	已办结	100%
36	关于加快皇经楼新居、华新新居安置住房产权办理的建议	许　亮	区规自局	已办结	100%
37	关于加强对区政府旁绿道小游园管理的建议	朱小飞	兴锦建投集团	已办结	100%
38	关于修剪街道行道树，消除安全隐患的建议	倪　克	区执法局	已办结	100%
39	关于成龙路街道所辖枫树街和国香街沿线树木修枝的建议	黄伟东	成龙路街道办事处	已办结	100%
40	关于进一步加强社会组织参与社区治理建设的建议	刘　勇	区民政局	已办结	100%
41	关于打造社区家庭教育服务中心，提升家庭教育能力，构建美好幸福生活的建议	全　红	区民政局	已办结	100%
42	关于加大租赁住房支持力度，让更多的青年才俊“住在锦江”的建议	胡海玲	区住建交局	已办结	100%
43	关于加强义务教育的相关建议	代俊蓉	区教育局	已办结	100%
44	关于尽快交付枫树社区办公综合体的建议	陈世明	成龙路街道办事处	已办结	100%
45	关于彻底治理城市小广告的建议	张建华	区执法局	已办结	100%
46	关于推动跳蚤市场发展的建议	夏　勇	区商务局	已办结	100%
47	关于加强锦江区静嘉路环境治理的建议	伍　英	区公园城市局	已办结	100%
48	关于在人口密集社区设立碳中和小屋的建议	马玉凤	区执法局	已办结	100%
49	关于在枫树社区辖区范围内增设银行、ATM 的建议	陈世明	成龙路街道办事处	已办结	100%
50	关于加快邮电学院片区改造的建议	黄晓谊	狮子山街道办事处	已办结	100%
51	关于修剪大院树木，消除安全隐患的建议	邓尚英	区公园城市局	已办结	100%
52	关于试点推进智慧餐饮的建议	李　刚	区商务局	已办结	100%
53	关于对牛市口辖区水碾河南三街 41 号院门口环境和交通秩序问题进行整治的建议	张　竞	牛市口街道办事处	已办结	100%
54	关于推动互联网产业聚集融合锦江三大主导产业及周边区域产业发展的建议	刘　移	白鹭湾新经济总部功能区	已办结	100%
55	关于完善公共突发事件应急处置机制的建议	胡海玲	区应急局	已办结	100%
56	关于对牛市口辖区莲花新区老旧院落电梯加装的建议	杨　刚	区公园城市局	已办结	100%
57	关于拆除陡沟河流水花香桥的建议	罗光德	区执法局	已办结	100%
58	关于大力推进我区智慧居家养老工作的建议	胡海玲	区民政局	已办结	100%
59	关于对牛市口一心桥街垃圾转运站环境卫生进行整治的建议	庞　燕	牛市口街道办事处	已办结	100%
60	关于疫情后城市经济发展的建议	李铁钢	区商务局	已办结	100%
61	关于促进消费模式探索的建议	万晓萍	区商务局	已办结	100%
62	关于绘制锦江区美食地图的建议	邓佳利	区商务局	已办结	100%
63	关于整治卓锦城 1 期和 2 期私家车占用绿化带停车的建议	蒋　芸	成龙路街道办事处	已办结	100%
64	关于东大街街区打造的建议	李媛娟	区住建交局	已办结	100%

续表 6

序号	议案标题	撰写人	办理单位	办理情况	满意度
65	关于加快成立锦江区临床麻醉质控分中心的建议	马玉凤	区卫健局	已办结	100%
66	关于实施集中治丧的建议	朱文飞	区民政局	已办结	100%
67	关于督促业主单位加快大运会线路风貌整治工作的建议	陈世明	区公园城市局	已办结	100%
68	关于改变老年智能金卡发放方式的建议	王计申	区民政局	已办结	100%
69	关于牛市口街道在老旧院落试点安装人脸识别系统的建议	张　竞	区公安分局	已办结	100%
70	关于重点打造夜间经济 融入成渝双城经济圈发展的建议	高筱娟	区商务局	已办结	100%
71	关于扩大天府健康码查验范围，坚决打好疫情防控阻击战的建议	周文雯	区行政审批局	已办结	100%
72	关于加强马家沟路周边改造的建议	万晓萍	沙河街道办事处	已办结	100%
73	关于九眼桥旁老旧院落屋面急需整改提升城市风貌的建议	李媛娟	牛市口街道办事处	已办结	100%
74	关于探索建立独居及困难老人走访帮扶机制的建议	朱文飞	区民政局	已办结	100%
75	关于加强垃圾分类宣传引导的建议	罗能秀	区执法局	已办结	100%
76	关于对“十四五”规划和 2035 年远景目标内容的建议	彭华苹	区发改局	已办结	100%
77	关于在“十四五”规划中把华兴街打造成“中优”区域典范片区的建议	李铁钢	区住建交局	已办结	100%
78	关于对牛市口辖区工农院街 107 号小区下水管道进行整治的建议	刘光英	牛市口街道办事处	已办结	100%
79	关于街道亮化的建议	李　毅	区执法局	已办结	100%
80	关于“爱在交子 驿路有你”的建议	张文琳	锦官驿街道办事处	已办结	100%
81	关于小学应适当扩大对家长开放度的建议	陈维亮	区教育局	已办结	100%
82	关于椿子树社区皇经楼二街修建公厕的建议	白凤芸	区执法局	已办结	100%
83	关于对牛市口辖区林家坡工地临锦东路破损围墙进行整治的建议	张添文	牛市口街道办事处	已办结	100%
84	关于早日解决拆迁农户住房安置的建议	郑　焰	柳江街道办事处	已办结	100%
85	关于龙舟社区 58 号水网改造的建议	刘光英	牛市口街道办事处	已办结	100%
86	关于锦江区“十四五”规划的建议	周奉皋	区卫健局	已办结	100%
87	关于“十四五”规划期间建设“沙河——攀成钢工业文化记忆绿道”，留住城市记忆的建议	李铁钢	区文体旅局	已办结	100%
88	关于加强大运会射击场馆周边环境建设，迎接大运会的建议	夏　勇	区住建交局	已办结	100%
89	关于打造法律服务特色楼宇，建立法律服务营商环境中心的建议	胡海玲	区司法局	已办结	100%
90	关于提升社区老年群体幸福感，提高老年人生命质量的建议	罗能秀	区卫健局	已办结	100%
91	关于成龙路街道辖区业委会与物业矛盾纠纷问题解决的建议	蒋　芸	成龙路街道办事处	已办结	100%
92	关于加强对牛市口辖区海椒市东街餐饮店进行整治的建议	余　映	牛市口街道办事处	已办结	100%
93	关于出台预防学生溺水动漫宣传片的建议	黄　毅	区教育局	已办结	100%
94	关于“双减”政策下引导培训机构平稳过渡的建议	全　红	区教育局	已办结	100%
95	关于进一步打击电信诈骗的建议	李开林	区公安分局	已办结	100%

续表 6

序号	议案标题	撰写人	办理单位	办理情况	满意度
96	关于加大对我区高层建筑安全隐患排查力度的建议	陈维亮	区消防大队	已办结	100%
97	关于推广智能充电桩的建议	黄　毅	区住建交局	已办结	100%
98	关于锦城逸景社区引进大型商超的建议	高宏伟	区投促局	已办结	100%

（胡　箫　何明俊）

全国和省市人大常委会调研

【概况】2021 年，全国人大常委会调研组、省人大常委会调研组、市人大常委会调研组到锦江区调研基层人民代表履职阵地建设、消费模式创新、商业场景营造等工作，指导锦江区人大工作，向锦江区人民代表提出工作要求，为锦江区经济社会建设建言。区委书记陈志勇，区委副书记、区政府区长缪晓波等区领导参加。

【全国人大常委会调研】5 月 27 日，全国人大常委会副秘书长何新率调研组到锦江区春熙路街道调研基层人民代表履职阵地建设。区人大常委会介绍春熙路街道的“人民代表之家”、人民代表联络站、“人大民情茶馆”，区人大常委会春熙路街道工委汇报人民代表走访企业和群众的情况。调研组查阅人民代表接待选民的登记记录，了解人民代表履职情况，肯定锦江区工作。何新提出“基层人大工作机构要依法履职，各级人民代表要立足本职岗位，贴近群众、服务群众，反映群众意愿，帮助企业和群众解决最直接、最现实问题，提升群众获得感、幸福感、安全感”的要求。

【市人大常委会调研】5 月 24 日，市人大常委会副主任仰协率调研组到锦江区“1.314 爱情专线”、“春台市锦”、裸眼 3D 显示屏等点位调研，与区新科局、区经信局、区商务局、区文体旅局、春熙路时尚活力区管委会、春熙路街道办事处、锦官驿街道办事处的负责人座谈，了解锦江区户外消费模式创新工作情况和大型商业圈场景、公园休闲运动类场景、智慧服务场景、产业功能区场景营造情况，肯定锦江区打造域上和美先锋剧场、“春台市锦”、春熙路裸眼 3D 显示屏、“1.314 爱情专线”等特色消费场景的工作成绩。仰协提出“以场景营造为载体，打造新经济应用场景、消费场景、社区场景、公园场景等城市发展新场域，满足物质生活和精神生活需求；以消费升级需求为导向，把握消费个性化、多样化特征，推动生活性服务业便利化、精细化、品质化发展；依托城市特质，突出特色，打造品牌，提高服务品质，提升生活性服务业的水平领先度、功能辐射度、顾客感受度、品牌美誉度，增强国际消费中心城市引领区影响力”的建议。

（胡　箫　何明俊）

万里长江商圈联盟

2021 年，锦江区实施万里长江商圈联盟工程，打造“双循环”发展范例。联合重庆市解放碑商圈、武汉市武广商圈、南京市新街口商圈、上海市南京路商圈成立国际商圈共同体式联盟机构，形成以长江经济带为需求主体的消费活力轴，牵引以长三角、珠三角、环渤海、成渝四大区域经济中心为供给主体的产业增长极，带动国际市场“外循环”，促进全球商品服务贸易繁荣。

成都市锦江区人民政府

CHENGDU JINJIANG DISTRICT PEOPLE'S GOVERNMEN

区政府重要会议

【概况】2021年，区政府召开全体会议3次，学习习近平新时代中国特色社会主义思想和习近平总书记指示四川及成都工作的重要精神，传达中央和省委、市委、区委的全会精神，审议政府工作报告、国民经济和社会发展报告等重要文件，总结和安排政府工作。区政府召开常务会议30次，通报省政府和市政府阶段性重点工作安排情况，部署锦江区经济社会建设和生态建设各项工作。

【区政府七届六次全体会议】1月12日，区政府召开七届六次全体会议。区委副书记、区政府区长缪晓波主持会议。会议学习习近平新时代中国特色社会主义思想和习近平总书记指示四川及成都工作的重要精神，传达中共十九届五中全会精神、中央经济工作会议精神、省委十一届八次全会精神、省委经济工作会议精神、市委十三届八次全会暨市委经济工作会议精神、区委七届十三次全会暨区委经济工作会议精神。审议《政府工作报告（讨论稿）》《锦江区国民经济和社会发展第十四个五年规划和2035年远景目标纲要（讨论稿）》《关于锦江区2020年国民经济和社会发展计划执行情况及2021年国民经济和社会发展计划草案的报告（讨论稿）》《关于锦江区2020年财政预算执行情况和2021年财政预算草案的报告（讨论稿）》。会议总结区政府2020年工作，安排2021年工作。会议作出“抢抓‘成渝地区双城经济圈’建设机遇，围绕‘天府成都·品位锦江’形象定位，建设更加美丽、更具活力、更有品位的现代化国际化锦江”的部署。区政府领导班子成员、区政府各部门负责人、各街道办事处主要负责人出席会议。区人大常委会和区政协部分工作机

2021年1月12日，锦江区人民政府七届六次全体会议召开 （区政府办公室提供）

构的负责人应邀参加会议。

【区政府七届七次全体会议】9月23日，区政府召开七届七次全体会议。区委副书记、区政府区长缪晓波主持会议。会议学习习近平新时代中国特色社会主义思想和习近平总书记指示四川及成都工作的重要精神，传达中共中央、国务院的重要决策部署，贯彻落实省委十一届九次全会精神、省政府第八次全体会议精神、市委十三届九次全会精神、市政府第七次全体会议精神、区委七届十四次全会精神，总结区政府2021年上半年工作，分析研判经济社会发展形势，安排下半年重点工作，下达地区生产总值、固定资产投资、财税收入等目标任务。会议指出，锦江区疫情防控工作持续巩固，春熙路商圈提质工程、东大街焕新工程、三圣花乡转型工程以及空间功能布局、产业体系构建等重点工作加快推进，实现区委、区政府确定的“双过半”目标，达到“较2020年进位”的要求。会议强调，区政府要树立“功能思维、产业思维、立项思维”，把安全发展理念贯穿经济社会发展各领域和全过程，完成疫情防控、安全生产、环境保护、社会稳定四方面工作，推动政府自身建设和党风廉政建设，完成“全年红”目标任务。区政府领导班子成员、副区级干部和区政府各部门主要负责人出席会议。区人大常委会、区政协、区纪委、区监察委、区法院、区检察院、区人武部的负责人应邀参加会议。

2021年9月23日，锦江区人民政府七届七次全体会议召开　　（区政府办公室提供）

【区政府七届八次全体会议】12月10日，区政府召开七届八次全体会议。区委副书记、区政府区长缪晓波主持会议。会议学习习近平新时代中国特色社会主义思想和习近平总书记指示四川及成都工作的重要精神，传达中共中央、国务院的重要决策部署，贯彻落实中共十九届六中全会精神、省委十一届十次全会精神。会议审议《政府工作报告（讨论稿）》《关于锦江区2021年国民经济和社会发展计划执行情况及2022年国民经济和社会发展计划草案的报告（讨论稿）》《关于锦江区2021年财政预算执行情况和2022年财政预算草案的报告（讨论稿）》。区政府各副区长安排分管工作。会议指出，要学习中共锦江区第八次代表大会精神，领会“品位锦江·幸福城区”核心要义和工作标准，动态分析预判风险，依托智慧感知网络和智慧治理体系，落实安全预防责任，提升应急处置能力，开展隐患排查整治工作。要重点关注地区生产总值、项目投资、财税收入、社会消费品零售总额四个指标，推动成都十二月市博物馆、天府茂业城、锦江数智产业港、华

2021年12月10日，锦江区人民政府七届八次全体会议召开　　（区政府办公室提供）

西医院锦江院区等重点项目建设。要发展社区经济组织，提升社区经济组织资产运营能力，鼓励社区经济组织参与市场竞争。要构建以网络为单元的基层治理体系、以感知为先导的智慧城市体系，推进以“需求侧”为牵引的“供给侧”改革。要在确保在库企业稳定增长的基础上开展联动招商工作，敢于“跳起摸高”，形成“比、学、赶、超”氛围。区政府领导班子成员、副区级干部和区政府各部门主要负责人出席会议。区人大常委会、区政协、区纪委、区监察委、区法院、区检察院、区人武部的负责人参加会议。

【区政府七届一百三十五次常务会】

1月8日，区委副书记、区政府区长缪晓波主持召开区政府七届一百三十五次常务会。会议通报市政府2021年1月重点工作安排情况，学习《关于行政机关负责人出庭应诉若干问题的规定》，听取锦江区2020年信访工作汇报，审议同意《区政府常务会议议事决策规则（送审稿）》《锦江区2021年政府性工程建设项目计划（二）（送审稿）》《关于实施锦江区第二批城市环境品质提升项目的请示》《关于拆除大安桥污水处理站的请示》，讨论《政府工作报告（讨论稿）》《关于锦江区2020年财政预算执行情况和2021年财政预算草案的报告（讨论稿）》《关于锦江区2020年国民经济和社会发展计划执行情况及2021年国民经济和社会发展计划草案的报告（讨论稿）》。

【区政府七届一百三十六次常务会】

1月26日，区委副书记、区政府区长缪晓波主持召开区政府七届一百三十六次常务会。会议传达市政府第六次全体会议精神，传达全国和省、市的安全生产会议精神，传达中纪委十九届五次全会精神和《关于2020年各区（市）县党风政风监督工作情况的通报》精神。会议听取2020年安全生产工作和应急管理工作汇报，安排2021年安全生产和应急工作。会议审议同意《关于编制环城生态区土地综合整治与生态修复分区规划和分区实施方案有关经费的请示》《关于锦江区地下管线普查成果更新相关事宜的请示》《关于申请拨付督院街片区立面整治经费的请示》《关于新建红庙子排洪渠沿河污水分流主管的请示》《关于审定〈锦江区国资办出资人审批事项责任清单〉等4个文件的请示》。

【区政府七届一百三十七次常务会】

2月8日，区委常委、区政府常务副区长王庆受区委副书记、区政府区长缪晓波委托，主持召开区政府七届一百三十七次常务会。会议传达学习全国疫情防控工作电视电话会议精神和省委应对新冠肺炎疫情工作领导小组会议精神，安排锦江区在春节期间的疫情防控各项工作。会议审议同意《锦江区2021年度主要经济指标目标分解方案（送审稿）》《锦江区2021年度固定资产投资目标推进工作方案（送审稿）》《锦江区关于做实产业功能区加快培育区域经济增长极的实施方案（送审稿）》《关于报请审定建设“天府成都·品位锦江”国际化城区和国际消费中心突出贡献奖表彰对象的请示》。

【区政府七届一百三十八次常务会】

2月25日，区委副书记、区政府区长缪晓波主持召开区政府七届一百三十八次常务会。会议传达省、市的人代会和政协会精神，传达省委第三巡视组政府采购专项巡视成都市情况反馈会议精神，安排经济工作。会议审议同意《关于红照壁地块上市工作的请示》《关于皇经楼村一组、五组地块上市工作的请示》《关于四川省图书馆地块上市工作的请示》《关于申请拨付锦江区重点服务业企业联络员补贴经费的请示》《锦江区城乡环境综合治理工作考核办法（2021年修订）（送审稿）》《关于召开锦江区实施“幸福美好生活十大工程”动员大会暨投资机会清单发布会、锦江高质量发展合作大会的请示》《关于实施“幸福美好生活十大工程”的工作方案（送审稿）》。

【区政府七届一百三十九次常务会】

3月15日，区委副书记、区政府区长缪晓波主持召开区政府七届一百三十九次常务会。会议学习《四川省市县重大经济事项决策规定（试行）》，听取民政领域认证发放工作整改及建立便民长效服务机制的情况汇报，安排企业培育发展工作。会议审议同意《锦江区推进基本公共服务便民利民若干机制（送审稿）》《关于拨付去冬今春流浪乞讨和露宿街头人员救助服务工作经费的请示》《锦江区人民政府及政府系统重大事项请示报告制度（试行）（送审稿）》《关于成立锦江区土地管理和城乡规划委员会的请示》《锦江区国企改革三年行动实施方案（送审稿）》《锦江区区属国有企业资产招商管理办法（送审稿）》。

【区政府七届一百四十次常务会】

4月8日，区委副书记、区政府区长缪晓波主持召开区政府七届一百四十次常务会。与会人员学习习近平法治思想和国家、省、市的“十四五”规划纲要，深入学习习近平总书记参加中央政治局第二十八次集体学习的重要讲话精神，传达全国两会精神和四川省法治政府建设工作电视电话会议精神、成都市生态环境保护委员会第一次全体会议精神，听取“高质量发展攻坚年”投资促进工作汇报。会议审议同意《关于补充建设小型空气标准站的请示》《关于推进产业功能区高质量发展的实施方案(送审稿)》《关于构建“1+3+3”产业体系的推进方案(送审稿)》《关于提升“1+3+3”产业体系的若干政策(送审稿)》《锦江区关于培育“1+3+3”产业体系市场主体的行动计划（送审稿）》《全面加强危险化学品安全生产工作实施方案（送审稿）》《关于对净居寺路沿线8栋建筑“平改坡”设施实施拆除的请示》《关于区属国有公司2021年融资计划有关事宜的请示》《关于成都兴锦建设发展投资集团有限公司下属子公司增资扩股立项的请示》《关于支付锦江体育公园诉讼案件律师代理费的请示》。

【区政府七届一百四十一次常务会】

4月28日，区委副书记、区政府区长缪晓波主持召开区政府七届一百四十一次常务会。会议传达成都市局级领导干部读书班精神和成都市第八次产业功能区建设工作领导小组会议精神。传达成都市生态环境保护、安全生产、城乡和森林草原防火工作电视电话会议精神，通报2021年一季度全天候安全生产督导考核情况，听取省级生态环境保护督察反馈问题整改工作汇报，安排环境保护和安全生产工作。会议审议同意《关于实施锦江区经济大数据平台功能拓展项目建设的请示》《锦江区2021年政府性工程建设项目计划（三）（送审稿）》《锦江区2021年度区级储备粮规模调整工作实施方案（送审稿）》《关于调整锦江区2020年地方政府一般债券使用项目有关事项的请示》《关于追加锦江区民政局婚姻登记中心及分中心建设工作相关经费的请示》《关于追加锦江大道日常维护费用的请示》。

【区政府七届一百四十二次常务会】

5月10日，区委副书记、区政府区长缪晓波主持召开区政府七届一百四十二次常务会。会议通报市政府2021年4—6月重点工作建议和5月重点工作安排情况，传达成都市督导生态环境保护暨推进碳达峰碳中和工作专题会精神，听取成都市锦江区国家卫生城市复审迎检工作情况汇报，通报7家企业重大火灾隐患挂牌督办情况。会议审议同意《关于确认及表彰奖励曾刚、何晓莲等人见义勇为的请示》《锦江区2021年征地拆迁行动计划（送审稿）》《关于成都市规划和自然资源局部分行政审批权力下放中“规划红线图”及“证后抽查”采购技术服务的请示》《关于区政府与华侨凤凰集团股份有限公司签订战略合作协议相关事宜的请示》《关于拨付白鹭湾湿地管护相关费用的请示》《关于拨付担保机构“直担机构风险补偿项目”资金的请示》《关于拨付建设银行四川省分行等12户商业银行“新增客户首贷奖补”“小微企业贷款增量奖补”资金的请示》《成都市锦江区区属国有企业整合重组方案（送审稿）》。

【区政府七届一百四十三次常务会】

5月24日，区委副书记、区政府区长缪晓波主持召开区政府七届一百四十三次常务会。会议学习《关于进一步深化和完善公共工程投资审计工作的实施意见》，审议同意《关于〈锦江区2019年度区级财政预算执行和其他财政收支的审计工作报告〉中审计查出问题整改情况的报告（代拟稿）》《区政府系统2021年党的建设工作要点(送审稿)》《锦江区人民政府2021年廉政建设工作要点（送审稿）》《锦江区人民政府2021年度法治政府建设工作要点（送审稿）》《2020年锦江区国民经济和社会发展统计公报(送审稿)》《关于追加“十四五”重点专项规划编制经费的请示》《关于追加大运会测试赛“相约幸福成都”全国射击锦标赛(步枪项目)经费的请示》《关于与成都农村商业银行股份有限公司开展相关合作的请示》。

【区政府七届一百四十四次常务会】

5月31日，区委副书记、区政府区长缪晓波主持召开区政府七届一百四十四次常务会。会议审议同意《关于建党100周年景观装置建设项目经费的请示》《关于实施2021年老旧院落自来水一户一表改造工程的请示》《关于锦江区污水处理站运营管理服务采购招标的请示》《关于申请锦江区劳动人事争议“标准化仲裁院”建设专项经费的请示》《关于支持“白鹭锦城”项目定向销售(职工住房统建项目)有关事宜的请示》。

【区政府七届一百四十五次常务会】

6月25日，区委副书记、区政府区长缪晓波主持召开区政府七届一百四十五次常务会。会议学习防止干预司法“三个规定”和《舆论称中央环保督察通报五大类突出问题具有典型性警示性 呼吁川内举一反三及时对标补短以严实作风书写生态环保答卷》，传达四川省生态环境保护督察成都市意见反馈会议精神，通报“阳光监督·线上坝坝会”群众诉求反映问题和《区人大常委会关于转交〈锦江区2019年度区级财政预算执行和其他财政收支的审计工作报告〉的函》《区人大法制委员会关于智慧治理中心建设工作调研情况》，听取2020年度及2021年一季度行政复议及行政应诉工作情况汇报，通报《省审计厅对成都市“十三五”期间工程总承包项目建设管理情况专项审计涉及锦江区有关问题的报告》。会议审议同意《锦江区第七次全国人口普查公报(送审稿)》《锦江区向街道下放行政权力事项清单(送审稿)》《关于锦江智慧城市建设下阶段工作计划的报告》《锦江区人民政府 成都锦欣医疗投资管理集团有限公司培育服务协议(送审稿)》《锦江区人民政府 成都市锦江投资发展集团有限责任公司培育目标责任书(送审稿)》《锦江区人民政府 中国五冶集团有限公司培育服务协议(送审稿)》《关于实施锦华路三段道路及污水管网工程的请示》《关于核准疫情期间符合条件中小企业免征房产税的请示》《关于追加首次配发市场监管部门新制式服装和标志经费的请示》。

【区政府七届一百四十六次常务会】

6月29日，区委副书记、区政府区长缪晓波主持召开区政府七届一百四十六次常务会。会议审议同意《〈锦江区人民政府 深圳市投资控股有限公司 成都产业投资集团有限公司投资合作协议〉补充协议(二)(送审稿)》《关于成都兴锦建设发展投资集团有限公司下属子公司实施非公开协议增资扩股的请示》。

【区政府七届一百四十七次常务会】

7月13日，区委副书记、区政府区长缪晓波主持召开区政府七届一百四十七次常务会。会议安排中央环保督察反馈问题整改、省环保督察反馈问题整改和长江经济带生态环境问题整改的各项工作，学习《成都市环境空气质量激励约束办法(试行)》，审议同意《锦江区环境空气质量激励约束办法(试行)(送审稿)》。会议听取安全生产和社会稳定风险隐患排查整治落实情况汇报，审议同意《关于成立锦江区未成年人保护工作领导小组的请示》《锦江区实施“中优”战略2021年工作要点(送审稿)》《关于区政府与开市客(中国)投资有限公司签订无约束力意向书的请示》《关于区政府与上海盒马网络科技有限公司签订投资合作协议的请示》《关于追加“锦江区破解‘空心化’的路径策略研究”专项经费的请示》《关于对天顺路(暂名)市政道路二期拆迁项目作出房屋征收补偿决定的请示》。

【区政府七届一百四十八次常务会】

7月26日，区委副书记、区政府区长缪晓波主持召开区政府七届一百四十八次常务会。会议学习《民办教育促进法实施条例》，学习习近平指示防汛救灾工作的重要精神，研究部署防汛减灾和新冠肺炎疫情防控工作，听取民政领域“一认多证”工作推进情况汇报、国家卫生城市复审迎检工作推进情况汇报，通报“阳光监督·线上坝坝会”群众诉求反映问题整改情况。会议审议同意《2021年锦江区艾滋病防治工作重点任务(送审稿)》《锦江区2021年考试考核招聘事业单位工作人员方案(送审稿)》《关于实施锦江区再生水综合利用工程项目的请示》。

【区政府七届一百四十九次常务会】

8月5日，区委副书记、区政府区长缪晓波主持召开区政府七届一百四十九次常务会。会议审议同意《关于修订〈锦江区危旧房棚户区改造中未经登记房屋认定暂行办法〉〈锦江区危旧房棚户区改造中住改商、非改商认定暂行办法〉〈锦江区危旧房棚户区改造中被搬迁人住房保障条件认定实施细则〉的请示》《关于启动四圣祠片区城市有机更新项目第一批9个地块搬迁腾退工作有关事宜的请示》《关于锦江区2021年老旧小区改造经费有关事项的请示》《锦江区巩固提升县域经济百强区实施方案(2021—2023年)(送审稿)》《关于解决信访维稳工作经费的请示》《关于安排防汛减灾专项经费的请示》。

【区政府七届一百五十次常务会】

8月10日，区委副书记、区政府区长缪晓波主持召开区政府七届一百五十次常务会。会议传达区委七届十四次全会精神，审议同意《关于锦江·四川高校大学生创业基地运营调整相关工作的请示》《梨花街七宝市工作推进方案（送审稿）》《关于增加公办中小学（幼儿园）安保人员及经费的请示》《锦江区落实四川省生态环境保护例行督察成都市督察意见整改方案（送审稿）》《关于加强新时代退役军人工作的实施方案（送审稿）》。

【区政府七届一百五十一次常务会】

8月31日，区委副书记、区政府区长缪晓波主持召开区政府七届一百五十一次常务会。会议传达国务院食品安全委员会第三次全体会议精神、省食品安全委员会2021年第一次全体会议精神、市食品安全委员会2021年第一次全体会议精神、全国全省全市安全防范工作视频会议精神，听取2021年上半年食品安全工作情况汇报，安排维护食品安全重点工作，通报生产安全事故情况。会议审议同意《关于锦江区既有住宅自主增设电梯政府补助资金有关事项的请示》《关于启动九寨沟路与驿都大道交会处房屋搬迁项目相关事宜的请示》《关于一环路子街巷提升整治有关事项的请示》《关于购买城市体检专业技术服务相关事宜的请示》《关于给予部分单位向上争取补助资金经费奖励的请示》《关于2021年锦江区新增专项债券资金有关事项的请示》《关于调整驸马片区配套社区综合体2项目可行性研究报告的请示》《关于回购原文轩优优幼儿园可用资产残值事宜的请示》《关于2021年建党100周年氛围营造国（道）旗悬挂项目经费的请示》《关于锦江区第一次全国自然灾害综合风险普查（应急系统）工作经费的请示》。

【区政府七届一百五十二次常务会】

9月10日，区委副书记、区政府区长缪晓波主持召开区政府七届一百五十二次常务会。会议传达市政府常务会“减轻义务教育阶段学习作业负担和校外培训负担”的精神，研究教育“双减”政策实施期间的校外培训风险防控工作，安排国家卫生城市复审迎检工作。会议审议同意《关于成都骨科医院深化医药卫生体制改革中涉及国有资产、垫付资金的处置方案（送审稿）》《关于锦江区农村集体土地拆迁安置工作相关事宜的请示》。

【区政府七届一百五十三次常务会】

9月13日，区委副书记、区政府区长缪晓波主持召开区政府七届一百五十三次常务会。会议学习《中华人民共和国退役军人保障法》，传达省安委会2021年第三次全体成员会议暨第三季度全省安全生产工作电视电话会议精神，传达市安全生产工作电视电话会议精神。会议通报成都市迎接第二轮中央生态环境保护督察工作情况，安排迎检工作。会议传达国务院坚决遏制“两高”项目盲目发展电视电话会议精神及省政府和市政府的常务会精神，审议同意《关于组建成都兴锦贸易科技有限公司和股权划转相关事宜的请示》《关于2021年预算执行中期评估情况的报告》《锦江区应急救援能力提升三年行动实施方案（送审稿）》。

【区政府七届一百五十四次常务会】

9月29日，区委副书记、区政府区长缪晓波主持召开区政府七届一百五十四次常务会。会议听取安全生产工作情况汇报和疫情防控工作情况汇报，安排安全生产和防疫工作。会议审议同意《关于出让文创二期部分办公用房及地下车库相关事宜的请示》《关于2022年招聘教师的请示》。

【区政府七届一百五十五次常务会】

10月18日，区委副书记、区政府区长缪晓波主持召开区政府七届一百五十五次常务会。会议学习《成都市领导干部接访工作规范》，分析第二轮中央督查案件，研究工作措施和长效机制。会议听取创建2021年全国文明城市情况汇报、2021年三季度城乡环境综合治理攻坚行动考评情况汇报、2021年二季度生活垃圾分类成效评价情况汇报以及“1+3+3”现代产业体系市场主体基本情况汇报，安排文明城市创建、城乡环境综合治理、生活垃圾分类、市场主体巩固和发展等工作。会议审议同意《2021年锦江区城市体检方案（送审稿）》《关于锦江区2020年财政决算草案的报告（送审稿）》《关于锦江区人民政府与四川永辉超市有限公司签订〈培育服务协议〉相关事宜的请示》《关于锦江区人民政府与成都启润投资有限公司签订〈培育服务协议〉相关事宜的请示》《关于锦江区人民政府与新华文轩出版传媒股份有限公司签订〈培育服务协议〉相关事宜的请示》《关于锦江区人民政府与延长壳牌（四川）石油有限公司签订〈培育服务协议〉相关事宜的请示》。

【区政府七届一百五十六次常务会】10月28日，区委副书记、区政府区长缪晓波主持召开区政府七届一百五十六次常务会。会议审议同意《关于2022—2024年锦江区环卫保洁、环卫公厕、绿化和河道管护一体化服务项目招标工作的请示》《关于启动东光片区城市有机更新第一批次静居寺地块城市更新项目相关事宜的请示》《关于启动老包江片区城市有机更新项目相关事宜的请示》《关于锦江区人民政府与财达证券股份有限公司签订投资合作协议相关事宜的请示》《关于春熙路时尚活力区管理委员会与成都交子数字金融投资集团有限公司签订投资服务协议相关事宜的请示》《关于调整锦江区区属国有企业设立纳入合并报表范围子公司审批权限的请示》。

【区政府七届一百五十七次常务会】11月2日，区委常委、区政府常务副区长黄婉受区委副书记、区政府区长缪晓波委托，主持召开区政府七届一百五十七次常务会。会议研究部署疫情防控工作，传达省委常委、市委书记施小琳批示《关于切实做好节约用电有关工作的通知》的精神，安排节约用电工作。会议审议同意《关于锦江区环城生态区土地综合整治及生态修复控规调整方案编制经费的请示》《关于一环路市井生活圈开街及“点亮锦江”春节系列活动有关事项的请示》《关于增加公办中小学（幼儿园）视频监控设备的请示》《关于追加拨付锦江区社区“两委”换届正常离任补助经费的请示》。

【区政府七届一百五十八次常务会】11月16日，区委副书记、区政府区长缪晓波主持召开区政府七届一百五十八次常务会。会议审议同意《锦江区突发事件总体应急预案（送审稿）》《关于与深圳云天励飞技术股份有限公司签订投资合作协议相关事宜的请示》《锦江区2022—2024年滚动财政规划和2022年部门预算编制实施意见(送审稿)》《关于大慈寺路北片区模拟搬迁改造项目经费相关事宜的请示》《关于追加区综合档案馆新馆项目配套建设资金的请示》《关于举办锦江区第六届运动会暨成都市锦江区第八届全民健身运动会的请示》。

【区政府七届一百五十九次常务会】11月23日，区委副书记、区政府区长缪晓波主持召开区政府七届一百五十九次常务会。会议学习《成都市〈中华人民共和国河道管理条例〉实施办法》《四川省食品安全突发事件应急预案（试行）》，听取2021年创建国家食品安全示范城市工作情况汇报、文物和历史建筑保护工作情况汇报、楼宇有机更新激发楼宇经济新动能工作情况汇报、清理拖欠农民工工资工作情况汇报、2021年信访重点工作情况汇报，通报环境空气和水环境情况，安排国家食品安全示范城市创建、文物和历史建筑保护、楼宇有机更新、空气和水环境治理等工作。会议审议同意《关于解决中共十九届六中全会期间信访维稳工作经费的请示》《锦江区关于进一步加强全区学校、幼儿园安全风险防控体系建设的实施方案（送审稿）》《锦江区应对处置校园突发事件的联防联控机制（送审稿）》《关于与成都方源房地产咨询服务有限公司、成都中联宏业房地产经纪有限公司签订投资服务协议相关事宜的请示》《关于调增区属国有公司2021年融资计划有关事宜的请示》。

【区政府七届一百六十次常务会】11月25日，区委副书记、区政府区长缪晓波主持召开区政府七届一百六十次常务会。会议审议同意《关于与蜀道投资集团有限责任公司和成都市兴锦白鹭湾建设开发有限公司签订投资服务协议相关事宜的请示》《关于成都市锦江投资发展集团有限责任公司参与云天励飞IPO战略配售股权投资的请示》。

【区政府七届一百六十一次常务会】11月29日，区委副书记、区政府区长缪晓波主持召开区政府七届一百六十一次常务会。会议传达《中共中央 国务院关于加强新时代老龄工作的意见》精神，传达四川省老龄工作电视电话会议精神，安排老龄工作。

【区政府七届一百六十二次常务会】12月8日，区委副书记、区政府区长缪晓波主持召开区政府七届一百六十二次常务会。会议听取艾滋病防治工作汇报、道路交通安全综合治理工作汇报、禁毒工作汇报，安排艾滋病防治、交通安全、打击毒品犯罪等工作。会议审议同意《关于调整锦江区社区专职工作者薪酬的请示》《关于落实政府专职消防员和消防文员工资待遇的请示》《关于启动锦江大道沿线U型空间部分点位风貌提升工程的请示》《关于锦江区2021年财政预算调整变动情况的报告（送审稿）》《关于2021年1—10月预算执行评估情况的报告》，讨论《关于锦江区2021年财政预算执行情况和2022年财政预算草案的报告（送审稿）》《关于锦江区2021年国民经济和社会发展计划执行情况及2022年国民经济和社会发展计划草案的报告（送审稿）》《区政府工作报告（送审稿）》。

【区政府七届一百六十三次常务会】12月17日，区委副书记、区政府区长缪晓波主持召开区政府七届一百六十三次常务会。会议审议同意《关于支付成都市七中育才学道分校规划用地地价款尾款的请示》《关于2022年元旦、春节期间交子券促消费活动相关经费的请示》。

【区政府八届一次常务会】12月29日，区委副书记、区政府区长缪晓波主持召开区政府八届一次常务会。会议学习《成都市地下水管理条例》，传达全国城镇燃气安全排查整治动员部署电视电话会议精神，学习《关于发挥检察建议职能作用助推超大城市市域治理现代化工作情况的报告》的市领导批示精神，听取燃气安全工作汇报、大气污染防治工作汇报、2022年重点项目计划编制和项目策划储备及争取资金情况汇报，安排燃气安全、大气污染防治、重点项目计划编制等工作。会议审议同意《关于区疾病预防控制中心申请增加临聘人员及提高待遇的请示》《关于拨付百花园乡村酒店隔离点疫情防控专项经费的请示》《关于核定国家队消防员一次性绩效工资总额的请示》《关于与深圳竹云科技有限公司签订投资服务协议相关事宜的请示》《关于调整锦江区再生水综合利用工程项目业主及投资估算的请示》《关于审定沙河、陡沟河河湖健康评价报告的请示》《锦江区安全生产"十四五"规划（送审稿）》《关于开展锦江区第一次全国自然灾害综合风险(承灾体)普查工作相关事项的请示》。

（钟书建　周　骁）

政府工作协调服务

【概况】2021年，区政府办公室发挥综合协调作用，为区政府重要工作、重要会议、重大活动制发文件63份，以区政府名义制发文件16份。承办区政府全体会议3次、区政府常务会议30次。通过市政府信息公开目录网站、区政府门户网站发布政务公开信息82条。国务院办公厅采用区政府办公室报送信息1条，省政府办公厅主编的《政务展讯》采用区政府办公室报送信息7条，省政府办公厅主编的《政务工作交流》采用区政府办公室报送信息7条。省政府办公厅授予区政府"2020年度政务信息报送工作先进单位"称号。市政府办公厅授予区政府办公室"2020年度全市政府系统办公室工作公文处理先进集体""2020年度全市政府系统办公室工作政务活动先进集体""2020年度全市政府系统办公室工作政务信息报送先进集体""2020年度全市政府系统办公室工作值班值守先进集体""2020年度全市政府系统办公室工作政务督查先进集体"等称号。

【办文办会】区政府办公室以"锦府办"名义制发《关于印发〈锦江区加强和改进内部审计工作的实施意见〉的通知》等文件，以"锦府发"名义制发《关于印发〈锦江区2021年政府性工程建设项目计划(二)〉的通知》等文件。承办区政府七届六次全会、区政府七届七次全会、区政府七届八次全会。1—12月，承办七届区政府常务会29次、八届区政府常务会1次。

【政务信息公开】区政府办公室印发《锦江区2021年政务公开重点工作》《关于做好2021年政务公开第三方评估迎检工作的通知》，确定一名负责人分管政务公开工作，确定承办科室具体负责信息更新工作。同时参照国务院办公厅第三方评估指标体系，会同区网络信息办公室、区行政审批局排查政务公开情况，梳理区政府门户网站的政务公开栏目和成都市政府信息公开目录的锦江区板块，发现44个问题，印发督办通知，要求各单位整改。收到申请公开信件1件，按时办结。按照国务院办公厅制发的《2021年政务公开工作要点的通知》和省政府办公厅制发的《2021年全省政务公开重点工作安排的通

2021 年锦江区政府制发文件情况表

表 7

序号	文件标题	发文字号	发布机关
1	关于印发锦江区 2021 年政府性工程建设项目计划（二）的通知	锦府发〔2021〕1 号	区政府
2	关于印发成都市锦江区人民政府常务会议议事决策规则的通知	锦府发〔2021〕2 号	区政府
3	关于印发锦江区土地管理和城乡规划委员会工作章程的通知	锦府发〔2021〕3 号	区政府
4	关于印发锦江区 2021 年政府性工程建设项目计划（三）的通知	锦府发〔2021〕4 号	区政府
5	关于印发《成都市锦江区迎接国家生态文明建设示范区创建验收工作方案》的通知	锦府发〔2021〕5 号	区政府
6	关于做好我区 2021 年民兵组织整顿工作的通知	锦府发〔2021〕6 号	区政府
7	关于印发《成都市锦江区向街道下放行政权力事项清单》的通知	锦府发〔2021〕7 号	区政府
8	关于印发《锦江区“三个千亿级企业”培育推进计划》的通知	锦府发〔2021〕8 号	区政府
9	关于成立成都市锦江区房地产市场平稳健康发展领导小组的通知	锦府发〔2021〕9 号	区政府
10	关于授予曾刚、何晓莲“见义勇为公民”荣誉称号以及表彰罗晓伯等人见义勇为行为的决定	锦府发〔2021〕10 号	区政府
11	关于锦江区绿野天城小区“2021·7·30”高处坠落一般事故调查处理意见的批复	锦府发〔2021〕11 号	区政府
12	关于印发《锦江区 2022—2024 年三年滚动财政规划和 2022 年预算编制实施意见》的通知	锦府发〔2021〕12 号	区政府
13	关于印发《成都市锦江区突发事件总体应急预案（试行）》的通知	锦府发〔2021〕13 号	区政府
14	关于公布第五批锦江区非物质文化遗产代表性项目名录的通知	锦府发〔2021〕14 号	区政府
15	关于表扬 2020 年度征兵工作先进单位和先进个人的通报	锦府发〔2021〕15 号	区政府
16	关于印发 2022 年政府工作报告的通知	锦府发〔2021〕16 号	区政府

知》要求，通过市政府信息公开目录网站、区政府门户网站发布人事、年度财政预决算、“三公”经费预决算等基本信息 32 条，发布区政府常务会议信息 31 条，发布政策文件信息和工作报告解读信息 19 条。依据《中华人民共和国政府信息公开条例》，梳理年度信息发布情况，编制《2021年成都市锦江区政府信息公开工作年度报告》。内容包括总体情况、主动公开政府信息情况、收到和处理政府信息公开申请情况、因政府信息公开工作被申请行政复议和提起行政诉讼情况、存在的主要问题及改进情况。

（钟书建　周　骁）

群众工作与信访

【概况】2021 年，区信访局接待信访群众 524 批 1380 人。办理信访案件 3051 件，涉及群众关切的城市规划建设、农村征地拆迁、住房保障、金融、环境保护、教育、物业服务等领域。区委常委会定期研究信访积案化解工作，区信访工作联席会议定期调度，化解重复信访案件 146 件。锦江区 15 名区级领导定点接访 65 次，带案下访 17 次，接待信访群众 14 批 37 人。落实领导包案制度，化解突出信访问题清单案件 6 件，化解率 100%。区信访局开展“大督查、大接访、大调研，守初心、担使命、办实事”活动，督查责任单位落实属地管理负责情况。指导街道建立信访工作联席会，推动“群众工作之家”建设，开展信访干部“争先创优”活动和信访干部基层治理能力提升专项培训，推动信访案件实质性化解。采取“首办代理接待、多级代理服务”模式代理信访案件 237 件，群众满意 210 件。锦江区突出信访问题清单案件化解率 100%，网上信访事项回复率 100%。市委、市政府授予区委、区政府“2020 年度信访维稳工作担当作为先进集体”称号，国家信访局授予锦江区“信访工作三无县（市、区、旗）”称号。

【信访机构及人员设置】区信访局设办公室、网上信访和来信办理科、来访接待科、督查督办科。设行政编制人员10人。其中局长1人、局党委书记1人、副局长2人、科级领导干部4人。下设区信访调处服务中心，为副处级公益一类事业单位。设调处服务室、信息技术室。配备事业编制人员7人。其中主任1人、科级领导干部2人。

【网上信访事项办理】区信访局办理成都市信访信息平台案件1605件，办理信函信访案件66件（含省领导信箱交办案件），办理各类交（督）办信访案件122件。办理人民网网民留言1695件，网上信访事项回复率100%，结案率100%。人民网授予区委、区政府“2021年度网上群众工作民心汇聚单位”称号。

【基层信访工作促进】区信访局指导11个街道建立上访工作联席会议，帮助街道提升集体信访、越级上访的应急处置能力和源头防范能力。街道信访工作联席会议的主要召集人由街道党工委书记担任，日常召集人由街道办事处分管领导担任。促进社区的“群众工作之家”建设，以“群众工作之家”为载体，开展建议征集、矛盾纠纷排查等工作。征集群众建议178条，排查纠纷1542件，化解纠纷1504件，化解率97.54%。组织76个社区的“群众工作之家”申报“成都市十佳示范点位”和“成都市示范点位”，创建“成都市十佳示范点位”1个、“成都市示范点位”12个。

（阳运平　王　健）

行政审批与政务服务

【概况】2021年，区行政审批局编制《锦江区市场主体倍增计划（2021—2023年）》，为锦江区营商环境建设和产业落地助力。区政府政务服务中心入选四川省第一批无差别综合窗口省内通办试点单位。同步推进全国政务服务标准化试点工作，完善场地设施、运行模式、办件流程、管理考核制度、设备管理制度，落实“局长进大厅”“限时办结”“不得说不”“一次性告知”“首问责任”“企业代办帮办”等政务服务制度，打造“锦即办”服务品牌，推动政务服务标准化建设。整合服务窗口，打造便民服务体系，推动一体化政务服务体系建设。印发《关于锦江区政务服务“五大提升行动”的指导意见》，从政务服务意识、政务服务能力、政务服务水平、政务服务机制、政务服务效果五个方面实施提升行动。按照防疫要求，引进红外线体温测量仪、“天府健康通”扫码仪、智能消杀机器人等防疫设备，每日平均扫码监测3000~4000人。截至12月，区行政审批局办理行政许可事务109760件、行政确认事务46件、其他行政权力事务211件。为5.5万家新增企业办理工商和税务登记手续。其中内资企业注册登记41545家，较2020年增长72.59%；税务报到的内资企业21761家，税务报到率52.38%。区政府政务服务中心受理行政审批服务事项157235件。其中网办事项75929件，按时办结率100%，群众满意率100%。

【行政审批机构及人员设置】区行政审批局是区政府处级工作部门，内设办公室、政策法规科、商事登记审批科、投资建设审批科、城市管理审批科、社会事务审批一科、社会事务审批二科、政务服务管理科、网络理政科、大数据和电子政务科、营商环境服务科。设机关行政编制人员22人。其中局长1人、副局长3人、科级领导干部11人。并设区政务服务管理和网络理政办公室。

【区政府政务服务中心】区政府政务服务中心位于成都市锦江区金石路166号，办公面积4000平方米，进驻审批部门12个，设置服务窗口56个，集中办理服务事项591项。在设置一网通办24小时自助服务大厅、企业代办帮办中心、智能综合窗口业务工作台等服务专区的基础上升级导视设备，引进“锦即办”多功能展示厅、“锦即办”有声图书馆，打造“线上有速度、线下有温度”的政务服务名片。

【便民服务体系建设】区行政审批局编制《锦江区完善街道社区便民服务体系工作方案》《锦江区便民服务中心标准化规范化便利化建设工作实施方案》，统一便民服务中心建设标准，落实便民服务体系建设工作任务，明确“我为群众办实事”项目，指导沙河、东湖、三圣3个街道开展便民服务中心试点工作，指导金像寺、国槐路、卓锦城、栀

锦江区政务服务大厅　　（区政府政务服务中心提供）

子街4个社区开展便民服务室试点工作，为书院街、春熙路等8个街道的便民服务中心挂牌，形成点面结合、整体推进的工作格局。同时编制《锦江区便民服务中心事项清单（第一批）》，收录服务事项145项。督促各街道按照集中办理的要求强化窗口服务平台功能，将民生服务事项纳入街道便民服务中心办理，确保群众和企业办事“只进一扇门”。

【审批环境优化】区行政审批局落实区委优化营商环境的决策，制定《稳定公平可及营商环境建设工程实施方案（2021—2025年）》及2021年工作计划，明确“政务服务确定性”的营商文化理念，持续完善营商环境3.0版政策体系，向区级部门印发《关于报送营商环境建设工作台账的通知》，通过台账管理方式促使政策落实，营造环境预期更稳定、市场竞争更公平、政府服务更可及的行政审批环境，推进稳定、公平、可及的营商环境建设。

【审批模式创新】区行政审批局明确“信息跑”代替“群众跑”的工作思路，整合现场申请、网上申请、咨询办理、预约办理模式，制定《锦江区即审即勘服务管理办法》，开创道路运输和危化品经营许可即审即勘模式。办事企业依托“互联网+政务”平台，直接在线申请和提交材料。区行政审批局在线审核办理，在线反馈结果，达到一次性审核多环节事务的效果。建立危化品经营许可审批不见面服务模式，打造危险化学品经营企业智能申办大数据平台，自动匹配2828种危险化学品的数据信息，提高审批效率和材料精准度，节省企业和审批人员校验时间。推动交通领域行政审批便利化进程，制定《锦江区交通领域即审即勘服务管理办法》，现场勘察和申请材料同步，压缩审批时间，集中办理区级部门分别行使的交通类75项行政许可事项，开创道路运输审批事项“一个行使层级只设一个发证机关”先例。交通审批事项划转率达到100%，区级行使的交通审批事项政出多门现象得到解决。交通审批事项网办率达到100%，办结率达到100%，满意率达到100%。

【一体化政务服务体系建设】区政府政务服务中心按照四川省网上政务服务能力评估标准，结合全国政务服务标准化试点工作，构建一网通办、一窗受理、综合管理的一体化政务服务体系，明确643项服务标准，将12个跨部门业务的27个服务窗口整合为12个综合服务窗口，一窗办理548个政务服务事项，实现“一个窗口办所有事”的为民办实事目标。

【窗口服务人员能力素质提升】区政府政务服务中心开设政务服务专题讲座和无差别受理窗口服务人员专题培训班，提高窗口服务人员经办能力和服务素质。开展“文明窗口”创建行动，评选“年度政务服务之星”。开展窗口腐败专项整治行动，营造风清气正的政务服务环境，为锦江区营商环境优化助力。

（麦　慧　陈胤玺）

人事管理与人才服务

【概况】2021年，区人社局完成2020年事业单位工作人员年度考核工作和2021年事业单位领导班子年报工作，协助区政府办公室、区人大常委会编写提交区政府常务会和区人民代表大会讨论的干部任免材料，审核退休人员工资年限及社保视同缴费年限，协同完成离休干部生活补贴调整和发放工作，配合区社保局办理退休人员手续，面向社会公开招聘167人，为783名招聘人员、转岗人员、调动人员办理人事手续。区人社局结合现代产业体系建设，会同行业主管部门打造专业技术人才继续教育基地，开展专业技术人员公需科目网络培训，实施专业人才倍增工程，推动专业技术人才队伍建设。牵头负责人才安居工程人才资格认定工作，审核申请人的劳动合同和社会保险缴纳情况，受理945名人才的安居申请，审核通过445人。启动2021年度中国留学人员回国创业计划申报、高层次留学人才回国资助、四川省留学人员回国创业支持、留学回国人员随归子女中考加分、海外赤子为国服务行动计划申报、最具成长潜力留学人员创业企业推荐等工作，开展职称评定、专业技术资格考试、人才推荐、人才统计、大学生志愿者招募和考核等工作。

【人事管理和人才服务机构及人员设置】 区人社局是区政府处级工作部门，设办公室、法规和信访科、人事管理科、社会保障科、人才管理科、劳动关系与调解仲裁科、工伤保险科、工资和财务科。设行政编制人员11人。其中局长1人、副局长2人、科级领导干部8人。机关党委书记由一名副局长兼任。区人力资源服务中心为区人社局所属公益一类事业单位，设事业编制人员10人。

【公开招录】 区人社局根据锦江区用人需求，为非教育行业事业单位公开招聘11人。其中以考试方式招聘5人，以考核方式招聘“蓉漂人才荟”急需紧缺人才6人。公开招聘教师156人。其中以考试方式招聘29人，以考核方式招聘“蓉漂人才荟”急需人才127人。按照成都市2021年上半年和下半年公开考录公务员要求，组织报考人员笔试。

【聘用和调动手续办理】 区人社局为746名事业单位招聘人员履行岗位聘用备案手续，为10名事业单位工勤人员办理转岗聘用手续，为17名区内调动人员和5名区外调动人员办理调动手续，为5名因机构改革划转人员办理调动手续。

【事业单位工资福利管理】 区人社局完成2020年事业单位人员和机关工勤人员工资年报数据统计上报工作。根据考核结果审核事业单位人员和机关工勤人员工资基金申报核定表，完成事业单位人员和机关工勤人员工资晋升调整、审核、备案工作。审核疫情防控一线医务人员临时性工作补助金2.29万元，审核卫生防疫津贴24.83万元，审核疫情防控一次性绩效工资8.4万元。向表现优秀的事业单位人员和机关工勤人员兑现三等功奖励金、年终绩效奖励金。

【党建引领青年人才队伍建设】 锦江区青年人才服务中心党总支部设置支部4个，吸纳“蓉漂”群体的中共党员70人。锦江区青年人才服务中心的中共党员达到200人。锦江区青年人才服务中心党总支部代表锦江区参加市委组织部举办的“歌声中的党史”节目录制工作。6月，区委授予锦江区青年人才服务中心党总支部“锦江区先进基层党组织”称号。

【青年人才服务】 6月22日，锦江区召开“活力锦江·筑梦青春”成都锦江青年人才服务计划发布大会。倡导“让年轻人重回主城区，让老城区焕发新活力”理念，发布《青年创新创业就业筑梦工程》《青年创业倍增计划》《青年人才高质量就业实施方案》，宣布打造青年人才服务中心、青年人才服务站、青年人才服务使者三级服务体系，出台青年人才创业、就业、发展三类支持政策，提出“打造蓉漂青年人才首选地的筑梦之江”的口号，面向全球发布行动方案和支持政策。成立锦江区青年人才服务中心，设立青年人才服务站16个，聘任青年人才服务使者16人，实施青年人才就业创业等服务项目31个。组织青年人才到商务楼宇服务328次，服务事项达6105个。协助聘用青年人才的楼宇企业申报就业见习补贴、人才安家补贴、人才奖励、吸纳高校毕业生一次性奖励等政策性补贴146.35万元。锦江区向200家企业提供精准引才服务，征集岗位2万个，为企业招引人才6700人。面向780家规模以上企业建立人力资源联系机制，引进青年人才7500人，较2020年增长30%，居成都市区（市）县第一。截至12月，锦江区打造青年人才见习基地39个，吸纳高校毕业生387人，拨付见习补贴134.27万元。

【专业人才倍增工程实施】 区人社局编制《锦江区人才开发指引（2021年）》《人才蓝皮书》，以精细到商业商务、金融服务、文化创意等重点产业和行业、岗位的专业化人才工作举措引导人才按需流动，举办“锦绣前程，职待良才”直播带岗等活动，促进人才资源与高质量

2021 年 6 月 22 日，锦江青年人才服务计划签约仪式举行（区人社局提供）

现代化产业体系建设对接，为锦江区高质量发展提供人才支撑。与重庆市渝中区人社局签订人才服务协同发展合作协议，实施人才培育计划、人才效能计划、人才服务计划。《成都市锦江区 重庆市渝中区探索人才开发一体化 助力“成渝地区双城经济圈”建设》获第五届“全国人才工作优秀案例奖”。

【职称评定和专业技术资格考试】区人社局落实中央和省、市深化职称制度改革精神，探索适应不同行业、不同用人主体和不同岗位需求的职称评定办法。以职业分类为基础，以科学评价为核心，以促进人才开发使用为目的，为人才多样化评价需求提供保障。为 1746 人办理专业技术职称。其中高级职称 305 人、中级职称 468 人、初级职称 703 人。区人社局按照市人事考试安排，组织一级建造师、二级建造师、执业药师、一级造价师的资格考试。按照锦江区考试联席会议制度要求，成立考试领导小组。落实考点 19 个、考室 610 间，安排监考老师 1220 人、考场工作人员 796 人。参考人员达 18300 人。

【人才推荐和申报】区人社局推荐 2 名博士申报 2020 年度引进人才安家补贴和引进人才奖励，推荐 1 人申报专业技术职称提升奖励，推荐 1 名专家申报四川省“天府学者”，推荐 5 个人才团队申报锦江区濯锦匠心工作室。持续推动人才工作站申报工作，白鹭湾新经济总部功能区建成成都市产业功能区人才服务工作站，上海绿地集团公司成都蜀峰房地产开发有限公司、四川师大科技园发展有限公司分别建成成都市企业人才工作站。

【人才资源数据统计】区人社局开展人才资源数据统计分析工作，统计成都生物制品研究所有限责任公司、中国黄金集团四川有限公司、中水物资集团成都有限公司 3 家四川省的中央企业以及四川省公有制经济企业和 6 家区属国有企业 2020 年度的人才情况，统计锦江区重点产业、重点行业领域紧缺人才岗位需求信息。统计企业 106 家。

【大学生志愿者招募与考核】5 月，区人社局牵头成立大学生志愿者定向考核招募工作小组，实施高校毕业生服务基层项目。参加市人社局组织的赴四川大学望江校区、四川农业大学雅安校区和温江校区定向招募大学生志愿者活动，招募社区综合管理志愿者 24 人、党建指导员 16 人。制发《关于开展 2021 年度锦江区高校毕业生服务基层项目志愿者考核工作的通知》，开展 2021 年高校毕业生志愿者考核工作。

（李志国　吴卫波）

机关事务管理

【概况】2021 年，区机关事务管理局执行《成都市机关事务管理条例》《成都市党政机关厉行节约反对浪费条例》及省财政厅和市财政局规范政府采购行为的规定，规范管理机关食堂、基层单位办公用房、公务车辆，推动政府采购开标室、评标室、监督室建设，推进节约型机关创建工作，指导街道办事处开展街道区划调整后的资产划转工作，开展机关事业单位日常资产处置审批工作，完成区级机关事业单位国有资产登记备案工作。开展生活垃圾分类宣传活动，指导党政机关建立生活垃圾分类管理台账。指导 19 家区级单位开展节约型机关创建工作，区级单位创建率达到 60%，完成目标任务。

【机关事务管理机构及人员设置】区机关事务管理局为区政府处级工作部门，内设办公室、节能和车辆管理科、资产管理科、财务科。设行政编制人员 9 人。其中局长 1 人、副局长 1 人、科级干部 4 人。

【机关后勤服务】 区机关事务管理局落实中央八项规定精神执行《成都市党政机关厉行节约反对浪费条例》，开展“文明用餐、反对浪费”宣传活动，张贴节约粮食宣传画75幅，在机关食堂餐桌摆放节约粮食提示台卡100个，机关餐厅的厨余垃圾量较2020年减少11%。提供会务后勤服务2000次，为区级机关印制文件500万份，配合区级部门处置群体性上访事件50件，排查整治集中办公区的安全隐患40个。

【行政事业单位资产管理】 区机关事务管理局完成2021年度区级机关事业单位国有资产统计工作，备案登记69家区级单位国有资产情况。审批12家机关事业单位房屋出租申请。审批机关事业单位申请报废的办公家具和1751台设备，批准报废总金额1150万元。审批14家机关事业单位调拨办公家具和设备的申请，调拨价值3799.7万元的办公家具和设备。

【公务车辆规范管理】 区机关事务管理局完善成都市公务用车管理平台车辆信息，上传车辆照片和行驶证。开展2020年度党政机关公务用车数据统计报告工作，填报47家区级单位基本信息和463辆公务用车（含执法执勤车）基本信息，填报2020年度车辆运行费用、行驶里程、出车次数等数据信息。联合区纪委成立检查组，检查公务车驾驶员责任落实、安全教育等情况。根据四川省和成都市的公务用车安全管理专项教育整顿工作方案，开展锦江区公务用车安全管理专项教育整顿工作，指导区级单位检查公务用车标志、调拨使用等情况，自查面达到100%。截至12月，为区级机关提供公务车集中使用服务596次，公务用车运行费较2020年下降21.14%。

【机关办公用房规范管理】 区机关事务管理局根据办公需求，调整28家区级单位的办公用房。办理3处区级单位办公用房的退租手续，退租面积3901.68平方米，每年节约财政资金234.08万元。更新办公用房信息数据，向市机关事务管理局填报区委、区人大常委会、区政府、区政协的领导办公室信息和区级党政机关办公用房信息。协调市不动产登记中心、区税务局开展区级党政机关办公用房权属统一登记工作。协调市机关事务局、市土地储备中心，续借成都商会大厦、锦东路155号等办公场地。规范管理基层单位办公用房，指导50家基层单位建立办公用房数据台账，检查12家基层单位办公用房使用情况，向基层单位归属的区级行政主管部门和区纪委反馈检查情况。

【政府采购规范管理】 区机关事务管理局依据区政府集中采购目录和政府采购招投标流程监管政府采购工作，推动政府采购电子化进程，建成政府采购开标室、评标室、监督室。发挥政府采购引导作用，支持采购节能环保产品。政府采购政策向不发达地区、民族地区以及中小企业倾斜，实行价格扣除和适当加分政策。完善政府采购内控制度，形成以制度管人、按制度办事、重程序规范的工作格局。截至12月，办理区财政和区级部门委托采购业务202批次，项目执行采购预算7440.15万元，实际采购支出6845.61万元，节约资金594.54万元，节约率7.99%。

（蒋　晋）

2021年6月26日，区机关事务管理局召开公务用车安全管理专项教育整顿工作推进会
（区机关事务管理局提供）

政协成都市锦江区委员会

THE CPC CHENGDU JINJIANG DISTRICT COMMITTEE

区政协重要会议

【区政协七届五次全体会议】1月18日召开。区委书记陈志勇讲话。区委副书记、区政府区长缪晓波向大会作政府工作报告，说明《锦江区"十四五"规划和2035年远景目标纲要（草案）》。大会履行政协全体会议协商职能，协商通过"一府两院"工作报告，协商讨论国民经济和社会发展报告、财政预决算报告、"十四五"规划和2035年远景目标纲要。1月20日，大会闭幕。区委、区人大常委会、区政府、区政协、区法院、区检察院、区人武部的领导和副区级干部出席会议，区级部门、各街道党工委、区属国有公司的主要负责人在分会场列席会议。

2021年1月18日，区政协七届五次全体会议召开　　（区政协办公室提供）

【区政协八届一次全体会议】12月19日召开。区委书记陈志勇讲话。区委副书记、区政府区长缪晓波向大会作《区政府工作报告》说明。大会履行政协全体会议协商职能，协商通过区政府和区法院、区检察院的工作报告，协商讨论锦江区国民经济和社会发展报告、锦江区财政预决算报告。大会选举产生八届区政协主席1人、副主席6人、秘书长1人、常委45人。政协常委数量较七届区政协增加18人。会议审议通过八届区政协设6个专委会。即提案委员会、经济委员会、城建和人口环境委员会、科教医卫体委员会、文史委员会、社会法制和民宗委员会。会议表决通过八届区政协副秘书长和各专委会主任、副主任名单，同意赵龙辞去八届区政协委员职务的请求。12月21日，大会闭幕。区委、区人大常委会、区政府、区政协、区法院、区检察院、区人武部的领导和区级干部、副区级干部、区政协离退休领导干部代表出席会议。各街道党工委、各功能区管委会、区级部门、锦江发展集团公司的主要负责人列席会议。

2021 年 12 月 19 日，区政协八届一次全体会议召开　　（区政协办公室提供）

【区政协常委会七届十八次会议】1 月 13 日召开。会议传达中共十九届五中全会和中央经济工作会议、省委十一届八次全会和省委经济工作会议、市委十三届八次全会暨市委经济工作会议、区委七届十三次全会暨区委经济工作会议精神，听取 2020 年全区党风廉政建设和反腐败工作情况通报。会议审议通过《关于召开区政协七届五次会议的决定》《七届区政协常委会工作报告（草案）》《七届区政协常委会关于七届四次会议以来提案工作情况的报告（草案）》。审议通过《七届区政协常委会工作报告》和《七届区政协常委会关于七届四次会议以来提案工作情况的报告》报告人建议名单。审议通过《区政协七届五次会议议程（草案）》《区政协七届五次会议日程》以及区政协七届五次会议各次大会执行主席和主持人建议名单。审议通过区政协七届五次会议邀请人员、列席人员以及邀请、列席小组讨论的人员建议名单。审议通过区政协七届五次会议开幕大会和闭幕大会主席台就座人员建议名单。审议通过区政协七届五次会议出（列）席人员编组方案及小组召集人建议名单。审议通过区政协七届五次会议工作机构设置方案和《七届区政协常委会关于授权主席会议审议区政协七届十八次常委会会议未尽事宜的决定》。会议评议区政协各专委会 2020 年度履职工作，组织区政协常委学习《成都市生活垃圾管理条例》。要求区政协常委带头学习、宣传、遵守《成都市生活垃圾管理条例》。

会议同意增补侯滔、李志国、张光勇、曾德勇、王欣、彭超、邓姗姗、魏鹏飞、王严、曾宁、陈静、刘珂、唐良春、董剑峰、桂汉峰为七届区政协委员，同意唐鹏同任区政协办公室副主任。决定区政协七届五次会议于 2021 年 1 月 18—20 日召开。同意《七届区政协常委会工作报告（草案）》《七届区政协常委会关于七届四次会议以来提案工作情况的报告（草案）》提交区政协七届五次会议审议。同意区政协党组书记、主席张松代表区政协常委会在区政协七届五次会议上作七届区政协常委会工作报告，区政协副主席刘琳代表区政协常委会在区政协七届五次会议上作提案工作报告。同意《区政协七届五次会议议程（草案）》《区政协七届五次会议日程》提请区政协七届五次会议开幕大会全体会议审议。同意区政协主席会议成员担任区政协七届五次会议开幕大会和闭幕大会执行主席，即开幕大会由区政协副主席李大江主持，闭幕大会由区政协党组书记、主席张松主持。同意许迎春、李晓红、石琳、李远萍、彭琼、罗扬、周红、冉子菲、刘波、汪旭担任区政协七届五次会议小组召集人。决定授权主席会议审议区政协七届五次会议未尽事宜。

【区政协常委会七届二十次会议】4 月 20 日召开。会议传达全国脱贫攻坚总结表彰大会精神，传达全国和省、市的人代会和政协会精神，专题协商锦江区建设人、城、产高效融合的公园城市典范区工作，审议同意区政协 2021 年工作要点和有关人事事项，评议区政协各街道工委 2020 年度工作，组织与会区政协常委学习《成都市社区发展治理促进条例》。

会议要求区政协常委会成员带头学习贯彻习近平总书记重要讲话精神，以习近平新时代中国特色社会主义思想为指导，增强“四个意识”、坚定“四个自信”、做到“两个维护”，弘扬脱贫攻坚精神，带领区政协委员担当作为、履职尽责，为巩固拓展脱贫攻坚成果、推进乡村振兴贡献智慧力量。要求区政协常委会把学习全国和省、市的人代会和政协会精神作为重要任务，领会思想内涵，把握方向重点，聚焦“十四五”和“高质量发展攻坚年”主题，履行协商议政和民主监督职能，为锦江区改革发展凝心聚力。要求区政协街道工委主动搭建政协委员“听民声、汇民意、解民忧”

平台，以落实小微协商计划为切口，规范工作形式、程序、内容，推动政协协商与基层协商衔接，打造协商于民、协商为民的品牌载体。要求区政协常委带头学习、宣传《成都市社区发展治理促进条例》，凝聚基层共建合力，激发多元参与活力，为构建人人有责、人人尽责、人人享有的社会治理共同体助力。

会议同意彭超任区政协牛市口街道工委主任、邓姗姗任区政协沙河街道工委主任、魏鹏飞任区政协成龙路街道工委主任，同意免去魏巍爱的区政协牛市口街道工委主任职务、周方齐的区政协沙河街道工委主任职务、张旭东的区政协成龙路街道工委主任职务、张灵玲的区政协政策研究室副主任职务。

【区政协常委会七届二十一次会议】7月14日召开。会议深入学习习近平总书记在庆祝中国共产党成立100周年大会上的重要讲话精神，专题协商“健康锦江”建设，审议《区政协街道工委工作规则》《区政协关于免去赵科峰同志七届区政协副主席职务 接受其请辞七届区政协委员的决定》和有关人事事项，组织与会区政协常委学习《中华人民共和国安全生产法》。

会议要求区政协常委会带头学习习近平总书记在庆祝中国共产党成立100周年大会上的重要讲话精神，增进政协委员和各界人士的政治认同、思想认同、理论认同、情感认同。要求区政协常委会学习领会习近平对安全生产的重要论述精神，带头学习、宣传《中华人民共和国安全生产法》，引导社会各界提高安全生产意识。

会议同意免去赵科峰的区政协副主席职务，同意赵科峰辞去七届区政协委员的申请。会议根据区委提名，同意冯宇任区政协城建人口资源环境委副主任，同意免去罗英的区政协城建人口资源环境委副主任职务。

【区政协常委会七届二十二次会议】10月15日召开。会议传达省委十一届九次全会、市委十三届九次全会、区委七届十四次全会精神。区政府通报2021年上半年经济社会发展情况，区政协通报区政协七届五次会议提案办理情况和2021年上半年主要工作情况，组织与会区政协常委学习《成都市美丽宜居公园城市建设条例》。

会议要求区政协常委会带头学习、宣传、遵守《成都市美丽宜居公园城市建设条例》，主动投身高质量建设践行新发展理念的公园城市示范区建设和“幸福美好生活十大工程”建设，为“品位锦江·幸福城区”建设贡献智慧和力量。要求政协委员为建设更加美丽、更具活力、更有品位的现代化国际化锦江作出新的贡献。

区政协主席张松要求区政协常委会“目标不变、任务不减、标准不降”，完成年度目标任务。区政协党组书记潘雪松提出“旗帜鲜明讲政治，加强思想政治引领，坚持人民政协性质定位，强化政协责任担当，严守政治纪律和政治规矩”的要求。

【区政协常委会七届二十三次会议】11月19日召开。会议传达中共十九届六中全会精神和锦江区第八次党代会精神。区纪委常委、区纪委书记、区监察委主任刘嘉聪通报2021年锦江区党风廉政建设和反腐败工作情况。会议审议区政协换届暨八届一次会议各项工作，通报表彰决定。

会议强调，区政协要把握统战工作职责任务，立足人民政协性质定位，坚持建言资政和凝聚共识双向发力，把贯彻落实锦江区第八次党代会精神与学习贯彻中共十九届六中全会精神结合，发挥人民政协专门协商机构作用，为高质量建设“品位锦江·幸福城区”贡献力量。

会议同意八届区政协设19个界别，委员名额267人。同意《区政协关于召开八届一次会议的决定》，同意区政协八届一次会议于2021年12月19日至12月21日召开。会议同意《七届区政协常委会工作报告》《七届区政协关于七届四次会议以来提案工作情况的报告》提交区政协八届一次会议审议。会议同意区政协主席张松代表区政协常委会在区政协八届一次会议作七届区政协常委会工作报告，区政协副主席刘琳代表区政协常委会在区政协八届一次会议作区政协提案工作报告。会议同意《区政协八届一次会议议程（草案）》《区政协八届一次会议日程（草案）》提交区政协八届一次会议小组第一次会议审议。会议同意区政协八届一次会议邀请参会人员、列席人员、主席台就座人员建议名单。会议同意区政协八届一次会议分组办法和《七届区政协关于授权主席会议主持区政协八届一次会议预备会议的决定》《七届区政协关于授权主席会议审议区政协常委会七届二十三次会议未尽事宜的决定》。会议通报区政协表彰2021年政协调研工作、提案工作、社情民意工作先进个人和优秀调研报告及优秀提案的决定。

【区政协常委会八届一次会议】12月30日召开。会议深入学习贯彻习近平总书记加强和改进人民政协工作的重要讲话精神，传达中央经济工作会议精神、省委经济工作会议精神、市委十三届十次全会暨市委经济工作会议精神，审议《区政协关于强化政协委员责任担当的实施意见》《区政协关于设置专门委员会的决定》以及区政协副秘书长和专门委员会主任、副主任任职名单，审议通过《区政协关于接受赵龙请辞第八届区政协委员的决定》。

会议要求区政协常委会把贯彻中共十九届六中全会精神、省委十一届十次全会精神、市委十三届十次全会精神以及中央和省委、市委的经济工作会议精神与落实锦江区第八次党代会精神相结合，提高政治判断力、政治领悟力、政治执行力，发挥人民政协专门协商机构作用，团结带领政协委员为“品位锦江·幸福城区”建设献智出力。

会议同意印发《区政协关于强化政协委员责任担当的实施意见》，同意八届区政协设提案委员会、经济委员会、城市建设和人口资源环境委员会、科教医卫体委员会、文化和文史资料委员会、社会法制和民族宗教委员会。同意陈雪松和黄晓玲任副秘书长、黄晓玲任区政协经济委主任、黄忠才任区政协提案委主任、方宏任区政协城建人口环境委主任、邓梅君任区政协科教医卫体委主任、张文任区政协文史委主任、张竞任区政协社法民宗委主任，同意龚立任区政协提案委副主任、王迪任区政协经济委副主任、冯宇任区政协城建人口环境委副主任、隆坚成任区政协文史委副主任、刘燕任区政协社法民宗委副主任。

区政协主席潘雪松指出，担当新时代人民政协使命任务的关键在于区政协常委会的组织推动，重点在于区政协常委的示范引领。潘雪松提出“在旗帜鲜明讲政治上作表率，履职尽责强担当上作表率，学习提能增本领上作表率，廉洁自律守纪律上作表率”的要求。潘雪松强调，区政协常委要带头遵守宪法、法律和政协章程，践行社会主义核心价值观，锤炼道德品行，严格廉洁自律，自觉接受社会各界监督，坚决防止利用政协影响力谋取个人私利，不利用委员身份或影响牟取个人、小团体和特定关系人利益，不利用委员身份干预执法、干涉具体司法案件或插手招标投标，不在参加履职活动时变相从事商业活动，要带动政协委员共同维护人民政协的形象和声誉，共同建设风清气正的政协组织和干净担当的委员队伍。

（周　勇　陈　峰）

政治协商

【概况】2021年，区政协发挥全体会议协商、常委会会议协商、专题协商、专委会对口协商的作用，利用“有事来协商”小微协商平台，履行政治协商职能。开展全体会议协商2次、常委会会议协商6次、互动协商2次、专题协商3次、对口协商6次，协商讨论《区政协常委会工作报告》《区政协提案工作报告》等重要文件，协商锦江区“十四五”规划编制、财政预决算执行、“幸福美好生活十大工程”实施、公园城市典范区建设、国际消费中心城市引领区建设、“成渝地区双城经济圈”建设等重要工作，为锦江区经济社会发展建言献策，提出意见和建议675条。区政协各街道工委利用“有事来协商”平台开展小微协商活动19次，协商凯天社区菜市场建设、莲花新区居民楼加装电梯等民生关切问题。

【全体会议协商】1月18日，区政协召开七届五次全体会议。协商通过《区政协常委会工作报告》《区政协提案工作报告》《区政协提案审查报告》《区政协七届五次全体会议决议》。会议协商讨论《区政府工作报告》《区法院工作报告》《区检察院工作报告》《锦江区国民经济和社会发展第十四个五年规划和2035年远景目标纲要（草案）》《锦江区2020年国民经济和社会发展计划执行情况的报告及2021年国民经济和社会发展计划（草案）的报告》《锦江区2020年财政预算执行情况和2021年财政预算（草案）的报告》。与会政协委员代表发言。区委、区政府的班子成员和区法院、区检察院的主要负责人参加小组协商。12月19日，区政协八届一次全体会议协商通过《七届区政协常委会工作报告》《区政协提案工作报告》《区政协提案审查报告》《区政协八届一次全体会议决议》。会议协商讨论《区政府工作报告》《区法院工作报告》《区检察院工作报告》《锦江区2021年国民经济和社会发展计划执行情况的报告及2022年国民经济和社会发展计划（草案）的报告》《锦江区2021年财政预算执行情况和2022年财政预算（草案）的报告》。区委、区政府的班子成员和区法院、区检察院的主要负责人应邀参加联组会议和小组协商。

【常委会会议协商】 1月13日，区政协常委会召开七届十八次会议。区委常委、区纪委书记、区监察委主任刘嘉聪到会通报锦江区2020年党风廉政建设和反腐败工作情况。区政协常委协商党风廉政建设和反腐败工作，提出意见和建议。4月20日，区政协常委会召开七届二十次会议。区发改局、区公园城市局、区规自局、区生态环境局的参会代表与区政协常委协商“建设人、城、产高效融合的公园城市典范区”的各项工作。参会区级部门代表介绍工作推进情况，区政协城建委员会汇报协商议题的调研情况。区政协常委和政协委员以“发展数字文创产业，重塑文创领域新生态”“均衡布局优质教育资源，加快教育设施建设”“提升现代治理能力，打造公园城市锦江范本”“加快推动文创产业发展，打造天府文化展示窗口”为题，提出意见和建议。区政府副区长文华应邀参加协商。7月14日，区政协常委会召开七届二十一次会议。区卫健局、区民政局、区市场监管局、书院街街道办事处的参会代表与区政协常委协商“医疗、医药、医养、医美融合发展，推动健康锦江建设”的各项工作。参会区级部门代表介绍工作推进情况，区政协提案委员会汇报协商议题的调研情况。区政协常委和政协委员以“打造‘轻医美’消费核心区”“加强医疗卫生人才队伍建设”“加快发展健康医药产业集群”“规划发展高端康养产业”“推动健康产业加快落地”为题，提出意见和建议。区政府副区长文华应邀参加协商。10月15日，区政协常委会召开七届二十二次会议。区委常委、区政府常务副区长黄婉代表区政府通报锦江区2021年上半年经济社会发展情况和政协委员提案办理情况。区政协常委协商锦江区2021年下半年经济社会发展重点工作和提案工作，提出意见和建议。11月19日，区政协常委会召开七届二十三次会议。会议协商八届区政协界别和政协委员名额。确定八届区政协界别19个，政协委员名额267人，政协委员名额较七届区政协增加69人。会议明确256名政协委员人选。会议向参会区政协常委传达《区纪委关于2021年锦江区党风廉政建设和反腐败工作情况通报》，与会区政协常委协商锦江区2022年党风廉政建设和反腐败工作，提出意见和建议。区委常委、区委统战部部长、区政协党组副书记唐勇说明八届区政协委员名额、人选、界别设置等情况。与会区政协常委协商区政协八届一次会议筹备事项，协商产生八届区政协委员。12月30日，区政协常委会召开八届一次会议。与会区政协常委协商《区政协关于强化政协委员责任担当的实施意见》《八届区政协关于设置专门委员会的决定》《区政协关于接受赵龙请辞第八届区政协委员的决定》，表决通过八届区政协副秘书长和各专委会任职名单。

【互动协商】 1月19日，区政协召开“天府成都·品位锦江”互动协商座谈会（会议与区政协七届五次会议套开）。与会政协委员与区委、区政府的领导协商讨论锦江区“十四五”规划开局之年的重要工作。与会政协委员建言献策。区委书记陈志勇，区委副书记、区政府区长缪晓波，区委副书记、区政府副区长王庆，区委常委、统战部部长李香贵出席会议。区级部门主要负责人参加会议。9月15日，区政协召开互动协商会。与会政协委员与区委、区政府的领导协商讨论锦江区实施“幸福美好生活十大工程”的重点工作。参加协商的18名政协委员发言，介绍群众和各界人士意见收集情况，提出推动“幸福美好生活十大工程”的意见和建议。区委书记陈志勇讲话。区委常委、组织部部长余家洪，区委常委、区政府常务副区长黄婉出席会议。区幸福美好生活十大工程领导小组办公室负责人和各专项推进组负责人、各街道主要负责人、市民观察员代表参加协商。区政协根据协商内容，编印《政协委员意见建议摘编》《政协街道工委收集意见建议汇编》《政协委员提案和社情民意选编》《政协委员发言摘要》等材料，报区委参阅。

【专题协商】 5月11日，区政协主席会议成员和政协委员代表到重庆市渝中区政协参加“助力成渝双城经济圈发展”专题协商活动。双方围绕协商主体，为两地商圈联动、产业集聚、文旅产业发展建言献策。区政协主席张松、副主席李大江、刘琳和重庆市渝中区政协主席陈大奎、副主席彭洪森参加协商。5月13日，区政协组织政协委员到成都七中育才学校汇源校区、成都市龙王庙小学、成都市银杏小学调研，召开专题协商会，协商锦江区教育强区建设。政协委员与区教育局负责人、参会学校代表协商讨论义务教育优质均衡发展、学校改扩建等工作，提出意见和建议。区政府副区长唐勇应邀参加协商。9月26日，区政协组织政协委员到成都国际金融中心、群光百货广场、开心麻花剧场、劲浪体育金开运动中心调研，召开专题协商会，协商国际消费中心城市引领区建设。区商务局、区文体旅局的参会代表介绍锦江区消费场景营造情况，区政协文史委员会负责人汇报国际消费中心城市引领区建设的调研情况。与会政协委员协商创新消费场景等工作，提出意见和建议。区政府副区长兰华娟应邀参加协商。

【对口协商】4月21日，区政协社会法制和民宗委员会组织政协委员到塔子山公园、九眼桥社区调研，与区应急局等部门对口协商城市应急能力建设。区应急局等部门负责人介绍工作情况。政协委员针对城市应急能力提升提出意见和建议。4月22日，区政协提案委员会组织政协委员到区政务服务中心调研，与区政务服务中心对口协商政务服务提案办理工作。区政务服务中心介绍工作情况，政协委员与区政务服务中心工作人员交流，针对提案办理质效提升提出意见和建议。5月20日，区政协城建和人口环境委员会组织政协委员到锦江城市候机厅、财富中心大厦周边风貌提升项目工地、咕噜星球火锅城、绿地中心468云里户外消费场景调研，与区商务局、区公园城市局等部门对口协商东大街国际商务动力轴建设。区商务局、区公园城市局等部门的负责人介绍工作情况。政协委员针对东大街及周边风貌提升、产业优化提出意见和建议。6月18日，区政协经济委员会组织政协委员到“1.314爱情专线”、合江亭婚姻登记处以及四川省眉山市东坡城市湿地公园、东坡印象水街调研，与区文体旅局对口协商“潮享街区”建设。区文体旅局负责人介绍“一环路市井生活圈”建设情况。政协委员针对文商旅融合发展提出意见和建议。6月21日，区政协科教医卫体委员会组织政协委员到捌楼八号设计师社区、东原中心调研，与区委宣传部、区人社局等部门对口协商创新创业载体建设。区委宣传部、区人社局等部门的代表介绍工作情况。政协委员针对创新创业载体开发利用提出意见和建议。7月21日，区政协文史委员会组织政协委员到成都国际潮流音乐街区、锦江体育中心调研，与区文体旅局、区公园城市局对口协商锦绣绿道都市文旅动力轴建设。区文体旅局、区公园城市局的负责人介绍工作情况。政协委员针对文化赋能旅游经济、绿道文化景观建设提出意见和建议。

【小微协商】区政协春熙路街道工委开展小微协商3次，协商九龙广场模块化移动消防站建设、城市更新和老旧小区改造、安全领域问题整治等工作。区政协书院街街道工委开展小微协商1次，协商老旧院落排水管网改造等工作。区政协锦官驿街道工委开展小微协商1次，协商点将台邻里生活馆运营问题。区政协牛市口街道工委开展小微协商1次，协商莲花新区居民楼加装电梯问题。区政协东湖街道工委开展小微协商3次，协商橡树林三期小区垃圾分类示范点位打造、地铁口景观恢复、社会组织助力社区发展、内涝易发点防治措施制定等工作。区政协沙河街道工委开展小微协商3次，协商天曜小区垃圾分类设施优化、塔子山壹号小区公共空间拓展、成都市盐道街小学汇泉校区临时借读等工作。区政协狮子山街道工委开展小微协商1次，协商东门市井特色街区建设的各项工作。区政协锦华路街道工委开展小微协商1次，协商凯天社区菜市场建设的各项工作。区政协柳江街道工委开展小微协商1次，协商锦馨家园小区B区和C区消防设施维修问题。区政协成龙路街道工委开展小微协商3次，协商卓锦城一期小区的经营性违章建筑拆除、卓锦城二期小区物业纠纷化解、华兴片区配套小学登记范围意见征集等工作。区政协三圣街道工委开展小微协商1次，协商锦江城市花园二期小区机动车停放问题。

（周　勇　陈　峰）

民主监督

【概况】2021年，区政协聚焦区委、区政府重大决策部署，围绕经济社会高质量发展目标，组织政协委员视察监督文旅经济工作、楼宇经济工作、疫情防控工作、城市建设工作、文物保护工作、新能源工作、学校工作、社区治理工作，针对经济社会发展存在的问题提出意见和建议70条。开展民主评议工作，评议区委、区政府和区级部门、街道办事处的重要工作，为优化工作机制、提升工作效能献智出力。

【民主评议】 区政协组织政协委员参与区级部门和街道办事处的各类监督评议和意见征求活动，监督区级部门和街道办事处的作风建设，提出改进意见和建议。组织政协委员列席和旁听区委、区政府的重要会议，评议区委、区政府工作，为区委、区政府高质量推进各项工作建言献策。

【文旅经济工作视察监督】 4月22日，区政协文史委员会组织政协委员到光明巷临时绿地、“潮立方”项目工地、“故奈·九眼桥头”消费场景视察监督锦江区“一环路市井生活圈”建设点位，召开座谈会。区文体旅局、区公园城市局、锦官驿街道办事处的负责人通报工作情况。政协委员针对“一环路市井生活圈”消费场景营造、环境提升等工作提出意见和建议。6月24日，区政协提案委员会组织政协委员到“潮立方”“故奈·九眼桥头”等“一环路市井生活圈”建设点位视察监督区政协103号重点提案《关于助推一环路市井生活圈锦江段建设的建议》办理情况，召开座谈会。区文体旅局、区公园城市局、锦官驿街道办事处的负责人通报工作情况。区政协提案委员会提出重点提案办理意见，政协委员针对消费场景营造、文化元素植入等工作提出意见和建议。

【楼宇经济工作视察监督】 4月27日，区政协经济委员会组织政协委员到SAC东原中心、百扬大厦等点位视察监督春熙路片区楼宇经济服务机制建设情况，召开座谈会。区商务局、区投促局等部门的负责人介绍工作情况。政协委员针对楼宇经济服务机制优化等工作提出意见和建议。7月21日，区政协经济委员会组织政协委员到成都国际金融中心视察楼宇金融服务创新示范基地建设，召开座谈会。区金融局、区投促局负责人通报工作情况。政协委员针对金融服务业发展提出意见和建议。

【疫情防控工作视察监督】 5月18日，区政协科教医卫体委员会组织政协委员到东湖街道河滨佳苑小区、沙河街道塔子山壹号小区、三圣街道社区卫生服务中心视察监督基层疫情防控网格化工作，召开座谈会。区疫情防控指挥部、区卫健局、东湖街道办事处、沙河街道办事处、三圣街道办事处的负责人通报社区网格化防疫工作情况。政协委员针对网格化、智慧化防疫工作提出意见和建议。

【城市建设工作视察监督】 7月22日，区政协城建和人口环境委员会组织政协委员到宏济路断头路畅通工程工地视察老旧城区基础设施建设，召开座谈会。区住建交局负责人通报工作情况。政协委员针对老旧院落管网改造和“城中村”电力通信线缆下地工程建设提出意见和建议。

【文物保护工作视察监督】 6月17日，区政协文史委员会组织政协委员到崇德里街区、四圣祠西街36号附3号民居视察监督历史建筑保护利用工作，召开座谈会。区文体旅局的负责人通报工作情况。政协委员针对历史建筑和不可移动文物保护利用工作提出意见和建议。

【新能源工作视察监督】 6月23日，区政协城建和人口环境委员会组织政协委员到三圣街道红砂社区的智慧中心、5G基站、充电站视察监督智慧设施建设，召开座谈会。区新科局、三圣街道办事处的负责人通报工作情况。政协委员针对智慧城区基础设施建设提出意见和建议。

【学校工作视察监督】 10月19日，区政协科教医卫体委员会组织政协委员到成都市盐道街小学、成都师范学校附属小学华润分校视察学生体质健康保障工作，召开座谈会。区教育局负责人介绍工作情况。政协委员针对学校改进学生体质健康工作提出意见和建议。

【社区治理工作视察监督】 5月18日，区政协社会法制和民宗委员会组织政协委员到署袜北一街古迹酒店、“古市香”院落视察监督老旧社区微更新工作，召开座谈会。区公园城市局、春熙路街道办事处的负责人通报工作情况。政协委员针对老旧院落改造等城市有机更新工作提出意见和建议。5月25日，区政协提案委员会组织政协委员到北顺西巷6号院、莲花北路6号院、庆云北街2号院视察监督“既有住宅加装电梯”的提案办理情况。书院街街道办事处负责人介绍工作情况。政协委员针对老旧院落加装电梯的安全保障等工作提出意见和建议。6月18日，区政协社会法制和民宗委员会组织政协委员到锦江区智慧城市指挥中心视察监督大联动微治理平台运行情况，到成龙路街道办事处视察“街道呼·部门应”机制运行情况，召开座谈会。区智慧城市指挥中心、成龙路街道办事处负责人通报工作情况。政协委员针对部门联动、部门与街道联动等社区治理模式创新工作提出意见和建议。

【环保工作视察监督】4月28日，区政协主席张松带队到成龙路街道视察监督生态环境保护工作，了解玉兰街公交站噪声扰民问题和粮丰片区校舍建设项目扬尘问题的整改情况。成龙路街道办事处和施工单位汇报整改情况。张松提出“加强整改，巩固成果”等要求。

【养老设施建设工作视察监督】5月26日，区政协主席张松率队到成龙路街道视察监督重点民生项目推进工作，了解大观康养养老院建设项目、粮丰康养养老院建设项目推进情况。成龙路街道办事处和区民政局、区卫健局的负责人汇报工作情况。张松提出“加快推进，高质量建设”等要求。

（周　勇　陈　峰）

参政议政

【概况】2021年，区政协根据区委年度重要工作确定调研课题，安排主席会议成员牵头开展调研活动，形成《关于推动春熙路时尚活力区高质量发展的研究》等调研文章，为区委、区政府决策施政提供参考。发挥联系广泛优势，发动政协委员收集社情民意，向市政协和区委、区政府报送社情民意信息专报17篇。政协委员提交提案203份，立案办理提案157份。发挥文史资料“存史、资政、团结、育人”作用，编印第十五辑文史资料《漫卷烟火品锦江——成都市锦江区市井文化撷萃》。开展“双助”活动，为巩固脱贫攻坚成果助力，为对口支援甘孜州炉霍县乡村振兴助力。政协委员资助金额超过1600万元。开展企业和社会各界人士走访联系活动，为社会各界参政议政搭建平台。

【调查研究】区政协各专委会采取视察调研、座谈讨论、查阅资料等形式，组织政协委员和专家学者到街道、社区、企业、重点项目点位调研，召开座谈会，研讨锦江区经济社会建设的各项重点工作。政协委员梳理调研情况，撰写《关于切实做好我区既有住宅自主增设电梯工作的思考和建议》《关于打造锦江区有影响力的潮享生活街区的思考》《锦江区人口素质综合评价及其对经济增长贡献率的研究》《关于推动春熙路时尚活力区高质量发展的研究》《对锦江区不可移动文物和历史建筑保护利用情况的调查与思考》《后疫情时代提升我区楼宇经济发展新动能的思考》等调研文章，报区委、区政府参阅。7月15日至8月2日，区政协各专委会组织70名政协委员视察安全生产、环境保护、社会稳定维护等重点领域工作。撰写综合调研报告1篇、专题调研报告5篇，向区委、区政府反映“城中村”改造、老旧场镇整治、老旧市场调迁、化工企业隐患整治等情况，提出改进建议。

【社情民意反映】区政协发挥“信息直通车”作用，发动政协委员联系所在界别和住地群众，收集社情民意信息52条，整理形成《关于优化成都市公共租赁住房租赁补贴审核流程的建议》《关于结合成都实际做好垃圾分类工作的建议》《关于在民营企业加强社会主义核心价值观教育的建议》等社情民意信息专报17篇，向市政协和区委、区政府反映群众诉求。

【提案征集和办理】区政协七届五次会议期间，政协委员提交提案203份。立案办理提案157份，立案率77.3%。区政协将《关于把华兴街特色片区打造成中优区域典范片区的建议》《关于助推一环路市井生活圈锦江段建设的建议》等提案列为年度重点提案。政协委员提案办理工作纳入区委、区政府目标管理，提案办理部门的限时回复率达到100%，政协委员满意率达到100%。其中意见和建议得到解决和基本解决的A类提案51份，占提案总数的32.4%；正在解决和列入计划解决的B类提案105份，占提案总数的66.8%；暂时未能解决的C类提案1份，占提案总数的0.6%。未立案提案46份，转区级部门参考。区委、区政府的主要领导批示区政协专委会集体提案5份。分别是《关于锦江区楼宇经济发展的建议》《关于促进社区日间照料中心与综合养老服务融合发展的建议》《关于在春熙路时尚活力区加快布局引进买手店的建议》《关于进一步保护利用我区不可移动文物和历史建筑的建议》《关于加快我区楼宇有机更新激发楼宇经济新动能的对策建议》。

【“双助”活动】区政协制定“双助”活动方案，倡议政协委员为巩固脱贫攻坚成果助力，为对口支援甘孜州炉霍县乡村振兴助力。政协委员出资811万元捐款捐物，帮助脱贫地区销售或代购价值839万元的农特产品，资助家庭经济困难学生5035人。持续开展“格桑花开·锦绣炉霍——政协委员在行动”精准帮扶活动，担任炉霍县荣誉村长的政协委员募集资金3.87万元，援建更知乡更达二村的乡村太阳能照明项目，惠及257名村民，完成区政协确定的三年精准帮扶3个贫困村的目标任务。

【联谊交流】区政协安排主席会议成员走访政协委员、专家人才，对口联系世界500强企业和重点项目单位。开展政协委员走访活动，与企业和群众加强联系。区政协及区政协各专委会、区政协各街道工委开展互动协商、联谊交流等活动，为社会各界参政议政搭建平台。区政协接待上海市、云南省昆明市、江苏省南京市的政协考察团16个，组织干部到重庆市渝中区政协、四川省眉山市政协、成都市彭州市政协交流学习，为改进参政议政工作提供参考。

（周　勇　陈　峰）

全国政协和市政协调研

【概况】2021年，全国政协调研组和市政协调研组到锦江区调研8次。区委书记陈志勇，区委副书记、区政府区长缪晓波，区政协党组书记潘雪松，时任区政协主席张松等区领导陪同调研组调研城镇污水处理、养老服务、民生项目建设、政协干部党史学习教育、民营经济发展、四级政协委员联动机制建设等工作。全国政协调研组和市政协调研组指导锦江区政协工作，向锦江区经济社会建设提出指导性意见。

【全国政协调研】5月16日，全国政协人口环境委员会副主任张宝顺带领部分全国政协委员到锦江区调研城镇污水处理提质增效工作。张宝顺针对锦江截污干管建设和市政排水管网重大病害治理提出指导性意见和建议。全国政协人口环境委员会副主任鄂竟平、驻会副主任欧青平，省政协副主席杜和平，市政协主席张剡、副主席刘仆，区委书记陈志勇，区政协主席张松、副主席李大江参加调研。6月1日，全国政协常委、福建省政协副主席、致公党福建省委主委薛卫民率队到锦江区长者通居家养老服务中心、成都锦欣花乡老年公寓调研。薛卫民针对养老服务设施建设、养老工作机制优化提出指导性意见和建议。福建省政协社法委主任吴晓丁、副主任柯少愚和陈子舟，专职副主任张长松参加调研。省政协社法委专职副主任朱赫和市政协社法民宗委主任徐富艺、专职副主任刘海林以及区政协副主席刘琳陪同调研。9月17日，全国政协副主席汪永清率民主监督调研组到锦江区养老服务指导中心、锦江区适老化改造体验中心、锦江区九眼桥社区日间照料中心调研适老化改造工作。汪永清通过视频连线的方式，了解群众家庭实施适老化改造后的生活情况。汪永清针对巩固适老化改造成果、扩大适老化改造范围、完善为老服务体系等工作提出指导性意见和建议。省市政协和民政部门的责任人参加调研。区委副书记、区政府区长缪晓波，区政协党组书记潘雪松，区政府副区长万科陪同调研。

【市政协调研】3月26日，市政协主席张剡到锦江区调研政协工作，与区政协主席会议成员和政协委员座谈。张剡针对党史学习教育、“有事来协商”平台建设、市政协和区政协协同、民营经济发展促进以及全国和省、市、区政协委员联动等工作提出指导性意见。市政协秘书长景民，市政协副秘书长、研究室主任冯启国，区委副书记、区政府区长缪晓波，区政协主席张松参加调研。区政协副主席李大江、赵万松、赵科峰、刘琳、宋宗铭，区政协秘书长黄茂林参加座谈会。9月9日，市政协主席张剡到锦江区华润片区幼儿园、成都西囡妇科医院、新希望乳业公司等点位调研民生项目建设和民营企业促进工作。张剡针对教育、医疗等领域民生配套设施建设和民营企业扶持政策优化提出指导性意见。区委书记陈志勇、区政协党组书记潘雪松参加调研。

（周　勇　陈　峰）

民主党派

NON- CPC PARTIES

民革成都市锦江区总支部

【概况】2021年，区民革下属支部3个，党员116人。利用“博爱花园·党员之家”开展活动，与民革重庆市渝中区总支部举行友好合作签约仪式。班子成员参加区政协第七届五次会议，列席区政府会议5次。民革党员围绕“品味锦江·幸福城区”建设调研，提交政协提案，为锦江区经济社会发展建言。发动民革党员捐助新冠肺炎疫情防控所需医用物资，开展预防金融诈骗宣传活动，通过以购代捐方式参与甘孜州稻城县扶贫工作。

【“党员之家”建设】区民革发挥三圣玫瑰谷“爱”主题园区“博爱花园·党员之家”作用，组织民革党员开展活动，协办成都市民主党派基层组织建设工作交流会。民革锦江区总支部与民革重庆市渝中区总支部围绕推动“成渝地区双城经济圈”建设，在“博爱花园·党员之家”签署友好合作协议。民革中央委员会副主席兼秘书长李惠东出席签约仪式，到“博爱花园·党员之家”调研。12月，民革中央委员会授予区民革“全国优秀民革党员之家”称号。

【建言献策】区民革根据《锦江区2021年民主党派基层组织会议协商计划》，围绕“消费扶贫”“幸福美好生活十大工程”等课题调研，提交政协提案报告20份，为锦江区“品味锦江·幸福城区”建设建言。王菁菁的《成都5G+新基建场景运用》、邢冬梅的《加快养老服务中心建设，推动社区居家养老服务提质升级》、冉子菲的《弘扬天府文化，让锦江发展能级和功能品质更高》等提案和建议成为区政协第七届五次会议材料，王曼如、王菁菁、冉子菲、邢冬梅、达瓦卓玛、李刚、李宏、张家荣、陈纪、袁绍斌获得“锦江区政协委员履职先进个人”称号，李刚、张家荣获“锦江区政协提案工作先进个人”称号，王菁菁、王

2021年4月，民革中央委员会副主席兼秘书长李惠东（右三）到锦江区“民革党员之家”调研
（区民革提供）

曼如获“锦江区政协调研工作先进个人”称号，张家荣获“锦江区政协社情民意工作先进个人”称号。

【社会建设助力】 区民革筹集预防新冠肺炎疫情所需医用物资，向锦江区捐赠消毒液100桶，安排5名民革党员参加核酸检测和入户排查工作。编制“锦江·归来荟”法治活动方案，选派金融专业的民革党员到山西证券成都菱安路营业部开展“防范非法集资、提高网络安全意识”宣传活动。响应民革省委“助力扶贫，以购代捐”活动号召，发动民革党员购买甘孜州稻城县扶贫产品，采购金额达1万元。

（古 斌 赵 波）

民盟成都市锦江区总支部

【概况】 2021年，区民盟下设支部5个，盟员203人。区民盟以学教活动为载体，组织成员学习中国共产党党史和中国民主同盟发展历史，参加“蓉城星力”、脱贫攻坚接续乡村振兴、“岁寒送衣”等活动，开展“民盟八十载·我为您写诗”暨中国共产党成立100周年和中国民主同盟成立80周年庆祝活动，坚定成员跟党走的信心和决心，为经济社会建设助力。民盟省委授予区民盟“四川省民盟系统2021年社会服务工作先进基层组织”称号。民盟市委授予区民盟“成都市民盟系统思想宣传工作先进集体”“成都市民盟系统组织建设工作先进集体”“成都市民盟系统社会服务工作先进集体”称号，授予区民盟5名成员“成都市民盟系统先进个人”称号。

【“蓉城星力”助学活动】 3月15日，区民盟落实市委统战部、民盟成都市委、区委统战部开展“蓉城星力”活动的部署，参加湖北省古城公益慈善基金会在成都简阳市踏水镇九年义务教育学校举办的“蓉城星力汇盟力·烛光行动暖人心”结对助学活动。湖北省古城公益慈善基金会理事、区民盟三支部主委唐君代表爱心人士发言，向学生发送助学金。5月25日，区民盟班子成员再次到成都简阳市踏水镇九年义务教育学校开展助学活动，了解学生生活和学习状况。

【企业走访】 3月22日、6月18日、7月9日，区民盟分别在四川金安特农业股份有限公司产业园区、四川携行教育科技有限公司、四川鸿泰保险代理有限公司开展“学史明心·同心同行——走进盟企”活动，将学习中国共产党党史、民盟发展史与企业走访相结合，帮助企业解决生产经营难题。

【乡村振兴助力】 1月28日，区民盟围绕巩固成都简阳市镇金镇、踏水镇脱贫攻坚成果和接续乡村振兴工作，参加区委、区政府组织的调研活动。区民盟主委汪旭和副主委李璞会同区委副书记、区政府区长缪晓波，区委常委、统战部部长李香贵赴简阳市调研，考察镇金镇红庙山村产业发展情况，慰问2户村民，参加座谈会。汪旭、李璞分别与镇金镇、踏水镇签订防返贫资金及爱心助学资金捐赠协议，捐款45万元，用于镇金镇黄家厅村、红庙山村、南山坳村、牌坊村、赵家社区、小湾村、河坝村和踏水镇大树村、寨子村返贫村民脱贫及镇金镇初级中学助学。保障时限为2021—2023年。捐赠资金由区民盟委员牛朝邦、区民盟二支部副主委贺志勇、区民盟三支部副主委马帅筹集。

【“岁寒送衣”活动】 11月13日，区民盟在“锦江·归来荟”汇泉路社区站开展“岁寒送衣·情暖锦江”捐赠活动。四川鸿泰保险代理有限公司、湖北古城公益慈善基金会、成都市小天使教育咨询有限公司、四川齐峰建设工程有限公司等33家盟员企业参加活动，向困难群众捐赠价值25万元的羽绒服2500件。

（古 斌 赵 波）

民建成都市锦江区总支部

【概况】 2021年，区民建会员251人。其中博士4人、硕士41人，企业高级管理人员154人。区民建以“展现民建文化根基”为目标，启动“民建之家”筹建工作，班子成员和会员代表到“三圣花乡”选址。携手民建重庆市大渡口区总支部为“成渝地区双城经济圈”建设助力。继续参与锦江区对口支援工作，参加“万企帮万村”精准扶贫行动，发动会员企业中的医疗机构支持防疫工作。组建调研组，结合党建引领社会组织参与精准扶贫、保障粮食安全等重点课题和社会关注的热点问题开展27次调研，撰写政协提案、人大议案、调研文章37篇。

【"成渝地区双城经济圈"建设助力】区民建落实习近平总书记出席中央财经委员会第六次会议时作出的"推动成渝地区双城经济圈建设，在西部形成高质量发展的重要增长极"的重要讲话精神，与民建重庆市大渡口区总支部共同推进共建工作，互派骨干成员学习交流。民建中央委员会向中共中央上报区民建成员撰写的《建议在成渝搭建国家级知识产权融资服务平台助力区域经济一体化发展》。

【脱贫攻坚助力】区民建继续参与锦江区对口支援成都简阳市和甘孜州炉霍县脱贫攻坚工作，委派副主委查勇落实支援项目。向镇金镇捐赠价值1.2万元的杂交稻种和200亩粥米稻种，向镇金镇牌坊村困难户捐赠价值2万元的稻种和玉米种。组织会员企业中的四川泌尿外科医院对口支援炉霍县医院，选派医疗技术人员到炉霍县医院开展技术指导工作，指导炉霍县医院血液透析中心建设，帮助炉霍县医院提高医疗技术水平。四川泌尿外科医院获"成都市援藏工作先进集体"称号。响应"万企帮万村"号召，组织会员企业参加省工商联组织的援助活动，向四川省绵阳市平武县捐赠价值100万元的农作物种子。区民建创新创业支部获"成都市锦江区工商业联合会万企帮万村精准扶贫行动先进集体"称号。

【防疫工作助力】区民建会员企业中的医疗机构抽调员工到学校和社区支援疫苗接种工作。截至11月14日，派出155名医护人员驻守学校、社区的核酸采集点，完成采集任务。派出12人到省卫健委、武侯区市容管理所、武侯区簇锦街道办事处采样，完成采集任务。新经济支部的会员企业转型生产口罩，向企业、社区、老龄协会捐赠口罩25万个。

【调查研究】区民建参加市政协"加快推进东部新区基础配套设施建设"调研活动。区民建成员曾政光担任医疗卫生课题调研组组长，与成都市东部新区公共服务局卫健医保药监处负责人、市卫健委负责人交流，走访成都市东部新区基层卫生院，撰写的调研报告《完善卫健体系促进医疗卫生服务高品质发展》成为市政协年度专题协商议题，得到市委副书记、市政府市长王凤朝批示。《关于扶持我省种子企业发展壮大重塑种业强省问题的提案》列为省政协2021年度2号督办提案。区民建成员撰写的调研报告《党建引领社会组织参与精准扶贫的锦江实践》入选中央党校报刊社主编的《西南地区党校学习贯彻习近平总书记"七一"重要讲话精神加快推动"成渝地区双城经济圈"建设学术研讨活动论文集》和省委党校主编的《坚决打赢脱贫攻坚战的四川实践案例研究》。省委组织部收录区民建成员撰写的《党建引领社会组织参与精准扶贫的锦江实践》，列入"2021年四川省干部教育培训好案例"。民建省委采用《紧急建议合理分配核酸检测资源，进一步加强疫情防控》和《扶种业、强农业，保障粮食安全，助力乡村振兴》2篇调研报告，市政协采用《关于完善民用住宅消防系统建议》。

（古　斌　赵　波）

民进成都市锦江区总支部

【概况】2021年，区民进会员98人。围绕"品位锦江·幸福城区"建设，组织成员调研，撰写政协提案报告，为锦江区中心工作建言献策。各支部组织成员学党史，开展庆祝中国共产党成立100周年活动，组织教师到甘孜州炉霍县送教。

【中心工作建言】区民进按照区政协提案工作部署，组织成员调研，提交《关于提前规划建设锦江区基础教育新学校的建议》《关于推动金融数字化的思考和建议》《关于积极利用新技术新模式，鼓励社会力量参与成都市社区发展治理促进的提案》等政协提案和社情民意信息，为锦江区经济社会建设助力。

【特色活动】区民进举办党史学习教育宣讲会、庆祝中国共产党成立100周年学习交流会，各支部通过微信群等形式开展线上学党史活动。教育支部主委荣克霞到学校宣讲成都市道德模范事迹，带领三名教师到炉霍县宗麦乡中心小学开展送教活动。成员黄勤主动请缨，到防疫隔离酒店开展线上教学活动，为集中隔离的学生补习功课。

（古　斌　赵　波）

农工民主党成都市锦江区总支部

【概况】2021年，区农工党下设一支部、二支部、三支部，党员100人，覆盖医疗、生态环境、法律、金融、教育、互联网、政府行政等行业。区农工党响应对口支援脱贫攻坚号召，开展以购代帮和医疗援助工作，为甘孜州炉霍县、成都简阳市、贵州省毕节市大方县的脱贫攻坚工作助力。按照常态化疫情防控要求，组织医护人员参加基层防疫工作，捐赠防疫物资。开展"学史强心""学党史讲党课"等活动，承办同心论坛，传承和弘扬中国农工民主党与中国共产党携手并肩的革命传统，教育农工党党员铭记革命历史、坚定发展信心。

【脱贫攻坚工作助力】区农工党发动农工党党员以购代帮，购买甘孜州炉霍县和成都简阳市价值3万元的扶贫产品。与成都简阳市镇金镇卫生院结对帮扶，邀请镇卫生院医生到成都的医疗机构跟班学习。农工党党员陈颖、杨威分别支援炉霍县新都镇卫生院、那曲镇色尼雄塔村。农工党党员潘良春、李天成到简阳市周家乡郭家祠村、凉山州越西县开展医疗救助活动，推广"瓷娃娃"防骨折公益项目。农工党成都市委在区农工党设立乡村振兴中医药培训实践基地。开展捐资助学活动，捐赠助学金18万元。主委肖量向成都中医药大学贫困学生捐赠助学金10万元。按照农工党中央委员会部署，区农工党主委肖量带领医疗专家到贵州省毕节市大方县开展帮扶活动，向大方县捐款1万元，购买价值1万元的大方县药材，农工党党员购买价值2万元的大方县扶贫产品。7月5日，在辽宁省沈阳市召开的农工党脱贫攻坚工作总结表彰大会表彰400个先进集体和920名先进个人。农工民主党中央委员会授予区农工党"农工党脱贫攻坚工作先进集体"称号，授予区农工党主委肖量"农工党脱贫攻坚工作先进个人"称号。

【"学史强心"活动】4月21日，区农工党组织成员到四川省中江县开展"学中共党史，强同心思想"主题活动。参观中国农工民主党四川革命活动史料陈列馆，学习中国农工民主党奋斗历程和四川农工党民主革命时期的发展历程以及农工党四川省委在中国特色社会主义事业发展进程中的先进事迹，学习中国农工民主党与中国共产党荣辱与共、携手合作、共同前进的革命传统。参观黄继光纪念馆，学习黄继光英雄事迹。9月25日，区农工党召开"学党史讲党课"组织生活会。副主委翟世明讲授党课，与会农工党党员重温中国农工民主党与中国共产党团结合作、共同奋斗的革命历程。

【同心论坛承办】6月9日，区农工党在成都三圣玫瑰谷承办"学习中共党史，牢记合作初心"第五届农工党成都金沙同心论坛开幕式。农工党市委主委、市政协副主席甘华田，农工党省委秘书长荆小庆，中共成都市委统战部常务副部长戴夔，中共锦江区委常委、区委统战部部长、区政协党组副书记李香贵出席开幕式。区农工党副主委翟世明作主旨演讲。

【新冠疫情防控工作助力】7月和11月，区农工党针对新冠疫情反复现象，向锦江区疫情防控一线的工作人员捐赠价值5万元的消毒凝胶、消毒湿巾等物资。主委肖量组织肖小儿国医馆的8名志愿者协助社区防疫工作，向锦江区干部群众捐赠价值4万元的新冠肺炎预防中药制剂。副主委翟世明到市公共卫生中心和隔离点指导医疗废水检测工作，副主委蒋尧华参与密切接触者流行病学调查工作，委员黄敏安排成都成华时友东区医院抽调救护车和医护人员参与密切接触者转运工作，三支部委员杨国友协助社区驻守小区防疫点位。

（古　斌　赵　波）

致公党成都市锦江区支部

【概况】2021年，区致公党党员18人。其中3人当选区政协委员。区致公党开展理想信念教育活动，重温中国致公党与中国共产党携手并进的革命传统，牢固"不忘初心、荣辱与共"的理想信念。履行参政议政职能，提交《汇聚慈善公益力量参与助力共同富裕的建议》《关于加强家长学校专业化建设、创建"家校社共育"实践区的建议》《关于采取有效措施帮助我区老年人跨越"数字鸿沟"的建议》等10篇政协提案，撰写《关于青年创新创业就业筑梦工程的建议》等调研报告，为锦江区社会慈善、教育事业发展、创新创业、城市更新、"幸福美好生活十大工程"建言献策。举办"美食快闪"、美食产业发展论坛等活动，为"成德眉资都市圈"建设助力。

【思想教育】区致公党开展"不忘合作初心，继续携手前进"理想信念教育活动2次，组织致公党党员学习习近平总书记加强和改进统一战线工作的重要思想，学习中共十九届六中全会精神和中共四川省委十一届八次全会精神、中共成都市委十三届八次全会精神、中共锦江区委七届十三次全会精神。围绕庆祝中国共产党成立100周年召开“学党史跟党走”座谈会，组织致公党党员重温历史，学习新修订的《中国共产党统一战线工作条例》。

【经济社会建设献智建言】区致公党践行“区委出题、统战协调、党派调研、部门转化”的集成化调研机制，发动致公党党员参加区政协、春熙路街道、区工商联组织的调研活动，形成《关于青年创新创业就业筑梦工程的建议》《关于破解城市更新中“灯下黑”难题的几点建议》等调研报告。参与“我为‘十四五’献一策”“我为‘幸福美好生活十大工程’献一计”等活动，组织致公党党员为锦江区创新创业、城市更新建言献策。参加锦江区公园城市典范城区建设专题协商会和国际消费中心城市引领区建设专题协商会，提交《锦江区建设人城产高效融合的公园城市典范区的体会与思考》《关于对天府广场地铁站与百扬大厦3号接口地下过街人行道进行综合治理的几点建议》。

【精准帮扶工作助力】区致公党响应省委统战部“精准帮扶乡村振兴”号召，发动致公党党员捐赠助学金500万元，资助2000名贫困学生。参加“粉红故事”女童身心健康关爱计划，组织1700名女童参加自我保护安全课程学习。发起公益慈善活动，向四川省凉山州美姑县的433名学生捐赠价值9万元的校服。致公党中央委员会授予区致公党主委桂汉峰“中国致公党脱贫攻坚先进个人”称号，市委统战部授予桂汉峰“成都最美统战人”称号。

（古　斌　赵　波）

九三学社成都市锦江区委员会

【概况】区九三学社社员107人。区九三学社发扬“民主、科学、爱国”传统，结合锦江区经济社会建设履行参政议政职能，提交调研报告4篇、政协提案4篇，向九三学社省委和九三学社市委报送工作信息9条。促成世界500强企业与区政府缔结战略合作关系，签署30亿元投资计划书，为锦江区招商引资助力。

【凝聚共识】区九三学社组织社员学习习近平新时代中国特色社会主义思想和中共十九届五中全会精神、中共十九届六中全会精神，学习九三学社中央委员会十四届三次全会精神，引导社员凝聚共识、坚定理想信念，为锦江区高质量发展贡献力量。

【社区共建工作助力】区九三学社按照“蓉城同心·蓉城星力”活动部署，配合九三学社四川省工委青年工委、九三学社四川省直工委能源建设专委会、柳江街道锦馨社区举办“同心共治”研讨会，共同打造“同心共治”社区共建示范基地，为锦江区构建共建共治共享的社会治理格局助力。

（古　斌　赵　波）

2021年9月17日，锦江区举办“爱乐啡常·月满锦江——成都1.314爱情专线”限时体验活动。推出“1.314爱情专线”户外假日消费场景。活动分设LOVE SHOP集市、SPECIAL特调、爱情乐园、爱乐之城四大板块，营造时尚与人文交融的中秋节日氛围。媒体作出“从爱情到婚姻的味觉旅程”的评价。

（左图由区融媒体中心提供）

民主党派

群众团体

MASS ORGANIZATIONS

锦江区总工会

【概况】2021年，锦江区分布街道总工会9家、街道工会联合会2家、行业工会10家，工会组织达2618个，会员15.9万人。区总工会开展“我为群众办实事”活动，参与疫情防控阻击战，开展职工技能培训、技能大赛等活动，推进“职工之家”建设，落实劳模关怀机制，推动职工民主管理进程。与重庆市渝中区总工会签署《助力成渝地区双城经济圈建设协作框架协议》。区总工会信息、基层组织建设、职工文体活动等工作获得成都市表彰，获“四川省城镇困难职工脱困解困工作重要贡献先进单位”“全国工会品牌职工书屋示范点”“基层职工互助保障工作优秀单位”等称号。

【区总工会四届五次全委会】10月12日，区总工会召开四届五次全委会议。会议通过吴文辉不再担任区总工会第四届委员会委员、主席职务的决定，选举区委常委杨世映为区总工会第四届委员会委员、主席。

【劳动纠纷一站式化解】区总工会推进劳动纠纷联调中心规范运行，健全“线上预约+线下调解”模式，提高工作效率，降低职工维权成本。组织20人参加“在线调解实务工作系列培训”8次，2人参与市总工会第三届“争当优秀调解员、争做优秀法律援助工作者”竞赛活动，提升工会职工维权能力。联合开展根治欠薪行动，处理职工来电、来访4件。受理劳动纠纷咨询案件2006件，为职工追回工资及损失837.6万元。

【职工民主管理】区总工会开展厂务公开民主管理标准化工作，推动已达标厂务公开民主管理标准化企业提档升级，新增C级及以上标准单位14家。锦江区达到C级标准的单位600家。

【职工教育】区总工会构建线上职工教育阵地，弘扬劳模精神、劳动精神、工匠精神。利用“锦江群团”公众号、“锦工E家”小程序、网站等新媒体发布信息1000条，“锦工E家”小程序入选“全国2021年网聚职工正能量 争做中国好网民微信小程序应用优秀案例”。举办“礼赞成都 画说锦江”锦江区职工书画大赛、“送文化到基层”、锦江区第八届“锦廉杯”廉洁文化主题摄影大赛等活动10次，开展“幸福美好生活十大工程”“垃圾分类进社区、进楼宇、进企业”宣讲活动150次。区总工会“职工书屋”入选“2021年全国工会品牌职工书屋示范点”。联合区委组织部举办“新时代工会工作创新发展”专题培训班2期，培训123名工会干部。举办锦江区基层工会业务工作培训班，培训180名基层工会干部。

【就业促进】区总工会组织1154名网络主播和21家商户参与职工互联网营销直播大赛，向灵活就业人员赠送《互联网营销师培训教程》500 册。投入资金 18.5 万元，开展锦江区互联网营销师培训活动，培训营销师 1000 人。开展“春送岗位再启航”等专场招聘会 4 次，吸引 38 家用工单位参与，提供就业岗位 600 个。

【职工关爱】1 月 14 日，省委常委、省委统战部部长、省总工会主席田向利到锦江区牛市口街道“小牛哥刹一脚”驿站慰问快递从业人员和网约送餐从业人员的职工代表。2 月 8 日，省总工会、省邮政管理局联合慰问组到锦江区开展慰问活动，向柳江街道快递员唐建颁发“四川省最美快递员”证书和奖杯。区总工会开展“冬送温暖·情满锦江”“夏送清凉”等活动，走访企业 550 家，慰问职工 2.6 万人。区总工会向 64 名困难职工子女发放慰问金、助学金 13 万元；向锦炉爱心助学基金拨款 10 万元，资助甘孜州炉霍县困难学生；组织 424 名困难职工和环卫职工参加免费健康体检活动；举办寒暑假托管班，托管职工子女 900 人，解决双职工家庭子女照护问题；推进互助保障工作，参保 5 万人，保险赔付 957 人；推进女职工保护工作，建成“妈咪宝贝屋”19 个、“心灵驿站”2 家；举办“锦遇良缘”“留蓉过年”等职工婚恋交友活动 8 次；实施“我为职工办实事”工会服务创新项目，服务职工 10 万人。

【技能培训与竞赛】区总工会开展“建功‘十四五’·筑梦新征程”职工技能大赛，举办区级一类赛、二类赛 20 次，组织企业开展岗位练兵等技能提升活动 900 次，参与职工达 1.2 万人。采取“论坛 + 赛事”的方式，承办 2021 年成都百万职工技能大赛——火锅技能赛暨首届“成渝”火锅邀请赛，推进“成渝”和“成德眉资”产业互动、技能交流，助推“成渝双城经济圈”建设。选拔 39 人参加市级一类大赛，2 名选手分获火锅大赛、川菜烹饪大赛冠军。

2021 年 6 月 15 日，锦江区第五届“濯锦工匠”命名大会在香格里拉酒店举办

（区总工会提供）

【工匠精神塑造】4 月 29 日，区总工会举办锦江区首届“犇犇干将·筑梦锦江”评选活动颁奖仪式，推选 20 名“犇犇干将”。6 月 15 日，锦江区第五届“濯锦工匠”命名大会在成都香格里拉大酒店举办，各行业的 100 名职工获“濯锦工匠”称号。10 月 14 日，区总工会组织“成都工匠”“濯锦工匠”的获得者和驻区企业职工代表 300 人观摩第七届全国职工职业技能大赛。

【劳模关怀】区总工会落实劳模关爱政策，向在岗劳模和退休劳模发送劳模荣誉津贴 11.4 万元、劳模春节慰问金 18.24 万元、省部级困难劳模补助金 1 万元。向 168 名劳模发放慰问金 11.72 万元。组织 59 名省劳模、市劳模参加体检，组织 14 名劳模和“濯锦工匠”参加康疗休养活动。申报 2021 年省部级劳模困难帮扶金，申报 1 人。申报劳模荣誉津贴，申报 14 人。开展 2021 年劳模年检工作，为 69 名退休劳模办理年检手续。

【“职工之家”建设】区总工会明确提出“建好服务平台、强化服务举措、创新服务机制、提升服务效果”的工作思路，持续推进各行业领域“职工之家”建设，新建“职工之家”20 个。开展“职工之家”申报工作，选送 4 个“职工之家”申报“四川省职工之家”。牛市口街道创办的“小牛哥职工之家”入选省总工会“共享职工之家阵地建设项目”。

（周蕾 钟平）

共青团锦江区委

【概况】2021年，锦江区建成团委、团总支、团支部1266个，有共青团员10105人，专兼职团干部1179人。打造“青年之家”15个，依托区、街道、社区三级“青年之家”体系开展青年特色活动500次，服务青年2万人，引导青少年向上向善。组建旅游志愿服务队，在春熙商圈、“三圣花乡”等重点旅游场景开展引导、咨询、宣传服务。承办省、市“我为群众办实事——青春志愿·爱在社区”志愿服务示范活动4次。组织青年团员参与一线防疫工作，开设“青春战疫，锦江有我”疫情防控专栏，发布疫情动态，宣传防控知识。优化创业一站式服务平台，依托“青聚锦官城”平台推广创业载体50个，为440个创业项目提供服务。

【共青团基层组织建设】团区委落实共青团改革方案，推进县域共青团基层组织改革试点工作，召开锦江区青年工作联席会议第二次全体会议。开展“社区青春行动”试点创建工作，推选书院街道庆云社区为团中央试点社区，省级试点社区2个。指导试点社区开展文明劝导、社区美化、垃圾分类、助老帮困等青少年志愿服务活动。完成76个社区团组织换届工作，指导90个住宅小区和175个非公有制企业建立共青团组织。根据团市委明确的团员发展年度调控目标及发展计划，发展共青团员1040人。

【青少年权益保障】团区委利用“青春锦江”微信公众平台宣传《中华人民共和国宪法》《中华人民共和国未成年人保护法》《中华人民共和国民法典》，在青少年群体中营造学法、知法、懂法、用法的氛围。依托区少工委和中学（中职）团委，联合中学和小学开展“法治朝会”“宪法晨读”“宪法班会”等主题活动，培养青少年的法治意识。依托街道团工委、关工委，开展“反对校园暴力”“儿童防性侵”“未成年人保护”等主题普法宣传活动和模拟法庭活动，提高青少年自我保护能力，预防青少年违法犯罪。

【团组织和团员表彰】2021年，团区委表彰“锦江区优秀共青团员”64人、“锦江区优秀共青团干部”25人，表彰“锦江区先进基层团组织”15个，授予9个青年集体“2021年度锦江区青年文明号”称号。

【未成年人思想道德建设】团区委以学习宣讲、精神传承、实践锻炼等方式推动未成年人思想道德建设。锦江区994个团支部开展“学党史、强信念、跟党走”主题团日活动，开展“红领巾学党史 蜀少年树新风”学习活动15次。以中国共产党成立100周年为契机，开展“踏寻红色足迹·践学百年党史”主题团日和“弘扬五四精神·传承百年使命”青年拓展活动，举办“建党100周年·红色基因我传承”演讲比赛，组织青少年参观四川省庆祝中国共产党成立100周年主题展览。

【青少年发展关爱】团区委建立“入队激励、评价激励、争章激励、志愿服务激励”的少先队激励机制，在少先队员中营造奋勇争先的氛围。组织少先队员参加“青春心向党，奋斗幸福路——幸福美好十大工程沉浸式青春嘉年华”活动。召开锦江区少工委四届二次全体会议，部署“红领巾心向党”少先队党史学习教育。开展“家庭教育大讲堂”活动300次，吸引6万人参与。开通关爱热线，提供爱心帮扶咨询450次。组建爱心传承小分队，实施“2+1”志愿服务项目，对口帮扶76名少年，形成共享案例3个。

（蔡垚曦　郭圆圆）

2021年9月23日，团区委开展“大学生感知锦江行”活动　（团区委提供）

锦江区妇联

【概况】2021年，锦江区建设“妇女之家”“妇女微家”25个，市级“妇女之家”1个。在妇女儿童群体中开展法制宣传，健全信访工作登记台账，受理、办理妇女信访案件33件，办结率100%。将儿童友好城区建设纳入《锦江区“十四五”发展规划》，制定《锦江区儿童友好城区建设工程2021年工作计划》《2021年锦江区儿童友好社区试点建设工作方案》，确定三圣街道栀子街社区为成都儿童友好社区试点单位、三圣街道喜树路社区和锦华路街道晨辉社区为锦江区儿童友好社区试点单位。

【妇女荣誉表彰】区妇联召开锦江区“三八”红旗集体荣誉表彰会，授予区民政局等20个集体“锦江区‘三八’红旗集体”称号，授予杨英等58人“锦江区‘三八’红旗手”称号。

【妇女维权】区妇联在成龙路街道开展特殊儿童保护救助试点工作，在合江亭、天府宝座婚姻登记中心设立妇女婚姻家庭辅导室，推动妇女儿童维权站、婚姻家庭纠纷调解站、反家暴联合报警点、婚姻家庭辅导室等阵地建设。

【未成年人家庭教育】区妇联围绕“蓉城幸福家”未成年人家庭教育品牌建设，坚持家风指引、知识传播、服务创新原则，评选“邻里美好生活馆”等11个家庭教育示范基地，推选“全国最美家庭”1户、“成都市五好文明家庭”4户、“成都市家庭教育工作先进个人”2人。

【妇女培训】区妇联落实“基层妇联领头雁”培训计划，围绕党史学习教育、习近平总书记对于注重家庭家教家风建设的重要论述以及创建“儿童友好城区”等内容，开展基层妇联干部学习培训，60人参训。组织锦江区和炉霍县的45名妇女干部和群众参加由区妇联、区委统战部、甘孜州炉霍县妇联共同举办的妇女职业技能培训及心理辅导培训班。区妇联、成都女学文化研究会赴炉霍县开展妇女职业技能培训及心理辅导系列活动，培训妇女干部和群众600人。

（陶　莱　葛琳莉）

2021年9月，区妇联在炉霍县开展妇女职业技能培训及心理辅导活动　（区妇联提供）

锦江区科协

【概况】2021年，区科协开展“科普活动月”“科技周”“全国科普日”等科普活动210次，印发各类科普宣传资料5万份。持续开展“众心向党·自立自强”“弘扬科学家精神·献礼百年华诞”“科技工作者最深情的告白”等主题活动，组织干部参观成都战役纪念馆，举办4期“四史”读书分享会，参与区委理论学习中心组专题学习7次。区科协联合区委宣传部、区精神文明办公室、区新科局评选11名“最美科技工作者”。三圣街道办事处民生服务办主任杜香串获“成都市科协系统2020年度优秀共产党员”称号。万商云集（成都）科技股份有限公司创建为2021年度市级院士（专家）创新工作站。成都许燎源现代设计艺术博物馆通过成都市院士（专家）创新工作站绩效考评。

【科普阵地建设】区科协以“体验化、科技化、产业化”为导向，开展社区科普阵地建设。推动成龙路街道国槐科普园提档升级工作，营造集科普教育、社区综合服务、文化创新发展等功能于一体的社区科普场景。依托“三只小蜜蜂”主题都市田园场景，设置蜜蜂主题研学和劳动教育课程，植入蜜蜂养殖观光、蜜蜂产品加工及展示、蜜蜂主题餐厅等应用场景，营造“科·绿”科普场景。

【青少年科普教育活动】区科协开展青少年前沿知识科普实践活动，

2021 年 6 月 17 日，区科协举办“全国科技工作者日”主题活动　（区科协提供）

实现校外科技活动与校内科学教育有效衔接的目标。开展“小小科学家”科普服务活动，邀请中科院科技工作者到四川师大附中外国语学校、成师附小华润分校开展讲座活动，培养中小学生爱学习、爱实践、爱探索的精神。联合区教育局开展科普活动，通过“创新、体验、成长”青少年科技活动月以及科学学科“好课堂”赛课等活动，提高青少年的创新能力。

【“科创中国”试点城市建设】区科协推进“科创中国”试点城市建设，引进四川省预防医学会，与四川锦欣妇女儿童医院签订《“科创中国”锦江区医教联盟会地联合创新中心战略合作协议》，搭建联合创新服务平台。开展 2021“科创中国”榜单、成都天府“海智计划”专家、“雏鹰计划”青年科技人才和“科创会”项目征集工作，选送 2 个项目参加首届“科创中国·天府科技云服务大会”成都推介区展示。

【天府科技云服务平台建设】区科协推进天府科技云服务平台建设，打造 4 个精品科创工作室，推荐 43 个典型案例。组织锦欣医疗生命科学博物馆、许燎源现代设计艺术博物馆、四川工程技术图书馆申报第二批天府科技云科普惠民共享基地。审核天府科技云平台个人能力信息 12226 条、工作室信息 554 条，发布科技服务信息 1580 条，发布科技成果 18 项、科研项目 10 个。

（乐兆峰　孙雅静）

锦江区侨联

【概况】2021 年，区侨联坚持“以侨为本，为侨服务”宗旨，引领海内外侨胞参与社会建设、服务经济发展，有序推进各项工作。区侨联开展党史学习教育 10 次，举办“学党史 讲侨史”宣讲会 2 次，干部群众 60 人参加活动。开展“我为群众办实事”活动，指导西南地区首家城市中心楼宇型“侨之家”提档升级为“侨家书屋”。组织 20 名新侨代表和四川师范大学港澳台师生代表参加四川首批川港澳台青少年交流基地·文化体验基地中国文化体验沙龙活动。区侨联获“成都市侨联工作先进单位”“成都市庆祝侨法颁布 30 周年宣传工作先进单位”称号。

【投资促进】5 月 19 日，省政府、中国侨商联合会主办，省侨联、重庆市侨联、市侨联承办的“2021 侨界菁英川渝汇”活动在锦江宾馆开展，省委副书记邓小刚致辞。区委副书记、区政府区长缪晓波代表区政府与华侨凤凰集团股份有限公司签订投资额 50 亿元的“华侨凤凰都市工业国际创新港”项目战略合作协议。6 月，区侨联开展“海科杯”全球华侨华人创新创业大赛项目征集工作，完成 3 个项目的推荐，其中 2 个项目进入半决赛，1 个项目现场签约。

2021 年 5 月 19 日，区政府与华侨凤凰集团股份有限公司签署合作协议　（区侨联提供）

【侨界慰问】2月，区侨联开展“大学习、大调研、大走访”暨春节慰问活动，慰问锦江区归侨侨眷重点人士、代表和困难归侨侨眷20人。9月，在百扬大厦“侨之家”举行侨界中秋座谈会，慰问区侨联委员、侨界代表人士20人。

（朱　泉　陈　迪）

锦江区工商联

【概况】2021年，区工商联、区总商会开展党史学习教育，促进“两个健康”发展，获“全国2020—2021年度五好县级工商联”称号。与谷雨律师事务所签订合作协议，联合区人社局、区司法机关建立商事调解中心，推动谷雨法律维权服务站点进街道、进社区、进商协会。引导93家会员企业参与三圣花乡升级打造，助推锦江绿色生态发展。表彰“万企帮万村”精准扶贫行动先进单位13家和“抗击新冠肺炎疫情”先进单位14家。工商联界政协委员曾文忠提交的《关于锦江区建设国家化社区的建议》入选“2020年优秀提案”，李远萍、刘建国、陈琳等7名政协委员获得“2020年提案工作先进个人”“社情民意工作先进个人”称号。

【工商联活动】区工商联联合民建总支举办“锦绣百年 启航新征程”庆祝中国共产党成立100周年活动，开展党史知识竞赛、非公有制经济组织党建先进单位表彰和文艺演出活动。组织执常委会、直属商协会开展“幸福美好十大工程”宣讲活动6次，与52家会员企业对接项目。与四川国际商会、四川省国际展览中心、四川启梦者科技有限公司等单位联合举办“遇见四川·川货精品国际融合共享云展购直播”活动，与市乡村旅游商会、舞东风超市签订代销合作协议，代销售网点达1500个。联合区文旅体局、区商务局、市乡村旅游商会举办安康端午节“幸福生活 味在锦江”主题活动。

【会员企业学习培训】区工商联组织5名优秀青年企业家参加省委、市委统战部举办的理想信念教育培训班和重点民营企业转型升级培训班。组织会员企业参加省、市工商联举办的线上专题网课培训6次。打造区级非公企业党建示范点10个，理想教育实践学习基地2个。

【商会活动】区大安商会开展“学党史、感党恩，听党话、跟党走”

2021年锦江区工商联部分执委会员企业情况表

表8

序号	企业名称	注册资金（万元）	地址
1	四川舞东风超市连锁股份有限公司	3080	锦江区福兴街58号
2	成都锦欣医疗投资管理集团有限公司	2696.34	锦江区静沙北路301号8层
3	中融国城建设有限公司	11000	锦江区人民南路四段48号首座大厦C21楼
4	四川兴华时代投资有限公司	1000	锦江区春熙路27号5楼
5	成都达智咨询股份有限公司	1176.6	锦江区人民东路61号
6	四川国测检测技术有限公司	500	锦江区金石路166号1幢2单元
7	四川瀚华融资担保有限公司	60000	锦江区人民南路二段一号仁恒置地广场写字楼19层1901室
8	成都诚悦时代物业服务有限公司	1500	锦江区总府路2号时代广场10层
9	成都顺通实业有限公司	2000	锦江区永兴巷15号综合楼5层
10	成都紫极伟业科技股份有限公司	500	锦江区东御街19号1幢40层4001室
11	成都金松营销有限公司	2000	锦江区东大街紫东楼段11号东方广场A座19层
12	四川巴斯迪集团有限公司	2008	锦江区人民南路二段20号
13	明宇实业集团有限公司	50000	锦江区科华南路339号明宇大厦
14	成都爱林至善贸易股份有限公司	5515	锦江区鼓楼南街117号世贸大厦B座2层

（胡小旭　尹　菁）

主题系列活动。区建筑业协会在贵州遵义红色教育基地举行“缅怀革命先烈、传承红色基因”专题学习活动。向市工商联筹备成立的蓉商会推荐企业会员110个。5月，锦江区高坪商会成立，是区工商联吸纳的第三家异地商会团体会员。

锦江区文联

【概况】2021年，区文联坚持以习近平新时代中国特色社会主义思想为指导，坚持“文艺为人民服务、为社会主义服务”和“百花齐放、百家争鸣”的方针，以提高群众幸福度和满意度为落脚点，发挥团结引领、联络协调作用，鼓励文艺工作者创作文艺作品4300件，开展“翰墨丹青颂党恩”“春熙闹灯”等群众文化活动，塑造社会主义核心价值观，满足群众的文化需求，为锦江区打造“品位锦江·幸福城区”提供文化支撑。

【机构及人员设置】区文联内设组织联络科，事业编制人员4人。其中主席1人、副主席1人、科级干部1人。11月25日，免去王欣的区文联主席职务，赵怡成为区文联主席提名人选。区文联下设区作家协会、区书法家协会、区音乐家协会、区摄影协会、区诗词楹联学会、区群众文化促进会、区硬笔书法协会，吸纳会员760人。

【三大主题活动】区文联围绕“中国共产党成立100周年”“疫情防控”“民俗文化”三大主题，组织群众文艺团体、文艺骨干、文艺志愿者开展系列活动。围绕“中国共产党成立100周年”主题，开展“百年光影颂党恩”摄影作品展示、“翰墨丹青颂党恩”书画作品展示、“我心向党”征文、“党在我心中”文艺沙龙、“伟人诗词金句里的党史”书法展等活动，用书画作品讴歌中国共产党百年光辉历程，用摄影作品展示锦江区在中国共产党领导下的发展变化。围绕“疫情防控”主题，开展“抗击疫情·书法同行”书法作品网络展、“闻令而动·同心抗疫”诗词作品网络展。围绕“民俗文化”主题，开展“春熙闹灯·陪你一起过中国年”“成都十二月市”“三圣万物生·花重锦官城”采风创作等活动。

2021年7月，区文联举办“百年光影颂党恩”庆祝中国共产党成立100周年摄影作品展
（区文联提供）

【文艺创作】区文联以活动为载体，鼓励文艺工作者围绕党建、抗疫创作书画和摄影作品。区摄影协会组织摄影爱好者创作摄影作品1500件，区书法家协会、区硬笔书法协会组织画家、书法家、书法爱好者创作书画作品500件，区诗词楹联学会组织文学爱好者创作文学作品2048件。结合疫情防控，创作抗疫题材的书法作品200件、诗词作品100件。

（田　甜　刘　意）

锦江区残联

【概况】2021年，锦江区持证残疾8371人。其中肢体类残疾3294人、视力类残疾1503人、听力类残疾1276人、言语类残疾89人、精神类残疾1170人、智力类残疾690人、多重类残疾349人。区残联推动残疾人社会保障和服务体系建设，开展残疾人医疗康复救助，扶持残疾人就业。向340名残疾学生及残疾人家庭子女发放自强助学金40万元。组织2000名3岁至6岁的学龄前残疾儿童参加学前融入性训练。受理残疾人信访案件68件，回复率和办结率100%。

【残疾人医疗康复救助】区残联耗资732万元，向341名残疾儿童康复训练提供资金保障。投入资金

2021 年 5 月 31 日，区残联组织阳光家园学员参加成都市第三届“残疾人文化艺术周”活动
（区残联提供）

48.49 万元，向 309 名精神残疾人发放服药补贴，向 115 名严重精神障碍患者提供阳光救助住院补贴。耗资 35.6 万元，向 301 名残疾人适配辅助器具，为 8 名残疾人安装假肢。耗资 2.99 万元，向 40 名患者发放白内障复明手术补贴。向 7 名 7 岁至 14 岁的残疾儿童少年提供 42 次“送康上门”服务。开展残疾儿童康复服务机构从业人员专业培训 2 次，培训人员 80 人。开展残疾儿童艺术康复活动，培训 1020 人。组织残疾儿童室内、室外融入性训练和一对一个案指导 15 次。

【残疾人就业扶持】 区残联审核用人单位申报的 1300 条残疾人就业信息，按比例安置 700 名残疾人就业。扶持 750 名残疾人居家灵活就业，向 24 名残疾人发放就业创业补贴 3.76 万元。开展残疾人辅助性就业培训，向 30 名轻度智力类残疾人和精神类残疾人提供辅助性就业服务和培训服务。组织残疾人参加招聘会，向残疾人推送就业信息。

【残疾人生活救助】 区残联建立残疾人救助台账，梳理残疾人信息，开展针对性救助工作。投入资金 38.8 万元，为 8000 名残疾人购买人身意外伤害保险。投入资金 174 万元，为 352 名重度残疾人购买城镇职工基本养老保险，为 5 名重度残疾人购买城乡居民基本养老保险。投入资金 202.7 万元，为 2901 名残疾人及残疾人子女参加城乡居民基本医疗保险和大病医疗互助补充保险。向 45 名残疾人发放贫困残疾人临时救助金和特殊慰问金 20 万元，向 94 名残疾人发放机动轮椅车燃油补贴 3.43 万元，向 1 名残疾人发放 C5 驾照补贴 1500 元。元旦、春节期间，慰问残疾人 1208 人，发放慰问金 24 万元。疫情防控期间，慰问独居且生活困难的残疾人 71 人，发放慰问金 1.42 万元。开展“情满锦江 · 春风送暖”行动，慰问困难残疾人 46 人，发放慰问金和慰问品。

【残疾人日间照料与集中托养】 区残联向 800 名残疾人发放居家安养护理补贴 28.58 万元，向 30 名低保重度残疾人提供寄宿型托养服务，向 30 名轻度精神、智力残疾人提供日间照料服务。

【残疾人精神生活保障体系建设】 区残联组织残疾人参加全国第十一届残运会暨第八届特奥会，锦江区残疾人运动员黄海地、刘弛各获得 5 枚金牌。组织 6 岁至 18 岁的残障青少年参加“迎冬奥”绘画比赛，其中 19 幅作品入选冬奥会和冬残奥会候选展示作品。组织 40 名残疾人参加成都市第三届残疾人文化艺术周活动，5 件作品获得二等奖，7 件作品获得三等奖。组织“黑暗跑团”开展无障碍运动，举办例跑活动 20 次。组织 110 名残疾人跑者和陪跑志愿者参加 2021 年成都双遗马拉松活动。开展全民阅读活动，发放《一法四条例》3000 册，发放《中华人民共和国道路交通安全法》200 册，为残疾人订购杂志 2580 份。组建残疾人“逐梦合唱团”，向残疾人提供志愿服务 330 次。开展“全国助残日”“国际残疾人日”主题活动。

【残疾人权益保障体系建设】 区残联录入 224 名残疾工作者的基础信息，为 76 个社区更新残疾人数据。为 371 名残疾人办理“残疾人证”，为 2000 名残疾人办理换证、证件变更、证件挂失等业务，开展第三代智能“残疾人证”换发工作。与四川达民律师事务所签署服务协议，向残疾人提供法律咨询、法律救助等服务。

（赵庆华　肖莉莉）

锦江区红十字会

【概况】 2021年，区红十字会弘扬“人道、博爱、奉献”的红十字精神，印发宣传资料1.1万份，宣传《中华人民共和国红十字会法》《中华人民共和国献血法》。实施红十字会应急救援能力建设，开展救灾、救助、救护培训等工作，提升红十字队伍人道救助能力。为1010名志愿者办理器官捐献登记手续。采取部门联动等方式，募集善款162万元。区红十字会获四川省红十字公益项目大赛三等奖。

【应急救援能力建设】 区红十字会把红十字应急救援队纳入锦江区政府应急救援体系，形成“政府主导、社会参与”的全民救援工作格局。依托区红十字蓝天救援队专业优势，组织城搜、水域2个救援组共41人、18台专业车辆参加“使命2021·抗震救灾演练”活动。开展应急演练3次，参与人数170人。组织109名应急救护志愿者，开展“相约幸福龙泉、共庆百年华诞”2021年成都善行者公益徒步活动应急保障工作。开展“进机关、进企业、进学校、进工地、进社区”活动，举办救护员培训班70期，培训红十字救护员2608人。与社区教育学院合作举办“濯锦少年生命安全课堂”，开展救护知识和技能专题培训117次，培训群众3023人。

【人道主义救助】 区红十字会与区医保局探索创建“大病医疗人道救助”模式，构建多元化人道服务救助机制。救助困难群众9人，发放救助金1.7万元。为1名身患白血病的儿童申请“小天使阳光基金”救助款。到成龙路街道国槐社区慰问困难家庭10个，发放价值4000元的慰问品。慰问红十字志愿者10人。配合市红十字会慰问在蓉过节的100名环卫工作者，发放价值2万元的慰问品。

【物资募集】 区红十字会把经常性募捐与多渠道筹集资金作为重要工作，利用线上信息平台汇聚社会爱心，开展民生救助活动。与区退役军人局合作，募集拥军事业发展基金55.47万元。与区教育局合作，募集困难教职工帮扶资金5.5万元。参加腾讯公益日“红耀人道·博爱救援”“医路有爱·人道守护”等公益项目，募集社会资金23万元。

（沈定武 唐 行）

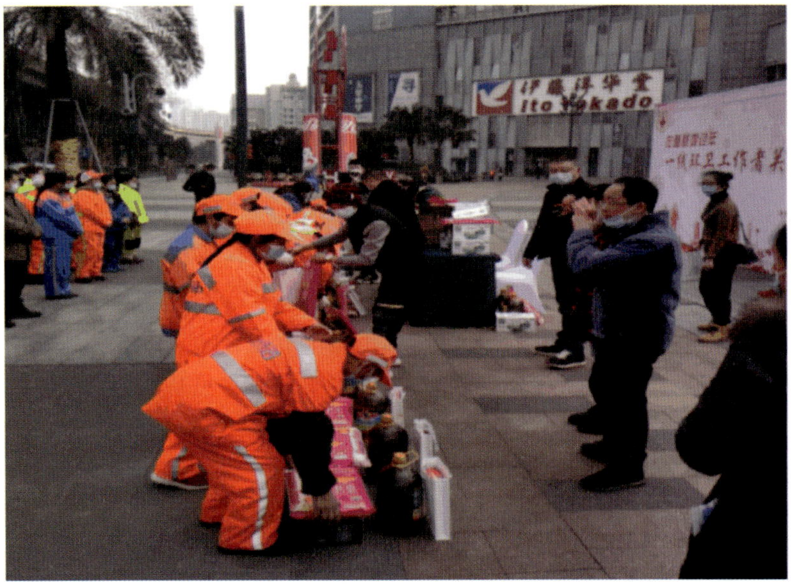

2021年2月，区红十字会慰问环卫工人 （区红十字会提供）

金秋文旅消费季

2021年9月29日，锦江区政府主办的“美好生活·品位锦江”金秋文旅消费季活动启动，向社会发布特色旅游线路和文化点位。重点推出“震旦第一丛林”大慈寺、“百年金街”春熙路、“中国白酒第一坊”水井坊以及东门市井、三圣花乡等点位。启动仪式现场播放锦江区录制的短视频《锦江耍啥子》和宣传片《安逸耍锦江》，向市民发送“交子券”。同步启动“安逸耍锦江”摄影作品大赛，设奖励金1万元。启动“安逸四川183”热门打卡地榜单评选活动。

法　治

GOVERNED BY LAW

政法工作

【概况】 2021年，区委政法委落实总体国家安全观，按照中央和省委、市委的政法工作会议部署，开展反分裂、反颠覆、反渗透、反暴恐、反邪教等专项斗争，实施电信网络诈骗大整治、涉法涉诉信访“治重化积”大攻坚、服务保障质效大提升等十大行动，推动“平安锦江”“法治锦江”建设，维护社会大局稳定，服务保障高质量发展，为锦江区打造“品位锦江·幸福城区”营造安定社会环境。锦江区违法犯罪警情下降14.7%。

【区委政法委机构及人员设置】 区委政法委是区委领导和管理政法工作的处级职能部门，列区委工作机关序列。内设办公室（政策研究室）、政治安全科、维稳指导科、综治督导科、基层社会治理科、反邪教协调科、执法监督科、政治部、区综治中心（科级事业单位）。设19名编制人员。其中行政编制人员16人（包括书记1人、常务副书记1人、副书记3人、科级领导职数8人），事业编制人员3人。

【“法治锦江”建设】 锦江区重点关注经济领域犯罪，持续推进“法治锦江”建设。开展打击假冒伪劣专项工作，办理涉案金额78万元的假冒注册商标案。开展侵权假冒伪劣商品集中销毁行动，销毁假冒伪劣商品3500件，涉案金额达186万元。深化人民法庭一对一产业功能区建设服务机制，牵头召开银行法院双向交流座谈会3次，征集金融风险防范化解建议18条。配合四川省政法领域跨部门办案平台建设试点工作，将锦江区五类刑事案件扩大到所有非涉密刑事案件，为平台应用积累可复制、可推广的经验。开展涉法涉诉“治重化积”第一批专项工作，区法院受理“治重化积”交办案件39件，区检察院受理“治重化积”交办案件1件，区公安分局受理交办重复信访案件62件，化解率100%。指导政法单位编制“八五”普法规划，开展“公共法律服务纵深行”等活动，开设法治宣传课2000次，印发法治宣传资料12万份，惠及群众10万人。

【社会稳定维护】 区委政法委明确“不发生系统性区域性风险”的目标，遵循“治重化积”原则，针对中国共产党成立100周年、中共十九届六中全会等重要节点部署安全维稳工作，排查、化解涉及国家安全和社会稳定的风险隐患。同时采取清单方式，专题研究历史遗留问题，开展群体性矛盾风险清单专项治理行动，避免矛盾升级。

【基层基础工作】 区委政法委修订《锦江区加强网格员队伍管理实施细则》，实施网格员技能提升行动。选送2名网格员参加成都市网格化服务管理“双十佳”评选活动，获“十佳”称号。开展网格员培训3次，提升网格化服务管理水平。分别在区、街道建立矛盾纠纷多元化解协调中心，在社区建立调解室，构建区、街道、社区三级调解体系。建成“春熙嬢嬢”“雷律师的下午茶”“花香咨询”等民间调解机构，打造基层调解品牌。截至12月30日，排查、调处矛盾纠纷4170件，调解成功率98.9%。

【社会治安综合治理】区委政法委继续推动专班实体化运行，重点针对信息网络、自然资源、工程建设、交通运输、文化旅游、金融监管、医疗卫生等行业领域，运用扫黑除恶斗争长效机制开展扫黑除恶斗争。针对中国共产党成立100周年庆祝活动和成都举办世界大学生运动会制发《锦江区2021年“迎大庆保大运”重点地区整治方案》，确定6个重要点位和11个社会治安重点地区，分别制订整治计划。坚持每月通报、每季度分析的制度，采取“挂图作战”和“红、黄、蓝、绿”四色管理模式，完成17个点位的社会治安整治工作。同时开展校园及周边区域综合治理，组织校园安保力量演练100次，集中清理校园周边旅馆、娱乐场所20次。

【政法队伍建设】区委政法委新建制度62项，修订队伍管理制度20项，推动政法队伍建设。向政法干部和民警提出“上好党史教育第一课、理论学习必修课、红色传承初心课、身边案例警示课”的要求，采取“一把手”讲党课、政治轮训、职务犯罪案件庭审观摩、英模事迹报告会、警示教育大会等形式，举办学习教育活动500次。同时聚焦群众反映强烈、影响执法司法公信力的多发性、顽固性、典型性问题，开展自查自纠、线索核查、专项整治、问题整改等工作，提升执法人员的工作水平。坚持“查、改、治、建”一体推进原则，针对干预司法等突出问题，健全执法司法制约监督机制、正风肃纪长效机制、政法干部交流轮岗制度，确保司法公正。

（蒲婝婝）

法治政府建设

【概况】2021年，锦江区落实中央全面依法治国工作会议精神，优化依法治区工作推进机制，召开全面依法治区工作会议，明确全面依法治区委员会2021年工作要点，践行公众参与、专家论证、合法性审查相结合的决策机制，组织干部学习习近平法治思想，开展法治调研，上报全面依法治市点位5个。落实法律顾问制度，法律顾问为区政府法律项目提供咨询服务200次，出具法律文书40份，协助调解涉法事件3件。采取闭环管理方式审查文件合法性，确保制发文件合法有效。依据复议应诉案件办理程序开展行政应诉工作，通过案例分析提高行政案件应诉水平。开展执法培训和考试，推动行政执法队伍建设。开展法治宣传活动，促使区级机关和社会面的法治意识“双提升”，为法治政府建设夯实思想基础。聚焦习近平法治思想，将领导干部、公务员、青少年群体列为重点普法对象，成立民法典宣讲团，依托“一月一主题”“法律十进”等活动开展“全国知识产权宣传周”“反诈骗·护万家”“开学第一课”等法治宣传活动2000次，印发宣传资料12万份，惠及市民10万人。

【依法治区领导机构及人员设置】区委全面依法治区委员会是区委领导依法治区工作的常设议事协调机构。区委书记担任主任，区委副书记担任副主任，区委常委、区政府副区长、区法院院长、区检察院检察长、区委办公室和区政府办公室主任、区委宣传部分管领导、区委政法委分管领导、区人大法制委主任、区政协社法民宗委主任、区教育局和区司法局局长任委员。区委全面依法治区委员会下设办公室，区委常委、政法委书记担任主任。

附：2021年区委全面依法治区委员会成员名录

主　任	陈志勇	区委书记
副主任	缪晓波	区委副书记、区政府区长
	吴　斌	区委副书记
委　员	刘刚毅	区委常委、政法委书记
	彭洪泽	区委常委、宣传部部长
	刘嘉聪	区委常委、区纪委书记、区监察委主任
	余家洪	区委常委、组织部部长
	黄　婉	区委常委、区政府常务副区长
	郑　麟	区政府副区长、区公安分局局长
	李　科	区法院院长
	赵　峰	区检察院检察长
	唐高原	区委办公室主任
	孙　涛	区政府办公室主任
	汪　宏	区委宣传部常务副部长
	黄忠才	区委政法委常务副书记
	郑崇高	区人大法制委主任
	彭　琼	区政协社法民宗委主任
	吴海乐	区教育局党组书记、局长
	张　文	区司法局党组书记、局长

附：2021 年区委全面依法治区委员会办公室成员名录

主　任	刘刚毅	区委常委、政法委书记
副主任	黄忠才	区委政法委常务副书记
	张　文	区司法局党组书记、局长
	罗　伟	区委依法治区办副主任
成　员	郑崇高	区人大法制委主任
	田仕琴	区社科联副主席
	古　斌	区委统战部副部长
	陈晓阳	区委社治委副书记
	冯　雪	区法院副院长
	詹　曦	区检察院检委会专职委员
	魏　晖	区市场监管局局长
	杨　岚	区教育局副局长
	郑雅丽	区公安分局政委

【合法性审查】锦江区依据《成都市行政规范性文件合法性审查实施细则》，执行《重大行政决策程序暂行条例》，制发《关于规范常务会议题合法性审查工作的通知》，践行公众参与、专家论证、合法性审查相结合的决策机制，建立闭环管理机制。区政府常务会议题合法性审查 1 次，区政府工作专题会议题合法性审查 3 次，出具合法性审查意见书 147 份。

【行政应诉与行政复议】锦江区落实行政机关负责人出庭应诉制度，执行法院作出的生效判决和裁定，回应司法建议，促使行政执法与行政审判有效衔接。截至 12 月 30 日，办理行政诉讼案件 25 件、行政复议案件 18 件，申请强制执行非诉案件 5 件，参加诉讼调解 5 次，参加庭审 23 次。区政府负责人出庭应诉率 90.9%，区级行政机关负责人出庭应诉 3 次，区级行政机关负责人出庭应诉率 95.71%。回复法院司法建议 3 次。会同市人社局、区司法局、区法院，邀请律师事务所共同召开行政案例分析研判会，研判典型疑难案例。截至 12 月 30 日，涉及区政府的一审行政诉讼案件 25 件，审结 21 件，结案率 84%。驳回原告诉讼请求案件 11 件，裁定撤诉处理案件 1 件，驳回起诉案件 9 件。受理行政复议案件 94 件，审结案件 86 件，作出撤销决定、确认违法决定、责令履行决定的案件 13 件。行政复议案件受理率 100%，法定期限内办结率 100%。区政府为被申请人，由市政府复议的案件 4 件，全部作出“维持具体行政行为”的决定。

【执法培训和考试】锦江区开设“修订版《中华人民共和国行政处罚法》内容理解和适用”专题讲座，组织专职和兼职仲裁员、调解员学习法律法规。组织 10 名工作人员参加 2021 年行政执法人员通用法律考试，考试合格的 4 名工作人员取得“行政执法证”。

【行政执法行为规范】锦江区落实行政执法制度，开展人民群众最不满意行政执法突出问题承诺整改活动，整改市场监管、文化市场、城市管理 3 个综合行政执法领域的突出问题。探索触发式监管等新型监管方式，推进信用分级分类监管进程，减少守法诚信企业的检查次数，要求具有行政处罚权的区级部门规范行政处罚清单。截至 12 月，锦江区从轻、减轻、不予处罚的案件 352 件，行政约谈案件 47 件。

【政法队伍建设】锦江区组织政法队伍干部开展政治教育、警示教育、英模教育、党史学习教育，开展政治理论学习活动 47 次，政法干部撰写心得体会文章 330 篇。开展英模塑造活动，筛选的 4 名政法干部获得“成都市政法英模”和“锦江区政法英模”称号。开展政法干部个人自查工作，要求填报自查报告表。分层分类开展风险岗位干部约谈工作，与 134 名政法干部谈话，排查问题线索 58 条，整治突出问题 23 个。落实防止干预司法“三个规定”精神，开展专项检查，维护公平公正的司法环境。司法部门创新推出“互联网 + 调解”等 10 项为民办实事举措，惠及群众 1.6 万人。区司法局干部获“四川省法治政府建设先进个人”称号。

【法律顾问制度落实】锦江区落实法律顾问制度，发挥法律顾问法律咨询、审查论证、事后救济的作用，邀请法律顾问参与区委、区政府重大事项决策工作，为政府法律项目提供咨询论证服务 200 次，出具法律意见书 40 份，调解涉法事件 3 件。

【普法阵地建设】锦江区实施法治音乐主题空间提档升级项目，建成260平方米的法治警示教育基地，内设金融服务法治窗口“锦银法治之窗”。省委全面依法治省委员会办公室、省司法厅批准锦江区法治音乐主题空间为第三批省级法治宣传教育基地。重点打造“水井坊社区法律之家”“沙河社区法律之家”“国槐社区法律之家”，持续完善“法律之家”硬件设施，实现“法律之家”社区全覆盖目标。以“法律之家”为依托，实施“法律明白人”培育工程，培育722人。

【法治宣传】5月28日，锦江区举办“智慧引领普法 法典护航生活”民法典颁布一周年纪念活动暨智慧普法产品推介会。以智慧普法产品发布为主线，以《中华人民共和国民法典》学习为重点，推介“云普法+”普法平台、“云学法”普法小程序、“天猫精灵”法治微电台、“法治声音明信片”等智慧普法产品，司法部采用锦江区上报的活动信息。编印《锦江区社区居民实用法律指南》5000册，采取“典型案例+律师解析+法律依据”的形式以案释法。录制“小律说法”视频节目20个，在天府市民云、抖音等平台投放。原创视频音乐节目《成都》获得“追寻光辉足迹·讲述法治故事”2021年川渝法治微视频微电影大赛三等奖。锦江区各部门按照依法行政的要求，结合自身特色开展法治宣传活动。例如区法院打造“法院开放日”“社区法官拉家常”等活动品牌，举办普法宣传活动10次，发送法治宣传册1200册。区检察院联合区市场监管局、区公安分局开展“全面加强知识产权保护 推动构建新发展格局”“对假冒伪劣商品SAY NO”等法治宣传活动。开展未成年人法治宣传活动，宣传《中华人民共和国未成年人保护法》《中华人民共和国预防未成年人犯罪法》，设置未成年人法治教育课程。市检察院将区检察院设置的未成年人法治教育课程“两法视角下——父母的爱与责任”录入成都市检察机关未成年人监察法治精品课程库。区人社局发布《锦江区人社领域政策及办事指引》，方便群众办事。将法治宣传融入“送政策、帮企业，送服务、解难题”活动，确定“我为群众办实事，温暖人社构筑和谐锦江”主题，开展宣传和服务实践活动。以市人社局宣传咨询中心举办“春风送暖人社行 幸福生活零距离”主题活动为契机，开展“锦江区12333全国统一咨询日”现场宣传活动，利用咨询电话向群众提供人社法规和政策咨询服务176691次。中央宣传部、司法部、全国普法办公室授予锦江区法治政府建设工作领导小组办公室“2016—2020年全国普法工作先进单位”称号。

（杨 莉 仇恒伟）

2021年5月28日，区委全面依法治区委员会办公室、区司法局联合举办“美好生活·法典相伴”宣传活动

（区司法局提供）

公 安

【概况】2021年，区公安分局开展“护旗”“云端”等专项行动，侦破刑事犯罪案件976件、经济犯罪案件161件。履行安保警务职责，审批303次大型活动的安全保卫方案，监管大型活动36次。建立“人防、物防、技防、联防、心防”校园安全防范体系，按照等级化管理要求完善安全预警机制和风险评估机制，践行三级抄告、三级督导、三级流转制度，为学校建立风险管控档案，鼓励社会专业组织和志愿者参与校园安全工作，构建校园安防工作格

局。推动办证中心规范化建设，打造“互联网＋微户政”模式，为群众办理公安事务提供便利。宣传公安英模事迹，利用微博、微信、抖音等新媒体发布警务宣传信息1354条。推动小教官人才库建设，获得成都市公安机关2021年度教官教学技能大比武团体总分第二名的成绩，获“优秀实战教官”“优秀理论教官”称号的干警2人。省公安厅授予春熙路派出所“四川省训练标兵集体”称号。

【公安机关机构及人员设置】区公安分局是市公安局处级派出机构，负责锦江区刑事案件侦破和治安行政管理，接受市公安局和区委、区政府双重领导。设办公室（指挥室）、政治处（辅警管理科）、警务督察大队、警务保障室、信息通信科、法制大队（案件管理中心）、政治安全保卫大队、经济犯罪侦查大队（区公安分局内部安全保卫大队、区公安分局环境犯罪侦查大队、区公安分局食品药品犯罪侦查大队、区公安分局旅游犯罪侦查大队）、治安科（警卫科）、户政管理大队、治安大队、禁毒大队、巡警大队、刑警大队（刑事科学技术室）、网络安全保卫大队、出入境管理大队。设中央政法专项编制人员1048人，实有在编民警1023人。下设派出所14家、社区警务室25个。

2021年锦江区公安派出所一览表

表9

序号	名称	地址	报警电话
1	督院街派出所	成都市锦江区下南大街39号	028-86113354
2	书院街派出所	成都市锦江区三槐树路89号	028-86919412
3	锦官驿派出所	成都市锦江区义学巷69号	028-86674419
4	沙河派出所	成都市锦江区汇泉北路199号	028-84790774
5	春熙路派出所	成都市锦江区中新横街5号	028-86656259
6	牛市口派出所	成都市锦江区锦东路433号	028-84527031
7	东湖派出所	成都市锦江区东光街12号	028-84410597
8	狮子山派出所	成都市锦江区静康路398号	028-84797110
9	柳江派出所	成都市锦江区锦盛路138号	028-85910288
10	三圣派出所	成都市锦江区喜树街999号	028-84675596
11	成龙路派出所	成都市锦江区枫香街39号	028-84675176
12	白鹭湾派出所	成都市锦江区锦水街39号附1号	028-84539110
13	锦华路派出所	成都市锦江区洗瓦堰路16号	028-85910288
14	国槐派出所	成都市锦江区水杉街562号	028-81253110

2021年锦江区社区警务室一览表

表10

序号	名称	地址	报警电话
1	总府路社区警务室	成都市锦江区锦华馆街8号	028-62123573
2	盐市口社区警务室	成都市锦江区东华门街27号	028-62123573
3	盐道街社区警务室	成都市锦江区指挥街55号附7号	028-86136255
4	华星路社区警务室	成都市锦江区华星路12号	028-86919412
5	庆云社区警务室	成都市锦江区四圣祠北街15号附1号	028-86919412
6	点将台社区警务室	成都市锦江区点将台东街58号	028-86674419
7	大慈寺社区警务室	成都市锦江区南纱帽街31号	028-86674419
8	合江亭社区警务室	成都市锦江区滨江东路166号	028-86674419
9	得胜街社区警务室	成都市锦江区水碾河路6号34栋	028-84527031
10	一心桥社区警务室	成都市锦江区锦东路358号	028-84527031
11	莲桂西路社区警务室	成都市锦江区工农院街14号附4号	028-84527031
12	塔子山社区警务室	成都市锦江区安宁河路1659号	028-84790774
13	社区警务一队	成都市锦江区观音桥西路20号	028-84410597
14	社区警务二队	成都市锦江区琉璃路354号	028-84410597

续表 10

序号	名称	地址	报警电话
15	石牛堰社区警务室	成都市锦江区橡树林东路 178 号	028-84410597
16	四川师大社区警务室	成都市锦江区静安路 5 号	028-84761110
17	包江桥社区警务室	成都市锦江区锦华路三段 381 号	028-67170110
18	锦馨社区警务室	成都市锦江区柳荫路 100 号	028-67170110
19	槎子树社区警务室	成都市锦江区皇经楼村 2 组	028-67170110
20	锦逸社区警务室	成都市锦江区锦丰三路 9 号	028-67170110
21	琉璃社区警务室	成都市锦江区锦华路 626 号	028-85910288
22	晨辉社区警务室	成都市锦江区晨辉北路 6 号	028-85910288
23	国槐社区警务室	成都市锦江区国槐街 835 号	028-81257110
24	幸福社区警务室	成都市锦江区幸福社区联合五组 319 号	028-84675767
25	驸马社区警务室	成都市锦江区驸江路 186 号	028-84675767

【案件侦破】区公安分局实施“护旗”专项行动、严打扒窃犯罪单元行动，打击严重暴力犯罪和盗抢刑事犯罪。侦破刑事案件 976 件，刑事拘留犯罪嫌疑人 1131 人。现行命案破案率连续七年达到 100%。实施打击跨境赌博专项行动等执法行动，整治卖淫嫖娼、赌博、吸食毒品等社会治安突出问题，行政处罚 3591 人，收缴毒品 14.3 公斤。开展“云端”专项行动等打击经济犯罪执法行动，打击非法集资、假币、危害食品药品安全、捕杀和贩卖野生动物等经济犯罪，侦破经济犯罪案件 161 件，刑事拘留 52 人，为企业和群众挽回经济损失 3.5 亿元。

【办证中心规范化建设】区公安分局践行《全市公安户政窗口服务管理工作规范》，为医务人员、返乡群众、中考和高考学生开辟绿色通道，提供延时服务。打造“互联网 + 微户政”服务模式，利用“微户政”为群众解答问题 4206 个，审核户籍材料 14591 份，审核身份证办理材料 7618 份。为 33337 名“蓉漂”人才办理落户手续。走访涉外单位 259 家，处置涉外案件 154 件。

【娱乐业和住宿业管理】区公安分局出动警力 1800 人，检查公共娱乐经营单位 410 家，督促公共娱乐经营单位整改安全隐患 30 处，下达责令限期整改通知书 9 份，要求 8 家公共娱乐经营单位停业整顿。审批 31 家旅馆的开办申请，整改安全隐患 95 处，处罚未实名登记的旅馆 12 家，要求 1 家旅馆停业整顿。

【警务宣传】区公安分局明确“发好公安声音，讲好警察故事”的宣传思路，依托融媒体矩阵和线下活动宣传公安英模事迹，参加四川省和成都市的先进创评活动。选送的 15 名民警和 8 个集体入选“中国政法战线群英谱”。举办“预防网络赌博宣传周”等宣传活动，新华社、中国警察网、封面新闻网等媒体报道活动情况 156 次。利用微博、微信、抖音等新媒体平台开展警务宣传，官方微博账户发布信息 753 条，微信订阅号发布信息 536 条，抖音视频号发布信息 65 条。

【公安法制与警务督察】区公安分局执法管理委员会召开专题会议 13 次，部署公安法制与警务督察工作，网上立案 43582 件。监督案件定性、事实认定、证据收集、程序办理等情况，发布《受立案监督通报》，通报接处警、受立案、行政刑事案件办理、涉案财物管理处置等情况，推动法制监督关口前移。制发执法监督建议书 39 份。采取以案说法的方式开展培训，到派出所开展培训活动 38 次。督导日常警务工作 300 次，网上巡查 14 万次，查处问题 162 个，编发《公安督察通报》10 期，提出工作建议 12 条。

（金 成 李媛媛）

检 察

【概况】2021 年，区检察院推动扫黑除恶专项斗争，打击刑事犯罪。采取检察建议的方式推动公益诉讼协同化、社会化体系建设。持续推进司法联动工作，会同公安机关开展民营企业“挂案”清理工作，清理企业“挂案”2 件。办理司法救助案件 2 件，向 4 名申请人提供司法救助，发放救助金 6 万元。推动

"成渝地区双城经济圈"检察合作机制建设，与重庆市渝中区检察院签订结对共建协议，与重庆市南岸区检察院协作办理合同诈骗案1件。办理起诉破坏市场经济秩序案件37件，为法治化营商环境建设助力。采取党史学习教育、业务竞赛等方式提高干部和干警思想政治意识、业务工作能力，推动检察队伍建设。各级媒体采用区检察院工作信息65条。截至12月，区检察院办理审查逮捕案件773件、审查起诉案件1218件、抗诉案件4件、公益诉讼案件46件、民事行政监督案件92件、提前介入侦查案件100件、立案监督案件44件、建议行政执法机关移送涉嫌犯罪案件9件、刑事侦查监督案件75件、刑事审判监督案件14件、刑事执行监督案件49件、信访案件240件。

【公诉机关机构及人员设置】区检察院设办公室、政治部（司法警察大队）、第一检察部（未成年人检察部）、第二检察部、第三检察部（金融检察部）、第四检察部、第五检察部、综合业务部。6月，区检察院党组副书记、副检察长余沙任二级调研员，党组成员、政治部主任刘永红任四级调研员，党组成员宣栋调离，李薇薇任党组成员、副检察长，区委组织部干部三科科长孙洋任党组成员、政治部主任，第五检察部主任陈俊任党组成员、机关党委书记。10月，区检察院党组书记、检察长伍健调离，赵峰任区检察院党组书记、代理检察长。

【刑事检察】区检察院受理审查逮捕案件773件，涉案1049人。批准逮捕案件495件，批准逮捕605人。受理移送审查起诉案件1218件，涉案1484人。提起公诉案件822件，起诉1002人。提起刑事抗诉案件4件。健全职务犯罪案件办理机制，加强职务犯罪的逮捕、起诉、调查取证等办案环节管理，审查区监察委移送的职务犯罪案件，公诉4人。推进扫黑除恶专项斗争，起诉涉黑涉恶案件2件9人。贯彻最高人民检察院《关于加强新时代未成年人检察工作意见》精神，践行涉及未成年人案件专人专办机制，构建"捕、诉、监、防"未成年人检察一体框架，持续推进未成年人检察社会支持体系建设。履行未成年人民事法律监督职能，针对未成年人监护、抚养、继承等民事案件与区法院协作，监督影响未成年人利益的民事审判活动。5月17日，按照市检察院实施"亮晶晶"未成年人关爱计划安排，联合大邑县检察院举办"亮晶晶·心雨梦工厂——法治故事绘"之《对性侵害Say No!》暨"未"爱检察开放日主题项目发布活动。《对性侵害Say No!》以漫画形式展示典型案例，阐释性侵害和性侵害可能发生的情形以及避免性侵害等内容，培养未成年人自护意识，帮助未成年提高自救能力。

【诉讼监督】区检察院监督公安机关立案44件、撤案28件，纠正10名犯罪嫌疑人漏捕案件和30名犯罪嫌疑人漏诉案件，提前介入侦查案件13件，纠正侦查活动违法案件75件。开展刑事执行监督工作，纠正监外刑罚执行和社区矫正违法案件10件，监督刑事财产刑执行案件8件。开展民事诉讼监督工作，监督民事裁判结果执行案件63件，向市检察院提请抗诉案件7件，达成和解案件1件。向区法院提出再审检察建议的案件2件，向区法院发送审判程序违法检察建议的案件11件，向区法院发送执行违法检察建议11份。检察建议采纳率100%。办理支持起诉案件18件，向区法院发送支持起诉意见书18份。

【行政检察监督与争议化解】区检察院加大行政检察监督力度，办理

2021年5月17日，区检察院举办"亮晶晶·心雨梦工厂"法治故事绘之《对性侵害Say No!》暨"未"爱检察开放日主题项目发布活动（区检察院提供）

行政结果监督案件2件、行政审判程序监督案件6件。监督行政非诉执行活动，立案10件，发送检察建议10份，检察建议采纳率100%。开展行政争议实质性化解工作，联合区司法局建立行政复议阶段争议实质性化解工作机制，协同化解行政争议案件3件。

【公益诉讼】 区检察院与公安机关建立公益诉讼与刑事诉讼衔接机制，促进线索移送、调查取证等工作互联互通。办理公益诉讼案件49件，发送行政公益诉讼诉前检察建议48份，向市检察院移送民事公益诉讼问题线索1条。结合个案办理中发现的饮用水安全问题，发送社会治理类检察建议1份。通过案件办理，督促整治违法排污洗车经营单位2家，规范无证经营商家16家。

【检察宣传与文化建设】 区检察院打造立体化宣传模式，构建纵向到底、横向到边的全媒体宣传矩阵。中央级媒体采用区检察院报送信息11条，省级媒体采用区检察院报送信息25条，市级媒体采用区检察院报送信息29条。编辑法治故事绘之《对性侵害Say No！》，向街道、学校赠书5000册。

【检察队伍建设】 区检察院构建"党小组+政治引领""党小组+学习讲评""党小组+专业团队"的学习教育模式，开展党史学习教育。采取党组理论学习中心组学习会、支部大会、党小组会等方式，学习党史260次。7月9日，区检察院党组书记、检察长伍健以"重温百年奋斗历程，汲取奋勇前行力量，扎实走好新时代检察事业新的长征"为题，开设专题党课。实施"司法质效与办案能力双提升工程"，以"求极致"的精神办理案件。开展检察研究、业务竞赛、典型案例评选等活动，参加省检察院和市检察院举办的检察业务竞赛，获"业务标兵""优胜选手"称号的干部6人。区检察院20篇调研文章获市级以上奖项。

（唐　祥　胡芮铭）

法　院

【概况】 2021年，区法院受理案件42238件，审结案件38024件，结案率90.02%。其中刑事案件888件，审结872件。民事案件25586件，审结22291件。审理行政案件337件，审结316件。执行案件15427件，执行14545件。区法院法官每人平均受理案件612件，较2020年上升36.47%。每人平均审结案件551件，较2020年上升30.05%。最高法院授予区法院刑事审判庭"全国法院扫黑除恶专项斗争先进集体"称号。省高级法院授予区法院"四川省法院涉诉信访工作先进集体""四川省法院档案规范化管理工作先进集体"称号。区法院获"四川省法院第二十三届学术讨论会组织工作先进奖"。区法院获省级先进个人称号的干警3人，区法院被省高级法院记个人二等功的干警1人。区法院2个案例入选"中国法院2021年度案例"。

【审判机构及人员设置】 区法院设综合办公室、政治部（督察室）、立案一庭、立案二庭（诉讼服务中心）、刑事审判庭、民事审判第一庭、民事审判第二庭、民事审判第三庭（知识产权审判庭）、民事审判第四庭（家事审判庭）、行政审判庭（综合审判庭）、执行局、审判管理办公室（研究室）、司法行政装备办公室、春熙路法庭（金融审判法庭）、三圣法庭、牛市口法庭、司法警察大队。核定中央政法专项编制人员132人，实有中央政法专项编制人员126人。另设工勤编制人员2人。12月25日，区人民代表大会八届一次会议表决通过李科当选区法院院长的决定。

【刑事案件审判和扫黑除恶案件查处】 区法院受理刑事案件888件，审结872件。其中故意伤害、"两抢一盗"等案件292件，危险驾驶、交通肇事等案件290件，非法吸收存款、合同诈骗等案件47件，涉毒案件110件。审结白鹭湾湿地公园非法捕鱼案件。区法院加入锦江区工作专班，联合区公安分局、区检察院推进扫黑除恶专项斗争。完善黑恶线索核查等5项制度，倒查涉黑恶犯罪案件3件。区法院刑事审判庭获"全国法院扫黑除恶专项斗争先进集体"称号。市委、市政府为区法院一名干警记个人三等功，嘉奖一名干警。

【民商事案件审判】 区法院受理民商事案件25586件，审结22291件。其中婚姻家庭纠纷、财产继承纠纷等案件616件、合同和准合同纠纷案件14352件、物权纠纷案件334件、劳动争议和人事争议案件878件、借贷案件5644件。审结破产和清算申请审查案件25件、破产清算和强制清算案件13件，为锦江区营商环境建设4.0方案提出意见10条。集中销毁侵权假冒伪劣商品3500件，涉案金额达186万元。推进基层法庭与产业功能区一对一服务机制建设，召开双向交流座谈会3次，听取意见建议18条。

【行政案件审判】区法院受理行政案件337件，审结案件316件。其中一件案件的判决文书入选“2021年度成都市法院百优裁判文书”，另有一件案件的庭审入选“2021年度成都市法院百优庭审”。联合区政府推动行政机关负责人出庭应诉制度建设，区级行政机关负责人出庭应诉率95.71%。强化行政审判决策参谋作用，向区委、区政府发送司法审查报告，向区级行政机关发送司法建议15份。召开府院联席会议3次，通过协调和解方式撤诉的案件141件。成立工作领导小组，向区委政法委发送司法建议，受理教育培训机构纠纷案件419件，审结358件。

【审结案件执行】区法院受理执行案件15427件，执行14545件，执行标的到位率增长10.15%，到位金额10.18亿元。明确执行实施权力，编制责任清单，加大失信惩戒力度，采取查封、拘留等强制措施23478次，限制12237名失信人员出行、出境和高消费，将559人纳入失信被执行人名，公开曝光2424人。处罚16名拒不执行的被执行人，罚款34.95万元。开展涉民生专项活动，集中执行涉民生案件895件，执行到位案款440.27万元，向5名经济困难的当事人发放司法救助金133729元。

【审判监督】区法院畅通监督渠道，主动接受区人大常委会和区政协监督，向区人大常委会报告劳动争议多元解纷工作情况，邀请市、区两级人民代表和政协委员旁听庭审、列席会议63次。向人民代表发送征求意见建议表和联络活动意向表500份，收集意见和建议83条。针对教育整顿工作，向人民代表、政协委员征求意见和建议43条，整改率100%，满意率100%。推进司法公开进程，庭审直播2010次，邀请865名群众旁听庭审15次，媒体报道区法院司法公开情况1728次。

（任　雷　李树娟）

司法行政

【概况】2021年，区司法局推动司法所规范化建设和基层司法干部队伍建设，司法所干部获“全国司法所模范个人”称号。登记管理律师事务所、律师、法律工作者，举办第二届锦江律师文化节，促进律师行业发展。锦江区承担规模以上企业法律管理的律师事务所6家，律师行业收入6.5亿元，较2020年提高30.2%。纳税4000万元，较2020年提高18.9%。区司法局优化矛盾纠纷调解方式，构建全网络人民调解格局。建立家事法律顾问制度，开展助企行动，为群众和企业提供公证服务。成立社区矫正管理局，提升社区矫正监管水平。建立监地合作无缝对接机制，促进安置帮教工作。

【司法行政机构设置】区司法局设办公室、政工科、法治科、法规科、行政复议和执法监督科、普法与依法治理科、律师工作科、社区矫正管理局（基层建设科）。下设街道司法所11个。

【人民调解】区司法局结合“法律服务触手可及，美好生活推门就见”专题行动，参与成都市域社会治理

2021年锦江区街道司法所一览表

表11

名称	地址	联系电话
春熙路司法所	成都市锦江区梨花街9号	028-86728089
书院街司法所	成都市锦江区武城大街91号	028-86512318
锦官驿司法所	成都市锦江区一环路东五段5号	028-84471011
牛市口司法所	成都市锦江区大田坎街143号	028-84433046
东湖司法所	成都市锦江区二环路东五段10号	028-83392657
锦华路司法所	成都市锦江区科创路118号	028-86673733
狮子山司法所	成都市锦江区菱安路8号	028-84670522
柳江司法所	成都市锦江区柳荫路96号	028-85914639
沙河司法所	成都市锦江区汇泉北路199号	028-84525235
成龙路司法所	成都市锦江区枫树街1299号	028-84794676
三圣司法所	成都市锦江区成龙大道一段1166号	028-84675107

现代化试点工作，指导调解组织更新工作思路，建立引导和疏导模式，按照源头预防、前端化解、关口把控的方式调解矛盾纠纷。通过区、街道、社区三级调解组织和行业性调解组织构建全网络调解格局，围绕知识产权、物业管理、劳资关系等纠纷多发易发领域排查化解矛盾纠纷 2339 件，调解成功率 100%。

【律师行业发展促进】 区司法局登记注册律师事务所 110 家、注册律师 2358 人。发展律师行业党组织，建立律师行业党委运行机制，通过党建增强律师行业凝聚力。建成律师行业党委和 38 个律师事务所党支部，指导律师事务所成立联合党支部 13 个。发展中共党员 696 人、预备党员 8 人，培养入党积极分子 9 人。探索“1+1+N”工作模式。即“1 名机关党建指导员 +1 名示范党支部优秀党员律师 +N 个中小律师事务所”模式，形成党建共建共享格局。聚焦复工复产和常态化疫情防控，组织律师事务所编印疫情防控和复工复产的政策法规宣传手册 1 万份，开设线上企业法律讲座 50 次，向 1100 家企业提供法律服务。开展“千所百处帮万企——法治体检”专项行动，向企业、商家提供法律咨询、政策解读等服务。推荐 4 名律师担任人民代表，推荐 10 名律师担任政协委员。律师行业的人民代表参与立法、修法工作 20 次，提出建议 8 条，提交政协提案 19 份，参与协商 9 次。

【公证服务】 区司法局建立家事法律顾问制度，根据基层群众对养老、再婚、监护、财产继承的法律需求，提供一站式公证服务。开展一对一公证助企专项行动，对接企业法律需求，提供主动服务、上门服务、精准服务，为企业办理公证事务 32 件。参与城市更新、环保督察等工作，办理保障房分配公证、入学电脑派位公证等公证业务。截至 12 月，提供预约服务、延时服务 80 次，接待群众 6200 人，办理国内公证事务 1737 件、涉外公证事务 919 件。

【法律援助】 区司法局分类设立刑事辩护、农民工劳动争议、未成年人案件办理等 10 个专家库，开展“法援惠民生”行动，推动法律援助服务指数体系 2.0 版本建设。完善“12348”法律服务热线“7×24 小时”不间断服务功能，建立法律援助案件全域通办机制，为 10656 名困难群众和特殊群体免费提供法律援助服务，受理法律援助案件 1139 件。

【社区矫正】 锦江区成立社区矫正管理局，联合区级部门制定《锦江区矫正社工队伍建设实施意见》，运用个性化监督管理方式和疏导方法，矫正社区矫正对象的违法犯罪行为和不良心态，提升社区矫正监管水平。启用四川省政法机关跨部门办案平台，打破部门壁垒，构建执法办案、业务协同、信息共享的工作格局。加强智慧矫正体系建设，加强电子定位巡查，监管脱管漏管现象。截至 12 月 30 日，接收社区矫正对象 300 人，解除矫正 229 人。锦江区在册矫正人员 323 人、训诫人员 40 人，警告处罚 16 人，撤销缓刑 2 人，收监执行 2 人，执行地变更 31 人。完成 235 件案件的审前社会调查评估工作。

【安置帮教】 区司法局秉持“监、所、地一家亲和司法行政一盘棋”的原则，按照“机制共建、管控到位、渠道畅通”的工作思路，建立监地无缝对接机制，促进安置帮教工作。截至 12 月 30 日，接收刑满释放的安置帮教对象 255 人。其中重点安置帮教对象 5 人。重点安置帮教对象必接必送率达到 100%。常态化开展安置帮教对象视频会见工作，确定远程视频会见点位，升级数字化视频设备，设立专人、专岗、专号，确保会见过程安全。组织安置帮教对象视频会见家属 379 次，服务安置帮教对象家属 759 人。

（杨　莉　仇恒伟）

2021 年 3 月 15 日，锦江区启动国际消费者权益保护日系列活动。区市场监督管理局和区消费者协会联合区检察院、区司法局开展“走进交子社区——守护安全、畅通消费、放心消费在锦江”宣传活动。采取悬挂条幅，发放宣传资料，现场宣讲等形式，宣传《中华人民共和国消费者权益保护法》。现场发放宣传资料 1000 份。锦江区 11 家市场监管所结合消费特点和疫情防控要求，分别开展“消费宣传进农村、进社区、进学校、进企业、进景区”活动。

军　事

MILITARY

人民武装

【概况】2021年，区人武部按照成都警备区党委扩大会议部署，明确"抓党建强根基、抓备战强能力、抓基层强基础、抓作风强法治、抓安全促稳定"的工作思路，坚持干部思想政治建设，推动民兵队伍建设，开展国防教育，完成兵员征集任务。市政府、成都警备区授予锦江区"2020年度成都市征兵工作先进单位"称号。

【军事干部思想政治建设】区人武部开展"不忘初心、牢记使命"主题教育和"传承红色基因、担当强军重任"主题教育，推动干部职工思想政治建设，铸牢"爱党、信党、跟党走"的政治信念。坚持每周理论学习制度，组织干部到甘孜州泸定县和四川省雅安市石棉县开展"长征路上学党史"活动，组织党员、专职武装干部和民兵骨干交流学习心得。省军区强军网、《国防时报》等媒体采用锦江区军事干部思想政治建设文稿100篇。

【国防动员】区人武部开展民兵组织整顿和潜力调查工作，组织民兵实战训练，组织专职武装干部和应急民兵军事训练，组织应急民兵开展防汛救灾演练，培训学生军训教官，接受成都警备区应急拉动检验，提高民兵的应急作战能力。以四川师范大学等高校为重点，开展征兵宣传工作。为大学生开设国防教育讲座，利用商贸中心、文化广场的大型电子显示屏播放征兵宣传片，完成征兵任务。锦江区兵役登记率

2021年6月4日，区人武部开展"长征路上学党史"活动　　（区人武部提供）

达100%。组织干部职工和民兵观看爱国教育影片《守岛人》，开设应急民兵职能使命教育课，组织高中学生军训，利用11个中心广场的电子显示屏播放国防公益宣传片。

（周凌云 朱 毅）

人民防空

【概况】2021年，区住建交局加强人民防空工程管理，检查在建项目人民防空工程质量，锦江区人民防空工程标识标牌完好率100%。开展防空袭临战疏散演练和疏散地域选址工作，牵头召开锦江区警报工作会议，检查和保养警报器61台，警报鸣放率100%。市人民防空办公室授予区住建交局“成都市人民防空综合目标完成先进单位”“成都市人民防空组织指挥年度目标完成先进单位”“成都市人民防空宣传年度目标完成先进单位”称号，省人民防空办公室授予区住建交局“四川省人民防空蜀盾2021检验性演习先进单位”称号。

【人民防空专业队建设】区住建交局按照年度人民防空专业队伍整组训练要求，依据《人民防空训练与考核大纲》，联合四川邮电学院教育培训资源，组织锦江区人民防空应急专业信息分队60名队员和锦江区人民防空交通运输专业队60名队员训练，完成各项训练科目。

【人民防空工程管理】区住建交局配合市人民防空办公室验收人民防空工程，维护人民防空工程数字化管理平台，录入新增人民防空工程数据，编入人民防空工程信息。

锦江区举办2021年人民防空应急专业队队员培训　（区住建交局提供）

【防空袭疏散】区住建交局按照市人民防空办公室部署，会同区应急局、区卫健局、东湖街道办事处开展防空袭临战疏散演练。9月18日，组织学校师生开展防空防灾应急疏散演练。与简阳市人民防空办公室协调，开展疏散地域选址工作。

【人民防空宣传活动】区住建交局分派干部到11个街道开展人民防空宣传活动，印发宣传资料3500份、宣传手册4000份。配合市人民防空办公室发放人民防空应急救援包3000个。其中社区人民防空应急救援包100个、家庭人民防空应急救援包2900个。

（郝 华）

退役军人事务

【概况】2021年，区退役军人事务局树立服务退役军人的工作理念，接收安置退役军人，落实优抚优待政策，联合驻区部队开展拥军拥民共建活动，指导退役军人服务站创建“全国示范型退役军人服务站”，实施“战旗红”志愿服务项目，组建“战旗红”志愿服务队，构建退役军人服务保障体系。区退役军人服务中心获“全国示范型退役军人服务中心”称号。

【退役军人管理服务机构设置】区退役军人事务局设办公室、政策法规科、双拥优抚科、安置就业科。下设事业单位2家。分别是区军队离退休干部服务管理中心、区退役军人服务中心。

【退役军人和消防员接收安置】区退役军人事务局接收政府安排工作的退役士兵和消防员，接收计划分配的军队转业干部。截至12月30日，举办退役军人专场招聘会4次，提供就业岗位5600个。组织退役军人参加岗位技能培训。开展第二届四川省退役军人创业创新大赛锦江区选拔赛，获成都市退役军人创业创新大赛三等奖。

【"战旗红"志愿服务】 区退役军人事务局实施"战旗红"志愿服务项目，指导11个街道76个社区组建"战旗红"退役军人志愿服务队，参加抗洪抢险、疫情防控等志愿服务活动。市退役军人事务局表彰锦江区5个"战旗红"退役军人志愿服务团队和5名退役军人志愿者，分别授予"成都市退役军人先进志愿服务集体""成都市退役军人先进志愿者个人"称号。

【双拥工作】 区退役军人事务局编制军地互提需求清单和军地互办实事清单，建立军地联谊和军政互访模式，形成拥军拥民工作机制。截至12月，区退役军人事务局为驻区部队办实事4件，组织军民共建活动6次，开展"送政策进军营"活动5次。牵头建设双拥主题公园，营造"拥军优属、拥政爱民"文化氛围，打造国防教育活动载体。

【优抚优待】 区退役军人事务局明确"做在日常、做在经常"的工作思路，为残疾军人、军人亲属等优抚对象落实优抚优待政策，兑现优待金、抚恤金。组建荣誉快递小分队，向97名立功受奖军人的亲属发送喜报。开展"凝心聚力、汇爱相助"四川省红十字基金会成都市拥军事业发展基金锦江区路演活动，发动企业募集资金55万元。使用专项资金，向生活困难的退役军人提供援助。

2021年7月9日，区退役军人事务局组织"战旗红"退役军人志愿服务队成员参加市退役军人事务局举行的授旗仪式
（区退役军人事务局提供）

【退役军人服务站建设】 区退役军人事务局对标"全国示范型退役军人服务站"创建标准，从硬件完善、制度建设等层面指导33家退役军人服务站开展创建工作。实施特色服务站建设项目，指导牛市口街道退役军人服务站打造"老兵说事室"，指导汇泉路社区退役军人服务站打造"红色家风博物馆"，指导喜树路社区退役军人服务站打造"红色阅读空间"和"老兵驿站"。

【退役军人服务】 区退役军人事务局与11家企业签订服务超市意向协议，联合4家社区服务站打造退役军人服务超市示范点。探索"互联网+养老"服务模式，免费为军队退休干部安装家庭呼叫服务设备。组织军队退休干部组建文化团队，参加成都市举办的文艺演出活动。

（余 影 李 波）

2021年10月，锦江区天仙桥南路入选"2021年成都市夏季最美道"。天仙桥南路地处锦官驿街道，连接滨江东路和东大街，串联四季花街、合江亭、黄伞巷汉服文化特色街区、大川巷艺术街区、水井坊遗址博物馆。区间内的"1.314爱情专线"成为四川省第一个以爱情文化为主题的新型消费场景，形成"浪漫产业"体系，誉为"首席浪漫目的地"。

城市建设与生态环境保护

成都锦江 CHENGDU JINJIANG

URBAN CONSTRUCTION AND ECOLOGICAL ENVIRONMENT PROTECTION

城市规划

【概况】2021年，锦江区召开土地利用规划会议8次，审议规划编制、重要建筑项目规划设计等事项46个。区规自局审批成都市射击运动学校改扩建项目规划等建设项目规划、公共服务设施规划，调整建筑形态规划，核发“用地规划许可证”25个、“建设工程规划许可证”49个，启动“三区三线”试点工作，优化空间布局和建筑形态。

【规划机构及人员设置】区规自局设办公室、法规（信访）科、自然资源调查登记和信息档案科、国土空间规划和市政管理科、详细规划管理和城市更新科、国土空间用途管制和地质环境科、耕地保护和乡村发展科、自然资源利用和土地市场管理科、建筑规划管理和执法监督科、行政审批科、督察和财务审计科。下设执法监察大队，为科级参公行政执法单位。下设区征地事务中心，为副处级事业单位。下设区地籍事务所，为科级事业单位。设行政编制人员30人、参公行政执法人员10人、事业编制人员24人。在编在职干部职工64人，聘用人员59人。在编干部中的行政编制人员37人，参公行政执法人员7人，事业编制人员20人。

【城市设计】区规自局启动白鹭湾未来公园社区城市设计工作，编制三环路以外及琉璃片区策划规划一体化研究方案以及成都地铁林家坝站、东门大桥站、东光南站、棬子树站（原赵家山站）等站点的以公共交通为导向的居民区和商业区（TOD）一体化城市设计方案，促进区域空间布局和形态提升。

【控制性规划调整】区规自局调整驸马片区局部用地的控制性规划，调整曾家坡绿地地下空间利用项目的控制性规划，调整梅林菊园片区、荷塘月色片区、石胜片区、大安片区、梅林东片区、东湖片区、大观片区的服务设施用地的控制性规划，调整柳江片区博瑞项目用地的控制性规划。

【建设项目规划】区规自局审批成都市射击运动学校改扩建项目规划和猛追湾游泳场馆改扩建项目规划，调整四川师范大学“静桉北”项目的TOD住宅及配套设施建设规划以及一心桥商业及配套建设规划、社会组织学院二期项目规划、华侨凤凰都市工业国际创新港规划、华熙528艺术村规划、中港商业街区规划，优化项目涉及的建筑形态。

【空间规划】区规自局根据空间承载能力评估结果规划建设用地，配合市规划和国土资源局编制《成都市国土空间总体规划》。按照中共中央“落实耕地保护政策”的要求，结合国务院开展国土空间规划工作，明确“耕地保护、生态环境优先”的工作理念，启动“三区三线”试点工作。“三区”指城镇空间、农业空间、生态空间三种类型的国土空间。“三线”分别对应在城镇空间、农业空间、生态空间划定的城镇开发边界、永久基本农田、生态保护红线三条控制线。确定耕地保有量、基本农田保护面积、建设用地规模。

【公共服务设施规划审批】区规自局按照锦江区构建“十五分钟生活圈”的部署，优化公共服务设施规划，审批公共卫生临床医疗中心、驸马社区综合体、驸马片区幼儿园、锦江国际学校、金象寺幼儿园、椰树街农贸市场、金象寺配套公共服务设施、盐道街中学改扩建、四川师范大学附属中学校初中部综合楼等建设项目规划。

【规划审批验收】区规自局办理建筑类建设项目用地预审与选址审批、用地规划许可、工程规划许可、建设工程规划土地核验等行政审批工作134件，制发建设项目用地预审与选址意见书16份，核发“建设用地规划许可证”16个、“建设工程规划许可证”30个，下达规划条件通知书46份、建筑工程规划土地核实意见书26份。

【市政项目审批】区规自局分批审批市政工程规划项目，审批项目80个批次。制发《建设项目选址意见书》7份，核发“建设用地规划许可证”9个、“建设工程规划许可证”19个。

（唐　嵋　黄晓熠）

市政设施建设

【概况】2021年，锦江区2条改建道路通车，贯通2条断头路。按照锦江区实施基本公共服务设施三年攻坚行动的部署，配合“十五分钟公共服务圈”建设，建成成都市第七中学校教育品牌旗下的育才校区，实施东湖幼儿园、大观养老院、大观运动场等公共服务项目37个。锦江区市政道路里程181.55千米，道路路面面积345万平方米。公路里程71.29千米，公路路面面积180万平方米。区域内市政桥梁24座、公路桥梁26座。市政基础设施覆盖率100%，公路基础设施覆盖率100%，基础设施完好率97%。

【路桥维护】区住建交局对标《城镇道路养护技术规范》，开展路桥养护工作。投入资金2450万元，修复破损车行道路面45200平方米，修复破损人行道路面9580平方米，更换道路窨井盖518个、道路边沟盖板38个，安装排水管67米，维修检查井6个。投入经费10.5万元，疏通公路边沟7000米，清理淤泥776立方米。处置市长公开电话反映的路桥问题322个，处理政协提案反映的路桥问题18个，处理人民网反映的路桥问题29个，处理街道办事处信函反映的路桥问题36个。

【道路建设】区住建交局整治提督街、点将台街、较场坝街、宏顺街、三官堂街、三色路、国华街、烟厂环线等23条道路，总长度11669米。车行道整治面积11.62万平方米，人行道整治面积6.73万平方米。项目总投资11536.47万元。实施马家沟路改建项目、静沙北路改建项目、晨光路贯通项目、宏济新路贯通项目。5月，马家沟路改建项目和静沙北路改建项目竣工。区住建交局验收合格，批准通车。马家沟路是静和路与静康路之间的规划道路，项目总投资1.25亿元。其中拆迁费7500万元。静沙北路是上沙河铺街与静和路之间的规划道路，项目总投资4600万元。其中拆迁费1600万元。8月，晨光路、宏济新路2条断头路贯通。12月，晨光路、宏济新路通车。晨光路长262.71米，宽20米。宏济新路长165米，宽20米。

（郝　华）

城市有机更新

【概况】2021年，区公园城市局探索“美丽宜居公园城区”建设的“锦江路径”，牵头开展锦江区公园城市总体规划、城市有机更新专项规划和3个公园城市示范片区实施规划的编制工作，推动“一环路市井生活圈”等示范性工程建设。四圣祠片区城市有机更新项目纳入成都

2021年，晨光路通车　（区住建交局提供）

市城市更新重点项目计划，完成23个大运会风貌综合提升整治项目，推进老旧小区改造和危旧房棚户区改造，提升街区风貌和环境品质，启动九寨沟路房屋搬迁项目、静居寺地块城市更新项目、包江桥片区城市更新改造项目。持续开展全域增绿工作，建设天府绿道、城市公园、小游园，新增绿地50.12公顷。提升马家沟路、莲花北路、海椒市东街等30条街道的行道树、街头绿地、树池的档次。创建市级园林居住式小区4个、区级园林居住式小区10个。

【城市更新机构及人员设置】 区公园城市局设办公室、政策法规科、规划发展科、征收管理科、城市更新科、公园城市科、农业农村科、产业服务科、财务科。编制人员121人。其中公务员编制人员38人、全民所有制工勤编制人员1人、参公人员19人、事业编制人员63人。设局长1人、副局级领导6人。代管区城市有机更新事务中心，为处级公益一类事业单位。下设区城市管理综合行政执法大队执法第五中队（区林业执法中队），为参公事业单位。下设区房屋征收事务中心，为事业单位。

【老旧小区改造】 区公园城市局遵循“分类改造”的原则，划分“基础类、完善类、提升类”3个类别，实施老旧小区改造项目，增设公共配套设施，提升老旧小区环境。锦江区列入省级民生目标任务的56个老旧小区改造项目和列入市级民生目标任务的40个老旧小区改造项目按时完成。采取业态植入方式改造8个老旧小区，完成老旧社区微更新项目15个，打造特色文化示范小区3个。采取连片改造方式，为老旧小区住宅楼增设电梯，报备电梯153台。遵循“传承文化、彰显特色、美化院落”原则，挖掘街区和小区传统文化底蕴，提升老旧小区文化魅力和宜居品质，打造市级老旧小区改造示范项目2个。改造马家沟路1号五福苑小区9幢老旧居民楼，五福苑小区获得“成都市最佳老旧小区改造奖”。署袜北一街145号和157号老旧小区改造为古迹酒店，获得“金熊猫天府创意设计优秀奖”，入选“成都最美城市场景”。

【“一环路市井生活圈”打造】 区公园城市局按照成都市实施“一环路市井生活圈”建设部署，依据公园城市街道一体化设计方案，提升一环路区间29个点位的建筑风貌，完成23个点位的光彩工程，卷闸门改特色橱窗79个。宏济路片区“故奈潮玩街区”入选“成都最美生活场景”，市委、市政府授予区委、区政府“成都市一环路市井生活圈规划建设管理工作担当作为先进集体”称号。

【“天府锦城”项目建设】 区公园城市局按照“天府锦城”游线体系建设部署，采取多元功能业态植入、慢行环境打造、生态景观建设等方式，打造游线9条分别是“熙来攘往国际时尚潮购之旅”“市井云乐街巷雅聚漫游之旅”“花重锦城田园乡愁闲逸之旅”“丝管纷纷乐活夜娱夜玩之旅”“绿色健康体育潮玩脉动之旅”“千年弦歌现代人文艺演之旅”“友善包容全龄全时宜居之旅”“寻香人间舌尖意境拾味之旅”“轻奢雅致安心闲适美宿之旅”。发布绿道精品旅游线路2条。分别是“市井云乐街巷雅聚漫游之旅”“花重锦城田园乡愁闲逸之旅”。根据“人、城、境、业”融合发展理念，联合区文体旅局打造“潮购、潮游、潮玩、潮享”4条场景消费专线。持续推进四圣祠片区保留更新区域城市一体化设计方案的编制工作，从产业布局角度优化保留更新项目的实施计划。启动华兴街片区和望福街片区改造试点工作，完成3个地块的拆迁腾退工作和历史建筑保护修缮工作。坚持“创造性转化、创新性发展”的工作理念，挖掘传统文化和现代生活的连接点，

获成都市最佳老旧小区改造奖的马家沟路1号五福苑小区改造项目　（区公园城市局提供）

配合市级部门完成9个历史文化街区的文化植入工作，修缮邱家祠堂等4处历史建筑，耿家巷“润居”等3处历史建筑修缮项目通过验收。结合大运会场馆建设，开展城市风貌整治提升行动，实施建筑风貌提升项目20个，打造马家沟等街区2个。整治马家沟片区的建筑外立面2.7万平方米，马家沟路、静沙北路的道路优化长度达1260米。

【绿道及配套项目建设】区公园城市局结合中小街道整治、人行道整治，实施绿道建设。建成菱窠路绿道、下莲池街绿道等社区绿道51条，打造“回家的路、上班的路”30.5千米。实施塔子山壹号小区的绿地建设项目，打造卓锦公园篮球场等天府绿道健身空间5个，对接区文体旅局选定绿道旅游线2条。

【城市公园建设】区公园城市局使用1200万元区政府划拨资金，引进社会投资6000万元，采取文化赋能的方式，联合区文体旅局打造“1.314爱情专线”10个主题场景，推动锦江公园建设。按照市公园城市局实施锦城公园建设的安排，推进环城生态公园锦江段拆迁交地工作，移交土地307.26万平方米（4609亩）。同步实施环城生态公园11个景观点位的提升项目。结合大运会环境建设项目，改建阳光新业广场游园、劼人路街头绿地等8个城市游园，建成晨辉路公园、琉璃路公园、劼人公园。

【立体绿化项目实施】区公园城市局针对屋顶、阳台、桥柱、桥体、墙体实施立体绿化项目，开展家庭种花植绿行动，完成一环路阳台绿化、机场高速白鹭湾互通立交立体绿化、“幸福梅林”景区墙体绿化等项目，立体绿化面积1.6万平方米。

【“金角银边”植绿项目实施】区公园城市局依据《成都市“中优”区域城市剩余空间更新规划设计导则》，利用桥下空间、街旁空间、地下空间、基础设施周边空间、屋顶空间、滨河空间、低效用地等城市剩余空间实施“金角银边”植绿项目，打造“域上和美”等25个“金角银边”点位。

【园林式居住小区创建】区公园城市局对标《成都市园林式居住小区标准》，开展园林式居住小区创建工作。优山悦园小区、优山禧园小区、塔子山壹号小区、华熙艺术村锦都小区创建为成都市园林式居住小区。塔子山壹号小区、优山悦园小区、优山禧园小区、粼江峰阁小区、致瑞雅苑小区、龙光天悦龙庭小区、华熙艺术村锦都小区、比华利国际城一期小区、比华利国际城二期小区、比华利国际城三期小区创建为“锦江区园林式居住小区”。

【“花乡农居”特色街区打造】区公园城市局明确“以花卉为形态，乡愁为脉络”的思路，在三圣街道“花乡农居”打造集文创、美食、研学、博览于一体的产城一体复合空间，树立中国都市田园发展标杆。实施“花乡农居”增绿添彩项目，区域乔木覆盖率由27%提升至61%，呈现“一路一色、四季多彩”的效果。构建慢行优先的交通体系，设计景点游线，植入夜间经济，打造紫藤路手工艺文创特色街区、水景巷夜间经济产业街区、紫薇路非遗文化传承特色街区3条景区特色街区。推行“公园+新消费”模式，营造高品质生活场景和“全时可游”新消费场景，打造形成青丘、竹邀月庐等28处网红打卡点及营业额300万元以上的消费场景，建成“满村”“大象希言”“栖月雅舍”等精品民宿点位10个。优化商家外摆区域，明确入户路径，增强产业链接能力。

【“爱情专线”特色街区打造】区公园城市局以鲜花为牵引，融合人文景域，实施“1.314爱情专线”提升项目，打造爱情文化消费潮游街区。项目主题场景呈现，营造消费场景5个。一期项目中的“春熙潮购”“玉成缘起”和邂逅广场等点位投入使用。同时通过植入无相禅茶文化元素，打造熊猫邮局、芙拉花艺等科技体验场景。5月20日，二期项目呈现。推出“最美婚姻登记分中心”，引进腾讯、爱奇艺等头部企业，打造投、管、运、营一站式运营模式。三期项目的“天仙桥会”“九眼桥醉”按计划施工。均隆滨河路、天仙桥滨河路入选“成都最美街道”，锦江东门码头至合江桥段获得“成都最美河道”称号，“夜游锦江”成为锦江区的城市名片。

【攀成钢南片区特色街区打造】区公园城市局推进攀成钢南片区特色示范街区建设，引进成都文化馆新馆项目和成都伽地社区音乐厅项目，打造“最成都”生活美学场景。遵循“艺术街区与花园街区融合共生”理念，为草坪区增加花镜，通过色彩变化营造街区场景。利用街区艺术装置，组合营造美空间街区场景。为景墙植入花镜，打造“汇泉花街”。

（杨　雪　吴　青）

生态环境保护

【概况】2021年，锦江区召开生态环境保护工作会暨生态环境保护委员会第一次全体会议，部署“国家生态文明建设示范区”创建工作。锦江生态环境局办理建设项目环保审批、“辐射安全许可证”资格审查等环保行政审批业务802件，核发非道路移动机械环保标识740个。为53家企业评定环保信用等级。常态化监测区域声环境和水环境，收集监测数据，为环境管理提供依据。履行监察职能，开展执法行动，打击环境违法行为。推进生态环境治理体系和治理能力现代化建设。制发《锦江区2021年新能源汽车推广应用实施方案》，新建新能源汽车充电桩2222个、公共充电站41个，指导17家新能源企业申报成都市补贴578.88万元。通过发展新能源产业，减少传统能源造成的污染。同时推进大气污染防治、水污染整治、水生态保护、土壤污染和噪声污染防治等工作，整改四川省生态环境保护督察和第二轮中央生态环境保护督察反馈问题，采取“线上多种平台发力，线下多种载体下沉”方式开展环保宣传活动。10月14日，生态环境部批准锦江区为第五批“国家生态文明建设示范区”。区委书记陈志勇代表锦江区领取奖牌。

2021年10月14日，锦江区获“国家生态文明建设示范区”称号　　（区生态环境局提供）

【生态环境保护会议】7月1日，锦江区2021年度生态环境保护工作会暨生态环境保护委员会召开2021年第一次全体会议。区委书记陈志勇主持会议，提出环保工作要求，部署“国家生态文明建设示范区”创建工作。7月2日，锦江区大气、水、土壤污染防治三大战役领导小组召开2021年第六次会议。区政府副区长朱波主持会议。会议传达锦江区2021年度生态环境保护工作会暨生态环境保护委员会第一次全体会议精神，通报重点区域的环保工作情况，审议《锦江区关于成都市环境空气质量激励约束办法(试行)贯彻落实办法》《锦江区贯彻落实成都市大气水土壤污染防治“三大战役”领导小组办公室2021年第二次会议精神措施》《锦江区2021年挥发性有机物综合整治攻坚行动方案》《锦江区餐饮油烟污染综合治理工作方案》。会议指出，各街道、区级各部门要按照“党政同责、一岗双责”的要求，落实生态环境保护工作。要以问题为导向，排查整治环保问题。

【环保工作机构及人员设置】锦江生态环境局是市生态环境局派出机构，设办公室、大气水科、污染防治综合科、法规与审批科、应急与督查科。设行政编制人员10人。其中局长1人、副局长3人。下设成都市生态环境保护综合行政执法总队锦江支队，为参公事业单位。设

2021年7月1日，锦江区2021年度生态环境保护工作会暨生态环境保护委员会第一次全体会议召开　　（区生态环境局提供）

参公事业编制人员21人。下设成都市污染源监测中心锦江监测站，为事业单位。设事业编制人员22人。

【建设项目环保审批】锦江生态环境局开展竣工项目抽查工作，监督企业落实环保主体责任。印发《锦江区绿色建筑创建行动实施计划》，审批建设项目14个，批准39个建设项目为绿色项目。其中14个项目为2021年报送项目，另有25个项目为2020年报送项目。锦江区列入环境影响评价登记表的备案项目151个，锦江生态环境局公示建设项目信息36条。

【核辐射管理】锦江生态环境局制定辐射安全隐患排查暨核技术利用单位监督检查方案，组织114家核技术利用单位开展2020年度放射性同位素与射线装置安全和防护状况年度评估工作，初审48家核技术利用单位的“辐射安全许可证”申领资格，检查78家核技术利用单位核辐射防范措施落实情况。

【企业环境信用评价】锦江生态环境局配合企业行政主管部门开展2020年度企业环境信用评价工作，督促企业改进环境行为，推动企业环境信用体系建设。主动服务企业，指导企业开展环保资料收集整理工作。按照“省级7家企业和市级46家企业”的评定要求，完成环境信用等级评定工作。评定省级环保诚信企业7家、省级环保良好企业5家，评定市级环保良好企业44家。通过环保信用等级评定，警示1家企业，作出“环境信用异常”评价的企业1家。

【环境监测】锦江生态环境局设置区域声环境质量监测网格19个，全覆盖监测锦江区声环境。昼间环境噪声最高值56分贝，最低值45分贝，平均值52分贝，与2020年持平。锦江区声环境质量达到《声环境质量标准》（GB 3096—2008）标准。锦江生态环境局落实《锦江区河（湖）断面考核办法（试行）》，在各街道设46个考核监测断面，采取“采测分离”方式监测地表水出入境断面水质。根据锦江区地表水分布情况，设置地表水断面监测点24个，覆盖河道出入境区域和人工湖、沟渠。区环境监测站每月开展一次地表水环境质量人工监测工作，为环境质量管理提供数据支撑。每月编印《锦江区河（湖）水环境考核监测专报》，通报各街道水质达标情况和扣分情况。

【环保监察执法】锦江生态环境局发挥环保监察职能作用，打击环境违法行为。出动执法人员1900人，派出执法车辆700辆，检查企业1049家，开展污染源随机检查101次。其中一般污染源随机检查76次、重点污染源随机检查25次，监测和管理协同率87%。督促11家重点排污单位安装自动污染源在线监控设备，下达环境行政执法处罚决定书20份，罚款46.79万元。成都市生态环境保护综合行政执法总队锦江支队检查建筑工地192个，罚款93.13万元，扣除建筑企业信用分0.42分。查处违法违规从事建筑垃圾运输业务的车辆182辆，罚款24.15万元。开展餐饮行业油烟污染检查，查处餐饮油烟类案件22件，罚款10.6万元。

【大气污染防治】锦江生态环境局按照《锦江区环境空气质量考核办法（试行）》的规定，落实街道空气质量定量考核制度，将11个街道纳入考核范围，按周、月、季度考核，通报考核情况。同时践行《锦江区环境空气质量激励约束办法(试行）》，采取激励和约束结合的方式促使街道、区级部门、国有公司落实大气污染防治工作责任。在责任明确的基础上分解下达大气污染防治年度目标任务，制定《2021年度锦江区大气污染防治工作实施方案》《锦江区2021年夏季臭氧污染防控行动方案》《锦江区2021年二季度大气污染防治攻坚行动方案》《锦江区2021年应对气候变化工作行动方案》等7个工作方案，组织区级部门和街道办事处召开17次大气污染防治工作会议，推进大气污染防治工作。实施“大气污染防治冬季战役”，核定重点企业环保绩效，指导企业编制重污染天气应急减排方案。提倡绿色施工方式，打造绿色标杆工地22个。实施夏季臭氧专项防控工作，引导挥发性有机物排放单位错峰生产，禁止露天喷漆作业，督导34家喷涂企业和60家喷烤企业的升级改造工作，监测5家印刷企业的挥发性有机物排放值。联合市交警三分局检测5264辆柴油货车的尾气排放值，要求324辆尾气排放超标车辆整改，向车主作出处罚决定。备案管理施工现场397台非道路移动机械，要求1台尾气排放超标的非道路移动机械整改，向所有者作出罚款5000元的决定。推动加油站油气回收在线监控设备和油气处理装置安装工作，检测16家加油站的油气回收设备。鼓励使用燃气锅炉的单位实施低氮燃烧改造项目和气改电项目。推广餐饮企业油烟净化技术，指导餐饮企业安装油烟在线监测设备。建设街道小型空气自动监测站4个。安装3D气溶胶雷达扫描设备、高架高清视频及红外遥感监控设备。监管高污染燃料禁燃区，检查锅炉使用情况。锦江区无使用煤炭、木材、生物质等燃料的锅炉。落实气改电锅炉电价优惠和专项补贴政策，验收电能替代项目实施企业1家，将1家企业纳入2022年成都市电能替代项目计划。推动燃煤居民户清洁能源改造工作，统计燃煤居民户904户，兑现清洁能源补助金86.78万元。

【水污染整治】 锦江生态环境局印发《2021年锦江区水污染防治工作实施方案》《锦江区枯水期水环境质量达标管控方案》，编制《锦江区"十四五"水生态环境保护规划》《区管河渠"一河一策"管理保护实施方案》，按照《锦江区锦江流域水生态质量持续改善细化工作方案》和《锦江区河湖水生态质量持续改善攻坚行动方案》的要求，落实河（湖）长制度，巡查锦江流域14次，整改污染问题30个。制定锦江区锦江流域入河排口"一口一长"监管工作方案和锦江区"一口一策"整治方案，排查府河、南河、沙河、陡沟河、洗瓦堰等13条河流的入河排污口1069个，排查河道长度73.8千米，取缔排污口3个。8月，完成锦江流域20个污水下河排污口整治任务。针对锦江干流和3条支流30个排口问题制定限期整改方案，持续推动锦江区全域入河排口整治。区综合行政执法局以落实"河长制"为抓手，分派河长巡河1.26万次，发现问题713个，问题处置率99.02%。与履职不到位的27名河长约谈，督促整改。查处违法排放污水行为399件，罚款19.38万元。

【水生态保护】 锦江生态环境局实施的梅香湖水生态修复项目纳入四川省生态环境资金项目储备库，成为四川省生态环境资金项目储备库收录的第二批项目。锦江生态环境局按照"底质改良"的要求，种植沉水植物4万平方米。开展红庙子排洪渠和何家冲排洪渠的黑臭水体整治效果综合评估工作12次。实施锦江区绕城高速公路范围内市政排水管网重大病害治理工作，检查绕城高速公路范围内1166个住宅小区的内部排水管网和399户非住宅类排水户内部管网，整治可能因排水导致的水体污染隐患。

【土壤污染防治】 锦江生态环境局分解落实土壤污染防治目标任务，印发《2021年度锦江区土壤污染防治工作实施方案》，实施锦江区2021年度土壤污染防治行动。调查成都联禾化工试剂研究所和成都沙河电镀厂疑是土壤污染案件，持续推进成都丽凯手性技术有限公司等2家企业的疑是土壤污染案件办理进程。与重点监管的成都市第一城市污水污泥处理厂签订目标责任书，督促企业按时完成土壤和地下水隐患排查整改等工作。登记150家单位的危险废物产生和处置情况，抽查涉及危险废物的单位70家。开展打击废铅蓄电池环境违法专项行动，要求生产企业和医疗机构规范管理工业固体废物和医疗废物。截至12月，锦江区1757家单位转移危险废物247.7公斤。

【噪声污染防治】 锦江生态环境局制定锦江区2021年噪声污染防治工作行动方案和"3+1"噪声污染整治工作方案。"3"即社会噪声、建筑施工噪声、工业噪声，"1"即文化娱乐噪声。建立区级部门和街道办事处联动防治机制，探索建立噪声污染防治定期分析制度，定期向区级部门和街道办事处印发《锦江区噪声污染防治分析报告》，督促区级部门和街道办事处落实市委、市政府实施噪声污染防治行动的部署。同时要求噪声监管部门对接属地街道，针对不同区域、不同投诉主体，确定噪声污染防治措施，按投诉种类分类建档，为区域精细化噪声管控提供数据支撑。建成3个噪声自动监测站，常态化监测区域声环境。

【环保宣传】 锦江生态环境局坚持"月月有主题"的工作思路，结合垃圾分类、生态惠民示范工程、省级生态环境保护督察等工作，采取"线上多种平台发力，线下多种载体下沉"的方式开展环保宣传活动。参与新华网举办的"2021践行生态文明发展优秀城区"评选活动，《锦江区2021践行生态文明发展优秀城区》入选《小康路上的绿色力量——2021绿色影响力案例汇编》。利用"锦界""锦江发布"等手机应用程序推送环保信息，发布"锦江区创建国家生态文明建设示范区"视频。在三圣街道"花香农居"举办"人与自然和谐共生·推门就是美好生活——世界环境日"主题宣传活动，与锦官驿街道办事处联合开展“践行低碳生活、助推绿色发展”宣传活动，利用微信公众号、微博账号开展“节能低碳宣传周”“百年再出发·全国科普日”“共创食品安全城市，守护舌尖上的安全”等网络宣传活动50次，浏览量达到10万次。

【环保督察】锦江生态环境局制定锦江区迎接四川省生态环境保护督察和第二轮中央生态环境保护督察工作方案，成立区委书记和区长任组长的区环境保护督察迎检指挥部，下设专项工作组8个。区级领导分别到对口联系的街道督导生态环境问题整改工作，属地街道和行业主管部门按照划片包干的方式，落实定点包案责任制，认领下河排口污染预防和整治责任。四川省生态环境保护督察期间，区环境保护督察迎检指挥部召开工作例会27次，编发《会议纪要》27期、《工作专报》15期，向市迎检办公室报送工作信息61条。办理四川省生态环境保护督察投诉案件128件，协办案件8件。通报四川省交办案件总量排名前五的街道，书面提醒街道党工委书记和街道办事处主任，要求街道党政主要领导履责。第二轮中央生态环境保护督察期间，区环境保护督察迎检指挥部召开工作例会33次，编发《会议纪要》33期、《工作专报》37期，向市迎检办公室报送工作信息57条。办理中央交办案件399件，办结案件366件，取得阶段性效果案件3件。针对投诉量居高不下问题，成立专案处置工作组，推动整改工作。公布区级群众投诉电话号码和各街道群众投诉电话号码，落实24小时值班制度，采取“照单全收、即知即改”的方式处置群众反映的问题。开展“向中央及四川省生态环境保护督察零投诉街道社区”创建活动，培育基层发现问题和处置问题动力，从源头化解矛盾、消除隐患、解决问题。

（曾秀凤）

国土资源管理

【概况】2021年，锦江区耕地面积496.05万平方米（7440.86亩），耕地保护补偿款兑现。区规自局推动农村集体土地拆迁安置工作，搬迁拆迁户66户。执行土地联动执法监管机制，开展土地巡查200次，办理违法用地案件3件，罚款169.17万元，拆除违法建筑33606平方米。锦江区第三次全国土地调查成果通过省市联合核查。区规自局探索建立的“集体土地征收执行八步工作法”得到市政府办公厅通报表彰，入选“成都市2020年度法治政府建设创新项目”。

【耕地保护】区规自局落实耕地保护责任，开展永久基本农田核实工作，划定永久基本农田保护线。落实耕地保护补偿政策，发放2018年度耕地保护基金280万元，涉及农户5238户。配合区农村新增乱占耕地建房领导小组办理违法占用耕地建房案件8件，恢复耕地1766.67平方米（2.65亩）。利用无人机巡查违法侵占耕地行为12次，获取违法侵占耕地的影像资料12份，提取变化图斑1081个，涉及土地825.23万平方米（12378.49亩），涉及耕地222.03万平方米（3330.44亩）。核实违法用地图斑6个，恢复耕地17880平方米（26.82亩）。

【农村集体土地拆迁安置】区规自局按照区委、区政府推进征地拆迁工作的部署，搬迁农户27户、企业31家、购地建房户8户，腾退土地95.74万平方米（1436.1亩）。采取住房安置的方式安置被征地群众27人，安置房面积970.97平方米。指导涉农街道开展“农转非”人员安置工作，为2507名“农转非”人员办理安置手续。

（唐　嵋　黄晓熠）

2021年4月22日，锦江区“珍爱地球 人与自然和谐共生”生态环境志愿服务活动举办
（区生态环境局提供）

城市管理

CITY MANAGEMENT

人口管理

【概况】2021年，区公安分局依托户籍人口管理平台和四川省警务信息综合平台，更新标准地址信息74.42万条、实有房屋信息56.77万条、实有人口信息107.65万条、实有单位信息4.29万条、实有单位中从业人员信息38.07万条。通过"一标三实"等基础工作掌握人口构成、人口分布、人口来源等情况，客观反映基础民生、行政管理、经济建设、社会治安等方面情况，为各级党委、政府决策提供参考。受理中国公民出入境证件业务4382件，办理外国人居留许可和签证业务266件。办理身份证56840个、居住证44972个。

【户籍清理】区公安分局办理业务167123件。其中户籍迁移手续98846件。变更户籍登记信息56558条，清理省级疑是重户信息159条。

【身份证办理】区公安分局办理居民身份证56840个。其中异地身份证3383个。办理临时身份证6799个。办理身份证挂失业务33件，补办身份证15280个。"成都公安微户政"互联网平台审核户籍资料11550份。利用"邮政直通车"为群众寄送身份证1230个。开辟返乡民工和中（高）考学生绿色通道，为民工和中（高）考学生制发身份证。

【居住证办理】区公安分局所辖派出所设居住证办理窗口，受理辖区内外来人口居住证申办业务。11月6日，区公安分局按照市公安局部署，启动新一轮居住证积分受理工作。截至12月，居住证总积分140分，办理积分入户业务1145件。

【出入境管理】区公安分局设出入境管理大队，在锦江公安办证中心设出入境审批窗口，受理办理中国公民出入境业务4500件，核查境外人员3500人，检查涉外酒店、涉外单位300家，处置涉外事件154件。

（金　成　李媛媛）

市容环境管理

【概况】2021年，锦江区建立环境治理绩效考核"红白牌"机制，每月利用区长办公会通报城乡环境治理考评结果，通过红牌和白牌压实工作责任。区委、区政府的主要领导主持召开专题会议，研究部署城市管理工作。健全住建、环保、水务等部门的监督管理、证据移交、行政执法等工作机制，区城市管理综合行政执法大队与市城市管理综合行政执法总队三支队联动执法，查处阿玛尼公寓违法建筑案件。区综合行政执法局办理中央环保督察案件251件、四川省环保督察案件93件，形成城市管理领域环保问题监管长效机制。推进"主体化责任项目化，我为群众办实事"活动，实施老旧院落自来水户表改造项目，入户水表改造2455户。将锦江大道成龙路至永安大桥路段列为城市管理严管街，整治工地扰民、扬尘污染、绿化管护缺失等问题。将莲桂南路、海椒市街、经华南路沿线作为城市精细化管理示范街。补植行道树199株，为9678株行道树修建枝条。补植麦冬10400平方米，播种草籽3000平方米，修剪草坪30.67万平方米、绿篱23.07万平方米。引进社会资金实施锦江仁德足球主题公园B区项目，以点带面推动城郊环境品质提升。新建公厕2座，改造公厕15座，发动120家社会单位和政府机关单位向公众开放厕所。开展生活垃圾分类动员活动200次、培训活动100次，印发“温馨提示”3万份、宣传资料20万份。锦江区清扫面积894万平方米，处置生活垃圾3.82万公斤，生活垃圾无害化处理率100%。

【城管机构及人员设置】 区综合行政执法局设办公室、政策法规科、行政执法科、环境卫生管理科、市容秩序管理科、城市景观管理科、河湖管理科、财务科、防汛抗旱科。设编制人员84人。下设区城市管理数字化监督管理中心，为副处级参公事业单位。归口管理区城市管理综合行政执法大队，为副处级参公事业单位。下设区环卫清运中心、区市容保障服务中心，均为科级事业单位。

【城管队伍规范化建设】 区综合行政执法局落实成都市城市管理执法“强转树”三年行动总结暨城管执法中队规范化建设现场会精神，印发《锦江区城市管理协管员队伍规范化管理实施意见》，开展作风纪律教育整顿活动和“强基础、转作风、树形象”专项行动。梳理城管执法队员理想信念、法治意识等6类31个问题，推动执法队伍规范化建设。锦华路街道综合执法队等6个街道综合执法队规范化建设成果通过成都市验收。

【数字化城市管理】 区综合行政执法局牵头制定城市管理智慧监管平台建设工作方案，利用城管数字化监管平台汇总基础数据、业务数据、主题数据，与街道、区级部门共享数据，提升城市智慧治理能力。针对“群众反复投诉、巡查上报反复核查、处理难度大周期长、处置部门职责不清”等典型问题，搭建沟通渠道，回应群众关切。区综合行政执法局印发《关于网格化智慧治理体系建设的实施意见》，指导春熙路街道、牛市口街道、东湖街道开展智慧城市管理试点工作，将城市管理、社会治理、公共安全、公共服务纳入网格，实行统筹管理。形成“一支队伍统管、一张网格统揽、一个平台统调、一套机制统筹”的超大城市中心城区机制改革创新样本。区城市管理数字化监督管理中心处理关注问题44.6万个，办理投诉案件1.66万件。

【扬尘治理】 区综合行政执法局会同区级部门和街道办事处建立常态化扬尘治理工作机制，重点查处建设工地和运渣车辆的扬尘行为。区城市管理综合行政执法大队查处“工地打围不规范、裸土不覆盖、进出工地运渣车未冲洗”等违规行为。查处违规工地137个，罚款156.02万元。设卡检查运渣车辆未密闭运输、抛撒滴漏污染道路等违规行为。查处违规运渣车176辆，罚款30.24万元。

【餐饮油烟治理】 区综合行政执法局制定餐饮服务业油烟污染综合治理攻坚行动方案，检查餐饮企业4865家，责令246家企业限期整改，立案查处企业36家，罚款10.57万元。建立重点问题台账，将日常巡查和监管纳入城市管理网格，利用数字化城管平台、网络理政平台分析餐饮油烟问题高发区域，“一点一策”制定整改方案，实行“清单制+责任制+销号制”管理。制定《商居伙伴联盟自治公约》，依托社区城管工作站，与社区居委会共商共治餐饮油烟污染问题。

2021年7月，锦江区城市管理综合行政执法队员在皇经楼路排查建筑垃圾运输车辆
（区综合行政执法局提供）

城市管理

【"两拆一增"项目实施】区综合行政执法局坚持"政府主导、社会参与"原则，推动"两拆一增"工作，拆除违法搭建围墙、违法建筑，增加绿化面积。拆除锦江大道邻里中心、晨辉路公园、马家沟片区、福字街机关停车场、锦官驿街道办事处、天一广场的围墙2.3万米，实施大运会沿线违法建设整治行动，利用无人机航拍取证，拆除违法建筑20万平方米。"两拆一增"点位达到107个，开敞空间面积达到34.2万平方米，增绿面积23.5万平方米，取得"出门见园、开窗见绿"成效。

【户外广告牌和招牌整治】区综合行政执法局印发《锦江区商招店招设置技术导则》，鼓励商家个性化设置招牌，审批招牌1300个。参加市城管委举办的最美招牌评选活动，选送的15个招牌获"成都最美招牌"称号。开展户外广告安全隐患排查和楼顶招牌专项整治工作，排查存在安全隐患的户外广告牌100个，拆除遂宁宾馆、新希望中鼎国际大厦、中国水电五局等点位的屋顶广告牌80个，整治违规设置的户外广告牌700个。12月31日，《人民日报》、中国网等媒体报道锦江区户外广告牌整治情况。

【景观照明提升】区综合行政执法局编制《锦江区景观照明控制性规划》，实施蜀都大道夜景光彩工程，启动五丁桥至望江楼公园10千米锦江航线景观照明工程，打造"一环路市井生活圈"和"1.314爱情专线"的光彩景观。开展"照亮回家路"专项整治行动，整治正义路、锦水街等12条道路的破损路灯。

【背街小巷治理】区综合行政执法局整治背街小巷5条。分别是中道街、暑袜北一街、大安正街、下莲池街、宏济上路。打造望福街示范性特色街巷。结合"十二月市"活动，实施"花乡农居"连片整治行动，营造"可进入、可体验、可消费"的城市深度游场景。

【城市管理示范街建设】区综合行政执法局以莲桂南路、海椒市街、经华南路沿线为试点线路，探索"物业化+企业自管+社区自治+市民参与"模式，落实临街商铺"门前三包"责任，制订环卫、绿化、广告招牌、共享单车、商家外摆的管理标准，规范商店招牌，划设共享单车停放点位，取缔违法占道经营现象，打造城市精细化管理示范街。

【铁路沿线环境治理】区综合行政执法局按照"排查在先、发现在先、整改在先"的要求，清除铁路沿线的农用薄膜、遮阳网等软漂浮物和彩钢棚、围挡等硬漂浮物，整改市级铁路沿线环境问题25个。

【垃圾分类处置】区综合行政执法局制定《锦江区2020—2024年生活垃圾分类实施方案》《2021年生活垃圾分类工作要点》等50份规范性文件，为1087个住宅小区配备生活垃圾分类收集容器，在30个住宅小区实施垃圾智能回收设备试点项目，设置再生资源回收点位76个。采购电动厨余垃圾收集车33辆、厨余垃圾收集容器264个。指导各街道办事处与环卫作业公司、专业回收企业签订分类回收协议，督促回收单位落实分类运输车辆100辆。在狮子山街道万科城市花园小区、锦官驿街办博舍酒店、均隆街61号院落、春熙路街道财富中心等点位增设厨余垃圾分布式处理设施，处理量达到每日4万公斤。新建50平方米的标准化有害垃圾暂存点，临时存放有害垃圾。牵头开展生活垃圾分类"一月一拉练"活动，根据督查情

2021年8月30日，锦江区城市管理综合行政执法队员整治沙河街道盐道街小学通桂校区周边环境，规范临街商铺占道经营行为
（区综合行政执法局提供）

况编印《垃圾分类专项通报》15期。5月、11月，联合市垃圾分类办公室、市城管委举办“小手牵大手”“垃圾都去哪儿了，我们一起来追寻”等宣传活动。中央电视台、《成都日报》等媒体报道锦江区生活垃圾分类工作200次。

（覃　兵　战　婕）

突发事件应急管理

【概况】2021年，区应急局编制《锦江区突发事件总体预案》，要求各街道、各应急委成员单位于2022年3月20日前完成专项应急预案的编制工作。联合社会救援组织、街道办事处、电力部门、燃气部门、电信单位组建50人应急救援尖刀分队，指导11个街道组建应急队，指导76个社区组建应急分队。建成避难场所96处。举办灾害信息员业务培训，组织“蜀盾2021”、救援队伍应急拉动、学校地震紧急疏散、商场火灾逃生等综合演练15次，指导各街道开展应急预案演练421次。锦江区消防救援大队完善火灾预案140份，开展火灾疏散演练777次，开展冬春火灾防控、夏季火灾防控、消防通道畅通等专项行动。处置119火灾警情608次、抢险救援警情1045次、社会救助警情1597次，疏散被困群众41人，抢救财产损失500万元。锦江区发生火灾事故506件，过火面积2252.7平方米，死亡2人，受伤1人，直接财产损失96.52万元。火灾事故数量较2020年下降1.17%，火灾致死人数较2020年增长200%，火灾致伤人数较2020年下降88.89%，火灾导致的直接财产损失较2020年下降57.25%。

【应急管理机构设置】区应急管理局设办公室、综合协调科、安全生产基础科、应急管理科、火防科、危险化学品和政策法规科、行政执法科，下设应急指挥中心。

【应急救灾物资储备】区发改局和应急局推动区级救灾物资库点建设，租赁锦华路街道办事处315平方米办公用房，改造为区级救灾物资存储库点，存储区级救灾物资。完成区级救灾物资采购任务，采购帐篷、折叠床、棉被、场地照明设备、配套货架等物资1462件，要求街道社区根据灾害种类储备应急物资。

【应急避难场所建设】区应急局规划建设锦江区体育公园一类应急避难场所。区域内分布成都市修建的一类避难场所3处、自建二类避难场所10处、三类城市社区避难场所72处、临时避难场所11处，避难场所面积245.69万平方米（含防空工程面积168.81万平方米），避难场所人均面积3.9平方米。

【应急能力提升行动】区应急局实施应急能力提升行动，编制《锦江区应急能力提升行动计划的实施方案（2020—2022）》，制发《关于加快推进街道综合应急救援队伍建设的通知》，组织11个街道的应急队和76个社区的应急分队开展应急救援队技能比武活动。9月1日，区应急局在成都市森林消防大队举办街道应急救援队技能比武培训。锦江区11个街道110名基层应急队员参加培训。10月12—13日，率队到成都市国防动员综合训练基地参加成都市首届基层应急队技能比武大赛总决赛。成龙路街道和三圣街道的应急队获得团体风貌三等奖。12月1日，区应急局联合狮子山街道办事处、成龙消防中队，到四川师范大学开展地震应急避险与疏散逃生演练。

【灾害信息员培训】5月13日，区应急局举办2021年灾害信息员业务培训，邀请减灾专家授课，锦江区100名灾害信息员参加培训。5月25日，采取互联网和实体培训结合的方式，承办全国灾害信息员师资业务培训，参训人数达到98人。7月6日，举办灾害风险隐患信息报送工作视频培训，组织100名街道灾害信息报送员、社区灾害信息报送员参训。

【自然灾害综合风险普查】区应急局按照第一次全国自然灾害综合风险普查的要求，制定锦江区第一次全国自然灾害综合风险普查工作实施方案，启动普查工作。普查承灾体、减灾能力、历史灾害，收集数据2660个，完成现场调查、数据录入、数据质检等阶段性工作，通过市自然灾害综合风险普查办公室核查。成龙路街道国槐社区通过省减灾办公室核查，创建为“全国综合减灾示范社区”。

【消防安全检查】锦江区消防救援大队建立重大火灾隐患整改闭环管理机制，提请区政府挂牌督办尚都服饰广场等9家单位的重大火灾隐患整改工作。办理行政案件198件，临时查封单位21家，责令7家单位停工停产停业，拘留6人。开展高层建筑火灾隐患专项整治、消防安全大排查、消防安全攻坚、城乡居民住宅消防安全排查等消防安全专项行动，检查单位3119家，发现火灾隐患2913处，督促整改隐患2210处。

【消防安全宣传】 锦江区消防救援大队按照“电视有字幕、广播有声音、手机有提示、网络有信息、户外有标语”的要求，利用街面电子显示屏、影院映前广告宣传消防知识，通过微信、微博等平台推送防火提示信息，协调媒体报道锦江区消防工作，打造华兴街特色街区消防科普教育点，发动社区网格员、社区消防宣传员、消防志愿者、派出所民警每周开展消防宣传活动，为锦江区165所小学、中学、幼儿园分派消防安全副校（园）长。

（杨 澜）

2021年，锦江区实施东大街焕新工程，打造国际消费活力轴，串联春熙路、攀成钢、东村、交子4个商圈，重点建设盐市口总部活力区、春熙路国际潮购城、牛王庙金融集聚区、东大路智慧商务港、沙河堡生态人文湾、蜀都峰数字文创谷六大城市开发片区，发展首店经济、户外经济、后街经济、夜间经济，支持“老字号”活化焕新，支持开发“国潮新品”，打造全球新品首发地、高端品牌首选地、原创品牌集聚地。

（上图由区融媒体中心提供）

经济管理

成都锦江 CHENGDU JINJIANG

<<< ECONOMIC MANAGEMENT

财 政

【概况】2021年，区财政局落实减税降费、贷款贴息等政策，支持企业发展。保障产业发展资金，助推经济能级提升。按照《关于进一步做好争取上级补助资金工作的通知》要求，争取补助资金4.04亿元，涉及项目18个。加强政府债务限额管理，控制隐性债务增量，化解存量债务，防范债务风险。打造政府采购信息化平台，提高政府采购监管效能。按照“总额控制、分项管理”原则控制“三公”经费。截至12月，锦江区一般公共预算收入90.05亿元，较2020年增长8.9%；税收占一般公共预算收入的82.7%，较2020年提高1%。一般公共预算支出59.86亿元，民生支出占一般公共预算支出的70%。

【财政管理机构及人员设置】区财政局设办公室、预算科、绩效管理科、国库科、行政政法科、社保文教科、城乡建设科、会计监督科、非税收入科、债务管理科、企业服务科、国资管理科、国企管理科。设行政编制人员25人。下设区财政局支付中心，为区财政局所属副处级参公事业单位。设事业编制人员23人。

【区委财经委员会成员构成】区委财经委员会七届十二次会议批准区委财经委员会成员变动。区委书记陈志勇任区委财经委员会主任，区委副书记、区政府区长缪晓波任区委财经委员会副主任。区委财经委员会委员由区委副书记吴斌，区委常委、区政府常务副区长黄婉，区政府副区长周晓以及区委办公室、区政府办公室、区发改局、区财政局、区审计局主要负责人担任。区财政局设区委财经委员会办公室，区财政局局长任区委财经委员会办公室主任。

【减税降费政策落实】区财政局按照财政部、省财政厅、市财政局落实减税降费政策的要求，将落实减税降费政策作为年度重点工作，制订监督检查计划，明确职责和时间节点，对标检查落实情况。建立收费清单管理制度，要求区级执收单位公示收费项目、收费范围、收费标准。同时公开减免政策，提高群众知晓率。按照区委“财政金融互动”的决策部署，投入财政资金0.33亿元，落实再贷款贴息、创业担保贷款贴息等扶持政策，支持小型企业和微型企业发展，为企业减税降费16.05亿元。通报表扬“突出贡献百强企业”和“1+3+3产业示范优秀企业”。

【产业发展资金保障】区财政局落实产业扶持、人才引育、金融服务、场景营造等政策，投入财政资金2.04亿元，支持主导产业转型升级，支持特色产业提质增效，为锦江区构筑“1+3+3”现代产业体系提供财政资金保障。按照区委构建“一核两轴三带三区”经济地理的决策部署，投入财政资金0.33亿元，支持东大街都市级功能区总体策划和“十四五”重点专项规划编制工作，保障产业功能区运行。

【非税收入促进】区财政局根据执收单位收费项目、2020年的实际收费情况以及政策增减因素，分解下达2021年非税收入计划，指导执收单位按进度完成收入任务。配合区税务局开展垃圾处置费、土地闲置费、防空地下室异地建设费、国有土地使用权出让费以及矿产资源专项收入的划转征收工作，完成罚没收入增长原因分析工作和征管执行情况排查整改工作。

【支出结构优化】区财政局按照区委“不折不扣过紧日子”的要求，建立节约型财政保障机制，压减一般性支出，降低行政运行成本。锦江区一般性支出预算金额较2020年下降5.3%。集中财力支持民生等重点领域支出，民生支出金额达41.88亿元，占一般公共预算支出的70%。投入财政资金0.86亿元，强化疫情防控和应急保障工作。

【直达资金使用管理】区财政局成立直达资金预算执行工作领导小组，确定直达资金动态监控流程，支出直达资金2.22亿元。通过直达资金弥补疫情防控和基本民生保障领域的财政支出短板，为减轻企业负担、激发市场主体活力、保障改善民生、稳定经济增长助力。

【“三公”经费管理】区财政局编制“三公”经费预算。践行“三公”经费支出预警机制，每月汇总区级部门的“三公”经费报表，定期检查各部门“三公”经费支出情况，在锦江区公众信息网公示区级部门“三公”经费预决算信息。执行国库集中支付制度和公务卡管理规定，要求区级部门使用公务卡结算“三公”经费。锦江区“三公”经费支出1327万元，较2020年下降17.9%。

【财政监督】区财政局开展财经纪律检查、财务管理风险排查财政资金使用情况抽查等专项检查，将惠农惠民财政补贴项目纳入“一卡通”阳光审批平台管理。落实政府采购专项巡视巡察反馈问题整改机制，专项整治政府采购行为，确保区级单位的政府采购行为合规合法。推进政府采购信息化建设，打造政府采购监管平台、集中采购电子化招投标平台、分散采购网上交易平台，要求区级单位按采购类别，实行平台采购。配合区人大常委会开展财政预算监督工作，向区人大常委会报告区属国有资产管理情况。同时公开财政预决算信息，促进财政规范化运行。

【政府债务管理】区财政局制定政府隐性债务化解方案，建立政府隐性债务化解台账，督促区级部门和区属国有公司落实债务化解。锦江区隐性债务化解目标金额55.97亿元，实际化解隐性债务金额57.42亿元。根据财政承受能力，组织区级部门、区属国有公司筛选重点项目，向四川省和成都市的财政部门争取债券资金，为重大项目建设提供支撑。市财政局向区财政拨付专项债券资金1.6亿元、再融资债券资金3.77亿元。偿还政府债务3.91亿元，政府债务余额31.2亿元。

（常　娟　徐诗静）

税　务

【概况】2021年，区税务局履行税收、非税收入、社保费用征管职能，推进税收经济分析和税收政策效应分析工作，开展税收宣传活动，启动“枫桥式税务所”建设，以柔性执法方式提高税法遵从度。通过实施税务服务1号工程，促进税务服务品质提升。通过监控评价体系建设以及增值税专用发票电子化试点工作等方式，加强税收风险管理。通过落实减税降费和延期报税政策，为常态化疫情防控期间的经济发展助力。截至12月，锦江区税费收入331.46亿元，较2020年增长34.2%。其中区级税收75.47亿元，同比增长10.6%。土地增值税收入达到12.81亿元，同比增长27.08%。非税收入、社保费收入分别达到31.97亿元和98.16亿元。全口径税收首次突破200亿元，同期增幅达到8.15%。

【税务机构及人员设置】区税务局内设机构15个、另设机构3个、派出机构9个，下属科级事业单位2家。派出机构均为税务所。其中4家税务所为属地税源管理部门，4家税务所为专业化税费管理部门。区税务局29个所属机构配备主要负责人29人、副职44人，配备一般人员269人。

【税收征管】区税务局落实《国家税务总局关于进一步加强欠税管理工作的通知》精神，依据《中华人民共和国税收征收管理法》及实施细则制定欠税管理办法，明确欠税管理的范围、部门职责分工、日常管理流程，加大欠税管理力度。同时依托四川省电子税务、金三核心征管等互联网平台推动税务网办业务，网办率达到96.88%，网报率达到99.71%。

2021年锦江区税收情况一览表

表12

税种	收入情况		
	收入（万元）	增减金额（万元）	增减比例
全口径税收	2013379	151778	8.15%
增值税	927626	14747	1.6%
消费税	17173	4550	36%
企业所得税	461611	18380	4.1%
个人所得税	204913	36435	21.6%
营业税	1590	1628	4291%
资源税	141	-46	-24.8%
城市维护建设税	68826	3813	5.9%
房产税	118100	24178	25.7%
印花税	24816	3295	15.3%
城镇土地使用税	9186	558	6.5%
土地增值税	128076	27222	27%
车船税	44	37	532.8%
契税	51127	21160	70.6%
环境保护税	177	61	52.9%
耕地占用税	-25	-4240	-100.6%

【合作共治机制建立】 区税务局与区行政审批局、区投促局共同建立新办市场主体数据交换机制和招商引资企业信息沟通机制，为协税护税夯实数据基础。与财政、水利、人防等部门对接，划转3项非税收入。分别是水土保持补偿费、防空地下室易地建设费、城镇垃圾处理费。与公安机关、公诉机关、审判机关建立合作共治机制，借助司法力度推动税款追缴工作。截至12月，配合公安机关办理涉税查询案件3件。根据区检察院移交的2份自然人税款追缴建议，追收税款49738.63元。与成都市中级人民法院合作，追收税款32464.75元。

【柔性执法】 区税务局按照“第一次违规免于处罚”的规定，编制“首违不罚”事项清单，办理“首违不罚”事件1400件。采取说教、劝导、建议、约谈、回访等方式柔性执法，将涉税矛盾纠纷化解关口前移，涉税调解满意度达到100%。经过统计，区税务局管辖的A级纳税人占比从2019年度的2.18%提升至2020年度的10.5%（2020年度A级纳税人占比统计工作于2021年开展）。

【减税降费和延期报税审批】 区税务局落实研发费用加计扣除等减税降费政策，为常态化疫情防控时期的经济发展助力。截至12月，为13.49万家纳税单位减税降费16.05亿元。为85家制造业中（小）微企业办理专项税款缓缴手续，缓缴金额达到318.82万元，政策惠及面达到100%。审批通过7家单位的纳税延期申报申请，为企业解决困难。

【税收风险管理】 区税务局按照“数据监测有人盯、数据整改有人做、数据巩固有人控”的要求，实施税收监控评价体系建设，达到成都市税务征管质量综合评级标准。建立“一户式2.0”管理机制，启动增值税专用发票电子化试点工作。确定专用发票电子化纳税单位3662家，同步核定试点率达到99.05%，实现“应核尽核”目标。打造非居民企业跨国涉税行为全流程监管链，组织国际税款5.59亿元，同比增长129%。截至12月，风险应对（含大企业风险应对）收入8.14亿元，同比增长29.62%。

【税务宣传】 4月，区税务局明确“税收惠民办实事、深化改革开新局”主题，开展第30个“税收宣传月”活动。参加省税务局举办的“税收宣传月”启动仪式和市税务局举办的“成渝双城接力”活动，成为

2021年4月29日，区税务局在成都市天涯石小学开展“税月如歌”宣传活动（区税务局提供）

"我在改革一线——云访谈"活动的现场直播单位。与"春熙孃孃"志愿服务队共同组建"锦江税务·春熙孃孃宣税法"志愿服务小分队，宣传税收法规。引导纳税人填写"锦税蓉e办"电子问卷，向纳税人问计问需，推动税务服务提档升级。开展"从税务制服看'税月变迁'"展览活动，展出不同时代的税务人员制服以及税管人员的工作照片，向社会展示税收领域的变革情况。联合四川师范大学开展"税法宣传进校园"活动，发动大学生加入财税志愿者团队。以"教育学生，辐射家庭"为目的，依托四川省青少年税收普法教育基地（成都市天涯石小学）开展"穿越税月遇见你"宣传活动。6月17日，在仁恒置地广场开展全国四级政协委员共话税收征管改革沙龙活动。1—12月，开展"纳税人学堂"活动45次。其中互联网在线培训13次、线下培训32次，培训7000名纳税人。

【税务服务品质提升】区税务局将提升纳税人满意度定为税务服务工程的1号工程，打造标杆化办税服务厅，开设社保费用联合征缴窗口，制定窗口服务制度，规范多部门交叉事项服务流程，扩大咨询电话接听量，实施金牌税管训练营项目，建成跨省电子缴库，促使税务服务便捷化程度提升。同时创新设立解忧服务站，专门为老、弱、病、残、孕等特殊群体提供便捷服务，受到群众表扬20次。区税务局参加全国纳税人和缴费人满意度专项调查，获得全国第33名和四川省第2名的成绩。

（舒 磊 胥 月）

审 计

【概况】2021年，区委审计委员会落实习近平总书记指示和批示审计工作的重要精神，在推动政策落实、维护财经秩序、保障改善民生、加强廉政建设等方面发挥领导作用，牵头构筑审计大监督工作格局。区审计局按照区委审计委员会部署，明确"紧盯关键少数，做好常态化经济体检"的工作思路，与纪检监察部门协作，强化专项资金预算执行审计力度，确保财政资金安全。制发《锦江区关于加强和改进内部审计工作的实施意见》，指导区级部门开展内部审计工作。坚持"审计监督关口前移"原则，加强领导干部经济责任审计工作。履行固定资产投资项目审计监督职能，审计政府重点投资项目、民生工程以及涉及社会公共利益的建设项目，为规范政府投资和优化财政支出结构助力。截至12月，实施审计项目和专项审计调查项目199个，发现问题191个，向纪检机关和行业主管部门移送问题线索10个。提出审计建议102条，出具审计决定书1份，制发审计建议函2份。审计项目涉及资金128.56亿元，查出管理不规范资金9.35亿元，审计减少工程款0.6亿元。

【审计机构及人员设置】区审计局设办公室、法规科、经济责任审计科、财政审计科、固定资产投资审计科、社会保障与企业审计科。设行政编制人员14人。其中局长1人、副局长2人、科级干部6人、总审计师1人、其他编制内人员4人。下设内部审计事务指导中心，为科级参公事业单位。设参公事业编制人员13人。其中主任1人、副主任2人、其他编制内人员10人。下设区政府投资审计中心，为科级全额事业单位。设全额事业编制人员6人。其中主任1人、其他人员5人。

【区委审计委员会七届三次会议】7月22日，区委书记、区委审计委员会主任陈志勇主持召开区委审计委员会七届三次会议。区委副书记、区政府区长、区委审计委员会副主任缪晓波，区委常委、区纪委书记、区监察委主任刘嘉聪，区人大常委会副主任张卫东出席会议。区委办公室、区政府办公室等成员单位主要负责人参加会议。会议传达全国和四川省、成都市的审计工作会议精神，听取锦江区2020年审计工作情况汇报和2021年审计重点工作情况汇报，区审计局负责人报告锦江区2019年度区级财政预算执行情况和其他财政收支审计工作报告中审计查出问题整改情况。会议审议通过《锦江区2021年度审计项目计划（送审稿）》《锦江区2020年度同级财政预算执行和其他财政收支的审计工作情况报告（送审稿）》《关于调整锦江区经济责任审计工作联席会议成员单位的请示》，部署审计工作。

【经济责任审计】区审计局履行领导干部经济责任审计职能，审计领导干部15人，涉及区级单位6家、街道办事处2家、群团单位1家、国有公司1家。其中6名领导干部接受离任审计，9名领导干部接受任期内审计。实施自然资源资产离任审计项目1个。审计涉及资金38.69亿元，查出管理不规范资金0.31亿元，发现问题100个，移送问题线索3条，制发审计建议函1份，提出审计建议21条。

【审计调查】区审计局开展国库库款管理情况调查、地方政府债券资金管理情况调查、新增财政资金管理情况调查、财政专户管理情况调查、地方政府隐性债务化解情况调查、区属国有公司组织架构调查等专项审计调查工作，完成省、市、区三级联动财政暂付款清理情况调查任务。

【专项审计】区审计局审计区属国有公司2016—2020年市场化房地产开发项目，查出管理不规范资金0.3亿元，发现问题39个，移送问题线索3条，提出审计建议9条。审计2020年度区级财政预算执行项目和其他财政收支项目和区新科局、区应急局的预算执行项目，审计查出管理不规范资金8.74亿元，发现问题52个，移送问题线索4条，出具审计决定书1份，制发审计建议函1份，提出审计建议52条。审计固定资产投资项目177个，涉及政府投资的田家炳中学新建综合楼工程结算项目、成都市第三幼儿园安全排危结算项目、督院街片区提升改造结算项目、光大巷西段棚户区改造结算项目，审计资金总额89.87亿元，核减金额0.6亿元，提出审计建议20条。

【审计问题整改】区审计局落实整改销号制度，明确被审计单位整改主体责任，督促被审计单位落实整改措施。检查11家被审计单位的问题整改情况和审计建议采纳情况，向区人大常委会报告2019年度同级财政预算执行和其他财政收支项目的审计问题整改情况，通过区政府门户网站公示2018年度同级财政预算执行和其他财政收支项目的审计问题整改结果。

（张小龙　唐小峰）

统　计

【概况】2021年，区统计局实施经济大数据平台功能拓展项目，加强数据融合和创新场景应用，打造数字化经济运行监测体系和企业管理服务体系，完成区委、区政府经济工作调度数字化转型任务，实现统计服务监督水平提升目标。12月24日，区统计局实施的大数据平台提升项目列为四川省统计信息化工作会议交流议题。开展抽样调查，为区委、区政府决策提供参考。动态维护基本单位名录库，建立区、街道、社区一体化名录库工作体系。落实统计执法监督制度，检查企业68家。组织统计从业人员培训，为领导干部开设统计知识讲座，提升统计从业人员业务能力，提高领导干部运用统计手段决策经济社会建设的能力。开展统计法规宣传活动和统计诚信示范企业认定申报工作，中国五冶集团有限公司和成都中国青年旅行社入选“四川省统计诚信示范企业”。

【统计机构及人员设置】区统计局是区政府处级工作部门，设办公室、国民经济综合核算科、经济统计科、社会统计科、服务业统计科、统计执法监督科、经济大数据管理科。设行政编制人员15人。下设科级公益一类事业单位区统计普查中心，设事业编制人员10人。

【领导干部学习】8月27日，邀请市统计局党组成员、副局长刘忠参加“锦江论坛”活动。以“围绕GDP核算指标分析如何做好基层统计工作”为题，为领导干部开设专题讲座。9月7日，西南财经大学社会发展研究院副教授、人口研究所所长杨帆应邀为区委理论学习中心组成员授课。杨帆以“从人口视角看区域发展问题——以锦江为例”为题，为区委理论学习中心组成员分析锦江区第七次人口普查数据。

【第七次全国人口普查公报发布】6月28日，锦江区第七次全国人口普查领导小组办公室发布锦江区第七次全国人口普查公报。公报显示，至2020年11月1日24时59分59秒，锦江区常住人口902933人。与第六次全国人口普查结果比较，增加212511人，增长30.78%，平均每年增长2.72%。锦江区家庭户357855户、集体户31269户，家庭户人口781057人、集体户人口121876人。平均每个家庭户2.18人，较第六次全国人口普查的平均家庭户人口减少0.44人。

【经济大数据平台提升】区统计局打造经济运行监测数据平台，采集区域三次产业、九大行业和51个支撑指标等宏观经济数据，以占比、增速、拉动等统计维度呈现区域经济宏观基本面。通过经济大数据平台数字化调度经济工作的目标实现。建立“1+3+3”产业功能数据模块，分析行业构成，按产业查询企业信息，汇总行业营收、利润、税收、劳动工资的数据，反映行业状况。利用大数据平台统计楼宇经济入区率、入库率、入住率、纳税率和企业变动信息，动态监测楼宇经济发展情况。各行业主管部门通过经济大数据平台统计行业经济数据。开发大数据平台的“精准画像”功能，优化企业健康评价体系，链接“天眼查”等外部数据使用平台提供的股权变更、司法风险等信息资源，一屏呈现企业的多维数据，为服务企业提供数据支撑。完善大数据平台的入库筛查功能，方便各街道开展企业入库培育工作。通过入库筛查，新增入库企业100家。

【抽样调查】 区统计局采取抽样调查的方式，调查限额以下商贸业66家、规模以下服务业报表单位127家、金样本试点调查单位6家。按住户信息、个人信息、工作情况、无工作情况4个模块开展月度劳动力抽样调查，反映城乡劳动力资源、就业人口和失业人口总量、人口结构和分布情况，为区委、区政府判断就业形势、制定就业政策、加强就业服务提供参考。调查样本涉及11个街道29个社区，每月入户调查464户。开展住户调查，调查住宅小区记账户家庭收支情况，反映城乡居民收入和消费情况，为区委、区政府决策民生工程提供参考。开展劳动力调查，调查样本涉及10个街道的20个住宅小区，入户调查居民家庭200个。

【基本单位名录库动态维护】 区统计局践行基本单位名录库属地化维护更新机制，指导各街道按属地管理要求配备工作人员，通过社会综治网格化管理和属地化方式维护名录库。加强街道业务指导，根据工作任务制订工作目标和实施方案，纳入统计工作年度考核，定期检查街道工作情况。探索名录库建设管理新模式，利用经济大数据平台收录的工商、税务的实时企业数据推动名录库向重点楼宇和社区网格延伸，建立区、街道、社区一体化名录库工作体系。开展达标企业申报入库工作，新增规模以上工业企业、资质等级建筑业企业、限额以上批发零售和住宿餐饮企业、国家重点服务业企业115家。对照基本单位名录库及联网直报采集处理平台的法人单位基本情况表，修正名录库错误信息2000条。

【统计执法监督】 区统计局践行统计违纪违法行为举报工作制度和领导干部违规干预统计工作记录制度，落实统计执法监督制度，召开统计执法检查工作会议，制定《联网直报监测管理办法（试行）》，建立重点企业异常情况预警制度，开展统计执法检查。检查企业52家。联合区市场监管局开展部门联合检查，检查企业16家。处罚企业4家，向3家企业下达书面整改通知书。

【统计行业培训】 区统计局组织统计从业人员参加2021年成都市镇（街道）统计干部培训班学习，组织企业新进统计从业人员参加市统计局举办的岗位培训，选派6人到南开大学参加市统计局举办的成都市统计调查干部培训。6月，组织工业企业和房地产企业的统计人员参加市统计局举办的继续教育培训。9月，在四川花园宾馆举办统计从业人员继续教育培训班。组织

2021年7月9日，锦江区统计执法检查工作会议召开　　（区统计局提供）

商贸业企业、服务业企业、建筑业企业的590名统计从业人员参训。开展统计法律法规培训，组织统计从业人员学习全国和四川省、成都市的统计法治工作会议精神，学习习近平统计工作重要论述和指示统计工作的重要精神，传达省统计局《关于转发〈国家统计局关于2021年上半年13起重大统计违法案件的通报〉的通知》精神。

【统计法规宣传】 区统计局安排干部职工到社区开展"搞好劳动力调查、服务百姓就业"劳动力调查宣传活动，宣传城乡一体化住户调查工作和统计报表制度、统计法律法规。向企业发放统计法律知识读本和《企事业单位防惩统计造假弄虚作假有关统计法律知识学习手册》《统计法律法规宣传手册》《统计法规知识宣传手册》。12月4日，确定"以习近平法治思想为指引，坚定不移走中国特色社会主义法治道路"的活动主题，开展"宪法日"宣传活动。承办成都市统计部门"深入学习贯彻习近平法治思想，加快推进新时代统计法治建设"暨《中华人民共和国统计法》颁布38周年纪念日宣传活动。

（蒲　玥）

国有资产管理

【概况】 2021年，区国有资产管理局践行国有资产监管体制，以出资人审批事项梳理为切入点，加大简政放权力度，优化国有企业发展环境。区属国有公司需报区委和区政府的审批事项占比由37.5%下降至25.7%。同时完善国有企业管理制度，促进区属国有公司规范化管理。清查区级部门出资创办企业，通过清算注销、股权划转等方式，完成党政机关和事业单位经营性国有资产集中统一监管工作。

【区属国有企业管理】 区国有资产管理局修订《区属国有企业违规经营投资责任追究实施办法》《区属国有企业资金管理办法》《区属国有企业投资及担保监督管理办法》，保留制度13项，修订制度3项，废除制度1项，新增制度6项，从资金、审计、人事、责任追究等方面规范国有企业经营管理。建立出资人监督与纪检监察、巡察、审计、社会监督的统筹衔接机制，以查阅资料、现场查看、走访了解的方式，每月检查区属国有公司运行情况，督促区属国有公司整改财务审计发现的问题。指导区属国有公司设置内审机构，围绕重点业务、关键环节、重要岗位健全内控体系，将区属国有公司内审机制、执行情况、整改情况纳入年度考核。备案审查区属国有公司融资规模、融资成本。执行债务统计月报制度，依托全口径债务监测平台，每月监控区属国有公司的债务余额、债务举借、资金使用、还本付息等情况，防范债务风险。

【国有资产集中统一监管】 区国有资产管理局落实《中共中央、国务院关于严禁党政机关和党政干部经商、办企业的决定》精神，清查区级部门出资创办的企业4家、街道办事处出资创办的企业4家。其中区教育局出资创办的企业1家、区住建交局出资创办的企业2家、区城管局出资创办的企业1家、原督院街街道办事处出资创办的企业1家、原水井坊街道办事处出资创办的企业1家、原双桂路街道办事处出资创办的企业1家、三圣街道办事处出资创办的企业1家。

（常　娟　徐诗静）

安全生产管理

【概况】 2021年，区应急局、区安全生产办公室制订安全生产年度宣传和监督检查计划，开展安全管理宣教活动和执法检查行动。学习宣传习近平总书记论述安全生产和应急管理的重要精神和安全生产法律法规。成立智慧韧性安全城市建设工程推进组，编制责任清单和项目清单，明确责任27项，纳入项目9个。区委领导和区政府领导带队督导安全工作120次。区委、区政府的领导班子成员分工，成立消防安全专项督导组5个，率队开展消防安全检查行动620次，排查整改消防安全隐患78个。锦江区15家生产经营单位完成生产安全事故应急预案备案手续。截至12月，锦江区发生一般死亡事故5件，死亡5人。其中4件4人为建筑施工事故。事故数较2020年下降64.3%，死亡人数下降44.4%。

【安全宣传】 区应急局与区委宣传部、区政府办公室共同研究决定，将习近平总书记安全生产和应急管理重要论述纳入区委中心学习组

2021 年 9 月 30 日，区委书记陈志勇（右二）到百盛购物中心督导安全生产工作

（区应急局提供）

课程和区政府常务会议题。同时将习近平总书记对安全生产和应急管理的重要论述作为锦江区安全生产社会宣传活动的重要内容，在安全生产月期间向社会宣传。中国传媒大学教授应邀开设“全媒体时代突发事件处置与舆论引导”“从案例看最新《中华人民共和国安全生产法》”等讲座。印制修订版《中华人民共和国安全生产法》和《安全生产事故案例选编》3 万份，发送区级部门和街道。印制“冬季消防安全提示宣传卡”40 万个，发送社区。印制“燃气安全警钟长鸣宣传单”10 万份，要求宾馆、酒店、饭店在厨房张贴。

【安全管理责任落实】 区应急局落实锦江区安全生产巡查工作制度，联合区政府安全生产办公室开展安全生产督导工作。结合安全生产年度重点工作和重要时段，巡查 11 个街道和 16 家区级部门，整改问题 256 个。推行企业全员安全生产责任制，由区政府安全生产办公室组织企业召开警示约谈会，与 8 家企业的负责人、分管负责人、安全管理人员以及企业所在街道的街道办事处分管负责人约谈，督促街道办事处落实安全管理属地监管责任，督促企业落实安全管理主体责任。

【企业安全管理】 区政府安全生产办公室指导企业建立安全生产清单制管理机制，推动企业安全生产风险分级管控和隐患排查治理双预控体系建设。1—6 月，确定 35 家工商贸企业开展试点工作。指导企业编制主体责任清单、岗位责任清单、风险管控清单、日常工作清单。锦江区企业安全管理工作通过市政府安全生产办公室考核验收。

【街道和社区安全管理】 区政府安全生产办公室牵头推动街道安全生产监管规范化建设，开展安全宣传活动，要求街道办事处承担企业安全管理的属地监管责任。按照“四川省安全社区”建设要求，指导街道办事处完善安全社区创建工作机制和实施方案，指导各街道开展宣传培训、事故与伤害风险源评估等工作。锦江区安全社区创建工作通过四川省和成都市的考核验收。

【安全隐患排查治理】 区应急局制定《全面加强危险化学品安全生产工作实施方案》，委托社会专业团队检查加油（气）站 23 个、液化气配送点 3 个、制药企业 3 家，排查整治安全隐患 123 个，整改率 100%。开展城市安全风险评估和隐患排查治理工作，区长办公会 12 次研判城市安全风险预警信息，排查重点行业领域和城市生命线工程的生产经营单位 486 家，排查安全风险点 12419 个。其中重大风险点 40 个、较大风险点 347 个、一般风险点 3935 个、低风险点 8097 个。开展“迎大庆 防风险 保安全”专项整治行动，检查生产经营单位 8728 家，排查安全隐患 5461 个，现场整改隐患 5024 个，限期整改隐患 437 个。检查住宅小区和院落 1522 个，排查安全隐患 1802 个，现场整改隐患 1569 个，限期整改隐患 233 个。启动安全生产专项整治三年行动，组建检查组 2917 个，检查单位 34825 家，排查安全隐患 9930 个，整改安全隐患 8995 个。行政处罚 197 次，责令 7 家企业停产整顿，罚款 316.51 万元，与 1611 家企业约谈。同时采取挂牌督办的方式，敦促 9 家消防安全隐患突出的企事业单位整改。开展安全生产“创安 2021”监管执法专项行动，整合区级行政执法部门力量，组建检查小组 77 个，出动执法人员 976 人，检查企业 469 家，整改一般安全隐患 278 个，立案 56 件。开展安全生产执法大练兵活动，会同各街道办事处成立5个执法检查组，检查企业6家，整改隐患30个。

（杨　澜）

市场监督管理

【概况】2021年，区市场监管局以案件查处为抓手，实施"春雷行动"、扫黑除恶行动、校外培训市场整治行动等专项行动，打击假冒伪劣、虚假宣传、哄抬物价、利用黑恶手段干扰市场秩序等违法行为，促进市场公平交易，确保市场秩序稳定。查处冒用身份信息的登记类投诉举报案件1015件。加强冷链仓储物流行业管理，建立集中仓管理制度。联合区教育局实施学校食堂"明厨亮灶"改造项目。开展食品安全专项治理行动，检查大米、散装白酒、肉禽商品、保健食品的质量和保质期，保障群众"菜篮子安全"。开展餐饮服务风险分级评定工作和食品销售风险分级管理工作，开展保健食品科普宣传活动65次。明确"主体责任项目化，我为群众办实事"工作主题，推进"放心舒心消费城市"创建工作，维护消费者权益。实施"治理涉企收费、减轻企业负担"专项行动，清退商业电费53.54万元。持续打击商标侵权、假冒专利等违法行为，构建知识产权保护体系。

【市场监管机构及人员设置】区市场监管局设在编人员191人。其中公务员114人，参公人员64人，事业编制人员8人，工勤编制人员5人。下设区市场监管综合执法大队和11家街道市场监管所。区市场监管综合执法大队内设7个执法中队。

【外商投资企业注册登记】区市场监管局为121家新办外商投资企业办理注册登记手续，为135家外商投资企业办理变更登记和备案登记手续，为32家外商投资企业办理注销手续，为4家外商投资企业办理迁入手续，为5家外商投资企业办理迁出手续。制发《关于做好2021年度"双随机一公开"监管工作的通知》，制订"双随机一公开"工作计划，抽查市场主体4359家，填报锦江区部门联合"双随机一公开"抽查工作计划表。

【公平交易监管】区市场监管局开展"春雷行动"，立案查处案件234件，案值196万元，罚款185.49万元。制订扫黑除恶专项斗争工作计划，制定市场流通领域乱象整治方案、价格违法行为专项整治方案，配合公安机关打击扰乱公平交易的涉黑团伙。维护疫情防控期间市场秩序，检查商场、超市、药店、农贸市场的口罩、温度计、消毒液等防疫商品销售情况，打击假冒伪劣商品和哄抬物价现象。开展校外培训市场专项整治行动，查处校外教育培训机构、网络培训机构的虚假宣传、价格欺诈、不公平条款等违法行为。

【药品和医疗器械市场监管】区市场监管局实施疫情防控物资安全执法行动，抽查新冠疫苗、新冠病毒检测试剂、口罩的质量。开展药品专项检查行动，检查市场流通的中药饮片、第二类精神药品、含兴奋剂药品的质量以及药品网络销售合规情况、药品零售企业执业药师配备情况。开发药械化智慧监管手机应用软件。按照前置审批要求，为71家药品零售企业和109家医疗器械零售批发企业的注册登记、变更办理手续。抽检85个批次的药品和39个批次的化妆品，抽检8批医疗器械。

【食品市场监管】4月13日，区食品安全委员会办公室与中华慈善总会签订高质量守护食品安全战略合作协议。区市场监管局落实冷库贮存进口冷链食品"四证"管理制度，

2021年4月13日，锦江区食品安全委员会办公室与中华慈善总会签订高质量守护食品安全战略合作协议

（区市场监管局提供）

将52家冷链仓储物流企业纳入集中监管仓管理，检查冷链物流企业专区专库存放和集中监管仓制度落实情况，监控进出仓进口冷链食品11.41万公斤。制订食品生产流通日常监督检查工作计划，采取常态化方式监督监察食品生产经营企业和餐饮经营单位。督促学校食堂开展“明厨亮灶”改造工作，配合区教育局录入70家学校食堂的“明厨亮灶”信息。实施网络餐饮服务食品安全专项整治行动，处理经营者线下核查监测信息3955条。开展餐饮环节、学校食堂、流通环节抽样检测工作，检测5052次。

【特种设备管理】区市场监管局实施特种设备三年专项整治行动、特种设备安全隐患百日攻坚行动，排查特种设备安全隐患191个，下达“监察指令”191份，处理特种设备投诉案件270件。针对使用年限超过15年的电梯开展整治专项工作，建立整治台账和风险研判分类监管机制，采取部门联动方式整改电梯安全隐患。

【质量和计量标准化管理】区市场监管局按照国家基本公共服务试点工作部署，构建基本公共服务标准体系，设置79项标准。其中锦江区自定标准33项。对标标准，构建政务服务标准体系。组织企业进驻成都市检验检测认证公共信息服务平台，进驻率89%。聘请专家为检测机构提供技术诊断服务，提高检验检测机构的检测能力和管理水平。

【知识产权保护】区市场监管局以专利、高知名商标、涉外商标、地理标志为重点，利用“春雷行动”“铁拳行动”“蓝天行动”，打击商标侵权、假冒专利等违法行为。成立11个知识产权维权工作站和2个知识产权维权服务点，构建知识产权维权援助体系。开展知识产权宣传活动79次，印发宣传资料3000份。锦江区高价值发明专利299件，注册商标52865个。

（李朝阳　黄彬彬）

政府投资项目管理

【概况】2021年，锦江区落实市委经济工作会议精神，把推动重大项目建设作为抓项目扩内需的抓手，实施政府投资建设项目138个，计划总投资221.23亿元，年计划投资75.23亿元。区政府投资项目评审中心评审政府投资工程建设项目94个，送审金额67.76亿元，节约财政资金3.73亿元。

【政府投资项目实施】锦江区实施业主自筹项目42个，计划总投资171.15亿元，年度计划投资45.40亿元。实施政府资金项目93个，计划总投资45.79亿元，年度计划投资27.40亿元。实施代建项目3个，计划总投资4.29亿元，年度计划投资2.43亿元。

【重大投资项目评审】区政府投资项目评审中心评审15个政府投资工程建设项目的可行性研究报告，涉及送审金额32.07亿元，审定金额30.8亿元，净审减金额1.27亿元。评审40个政府投资工程建设项目的投资概算方案，涉及送审金额33.39亿元，审定金额31.24亿元，净审减金额2.15亿元，净审减率6.43%。完成39个政府投资工程建设项目的控制价评审，涉及送审金额2.3亿元，审定金额1.99亿元，净审减金额0.31亿元，净审减率达到13.68%。

2021年锦江区政府重大投资项目一览表

表13

序号	项目名称	项目实施单位	投资金额（万元）
1	马家沟市政道路建设工程	成都兴锦建投公司	12500
2	驸马片区市政道路工程	成都兴锦生态建设公司	9071
3	书院街街道办事处五昭路片区提升改造工程	书院街街道办事处	8435
4	书院街街道办事处庆云片区老旧小区屋面、外墙等提升改造工程	书院街街道办事处	7620
5	锦江区道路提升改造工程	区市政设施养护中心	4992
6	2020年中小街道路面黑化维护工程	区市政设施养护中心	4800
7	书院街街道办事处福字街片区老旧小区屋面、外墙等提升改造工程	书院街街道办事处	4740

续表 13

序号	项目名称	项目实施单位	投资金额（万元）
8	静沙北路市政道路建设工程	成都兴锦建投公司	4600
9	锦官驿街道办事处下莲池片区老旧小区屋面、外墙等提升改造工程	锦官驿街道办事处	4410
10	静明路、中环路高攀东路公园绿地（琉璃路公园）工程	成都兴锦建投公司	4245
11	锦官驿街道办事处东大街沿线等老旧小区屋面、外墙等提升改造工程	锦官驿街道办事处	3820
12	狮子山街道办事处静安路 7 号片区提升改造工程	狮子山街道办事处	3550
13	锦江区天府锦城游线范围绿化景观提升改造工程	区公园城市建设服务中心	3307
14	潘家沟片区基础设施及公建配套工程—潘家沟片区配套环卫设施	兴锦生态建设公司	3103
15	狮子山街道办事处农业高新技术产品市场片区提升改造工程	狮子山街道办事处	3044
16	2020 年锦江区人行道专项整治工程	区市政设施养护中心	2700
17	锦华路街道办事处香江花园、金红苑提升改造工程	锦华路街道办事处	2050
18	锦东壹号仓升级改造项目	成都兴锦文旅公司	2000
19	马家沟片区环境提升改造项目	成都兴锦建投公司	2000
20	锦官驿街道办事处天仙桥片区老旧小区屋面、外墙等提升改造工程	锦官驿街道办事处	1790
21	锦华路街道办事处金象嘉园提升改造工程	锦华路街道办事处	1450
22	锦东庭园配套幼儿园改造工程	区教育保障中心	1400
23	沙河街道办事处二环路、东大街提升改造工程	沙河街道办事处	1330
24	锦官驿街道办事处香格里拉片区提升改造工程	锦官驿街道办事处	1215
25	春熙路街道办事处大塘坎片区提升改造工程	春熙路街道办事处	1230
26	书院街街道办事处华兴街片区提升改造工程	书院街街道办事处	1200
27	成龙路街道办事处东大街至驿都大道提升改造工程	成龙路街道办事处	940
28	成都市三幼教学用房改造工程	区教育保障中心	800
29	宏济新路断头路项目	成都兴锦建投公司	765
30	锦江区新开街、东丁字街商业项目	兴锦建投公司	307000
31	锦江文化创意中心一期项目	成都兴锦建投公司	180000
32	白鹭湾新经济总部小镇起步区 A158-1 项目	成都兴锦建投公司	175000
33	锦城逸景二期项目	成都兴锦生态建设公司	170141
34	四圣祠街区项目	成都兴锦建投公司	120000
35	红星路 157 号地块商业及配套设施建设项目	成都兴锦建投公司	117000
36	白鹭湾新经济总部小镇起步区 A158-1 项目	成都兴锦建投公司	108000
37	成都社会组织学院一期工程	成都兴锦建投公司	62413
38	耿家巷街区项目	成都兴锦建投公司	50000
39	东湖片区中学	成都兴锦建投公司	33560
40	潘家沟片区基础设施及公建配套工程（潘家沟片区配套综合体）	成都兴锦生态建设公司	19258
41	熊猫绿道锦江城市绿楔生态项目一期复合体育馆建筑项目	成都兴锦建投公司	13800
42	驸马片区配套幼儿园项目	成都兴锦生态建设公司	9265
43	锦江花园配套社区综合体建设项目	成都兴锦生态建设公司	9050
44	金像寺片区配套公共服务设施建设项目	成都兴锦建投公司	8600
45	驸马片区椰树街配套幼儿园项目	成都兴锦生态建设公司	7910
46	成都七中育才学校学道分校教学楼、图书馆工程	成都兴锦建投公司	7392
47	成都七中育才学校银杏校区工程	成都兴锦建投公司	7005

续表 13

序号	项目名称	项目实施单位	投资金额（万元）
48	三圣小学二期工程	成都兴锦建投公司	6710
49	盐道街中学新建体育馆及地下停车场工程	成都兴锦建投公司	6644
50	一环路市井生活圈宏济路片区改造项目	区公园城市局、成都兴锦城投公司	6000
51	潘家沟片区配套幼儿园建设项目	成都兴锦生态建设公司	5951
52	锦江外国语小学二期工程	成都兴锦建投公司	5490
53	华润片区配套幼儿园	成都兴锦建投公司	5052
54	锦江区重要环线、重要节点绿化景观提升改造工程	区公园城市建设服务中心	4513
55	金像寺片区配套幼儿园项目	成都兴锦建投公司	3750
56	蜀都大道锦江段景观照明提升项目	成都锦熙置业有限公司	3552
57	重大节日、活动景观氛围营造项目	区公园城市建设服务中心	3000
58	锦江公园 1.314 爱情专线二期项目	成都兴锦建投公司	1800
59	锦江公园子街巷打造项目	锦华路街道办事处	1720
60	大运会重要节点道路提升整治工程	区市政设施养护中心	1352
61	晨光路新建工程	成都兴锦建投公司	1183
62	粮丰片区教育用地校舍建设项目	成都兴锦建投公司	600
63	爱情专线天仙桥南路 1 号项目	成都百年春熙公司	600
64	莲桂西路 133 号改造项目	成都兴锦建投公司	550
65	盐道街至滨江中路道路建设项目	成都百年春熙公司	530
66	成都市第三幼儿园改造工程	成都市第三幼儿园	527
67	成都市三圣小学校立面改造工程	成都市三圣小学	476
68	锦江花园安置房项目	成都兴锦生态建设公司	203837
69	锦江大道建设工程	区市政设施养护中心	51078
70	白鹭湾新经济小镇绿轴以北片区市政道路建设工程	成都兴锦白鹭湾公司	30000
71	锦江区绕城内住宅类排水户管网病害整治工程	区市政设施养护中心	26000
72	陡沟河综合整治工程	区综合执法局、成都兴锦生态建设公司	25200
73	锦江区道路整治提升工程	区市政设施养护中心	18710
74	成都社会组织学院二期工程	成都兴锦建投公司	15000
75	铃兰路 A 段项目	成都兴锦生态建设公司	9000
76	四川师范大学附属中学初中部新建综合楼工程	四川师范大学附属中学、成都兴锦建投公司	8060
77	一环路市井生活圈水井坊片区打造项目	区公园城市局、成都兴锦建投公司	8000
78	东大街人行景观桥建设项目	成都兴锦建投公司	8000
79	“三圣花乡”幸福社区乡村道路基础设施配套工程	区公园城市局、成都兴锦生态建设公司	7700
80	锦江文化创意产业中心二期项目	成都兴锦建投公司	6880
81	锦江工业园区环境提档升级项目	成都兴锦建投公司	6400
82	一环路市井生活圈水碾河片区打造项目	区公园城市局、成都兴锦建投公司	6000
83	一环路市井生活圈点将台片区改造项目	区公园城市局、成都兴锦建投公司	6000
84	成都市盐道街中学高中部食堂和学生公寓楼改扩建工程	成都兴锦建投公司	4300
85	四川师范大学附属中学外国语学校新建综合楼工程	四川师大附中外国语学校、成都兴锦建投公司	4300
86	金象花园社区配套服务设施项目	锦华路街道办事处、成都兴锦建投公司	3800
87	锦华路街道老旧小区改造工程	锦华路街道办事处	3450
88	成龙路街道老旧小区改造工程	成龙路街道办事处	2885
89	椰树街 B 段项目	成都兴锦生态建设公司	2400

续表 13

序号	项目名称	项目实施单位	投资金额（万元）
90	绿道建设三圣片区项目	区公园城市建设服务中心	2000
91	东湖路北段及石牛堰规划车行桥建设工程	区市政设施养护中心	2000
92	东顺城南街风貌整治项目	锦官驿街道办事处	2000
93	东湖片区公建配套项目	东湖街道办事处	1800
94	成龙路派出所业务技术用房项目	区公安分局、成都兴锦生态建投公司	1800
95	成都国家广告产业园“166 园区”共享空间二次改造升级项目	成都兴锦文旅公司	1750
96	紫檀街 B 段	成都兴锦生态建设	1600
97	国槐派出所业务技术用房建设项目	区公安分局、成都兴锦建投公司	1600
98	督院街派出所业务技术用房项目	区公安分局、成都兴锦建投公司	1600
99	2021 年小游园、微绿地提升工程	区公园城市建设服务中心	1500
100	牛市口街道老旧小区改造工程	牛市口街道办事处	1413
101	教科院附中部分校舍改造	区教育局	1400
102	现代职校双桂校区新建食堂工程	成都兴锦建投公司	1200
103	梅香湖水生态修复工程	区生态环境局	923
104	何家冲排洪渠成龙大道至马帮寨段改造工程	区综合执法局、成都兴锦生态建投公司	900
105	东顺城南街道路提升整治工程	区市政设施养护中心	805
106	“三圣花乡”转型升级“红砂印象”景观打造项目	区公园城市局、成都兴锦生态建设公司	800
107	春熙路街道老旧小区改造工程	春熙路街道办事处	790
108	东湖街道老旧小区改造工程	东湖街道办事处	700
109	四川师范大学附属中学创新发展中心建设工程	四川师范大学附属中学	630
110	四川师范大学附属中学食堂、学生宿舍、围墙及校园消防等改造工程	四川师范大学附属中学	600
111	塔子山公园拆围增景工程	区公园城市建设服务中心	537
112	城区防汛内涝点位治理改造项目	区综合执法局、成都兴锦生态建投公司	500
113	锦江区三官堂街幼儿园园区防水、厨房等排危改造工程	成都市锦江区三官堂街幼儿园	480
114	地埋式垃圾桶	三圣街道办事处	480
115	锦江区北顺街幼儿园厕所、厨房等排危改造工程	成都市锦江区北顺街幼儿园	450
116	梅林东片区配套小学	成都兴锦生态建设公司	23000
117	梅林东片区配套社区综合体	成都兴锦生态建设公司	14505
118	梅林东片区配套幼儿园	成都兴锦生态建设公司	9214
119	梅林东规划路一期	成都兴锦生态建设公司	5600
120	5 个智慧管理中心业务技术用房建设项目	成都兴锦生态建设公司	4100
121	紫檀街延伸线	成都兴锦生态建设公司	2250
122	柳江派出所业务技术用房建设项目	成都兴锦生态建设公司	1800
123	驸马片区配套社区综合体 2 项目	成都兴锦生态建设公司	27470
124	驸马片区椰树街配套农贸市场项目	成都兴锦生态建设公司	11481
125	成都三中新建教学楼工程	成都兴锦建投公司	8300
126	财富中心周边建筑风貌提升及功能改造项目	春熙路街道办事处	3144
127	国际妇幼健康主题街区打造项目	三圣街道办事处	2800
128	春台市锦二期提升改造项目	成都百年春熙公司	1000
129	海棠路、喜树路特色街区风貌提升整治项目	三圣街道办事处	900

续表 13

序号	项目名称	项目实施单位	投资金额（万元）
130	攀成钢片区新建小学	兴锦建投公司、濯锦远源公司	24000
131	龙舟路社区综合体（龙舟路 61 号地块河滨社区综合体工程）	兴锦建投公司、东湖街道办事处	5299
132	东湖街道办事处重要环线、东湖片区提升改造工程	东湖街道办事处	1400
133	大观公服（一）建设项目	兴锦建投公司	21800
134	牛市口街道办事处东西轴线老旧小区屋面、外墙等维修改造及提升工程	牛市口街道办事处	4848
135	牛市口街道办事处东大街提升改造工程	牛市口街道办事处	3810
136	牛市口街道办事处二环路、顺江路提升改造工程	牛市口街道办事处	3580
137	熊猫绿道锦江城市绿楔生态项目（体育生态区）南支三渠改造工程	兴锦建投公司	1200
138	东湖公园北侧景观恢复工程	东湖街道办事处	700

（陈　丹　杨书钧）

粮油管理

【概况】2021 年，区发改局并设区粮食和物资储备局，下设粮食和物资储备科，履行锦江区范围内的粮食行政管理、行业指导、政策性粮油及社会粮食流通管理职能。完成区级储备粮轮换和储备成品粮数量核定任务。联合区财政局、区商务局、区市场监管局开展储备粮和市场粮油检查行动 16 次，按季度抽检成品粮 10 次、原粮 10 次。通过统计手段掌握粮油市场信息，确保粮油供需平衡。

【储备粮管理】区粮食和物资储备局制定锦江区 2021 年度区级储备粮轮换工作实施方案，完成稻谷、小麦等原粮轮换任务。采取公开竞价方式，利用互联网交易平台完成 2021 年区级储备粮轮换粮食销售和购入任务。根据四川省和成都市制定的民生实事目标，重新核定储备成品粮数量。制定锦江区 2021 年度区级储备粮规模调整工作实施方案，调整区级储备粮存储总量。包括原粮和成品粮。与成都市金堂县政府重新签订区级储备粮委托承储协议，同时委托成都金粮粮油购销有限公司代储。

【市场粮油管理】区粮食和物资储备局定期开展市场粮情价格调查，掌握粮食市场价格和变化情况。联合 11 家大型超市建立成品粮动态统计机制，适时反馈市场粮油供应动态。向市粮食局报送粮油价格报表 300 次。根据常住人口分布情况和消费习惯，开展年度粮油供需平衡统计调查，调查常住居民 120 户。

（陈　丹　杨书钧）

文化市场管理

【概况】2021 年，区文体旅局构建现代市场监管体系，建立日常监管与专项整治结合的市场管理机制，长效开展“扫黄打非”行动，规范文化市场经营秩序。检查文化经营单位 810 家，责令 29 家存在违规违法经营行为的单位整改。开展安全大检查，检查文化经营单位 230 家。受理群众投诉和举报案件 4010 件。锦江区文化娱乐业营业收入 16.51 亿元，较 2020 年增长 38.7%。

【文化市场管理机构及人员设置】市文化市场综合行政执法总队锦江支队为处级行政执法机构，负责锦江区文化、文物、新闻出版、著作权、广播电视、电影、旅游市场的行政执法工作。设编制人员 17 人。其中队长 1 人、副队长 1 人、其他编制人员 15 人。

【“扫黄打非”行动】市文化市场综合行政执法总队锦江支队，开展“扫黄打非”行动，检查互联网经营单位 320 家、歌舞娱乐经营单位 140 家、出版物经营单位 80 家、印刷企业和打复印店 270 家，责令 5 家存在违规违法经营行为的单位整改。取缔非法经营出版物的游商地摊 4 个，拆除非法安装的卫星电视接收设施 6 套，查处非法出版物发行案件1件，没收非法出版的图书188册、光碟20个，查处歌舞娱乐场所包间电视屏幕播放禁止内容案件1件，罚款1万元。

（何宇航　刘祎鹏）

投资促进

【概况】2021年，区投促局牵头建立扁平化决策、专业化分工、清单化推进、实效化考核的招商工作机制和投促部门龙头招商、产业部门专业招商、产业功能区平台招商、街道税源招商、平台公司配套招商的组合招商模式，凝聚招商工作合力。举办高质量发展推介会、城市合伙人沈阳专场签约仪式、招商大会战等“共筑新格局·共建经济圈”招商推介活动146次，参加成都市生产性服务业暨数字经济产业（杭州）推介会以及中国新消费新场景创新论坛暨第十二届中购联中国购物中心渠道与商业IP大会等活动，分层分类宣传锦江区重大工程、细分领域、产业功能区。签署协议62份，协议投资额达到500亿元。聘请招商大使15人。锦江区引进投资额达到50亿元的项目2个，引进投资额30亿元至50亿元的项目1个。引进国内资金200.5亿元、外资32.1亿元。锦江区引进的21个项目获得市级认定。锦江区入选“2020年度中国营商环境百佳示范县市”，排第53位。

【投资促进机构及人员设置】区投促局设办公室、金融信息促进科、地产促进科、商贸促进科、项目促进科。设行政编制人员14人。下设区投资服务中心、区投资服务二中心、区投资服务三中心、区投资服务四中心，均为事业单位。设事业编制人员27人。区投促局和下属事业单位实有在编人员40人。

【服务专班工作机制建立】区投促局健全招商引资机制，针对高能级500强企业建立区领导挂帅、行业主管部门牵头、属地街道跟踪服务的三级联动服务专班工作机制，开展“大走访大调研”活动。通过专班服务，引进埃克森美孚、葛兰素史克2家世界500强企业的分支机构，引进友邦保险、深圳投控2家世界500强企业。

【高能级企业和项目引进】区投促局按照区委、区政府发展“1+3+3”产业的部署，实施项目招引攻坚行动，引进竹云科技研发基地等高能级背景项目126个，引进竹云科技研发基地、吉利智慧换电四川总部等500强企业和外资企业投资的高能级项目10个。其中8个投资额达到30亿元的项目获市级认定。

【高质量发展推介会举办】3月4日，区投促局按照区委、区政府开展“共筑新格局、共建经济圈”投资促进活动的部署，在成都香格里拉大酒店承办锦江区高质量发展推介会暨重大项目签约仪式。活动由省经济合作局、市投资促进局、区政府主办。省经济合作局一级巡视员吴燕翔，市投资促进局一级调研员张志宏，区委书记陈志勇和区委副书记、区政府区长缪晓波出席签约仪式。友邦人寿保险公司等40家企业的代表参加活动。区政府现场发布投资机会清单，推介百亿级产业化项目3个。区政府与11个重大项目投资商签约，协议投资额达到124亿元。

【城市合伙人沈阳专场签约仪式举行】4月13日，区投促局在辽宁省沈阳香格里拉大酒店承办四川成都锦江区投资促进洽谈会，同步举行城市合伙人沈阳专场签约仪式。中国东北地区170家企业、商会、协会、院校的代表参加活动。省政府驻沈阳市办事处主任何仕刚、区委书记陈志勇分别致辞。区政府副区长唐勇解读锦江区“十四五”时期的空间功能布局和“1+3+3”现代产业体系、配套政策。世邦魏理仕公司执行董事、战略顾问部中国区负责人陈学海介绍成都市和锦江区的投资环境。锦江区新建楼宇的业主单位代表分别介绍绿地468蜀峰大厦、西部文化产业中心等楼宇。区投促局与辽宁省四川商会、辽宁省中小企业发展促进会等7家商会和协会签署城市合伙人协议。

【招商大会战启动仪式举行】11月30日，区投促局承办锦江区招商大会战启动仪式暨招商合伙人第三批签约仪式。活动由区委、区政府主办，得到市投促局支持。区委书记陈志勇，区委副书记、区政府区长缪晓波，市投资促进局副局长何丽，区委常委、统战部部长唐勇，区政府副区长兰华娟出席签约仪式。锦江区各功能区管委会、街道办事处、区属国有企业的负责人和部分区级部门的负责人以及招商大使、招商

2021 年 11 月 30 日，锦江区第三批招商大使出席招商合伙人签约仪式　（区投促局提供）

合作机构代表 150 人参加活动。区政府现场发布“再造一个春熙路商圈，再建一个产业锦江”发展蓝图。四川驻意大利（瑞士）投资促进代表处、四川省唯品富邦消费金融有限公司、成都香格里拉大酒店有限公司等 31 家单位与区政府线上签约，区政府向 15 名企业高级管理人员颁发招商大使聘书。人民网、央广国际在线等媒体报道活动情况，人民网发表《“两大蓝图”释放投资机会 21 支专业招商队伍亮相》的专文。

【区领导带队招商】 区委书记陈志勇，区委副书记、区政府区长缪晓波，区政府副区长张敏，区政府副区长唐勇分别带队开展招商活动 20 次，到上海、深圳、北京、珠海等城市拜访仁恒置地有限公司、珠海华发集团公司、星巴克中国有限公司、埃克森美孚（中国）投资有限公司等世界 500 强企业和行业领先企业，宣传锦江区投资环境，推介锦江区重点项目。

2021 年锦江区获市级认定项目一览表

表 14

序号	项目名称	注册资本（亿元）	企业背景	项目公司名称
1	北京 58 集团直播产业项目	1	上市公司	成都东利好云科技有限公司
2	香港特别行政区 EKY 西南直播中心项目	0.5	外资企业	四川协作时代信息技术有限公司
3	香港特别行政区赛美科技公司西南研发销售中心项目	0.5	外资企业	世纳微电子科技（成都）有限公司
4	广东省天行资产管理投资太一天行商务项目	0.5	行业领先企业	成都太一天行商务信息咨询有限公司
5	北京中国神华增资国能四川能源公司项目	31	中国 500 强企业	国能四川能源有限公司
6	香港特别行政区加力加达吉西南销售运营推广中心项目	1	外资企业	中泰淳风万企（成都）实业集团有限公司
7	四川川能动力西部电力研发项目	15	上市公司	四川能投新能电力有限公司
8	香港特别行政区友邦保险四川省分公司项目	—	世界 500 强企业	友邦人寿保险有限公司四川分公司
9	北京光大期货四川省分公司项目	—	世界 500 强企业	光大期货有限公司四川分公司
10	香港特别行政区乐天地产增资乐天地产（成都）有限公司项目	28.8	世界 500 强企业	乐天地产（成都）有限公司
11	香港特别行政区锦欣西部医疗项目	1	外资企业	成都锦欣爱团国际医院管理有限公司 四川锦欣生殖医疗投资管理有限公司

续表 14

序号	项目名称	注册资本（亿元）	企业背景	项目公司名称
12	北京中国中冶增资中国五冶集团项目	50	世界 500 强企业	中国五冶集团有限公司
13	山东省盈康之城收购四川品尧锦物业项目	4.04	上市公司	四川品尧锦物业管理有限公司
14	日本迪爱慈西南营销总部项目（日本街漫音乐平台项目）	0.5	外资企业	阿尼美音乐文化传播（成都）有限公司
15	北京当红齐天潮力方 5G XR 体验中心项目	1	世界 500 强企业	成都超体空间文化科技有限公司
16	北京华图教育职业教育培训项目	0.5	上市公司	四川中蜀华图教育咨询有限公司
17	香港特别行政区 AGRE 德润宏杉科技运营中心项目	0.64	外资企业	成都德润宏杉科技有限公司
18	广东省深圳湾科技科创空间项目	40	世界 500 强企业	成都市兴锦白鹭湾建设开发有限公司
19	上海华人运通自动驾驶西部研发总部项目	0.5	行业领先企业	华人运通（成都）科技有限公司
20	广东省国华网安互联网安全项目	0.5	上市公司	极客信安（成都）科技有限公司
21	广东省唯品会富邦消费金融项目	5	中国 500 强企业	四川省唯品富邦消费金融有限公司

2021 年锦江区领导带队开展投资促进活动情况一览表

表 15

序号	拜访企业名称	带队领导	拜访时间	拜访地点
1	仁恒置地有限公司 上海索易东餐饮有限公司	区委书记陈志勇	1 月 6 日	上海市
	玛戈隆特骨瓷（上海）有限公司 大仓日航酒店管理公司	区委书记陈志勇	1 月 7 日	上海市
2	光大期货有限公司 掌门一对一有限公司 上海百联盈展商业管理有限公司	区政府副区长张敏	1 月 8 日	上海市
3	深圳市深圳诺康医疗科技股份有限公司	区委书记陈志勇	3 月 10 日	深圳市
	深圳市云天励飞技术股份有限公司 深圳市投资控股有限公司	区委书记陈志勇	3 月 11 日	
	珠海华发集团公司	区委书记陈志勇	3 月 12 日	
4	苏州金螳螂企业（集团）有限公司	区委副书记、区政府区长缪晓波	3 月 18 日	苏州市
	苏州育达医疗科技有限公司	区委副书记、区政府区长缪晓波	3 月 19 日	
5	法国阳狮集团公司	区委书记陈志勇	3 月 24 日	上海市
	康成投资（中国）有限公司 星巴克中国有限公司	区委书记陈志勇	3 月 25 日	

续表 15

序号	拜访企业名称	带队领导	拜访时间	拜访地点
6	浙江贝格控股集团公司 莱茵达体育发展股份有限公司	区委书记陈志勇	3 月 25 日	杭州市
	杭州大搜车汽车服务有限公司 浙江强脑科技有限公司	区委书记陈志勇	3 月 26 日	
7	寒武纪横琴算力中心	区委副书记、区政府区长缪晓波	3 月 31 日	珠海市
8	清华大学深圳研究生院 深圳市水贝万山珠宝产业发展有限公司	区委副书记、区政府区长缪晓波	4 月 1 日	深圳市
	深圳市瑞驰信息技术有限公司	区委副书记、区政府区长缪晓波	4 月 2 日	
9	奥德集团公司东北大区事务部 长春黄金设计院有限公司	区委书记陈志勇	4 月 13 日	沈阳市
10	薪管家（辽宁）网络科技有限公司 王府井集团股份有限公司	区委书记陈志勇	4 月 14 日	北京市
11	北京当红齐天国际文化科技发展集团有限公司 良业科技集团股份有限公司 北京纵情向前科技有限公司	区政府副区长唐勇	4 月 14 日 4 月 15 日	北京市
12	国家无线电监测中心检测中心	区委副书记、区政府区长缪晓波	4 月 20 日	北京市
	北京安童医疗科技有限公司 中国银河资产管理有限责任公司 天维讯达（上海）通讯科技有限公司 北京王府井集团公司	区委副书记、区政府区长缪晓波	4 月 21 日	
	IDG 资本投资顾问（北京）有限公司	区委副书记、区政府区长缪晓波	4 月 22 日	
13	深圳市投资控股有限公司	区委书记陈志勇	5 月 17 日	深圳市
	深圳国华网安科技股份有限公司	区委书记陈志勇	5 月 18 日	
14	杭州遥望网络科技有限公司 大搜车集团公司 浙江贝格控股集团公司	区委书记陈志勇	5 月 19 日	杭州市
15	上海千逊科技有限公司 盒马（中国）有限公司	区委书记陈志勇	5 月 20 日	上海市
16	上海黑鲨信息科技有限公司 云想科技控股有限公司 六七八九集团公司	区委副书记、区政府区长缪晓波	5 月 27 日	上海市
	上海张江（集团）有限公司 TX 淮海年轻力文化中心	区委副书记、区政府区长缪晓波	5 月 28 日	

续表 15

序号	拜访企业名称	带队领导	拜访时间	拜访地点
17	浙江棱镜全息科技有限公司 杭州有赞科技有限公司 颐高集团公司	区委副书记、区政府区长缪晓波	6月17日	杭州市
	杭州健培科技有限公司	区委副书记、区政府区长缪晓波	6月18日	
18	TX淮海年轻力中心盈展商业管理（上海）有限公司 旭辉集团公司 埃克森美孚（中国）投资有限公司 国华人寿有限公司 上海新致软件有限公司	区委书记陈志勇	7月13日	上海市
	LTL奢品百货IGFD集团公司	区委书记陈志勇	7月14日	
19	上海市城市规划设计研究院 上海思贤信息技术有限公司 上海世诺企业发展有限公司	区委副书记、区政府区长缪晓波	7月15日	上海市
	野村东方国际证券有限公司	区委副书记、区政府区长缪晓波	7月16日	
20	北京同仁堂健康药业股份有限公司 中健合力大健康产业有限公司	区委副书记、区政府区长缪晓波	9月15日	北京市
	北京来也网络科技有限公司	区委副书记、区政府区长缪晓波	9月16日	

（李　飘）

锦江区人民代表换届选举

2021年11月19日，区委书记陈志勇，区委副书记、区政府区长缪晓波，区人大常委会党组书记王宏斌，区委副书记吴斌以人民代表候选人身份到各选区与选民代表见面，回答选民代表提问。11月24日，区人大常委会党组书记王宏斌主持召开锦江区人民代表换届选举工作专题会。各街道人大工委负责人汇报换届工作筹备情况。11月25日，锦江区开展第八届人民代表换届选举投票工作。选民在各选区依法投票，陈志勇、缪晓波、王宏斌、潘雪松、吴斌等区领导分别在各选区投票。锦江区设选区105个，设投票箱667个。

经济产业

成都锦江 CHENGDU JINJIANG

‹‹‹ ECONOMIC INSUSTRIES

商贸服务业

【概况】2021年，区商务局推进商圈建设，引进首店153家。实施“成都十二月市”场景焕新工程，打造十二月市节会体系，持续推出具有锦江区特色的十二月市主题活动，促进消费增长。中国（成都）首店经济发展大会发布首店榜单，锦江区首店总数和国际品牌首店数量居成都市各区（市）县第一，离境退税销售额占成都市离境退税销售额的98%。社会消费品零售总额1324.3亿元，增幅13.7%，居成都市各区（市）县第一。限额以上零售企业销售额725.1亿元，增幅9.2%，居成都市中心城区第二。世邦魏理仕公司发布的《中国重点城市核心区户外经济活力指数报告》评价锦江区“开放式商业运营成熟，户外消费频率最高”，排名居中国重点城市核心区第一。成都香格里拉超甲级写字楼入选“成都市甲级写字楼”，华润广场入选“成都市专业特色楼宇”，航天科技大厦、仁恒置地广场、百扬大厦、中环广场、东原中心、睿东中心、天赋国际大厦、摩根中心、瑞升国际大厦入选“成都市锦江区专业特色楼宇”。锦江区服务业增加值1120.18亿元，增幅7.5%，占地区生产总值的88.9%。新增外贸企业家179家，锦江区进出口额76.3亿元。

【商贸商务业主管机构及人员设置】区商务局是区政府处级工作部门，并设区供销合作社。设办公室、产业规划科、服务业发展科、产业促进科、商贸流通科、对外合作科、市场发展科、贸易会展科。设行政编制人员18人。其中局长1人、副局长3人、科级干部9人、其他编制人员5人。

【商圈建设】区商务局牵头推进春熙路、攀成钢、东村、交子四大商圈建设，通过发展首店经济带动春熙路商圈能级，激活春熙路商圈极核引领作用。促进商圈内的晶融汇广场等商业载体提档升级，天府红购物中心开业，营造文创市集、手工市集等新消费场景。以国际消费中心城市核心区建设为契机，在春熙路商圈打造潮购潮店群消费场景，入选成都市八大示范性消费场景，春熙路步行街列为省级改造提升试点步行街。焕新后的“成都十二月市”列入四川省消费中心城市2021年度项目名单，春熙路大慈坊街区入选国家级夜间文化和旅游消费集聚区。推动攀成钢商圈发展，引进乐天广场、环球贸易广场等重大项目，联合广场、环球汇蔚然中心的进驻率达到92%、99%。东村商圈的绿地468蜀峰大厦封顶，政企联合招商团队启动全球招商工作，与中国五冶集团公司、四川音乐学院签署合作协议。交子商圈建设启动，交子金融梦工场四期项目开工，发布特色金融街区建筑设计方案征集公告。打造荷塘月色高品质消费场景，引领城市新生活方式。推出的交子券成为区域文商旅融合发展名片。

【电子商务产业发展】区商务局落实锦江区“1+3+3”产业体系产业

扶持政策中的电子商务企业扶持政策，促进电子商务产业发展。形成《锦江区电子商务发展情况的调研报告》，提出电子商务产业发展思路。基于新型消费的电商示范场景建设，引进跨境电商平台企业 8 家。

【首店经济促进】 区商务局聚焦新零售、新场景、新体验等新消费业态，促进首店经济发展，带动现代商贸业发展。引进 Dior（迪奥）概念店等全国首店 16 家，引进 Buccellati（布契拉提）成都旗舰店等西南首店 78 家，引进 PUMA（彪马）概念店等成都首店 59 家，汇集国际知名品牌 657 个。举办爱马仕 Hermès Fit 活动全球首站活动等首发首展活动 22 次。9 月 29 日，中国（成都）首店经济发展大会召开。中商数据公司现场发布《2021 中国首店经济发展报告》，锦江区首店数量和国际品牌首店数量居成都市区（市）县第一。

【商业载体】 仁恒置地广场位于人民路南路二段红照壁路口，建筑面积 4.4 万平方米，开设路易威登等品牌专柜。茂业百货广场位于盐市口，建筑面积 5.3 万平方米，集休闲、娱乐、购物为一体，开设阿迪达斯等品牌专柜。财富中心位于大业路，建筑面积 5 万平方米，开设 FILA 等品牌专柜。新世界百货广场位于大业路、顺城大街、东大街交会处，建筑面积 3 万平方米，开设耐克等品牌专柜。银石广场位于红星路三段 99 号，建筑面积 3 万平方米，开设 Zippo 等品牌专柜。伊藤洋华堂春熙店位于春熙路商圈核心区，建筑面积 1.5 万平方米，开设 Zara 等品牌专柜。群光百货广场位于春熙路商圈核心区，建筑面积 10 万平方米，开设古驰等品牌专柜和点都德、海底捞等餐厅。伊势丹百货广场位于大科甲巷 6 号，建筑面积 3.5 万平方米，开设兰蔻等品牌专柜。王府井百货商城位于总府路，建筑面积 4.6 万平方米，开设香奈儿等品牌专柜。时代百盛广场位于锦江区总府路 2 号，建筑面积 2.5 万平方米，开设屈臣氏等品牌专柜。晶融汇广场，建筑面积为 4.3 万平方米，位于下东大街 99 号，开设劲浪体育等品牌专柜。阳光新业广场位于东大街商圈，建筑面积 6 万平方米，汇集精品超市、时尚名品、家居护理、数码电子、特色餐饮、体验场馆、多厅影城等业态，进驻海底捞、盒马鲜生等品牌店铺，开设嘉禾影院。锦华万达广场位于龙舟路，建筑面积 25 万平方米，开创超复合 shopping mall 商业形态，进驻伊藤洋华堂、万千百货、万达国际电影城、优衣库精品店，开设室内精品步行街，引进麦当劳、肯德基等餐饮品牌。卓锦曼购广场位于枫树街，建筑面积 10 万平方米，开设沃尔玛超市、苹果体验店及海底捞等餐饮店铺。

时代百盛广场　　（区商务局提供）

【成都远洋太古里商业街区】 成都远洋太古里商业街区是锦江区打造的开放式、低密度街区式购物中心，包含零售商业、酒店、服务式公寓

2021 年 9 月 29 日，锦江区参加 2021 中国（成都）首店经济发展大会　　（区商务局提供）

经济产业

和写字楼四种业态，进驻爱马仕、古驰、范思哲等品牌，为成都开启“快要慢活”生活方式。街区由27幢独立建筑和7幢历史建筑构成，占地7.06万平方米（106亩），建筑面积39万平方米。其中商业面积16万平方米，酒店和服务式公寓3.1万平方米，写字楼面积12.1万平方米，其余部分为配套设施和停车场。

成都远洋太古里商业街区　（区融媒体中心提供）

【成都国际金融中心】 成都国际金融中心位于红星路三段1号，紧邻春熙路商圈，西临纱帽街，东临红星路步行街，北临江南馆街，南临大慈寺路，占地5.5万平方米，建筑面积76万平方米。其中商业面积21万平方米、写字楼面积26万平方米、酒店面积4.5万平方米、公寓面积10.5万平方米、停车场及配套设施面积14万平方米。业态包括商场、超甲级写字楼、五星级酒店、服务式公寓。成都国际金融中心简称IFS，是成都市的网红打卡地，进驻香奈儿、路易威登等品牌，开设星巴克、玥轩、喜茶、翠园等时尚餐饮店铺。

【商业活动】 4月8日，锦江区召开新场景·新消费·新机遇“成都十二月市”商业机会场景清单发布大会。现场发布“成都十二月市”商业机会场景清单项目60个，发布“1.314爱情专线”等示范场景项目24个。4月17日，成都国际金融中心举办“红人潮我看”主题活动。4月27日，锦江区在红星路步行街广场举行“成都十二月市”之“锦蚕两生花 熙市扇香来——五月消费季”活动启动仪式。8月31日，成都博舍酒店举办“醉美烟火气·中国不夜‘成’”2021第二届成都夜间经济发展交流大会。区政府代表和企业代表共同探讨“夜经济与城市文化”“视显应用”“后街经济”等话题。大会现场发布“成都夜经济打卡指南”手机应用小程序，内容涵盖“夜食、夜游、夜购、夜娱、夜读、夜宿”。中秋节和国庆节期间，开展“美好生活·品位锦江——金秋消费季”活动。发动晶融汇广场、银石广场、天府红购物中心、新世界百货广场、王府井百货广场、茂业百货广场、群光百货广场、仁恒购物中心、时代百盛广场举办“春熙达人·锦江GO——云上消费节”。曹操出行、T3出行等网约车运营商线上派发春熙路商圈专属打车券。9月18—20日，成都远洋太古里商业

成都国际金融中心　（韩旭提供）

街区举办“逛春熙·游西博——第二届西博嗨购节”。组委会按照“政府引导、市场主导、市民参与”原则，组织中国西部博览会展商和省内企业参加活动。开展“中国新时代·西部新机遇”线下推广活动，采取直播方式推荐四川特产。同步举办时装秀活动，为成都市民提供“嗨购”体验。12月2日，锦江区那里广场举办“成都夜真热闹”2021成都夜间经济示范点位发布活动。现场发布“锦江YE美好生活打卡指南”手机应用小程序。12月29日，锦江区“嗨购春熙十二月——新年消费季”活动启动。现场发布“交子券”和“美好生活，云听锦江”文旅体验游项目，举办太鼓表演、吉他演奏、品牌走秀等时尚活动，同步呈现新老品牌焕新体验市集。区域内主力商场、特色商家联动，开展老字号焕新、时尚品牌消费、大型主题展览展、文化旅游打卡等活动。活动时间持续到2022年2月15日。组委会负责人介绍，“嗨购春熙十二月——新年消费季”活动是锦江区以建设国际消费中心城市为引领，围绕建设“品位锦江·幸福城区”总体目标，立足商业全国领先优势，传承“成都十二月市”传统文化，提升商圈国际影响力和竞争力的重要举措。

【社区服务业促进】区商务局制发《关于成立锦江区社区商业发展工作领导小组的通知》，结合社区配套、人口规模和需求结构，开展社区商业促进活动，打造锦江区社区商业孵化基地，搭建社区商业供需对接平台，实施洪柳西社区综合体“邻里人家”项目，建成“故奈·九眼桥头”和喜树街社区综合体2个示范项目。7月6日，区商务局联合行业协会举办第四届成都火锅文化节暨首届成渝火锅美食节。10月21日，区商务局配合沙河街道办事处，在乐天圣苑小区开展“家政服务进社区”活动，在环球汇蔚然广场开展“家政服务进楼宇”活动。通过活动促进家政服务业发展。完善区级保供体系，增强市场监测预警能力，收集和发布市场保供信息。实施益民菜市场改造升级项目，协助柳江街道办事处改造锦馨菜市场。开创网订店取、配送到家、便捷支付等一站式服务模式，推广无接触服务模式，引进“叮咚买菜”“顺路买菜”等民生互联网品牌企业。“叮咚买菜”在锦江区开设门店4家，主城区销售网点覆盖率达80%。引进“舞东风”等品牌连锁店11家。

（席赣卿）

2021年4月17日，成都国际金融中心“红人潮我看”主题活动举办　（区商务局提供）

文体旅产业

【概况】2021年，区文体旅局引进文旅企业101家，推动文旅产业发展载体建设。锦江区文旅产业发展载体固定资产投资2亿元，滨江酒店、劼人公园、西部文化产业中心的项目主体竣工，明宇酒店、三圣花卉市场、锦江体育中心等项目开工。按照区委、区政府“创新发展潮流经济”的部署，打造“四潮专线+十二月市+交子券”新消费体系，建成“云听锦江”“街坊里巷·新潮锦江”“安逸耍锦江”等12条特色文旅线路和90个网红打卡点，成都国际金融中心大熊猫户外艺术装置等5个点位入选“成渝潮流新地标”。春熙路大慈坊街区创建为“国家级夜间文化和旅游消费集聚区”。截至12月，锦江区游客接待量达到2500万人，较2020年增长24.74%。旅游业收入265亿元，较2020年增长2.84%。文旅行业全口径税收8.89亿元，较2020年增长24.41%。区级实得税收3.11亿元，较2020年增长21.08%。

2021年锦江区星级酒店和旅馆一览表

表16

序号	酒店名称	地址	客房(间)	床位(个)
1	成都王府井酒店	成都市锦江区华兴正街9号	36	70
2	四川瑞思特酒店	成都市锦江区梓桐桥正街45号附5号	24	46
3	锦江区星豪鸿酒店	成都市锦江区华兴正街39号22楼	22	36
4	四川宾馆	成都市锦江区暑袜北二街89号	156	216
5	成都市新瑞祥酒店	成都市锦江区冻青树街89号4楼	95	107
6	锦江区良成旅店	成都市锦江区红星路2段80号7楼	20	36
7	成都禧瑞尚品酒店	成都市锦江区中新街49号3楼	66	90
8	成都长熙锦呈酒店	成都市锦江区总府路8号	171	223
9	锦江区爱乐旅店	成都市锦江区红星路二段2号5楼	14	30
10	成都缤舍酒店	成都市锦江区岳府街38号	92	127
11	成都华住酒店	成都市锦江区总府路8号1幢7楼	279	389
12	成都如宾熊猫精选酒店	成都市锦江区红星路二段12号6楼	20	26
13	成都亚朵酒店	成都市锦江区红星路二段70号	301	380
14	成都叁爷里酒店	成都市锦江区商业场街1号附82号	40	62
15	成都迈家社区酒店	成都市锦江区商业场街1号4楼	71	93
16	锦江区龙都旅店	成都市锦江区冻青路89号2楼	30	38
17	成都文禧时代酒店	成都市锦江区华兴街3号	65	90
18	成都悦来印象酒店	成都市锦江区华兴正街54号	35	55
19	壹都锦服务公寓	成都市锦江区华兴正街68号	206	206
20	成都嘉立酒店	成都市锦江区华兴上街20号	78	113
21	成都市爱米爱饭酒店	成都市锦江区福兴街30号	97	149
22	锦江区壹陆捌快捷酒店	成都市锦江区华兴正街39号12楼	30	48
23	成都扶摇电竞酒店	成都市锦江区总府路29号1幢2楼	27	56
24	成都市紫微酒店	成都市锦江区总府路8号	95	265
25	成都瓦舍瓦岗酒店	成都市锦江区桂王桥南街26号	86	122
26	四川万里客商务酒店	成都市锦江区华兴正街63号5楼	54	70
27	成都市七天酒店华兴正街店	成都市锦江区华兴街39号	125	150
28	成都市锦江区好莱斯登酒店	成都市锦江区红星路106号	104	128
29	成都布丁智尚酒店	成都市锦江区商业场街1号3楼	63	83
30	成都瑞宾酒店	成都市锦江区纯阳观街1号附41号7楼	40	76
31	成都如宾酒店	成都市锦江区总府路3号	106	120
32	成都闪银一起酒店	成都市锦江区华兴正街39号1幢1单元	53	203
33	四川嗨艾瑞巴迪酒店	成都市锦江区商业场街1号1楼	81	106
34	锦江区壹伍捌快捷酒店	成都市锦江区华兴正街39号8楼	30	40
35	成都百丽思汀城市酒店	成都市锦江区总府路18号	185	330
36	成都时代金宇酒店	成都市锦江区岳府街60号	40	57

续表 16

序号	酒店名称	地址	客房(间)	床位(个)
37	成都市海伦春天酒店	成都市锦江区华兴正街 39 号 4 楼	33	36
38	成都春曦御景酒店	成都市锦江区新街后巷子 9 号 6 楼	31	47
39	成都岛集酒店	成都市锦江区红星路二段 120 号 6 楼	17	26
40	成都三条鱼国际青年旅舍	成都市锦江区总府路 18 号 1 幢 1 单元	22	300
41	成都倾城之恋酒店	成都市锦江区红星路二段 20 号	132	168
42	成都致远商务酒店	成都市锦江区如是庵街 28 号	73	120
43	成都伊亚酒店	成都市锦江区红星路一段 9 号	112	137
44	成都燕莎酒店	成都市锦江区庆云南街 69 号	39	52
45	成都如泰酒店	成都市锦江区武成大街 166 号	95	155
46	成都汉庭酒店大慈寺路分店	成都市锦江区大慈寺路 22 号	138	156
47	成都裕龙旅馆	成都市锦江区大慈寺路 32 号	28	30
48	成都佳元酒店大慈寺路分店	成都市锦江区书院街 75 号	126	180
49	成都市七天酒店书院街分店	成都市锦江区书院西街 8 号	97	104
50	四川省威莱诺酒店	成都市锦江区武城大街 198 号	85	108
51	成都克拉玛依酒店	成都市锦江区新华大道三槐树 66 号	100	220
52	成都嘉立酒店五世同堂分店	成都市锦江区五世同堂街 1 号	63	115
53	成都伊亚酒店	成都市锦江区红星路一段 9 号 1 楼	22	22
54	成都西姆红兴酒店	成都市锦江区庆云南街 69 号	40	50
55	北京桔子酒店成都第二分店	成都市锦江区大慈寺路 22 号	170	190
56	成都金都旅馆	成都市锦江区武城大街 200 号	20	30
57	成都顺鑫商务旅馆	成都市锦江区北顺城大街 38 号附 14 号	28	32
58	锦江区托斯卡纳酒店	成都市锦江区惜字宫南街 72 号	14	19
59	成都松果家商贸酒店	成都市锦江区庆云南街 69 号 2 幢 8 楼	18	24
60	成都巴斯迪酒店	成都市锦江区红星路二段 1 号	44	62
61	成都锦江区广电宾馆	成都市锦江区庆云西街 65 号	48	78
62	成都嘉立酒店庆云分店	成都市锦江区庆云南街 76 号	138	276
63	成都礼顿酒店	成都市锦江区红星路一段 39 号	154	235
64	锦江区维家斯酒店	成都市锦江区大慈寺路 66 号	36	55
65	成都市紫扉上舍酒店	成都市锦江区华星街 4 号	67	103
66	四川永升聚元酒店	成都市锦江区三槐树路 68 号 1 幢	100	150
67	锦江区星宇蜀居旅店	成都市锦江区商业场街 1 号	38	41
68	总府皇冠假日酒店	成都市锦江区总府街 31 号	415	550
69	成都乐宾酒店	成都市锦江区静沙南路 29 号 6 幢 20 楼	160	220
70	四川省丰源农贸中心商务部	成都市锦江区静渝路 2 号	17	32
71	成都希美登酒店	成都市锦江区静渝路 39 号金领大厦 2 楼	46	60
72	锦江区花谷商务休闲酒店	成都市锦江区静渝路 48 号 32 楼	17	17

续表 16

序号	酒店名称	地址	客房（间）	床位（个）
73	四川良木栖酒店	锦江区静安路 3 号校园春天 1 幢 4 楼	32	35
74	成都梦庭酒店	成都市锦江区菱窠路 65 号	56	38
75	成都栖点酒店	成都市锦江区花园街 31 号 10 幢 1 单元	42	50
76	锦江区狮山青年旅店	成都市锦江区静安路 5 号	33	40
77	成都市锦江区三圣花果旅馆	成都市锦江区静安路 7 号	26	36
78	成都美湖假日酒店	成都市锦江区佳宏南横街 99 号 1 幢	92	128
79	成都迎宾旅馆	成都市锦江区静安路 3 号	20	44
80	四川嘉辉煌酒店	成都市锦江区佳宏北路 39 号 7 幢 4 楼	73	106
81	成都复新花园酒店	成都市锦江区静安路 1 号附 40 号 4 楼	118	163
82	四川一木依君酒店	成都市锦江区汇源北路 99 号 5 幢 2 楼	27	35
83	成都市微澜创意酒店	成都市锦江区通宝街 99 号 6 幢 1 单元	24	28
84	四川泰链酒店	成都市锦江区通宝街 99 号 6 幢 1 单元	40	59
85	成都卡夫特酒店	成都市锦江区通宝街 99 号 6 幢 2 单元	22	31
86	成都瓴高酒店	成都市锦江区通宝街 99 号 6 幢 1 单元	103	120
87	成都芭特芙莱酒店	成都市锦江区通宝街 99 号泰合财富中心	暂停业	
88	成都卡夫特酒店	成都市锦江区通宝街 99 号泰合财富中心	63	91
89	四川一木依居酒店	成都市锦江区汇源北路 99 号 5 幢 2 楼	27	37
90	四川金科物业酒店	成都市锦江区静居寺路 20 号	27	47
91	成都望江宾馆	成都市锦江区中沙河铺街 43 号	450	650
92	成都复新传奇如家酒店	成都市锦江区静康路 5 号	83	119
93	成都万瑞东辉酒店	成都市锦江区静沙北路 309 号	99	129
94	成都悦享锦城酒店	成都市锦江区锦江大道 889 号 2 幢 4 楼	30	30
95	成都市锦江区花香主题酒店	成都市锦江区喜树街 908 号 4 楼	52	52
96	成都璞里春天酒店	成都市锦江区椰树街 314 号 5 楼	110	152
97	成都乐活一家果儿酒店	成都市锦江区椰树街 314 号附 1601 号	16	22
98	成都三姑家酒店	成都市锦江区万福社区八组 63 号	8	11
99	成都百花园乡村酒店	成都市锦江区附江路 735 号	147	300
100	成都吉好酒店	成都市锦江区椰树街 300 号 1 幢 14 楼	51	84
101	成都寓沛春天酒店	成都市锦江区椰树街 314 号	16	20
102	成都市蜀仙休闲娱乐酒店	成都市锦江区成龙大道 2408 号	20	36
103	锦江区刘家花园乡村农庄	成都市锦江区成龙大道 2801 号	180	350
104	成都市锦江区金海椒酒店	成都市锦江区海椒市街 6 号	112	160
105	成都锦城天府丽都商务酒店	成都市锦江区海椒市街 4 号	10	15
106	锦江区花香阳光酒店	成都市锦江区海椒市东街 140 号 3 楼	54	120
107	四川省蚕丝培训中心招待所	成都市锦江区海椒市街 10 号	46	76
108	成都市七天酒店九眼桥分店	成都市锦江区宏济上路 88 号	131	106

续表 16

序号	酒店名称	地址	客房(间)	床位(个)
109	成都市锦江区鑫牛生资旅馆	成都市锦江区海椒市街 15 号	190	300
110	成都蓉城老妈周氏酒店	成都市锦江区宏济新路 2 号	暂停业	
111	成都市锦江区家合假日酒店	成都市锦江区海椒市街 13 号	60	90
112	锦江区莲花旅馆	成都市锦江区莲桂南路 110 号 2 楼	120	180
113	成都七天四季酒店	成都市锦江区龙舟路 58 号附 11 号	56	92
114	锦江区君又来商务旅店	成都市锦江区莲花新区二巷 2 号 3 楼	80	130
115	成都速伯特酒店	成都市锦江区莲花新区北二巷 2 号 6 楼	33	36
116	成都兰郡驿站酒店	成都市锦江区莲桂南路 36 号	80	160
117	锦江区鑫源商务旅店	成都市锦江区莲桂南路 167 号	54	100
118	锦江金鑫商务旅馆	成都市锦江区莲桂南路 100 号	19	30
119	锦江区海友酒店	成都市锦江区莲桂南路 193 号	41	59
120	锦江区金鑫商务旅馆	成都市锦江区莲桂南路 74 号	28	34
121	成都朗诗寓商业酒店	成都市锦江区二环路东四段 412 号 6 楼	120	120
122	四川茂林古御酒店管理	成都市锦江区顺江路 301 号 1 幢 1 单元	19	46
123	成都星宇之星快捷酒店	成都市锦江区牛市口路 46 号	73	145
124	成都七鑫大酒店	成都市锦江区一环路东五段 46 号	50	70
125	成都咸集酒店	成都市锦江区水碾河南三街 37 号	22	41
126	四川凯宾酒店	成都市锦江区一环路东五段 108 号	13	28
127	成都市中青旅山水时尚酒店	成都市锦江区一环路东五段 58 号	56	85
128	成都金茂假日酒店	成都市锦江区一环路东五段 46 号	56	76
129	杭州住友酒店牛市口分店	成都市锦江区牛市口路 30 号	120	152
130	成都演艺集团艺锦酒店	成都市锦江区水碾河路 48 号	16	33
131	四川机械宾馆	成都市锦江区一环路东四段 14 号	18	30
132	成都市龙瑞酒店	成都市锦江区大田坎街 15 号	83	134
133	成都天使恋酒店	成都市锦江区一环路东五段 46 号	52	53
134	成都市锦江区巴蜀之梦旅馆	成都市锦江区一环路东五段 102 号	30	59
135	成都时光盒子酒店	成都市锦江区水碾河南三街 37 号	26	28
136	成都锦官快捷酒店	成都市锦江区一环路东五段 108 号 1 幢	24	46
137	四川悦尚酒店	成都市锦江区一环路东五段 8 号 1 幢	131	177
138	锦江区紫东瑞亨酒店	成都市锦江区锦东路 555 号 4 楼	46	71
139	成都星宇之星花主题酒店	成都市锦江区牛市口路 46 号	70	122
140	锦江区兴悦酒店	成都市锦江区琉璃一街 76 号附 7 号	50	100
141	成都荣澳新希望新家酒店	成都市锦江区金石路 366 号新希望大厦	248	286
142	锦江区万里行旅馆	成都市锦江区柳翠路 48 号	25	29
143	锦江区巴蜀商务酒店	成都市锦江区锦华路三段 181 号	85	138
144	锦江区玖加壹商务宾馆	成都市锦江区柳翠路 70 号	23	30

续表 16

序号	酒店名称	地址	客房（间）	床位（个）
145	锦江区佳奇商务宾馆	成都市锦江区柳翠路 40 号	23	30
146	成都泸州老窖大酒店	成都市锦江区三色路 199 号	190	263
147	成都贝爱风尚酒店	成都市锦江区锦华路三段 88 号 1 号楼	87	103
148	锦江区天府一九八商务酒店	成都市锦江区榕声路 84 号 5 楼	38	62
149	成都市花香盛世酒店	成都市锦江区锦逸路 67 号附 3-3 号	49	57
150	成都市容源居商务酒店	成都市锦江区皇经楼一街 97 号	25	33
151	成都逸景假日酒店	成都市锦江区锦瑞路 92 号	60	95
152	成都德士顿酒店琉璃分店	成都市锦江区仁居路 11 号	81	105
153	锦江区鑫万里客旅店	成都市锦江区经天路 4 号	18	25
154	成都万友佳旺宾馆	成都市锦江区经天西路 17 号 1 幢 2 单元	112	180
155	锦江区四海逸家酒店	成都市锦江区经天西路 17 号 1 幢 2 单元	12	21
156	成都桦林酒店	成都市锦江区经天路经天二街 231 号	26	48
157	锦江区雅住商务酒店	成都市锦江区晨辉北路 3 号	40	50
158	锦江区君平旅店	成都市锦江区皇经楼二期 B 区 2 号楼	66	80
159	锦江区瑞胜电竞宾馆	成都市锦江区锦华路一段 8 号 1 幢	14	40
160	成都瑞庭商务酒店	成都市锦江区晨辉路 166 号 6 号楼	100	163
161	成都好莱斯登酒店	成都市锦江区锦华路二段 96 号 1 幢 3 楼	109	152
162	成都沙河美景宾馆	成都市锦江区晨辉路 166 号 2 楼	16	20
163	成都瑞庭商务酒店	成都市锦江区晨辉东路 100 号 8 楼	100	163
164	锦江区沙河美景宾馆	成都市锦江区晨晖路 166 号 2 楼	43	53
165	成都太子来公寓	成都市锦江区下东大街喜年广场趣园	41	45
166	四川太古之上酒店	成都市锦江区下东大街 99 号晶融汇公寓楼 2708 室	15	24
167	成都蓉城时代酒店春熙路分店	成都市锦江区下东大街 200 号喜年广场 B 座 1617 室	19	22
168	锦江区豪悦商务酒店	成都市锦江区红星路四段 265 号	29	40
169	成都柏盛酒店	成都市锦江区下东大街 99 号晶融汇公寓楼 905 室	31	38
170	成都舍斐耳语服务公寓	成都市锦江区下东大街 99 号晶融汇公寓楼 606 室	18	27
171	成都蒙特斯坦酒店	成都市锦江区下东大街 99 号晶融汇公寓楼 705 室	20	20
172	锦江区爱上成都酒店公寓	成都市锦江区下东大街 200 号喜年广场 B 幢 15 楼	35	40
173	四川凯宾香槟酒店	成都市锦江区东大街 97 号	8	16
174	成都宏星商务旅馆	成都市锦江区王家坝街 19 号	19	22
175	锦江区职通车青年公寓	成都市锦江区东升街 98 号 3 楼	14	14
176	成都隐栖堂合江亭酒店	成都市锦江区天仙桥南路 1 号 1 幢 14 楼 1 号	18	21
177	成都晶融维格奢享公寓	成都市锦江区下东大街 99 号晶融汇公寓楼 2906 室	12	16
178	四川艾迪环星酒店	成都市锦江区东升街 98 号 2 层	17	61
179	成都盛夏群岛酒店	成都市锦江区下东大街 99 号晶融汇公寓楼 2405 室	42	64
180	成都悦亭和美酒店公寓	成都市锦江区下东大街 200 号喜年广场 B 座 2017 室	44	49

续表 16

序号	酒店名称	地址	客房(间)	床位(个)
181	成都榛悦隆堡成都酒店	成都市锦江区下东大街 216 号	194	254
182	成都嘉立酒店三圣街分店	成都市锦江区三圣街 34 号	暂停业	
183	成都世达招待所	成都市锦江区下东大街 18 号	28	48
184	成都鑫源酒店	成都市锦江区红星路步行街香槟广场	28	40
185	锦江区鑫家缘商务旅店	成都市锦江区天仙桥北路 6 号	25	30
186	成都锦官印象酒店公寓	成都市锦江区下东大街 200 号喜年广场 B 座 2813 室	18	21
187	成都尼依格罗酒店	成都市锦江区红星路三段 1 号成都国际金融中心	230	265
188	成都私处酒店	成都市锦江区天仙桥北街 10 号 1 幢 1 楼	12	12
189	锦江区雷蓉酒店公寓	成都市锦江区东大街 188 号时代华章大厦	70	90
190	成都市合江亭翰文大酒店	成都市锦江区成都市滨江东路 138 号	146	232
191	四川明星遂宁宾馆	成都市锦江区王家坝街 28 号	33	43
192	成都睿思怡江亚朵酒店	成都市锦江区东糠市街 1 号	120	157
193	成都米拉度假公寓	成都市锦江区下东大街 200 号喜年广场 B 座	25	28
194	成都夏语酒店	成都市锦江区下东大街 99 号晶融汇公寓楼	20	23
195	锦江区世佳商务宾馆	成都市锦江区天仙桥南路 28 号	15	30
196	成都花城假日酒店公寓	成都市锦江区下东大街 200 号喜年广场 B 座 2712 室	55	55
197	成都逗号酒店	成都市锦江区下东大街 200 号喜年广场 B 座 1817 室	40	44
198	成都蓉城逸都酒店	成都市锦江区下东大街 200 号喜年广场 B 座 2111 室	22	30
199	成都市雅居诺福特宜必思酒店	成都市锦江区菱安路 109 号 1 楼	73	102
200	成都宏盛君悦酒店	成都市锦江区滨江东路 162 号	108	136
201	成都虞舜全季酒店	成都市锦江区下东大街 21 号 1 幢 4 楼	158	207
202	成都乐翔大酒店	成都市锦江区红星路四段 279 号	48	148
203	成都左岸精品公寓	成都市锦江区下东大街 200 号喜年广场 B 座 1909 室	16	19
204	锦江区鑫万里旅店	成都市锦江区红石柱横街 27 号	25	50
205	成都喜源酒店公寓	成都市锦江区下东大街 200 号喜年广场 B 座 2211 室	17	20
206	四川赛家时代酒店	成都市锦江区东大街 188 号	28	28
207	成都博舍酒店	成都市锦江区笔帖式街 81 号	142	156
208	四川一城居酒店	成都市锦江区天仙桥滨河路 10 号 1 幢 1 单元 5 楼	12	17
209	成都屋奇良宿酒店	成都市锦江区下东大街 200 号喜年广场 B 座 3009 室	19	19
210	成都喜乐佳精品公寓	成都市锦江区下东大街 200 号喜年广场 B 座 1717 室	39	45
211	成都糖果公寓春熙路喜年店	成都市锦江区东大街 200 号喜年广场 B 座 2517 室	15	20
212	成都晚安米亚酒店	成都市锦江区下东大街 99 号晶融汇公寓楼	35	58
213	成都蒙特斯坦酒店	成都市锦江区下东大街 99 号晶融汇公寓 705 室	20	20
214	遂宁宾馆	成都市锦江区王家坝街 28 号	128	172
215	成都市天顺园酒店	成都市锦江区东风路 2 段 7 号	9	18
216	成都市锦江区明宇豪雅饭店	成都市锦江区东大街紫东楼段 39 号	333	477

续表 16

序号	酒店名称	地址	客房(间)	床位(个)
217	成都雅富卓悦全季酒店	成都市锦江区一环路东五段 87 号 2 幢 28 楼	93	140
218	成都汇达锦泰酒店	成都市锦江区一环路东五段 87 号 2 幢 28 楼	180	261
219	四川安逸连锁酒店九眼桥分店	成都市锦江区一环路东五段 11 号	20	24
220	成都邮马度假公寓	成都市锦江区青和里南段 55 号 21 楼	24	24
221	四川溢焱商贸宾馆	成都市锦江区东风路 25 号	75	107
222	锦江区隆兴旅馆	成都市锦江区均隆街 59 号	30	50
223	成都欧来嘉宾馆	成都市锦江区东风路 19 号	76	183
224	锦江之星旅馆东风路分店	成都市锦江区锦江东风路二段 15 号	40	52
225	四川凯美酒店	成都市锦江区一环路东五段 87 号 2 幢 3 楼	28	39
226	成都途遇精品公寓	成都市锦江区青和里南段 55 号 1 幢 16 楼 1610 室	20	21
227	成都凯途酒店公寓	成都市锦江区青和里南段 55 号 13 楼	28	38
228	成都林语吃树酒店公寓	成都市锦江区青和里南段 55 号 1 幢 16 楼 1628 室	28	30
229	成都香格里拉大酒店	成都市锦江区滨江东路 9 号	593	746
230	成都安卓酒店	成都市锦江区紫东正街 54 号	13	16
231	成都兴久宾馆	成都市锦江区牛王庙巷 9 号	11	30
232	成都东方广场假日酒店	成都市锦江区东大街芷泉段 231 号	336	412
233	成都途家斯维登酒店公寓	成都市锦江区青和里南段 55 号 24 楼	28	44
234	成都富升博雅酒店	成都市锦江区年丰巷 51 号	120	136
235	成都建丰元酒店	成都市锦江区青和里南段 55 号 11 楼		
236	成都美宜佳酒店	成都市锦江区锦华路一段 8 号锦华万达广场 1 幢	119	150
237	锦江区东润商务旅店	成都市锦江区静居寺南路 106 号 3 楼	16	30
238	成都雅悦酒店	成都市锦江区锦华路一段 8 号锦华万达广场 1 幢	暂停业	
239	锦江区祥和宾馆	成都市锦江区锦华路一段 275 号 9 幢	23	27
240	锦江区贝尔旅馆	成都市锦江区东怡街 1 号 2 楼	11	20
241	锦江区顺天招待所	成都市锦江区锦华路一段 275 号	108	154
242	成都旅树酒店	成都市锦江区琉璃路 299 号 6 幢 1 楼	68	87
243	成都市锦江区天晓旅馆	成都市锦江区锦华路一段 275 号	暂停业	
244	成都容庆酒店	成都市锦江区锦华路一段 8 号锦华万达广场 1 幢	25	31
245	成都百亨酒店	成都市锦江区锦华路 1 段 166 号吉丰大厦	66	120
246	成都鼎极酒店	成都市锦江区北顺西巷 2 号附 1 号	52	102
247	锦江区盈丰酒店	成都市锦江区锦华路一段 8 号锦华万达广场 1 幢	39	58
248	成都锦鸿希悦酒店	成都市锦江区静居寺路 43 号 1 楼	44	57
249	成都蜀庭酒店	成都市锦江区锦华路一段 8 号锦华万达广场 1 幢	33	35
250	锦江区百顺商务旅店	成都市锦江区锦华路一段 289 号 2 楼	22	30
251	锦江区逸家商务旅店	成都市锦江区静居寺南街 55 号 4 幢 4 楼	27	50

续表 16

序号	酒店名称	地址	客房(间)	床位(个)
252	成都凯帝酒店	成都市锦江区锦华路一段 8 号锦华万达广场 1 幢	50	65
253	成都市星座主题酒店	成都市锦江区锦华路 163 号	92	119
254	四川瑞德物业酒店	成都市锦江区橡树林路 163 号 4 幢 7 楼	146	176
255	成都市锦江区紫金臻宾馆	成都市锦江区暑袜中街 51 号	46	69
256	成都银河王朝大酒店	成都市锦江区顺城街 88 号	360	567
257	成都市鸿悦酒店	成都市锦江区青石桥北街 40 号 8 楼	96	116
258	成都泸川酒店	成都市锦江区走马街 39 号 11 楼	28	44
259	成都雅高美华酒店美居分店	成都市锦江区暑袜北三街 20 号	374	491
260	成都雅高美华酒店宜必思分店	成都市锦江区暑袜北三街 20 号东楼 1 楼 3 号	167	231
261	成都市德晓酒店	成都市锦江区暑袜南街 58 号 4 楼	45	65
262	成都汉庭酒店东华正街分店	成都市锦江区东华正街 40 号	112	168
263	成都如梦云间酒店公寓	成都市锦江区梨花街 12 号 1 幢 2 单元 8 楼	21	33
264	四川金蓉饭店	成都市锦江区暑袜北街 19 号	78	115
265	四川花园宾馆	成都市锦江区走马街 47 号	183	308
266	锦江区兴福馨商务宾馆	成都市锦江区古卧龙桥街 10 号成物大厦 3 楼	30	39
267	成都明宇丽雅酒店	成都市锦江区宾隆街 1 号 1 幢 9 楼	306	404
268	成都星益栈星空酒店	成都市锦江区古卧龙桥街 6 号 21 楼	13	24
269	成都茂业万豪酒店	成都市锦江区东御街 19 号 1 幢 7 楼 2 号	345	436
270	成都星程万友酒店	成都市锦江区大业路 39 号 5 楼	121	177
271	成都普瑞森酒店	成都市锦江区人民东路 61 号仁和 A 区 3 楼	49	58
272	成都逸景印象假日酒店	成都市锦江区青年路 69 号	90	140
273	成都都成顺酒店	成都市锦江区顺城大街 27 号 1 幢 1 单元 8 楼	64	88
274	成都如恒和颐酒店	成都市锦江区横九龙巷 46 号	96	108
275	成都毅龙希岸轻雅酒店	成都市锦江区古卧龙桥街成物大厦 6 楼	48	58
276	成都红旗宾馆	成都市锦江区总府路 87 号	76	111
277	四川蜀农大酒店	成都市锦江区青年路 67 号	50	70
278	华住酒店成都大业路分店	成都市锦江区大业路 39 号	143	194
279	成都合美假日酒店	成都市锦江区梨花街 12 号	76	131
280	成都锦发全季酒店	成都市锦江区东御街 55 号 8 楼	暂停业	
281	成都吉安酒店	成都市锦江区梨花街 12 号城市理想大厦 18 楼	20	28
282	成都向日葵酒店	成都市锦江区梨花街 12 号 1 幢 2 单元 14 楼	21	26
283	四川新良大厦宾馆	成都市锦江区上东大街 246 号	345	528
284	成都市七天酒店梨花街分店	成都市锦江区梨花街 9 号	112	132
285	成都赛弗凯宾酒店	成都市锦江区顺城大街 27 号	120	190
286	成都圣瑞酒店	成都市锦江区人民东路 48 号	210	280
287	迈家酒店成都大业路分店	成都市大业路 39 号 20 楼	59	77

续表 16

序号	酒店名称	地址	客房（间）	床位（个）
288	成都唯芙酒店	成都市锦江区大业路 39 号 16 楼	38	64
289	成都城市理想酒店	成都市锦江区梨花街 12 号	22	30
290	成都江楠酒店	成都市锦江区古卧龙桥街 10 号成物大厦 7 楼	50	59
291	成都观锦台酒店	成都市锦江区东御街 55 号 11 楼	66	102
292	成都梨庭酒店	成都市锦江区梨花街 22 号	17	30
293	成都雅逸酒店	成都市锦江区青石桥北街 44 号 6 楼	58	75
294	成都西晟酒店	成都市锦江区西沟头巷 37 号 1 楼	48	66
295	成都恩佩熙酒店	成都市锦江区古卧龙桥街 10 号 10 楼	15	38
296	成都益成宏酒店成都第三分店	成都市锦江区人民东路 48 号 1 幢 16 楼	106	133
297	成都益成宏酒店成都第二分店	成都市锦江区人民东路 48 号 1 幢 3 楼	暂停业	
298	成都益成宏酒店	成都市锦江区人民东路 48 号 1 幢 7 楼	暂停业	
299	成都雅川酒店	成都市锦江区走马街 39 号 6 楼	暂停业	
300	成都华能电力技术培训中心招待所	成都市锦江区光华街 49 号	暂停业	
301	成都雅泸江接待中心	成都市锦江区走马街 39 号	33	55
302	成都唯朵酒店	成都市锦江区青年路 69 号 4 楼	32	34
303	四川正熙酒店	成都市锦江区红星路三段 16 号	142	200
304	成都丽池海悦酒店	成都市锦江区红星路三段 12 号	225	258
305	成都市锦江区紫金宾馆	成都市锦江区春熙路西段 6 号	45	75
306	成都有客酒店	成都市锦江区新街后巷子 10 号 14 楼	169	258
307	成都璟星酒店	成都市锦江区北新街 58 号 2 楼	114	162
308	成都君悦酒店	成都市锦江区春熙路南段 8 号	390	477
309	成都市仆真酒店	成都市锦江区总府路 18 号	76	87
310	四川世纪汇禾商务酒店	成都市锦江区红星路三段 8 号	90	120
311	成都盈海富通城市便捷酒店	成都市锦江区总府街 12 号 11 楼 1 号	29	35
312	四川源点酒店	成都市锦江区上东大街段 333 号 1 幢 3 层 1 号	84	113
313	成都百丽思汀城市酒店	成都市锦江区总府路 18 号	98	150
314	成都三条鱼国际青年旅社	成都市锦江区总府路 18 号 1 幢 1 单元 5 楼	50	90
315	成都市金鸿鑫酒店	成都市锦江区纯阳观街 1–41 号 6 楼	42	54
316	四川凯宾依腾酒店	成都市锦江区小科甲巷 1 号	130	160
317	四川宜尚 plus 酒店	成都市锦江区东大街上东大街段 18 号 3 楼	166	231
318	成都繁星我们酒店	成都市锦江区新街后巷子 9 号 4 楼	27	66
319	四川凤凰御庭酒店	成都市锦江区新街后巷子 3 号	139	207
320	成都市鑫春宾馆	成都市锦江区春熙北路 23 号	59	95
321	成都阿斯嘉德酒店	成都市锦江区新街后巷子 9 号 5 楼	22	28
322	成都春熙摩登酒店	成都市锦江区春熙路南段 9 号 5 楼	36	40

续表 16

序号	酒店名称	地址	客房（间）	床位（个）
323	成都泊雅酒店管理	成都市锦江区中新街 49 号 3 楼	198	243
324	成都清舍酒店	成都市锦江区大业路 16 号 19 楼	30	42
325	成都市逸尚酒店	成都市锦江区春熙路西路 9-19 号 4 楼	138	177
326	成都香舍尔酒店	成都市锦江区正科甲巷 48 号 11 楼 21 号	23	40
327	四川甘孜州商业局成都站招待所	成都市锦江区新街后巷子 1 号	50	101
328	四川安逸大酒店	成都市锦江区春熙路东段 1 号	305	468
329	四川城青宜尚 plus 酒店	成都市锦江区上东大街段 18 号 3 楼	166	231
330	成都如熙如家酒店	成都市锦江区大科甲巷 23 号 5 楼	68	90
331	成都熊猫观景酒店	成都市锦江区红星路三段 16 号 1 幢 1 单元 28 楼	20	25
332	成都市春熙宾馆	成都市锦江区春熙路西段 12 号	64	96
333	成都京都天孚酒店	成都市锦江区联升巷 18 号 8 楼	27	31
334	锦江区紫韵旅馆	成都市锦江区春熙路北段 45 号 4 楼	77	107
335	成都春禧商务酒店	成都市锦江区上东大街 269 号	99	180
336	成都市邦客酒店	成都市锦江区城守街 73 号 1 幢 5 楼	92	107
337	锦江区月友宾馆	成都市锦江区新街后巷子 10 号 9 楼	20	24
338	成都世茂睿选尚品酒店	成都市锦江区暑袜北二街 56 号 5 层	199	276
339	成都荣熙酒店	成都市锦江区城守街 88 号 7 楼	69	76
340	成都市春曦御景酒店	成都市锦江区新街后巷子 9 号 6 楼	暂停业	
341	成都美华馨怡酒店	成都市锦江区盐道街 6 号	102	160
342	成都花园城大酒店	成都市锦江区大业路 8 号	256	412
343	四川新大成宾馆	成都市锦江区人民南路二段 72 号	155	275
344	成都泰合索菲特大饭店	成都市锦江区滨江中路 15 号	262	460
345	成都君御安布丁酒店	成都市锦江区城守东大街段 6 号 6 楼	54	68
346	成都市青石轩如家精选酒店	成都市锦江区向阳街 38 号	98	140
347	四川尚俭乐途酒店	成都市锦江区城守东大街段 6 号 7 层	22	50
348	成都世代锦江国际酒店	成都市锦江区下南大街 59 号	460	655
349	四川梵舍酒店	成都市锦江区东府街 33 号东府九座大厦 4 楼	44	62
350	四川锦江宾馆锦苑楼	成都市锦江区人民南路二段 1 号	46	80
351	成都慕思威尔酒店	成都市锦江区中南大街 81 号	109	109
352	四川锦江宾馆	成都市锦江区人民南路二段 80 号	691	933
353	成都逸家酒店	成都市锦江区大业路 6 号	40	70
354	锦江区凤翔雅居酒店	成都市锦江区大业路 6 号财富中心大厦 A 座	22	28
355	锦江区阁莱美家宾馆	成都市锦江区青石桥中街 8 号	21	31
356	锦江区迎万里客商务旅店	成都市锦江区上东大街 59 号蓝光大厦 13 楼	33	45
357	成都明豪假日酒店	成都市锦江区城守东大街段 6 号 8 楼	30	36
358	成都顺达君逸汉庭酒店	成都市锦江区东大街城守东大街段 6 号	72	99

续表 16

序号	酒店名称	地址	客房(间)	床位(个)
359	四川川粮宾馆	成都市锦江区锦兴路 9 号	100	200
360	四川岷山饭店	成都市锦江区人民南路二段 55 号	380	530
361	锦江宾馆南大楼	成都市锦江区人民南路二段 80 号	16	20
362	成都轩雅映悦酒店	成都市锦江区走马街 68 号	113	146
363	成都万达瑞华酒店	成都市锦江区滨江中路 9 号	239	262
364	成都集微酒店	成都市锦江区向阳街 38 号 1 幢 1 楼	42	50
365	锦江区成龙旅店	成都市锦江区西丁字街 3 号 2 楼	26	60
366	四川省革命伤残服务中心福苑宾馆	成都市锦江区红星路四段 98 号	110	220
367	锦江区彦云会旅店	成都市锦江区盐道街 6 号综合楼 16 楼	24	30
368	成都美集南府明珠布丁酒店	成都市锦江区南府街 18 号 1 楼	64	79
369	成都罗兰酒店	成都市锦江区学道街 87 号	75	120
370	四川好逸红星酒店	成都市锦江区红星路四段 88 号	116	180
371	成都仁恒酒店	成都市锦江区指挥街 111 号	360	582
372	四川梵庭酒店	成都市锦江区东府街 33 号东府九座大厦 27 楼	19	31
373	成都魔方酒店天府广场分店	成都市锦江区上南大街 47 号 A 幢 2 楼	49	60
374	成都追梦青年旅舍	成都市锦江区走马街 68 号锦城大厦 6 楼	32	56
375	成都康梦商务酒店	成都市锦江区静安路 6 号雅郡三期	13	26
376	成都海伦商务酒店	成都市锦江区静安路 6 号雅郡三期	48	98
377	成都市雅住酒店	成都市锦江区牡丹街 595 号 1 幢 5 楼	47	60
378	成都木之缘酒店	成都市锦江区牡丹街 595 号 1 幢 4 楼	24	47
379	锦江区巴斯顿旅店	成都市锦江区水杉街 201 号蓝谷地商业广场 3 楼	21	26
380	成都天朗酒店	成都市锦江区百日红西路 212 号 21 楼 2106 室	60	84
381	成都星逸寓酒店	成都市锦江区枫树街 1390 号 3 楼 320 室	41	56
382	成都悦美喆啡酒店	成都市锦江区枫树街 1390 号 6 楼	76	106
383	成都三圣名人酒店	成都市锦江区牡丹街 595 号 1 幢 6 楼 629 室	23	30
384	成都凯宾丽景酒店	成都市锦江区水杉街 755 号	148	230
385	成都静明双发大酒店	成都市锦江区静明路 488 号 1 楼	110	178
386	锦江区新豪庭酒店	成都市锦江区牡丹街 595 号	23	38
387	成都鑫雅郡主题酒店	成都市锦江区静安路 368 号 1 幢 1 单元 2 楼 48 室	37	37
388	成都雅郡商务酒店	成都市锦江区静安路 368 号	39	65
389	锦江区兰庭居旅店	成都市锦江区和欢树街 299 号附 4 号 5 幢 2 楼	43	54
390	锦江区锦豪旅馆	成都市锦江区百日红西路 212 号 5 幢 5 楼	29	48
391	成都东客酒店	成都市锦江区大观星街 2 号 3 楼	29	39
392	四川诺美家酒店	成都市锦江区樱花街 1342 号 5 楼	99	126
393	锦江区巴斯顿旅馆	成都市锦江区水杉街 201 号 3 楼	21	26

【住宿餐饮业】锦江区分布五星级酒店6家、四星级酒店5家、三星级酒店1家，营业状态的星级酒店和旅馆393家，提供客房30438间、床位43631个。住宿业营业额20.7亿元，较2020年增长20.8%。区域内分布成都特色美食200种。包括“龙抄手”“钟水饺”“赖汤圆”“夫妻肺片”“三义园牛肉焦饼”“金玉轩醪糟”“自力面”“牛王庙怪味面”“宋嫂面”“韩包子”等传统小吃和“荣乐园”“味之腴”“小雅菜馆”等老字号餐厅。开设“翠园”“崇德里”等新派餐馆，分布“大龙燚”“小龙坎”“老码头”等品牌火锅店铺，引进“金韩宫”“麦当劳”“肯德基”“德克士”“星巴克”等世界连锁餐饮品牌。3月，锦江区入选“2021年中国特色美食百佳县市”，排第1位。

【夜间经济发展】区文体旅局为都市旅游业态注入文化元素，通过文商旅融合方式发展夜间经济。2月7日，按照成都市开展“点亮锦江”系列活动部署，在东门码头启动点亮仪式，重启“夜游锦江”项目。展示锦江区按照“一年治污、两年筑景、三年成势”要求，在“生态文明新范式、绿色永续新动能、生态惠民新指引”理念引导下实施锦江流域治理的成效，展示锦江从护城河到景观河、生态河的历程。新华社、中新网、人民日报客户端、四川新闻网等媒体报道活动启动实况。同时挖掘东大街“蜀中首街”和锦江的历史文化元素，以东大街和锦江为主轴，打造夜游、夜市、夜展、夜秀等主题场景，再现“水岸街坊船、锦江不夜天”景象。成都兰桂坊休闲娱乐街区等17个点位入选“夜成都示范街区”。通过实施“夜游锦江”项目，锦江沿岸区域的游客接待量达到1500万人，成为全国夜间经济样板。8月，锦江区入选“2021年中国夜经济繁荣百佳县市”，排第38位。

【“四潮专线”推出】区文体旅局牵头打造“四潮专线”，促进文商旅融合发展。“四潮专线”即四条新潮文化旅游线路，分别是“潮游专线”“潮购专线”“潮玩专线”“潮享专线”。其中的“潮游专线”位于锦官驿街道的“1.314爱情专线”。包括“东门码头”“天仙桥会”“合江听涛”“兰桂品香”等节点，沿线分布星桥街“最美上学路”、合江亭“最美婚姻登记所”、天仙桥南路“成都市夏季最美街道”、被誉为“成都最美社区游线”的“1.314爱情专线”等场景。2月7日，锦江区借助“千年蓉城·烟火锦江”2021年锦江公园“点亮锦江”集中点亮仪式发布提档升级的“1.314爱情专线”。5月20日，设置“走过回忆”“把握现在”“创造未来”三个主题空间的合江亭“最美婚姻登记所”投入运营，举行“锦江河畔人成双，合江亭下结鸳鸯”集体颁证仪式。领证新人通过互联网平台预约，可生成专属登记号码。“潮游专线”沿线临街商铺营收较2020年增长58.7%。“潮购专线”位于春熙路街道，分布量子光电音电竞社区、潮力方5GXR体验中心、“成都十二月市·春台市锦”、万紫商城等点位，“春台市锦”二期项目开工，万紫商城改造项目竣工，沿线品牌店铺营收较2020年增长28.9%，商场和超市营收较2020年增长22.4%。“潮玩专线”分布“故奈·潮玩”等特色点位，包括一环路市井生活圈宏济路和点将台片区。“故奈·潮玩”街区获得“2021成都最美生活场景”称号，沿线时尚品牌店铺营收较2020年增长28.9%。“潮享专线”位于书院街街道，分布西部文化产业中心、一台好戏西南首店、阿来书房西南旗舰店、“公寓书屋”阿奇书店等产业载体和特色商家，建成华兴街特色街区，规划建设四圣

2021年2月7日，锦江区在东门码头“点亮锦江”活动启动　（区委宣传部提供）

祠国际医美城以及暑袜街特色街区、望福街特色街区，保护性修缮3处历史建筑，沿线老字号店铺营收较2020年增长38.6%。

【田园旅游业发展】区文体旅局以“三圣花乡”转型升级为抓手，推动锦江区都市田园旅游业发展。明确“三圣花乡”景区“都市田园乡愁”定位，培育旅居经济等新经济增长点，引导“农家乐”向“美学生活馆”转型。“三圣花乡”景区接待游客量较2020年增长24%，中秋节和国庆节期间的游客数在四川省各景区中排名第二，旅游收入较2020年增长67%。三圣街道红砂社区入选“天府旅游名村”和“省级乡村旅游重点村”，红砂社区集体经济组织增收1500万元，村民家庭平均增收5万元。锦江区“公园+乡村”生态价值转化新路径入选“人民网2021年乡村振兴示范案例”。

【“十二月市”场景塑造】区文体旅局牵头推进“十二月市”特色街巷建设，编制幸福梅林“梅市”风貌景观一体化打造方案，联升巷“锦市”、春熙路“灯市”、黄伞巷“酒市”、福字街“桃符市”、红星路“扇市”建设项目按计划推进，均隆街“药市”光彩工程呈现，梨花街“七宝市”开街。梨花街“七宝市”集聚100家黄金珠宝企业参展，成为中国第三大黄金首饰交易中心。打造成都十二月市博物馆，吸引135家企业布展，同步启动“交子券”促消费机制。

【“春熙闹灯”活动】1月22日，锦江区融合“灯市”“桃符市”“花市”等“成都十二月市”的文化元素，在红星路商业步行街广场开展“春熙闹灯”活动。现场氛围以唐宋风格为主，举办古风沉浸式音乐剧表演、点灯挂符仪式、花灯巡游送福、掌灯花神评选等活动，营造文商旅融合的消费场景。人民日报客户端四川频道登载《“春熙闹灯”！成都春熙路商圈重现“成都十二月市”》。新华网四川频道登载《点灯挂符、花灯巡游……春熙路商圈重现“成都十二月市”》。中国新闻网登载《成都街头再现“十二月市”创新传统文化提升消费信心》。中国报道网登载《成都锦江邀您“春熙闹灯”》。《中国经济时报》、中国经济新闻网登载《春熙路商圈重现！“成都十二月市”锦江邀您“春熙闹灯”》。四川新闻网四川频道登载《打造新消费场景！“成都十二月市”开市了 邀您来“春熙闹灯”》。封面新闻网、腾讯网《惠政四川》栏目登载《重现“成都十二月市” 成都春熙路邀你正月看灯》。新浪网四川频道登载《春熙路商圈重现“成都十二月市” 锦江邀您“春熙闹灯”》。四川卫视《新闻联播》栏目播出《春熙闹灯！“成都十二月市”开市》。成都电视台《成都新闻》栏目播出《春熙闹灯 “成都十二月市”开市迎新春》。“四川观察”手机应用平台发表《春熙闹灯 “成都十二月市”开市啦！》。“锦观新闻”手机应用平台发表《锦江邀你“春熙闹灯”啦！春熙路商圈重现“成都十二月市”》。“今日头条”手机应用平台发表《春熙路商圈重现“成都十二月市”锦江邀您“春熙闹灯”》。

2021年2月7日，提档升级的“1.314爱情专线”面向市民开放　（区文体旅局提供）

【五月扇市活动】4月27日，锦江区春熙路时尚活力区管委会联合成都百年春熙集团公司、各街道办事处在红星路商业步行街广场举行“成都十二月市·五月消费季”启动仪式，营造多元化特色消费场景。新华网四川频道登载《成都锦江区启动“锦蚕两生花·熙市扇香来”十二月市消费季活动》。中国经济新闻网四川频道登载《锦蚕两生花·熙市扇香来！成都锦江区启动“成都十二月市”五月促消费系列活动》。“四

2021 年 1 月 22 日，锦江区“春熙闹灯”活动在锦江区红星路商业步行街广场举办
（区融媒体中心提供）

川观察”手机平台发表《走！去成都春熙路打卡“五月扇市”》。“锦观新闻”手机平台发表《三至六月“蚕、锦、扇、香市”来，“成都十二月市”再上新——锦江区拉开五月消费活动》。“今日头条”手机平台发表《锦蚕两生花·熙市扇香来——锦江区启动“成都十二月市”五月促消系列活动》。成都电视台《成视新闻》栏目播出《“锦蚕两生花·熙市扇香来”五月消费季启动》。

【梨花街七宝市开街仪式举行】9 月 22 日，锦江区在梨花街举行七宝市开街仪式。活动现场举办沉浸式数字艺术展，采用裸眼 3D 模式呈现“宝石梨花”元素，采用全息投影方式打造沉浸式小剧场。同时模拟都市工业实验室、濯锦工匠工坊，举办 live 式制作工艺体验活动。人民网四川频道登载《“成都十二月市”再上新！梨花街七宝市开街仪式举行》。中国新闻网四川频道登载《“成都十二月市”再上新 梨花街七宝市正式开街》。改革网四川频道登载《成都锦江区：梨花街七宝市开街 推动文创珠宝产业加速发展》。中国报道网登载《“成都十二月市”再上新！梨花街七宝市开街仪式举行》。中国经济时报网四川频道登载《“成都十二月市”再上新！梨花街七宝市正式开街》。中国经济新闻网四川频道登载《梨花竞璀璨 七宝潮未来 成都梨花街七宝市开街》。

【旅体产业生态圈构建】区文体旅局明确“体育新动能培育、体育新项目招引、消费新场景打造、体育新品牌塑造”的发展思路，开创“体育+”模式，构建旅体产业生态圈，通过体育赛事带动旅游业发展。结合成都建设“国际化世界赛事名城”构建体育服务体系，培育冰雪运动和电子竞技等体育消费业态。整合文轩体育文化中心等社会体育资源，打造国家体育产业示范基地。

（何宇航　刘祎鹏）

文创产业

【概况】2021 年，锦江区根据“1+3+3”产业体系建设布局，围绕红星路文创集聚区建设，促进数字传媒、实体书店等行业发展，引进杭州遥望网络全国第二总部、上海盖奇电竞阿尼美等行业领先企业，建成锦江文创中心、艺尚锦江园区等文创载体，策划川报数字文化产业园、红砂网络文学产业园等项目，促进潮力方体验中心开工，支持许燎源现代设计艺术博物馆“创造力发生器”艺术设计人才创作营培养文创精英人才，承办天府文创大集市、梨花街“七宝市”文创展等活动，从载体建设、人才培养、特色活动、市场主体培育等层面多元推动文创产业发展。锦江区文创产业入库报表单位 964 家，较 2020 年增加 402 家。新增阿奇书店等实体书店 4 家，方所太古里书店获“成都市最美书店”称号。

【文创产业促进机构设置】1 月，锦江区推进文化创意产业发展工作领导小组更名锦江区文化体制改革和文化产业发展领导小组。在区委宣传部设办公室，牵头协调文创产业发展的各项工作。另设文化创意产业促进中心，为财政全额拨款事业单位。

【天府文创大集市活动】5 月 26 日至 6 月 1 日，锦江区依托小店经济，联动春熙路文创市集，在上东大街 123 号承办成都天府文创大集市活动。旨在探寻成都生活美学，凸显成都人文魅力，激发天府文创活力，营造“转角即文创”的场景。活动期间，吸引96家文创企业参加，展示文创产品。

2021年9月9日，西部文化产业中心建成投用 （区委宣传部提供）

【数字传媒业发展】锦江区编制《促进数字传媒业高质量发展实施方案》，出台产业扶持政策，利用川报印务公司厂房打造川报数字文化产业园，规划红砂网络文学产业园、德必集团邮政大楼园区等项目，引进天府数字文创产业中心和星榜传媒西南总部，争取省级和市级产业扶持资金655万元，扶持项目17个，新增传媒类企业200家。锦江区数字传媒业营收达到230亿元。

【西部文化产业中心建成投用】西部文化产业中心是红星路文创集聚区的产业化项目，由四川日报报业集团公司投资开发。西部文化产业中心项目秉承“文化与城市共生”理念，以“城市人文客厅、西部文化地标、文化IP发源地”为定位，集文化产业创新孵化器、联合办公空间、文化艺术体验中心、展演发布平台、文化精品酒店于一体。9月，西部文化产业中心建成投用，吸引阿来书房、一台好戏小剧场、眉州东坡酒楼、川茶公馆等品牌店铺进驻。中海地产公司对标中海超甲级写字楼运管标准，负责西部文化产业中心写字楼运营。引进浙江君亭酒店，注册成立成都遇见君亭酒店有限公司，打造Pagoda君亭设计酒店西部首店。10月，进驻西部文化产业中心的四川封面传媒有限责任公司跻身“国家文化和科技融合示范基地”行列。

2021年5月16日，锦江区天府文创大集市活动举办 （区委宣传部提供）

【文创精英人才培养】2月，成都许燎源现代设计艺术博物馆开办第五季“创造力发生器”艺术设计人才创作营。征集成都大学东盟艺术学院美术与设计学院、吉利学院艺术设计学院的设计人才研发制作文创作品，帮助学员转化个人IP提升文创市场原创力。第五季创作营培训文创产业从业人员230人。

（田　甜　刘　意）

金融服务业

【概况】2021年，区金融局参与制定锦江区“1+3+3”产业体系的金融服务政策，为金融服务实体经济发展提供政策支撑。联合工商银行春熙支行，在成都国际金融中心打造楼宇金融服务创新示范基地，为楼宇企业提供全生命周期的金融服务。区政务服务中心设立金融服务专区，开设“政务＋金融”专窗，吸引工商银行、成都银行、天府银行、恒丰银行进驻，为办事群众和企业提供金融服务。开展“防范非法集资宣传月”活动，宣传《成都市防范和处置非法集资条例》，提高社会公众的金融风险防范意识。接待因非法集资遭受财产损失的上访群众40批300人。打造普惠金融服务体系，实施“蓉易贷”普惠项目，举办“锦鹏资本汇”等活动，推动多层次资本市场建设，引导东大街金融业集聚发展，促进私募基金发展。锦江区“1.314爱情专线”等点位成为全国数字人民币试点工作会议参会代表调研点位。锦江区金融业增加值348.6亿元，增速5.8%，金融业增加值和增速在成都市中心城区中排名第二，占地区生产总值的27.7%。引进金融机构和金融服务类企业39家，持牌金融企业608家，金融安全、金融科技等配套服务企业114家。小额贷款公司10家、融资担保公司7家、典当行16家、融资租赁公司7家。注册资本124亿元。地方金融机构组织营收10.59亿元。小额贷款公司贷款额50.55亿元，期末贷款余额48亿元。融资性担保公司担保金额49.93亿元，在保余额80.42亿元。金融业全口径税收43.4亿元，较2020年下降4.8%。区级税收13.2亿元，较2020年下降5.6%。其中银行机构9.7亿元，同比增长5.7%保险机构税收1.3亿元，同比增长5.2%；证券机构税收2000万元，同比增长16.3%；期货代理机构税收800万元，同比增长48.2%；信托机构税收5000万元，同比增长73%。

【金融业管理服务机构及人员设置】区金融局设办公室、政策与产业发展科、资本市场科、地方金融科。设行政编制人员10人。其中局长1人、副局长2人、科级领导干部4人、其他编制人员3人。

2021年9月29日，中国人民银行在成都召开全国数字人民币试点工作会议，参会代表到锦江区调研（区金融局提供）

【普惠金融服务体系建设】区金融局落实锦江区“1+3+3”产业体系金融服务政策，构建“1+1+N”线上线下普惠金融服务体系，促使普惠金融服务质效提升。“1+1+N”即“1个银行金融服务中心+1个楼宇金融服务基地+N个街道金融服务站”。同时以银行金融服务中心、楼宇金融服务基地、街道金融服务站为架构，构建覆盖全域的服务网络，利用服务网络收集企业金融服务需求信息500条，帮助符合条件的企业融资8.7亿元。

2021年锦江区银行分（支）行分布情况表

表17

序号	企业名称	所在街道
1	中国农业发展银行四川省分行	锦官驿
2	中国建设银行股份有限公司四川省分行	春熙路
3	华夏银行股份有限公司成都分行	柳　江
4	中国光大银行股份有限公司成都分行	锦官驿
5	中国工商银行股份有限公司成都春熙支行	书院街
6	中国工商银行股份有限公司成都滨江支行	春熙路
7	中国建设银行股份有限公司成都岷江支行	春熙路
8	中国工商银行股份有限公司成都芷泉支行	锦官驿
9	中国工商银行股份有限公司成都分行	书院街
10	中国银行股份有限公司成都锦江支行	沙　河

经济产业

2021 年锦江区证券机构分布情况表

表 18

序号	单位名称	所在街道
1	川财证券有限责任公司成都中新街证券营业部	春熙路
2	东方财富证券股份有限公司成都锦江区东大街证券营业部	锦官驿
3	东方财富证券股份有限公司成都沙河铺街证券营业部	沙　河
4	东莞证券股份有限公司四川分公司	锦官驿
5	东兴证券股份有限公司成都二环路南二段证券营业部	牛市口
6	光大证券股份有限公司成都春熙路证券营业部	锦官驿
7	光大证券股份有限公司成都分公司	春熙路
8	光大证券股份有限公司成都武成大街证券营业部	书院街
9	国金证券股份有限公司成都武成大街证券营业部	书院街
10	国融证券股份有限公司成都锦东路证券营业部	牛市口
11	国信证券股份有限公司成都锦东路证券营业部	牛市口
12	海通证券股份有限公司成都锦丽路证券营业部	成龙路
13	宏信证券有限责任公司	春熙路
14	宏信证券有限责任公司成都人民南路证券营业部	春熙路
15	宏信证券有限责任公司成都一环路东五段证券营业部	牛市口
16	华安证券股份有限公司成都菱安路证券营业部	狮子山
17	华福证券有限责任公司成都华星路证券营业部	书院街
18	华金证券股份有限公司成都东大街证券营业部	锦官驿
19	江海证券有限公司四川分公司	锦官驿
20	开源证券股份有限公司成都分公司	锦官驿
21	民生证券股份有限公司四川分公司	锦官驿
22	山西证券股份有限公司成都菱安路证券营业部	狮子山
23	申万宏源证券有限公司成都东大街证券营业部	锦官驿
24	天风证券股份有限公司成都市一环路东五段证券营业部	牛市口
25	万和证券股份有限公司成都通盈街证券营业部	沙　河
26	五矿证券有限公司成都二环路东四段证券营业部	牛市口
27	西南证券股份有限公司成都红星路证券营业部	锦官驿
28	兴业证券股份有限公司成都航空路证券营业部	书院街
29	银泰证券有限责任公司成都锦绣大道证券营业部	狮子山
30	长城证券股份有限公司成都天晖中街证券营业部	春熙路
31	长江证券股份有限公司成都东大街证券营业部	锦官驿
32	中国国际金融股份有限公司成都滨江东路证券营业部	锦官驿
33	中国中金财富证券有限公司成都东大街证券营业部	锦官驿
34	中泰证券股份有限公司成都二环路东四段证券营业部	沙　河
35	中泰证券股份有限公司成都新光华街证券营业部	春熙路
36	中邮证券有限责任公司四川分公司	书院街

2021年锦江区保险机构分布情况表

表19

序号	企业名称	所在街道
1	中国人民财产保险股份有限公司四川省分公司	春熙路
2	新华人寿保险股份有限公司四川分公司	锦官驿
3	大童保险销售服务有限公司四川分公司	牛市口
4	泛华联兴保险销售股份公司四川省分公司	春熙路
5	中国出口信用保险公司四川分公司	春熙路
6	中国人民财产保险股份有限公司四川省分公司国际业务营业部	春熙路
7	阳光财产保险股份有限公司成都中心支公司	柳　江
8	中国人民财产保险股份有限公司成都市锦江支公司	书院街
9	永诚财产保险股份有限公司锦江支公司	书院街
10	中华联合人寿保险股份有限公司四川分公司	锦官驿
11	中国人民财产保险股份有限公司成都市高新支公司	书院街
12	四川嘉诚保险销售服务有限公司	锦官驿
13	新华人寿保险股份有限公司成都中心支公司	锦官驿
14	中国人民财产保险股份有限公司成都市蜀都支公司	书院街
15	永达理保险经纪有限公司四川分公司	春熙路
16	长生人寿保险有限公司四川分公司	春熙路
17	华泰财产保险有限公司成都中心支公司	锦官驿
18	富德生命人寿保险股份有限公司四川分公司	锦官驿
19	隽天保险经纪（上海）有限责任公司四川省分公司	锦官驿
20	中意人寿保险有限公司四川省分公司	锦官驿
21	华安财产保险股份有限公司四川分公司	春熙路
22	国任财产保险股份有限公司四川分公司	锦官驿
23	中美联泰大都会人寿保险有限公司四川分公司	锦官驿
24	永安财产保险股份有限公司四川分公司	锦官驿
25	鼎和财产保险股份有限公司四川分公司	锦官驿

2021年锦江区小额贷款机构分布情况表

表20

序号	单位名称	所在街道
1	成都维仕小额贷款有限公司	春熙路
2	成都市助邦小额贷款有限公司	柳　江
3	成都市锦江交投小额贷款有限公司	柳　江
4	四川发展国惠小额贷款有限公司	东　湖
5	四川瀚华小额贷款有限公司	春熙路
6	成都市金控小额贷款股份有限公司	春熙路
7	成都普罗米斯小额贷款有限公司	锦官驿
8	成都锦江区邦信小额贷款有限公司	牛市口
9	美兴小额贷款（四川）有限责任公司	锦官驿
10	富登小额贷款（四川）有限公司	春熙路

2021年锦江区融资担保机构分布情况表

表21

序号	单位名称	所在街道
1	成都众和信融资担保有限公司	牛市口
2	四川瀚华融资担保有限公司	春熙路
3	四川政信融资担保有限公司	春熙路
4	四川东连融资担保有限公司	春熙路
5	成都市仁信融资担保有限责任公司	锦官驿
6	成都金控融资担保有限公司	春熙路
7	成都小企业融资担保有限公司	春熙路

【“蓉易贷”项目实施】 区金融局推广“蓉易贷”普惠项目，打造锦江区“蓉易贷”服务中心，收录符合贷款条件的企业1000家，帮助1384家企业贷款14.25亿元。成都市“蓉易贷”工作推进会交流锦江区工作经验。锦江区中小微企业普惠金融服务机制入选“四川省要素市场化配置改革试点工作”。

【多层次资本市场建设】 区金融局召开企业上市工作专会7次，帮助万商云集公司、新威环境公司等企业解决融资问题，推动多层次资本市场建设。12月7日，在西部国际金融中心举办“新征程再出发——北交所上市业务宣导会暨全国股转公司西南特训营”活动，组织30家企业代表学习上市政策和资本运作知识。活动得到省发改委重大项目办公室、市地方金融监管局、省上市公司协会指导，新三板挂牌企业和国家级专精特新企业的200名代表参加活动。锦江区22家企业成为市级上市企业资源库后备企业，入选区级资源库的企业30家。12月23日，锦江区举行全国首家数字文化产权交易平台启动暨成都文化产权交易所数字经济战略合作签约仪式，推动文化、科技、金融深度融合，加快金融赋能数字经济进程。活动由区政府、成都传媒集团公司、中国数字图书馆共同举办。截至12月，举办“锦鹏资本汇”股权投融资路演常态化品牌活动2次，吸引20家企业参加，通过活动平台对接资本机构40家。

【东大街金融业集聚发展】 区金融局根据锦江区“一街一城”产业规划，编印《锦江区新兴金融业投资指南》，引进四川唯品富邦消费金融有限公司、四川亿安保险经纪有限公司、天禾华邦保险经纪有限公司、成都瑞华创新私募基金管理有限公司、成都小企业担保有限公司、友邦人寿有限公司四川省分公司等金融企业。四川唯品富邦消费金融有限公司是四川省第二家获得消费金融业务资格的持牌金融机构，友邦人寿有限公司四川省分公司是世界500强企业的省级分支机构。区金融局联合区投促局等部门，举办专项投资促进活动7次，为东大街引进高能级金融业项目9个，注册高能级金融业项目7个。东大街聚集私募基金会19家、生产性服务业项目6个。

【私募基金发展促进】 区金融局实施“送政策、帮企业、送服务、解难题”专项行动，帮助私募基金产业孵化园的基金管理机构与中小型银行达成投资顾问服务协议。锦江区私募基金合同规模超过20亿元，执行规模超过10亿元，区级税收达236万元。12月17日，区金融局在成都瑯珀凯悦臻选酒店召开锦江区私募基金暨财富管理专场招商会。会议吸引10家私募基金会参加。活动由区金融安全科技协会承办。

（罗志荣）

2021年12月7日，锦江区“新征程·再出发——北交所上市业务宣导会暨全国股转公司西南特训营”活动举办
（区金融局提供）

新经济产业

2021 年 4 月 29 日，锦江区新经济发展大会召开　（区新科局提供）

【概况】2021 年，锦江区编制新经济（人工智能）“十四五”规划，发布绿色经济发展研究报告，构建以人工智能创新应用为牵引的“1+3+3”现代化开放型产业体系，召开新经济发展大会，激发数字经济动能。打造“天府红”等智慧生活场景和“侠客岛里·花园岛”等智能生产场景。劲浪体育金开运动中心、文轩体育文化中心等 10个场景入选“运动成都·体育消费新场景”。引进新经济企业 2.8万家，较2020年增长 203.4%。锦江区 5家新经济企业跻身中国新经济 500强。

【新经济产业管理机构及人员设置】区新科局与白鹭湾新经济总部功能区党工委、管委会合署办公，领导交叉任职。设综合党群部、政策法规部、投资发展部、科技创新部、企业服务部、规划建设部。设行政编制人员 11 人。其中局长 1 人、副局长 2 人、科级领导干部 5 人、其他编制人员 3 人。下设区新经济和科技创新服务中心，为科级事业单位。设事业编制人员 3 人。

【新经济发展规划】区新科局牵头编制《锦江区新经济（人工智能）“十四五”规划》，明确锦江区“十四五”时期新经济发展的总体思路、发展目标、主要任务、实施路径、保障措施，引导人工智能向实体经济、城市建设、市民生活延伸，为人工智能创新应用产业体系构建提供遵循。

【新经济发展大会】4 月 29 日，锦江区召开新经济发展大会。会议现场发布《锦江区关于构建“1+3+3”产业体系的推进方案》《锦江区关于构建“1+3+3”产业体系的（产业扶持、人才引育、金融服务、场景营造）若干政策》《锦江区关于构建“1+3+3”产业体系的市场主体（市场主体、青年创业、社会企业）培育计划》等新经济高质量发展推进方案和政策，涵盖现代商贸业、金融服务业、数字传媒业、都市工业、都市文旅业、都市医养业。同步举行项目签约仪式，区政府与文创直播总部、新基金投资总部、58 好车车商共享平台、运沃德平台、人工智能光伏总部等 12 个项目的投资商签署项目引进协议。

【新经济产业培育】区新科局开展新经济高成长性企业培育工作，走访“1+3+3”产业体系内成长性企业 106 家，与成都生物研究所、成都万商云集公司等 8 家企业签订培育服务协议。新经济梯度培育入库企业 18 家。其中独角兽企业 1 家、准

2021 年锦江区新经济企业情况表（选介）

表 22

序号	企业名称	注册地址	情况介绍
1	成都黑果科技有限公司	锦江区东大街芷泉段 6 号	成立于 2016 年，主营医疗互联网业务。向医院和药店提供互联网医院及处方信息共享追溯平台服务，帮助医院建立处方追溯体系。2021 年，企业入选成都市新经济梯度培育库，被认定为准独角兽企业
2	四川华西妇幼健康科技有限公司	锦江区成龙大道一段 1416 号	成立于 2018 年，主营医疗健康服务、教育培训、衍生产品、研发与成果孵化等业务。是四川大学华西第二医院的全资控股公司。2021 年，入选成都市新经济梯度培育库，被认定为种子企业

独角兽企业3家、种子企业14家。入库企业较2020年增长80%。梯度培育企业增加13家，较2020年增长85.7%。

（潘 爽）

高新技术产业

【概况】 2021年，锦江区印发《关于加快建设成都国家人工智能创新应用先导区积极构建“1+3+3”现代产业体系的意见》，构建科技创新体系，启动特色孵化试验区建设试点工作，创建为“成都国家人工智能创新应用先导区”。培育十亿级效益型科研机构，通过科研链主企业带动区域创新能力提升。打造创业企业培育库，录入千万级创业企业1000家。引进华人运通西部研发基地等平台公司7家，推动科技资源共享服务平台和9个工程技术研究中心建设，1家企业被认定为“四川省科技成果转移转化示范平台企业”。锦江区科技服务业从业人员工资总额增速24.7%，居成都市中心城区第一。科技服务业营收70亿元，较2020年增长35%。

【创新创业】 锦江区编制青年创业倍增计划，创业青年达到3.3万人，青年创业类市场主体达到7000个。锦江区创新创业载体新增17个，创新创业载体达到57个，创新创业载体面积达到50万平方米。打造市级创新创业载体4个，创新创业载体进驻区属企业2000家。创新创业平台企业和市场主体的全口径税收1.55亿元以上，区级税收0.57亿元。锦江区10名创新创业青年入选“天府青城人才”“蓉漂计划”。孵化平台中的成都云动力科技公司参加中国创新创业大赛四川赛区比赛，获得新一代信息技术第一名的成绩。

2021年3月24日，区新科局与成都科技服务中心在西部国际金融中心共同举办高新技术企业认定培训会

（区新科局提供）

【科技研发和成果转化】 区新科局支持企业与高校联合建设实验室，推动科技研发工作，带动产业升级。打造产学研联合实验室4个。开展“校企双进”活动27次，促成校地合作项目13个。锦江区建成四川师范大学静态交通工程技术研究中心、四川省建筑机电智慧云工程技术研究中心，省农业机械研究设计院申报“四川省烘干冷链装备工程技术研究中心”。锦江区高校、科研院所、企业的实验室科研仪器、工业设备开放率85%。

【高新技术产业培育】 区新科局走访企业300家，开展高新技术企业认定培训、技术合同交易登记培训、创新创业载体认定培训、科技项目申报培训、科普基地培训等培训活动20次。推荐科技项目200个，争取四川省和成都市的高新技术项目专项补助资金2369万元。锦江区注册高新技术企业153家，高新技术企业数量较2020年增长47%。高新技术企业营收580亿元，技术合同交易额120亿元。

2021年锦江区高新技术企业一览表

表23

序号	企业名称	认定时间	属地街道	所在功能区
1	成都潘朵拉科技有限公司	2019年	书院街	春熙路时尚活力区
2	电信科学技术第五研究所有限公司	2017年	书院街	春熙路时尚活力区
3	成都鹰皇科技有限公司	2019年	书院街	春熙路时尚活力区
4	四川锐狐网络科技有限公司	2019年	狮子山	春熙路时尚活力区
5	四川省鼎宸科技发展有限公司	2019年	牛市口	春熙路时尚活力区

续表 23

序号	企业名称	认定时间	属地街道	所在功能区
6	成都智达电力自动控制有限公司	2017 年	牛市口	春熙路时尚活力区
7	中创远大信息技术（成都）有限公司	2019 年	牛市口	春熙路时尚活力区
8	成都乐陪信息科技有限公司	2019 年	牛市口	春熙路时尚活力区
9	成都傲梅科技有限公司	2019 年	牛市口	春熙路时尚活力区
10	成都乐攀环保科技有限公司	2019 年	柳　江	白鹭湾新经济总部功能区
11	四川国测检测技术有限公司	2019 年	柳　江	白鹭湾新经济总部功能区
12	四川泰瑞创通讯技术股份有限公司	2019 年	柳　江	白鹭湾新经济总部功能区
13	成都同创之星科技有限公司	2019 年	柳　江	白鹭湾新经济总部功能区
14	成都神鸟数据咨询有限公司	2019 年	柳　江	白鹭湾新经济总部功能区
15	中国五冶集团有限公司	2017 年	柳　江	白鹭湾新经济总部功能区
16	四川驹马科技有限公司	2019 年	柳　江	白鹭湾新经济总部功能区
17	四川蜀通信息科技有限公司	2019 年	柳　江	白鹭湾新经济总部功能区
18	成都市乐友方科技有限公司	2019 年	柳　江	白鹭湾新经济总部功能区
19	万商云集（成都）科技股份有限公司	2019 年	柳　江	白鹭湾新经济总部功能区
20	成都市雀友圈文化传播有限公司	2019 年	柳　江	白鹭湾新经济总部功能区
21	成都蓉奥科技有限公司	2019 年	柳　江	白鹭湾新经济总部功能区
22	成都瑞德利科技有限公司	2019 年	锦官驿	春熙路时尚活力区
23	成都全景网络发展有限公司	2019 年	牛市口	春熙路时尚活力区
24	成都火星时代科技有限公司	2019 年	锦官驿	春熙路时尚活力区
25	成都思安网络技术有限公司	2019 年	锦官驿	春熙路时尚活力区
26	成都龙珠净水设备有限公司	2019 年	锦官驿	春熙路时尚活力区
27	成都花娃网络科技有限公司	2019 年	锦官驿	春熙路时尚活力区
28	成都上柏建筑设计咨询有限公司	2019 年	锦官驿	春熙路时尚活力区
29	成都讯为科技有限公司	2019 年	锦官驿	春熙路时尚活力区
30	成都众联信德科技有限公司	2017 年	春熙路	春熙路时尚活力区
31	成都久其软件有限公司	2017 年	书院街	春熙路时尚活力区
32	成都大黄蜂信息技术有限公司	2019 年	春熙路	春熙路时尚活力区
33	现代金融控股（成都）有限公司	2019 年	春熙路	春熙路时尚活力区
34	四川三瑞智慧建设工程有限公司	2019 年	春熙路	春熙路时尚活力区
35	醍摩豆（成都）信息技术有限公司	2019 年	成龙路	春熙路时尚活力区
36	成都市银雁金融配套服务有限公司	2019 年	牛市口	春熙路时尚活力区
37	四川方盛锦睿信息技术有限公司	2016 年	锦官驿	春熙路时尚活力区
38	成都云裳科技有限公司	2020 年	成龙路	春熙路时尚活力区
39	成都积步科技有限公司	2020 年	狮子山	春熙路时尚活力区
40	四川金开达科技有限公司	2020 年	柳　江	白鹭湾新经济总部功能区
41	四川乐恩乐达信息技术有限公司	2020 年	书院街	春熙路时尚活力区
42	四川钧泰合众科技有限公司	2020 年	柳　江	白鹭湾新经济总部功能区
43	四川泰合泰环境工程有限公司	2020 年	书院街	春熙路时尚活力区
44	四川博地空间信息技术有限公司	2020 年	狮子山	春熙路时尚活力区
45	成都辰风文化传播有限公司	2020 年	春熙路	春熙路时尚活力区
46	成都七好文化传播有限公司	2020 年	牛市口	春熙路时尚活力区
47	成都以上文化传播有限责任公司	2020 年	书院街	春熙路时尚活力区
48	成都万数光合信息科技有限公司	2020 年	春熙路	春熙路时尚活力区
49	四川绿阳公盈能源科技有限公司	2020 年	锦官驿	春熙路时尚活力区

续表 23

序号	企业名称	认定时间	属地街道	所在功能区
50	四川至美环境管理有限公司	2020 年	锦华路	白鹭湾新经济总部功能区
51	四川泰格尔系统集成有限公司	2020 年	书院街	春熙路时尚活力区
52	四川鼎诚司法鉴定中心	2020 年	柳　江	白鹭湾新经济总部功能区
53	四川绿微生物科技有限公司	2020 年	成龙路	春熙路时尚活力区
54	四川妥妥递科技有限公司	2020 年	锦官驿	春熙路时尚活力区
55	四川中农富通农业科技有限公司	2020 年	锦官驿	春熙路时尚活力区
56	四川中和睿业科技有限公司	2020 年	锦官驿	春熙路时尚活力区
57	益企云科技股份有限公司	2020 年	春熙路	春熙路时尚活力区
58	成都宋元光电科技有限公司	2020 年	柳　江	白鹭湾新经济总部功能区
59	四川国能环境节能科技有限公司	2020 年	柳　江	白鹭湾新经济总部功能区
60	四川华融瑞视科技有限公司	2020 年	柳　江	白鹭湾新经济总部功能区
61	四川金指南教育科技有限公司	2020 年	柳　江	白鹭湾新经济总部功能区
62	四川沐萱环境监测科技有限公司	2020 年	柳　江	白鹭湾新经济总部功能区
63	四川发展中恒能环境科技有限公司	2020 年	牛市口	春熙路时尚活力区
64	成都借宝科技有限公司	2020 年	柳　江	白鹭湾新经济总部功能区
65	四川金典照明工程有限公司	2020 年	狮子山	春熙路时尚活力区
66	四川万德科技有限公司	2020 年	狮子山	春熙路时尚活力区
67	成都宏慈科技有限公司	2020 年	牛市口	春熙路时尚活力区
68	四川森源通信技术有限公司	2020 年	东　湖	白鹭湾新经济总部功能区
69	四川公路工程咨询监理有限公司	2020 年	东　湖	白鹭湾新经济总部功能区
70	中融国城建设有限公司	2020 年	沙　河	春熙路时尚活力区
71	四川成都瑞康建筑设计院	2020 年	牛市口	春熙路时尚活力区
72	四川深南科技有限责任公司	2020 年	牛市口	春熙路时尚活力区
73	四川中科精正科技有限公司	2020 年	牛市口	春熙路时尚活力区
74	车城智行信息技术（成都）有限公司	2020 年	牛市口	春熙路时尚活力区
75	成都沐鱼科技有限公司	2020 年	成龙路	春熙路时尚活力区
76	成都睿翼无人机科技有限公司	2020 年	书院街	春熙路时尚活力区
77	成都悦尔达门业有限公司	2020 年	春熙路	春熙路时尚活力区
78	四川大和兴文化传播有限公司	2020 年	牛市口	春熙路时尚活力区
79	成都凡拓数字创意科技有限公司	2020 年	锦官驿	春熙路时尚活力区
80	易停车物联网科技（成都）有限公司	2020 年	狮子山	春熙路时尚活力区
81	四川长园工程勘察设计有限公司	2018 年	柳　江	白鹭湾新经济总部功能区
82	新地中联工程设计有限公司	2018 年	春熙路	春熙路时尚活力区
83	成都世纪天裕科技有限公司	2018 年	锦官驿	春熙路时尚活力区
84	成都音泰思科技有限公司	2018 年	锦官驿	春熙路时尚活力区
85	中冶成都勘察研究总院有限公司	2018 年	柳　江	白鹭湾新经济总部功能区
86	成都生物制品研究所有限责任公司	2018 年	柳　江	白鹭湾新经济总部功能区
87	成都荣为信息技术有限公司	2018 年	东　湖	白鹭湾新经济总部功能区
88	利亚德（成都）文旅科技有限公司	2018 年	锦官驿	春熙路时尚活力区
89	成都洋葱头科技有限公司	2016 年	锦官驿	春熙路时尚活力区
90	四川曦斯科技有限公司	2021 年	牛市口	春熙路时尚活力区
91	成都灵成科技有限公司	2021 年	牛市口	春熙路时尚活力区
92	成都威贝思特科技有限公司	2021 年	柳　江	白鹭湾新经济总部功能区
93	四川福摩数字科技有限公司	2021 年	锦官驿	春熙路时尚活力区

续表 23

序号	企业名称	认定时间	属地街道	所在功能区
94	成都达智咨询股份有限公司	2021 年	春熙路	春熙路时尚活力区
95	成都琪丰科技有限公司	2021 年	锦官驿	春熙路时尚活力区
96	四川卓成云创数字科技有限公司	2021 年	书院街	春熙路时尚活力区
97	成都经事文化有限公司	2021 年	狮子山	春熙路时尚活力区
98	成都朗力养老产业发展有限公司	2021 年	柳　江	白鹭湾新经济总部功能区
99	四川庞瑞科技有限公司	2021 年	成龙路	春熙路时尚活力区
100	四川易迪优信息技术有限公司	2021 年	柳　江	白鹭湾新经济总部功能区
101	成都完形工业设计有限公司	2021 年	锦官驿	春熙路时尚活力区
102	四川陶成腾飞科技有限公司	2021 年	成龙路	春熙路时尚活力区
103	四川大安建筑工程有限责任公司	2021 年	柳　江	白鹭湾新经济总部功能区
104	成都天一美膳营养食品有限公司	2021 年	东　湖	白鹭湾新经济总部功能区
105	成都理工智联科技有限公司	2021 年	锦官驿	春熙路时尚活力区
106	四川宝旺科技有限公司	2021 年	书院街	春熙路时尚活力区
107	四川天宇种业有限责任公司	2021 年	沙　河	春熙路时尚活力区
108	四川网诚科技有限公司	2021 年	牛市口	春熙路时尚活力区
109	成都国丰新能源科技有限公司	2021 年	狮子山	春熙路时尚活力区
110	成都斯斐德科技有限公司	2021 年	书院街	春熙路时尚活力区
111	四川大恒家禽育种有限公司	2021 年	沙　河	春熙路时尚活力区
112	四川建多多科技有限公司	2021 年	书院街	春熙路时尚活力区
113	成都米顶科技有限公司	2021 年	狮子山	春熙路时尚活力区
114	四川中环众合环境科技有限公司	2021 年	柳　江	白鹭湾新经济总部功能区
115	四川沃路科技有限公司	2021 年	书院街	春熙路时尚活力区
116	四川多语信息技术有限公司	2021 年	春熙路	春熙路时尚活力区
117	成都风雷电迅科技有限公司	2021 年	锦官驿	春熙路时尚活力区
118	成都云端智慧科技有限公司	2021 年	柳　江	白鹭湾新经济总部功能区
119	四川科库科技有限公司	2019 年	牛市口	春熙路时尚活力区
120	四川几何创新科技股份有限公司	2020 年	柳　江	白鹭湾新经济总部功能区
121	成都智达和创信息科技有限公司	2020 年	柳　江	白鹭湾新经济总部功能区
122	成都尼恩网络科技有限公司	2018 年	书院街	春熙路时尚活力区
123	成都家多美科技有限公司	2021 年	柳　江	白鹭湾新经济总部功能区
124	四川和信同创科技有限公司	2021 年	成龙路	春熙路时尚活力区
125	成都坚持科技有限责任公司	2021 年	柳　江	白鹭湾新经济总部功能区
126	四川云邦物流有限公司	2021 年	牛市口	春熙路时尚活力区
127	成都勤道科技有限公司	2021 年	柳　江	白鹭湾新经济总部功能区
128	成都盈极科技有限公司	2018 年	柳　江	白鹭湾新经济总部功能区
129	四川太平洋电子科技发展有限公司	2021 年	锦官驿	春熙路时尚活力区
130	四川开澜科技有限公司	2021 年	柳　江	白鹭湾新经济总部功能区
131	成都世茂通讯设备有限公司	2021 年	书院街	春熙路时尚活力区
132	四川翼云通讯信息技术有限公司	2021 年	牛市口	春熙路时尚活力区
133	成都天使嫣然信息技术有限公司	2021 年	春熙路	春熙路时尚活力区
134	成都丰登广源农业科技有限公司	2021 年	春熙路	春熙路时尚活力区
135	四川赛纳斯分析检测有限公司	2018 年	柳　江	白鹭湾新经济总部功能区
136	成都龙兴超药源科技有限公司	2021 年	春熙路	春熙路时尚活力区
137	成都川硬合金材料有限责任公司	2021 年	书院街	春熙路时尚活力区

续表 23

序号	企业名称	认定时间	属地街道	所在功能区
138	应子科技（成都）有限公司	2021 年	锦官驿	春熙路时尚活力区
139	成都研筑舍建筑设计有限公司	2021 年	狮子山	春熙路时尚活力区
140	四川文鼎文化科技有限责任公司	2021 年	狮子山	春熙路时尚活力区
141	成都建工第四建筑工程有限公司	2021 年	春熙路	春熙路时尚活力区
142	中鼎世纪工程设计有限公司	2021 年	柳　江	白鹭湾新经济总部功能区
143	四川鑫海工程造价咨询事务所有限公司	2021 年	柳　江	白鹭湾新经济总部功能区
144	四川省国环环境工程咨询有限公司	2018 年	柳　江	白鹭湾新经济总部功能区
145	四川鼎宏科技有限公司	2021 年	锦官驿	春熙路时尚活力区
146	元有（成都）规划设计有限公司	2021 年	牛市口	春熙路时尚活力区
147	成都豪迪柏新材料科技有限公司	2021 年	牛市口	春熙路时尚活力区
148	四川鸿遵商贸有限公司	2021 年	狮子山	春熙路时尚活力区
149	四川睿道知识产权服务有限公司	2021 年	锦官驿	春熙路时尚活力区
150	成都市绿色地球环保科技有限公司	2021 年	春熙路	春熙路时尚活力区
151	成都恒鑫和环保科技有限公司	2018 年	牛市口	春熙路时尚活力区
152	四川龙马溪能源技术有限公司	2021 年	沙　河	春熙路时尚活力区
153	四川大梦家文化创意有限公司	2021 年	柳　江	白鹭湾新经济总部功能区

（潘　爽）

建筑业

【概况】 2021 年，区住建交局办理建筑业资质审批业务 2852 件，为建筑业企业办理“安全生产许可证”3123 个。强化建筑工程质量和建筑施工管理，配合市住建局检查建设项目，开展工地创建活动。锦江区达到三级及以上资质的企业名录库入库建筑业企业 169 家。建筑安装工程投资 158 亿元，较 2020 年增长 24.7%。建筑业总产值 721.6 亿元，较 2020 年增长 11.9%。

【建筑业企业】 锦江区建筑业企业产值排名前十的企业分别是中国五冶集团有限公司、成都建工第三建筑工程有限公司、成都建工第四建筑工程有限公司、四川能投建工集团有限公司、中融国城建设有限公司、四川省蜀宇建筑工程有限公司、四川大安建筑工程有限责任公司、四川成安消防工程有限公司、成都勤信建筑工程有限公司、中蓉投建实业有限公司。10 家企业的产值占锦江区建筑业总产值的 94%。

【建筑业资质办理】 区住建交局办理建筑业资质申报业务 219 件、建筑业资质变更审查业务 2067 件，办理建筑业资质劳务备案业务 386 件、建筑业资质增项业务 120 件、建筑业资质升级业务 4 件，为 55 家建筑业企业补办建筑业资质，为 1 家建筑业企业注销建筑业资质。

【建筑质量和施工管理】 区住建交局配合市住建局检查东城花汇小区二期项目、攀成钢小学校、华发林家坡住宅项目、华新社区二组和七组住宅工程、华兴片区配套中学校的建筑工程结构质量，5 个项目的建筑结构达到优质等级。选送 12 个建筑工程项目参加“成都市安全文明工地”创建活动，林家坡住宅项目、东城花汇小区二期项目、华兴中学项目、华新社区住宅和配套设施项目、攀成钢小学校项目、驸马社区道路建设项目、成都骨科医院改扩建项目、锦江花园综合 体项目、洪柳东小学校项目、成都市第七中学校育才银杏校区项目、粮丰养老院项目、大观养老院项目的建设工地通过评审。选送 8 个建设工地参加“成都市建设工程绿色施工工地”创建活动，粮丰养老院项目、东城花汇小区二期项目、华兴中学校项目、大观养老院项目、成都骨科医院改扩建项目、锦江花园综合体项目、洪柳东小学校项目、成都第七中学校育才银杏校区项目的建设工地通过评审。

（张灵玲　郝　华）

2021 年，锦江区大观养老院项目创建为“成都市建设工程绿色施工工地”（区住建交局提供）

房地产业

【概况】2021 年，锦江区制定土地出让计划，出让土地 71.88 万平方米（1078.23 亩），供地率 65.74%。加强土地供后监管，处置土地批而未供、长期闲置等问题，提高土地利用率。区域内取得“商品房预售许可证”的商品房 25 批次，准售面积 1002052 平方米。商品房成交面积 1048830 平方米。登记备案的租赁房屋 21956 套，较 2019 年增长 26.31%。

【土地出让与供后监管】锦江区根据城市建设和产业发展需求，出让经营性建设用地 15 宗 53.56 万平方米（803.45 亩），较 2020 年增长 14.39%。办理新建土地划拨和协议出让供地项目手续 18 件，涉及划拨供地 66.73 万平方米（1001 亩），涉及协议出让土地 2.69 万平方米（40.41 亩）。践行土地供后监管机制，巡查地块 76 个，向地块业主发送履约通知书 17 份。处置批而未供土地 35.43 万平方米（531.56 亩），处置率 36.89%。处置闲置地块 6 个 14.86 万平方米（223 亩），处置率 56.31%。

2021 年锦江区商品房成交面积前八名项目情况表

表 24

序号	项目名称	开发企业	成交面积（平方米）	占比
1	建发央熙	成都兆欣麟房地产开发有限公司	216825	20.67%
2	滨江樾城	四川中化锦城置业有限公司	179576	17.12%
3	环球贸易广场	祥宝投资（成都）有限公司	145167	13.84%
4	D10	成都新希望置业有限公司	93446	8.91%
5	环球汇	成都市宏誉房地产开发有限公司	45207	4.31%
6	中港广场	成都中港置业有限公司	42834	4.08%
7	玺都	四川华熙龙禧投资有限公司	34265	3.27%
8	章华雅苑	成都华锦淼弘实业有限公司	30944	2.95%

【商品房销售】锦江区住宅准售面积 1217698 平方米，商业用房准售面积 8765 平方米，车位准售面积 340054 平方米。商品住房成交面积 746090 平方米，办公用房成交面积 128725 平方米，商业用房成交面积 71766 平方米。锦江区成交面积达到 3 万平方米的商品房项目 8 个，总销售面积 788264 平方米，占商品房成交面积的 75.16%。

（张灵玲　郝　华）

都市医养产业

【概况】2021 年，锦江区针对都市医养业发展方向及细分领域发展妇幼健康、智慧医疗、医美服务、遗传生殖、中医康养为重点的都市医养全产业链，打造锦江都市医养“五园多点”产业发展格局，构建医疗、研发、商业形态融合发展模式，促进以妇幼健康为引领的都市医养业补链发展。实施建链、补链、优链、强链工程，聚合产业链上下游配套企业，培育经济新增长点。推进四川大学华西医院锦江院区等 4 个重点医疗产业化项目建设，扶持成都锦欣医疗集团公司发展，打造“千亿市值企业”。举办都市医养产业（苏州）推介会等投资促进活动 4 次，区领导带队拜访医疗企业 45 家。引进规模以上医养企业 7 家，引进新经济领域医疗企业 139 家，引进高能级医疗项目 9 个，注册高能级项目 5 个，外商直接投资 5000 万美元。都市医养业营收 105 亿元，较 2020 年增长 14.5%。

【都市医养产业签约仪式】6 月 16

2021 年 6 月 16 日，锦江区都市医养项目签约仪式举行 （区卫健局提供）

日，锦江区举行都市医养产业（苏州）推介会暨项目签约仪式。介绍锦江区都市医养产业发展重点领域和重点任务，成都锦欣医疗投资集团管理有限公司、成都鼎祥瀚博文旅集团分别推介四圣祠国际医美城项目和智慧医疗产业大厦项目。春熙路、沙河、锦华路、柳江、成龙路、三圣等街道分别与 PAI 医疗美容、黑果科技、中健瑞杰、锦欣爱团、成都医投、瀚博文旅等企业签订了项目投资服务协议，投资额 16 亿元。区政府副区长文华出席签约仪式。9 月 1 日，区政府与成都锦欣医疗投资管理集团有限公司、中国五冶集团有限公司、成都市锦江投资发展集团有限责任公司联合举行千亿级企业培育服务签约仪式。是区政府支持成都锦欣医疗投资管理集团有限公司打造千亿市值企业，支持中国五冶集团有限公司打造千亿产值总部企业，支持锦江发展集团发展打造千亿资产 AAA 企业主体信用评级企业的重要举措。区政府副区长文华、张敏出席签约仪式。区委书记陈志勇致辞，希望企业发挥优势，与锦江区携手共进、相互成就。

【“五园多点”产业布局】 锦江区依托四川大学华西第二医院锦江院区、成都市第二人民医院等医疗资源优势，构筑都市医养业“五园多点”发展格局。即锦欣妇幼健康产业园、华西智慧健康产业园、四圣祠国际医美城、遗传生殖医疗产业园、生命健康产业园，多点布局都市医养业服务机构和配套企业。锦欣妇幼健康产业园按照“人、城、产”城市发展逻辑，坚持“功能复合、职住平衡、服务完善、宜业宜居”发展导向，以四川锦欣妇女儿童医院为中心，周边华宇广场、联合广场、四川邮电职业技术学院、沙河堡南片社区配套综合体，构筑“产、学、研、销、医、养”全链妇幼健康产业高地。华西智慧健康产业园以华西第二医院锦江院区为中心，周边 1000 米为半径，涵盖华西医院锦江院区、华西口腔医院锦江门诊部和 B210-2 地块、A6 地块，分三期打造，重点发展医疗大数据、智能诊疗、智慧健康管理等领域。四圣祠国际医美城以成都市第二人民医院为核心，涵盖 157 地块、川西民居地块、3 号地块、教堂地块、落虹桥地块、九天宾馆，可利用建筑面积 8.45 万平方米，待开发利用面积 1 万平方米，打造医美产业集聚地。遗传生殖医疗产业园以成都西囡妇科医院、诺迪康生物制药、锦江创意大厦、优他国际等为载体，分三期打造，可利用建筑面积 13.7 万平方米，建设“生命银行”，推动基因检测、干细胞治疗、免疫细胞治疗、AI 诊断在生命健康领域的医疗技术革新。生命健康产业园利用成都生物制品研究所有限责任公司生产调迁后的区域和周边 66.67 万平方米（1000 亩）土地资源，重点发展特色专科类医药与器械研发制造业，引进运动骨伤、胃肠医学、妇幼生殖、医美仪器等领域的医用耗材、医疗检测设备企业，打造特色专科医药产业孵化基地和特色专科医疗器械研发制造基地。

（曾德勇　何　懿）

四川大学华西第二医院锦江院区二期项目 （区卫健局提供）

产业功能区建设

成都锦江
CHENGDU JINJIANG

CONSTRUCTION OF INDUSTRIAL FUNCTIONAL ZONES

春熙路时尚活力区

【概况】2021年，春熙路时尚活力区地处“成都市新消费产业生态圈”，被列入成都市58个产业功能区。区间范围西起上南大街、人民南路，北抵华星路、蜀都大道，东至锦江大道，南至滨江路、龙舟路、金象寺路，覆盖春熙路、书院街、锦官驿、牛市口、沙河、狮子山、成龙路7个街道，区域面积23.7平方千米。春熙路商圈是春熙路时尚活力区的核心起步区，规划面积10.7平方千米，建成区面积0.96平方千米。春熙路时尚活力区管委会引进国内资金135.86亿元、外资27.73亿元，引进重大产业化项目34个，引进新经济企业180家。打造专业化特色楼宇2幢，进驻结算型总部企业10家。区域内省图书馆地块、红照壁地块、空压机厂南地块上市交易。在建重大项目17个，明宇酒店项目和天府茂业城项目开工建设，环球贸易广场项目、乐天广场项目、红星路157号项目等15个项目按计划推进。中逸金融街项目、新希望D10项目、香港置地超高层项目竣工，投产面积20万平方米。牵头举办“锦蚕两生花、熙市扇香来——五月消费季”“锦市荣熙——潮爱城市秀”“嗨购春熙十二月——新年消费季”等春熙路商圈大型促消费活动5次。商圈内商家响应号召，开展促销活动248次。中央电视台、“学习强国”学习平台、人民网、四川电视台等媒体报道春熙路商圈活动145次。

【功能区管理机构及人员设置】锦江区春熙路时尚活力区管委会设综合部（党群工作部）、产业生态部、投资促进部、规划建设部、要素配

2021年4月27日，锦江区“锦蚕两生花、熙市扇香来——五月消费季”活动举办
（春熙路时尚活力区管委会提供）

套部。党工委书记由区级领导兼任，设副书记2人，一名副书记兼任管委会主任，一名副书记兼任纪工委书记。设管委会副主任2人。在职行政编制人员7人、参公编制人员4人、事业编制人员7人、员额制聘用人员5人。

【新兴传媒功能区资产及人员调整】 区委机构编制办公室制发《关于撤销锦江新兴传媒功能区党工委管委会的通知》，核销锦江新兴传媒功能区党工委和管委会的领导职数、内设机构、员额人数，所属国有资产、档案、债券移交锦江区春熙路时尚活力区党工委和管委会。春熙路时尚活力区党工委和管委会并设成都国家广告产业园党工委和管委会。

【空间布局】 春熙路时尚活力区规划“一核四区”空间布局。“一核”即以春熙路商圈为核心，聚集商务商业的高端要素，优化消费业态，缩短消费时差，提升功能品质，弘扬天府文化，彰显成都魅力，打造国际消费中心城市标志性名片。“四区”即4个产业社区。分别是春熙路国际潮购城、盐市口总部商务活力区、攀成钢智慧金融商务中心、锦江468数字文创谷。春熙路国际潮购城重点发展国际时尚消费业态，打造国际时尚品牌聚集地和时尚消费引领地。盐市口总部商务活力区发重点展咨询评估业态，打造高端商务集聚区。攀成钢智慧金融商务中心重点发展消费金融业态，打造消费金融和智慧金融集聚区。锦江468数字文创谷重点发展数字文创业态，打造西部数字文创中心和新传媒高地。

【产业布局】 春熙路时尚活力区布局时尚消费、国际商务、消费金融、数字文创四大主导产业，打造“国际消费中心城市极核区”“国际时尚消费引领区”“西部数字文创中心”。时尚消费产业以时尚品牌消费、时尚文创消费、时尚休闲消费、时尚数字消费为主，重点发展首店经济、原创设计、颜值消费、沉浸式消费、流量经济等细分领域业态，激活消费引领功能。国际商务产业重点发展跨境电商、智慧翻译、国际论坛、国际发布、国际贸易法律咨询、国际市场营销专业咨询、企业总部办公服务等细分领域业态，引进世界500强等高能级企业的区域性总部，促进总部企业集聚发展。消费金融产业重点发展个人消费类资金服务、个体消费者征信服务、便捷支付服务、金融安全等细分领域业态，引进金融科技类企业，激活金融服务功能，为国际消费中心建设提供金融支撑。数字文创产业发展通过新文创经济衍生新经济产业，发展新兴媒体、文博展览2个细分领域业态，打造西部新传媒中心和新文创高地。

【公建配套设施建设】 春熙路时尚活力区分布领事馆和签证中心13家、星级酒店23家、幼儿园53家、中学校和小学校47家、职业学校5家、医院22家、社区卫生服务中心11家、农贸市场34个，建成公园和街头绿地290个，规划绿道104.9千米，在建公园1个、体育馆4家、博物馆2家、图书馆2家、文化活动中心2家、大学2家、社区综合体项目2个、医疗配套项目2个。开通地铁1号线、2号线、3号线、4号线、6号线、7号线、8号线，地铁30号线在建。

【祥宝环球贸易广场建设】 祥宝环球贸易广场项目总投资120亿元，位于东大路328号，占地面积20.53万平方米（308亩），集高档商业中心、超甲级地标写字楼、五星级酒店、服务式公寓、高档住宅于一体。重点发展新兴金融配套服务业、高档商贸、高档酒店、总部经济、高档公寓等现代服务业和楼宇经济，配置休闲会所、大型购物中心，引进国际品牌旗舰店，兼顾生活消费业态，发展生活时尚中心、体验性消费中心。

【新希望东大街D10地块项目建设】 新希望东大街D10地块项目总投资50亿元，位于一环路以东、东大街以南区间，占地面积3.04万平方米（45.6亩），计划三年建成，集精品商业和高端住宅于一体。

【中港中央公园项目建设】 中港中央公园项目总投资113亿元，位于二环路与琉璃路交会处，占地面积17.33万平方米（260亩）。重点发展金融商务、高档商贸、高档公寓、文化创意、休闲娱乐等现代服务业及楼宇经济，涵盖高层住宅、超甲级写字楼、艺文特色街区、购物中心等业态，打造“中国·艺文城市集”。项目总建筑面积114万平方米。其中商业面积41.4万平方米、住宅面积41万平方米。

【乐天广场项目建设】 乐天广场项目总投资54亿元，位于东大街与二环路交会路口北侧，占地面积70.82

万平方米（106.24 亩），集住宅、购物中心、超市、娱乐中心、电影院、酒店、写字楼于一体。重点发展新兴金融配套服务、高档商贸、高档酒店、高档公寓等现代服务业和楼宇经济。项目总建筑面积 57.3 万平方米。其中商务商业面积 34.9 万平方米、住宅面积 22.4 万平方米。

【香港置地环球汇项目建设】 香港置地环球汇项目位于东二环路，占地面积 19 万平方米（285 亩），总建筑面积 125 万平方米。其中商业面积 16 万平方米、酒店面积 3.3 万平方米、写字楼面积 31.6 万平方米、住宅面积 44 万平方米。集甲级写字楼、五星级酒店、品牌专卖店、大型现代化商场于一体。

【四川出版传媒中心项目建设】 四川出版传媒中心项目总投资 6.15 亿元，位于盐道街 3 号，占地面积 7853 平方米（11.78 亩），总建筑面积 8.85 万平方米。其中商务面积 6.69 万平方米、配套设施面积 2.16 万平方米。重点为世界 500 强企业、大型国企、上市公司、金融投资企业、新兴科技企业、文创企业、文旅企业提供高端办公空间。

【中国新消费新场景创新论坛举办】 6 月 16—18 日，春熙路时尚活力区管委会牵头承办中国新消费新场景创新论坛暨第十二届中购联中国购物中心渠道与商业 IP 大会。大会聚焦特色商业 IP 和蓝海市场发展，引导全国商界探索消费新场景营造的创新路径。现场与 8 家企业签署合作协议。

（刘　瑾　李晓欢）

白鹭湾新经济总部功能区

【概况】 2021 年，白鹭湾新经济总部功能区地处“成都市人工智能产业生态圈”，区域面积 33 平方千米。区间范围东至芙蓉东街，南至大安园路，西至锦江，北至静居寺路，涵盖东湖、锦华路、柳江、三圣 4 个街道。锦江区按照生态圈错位协同发展要求，将原新兴传媒功能区部分产业划入白鹭湾新经济总部功能区，重点发展绿色智能经济、数字智能、智慧医疗三大主导产业。白鹭湾新经济总部功能区管委会编制功能区总体规划、产业社区规划、锦江大道沿线产业布局和业态布局规划方案，承办新经济发展大会等招商推介活动 20 次，实施青年创业倍增计划，启动白鹭湾科技生态园建设，促进大数据智能产业发展。锦江数智产业港一期工程开工，华侨凤凰都市工业国际创新港项目按计划推进，成都传媒港项目批准立项。引进重点项目 10 个，引进新经济企业 2.8 万家。高新技术企业达到 150 家，较 2020 年增长 47%。引进成都时频同步应用工程技术研究中心等工程技术研究中心 9 家，工程技术研究机构较 2020 年增长 1.5 倍。引进产学研联合实验室 4 家，产学研联合实验室较 2020 年增长 4 倍。锦江区科技创新大数据智能服务平台形成。区域内企业达到 4 万家，占锦江区企业总量的 27%。建成产业楼宇 22 幢，总建筑面积 200 万平方米。银海芯座大厦、博瑞·创意成都大厦、捌楼八号设计师社区、德必川报易园、华润广场是成都市批准的“专业（特色）楼宇”。在建产业化重点项目 7 个，拟建产业化项目 12 个。截至 12 月，白鹭湾新经济总部功能区营收 1319.39 亿元，全口径税收 44.78 亿元。

【功能区管理机构及人员设置】 根据区委机构编制办公室印发《关于印发〈关于完善区新经济和科技局与白鹭湾新经济总部功能区党工委管委会“局区合一”运行管理机制的工作方案〉的通知》，白鹭湾新经济总部功能区党工委、管委会与区新科局“局区合一”，合署办公，领导交叉任职。白鹭湾新经济总部功能区管委会设综合党群部、政策法规部、投资发展部、科技创新部、企业服务部、规划建设部。设编制人员 30 人。其中党工委副书记、管委会主任 1 人，党工委副书记、纪工委书记 1 人，管委会副主任 2 人，其他编制人员 26 人。党工委书记由区级领导兼任。

【空间布局】 白鹭湾新经济总部功能区空间布局为“一道九园”。“一道”即锦江区科创大道。“九园”即交子公园金融商务区锦江数智产业港、中国生物科创谷、五八数字生活城、白鹭湾科技生态园、新能源汽车商留城、国际智慧康养产业园、都市文旅产业带、468 数字文创谷。

【产业布局】 白鹭湾新经济总部功能区以“再建一个产业锦江”为目标，布局三大产业社区。分别是白鹭湾科技生态园、锦江数智产业港、智慧健康产业园。白鹭湾科技生态园区间范围东沿成自泸高速铁路，南接成都绕城高速公路，西起锦阳大道，北至锦江大道。原名白鹭湾新经济小镇，主导发展绿色智能产业，携手成都产业集团公司和深圳市投资控股有限公司（世界500强企业），对标新加坡纬壹科技城、深圳湾科技生态园等科技园区，打造高质量发展示范园区、未来生活美好园区、碳中和典范园区。项目总投资200亿元，占地面积243.33万平方米（3650亩）。项目分三期建设，规划建设产业空间80万平方米、住宅及生活配套空间32万平方米。核心区建设项目列入“锦江区三大百亿级项目”。锦江数智产业港主导发展数字智能产业，核心区从工业集中区发展为以楼宇经济为载体、以总部经济为引领的新兴产业集约集群发展区，获得“四川省环保服务业示范园区”“四川省生态环境法治示范园区”“成都市模范劳动关系和谐园区”称号，入选“四川省优秀开发区”“成都国家广告产业园数字基地”。智慧健康产业园主导发展智慧医疗产业，核心区分布有华西医院锦江院区、华西第二医院锦江院区、华西口腔医院锦江门诊部、成都锦江仁济康和盆底康复门诊部等医疗资源，实施智慧医疗产业大厦、国际康养综合体等项目，打造5G、物联网、云计算、人工智能等平台，推动都市医养产业数字化、网络化、智能化发展。

锦江区白鹭湾科技生态园　（区融媒体中心提供）

【成都528艺术东村建设】 成都528艺术东村位于锦江区成龙大道西段与银木街交会处，地处三圣街道。项目占地35.2万平方米（528亩），总投资50亿元，打造国家画院西南创作基地、国际电影文化展示中心、中国传统文化与儿童艺术互动体验基地。截至12月，建成文博区、住宅、公寓等功能性设施，建成面积83万平方米。

【银海芯座大厦】 银海芯座大厦是成都市批准的“专业（特色）楼宇”。位于锦江区三色路163号，总建筑面积10万平方米，配套员工餐厅、咖啡吧、全家超市、多功能会议室等功能区间。四川交投集团公司、久远银海公司、平安科技公司、华润怡宝公司等企业进驻。

【博瑞·创意成都大厦】 博瑞·创意成都大厦是成都市批准的“专业（特色）楼宇”。位于锦江区三色路38号，总建筑面积9万平方米，配套岁月艺术馆、建设银行、星巴克咖啡、员工餐厅等功能区间。博瑞文化公司、启迪区块链公司等企业进驻。

【博瑞二期项目建设】 博瑞二期项目是白鹭湾数字新经济科创园龙头项目，位于锦江区三色路333号。项目占地2.66万平方米（40亩），总建筑面积14.7万平方米，总投资10亿元，建设工期30个月。打造大数据中心和技术创新空间2个、产业支撑平台3个，同步构建投融资服务平台、人才培训平台、共享成长平台，建设以区块链和人工智能为特色的数字型经济产业园区。

【捌楼八号设计师社区】 捌楼八号设计师社区是成都市批准的“专业（特色）楼宇”。位于锦江区毕昇路217号，占地面积8666平方米（13亩），建筑面积5200平方米。捌楼八号设计师社区利用原宏明印刷厂旧址打造，是集艺术、办公、生活功能于一体的文化创意产业园区。

【新华之星大厦】 新华之星是成都市批准的“专业（特色）楼宇”，位于锦江区三色路，总建筑面积22.6万平方米，分为A幢塔楼和B幢塔楼。以人工智能双创孵化中心、人工智能加速器为载体，发展智慧商业、智慧金融、智慧传媒、智慧医疗、智慧生活5个细分领域产业，引育头部企业，打造人工智能创新应用示范楼宇。

【白鹭湾新经济小镇建设】白鹭湾新经济小镇东沿成自泸高铁，南接成都绕城高速公路，西起锦阳大道，北至锦江大道，占地243万平方米（3650亩）。项目首期用地79.66万平方米（1195亩），规划建设高品质产业空间80万平方米、高品质住宅和生活配套设施32万平方米，总投资200亿元。项目对标新加坡纬壹科技城、深圳湾科技生态园等科技园区，按照“人城产”营城逻辑实施。通过片区综合开发，打造高质量发展示范园区、碳中和典范园区、未来美好公园社区。7月9日，锦江区举行白鹭湾新经济小镇项目暨重大产业项目开工仪式。集中启动重大功能性项目26个，总投资达到365.7亿元。市委副书记、市政府市长王凤朝，市政府副市长曹俊杰，深圳市国有资产监督管理委员会党委书记、深圳市投资控股有限公司党委书记、董事长王勇健，成都市产业集团公司党委书记、董事长石磊，市政府秘书长周先毅，区政协主席张松出席开工仪式。区委副书记、区政府区长缪晓波主持开工仪式。区委书记陈志勇致辞。陈志勇指出，锦江区携手深圳市投资控股有限公司、成都产业集团公司，围绕人工智能创新应用先导区定位打造白鹭湾新经济小镇，发展智慧商业、智慧医养、智能制造等细分领域，建设深蓉合作示范标杆。同时把“碳中和”理念贯彻到小镇的规划设计、建筑设计、产业准入、公共服务全过程，推动生态价值创造性转化，建设生产、生态、生活深度融合的新型产业园区，打造碳中和典范园区。同时依托城绿相融的空间格局，主动遵循公园城市营城逻辑，突出人本化、生态化、数字化特色，打造高品质创新创业、公共服务、消费休闲等多元化场景，建设功能复合、职住平衡的无边界产业社区，打造公园城市美好生活未来社区，成为“成渝地区双城经济圈”与粤港澳大湾区两极互动的合作典范。

（潘　爽）

成都交子公园金融商务区锦江片区

【概况】2021年，成都交子公园金融商务区包括锦江片区和高新片区，总面积9.3平方千米。锦江区原新兴传媒功能区东至锦华路，南至绕城高速，西至锦江，北至锦江大道2.82平方千米区域划入交子公园金融商务区锦江片区。成都交子公园金融商务区发展服务局召开工作推进会5次，部署功能区业态布局、锦江大道开发建设等工作。锦江片区空间布局、产业布局明晰，重点发展金融和时尚消费产业。

【功能区管理机构及人员设置】成都交子公园金融商务区实行“领导小组+法定机构+专业公司”的管理体制，成都交子公园金融商务区发展服务局履行法定机构职责，负责成都交子公园金融商务区开发建设、产业发展、招商引资、企业服务、运营管理等工作。成都高新区和锦江区选派干部组成工作班子。锦江区选派干部6人。其中处级干部1人、副处级干部3人、科级干部2人。

【空间布局】成都交子公园金融商务区锦江片区按照“一轴、一带、一中心、四组团”格局规划空间布局。“一轴”即交子公园产业发展动力轴。“一带”即锦江金融与商业活力生态带。“一中心”即金融城东站TOD商业中心。“四组团”即金融城东站TOD组团、河东金融特色街组团、滨江商业街组团、成都街坊组团。

【产业布局】成都交子公园金融商务区锦江片区定位全国一流的创新金融中心和引领时代潮流的世界级新商圈，主导发展金融和时尚消费产业，重点发展金融科技、财富管理、数字人民币、文创消费、国潮消费、数字消费等细分领域产业。

【可开发用地】成都交子公园金融商务区锦江片区可开发用地34宗267万平方米（1028亩）。其中商业服务业用地25宗215万平方米（682亩），住宅用地9宗52万平方米（346亩）。

【首批重点项目】成都交子公园金融商务区锦江片区首批重点项目6个。分别是金融城东站TOD项目、河东金融特色街建设项目、滨江商业街建设项目、成都街坊建设项目、金融梦工场四期项目、每经中心建设项目。

【会议推进】6月23日，区政府与成都交子金融商务局、成都交子公园投资公司召开工作对接会。区委副书记王庆、区政府副区长张敏出席会议。10月21日，成都交子公园金融商务区发展服务局召开成都交子公园金融商务区锦江片区建设推进情况专题会议。区政府副区长周晓出席会议。10月22日，成都交子公园金融商务区发展服务局召开成都交子公园金融商务区锦江片区建设推进情况专题会议。区委副书记吴斌出席会议。11月23日，成都交子公园金融商务区发展服务局召开锦江大道开发建设专题会议。区委副书记、区政府区长缪晓波出席会议。11月30日，成都交子公园金融商务区发展服务局召开交子公园金融商务区锦江片区建设推进工作专题会议。区委副书记吴斌、区政府副区长周晓出席会议。

（张继军）

2021年11月23日，锦江大道开发建设专题会议召开

（成都交子公园金融商务区发展服务局提供）

7月1日20时，“放歌锦江”成都市庆祝中国共产党成立100周年群众活动在锦江区东门码头启动。锦江沿岸设群众欢唱点位，装置麦克风。庆龄码头、兰桂坊街区设拉歌区。歌手乘“放歌锦江”游船演唱《没有共产党就没有新中国》《唱支山歌给党听》等歌曲，沿岸群众齐声合唱。游船至合江亭码头的水上舞台，所有领唱歌手聚集，与锦江两岸群众互动歌唱。岸边灯光交错，形成“江水共霓虹”的景象。

（图片由区融媒体中心提供）

区属国有公司

锦江发展集团公司

【概况】2021年5月17日，锦江发展集团公司成立，下属二级公司3家。分别是锦江发展建投公司、锦江发展生态公司、锦江发展百年春熙公司。集团公司定位现代城市综合运营商，针对二级公司建立战略管控模式，统筹投资额达到400万元的工程建设项目以及资产运营项目、人力资源项目、财务融资项目、投资开发项目。二级公司负责实施具体项目。截至12月，锦江发展集团公司资产总额835.4亿元，营收4.6亿元，净利润0.8亿元。

【企业机构及人员设置】锦江发展集团公司设综合管理部、人力资源部、财务融资部、投资风控部、审计监察法务部、资产运营管理部、建设管理部。锦江发展集团公司及下属公司员工676人。

【主要业绩】锦江发展集团公司聚焦承担政府投资工程项目101个，总投资161.8亿元。建成项目24个。实施红照壁地块等开发性项目18个，总投资368.78亿元。其中“兴锦·新同缘”等商业开发项目6个、“锦江大院”等住宅开发项目12个。与成都产业集团公司携手引进深圳投资控股集团有限公司，共同开发白鹭湾数字总部港项目。对标高能级企业，协助锦江文创产业大厦开展招商工作，与30家企业签订意向进驻协议。锦发集团公司采取债权融资、城市更新项目贷款、地方政府专项债券发行、金融机构融资等方式融资200亿元，发行美元债券3亿元。新建和改扩建保障性租赁住房4300套，实施10个城市更新项目。

（黎　磊）

锦江发展集团公司　（锦江发展集团公司提供）

锦江发展建投公司

【概况】2021年，锦江发展建投公司推进项目建设、城市更新、资产运营、片区开发四大核心工作。10月28日，区政府七届一百五十六次常务会议审议通过东光片区城市有机更新项目和包江桥片区城市有机更新项目。9月，启动四圣祠片区城市有机更新项目。实施的“兴锦·新同缘”项目、锦江文化创意产业中心一期项目获“成都市建设工地扬尘污染防治十优工地”称号。成都社会组织学院一期项目获“2021年成都市优质示范工程”称号。马家沟环境提升项目获“成都市最佳老旧小区改造奖”。锦江大院项目入选“2021年度新成都人置业总评榜”“2021年度明星口碑榜”，获“新成都·新动能区域最具潜力居住品质大盘”“成都2021年度城市价值标杆楼盘”“2021年度影响力楼盘”“2021中国（成都）楼市总评榜十大名盘”“2021年成都楼市风云榜年度畅销楼盘”“2021年成都楼市风云榜最受期待楼盘”“2021年度中国典藏别墅”等称号。华兴街特色街区入选“成都市十二月市示范场景”“成都最美城市场景”，在成都市2020—2021年165条特色商业街区综合评比中排第12名。下属恒锦公司工程部获“一环路市井生活圈规划建设管理工作先进集体”称号，恒锦公司工程一部获“2021年成都市工人先锋号”称号。

【经营性项目投资】锦江发展建投公司房地产开发投资49.65亿元，自营项目投资12.84亿元，资产购置投资1.27亿元，城市更新项目投资3.82亿元，租赁性住房项目投资16.4亿元，股权投资14.35亿元。

【项目攻坚】锦江发展建投公司实施政府性工程项目和自营性工程项目70个。实施静沙北路建设项目、马家沟市政道路建设工程等通勤效率提升工程项目8个，实施宏济路“一环路市井生活圈”建设项目、点将台片区改造项目等城市更新工程项目7个，实施熊猫绿道锦江城市绿楔生态项目、琉璃路公园建设项目等生态惠民示范工程项目7个，实施东湖片区中学校、华润幼儿园等公共服务倍增工程项目20个，实施白鹭湾小镇建设项目、大观公建配套建设项目等自营项目19个，实施四圣祠街区建设项目、耿家巷街区建设项目等特色街区打造项目4个，实施锦江首府、锦江大院等参股项目5个。项目实际投资81.89亿元（含土地款），竣工验收的项目23个。

【四圣祠片区城市更新项目实施】锦江发展建投公司推进四圣祠片区城市有机更新工作。开展搬迁腾退工作业务培训，参训人员中的210人取得“国有土地政策法规培训结业证”。与国家开发银行四川省分行共同召开四圣祠项目资金保障专题座谈会，商洽四圣祠项目融资工作。代拟《四圣祠片区城市有机更新项目搬迁腾退工作经费管理使用办法》《四圣祠项目搬迁腾退资金审核及兑付方案》。9月12日、10月5日，分别启动四圣祠项目C8-3地块、C11-1地块、C8-4地块、C9-1地块、C9-2地块的搬迁动员工作。11月30日，启动搬迁腾退地块模拟签约工作。配合项目指挥部召开筹备工作专题会以及项目领导小组专题会4次、项目搬迁腾退专题会13次。

【项目招商】锦江发展建投公司储备目标企业5500家。为“锦江公园1.314爱情专线”项目和“一环路市井生活圈”锦江段项目引进198酒屋、熊猫邮局爱情定制店等品牌运营商46家，推进华兴街特色街区二期项目招商储备工作，启动菱窠市井生活街区、超级兰桂坊和“成都十二月市”系列的酒市、药市等项目建设。持续开展锦江文化创意产

白鹭湾项目建设　　（锦江发展建投公司提供）

业中心二期项目招商工作，与“创信G+”等15家企业签订意向协议。参加招商推介会2次，推介锦江文化创意产业中心一期项目、二期项目和四圣祠国际医美城项目。

【资产增效】锦江发展建投公司租赁收入11803.59万元。推进煦华国际大厦、天府宝座大厦等区属商务载体招商工作，招商面积34172.27平方米。出租一环路东五段66号地块和二环路东五段3号地块。回租乘风大厦二楼、永兴巷、“一环路市井生活圈”锦江段的商铺，回租物业面积5314.33平方米。收储区住建交局直管公房、四圣祠片区5处非政府部门分配承租直管公房以及区机关事务管理局在四圣祠片区的11处经营性资产，收储物业面积23685.8平方米。承接华兴街、兰桂坊、“1.314爱情专线”等特色街区的物业管理业务，物业服务面积4.5万平方米。回购金融街融御楼盘、红星路二段20号、锦江创意科技大厦、泰合财富中心1号楼写字楼、“海棠佳苑”12幢房产、白鹭湾项目研发办公用房等资产。

（黎　磊）

锦江发展生态公司

【项目建设】锦江发展生态公司实施驸马片区、椰树街、锦江花园安置房片区、潘家沟片区、梅林东片区的配套幼儿园建设项目和梅林东片区的配套小学建设项目，实施驸马片区和皇经楼片区的配套农贸市场建设项目，实施“锦城逸景”小区二期安置房项目和“锦江花园”安置房项目，推进国际妇幼康养活力街区建设，实施潘家沟片区、驸马片区、梅林东片区、锦江区A205地块、锦阳社区的配套社区综合体建设项目。列入“我为群众办实事”目标任务的四川大学华西第二医院锦江院区风雨长廊项目竣工。实施铃兰路A段、椰树街B段、紫檀街B段、喜树街B段以及梅林东片区道路建设，建成驸马片区铃兰路B段道路和珙桐街B段道路，石胜新居交通整改项目竣工。按照“三圣花乡”转型升级要求，实施“红砂印象”景观项目和陡沟河生态治理工程、何家冲排洪渠改造工程、锦江区再生水综合利用工程，绕城高速公路透绿工程和新机场高速路锦江段透绿工程竣工。代建“三圣花乡”转型升级项目，争取成都市旅游业发展专项资金100万元。

【土地整理上市】锦江发展生态公司使用资金6.22亿元，推动征后实施工作。签订拆迁补偿协议的被征地农户327户1459人、企业280家、购地建房户2户。推动祝国寺社区征地搬迁工作，祝国寺社区84户被征地农户签订拆迁补偿协议。B203地块、B205地块、B211地块、A158-3地块的土地整理成本14.59亿元。锦江区B211地块和A158-3地块上市交易，B211地块成交总价8.73亿元，A158-3地块成交总价3.24亿元。推进环城生态区“荷塘月色”片区A08地块和环城生态区白鹭湾新经济小镇绿轴以北片区的A159地块、A165地块、A172地块、A173地块、A181地块、A182地块上市工作，上市地块面积32.26万平方米（484亩）。

（黎　磊）

锦江发展百年春熙公司

【春熙路商圈亮化项目实施】锦江发展百年春熙公司实施商圈亮化项目。按照“美化、亮化、智能化”要求，提升商圈建筑立面照明度，覆盖春熙路北段、中山广场、春熙路东段、春熙路西段、春熙路南段、锦华馆、

锦江区“红砂印象”景观项目竣工　　（锦江发展生态公司提供）

科甲巷，与红星路步行商业街广场、成都远洋太古里商业街区广场、晶融汇广场衔接。项目投资1520万元。

【春熙路商圈智慧座椅安装】 锦江发展百年春熙公司会同锦江区春熙路时尚活力区管委会实施城市新智能设备更新项目，为春熙路商圈安装具有充电、多媒体传播、生态艺术营造、移动能源供给、网络互联等功能的智慧座椅。

【春熙路商圈城市候机厅建设】 锦江发展百年春熙公司按照“天府旅游名县”创建工作要求，打造“锦江区城市机场候机厅”。项目位于第一城商业广场一楼，建筑面积360平方米，使用面积160平方米。锦江区城市机场候机厅与成都双流国际机场、成都天府国际机场信息共享，为旅客提供航班信息查询、机票订购、航空保险购买、乘机手续办理、行李托运、机场巴士预订等一站式服务。开通144小时过境免签、离境退税、货币兑换等服务项目。

【春熙路商圈消费促进活动】 锦江发展百年春熙公司联合春熙路时尚活力区范围内的卖场和商家开展“锦江锦鲤”幸运促销活动，向中奖消费者发送礼包，参与抽奖的消费者达2000人。联合锦江区春熙路时尚活力区开展“锦蚕两生花·熙市扇香来——五月消费季”活动，营造特色消费场景，满足游客消费需求。落实锦江区推进国际消费中心城市引领区建设工作专题会精神，联合商圈内商家启动“消费嘉年华 嗨购十二月——新年消费季”活动。

【“十二月市”品牌塑造】 成都十二月市博物馆A馆位于天仙桥北路2号，与东门码头相邻。锦江发展百年春熙公司根据2021年6月28日《区政府办公室第八十五期议事纪要》，负责博物馆A馆户外广场、景观平台、馆内空间、标识体系建设和运营管理。项目总投资2500万元。结合梨花街建设规划，以“发展都市工业，推崇匠人精神”为抓手，联合街区行业协会和春熙路街道办事处共同承办“成都十二月市”第一届梨花街七宝文创展暨梨花街“七宝市”开街仪式。举办“桃符市——祈福小站”活动，在红星路步行商业街广场、“春台市锦”、成都远洋太古里商业街区广场、天仙桥北路设置“祈福小站”，向市民发送双面明信片。一面是春熙路商圈各卖场和商家的广告，一面记录消费者心愿。举办“灯市——春熙闹灯”活动，融入“灯市”“桃符市”“花市”的元素，通过沉浸式古风音乐剧、点灯挂符仪式、花灯巡游、掌灯花神评选等活动烘托传统文化氛围，为春熙路商圈经济赋能。成为成都节庆经济新场景。举办“锦市荣熙——潮爱城市秀”活动，融入“蚕市”“锦市”“扇市”“香市”的元素，设“市爱”“示爱”“时爱”三个板块，采取“穿行花海秀”形式，展销“十二月市”专属礼品、爱情主题专属礼品。形成生活美学消费场景。

【蜀都大道景观照明提升项目实施】 锦江发展百年春熙公司依据《区政府七届一百五十三次常务会议纪要》，实施蜀都大道锦江段景观照明提升工程。改造总府皇冠假日酒店、王府井百货广场、春熙商汇广场、茂业百货大楼、爱心大厦、蜀都大厦等20个点位的照明设备，提升光彩亮化效果。8月25日，项目完工。项目总投资3551万元。

（黎　磊）

2021年12月29日，锦江区在红星路步行商业街广场举行“消费嘉年华 嗨购十二月——新年消费季”启动仪式
（锦江发展百年春熙公司提供）

社会事务

‹‹‹ MENT OF SOCIAL AFFAIRE

民政事务

【概况】2021年，区民政局推动民生兜底保障、基层政权建设、婚俗改革、惠民殡葬服务、社会组织培育等工作，获“国家智能社会治理特色基地（养老）”称号。锦江区“困难群体救助体系建设”入选“中国标准化2020年度报告十大典型案例”，“困难群体惠民殡葬服务项目”被列入“2021年民政部标准制定计划”。锦江区“锦江·归来荟”爱心慈善公益项目获第三届“四川慈善奖”。按照第二次全国地名普查和更新国家地名信息库的要求，完成行政区划界线测绘、建筑物名称网上备案等工作。推进街道行政区划调整和社区体制机制改革“后半篇”文章工作，编制专项工作方案。成都市两项改革领导小组授予锦江区改革领导小组“成都市两项改革先进集体”称号。

【民政机构及人员设置】区民政局设办公室、社会组织管理科、社会救助和儿童福利科、基层政权科、社会事务科、规划财务科。下属事业单位4家。分别是区流浪乞讨人员救助分站、区社会组织服务中心、区养老服务指导中心、区殡葬服务中心。设行政编制人员13人。其中局长1人、机关党委书记1人、副局长2人、科级领导干部7人、其他编制人员2人。

【殡葬服务】清明节和中元节期间，区民政局结合新冠肺炎疫情常态化防控工作，利用互联网、展板、宣传资料等形式宣传环保型安葬理念和文明祭扫观念，倡导互联网祭奠、代客祭祀，减少各陵园的祭扫人数。推行惠民殡葬政策，向3572名逝者家属兑现基本殡葬服务补贴金264.1万元，向115名逝者家属兑现节地生态奖励补贴金24.15万元。锦江区“困难群体惠民殡葬服务”项目纳入“民政部标准制定计划”。

【婚姻登记服务】区民政局按照锦江区创建“四川省婚俗改革实验区”部署，打造公园式、沉浸式、体验式的合江亭婚姻登记处，开展涉外婚姻登记和跨省婚姻登记通办试点工作。为6066对新婚夫妻办理结婚登记手续，为1982对夫妻办理离婚登记手续，补办“婚姻登记证”1218个。锦江区婚姻登记合格率100%，婚姻登记档案归档率100%。

【社会救助】区民政局落实省民政厅实施四川省社会救助综合改革的部署，按照区委、区政府“全力抓好兜底保障工作”的要求，启动“物资+服务”救助试点工作。打造锦江区社会救助综合服务平台，建成困难群众数据库、救助资源数据库。向街道办事处下放低保审批权，链接成都社会救助信息管理平台，梳理受新冠肺炎疫情影响导致经济和生活困难的群体。按照“不漏一户、不落一人”的要求，登记受新冠肺炎疫情影响导致经济能力达到低保救济水平线的群体和特困供养群体、临时救助群体，落实救助政策。开展“情满锦江·春风送暖”行动，向民政服务对象发放7万份《致锦江区民政服务对象的一封信》。召开社情民意座谈会和“坝坝会”204次，解决困难群众诉求386个。开通残疾人两项补贴资格认定跨省通办业务渠道。区慈善会募集资金156万元、物资18746件，实施救助项目11个，发放救助金124万元、救助物资17521件。锦江区“困难群体救助体系建设”入选“中国标准化2020年度报告十大典型案例”。锦江区“锦江·归来荟”爱心慈善公益项目获得第三届“四川慈善奖”。

【基本公共服务事项标准明确】区民政局按照创建“国家基本公共服务标准化试点区”部署和“特色鲜明、普惠性强、可操作”的要求，明确79项基本公共服务事项标准，构建民政领域基本公共服务标准体系。

【基层政权建设】区民政局制定“有阵地、有组织、有活动、有资金、有特色”的标准，指导沙河、锦官驿2个街道和春熙路街道总府路社区、牛市口街道九眼桥社区、锦官驿街道大慈寺社区、锦华路街道晨辉社区、三圣街道红砂社区开展为期一年的城乡社区治理试点工作，构建城乡社区共建共治共享格局。晨辉社区以试点项目为杠杆，撬动社会资金，打造综合公共空间6000平方米。引进社会组织10家，培育社会组织5家、社会企业12家，开展社区活动200次，形成“政府主导、社区协调，社会参与、商业运营”的造血式发展特色。大慈寺社区利用大数据智慧平台开发“微课堂”“微分享”“微体验”等线上载体，开展楼宇党建活动，吸引青年员工关注和参与社区事务。以“凝聚党员、加强组织、服务群众、促进和谐”为目标，联合小龙坎控股集团公司开展公益活动。向湖北省武汉市捐赠方便食品1.9万份。联动街道8个、社区19个、社会组织4家、高校2所、专家学者5人、社会组织20家，开展社区治理，创建社区治理多元参与模式。锦江区社区治理试点工作在四川省城乡社区试点单位绩效评价中获优等成绩。同步推动“街道服务管理创新实验区”建设，以资源下沉方式赋予街道综合性事项统筹调度权，启动“街道呼·部门应”工作机制，处置城市管理、环境整治、突发事件等群众关注事件。锦江区11个街道自行解决社区呼叫事件10万件。对口呼叫区级部门处置问题249个，办结率98%，群众满意度97%。推动社工服务体系建设，依托关爱援助中心、党群服务中心、便民服务中心，利用社区闲置资源创办社工总站，指导街道创办社工站，指导社区创办社工室，形成社工服务三级体系。

【行政区划调整】锦江区推进街道行政区划调整和社区体制机制改革（以下简称两项改革）“后半篇”文章工作，成立两项改革“后半篇”文章专项工作领导小组，下设专项工作推进组，编制领导小组规则以及两项改革“后半篇”文章“1+1+22+4”专项工作方案。即“1份纲领性文件+1份保障性文件+22个专项工作方案+4个拓展方案”。

表25　　2021年锦江区基本公共服务事项标准制定情况表

序号	服务事项	制定标准	标准性质
1	基础通用（导则）	GB/T 1.1—2020　标准化工作导则　第一部分：标准的结构和编写规则	国家标准
2	基础通用（导则）	GB/T 24421—2009　服务业组织标准化工作指南	国家标准
3	基础通用（导则）	GB/T 13016—2018　标准体系表编制原则和要求	国家标准
4	基础通用（导则）	GB/T 13017—2018　企业标准体系表编制指南	国家标准
5	基础通用（导则）	GB/T 15624—2011　服务标准化工作指南	国家标准
6	基础通用（导则）	Q/JJMZ 001—2021　基本公共服务标准化工作指南	国家标准
7	基础通用（基本公共服务评价）	GB/T 19038—2009　顾客满意测评模型和方法指南	国家标准
8	基础通用（基本公共服务评价）	GB/T 19039—2009　顾客满意测评通则	国家标准
9	基础通用（基本公共服务评价）	GB/T 19014—2019　质量管理　顾客满意监视和测量指南	国家标准

续表 25

序号	服务事项	制定标准	标准性质
10	基础通用（基本公共服务评价）	MZ/T 048—2013　殡葬服务满意度评价	行业标准
11	基础通用（基本公共服务评价）	Q/JJMZ 002—2021 标准化试点项目监督与持续改进	锦江区内部标准
12	信息化（养老服务信息化）	Q/JJMZ 003—2021 智慧健康养老应用示范基地创建规范	锦江区内部标准
13	信息化（社会救助信息化）	Q/JJMZ 004—2021 社会统一救助信息平台救助处置流程	锦江区内部标准
14	信息化（殡葬服务信息化）	Q/JJMZ 005—2021 智慧殡葬服务管理系统使用要求	锦江区内部标准
15	服务提供（养老基本公共服务）	Q/JJMZ 006—2021 困难老年人养老服务补贴实施规范	锦江区内部标准
16	服务提供（养老基本公共服务）	Q/JJMZ 007—2021 高龄老年人津贴实施规范	锦江区内部标准
17	服务提供（养老基本公共服务）	SB/T 10944—2012 居家养老服务规范	行业标准
18	服务提供（养老基本公共服务）	Q/JJMZ 008—2021 居家养老服务指南	锦江区内部标准
19	服务提供（养老基本公共服务）	Q/JJMZ 009—2021 老年人助餐服务体系建设	锦江区内部标准
20	服务提供（养老基本公共服务）	Q/JJMZ 010—2021 社区老年人助餐点服务规范	锦江区内部标准
21	服务提供（养老基本公共服务）	Q/JJMZ 011—2021 社区养老院建设服务规范	锦江区内部标准
22	服务提供（养老基本公共服务拓展）	GB/T 33168—2016 社区老年人日间照料中心服务要求	国家标准
23	服务提供（养老基本公共服务拓展）	Q/JJMZ 012—2021 社区嵌入式养老服务规范	锦江区内部标准
24	服务提供（养老基本公共服务拓展）	Q/JJMZ 013—2021 政府购买居家养老服务工作规范	锦江区内部标准
25	服务提供（养老公共服务社会化）	GB/T 29353—2012 养老机构基本规范	国家标准
26	服务提供（养老公共服务社会化）	GB 38600—2019 养老机构服务安全基本规范	国家标准
27	服务提供（养老公共服务社会化）	GB/T 35796—2017 养老机构服务质量基本规范	国家标准
28	服务提供（养老公共服务社会化）	Q/JJMZ 014—2021 养老机构失智照护服务指南	锦江区内部标准
29	服务提供（养老公共服务社会化）	Q/JJMZ 015—2021 养老院服务质量建设要求	锦江区内部标准
30	服务提供(社会救助基本公共服务)	GB/T 37516—2019 就业年龄段智力、精神及重度肢体残疾人托养服务规范	国家标准
31	服务提供(社会救助基本公共服务)	GB/T 28223—2011 救助管理站服务	国家标准
32	服务提供(社会救助基本公共服务)	GB/T 28224—2011 流浪未成年人救助保护机构服务	国家标准
33	服务提供(社会救助基本公共服务)	MZ/T 009—2001 残疾人社会福利机构基本规范	行业标准
34	服务提供(社会救助基本公共服务)	DB51/T 2397—2017 孤残儿童生活养育规范	地方标准

续表 25

序号	服务事项	制定标准	标准性质
35	服务提供(社会救助基本公共服务)	DB51/T2510—2018 生活无着的流浪乞讨人员救助管理工作规范	地方标准
36	服务提供(社会救助基本公共服务)	Q/JJMZ 016—2021 临时救助工作规程	锦江区内部标准
37	服务提供(社会救助基本公共服务)	Q/JJMZ 017—2021 孤困儿童照护规范	锦江区内部标准
38	服务提供(社会救助基本公共服务)	Q/JJMZ 018—2021 困难群众基本生活保障实施规程	锦江区内部标准
39	服务提供(社会救助基本公共服务)	Q/JJMZ 019—2021 特困人员救助供养工作规程	锦江区内部标准
40	服务提供(社会救助基本公共服务)	Q/JJMZ 020—2021 最低生活保障工作规程	锦江区内部标准
41	服务提供(社会救助基本公共服务拓展)	Q/JJMZ 021—2021 医疗救助工作规程	锦江区内部标准
42	服务提供(社会救助基本公共服务拓展)	Q/JJMZ 022—2021 外来困难群体救助服务管理规范	锦江区内部标准
43	服务提供(社会救助基本公共服务拓展)	Q/JJMZ 037—2021 疫情防控养老机构服务指南	锦江区内部标准
44	服务提供(社会救助服务社会化)	MZ/T 060—2015 流浪乞讨人员机构托养工作指南	行业标准
45	服务提供(社会救助服务社会化)	Q/JJMZ 023—2021 社会组织参与社会救助服务工作规程	锦江区内部标准
46	服务提供(殡葬基本公共服务)	Q/JJMZ 024—2021 基本殡葬服务补贴实施规范	锦江区内部标准
47	服务提供(殡葬基本公共服务)	GB/T 26374—2010 接运遗体服务	国家标准
48	服务提供(殡葬基本公共服务)	MZ/T 019-2011 遗体保存服务	行业标准
49	服务提供(殡葬基本公共服务)	MZ/T 021—2011 遗体火化服务	行业标准
50	服务提供(殡葬基本公共服务)	MZ/T 022—2011 骨灰寄存服务	行业标准
51	服务提供(殡葬基本公共服务)	Q/JJMZ 025—2021 节地生态葬服务补贴实施规范	锦江区内部标准
52	服务提供(殡葬基本公共服务)	Q/JJMZ 026—2021 困难群体惠民殡葬服务	锦江区内部标准
53	服务提供(殡葬基本公共服务拓展)	MZ/T 018—2011 殡葬接待服务	行业标准
54	服务提供(殡葬基本公共服务拓展)	MZ/T 020—2011 遗体告别服务	行业标准
55	服务提供(殡葬基本公共服务拓展)	MZ/T 034—2012 公墓业务接待	行业标准
56	服务提供(殡葬基本公共服务拓展)	DB51/T2437—2017 殡仪业务大厅服务规范	地方标准
57	服务提供(殡葬基本公共服务拓展)	DB51/T2438—2017 火化间服务规范	地方标准
58	服务提供(殡葬基本公共服务拓展)	Q/JJMZ 027—2021 殡葬接运服务要求	锦江区内部标准
59	服务提供(殡葬公共服务社会化	MZ/T 047—2013 殡葬代理机构服务规范	行业标准

续表 25

序号	服务事项	制定标准	标准性质
60	资源配置（养老基本公共服务资源配置）	GB/T 33169—2016 社区老年人日间照料中心设施配置	国家标准
61	资源配置（养老基本公共服务资源配置）	Q/JJMZ 028—2021 城乡社区日间照料中心建设规范	锦江区内部标准
62	资源配置（养老基本公共服务资源配置）	Q/JJMZ 029—2021 老年人家庭适老化改造实施工作规范	锦江区内部标准
63	资源配置（养老基本公共服务资源配置）	Q/JJMZ 030—2021 院落长者空间建设运营规范	锦江区内部标准
64	资源配置（社会救助基本公共服务资源配置）	GB/T 28223—2011 救助管理站服务	国家标准
65	资源配置（殡葬基本公共服务资源配置）	Q/JJMZ 031—2021 集中治丧点建设要求	锦江区内部标准
66	组织管理保障	Q/JJMZ 032—2021 低保审批权委托下放管理规程	锦江区内部标准
67	人员管理保障（养老服务人员管理保障）	MZ/T 169—2021 养老机构社会工作服务规范	行业标准
68	人员管理保障（社会救助人员管理保障）	Q/JJMZ 033—2021 社会关爱援助中心志愿者管理规范	锦江区内部标准
69	人员管理保障（殡葬人员管理保障）	Q/JJMZ 034—2021 殡葬服务人员要求	锦江区内部标准
70	安全管理保障（养老服务安全管理保障）	GB 38600—2019 养老机构服务安全基本规范	国家标准
71	安全管理保障（养老服务安全管理保障）	MZ/T 032—2012 养老机构安全管理	行业标准
72	安全管理保障（养老服务安全管理保障）	Q/JJMZ 035—2021 疫情防控养老机构服务指南	锦江区内部标准
73	安全管理保障（养老服务安全管理保障）	Q/JJMZ 041—2021 养老服务机构疫情防控管理规范	锦江区内部标准
74	安全管理保障（社会救助服务安全管理保障）	GB/T 29354—2012 救助管理机构安全	国家标准
75	安全管理保障（社会救助服务安全管理保障）	Q/JJMZ 042—2021 社会救助疫情防控准则	锦江区内部标准
76	安全管理保障（殡葬服务安全管理保障）	MZ/T 103—2017 殡仪场所消毒技术规范	行业标准
77	安全管理保障（殡葬服务安全管理保障）	MZ/T 140—2019 殡仪场所致病菌检测技术规范	行业标准
78	安全管理保障（殡葬服务安全管理保障）	MZ/T 144—2019 殡葬服务机构安全管理指南	行业标准
79	资金管理保障（养老服务资金管理）	Q/JJMZ 037-2021 养老服务财政经费补助使用规范	锦江区内部标准
80	资金管理保障（社会救助资金管理）	Q/JJMZ 038—2021 救济资金管理规范 困难群众临时生活救助	锦江区内部标准
81	资金管理保障（社会救助资金管理）	Q/JJMZ 039—2021 救济资金管理规范 最低生活保障	锦江区内部标准
82	资金管理保障（殡葬服务资金管理）	Q/JJMZ 040—2021 惠民殡葬财政经费补助使用规范	锦江区内部标准

（曾德勇　何　懿）

档案管理与服务

【概况】2021年，区档案局指导区级机关和街道规范档案工作，指导项目建设责任单位收集整理档案，收集整理新冠肺炎疫情防控和脱贫攻坚等重点工作档案，开展档案行政执法检查。区档案馆牵头推动数字档案馆建设，向群众提供档案查询服务，开展“百年历程 档案记忆”展览等档案宣传活动。截至12月，区档案馆现场采集档案信息109次，整理照片2202幅，形成文件资料36盒。重新编制40件馆藏档案的接收名册和全宗名册，档案全宗的数字化案卷级目录和文件级目录核对无误。

【档案馆和数字档案馆建设】9月，省档案局批准区档案馆为四川省数字档案馆建设试点单位。区档案馆协调设计单位，按照数字馆标准编制档案馆新馆设计方案。区行政审批局组织专家评审《锦江区数字档案馆建设项目技术方案》，准予通过。区委财经委七届十二次会议审核通过锦江区数字档案馆建设经费，报区政府七届一百五十八次常务会审议，批准纳入区财政预算。

【档案行政执法检查】5月，区档案局印发《关于开展全区档案行政执法检查三年行动的通知》，决定2021—2023年开展档案行政执法检查三年行动。11月，开展档案行政执法检查，涉及街道2个、区级部门13家。12月，印发《关于2021年档案行政执法检查情况的通报》。

【机关和街道档案整理】8月，区档案局牵头召开锦江区档案工作会暨档案业务培训会。会议传达四川省和成都市的档案工作会议精神，研究部署锦江区2021年档案工作。锦江区各街道、区级部门、功能区管委会、区属国有公司的分管负责人和档案工作人员参加培训会。区档案馆落实会议精神，分派工作人员到立档单位指导2020年度机关档案整理工作。截至12月，锦江区立档单位归集档案25762件。其中永久保管期限档案14574件、三十年保管期限档案6724件、十年保管期限档案4464件。

【疫情防控档案整理】区档案局与区新冠肺炎疫情防控指挥部办公室联合印发《关于做好全区新型冠状病毒肺炎疫情防控工作文件材料收集归档工作的通知》，明确疫情防控文件的归档范围和整理标准。区档案局选派工作人员到区新冠肺炎疫情防控指挥部和各工作组指导档案整理工作。重点收集声像档案，建立专题目录。区新冠肺炎疫情防控指挥部收集整理2020年文书403件、照片165幅，由区档案馆入库收藏。

【重点建设项目档案管理】区档案局印发《关于开展2021年全区重点项目档案管理登记工作的通知》，指导责任单位和建设单位填报《重点建设项目档案管理情况登记表》，完成41个重大项目的档案登记工作。12月，召开锦江区重点建设项目档案验收会，会同区发改局、区住建交局、区教育局等单位开展验收工作。马家沟市政道路建设工程、静沙北路市政道路建设工程、攀成钢片区新建小学项目的建设档案通过验收。接收红星路商业广场项目拆迁档案84卷。

【扶贫档案整理】区档案局指导区扶贫办公室收集整理脱贫攻坚文书200件、照片50幅、光盘11个，归集文书档案11卷、照片档案1卷、光盘1卷，由区档案馆入库收藏。10月，锦江区脱贫攻坚档案通过市档案局检查验收。

【档案统计】区档案局按照省档案局和市档案局要求，安排区档案馆牵头开展档案统计工作。区档案馆指导65家区级单位向全国档案事业统计调查信息管理平台填报数据信息。其中机关单位53家、事业单位6家、国有企业6家。填报情况上报市档案局。

【档案查询服务】区档案馆接待档案查询群众17250人，利用档案28436卷，复印资料22923页，协助195名群众异地跨馆查询个人档案信息。落实网络理政职责，安排工作人员联系市长信箱、市长公开电话的问题反映人，协助解决档案查询等问题。处理市长信箱、市长公开电话转交的电话工单事件17件，群众满意率100%。

【档案宣传】区档案馆结合中国共产党成立100周年，承办“百年历程 档案记忆”展览活动。在“花乡农居”景区、李劼人故居博物馆、菱窠路小学校、佳宏路社区、锦江发展集团公司巡回展览，从档案角度展示成都市在中国共产党领导下的百年发展历程。利用微信公众号、官方微博账号开展国际档案日宣传活动，《中国档案报》等媒体发表锦江区档案工作专文9篇。

（赵　晖　雷大秀）

计划生育

【概况】2021年，区卫健局践行人口与家庭动态监测机制，维护人口生育数据信息58991条。设置免费避孕药具发放点149个，发放安全套、避孕药等7类避孕药具。落实计划生育利益导向政策，认定政策享受对象6762人，计划生育奖励扶助金和独生子女奖励金发放率100%。

【生育信息管理】区卫健局建成人口基础信息跨部门、跨领域共享平台，实时维护四川省健康档案云平台人口个案信息。登记生育服务信息3783条，清理四川省健康档案云平台异常数据信息43871条，比对出生医学信息6884条、死因监测信息1293条、分娩登记信息3160条。全员人口覆盖率90%，全员人口信息准确率90%，便民服务登记数据与全员人口监测数据一致率90%，平台办证率100%。

【避孕药具发放】区卫健局向各街道发放避孕药具2次，发放箱装安全套196件，发放铝箔片式复方左炔诺孕酮59片、铝箔片式左炔诺孕酮炔雌醇184片、铝箔片式左炔诺孕酮141片、盒装壬苯醇醚栓1350盒、水溶式壬苯醇醚凝胶840支、固态壬苯醇醚膜129片。

【计划生育利益导向政策落实】区卫健局组织街道和社区制作板报、公示栏，开展计划生育利益导向政策宣传活动10次，印发宣传资料2万份。规范计划生育利益导向政策落实对象的资格确认及资金发放工作，认定计划生育国家特殊扶助对象1780人、计划生育区级特殊扶助对象14人、计划生育农村奖励扶助对象1007人、计划生育城镇奖励扶助对象116人、独生子女奖励对象3845人，兑现扶助金1793.38万元。

（曾德勇　何　懿）

社会事务

锦江区召开“老字号”活化焕新专题会

8月2日，锦江区召开“老字号”活化焕新专题会。会议指出，要以满足人民美好生活向往为目的，加快建设国际消费中心城区引领区，打造高品质消费场景，让更多群众感受“烟火里的幸福成都”。要以创造新时代幸福美好生活为目的，在消费供给创新、消费环境营造、消费理念引导、消费文化变革、消费感知提升等方面突破。要活化焕新“老字号”，拓展“龙抄手”等“老字号”的品牌价值，构建“老字号”荟萃、多元饮食文化交流、多层次美味碰撞的消费场景，弘扬成都美食文化，满足人民群众对美好生活的消费需求。

（右图由区融媒体中心提供）

社会事业

文 化

【概况】2021年，区文体旅局提升改造三圣街道和锦华路街道的综合性文化服务中心示范点，建成街道综合文化活动中心和社区文化活动室87个。开展“文化四季风”活动6次，举办“走基层”文化惠民活动40次。推动文化馆和图书馆建设，利用区文化馆活动阵地开展庆祝中国共产党成立100周年系列文化活动以及“好戏连台·我在锦江等你——戏剧音乐周”“春熙放歌——快闪”等群众文化活动1400次，利用互联网平台开展文化活动430次。开设书法培训、舞蹈培训等公益培训4期909个班次，培训3万人。区图书馆流转图书7万册。区文化馆和区图书馆获得“市文化馆图书馆总分馆制建设组织实施先进单位”称号。8月，省文旅厅授予锦江区“2021—2023年度四川省民间文化艺术之乡·糖画之乡”称号。

2021年6月，锦江区举办“永远跟党走”庆祝中国共产党成立100周年“春熙放歌——快闪”活动
（区文体旅局提供）

【区文化馆建设】区文化馆是区文体旅局下属科级公益一类事业单位，配备事业编制人员12人。馆舍位于锦江区锦兴路91号，面积4500平方米。被评定为“国家一级文化馆”。新建3家特色艺术分馆。分别是音乐表演馆、形体表演馆、数字美术馆。区文化馆明确“丰富和活跃群众文化生活，普及文化艺术知识”的工作思路，指导开展社会文化活动。利用公众信息网、微信公众号和“文化天府”手机应用程序等互联网平台举办“浪漫七夕 爱在锦江”等主题讲座、展览活动240次，微信公众号关注人数达7188人，“文化天府”手机应用程序注册人数达8707人，网络访问量达346万人。开展“好戏连台·我在锦江等你——戏剧音乐周”“永远跟党走·2021年锦江区庆祝中国共产党成立100周年——春熙放歌”等群众文化活动80次。

2021 年锦江区街道（社区）文化活动中心（室）一览表

表 26

序号	名称	地址
1	锦江区沙河街道双桂路社区综合性文化服务中心	成都市锦江区汇源北路 324 号 2 楼
2	锦江区沙河街道汇泉路社区综合性文化服务中心	成都市锦江区汇泉北路 177 号
3	锦江区三圣街道海棠路社区综合性文化服务中心	成都市锦江区海棠路 186 号
4	锦江区三圣街道白桦林路社区综合性文化服务中心	成都市锦江区白桦林路 1193 号附 201 号
5	锦江区成龙路街道国槐社区综合性文化服务中心	成都市锦江区成龙路街道国槐路社区
6	锦江区成龙路街道枫树社区综合性文化服务中心	成都市锦江区月季街 67 号 4 楼
7	锦江区锦官驿街道综合性文化服务中心	成都市锦江区青和里北段一号 2 楼
8	锦江区东湖街道综合性文化服务中心	成都市锦江区锦华路一段 115 号
9	锦江区锦华路街道综合性文化服务中心	成都市锦江区柳翠路 179 号 2 楼
10	锦江区春熙路街道盐市口社区综合性文化服务中心	成都市锦江区青年里 14 号附 8 号 4 楼
11	锦江区沙河街道五福桥社区综合性文化服务中心	成都市锦江区汇泉南路 133 号
12	锦江区沙河街道牛沙路社区综合性文化服务中心	成都市锦江区牛沙横街 2 号
13	锦江区书院街街道庆云社区综合性文化服务中心	成都市锦江区庆云南街 69 号
14	锦江区书院街街道福字街社区综合性文化服务中心	成都市锦江区惜字宫南街 81 号
15	锦江区书院街街道五昭路社区综合性文化服务中心	成都市锦江区华星路 12 号
16	锦江区狮子山街道四川师大社区综合性文化服务中心	成都市锦江区菱窠路 436 号
17	锦江区狮子山街道万科城花社区综合性文化服务中心	成都市锦江区静安路 1 号附 41 号
18	锦江区狮子山街道花果社区综合性文化服务中心	成都市锦江区菱安路 8 号
19	锦江区狮子山街道菱窠社区综合性文化服务中心	成都市锦江区锦绣大道 3688 号
20	锦江区狮子山街道佳宏路社区综合性文化服务中心	成都市锦江区佳宏路 220 号
21	锦江区三圣街道栀子街社区综合性文化服务中心	成都市锦江区锦江大道 897 号
22	锦江区三圣街道喜树社区综合性文化服务中心	成都市锦江区锦江大道 877 号
23	锦江区三圣街道大安桥社区综合性文化服务中心	成都市锦江区锦水街 5 号
24	锦江区三圣街道江家堰社区综合性文化服务中心	成都市锦江区驸江路 729 号
25	锦江区三圣街道万福社区综合性文化服务中心	成都市锦江区万福社区万福十组 303 号
26	锦江区三圣街道驸马社区综合性文化服务中心	成都市锦江区驸马社区联合五组 139 号
27	锦江区三圣街道红砂社区综合性文化服务中心	成都市锦江区红砂社区联合二组 377 号
28	锦江区三圣街道幸福社区综合性文化服务中心	成都市锦江区幸福社区联合七组 302 号
29	锦江区牛市口街道得胜街社区综合性文化服务中心	成都市锦江区锦东路 555 号附 22 号
30	锦江区牛市口街道华成路社区综合性文化服务中心	成都市锦江区大田坎街 95 号
31	锦江区牛市口街道水碾河路南社区综合性文化服务中心	成都市锦江区水碾河路 46 号 13 幢
32	锦江区东湖街道石牛堰社区综合性文化服务中心	成都市锦江区橡树林路 191 号 6 楼
33	锦江区东湖街道河滨社区综合性文化服务中心	成都市锦江区二环路东五段 10 号
34	锦江区牛市口街道龙舟社区综合性文化服务中心	成都市锦江区莲花新区南一巷 6 号
35	锦江区牛市口街道莲桂西路社区综合性文化服务中心	成都市锦江区工农院街 19 号
36	锦江区牛市口街道九眼桥社区综合性文化服务中心	成都市锦江区宏济巷 27 号
37	锦江区牛市口街道一心桥社区综合性文化服务中心	成都市锦江区锦东路 358 号

续表 26

序号	名称	地址
38	锦江区牛市口街道锦东社区综合性文化服务中心	成都市锦江区海椒市街 7 号院
39	锦江区牛市口街道紫东社区综合性文化服务中心	成都市锦江区海椒市街 15 号 42 幢 1 层
40	锦江区牛市口街道莲花社区综合性文化服务中心	成都市锦江区海椒市街 60 号院
41	锦江区春熙路街道督院街社区综合性文化服务中心	成都市锦江区大塘坎街 58 号
42	锦江区春熙路街道盐道街社区综合性文化服务中心	成都市锦江区红星路四段 6 号
43	锦江区锦官驿街道大慈寺社区综合性文化服务中心	成都市锦江区东顺城南街 59 号
44	锦江区锦官驿街道崇德里社区综合性文化服务中心	成都市锦江区下东大街 328 号
45	锦江区锦官驿街道合江亭社区综合性文化服务中心	成都市锦江区滨江东路 166 号
46	锦江区锦官驿街道点将台社区综合性文化服务中心	成都市锦江区牛王庙巷 88 号
47	锦江区锦官驿街道交子社区综合性文化服务中心	成都市锦江区均隆街 69 号 3 楼
48	锦江区锦官驿街道水井坊社区综合性文化服务中心	成都市锦江区星桥街 70 号
49	锦江区成龙路街道蓝谷地社区综合性文化服务中心	成都市锦江区国槐街 835 号
50	锦江区成龙路街道粮丰社区综合性文化服务中心	成都市锦江区月季街 67 号 4 楼
51	锦江区成龙路街道卓锦城社区综合性文化服务中心	成都市锦江区枫树街 2 号
52	锦江区成龙路街道香樟社区综合性文化服务中心	成都市锦江区月季街 67 号 4 楼
53	锦江区柳江街道椿子树社区综合性文化服务中心	成都市锦江区皇经楼一街 122 号
54	锦江区锦华路街道经天社区综合性文化服务中心	成都市锦江区经天中路 365 号
55	锦江区柳江街道锦城逸景社区综合性文化服务中心	成都市锦江区锦丰三路 39 号
56	锦江区狮子山街道金像寺社区综合性文化服务中心	成都市锦江区锦绣大道 1113 号
57	锦江区锦华路街道金象花园社区综合性文化服务中心	成都市锦江区晨辉一街 11–13 号
58	锦江区锦华路街道皇经社区综合性文化服务中心	成都市锦江区经天路 10 号
59	锦江区成龙路街道皇经楼社区综合性文化服务中心	成都市锦江区皇经楼社区七组
60	锦江区成龙路街道华新社区综合性文化服务中心	成都市锦江区枫香街 41 号
61	锦江区成龙路街道水杉社区综合性文化服务中心	成都市锦江区大观里 26 号
62	锦江区锦华路街道晨辉社区综合性文化服务中心	成都市锦江区晨辉一街 11–13 号
63	锦江区柳江街道锦阳社区综合性文化服务中心	成都市锦江区潘家沟社区十二组
64	锦江区柳江街道祝国寺社区综合性文化服务中心	成都市锦江区祝国寺社区六组
65	锦江区锦华路街道柳江社区综合性文化服务中心	成都锦江区柳翠路 179 号
66	锦江区锦华路街道凯天社区综合性文化服务中心	成都市锦江区柳翠路 179 号
67	锦江区锦华路街道琉璃社区综合性文化服务中心	成都市锦江区锦华路二段 656 号
68	锦江区柳江街道包江桥社区综合性文化服务中心	成都市锦江区锦华路三段 381 号
69	锦江区柳江街道锦馨社区综合性文化服务中心	成都市锦江区榕声路 84 号
70	锦江区东湖街道观音桥社区综合性文化服务中心	成都市锦江区观音桥街 56 号 2 幢 101 号
71	锦江区东湖街道锦华社区综合性文化服务中心	成都市锦江区琉璃路 358 号
72	锦江区东湖街道翡翠城社区综合性文化服务中心	成都市锦江区华润路 42 号
73	锦江区东湖街道永兴社区综合性文化服务中心	成都市锦江区净居寺西街 174 号
74	锦江区东湖街道东怡社区综合性文化服务中心	成都市锦江区东光街 5 号院

续表 26

序号	名称	地址
75	锦江区春熙路街道总府路社区综合性文化服务中心	成都市锦江区锦华馆街 8 号
76	锦江区书院街街道华兴街社区综合性文化服务中心	成都市锦江区岳府街 58 号
77	锦江区沙河街道塔子山社区综合性文化服务中心	成都市锦江区岷江路 1678 号
78	锦江区沙河街道静康社区综合性文化服务中心	成都市锦江区静沙北路 301 号
79	锦江区沙河街道沙河社区综合性文化服务中心	成都市锦江区马家沟街 99 号望江水岸 6 幢
80	锦江区柳江街道综合性文化服务中心	成都市锦江区榕声路 84 号
81	锦江区春熙路街道综合性文化服务中心	成都市锦江区人民东路 48 号物资大厦 2 楼
82	锦江区三圣街道综合性文化服务中心	成都市锦江区锦江大道 877 号
83	锦江区成龙路街道综合性文化服务中心	成都市锦江区国槐街 835 号
84	锦江区沙河街道综合性文化服务中心	成都市锦江区汇泉北路 177 号
85	锦江区牛市口街道综合性文化服务中心	成都市锦江区大田坝街 93 号
86	锦江区狮子山街道综合性文化服务中心	成都市锦江区菱安路 8 号
87	锦江区书院街街道综合性文化服务中心	成都市锦江区华星路 12 号

【区图书馆建设】区图书馆位于锦江区锦兴路 91 号，馆舍面积 4500 平方米，被评定为“国家一级图书馆”。开设图书借阅、报纸和期刊借阅、地方文献查阅、休闲阅读等服务窗口，设置阅览座 422 个，每日 9 时至 20 时 30 分开馆（每周三下午闭馆），每周开放 72 小时。馆藏纸质图书 50 万册，馆藏中文报纸和期刊种类达到 400 种。建成街道分馆 11 家、楼宇分馆 6 家、社区服务点 76 个、馆外流动服务网点 16 个。举办“国学经典诵读在锦江”“锦江大讲坛”等读书活动、讲座活动 144 次，参加人数达 8000 人。接待到馆读者 18 万人，网站浏览量达 8 万人，微博浏览量达 12 万人。向 11 家街道图书分馆流转图书 4 批 57 万册（含新增图书 1 万册）。区图书馆设全国文化信息资源共享工程锦江区支中心，储存电子书 30 万部、学术类视频 500 部，储存的电子期刊和报纸种类达 3400 种。提供影视鉴赏、电子阅览等服务。区图书馆各街道分馆和社区服务点均可通过互联网登录国家、省、市的文化信息资源共享工程平台，实现信息资源共享工程全覆盖目标。

【“一楼文化”建设】区文体旅局明确“碎时光、碎欣赏、碎艺术”和“打造有质感、有生命、有温度的公共文化空间”的理念，整合社会资源，在高端商务楼宇、写字楼、城市综合体的一楼公共空间和其他可利用的“微空间”打造“一楼文化”空间，坚持推进城市楼宇“一楼文化”建设，为商务商业楼宇人群提供“微文化”服务。已建成“一楼文化”空间的楼宇 7 幢。分别是博瑞创意成都大厦、时代 8 号大厦、仁恒置地广场、天府国际广场、百扬大厦、西部文化产业中心、新希望中鼎国际大厦。开展茶艺欣赏、吉他弹唱、古琴演奏、电音精品音乐会等主题活动，形成楼宇文化活力。区文化馆在“一楼文化”示范楼宇开展“春联迎新春·民俗进万家”“锦江大讲堂——三星堆的前世今生”等文化活动 30 次，开设“艺术普及进一楼文化楼宇”公益培训 180 次，参加活动的楼宇企业员工达 4100 人。8 月，锦江区“一楼文化”项目入选“四川省文化和旅游公共服务高质量发展推荐活动优秀品牌”。

【非物质文化遗产传承】区文体旅局、区文化馆开展“非遗在社区”活动，举办非物质文化遗产展览、传统文化展演等活动 14 次，参加成都市“非遗过大年 文化进万家——畅游成都·体验非遗”文化惠民活动。7 月，省非物质文化遗产保护协会授予区文化馆“2020 年度先进会员单位”称号。8 月，锦江区参加“2021—2023 年度四川省民间文化艺术之乡”评选活动，获“糖画之乡”称号。9 月，锦江区选送短视频《蜀锦技艺》参加 2021 年度成都非物质

2021 年 2 月 8 日，区文体旅局组织糖画传承人参加成都市举办的“非遗过大年 文化进万家——畅游成都 · 体验非遗”文化惠民活动 （区文体旅局提供）

文化遗产抖音作品评选推广活动，获优胜奖。11 月，省文化和旅游厅批准四川清音传承人任平和蜀绣传承人白桦评为第七批省级非物质文化遗产代表性传承人。12 月，锦江区选成都市盐道街小学卓锦分校原创金钱板节目《车耀先》参加“2022 非遗过大年——非遗在社区”新春晚会，获一等奖。锦江区 3 所学校入选“成都市非物质文化遗产传承基地学校”。分别是成都市现代职业技术学校、成都市锦江区马家沟小学校、成都市盐道街小学卓锦分校。成都市现代职业技术学校的非物质文化遗产传承项目是“成都糖画”“成都面人”，成都市锦江区马家沟小学校的非物质文化遗产传承项目是“成都皮影戏”，成都市盐道街小学卓锦分校的非物质文化遗产传承项目是“四川清音”“四川金钱板”“四川竹琴”。

【李劼人故居纪念馆】成都市李劼人故居纪念馆是省级文物保护单位、成都市廉洁文化教育示范点、成都留学报国教育基地、成都市干部教育培训现场教育基地、成都市社科普及优秀基地、锦江区校外劳动教育实践基地。纪念馆位于锦江区菱窠西路 70 号，占地面积 3303 平方米，馆藏文物 1204 件，内设主楼、展厅、厢房、多媒体室等参观游览区，每日 9 时至 17 时免费开放。开展“纪念李劼人先生诞辰 130 周年”活动，举办爱国主义教育活动 8 次、廉洁文化主题活动 8 次、“固定党日”活动 22 次、学校社会教育活动 12 次、“菱窠读书会”活动 5 次，群众参与人数达 2674 人。接待游客 7 万人。

【国际文化交流活动】10 月 29 日，市政府外事办公室、法国驻成都总领事馆、区政府在锦江区东湖公园红美术馆共同举办“2021 成都 · 欧洲文化季”系列活动之“不可见 · X 射线下的艺术”展览。现场展出法国艺术家利用医用 X 射线对法国艺术馆收藏的毕加索、梵高等艺术家的经典作品再创作的作品。人民网发表专文《“不可见 · X 射线下的艺术”展 演绎当代艺术与传世经典的碰撞与交融》，川观新闻、封面新闻、锦观新闻等媒体发表专文《当代艺术与经典碰撞 “不可见 · X 射线下的艺术”展览在锦江区开展》。

【文物保护】区文体旅局文物保护管理所牵头完成邱家祠保护修缮项目一期工程，启动东湖街道东光社区五组明代窑址保护搬迁项目，完成四圣祠西街 36 号附 3 号和附 4 号民居保护修缮工程。新增四川总督衙门旧址等市级文物保护单位 5 处。

体 育

【概况】2021 年，锦江区持续完善“社区 10 分钟健身圈”，为成都建设“世界赛事名城”助力。承办“相约幸福成都”全国射击锦标赛步枪项目比赛、全国青年女子冰球锦标赛、中国女子冰球联赛成都站比赛、“川体集团杯”四川省第三届全民健身运动会暨“我要上全运”社区运动会国际象棋比赛等赛事，举办“爱成都 · 迎大运”2021 年锦江区“百城千乡万村”体育竞赛、成都市第八届全民健身运动会柔力球锦江站比赛、四川省“百城千乡 · 村 · 社区”乒乓球锦江站比赛、“爱成都、迎大运”青少年体育竞赛。建成健身路径、体育场馆等室内室外体育运动点位 1402 个。完成国民体质监测任务，监测 5220 人。举办和参加全民健身活动340次，组团参加体育竞技比赛。促进学校体育工作，开展“校园十大阳光体育”活动，开创“传统体育项目+新兴时尚体育项目”模式，推动“一校一品、一校多品”校园特色体育建设，打造特色体育学校6所。国家体育总局授予区文体旅局体育科负责人刘维“2017—2020年度全国群众体育先进个人”称号。

【体育设施建设】 区文体旅局推进锦江体育中心建设和文轩体育文化中心提档升级，完善中港综合健身馆等6个社区配套项目，建成社区运动角3个。分别是大观居民运动场、府河文体广场、洪柳东居民运动场。全民健身场地新增面积10万平方米，大运会射击比赛场馆、猛追湾水球训练场馆的外围风貌整治和道路施工项目竣工。锦江区建成全民健身路径490条、健身步行道116条，安装健身器材2875件。建成乒乓球场129个、羽毛球场39个、篮球场68个、足球场49个、小型运动场57个。建成室内健身馆186家、游泳馆29家、羽毛球馆13家、台球馆11家、乒乓球馆12家、篮球馆16家、室内足球场80个、室内足球馆1家。

【学校体育】 区文体旅局推动“一校一品、一校多品”校园特色体育项目建设，指导38所学校创建体育传统特色项目学校，涉及体育项目20个。创建“全国射击射箭重点项目学校”2所、“全国青少年校园篮球特色学校”6所、“全国青少年校园足球特色学校”23所。锦江区入选“全国青少年校园足球试点区县”。开展学生“十大阳光体育”活动，举办田径、游泳、足球、篮球、排球、乒乓球、网球、羽毛球、武术、棋类、模型等项目的比赛，吸引20万人参与。开设体育教师和学校体育教练培训班10期，培训1062人。锦江区学生体质健康标准合格率达到98.41%，优秀率达到70.07%。区教育局增设体育名师工作室8个，锦江区体育教师参赛团队获得成都市第十届体育教师专业技能大赛集体一等奖。开展中学生和小学生体育竞赛20次，组织中学生和小学生参加成都市青少年学生运动会19个项目比赛，组织5000名中学生和小学生参加“锦江杯”系列联赛。成都市锦江区外国语小学校参赛队伍获全国软式棒垒球锦标赛第四名，四川师范大学附属中学校外国语学校男子足球队获得四川省第二届“贡嘎杯”足球赛小组第一名。锦江区获得国家级体育竞赛奖项的学生52人，获得省级体育竞赛奖项的学生172人，获市级体育竞赛奖项的学生2680人。

【竞技体育】 区文体旅局承办“爱成都·迎大运——运动成都·健康锦江”青少年体育竞赛，竞赛项目23个，参赛人数达到30万人。组织运动员参加全国和四川省、成都市的体育竞赛60次。组团参加成都市首届青少年（学生）运动会19个项目比赛，获得团体总分第一名，参赛选手李伊檬在全国五子棋青少年锦标赛中获得儿童组个人组比赛金牌。锦江区选送的排球运动员叶沁媛入选全国青少年女排希望之星训练营、陈禧龙入选国家男排精英训练营。

【全民健身运动】 区文体旅局推动全民健身事业发展，建成健身路径、乒乓球场、羽毛球场等户外体育场地1088个，建成游泳馆等室内体育场地314个。建成20个社区全民健身服务点，参加成都市第二届社区运动节，举办“锦江体育嘉年华”“爱成都·迎大运——蓉漂体育季”“楼宇体育季”等活动300次。培训社区级社会体育指导员117人，提供

位于锦江区的成都市射击运动学校是大运会比赛场馆之一　　（区文体旅局提供）

社区级科学健身指导服务40次。锦江区获成都市第八届全民健身运动会暨成都市首届社区运动会最佳赛区奖，获“第三十二届奥运会突出贡献单位”称号和“第十四届全运会突出贡献单位”称号。

（何宇航　刘祎鹏）

教育

【概况】2021年，区教育局按照区委、区政府《关于实施幸福美好生活十大工程的意见》要求，优化普惠性学前教育资源配置，构建小学教育发展体系和适应多样化教育需求的终身教育体系。持续推进“编制＋员额”人事制度改革，编制《锦江区员额教师管理实施细则》《锦江区员额教师首次公开招聘工作方案》。持续推进名师工作室建设，新建区级名师工作室79个，遴选678名研修员。督导民办学校规范办学，坚持治理校外培训机构，促进民办教育发展。教育部批准锦江区为“全国儿童青少年近视防控试点区”“全国青少年校园足球试点区县”，锦江区通过“国家县域学前教育普及普惠区”市级和省级评估。锦江区70名教师获“特级教师”“优秀教师”等称号，另有759名教师获“锦江区优秀共产党员”“锦江区教坛新秀”等称号。开展“童心向廉”“我想上音乐会”“校园新年音乐会”等活动，组织学生参加国家和省、市的艺术展演活动，获国家级奖项15个、省级奖项36个、市级奖项2560个。打造区域劳动教育资源库，研发300个劳动课程。调查332所学校、幼儿园、培训机构的师资情况，重点检查师德师风。开展教职工入职前涉罪情况调查，调查教职工15679人，通过率100%。锦江区小学入学新生11186人，初级中学入学新生6832人，高级中学入学新生2601人，职业学校入学新生2909人，入园小班幼儿6924人。锦江区创建“全国学前教育普及普惠区”工作通过省级验收。向教育部申报“全国义务教育优质均衡先行创建区”。入选“2021年中国公平教育百佳县市”，排名61位。完成国家义务教育质量监测工作，教育部基础教育质量监测中心授予锦江区“国家义务教育质量监测实施县级优秀组织单位”称号。教育部副部长钟登华、郑富芝、宋德民，副省长罗强、省委教育工委书记李建勤、省教育厅厅长邹瑾到锦江区调研教育工作，肯定锦江区教育取得的成绩。

【教育管理机构及人员设置】区教育局设办公室、人事和教师工作科、纪工办、党建工作科、德育和体育艺术劳动教育科、小学教育科、学前教育科（终身教育科）、对外交流和科技信息科、教育督导办公室、中学教育科、财务管理科、应急管理科、规划和基建科、审计室。行政编制20个。其中局长编制1个、副局长编制3个。

【教育资源】锦江区公办小学校36所、民办小学校1所、公办普通中学校11所、民办九年一贯制学校3所、民办高级中学校1所、公办中等职业学校1所、民办中等职业学校1所、公办特殊教育学校1所。开设公办幼儿园45所、民办幼儿园57所。其中一级幼儿园31所、二级幼儿园41所、三级幼儿园6所、无等级幼儿园23所。幼儿园在园托管儿童25200人。公办中学校、小学校、幼儿园的在编教职工3894人。锦江区获“全国模范教师”“全国优秀教师”“四川省特级教师”“四川省学术技术带头人”“四川省教书育人名师”“四川省教书育人名校长”“成都市特级校长”“成都市特级教师”“成都市学科带头人”等称号的教师81人，获“成都优秀青年教师”称号的教师134人，获“锦江区特级教师”“锦江区学科带头人”“锦江区优秀青年教师”等称号的教师1300人。

【学前教育】区教育局坚持“学前教育普惠优质发展”思路，制定《锦江区普惠性民办幼儿园认定和管理办法》，认定大观里幼儿园等27所幼儿园为普惠性民办幼儿园。锦江区普惠性幼儿园覆盖率达80.49%。公办幼儿园在园幼儿占比50.64%。采取对口检查、随机抽查、挂牌督学、年度检查等方式加强幼儿园管理，督导幼儿园规范办学。持续指导幼儿园开展优质园建设，推动幼小科学衔接省级试点工作，组织幼教专家到幼儿园指导工作，认定麻柳湾幼儿园等4所幼儿园为二级园，认定成都市第二幼儿园望江园区等6所幼儿园市为一级园。锦江区优质学前教育资源覆盖率达98%。锦江区创建“全国学前教育普及普惠区”工作通过四川省和成都市评估。举办保健人员技能练兵、技能大赛等活动，开设幼儿园保健人员直播培

2021年锦江区初（高）中和小学招生情况表

表27　单位：人

公办小学	民办小学	公办初中	民办初中	公办高中	民办高中
10248	942	5135	1696	2143	488

训15次，参与人数达5万人。培训内容包含疫情防控、儿童推拿、儿童视力保健、儿童常见传染病防治、儿童心理健康。创建为四川省幼小科学衔接实验区。

【义务教育】区教育局落实教学常规管理制度，构建“全体、全面、全程”小学校教育发展格局，推动小学校内涵建设和优质均衡发展，提升课程教学水平。持续推进“锦江好课堂”建设，通过实施强校工程和名校集团建设促进初中教育优质均衡发展。印发《关于加强学生作业管理的指导意见》，编制《锦江区义务教育学科作业设计与实施指南》，健全作业管理督导评价、作业抽查评估、作业实施情况评价、学校作业监测等机制。锦江区中学校和小学校的作业时间控制工作达标。推进义务教育优质均衡发展，开展小学教育和幼儿教育衔接试点工作，指导成都市天涯石小学昭忠祠分校、锦江区教育科学研究院附属小学、成都市盐道街小学锦馨分校创建新优质学校，通过成都市新优质学校验收。

【特殊教育】区教育局采取以评促建方式落实特殊教育二期提升行动计划。3月，锦江区特殊教育二期提升行动通过市政府教育督导委员会办公室评估，授予区教育局“成都市特殊教育二期提升行动成绩突出工作单位”称号，受到市政府表扬。锦江区承办四川省和成都市的特殊教育活动9次，锦江区特殊教育教师在省市分享经验35次，锦江区特殊教育教师获“特殊教育名师工作室主持人”等称号14个，教师论文获市级奖项6个、区级奖项3个。

【普通高中教育】锦江区高考一本上线1489人，上线比例73.9%，较2020年提升1.7%。本科上线2004人，本科率98.9%，较2020年提升0.4%。锦江区普通高中教育工作通过市教育局质量评估，达到优秀等级。成都市盐道街中学校、成都市田家炳中学校等5所学校获得“成都市优秀学校”称号，四川师范大学附属中学校获得“成都市国防教育先进学校”和“成都市强基计划先进学校”称号，成都市锦江区嘉祥外国语高级中学校获得“成都市学科拔尖创新人才优秀学校”称号。

【职业教育】区教育局坚持“产教融合、工学结合、校企联合”的办学方针，推动职业教育品质提升。成都市现代职业技术学校在现代学徒制人才培养模式的基础上针对6岁以下婴幼儿探索保育专业人才培养模式，建立校企联动、工学结合机制，促使理论与实践同步，强化学生职业能力，推动中等职业学校的幼儿保育专业发展。华大医药卫生学校探索实训基地合作、联合办学等模式，与四川省各医院、医药连锁企业签订学生实习协议。对口实习就业单位达到40家，覆盖二级甲等医院、医药连锁企业、养老服务机构。成都市现代职业技术学校学前教育专业和华大医药卫生学校的医药类人才培养专业通过成都市第三批特色职业院校建设项目结项验收。锦江区中等职业学校毕业生2581名。其中2548名毕业生就业，就业率98.87%，对口就业率97.06%。

【社区教育】区教育局按照区委、区政府实施“幸福美好生活十大工程”的部署，推动老年教育，构筑终身教育体系。创建市级街道老年教育学校5所，打造“全龄空间”2个。编制“玩转手机 智慧生活”送教活动课程菜单，送教学时达到176个。打造“濯锦云课堂”，推送党史、劳动教育、家庭教育等课程100次，实施“无喧书院”等特色社区教育项目4个，开设公益班400个。建立社区暑期托管服务模式，建成社区托管点位21个。推进家校共育工作，培训家庭教育指导师185人，培训合格率100%。扩充家庭教育指导队伍，遴选家庭教育讲师20人。录制《智慧家长小课堂》视频课程20个，开展“智慧家长·父母成长营”活动3次，服务家长1000人。开设“濯锦讲堂·智慧家长云课堂”主题讲座15次，服务家长20万人。锦江区13人获“成都市社区教育先进个人”“成都市能者为师优秀教师”称号。

【校外培训机构管理】区教育局建立压减工作专班，实行集中办公，分批次召开义务段学科类培训机构压减工作专题会，采取点对点、一对一方式为培训机构服务，到162家义务段学科类培训机构宣讲政策，指导培训机构转型。锦江区义务段学科类培训机构压减率100%。建立网格、社区、街道、部门联动的校外机构风险防控机制和风险排查调处机制，印发《锦江区校外培训风险排查处置工作流程》。发挥社区工作人员、社区网格员、物业工作人员的作用，建立每日巡察和每日报告、每周报告、每月预警等制度，发现违规办学现象，排查“树童英语”“京翰教育”“锦思教育”“弋果美语”等违规办学单位27家，处置13家，跟进处置14家。与家长代表沟通，化解“润哲天誉”“知达通”等13家培训单位的违规风险隐患，涉及学员1500人。建立“有照有证”“有照无证”“无证无照”三类台账，采取“刷街、扫楼、进院落”等方式，排查取缔无证培训机构。向违规办学的培训机构下发非法办学劝诫书145份，取缔无证培训单位131家，确保无证培训机构动态清零。向区文体旅局移交艺体类培训单位119家，向区新科局交科技类培训单位5家，向区人社局移交职业技能类培训单位2家，剥离义务段学科类培训单位63家，注销义务段学科类培训单位72家。指导校外培训机构建立资金监管账户，利用四川教培管理平台监管校外培训机构收费账户和资金，督促校外培训机构将预收费用纳入资金监管账户。为校外培训机构收费和退费情况备案，要求校外培训机构公示收费和退费情况。

【德育教育】区教育局推动“习近平新时代中国特色社会主义思想进学校”工作，要求学校将习近平新时代中国特色社会主义思想列入课程、课表、课堂。根据《锦江区中小学德育工作指南》，督导中学校和小学校按照“一校一案”的思路编制工作方案。锦江区2个德育案例被列入“教育部落实《中小学德育工作指南》一校一案典型案例”。新建9个区级班主任名师工作室和5个区级德育名师工作室，提升班主任德育教育水平。开展锦江区班主任技能大赛、心理班会课优质课评选活动、班主任自选课程培训，推荐教师参加成都市和锦江区的“优秀德育工作者”“优秀班主任”评选，锦江区297名德育工作者受到表扬。参加四川省中小学班主任基本功比赛、四川省中小学思政课教师教学基本功比赛，锦江区选送的一名班主任和一名思想政治教师双获一等奖。受市教育局委托，承办中国共产党成立100周年系列活动启动仪式。组织学生参加“向国旗敬礼”“红领巾点燃大运梦”“天府文化进校园”“开学第一课”等主题活动。市委宣传部将锦江区“天府文化进校园”活动经验录入《天府文化传承发展工作专报》。

【课后服务体系建设】区教育局建立“5+2+N”课后服务体系。即5个工作日，每日2小时，延伸到周末、暑期，提供N个托管服务项目。建立“作业时段+拓展时段+延伸时段”的课后服务模式，保障学生作业在校内完成，同时分层满足学生学习和特长的个性化需求。指导学校开设“周末素质营”，开展体育活动、艺术活动，每周参与学生达6000人。设置暑期托管点34个，统筹区精神文明办公室、区委社治委、团区委以及各街道办事处、区内学校的资源，提供暑假公益托管服务，参与学生达3000人。锦江区“建立课后服务多元评价方式”和“实行课后服务一人一课表”2个案例入选“成都市课后服务十大案例”。

【校园安全】区教育局编制《关于进一步加强学校、幼儿园安全风险防控体系建设的实施方案》，联合公安、市场监管、应急、住建交、卫健、消防救援大队等部门和各街道办事处建立应对处置校园突发事件的联防联控机制，构建校园安全风险防范体系。组成20个督查组，采取分组包片方式开展校园安全检查314次，形成《锦江平安校园旬报》。开展校园防汛检查157次，培训学校保安500人。建立学校、年级、班级安全管理网格2670个，形成“横到边、纵到底”的工作格局。锦江区学校专职保安配备工作达标率100%，校园封闭化管理达标率100%，学校硬质防冲撞装置达标率100%，学校一键式紧急报警装置达标率100%，学校监控视频与公安机关联网达标率100%。

【艺术活动】区教育局组织学校参加成都市举办的“欢歌新时代、颂歌献给党——百场红歌大传唱”活动，锦江区2所学校获一等奖，代表成都市参加省级展演活动。参加成都市“青春同行、致敬百年”活动，锦江区2幅学生手绘作品成为成都地铁卡画面候选作品。参加“意林杯”四川省第七届管乐展示活动，获一等奖3个、二等奖3个。

【非物质文化遗产传承基地学校】区教育局指导区域内学校创建“成都市非物质文化遗产传承基地学校”。成都市现代职业技术学校的“糖画”和“面人”2个项目、成都市马家沟小学校“皮影戏”项目、成都市盐道街小学校卓锦分校的“四川清音”“四川金钱板”“四川竹琴”3个项目通过成都市验收，创建为“成都市非物质文化遗产传承基地学校”。

【劳动教育】区教育局把劳动教育作为学校教育的重要内容，发布《锦江区中小学生劳动教育指南》，出台《锦江区全面加强新时代劳动教育的若干举措》，指导学校开展创建工作。创建锦江区劳动教育教师培养中心、锦江区劳动教育学生活动中心、锦江区劳动教育社会资源发展中心。创办锦江区校园劳动教育实践基地16个，创办锦江区校外劳动教育实践基地18个。区教育局牵头编制《锦江区垃圾分类校本实施指导手册》，成都市盐道街小学校528校区、四川师范大学附属中学校外国语学校成为锦江区教育行业垃圾分类示范点位。举办第一届锦江区“绿色环保、垃圾分类——微课竞赛”活动，锦江区中学校和小学校的生活垃圾分类教育覆盖率100%，学校师生的垃圾分类知识知晓率100%。国家教材委员会办公室教材建设信息通报（2021年第9期总第33期）登载《成都市锦江区大力推进中小学劳动教育》。教育部副部长郑富芝在《成都市锦江区新时代劳动教育探索实践经验》上作出“请基础司阅，要总结宣传各地在中小学劳动教育方面的好经验”的批示。

【学校干部培养】区教育局开展校（园）级干部任前考察和试用校（园）级干部考察，锦江区20名校（园）级干部和28名试用期满的校（园）级干部通过考察。选派3名校长参加教育部课程中心实施的领军型校

2021年锦江区校园劳动教育实践基地一览表

表28

序号	点位学校	劳动实践活动内容
1	四川省成都市盐道街中学校高中部	精工实习、木工坊
2	成都市七中育才学校水井坊校区	科创劳动、花圃栽培
3	四川省成都市第十七中学校初中部	农事劳动，刺绣、油伞制作
4	四川师范大学附属中学外国语学校	垃圾分类、农事劳动、家政服务
5	成都市锦江区教育科学研究院附属中学校	农事劳动、科技创作、木工坊
6	成都市锦江区四川师大附属第一实验中学校	烹饪、维修、无土栽培
7	成都市现代职业技术学校	茶艺、插花、剪纸、酒店服务
8	成都师范附属小学校学道校区	自我服务
9	成都市盐道街小学校盐道校区	环保DIY、创意手工
10	成都市天涯石小学校	烘焙、农事劳动
11	成都市娇子小学校	农事劳动，茶艺、活字印刷、瓷胎竹编等非遗手工
12	成都市锦江实验学校	农事劳动、厨艺、手工
13	成都市锦官驿小学校	蜀绣、瓷胎竹编、面塑、棕编等非遗手工
14	成都市天涯石小学校昭忠祠分校	航模、车模、海模、建模等科创劳动
15	成都市锦江区外国语小学校	餐饮服务
16	成都市锦江区驸马小学校	农事劳动、科技劳动

2021 年锦江区校外劳动教育实践基地一览表

表 29

序号	点位名称	详细地址	劳动实践活动内容	接待对象和数量
1	七彩田野	锦江区三圣街道大安桥社区“七彩田野”景区	农业科技、农事劳动教育	中小学生 500 人
2	锦江区图书馆	锦江区锦兴路 91 号	义务劳动、志愿者服务	中小学生 50 人以上
3	锦江区指纹创意空间	锦江区星桥街 112 号	传统技艺（活字印刷）	中小学生 50 人
4	四川省林业科学研究院	锦江区下沙河铺 44 号	自然教育、科普教育、家庭园艺	中小学生 50 人
5	新华文轩锦华万达店	锦江区锦华路一段 68 号锦华万达广场 3 楼	儿童职业体验、科创活动	中小学生 60 人
6	新华文轩西南书城	锦江区上东大街段 350 号	儿童职业体验、科创活动	中小学生 50 人
7	成都许燎原博物馆	锦江区三圣街道红砂联合三组 303 号	博物馆艺术设计、博物馆职业体验、文化创意设计	中小学生 300 人
8	成都华熙时代美术馆	锦江区华熙 528 商业 A 区 B1 层 110 号	创意手工	中小学生 500 人至 1000 人
9	陈香苑开心农场	锦江区三圣街道时蔬路与湿地路交会路口	农事活动实践体验	中小学生 500 人至 100 人
10	四川师范大学劳动教育基地	锦江区静安路 5 号	劳动教育	中小学生 500 人
11	李劼人故居博物馆	锦江区菱窠西路 70 号	小小讲解员、场馆整理服务	中小学生 100 人
12	幸福梅林蜡梅产业科技示范基地	幸福梅林醉香路幸福联合 5 组 318 号	农事活动	中小学生 150 人至 200 人
13	成都市志愿者活动中心	锦江区百日红西路 355 号	志愿服务、公益活动	中小学生 50 人
14	蝶语韵酒店	锦江区芙蓉西路 386 号	酒店服务	中小学生 50 人
15	望江宾馆	锦江区下沙河铺街 42 号	西餐礼仪	中小学生 50 人
16	四川瑞森汽车	锦华路三段 737 号	汽车店	中小学生 55 人
17	四川省农业科学院	锦江区静居寺路 20 号	农事体验、科普农耕技术	中小学生 50 人至 400 人
18	四川岷山饭店有限公司	锦江区人民南路二段 55 号	顶岗实训、房间整理	职业学校 20 人至 50 人

长成长工程，组织 28 名学校中层干部参加教育部课程中心举办的基地校跟岗研修培训，选派 7 名校（园）长参加市教育局举办的高中示范校建设培训、“未来学校·未来教育”国际论坛、计划单列市中小学青年校长递进培养工程、新时代中小学卓越校长工程。组织 70 名学校干部到北京大学参加锦江区校级干部综合素养提升培训班学习。举办未来教育家型（校）园长综合素养提升培训，邀请 10 名教育专家授课，培训学校校长和幼儿园园长 15 人。邀请 18 名国家级课程专家到锦江区指导 9 个中学和小学的学科研修活动，组织 37 名骨干教师到杭州市、深圳市、重庆市的课程改革学校跟岗学习。向教育部课程中心申报 2 名“领军型园长”。

【教育资助】 区教育局落实中共中央“不让一个学生因家庭经济困难失学”的部署和教育资助政策，按照“应助尽助”原则，针对在园幼儿保教费、义务教育寄宿生生活补助费、普通高中助学金、中职学费、中职国家奖学金、宏志助学金、帮困助学金等14个项目落实减免政策。资助14281人，资助金额达2459万元。

【教育设施规划建设】锦江区涉及改造项目的学校分别成立以校长为组长的项目推进工作专班，推动三圣小学校舍外立面改造、龙舟路小学厕所改建等20个维修改造项目建设进度。调整规划，在大观片区规划新建幼儿园1所。按照“锦江区幸福美好十大工程”部署，启动金像寺片区配套幼儿园、三圣小学二期工程等5个项目建设，改建特殊教育学校，预计新增学位3300个。攀成钢片区小学、华兴片区配套幼儿园等19个教育设施建设项目竣工，新增学位11100个。

【教育信息化建设】锦江区结合四川省基础教育大数据应用试点工作，在区电教馆并设区智慧教育大数据中心，增加智慧教育大数据采集、应用、运行分析等职责。依托教育云平台数据，设计教育数据可视化页面。通过页面可监测教育基础数据。打造智慧教育云平台，与成都市教育信息化平台无缝对接。开展云平台应用培训60次，参培7300人。教育部授予成都市天涯石小学、成都市盐道街小学“网络学习空间应用优秀学校”称号，省教育厅授予成都市第七中学校育才学道分校、成都市锦江实验学校“网络学习空间应用优秀学校”称号，锦江区参加“四川省网络空间应用优秀区域”评选。锦江区公办中学校、公办小学校、公办幼儿园的6479名教师全员参加信息技术应用能力提升2.0培训。锦江区10所学校参加成都市提升工程2.0整校推进方案评选，获奖率达到41.6%。锦江区3个区域性教育信息科研课题和17所学校申报的教学信息化课题立项。

【教育督导】区教育局印发《锦江区中小学落实“五项管理”的7项规定》，组织中学校和小学校的责任督学开展学生手机“五项管理”督查工作，组织21名公众责任督学到10所学校督导学生手机“五项管理”工作，形成《公众督导团“五项管理”专项督查情况报告》。聘任42名学前教育责任督学，督导学校和幼儿园挂牌工作，锦江区学校和幼儿园挂牌督导率100%。锦江区入选“四川省中小学内部督导试点区”，成都市第七中学校育才汇源校区和成都市天涯石小学逸景分校成为试点学校。区教育局印发《锦江区中小学（幼儿园）发展项目督评方案》《锦江区中小学（幼儿园）发展项目（第一阶段）督评工作方案》，组织16名督学，历时30日，到63所学校督导评估发展项目，指导学校依托发展项目强化发展优势，以点带面促进发展。

（付璺慧）

卫　生

【概况】2021年，锦江区分布三级医疗单位9家、二级医疗单位7家、区级未改制医院5家、社区卫生服务中心15家、预防接种门诊7家、诊所588家。指导四川友谊医院、四川锦欣妇女儿童医院创建三级甲等医院，成都西囡妇科医院、通过国际医疗卫生机构认证联合委员会（JCI）认证。执业医师和助理医师5924人，护士8772人。春熙、书院街、狮子山、成龙路、锦城逸景、三圣6家社区卫生服务中心通过市级审核，达到“国家优质服务基层行”创建标准。区卫健局推进网格化城市医联体试点工作，依托医院、卫生服务中心构建成员单位架构体系和管理体系。指导13家二级和三级医疗机构利用“互联网+医疗废物监管”模式建设医疗废物在线监管信息化平台，覆盖医疗废物产生、流转、运输、暂存各环节。开展医疗单位检查整治行动21127次。对标《中华人民共和国职业病防治法》开展职业病危害因素排查和职工健康检查，涉及84家医疗单位。办理职业病危害类行政处罚案件4件，罚款5万元。协办第九届四川国际健康和养老产业博览会，布展规模达到2万平方米，参展企业400家，涉及健康、医疗、养老等产业。锦江区社区卫生服务中心利用四川省基层医疗卫生基本药物采购平台采购价值10579.4万元的药品，包括价值7671.42万元的基本药物，基本药物采购占比达到72.51%。城乡居民健康档案建档率达98.45%。组建家庭医生团队85个，家庭医生签约服务率40.04%，重点人群签约服务率71.20%。完成重点人群、水体、海水产品及环境的霍乱弧菌监测任务，受检人群的检测结果为阴性。开展“居民健康素养”和“成人烟草流行”2项监测评估工作，居民健康素养水平达29.32%。组织36所小学校实施儿童口腔疾病综合干预项目，为4387名小学生实施窝沟封闭术，窝沟封闭率44.32%。锦江区三年级学生口腔健康检查率94.88%。4月，锦江区入选“2020年全国儿童青少年近视防控试点县（市、区）”。

【卫生管理机构及人员设置】区卫健局设办公室、政策法规科、医政医管科、中医科（健康服务业发展科）、疾病预防控制科（区卫生应急办公室）、基层卫生与妇幼保健科（社区卫生服务办公室）、爱国卫生工作科（区爱国卫生运动委员会办公室）、人口与家庭发展科。编制人员37人（含参公编制人员21人）。其中局长1人、副局长3人。下设区疾病预防控制中心，为副处级一类事业单位，核定编制人员81人，较2020年增加17人。聘用人员33人，较2020年增加10人。下设区计划生育服务站，为公益一类事业单位，核定编制人员6人。

【公共场所卫生监督】区卫健局监督检查公共场所从业人员健康证明情况、公共场所卫生管理人员配备情况、公共场所卫生管理档案工作情况、公共场所顾客用品卫生情况，牵头重点推进公共场所防疫工作。按照《关于印发〈成都市国家卫生城市复审迎检专项整治行动方案〉的通知》要求，依据《成都市“四小”行业卫生专项整治工作方案》和《锦江区2021年无证无照经营综合治理工作实施方案》，出动执法人员1700人，排查小超市、小旅馆、小网吧835家，清查无证经营商家263家，下达行政指导文书263份，关停无证经营商家36家。检查宾馆、酒店、旅馆、娱乐场所、医疗机构、车站等公共场所预防艾滋病措施落实情况，编印艾滋病预防宣传手册800册，发送安全套8000个。抽检410家二次供水单位水质，每季度检测12个管网末梢水监测点位水质，检测60台现制现售水设备储存的水质。检查学校和幼儿园卫生情况，检查小学校69家、中学校41家、大专院校6家、幼儿园158家。检查4个高考点和7个中考点的校园卫生、饮用水安全和防疫措施。办理公共场所行政处罚案件48件，罚款20290元。

【医疗市场整治】区卫健局按照《成都市2021年打击非法行医专项整治行动方案》要求，开展打击非法行医专项行动。采取重点监督、医疗监管、随机抽查结合的方式，检查医疗单位179家。查处非法诊所2家、非法使用医疗器械的医疗美容单位1家、违规开展医疗美容业务的咨询机构1家。按照区委、区政府实行疫情常态化防控的要求，开展医疗机构和集中隔离场所防疫措施检

2021年锦江区社区卫生服务中心一览表

表30

序号	名称	地址	负责人
1	锦江区盐市口社区卫生服务中心	成都市锦江区新光华街35号	谢　芳
2	锦江区春熙社区卫生服务中心	成都市锦江区布后街22号	陈　桔
3	锦江区书院街社区卫生服务中心	成都市锦江区天涯石北街178号	蒋美琳
4	锦江区锦官驿社区卫生服务中心	成都市锦江区一环路东五段1号	刘　俊
5	锦江区牛市口社区卫生服务中心	成都市锦江区水碾河南三街48号	余　燕
6	锦江区龙舟路社区卫生服务中心	成都市锦江区龙舟路50号	熊青蓉
7	锦江区双桂路五福社区卫生服务中心	成都市锦江区通盈街519号	赵真豪
8	锦江区东大社区卫生服务中心	成都市锦江区通汇街26号	周文雯
9	锦江区莲新社区卫生服务中心	成都市莲花西路146号	刁小英
10	锦江区东光社区卫生服务中心	成都市锦江区锦华路275号附5号	喻敏纯
11	锦江区狮子山社区卫生服务中心	成都市锦江区劼人路159号	李丽蓉
12	锦江区成龙路社区卫生服务中心	成都市锦江区经天路33号附2号	任泳成
13	锦江区成龙路锦城逸景社区卫生服务中心	成都市锦江区锦逸路99号	冯　霞
14	锦江区锦华路社区卫生服务中心	成都市锦江区柳翠路199号	刘自强
15	锦江区三圣社区卫生服务中心	成都市锦江区喜树路邻里中心	刘齐荣

查18912次。其中诊所检查18806次、医院检查76次、社区卫生服务中心检查30次。发现问题820个，立即整改问题725个，责令存在严重问题的95家医疗单位停业整改。办理医疗机构行政处罚案件121件，罚款421102元。

【网格化城市医联体建设】区卫健局以1家三甲医院为龙头，以4家二级和三级医院为骨架，以10家社区卫生服务中心为网底，构建“1+4+10”成员单位架构体系，推进网格化城市医联体试点工作，为患者提供疾病诊疗、慢性病管理、康复、养老等服务。“1+4+10”的“1”即成都市第二人民医院。“4”即锦江区妇幼保健院（三级专科医院）、成都锦欣沙河堡医院（二级综合医院）、成都锦欣老年病医院（医养结合的老年病医院）、成都锦欣精神病医院。同时构建“1+N+X”管理体系，为试点工作推进提供机制保障。“1”即网格化城市医联体建设领导小组，“N”即驻点专家团队，“X”即下派业务专家团队。医联体龙头医院派遣医疗专家下沉社区卫生服务机构坐诊、查房450次，社区卫生服务机构的88名医务人员到三级医院学习培训，龙头医院和4家骨架医院远程诊疗20507次，医联体架构内的医疗机构双向转诊1512次。国家综合医改试点工作专家评估组、国务院医改领导小组秘书处到锦江区调研网格化城市医联体建设，提出指导意见。

【医疗人才培训考核】区医学会受区卫健局委托，采取线下面授课和线上直播课同步的方式开展培训活动6次，培训医护人员450人。承办市级继续教育项目8个，培训医护人员350人。采取“线下培训+线上考试”方式，开展放射工作操作员培训、抗菌药物临床应用培训、病原微生物实验室操作培训、精神药品应用管理培训等岗位培训8次，培训医护人员775人。考试合格的放射设备操作员171人、抗菌药物临床医务人员385人、病原微生物实验室医护人员75人、精神药品应用医护人员144人。开展医师定期考核工作，审查资料1007份，组织2000名医师报名，发放医师和护师的资格证书1500份。

【爱国卫生运动】区卫健局实施“健康细胞工程”，推进省级健康细胞创建活动。创建“四川省卫生单位”10家、“四川省无烟单位”10家、“四川省健康单位”5家、“四川省健康街道”1个、“四川省健康社区”2个。按照区委、区政府实施城乡环境综合治理的部署，发动区级机关、社区、小区院落开展“卫生大扫除”活动。推动星级院落创建和复评工作，创建“星级院落”5个，星级院落巩固合格率98%。区属医疗卫生公共机构生活垃圾分类覆盖率100%。锦江区创建“国家卫生城市”工作通过第八次复审。

【传染病发病报告】锦江区报告乙类和丙类法定传染病17种，报告发病数3561例，报告发病率497.14/10万，报告发病数较2020年增加763例，报告发病率较2020年上升27.27%。报告发病数居前五位的病种占报告总数的84.11%。依次为手足口病、流行性感冒、感染性腹泻、梅毒、肺结核。报告乙类传染病例12种1122例，报告发病率156.64/10万，报告发病数较2020年提高3.51%。报告死亡病例15例，报告死亡率2.09/10万，较2020年下降11.76%。

【疫苗接种】锦江区17家预防接种门诊开展儿童预防接种工作，国家免疫规划疫苗接种率达95%。其中乙肝疫苗全程接种率99.38%，乙肝疫苗首针及时接种率96.69%；脊灰疫苗基础免疫接种率98.58%，脊灰疫苗加强免疫接种率99.69%；百白破疫苗基础免疫接种率98.91%，百白破疫苗加强免疫接种率99.25%；含麻疫苗第一剂接种率99.47%，含麻疫苗第二剂接种率99.61%；甲肝疫苗接种率99.68%；A群流脑疫苗第一剂接种率99.57%，A群流脑疫苗第二剂接种率99.59%；A+C群流脑疫苗第一剂接种率99.65%，A+C群流脑疫苗第二剂接种率99.67%；乙脑疫苗基础免疫接种率99.83%，乙脑疫苗加强免疫接种率99.64%。免疫规划疫苗接种181430剂，非免疫规划疫苗接种432990剂。

【预防接种宣传活动】4月25日，开展“预防接种宣传日”活动，设17个宣传点，张贴海报37幅，发放宣传折页1835份、宣传单1035份，利用微信和微博推送信息107条，利用互联网开设“家长课堂”6次，线下开设“家长课堂”1次，播放宣传视频50次，发手机短信303条，宣传活动覆盖人群13389人。

【疾控中心建设】区疾控中心采购核酸提取仪1台、核酸扩增仪2台，启动核酸实验室建设。核酸检测能力从每轮 90 份提高到每轮 270 份。7 月，通过四川省免疫规划示范区评审。获成都市健康科普传播技能竞赛优秀组织奖和“成都市建设幸福生活十大工程突出贡献奖先进集体”称号。

【狂犬病防治】4 月 13 日和 9 月 28 日，区卫健局分别开展“文明养犬月”“世界狂犬病日”等主题宣传活动。设置宣传点 6 个，悬挂横幅 6 条，发送宣传资料 900 份、宣传品 400 份，接待咨询群众 400 人。组织 42 家医疗卫生服务机构的 50 名医护人员培训，学习《2021 年锦江区狂犬病防治工作计划》。组织 6 家犬伤门诊医护人员培训和考试，学习《狂犬病暴露预防处置工作规范（2009 年版）》《狂犬病预防控制技术指南（2016 版）》《成都市狂犬病暴露预防处置门诊设置与管理规范》，取得合格证书的医护人员 31 人。锦江区犬伤门诊接诊病人 16523 人，接种狂犬病疫苗人数达 16478 人，注射狂犬免疫球蛋白人数达 2670 人。

【艾滋病预防】区政府落实主体责任，坚持“一把手”负责制，统筹艾滋病防控工作。区政府召开常务会 2 次，研究部署艾滋病防控工作。区政府办公室印发《关于 2021 年成都市锦江区艾滋病防治工作重点任务的通知》。区委、区政府的主要领导调研艾滋病防控工作 3 次，区政府开展 2 轮艾滋病预防社区全覆盖督导工作。区重大疾病预防领导小组办公室印发《关于进一步加强学校艾滋病防控工作的通知》，建立通报制度。区疾控中心按半年一次的要求制发疫情通报，通报驻区学校学生艾滋病疫情。锦江区中学校采取融合教学模式，设置预防艾滋病教育戏剧融合课程。公安部门实施卖淫嫖娼专项整治行动 52 次，区疾控中心为 297 名卖淫嫖娼人员提供检测服务。查出艾滋病阳性病例 1 例。医疗卫生机构为 506313 人筛查艾滋病抗体，筛查人数占锦江区总人口的 70.68%，筛查量较 2020 年增长 20.98%。

【丙型肝炎筛查和慢性病监测】区卫健局按照区委、区政府提出的“丙肝防治应筛尽筛、应治尽治”要求，组织医疗卫生机构开展丙肝抗体检测。截至 12 月，检测 99456 人，发现丙肝抗体阳性人员 2222 人，筛查阳性率 2.23%。锦江区医疗机构登记管理的高血压患者 43610 人，基层规范管理服务率 80.09%。登记管理的 2 型糖尿病患者 18421 人，基层规范管理服务率 80.01%。

【结核病防治】区卫健局开展“世界防治结核病日”“结核病防治知识进高中”等宣传活动 30 次。区疾控中心针对 41 所学校的 7643 名初（高）中入学新生和 6925 名高校入学新生开展结核菌素皮肤试验或胸片检查。学校检查覆盖率 100%，学生筛查率 100%。发现 56 例可疑肺结核病例，确诊病例 5 例。处置结核病重点人群网络预警案件 55 件，现场处置学生和教师结核病疫情事件 22 件，办理学生和教师结核病疫情跨区域协查案件 11 件。锦江区报告结核病例 288 例，报告结核病发病率 40.21/10 万。报告结核病原学阳性结核病例 188 例，阳性率 63.73%。筛查结核病原学阳性病例密切接触者 714 人，筛查率 100%。医疗机构登记管理 343 名肺结核患者，管理规范率 100%，治疗成功率 98.83%。

【寄生虫病和地方病防治】4 月 26 日和 5 月 15 日，区疾控中心分别开展“全国疟疾日”“防治碘缺乏病日”宣传活动。牵头开展春季和秋季查螺工作，钉螺筛查面积 5.26 万平方米，药物灭螺面积 5500 平方米，为 505 人检查血吸虫病抗体。开展发热病人血吸虫病风险监测工作，检查 300 人。报告疟疾病例 24 例，规范处置率 100%，规范治疗率 100%。为 590 人提供疟疾血样检测服务，检查结果呈阳性 10 人。

【健康宣传教育】区卫健局坚持实施全民健康生活方式行动，指导 11 个街道开展健康主题宣传活动 8 次，培训健康生活方式指导员 212 人。组织医疗机构开展“世界无烟日”“全国爱牙日”“全国高血压日”“全民健康生活方式行动宣传月”等主题宣传活动，设置宣传点 200 个，发送宣传资料 30964 份。利用微信、微博等新媒体同步发送健康知识信息 252 条，阅读量达 9 万次。健康宣传活动覆盖群众 17583 人，为 6934 人测量血压值，为 3616 人测量血糖值，为 7414 名群众提供咨询服务。

【健康支持性环境建设】区卫健局推进健康支持性环境建设，开展“健康细胞”和省级卫生单位、无烟单位创建活动。创建健康街道 1 个、

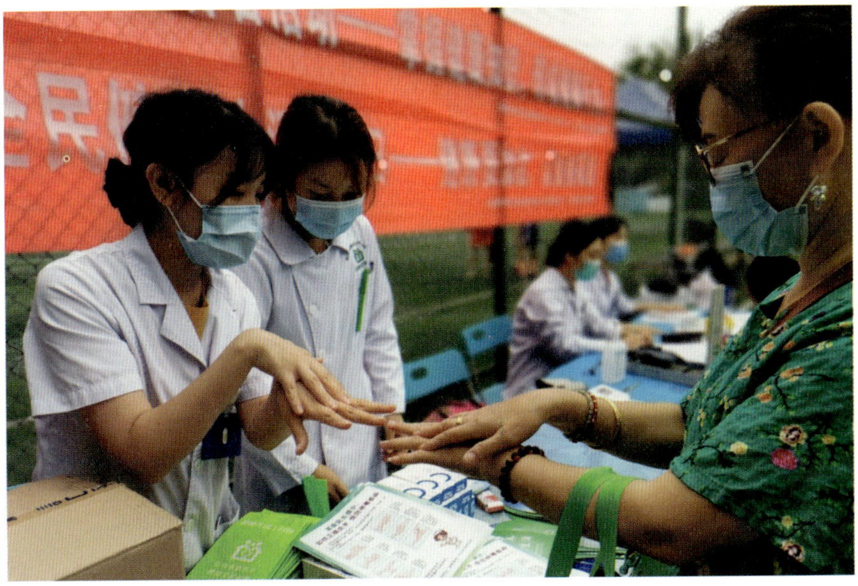

2021 年 6 月，区卫健局组织社区卫生服务中心开展公共卫生服务宣传活动 （区卫健局提供）

健康社区 2 个、健康单位 5 家、省级卫生单位 10 家、省级无烟单位 10 家。开展星级院落创建活动，创建星级院落 5 个，原有星级院落巩固合格率 98%。持续推进生活垃圾分类工作，区属医疗卫生公共机构生活垃圾分类覆盖率 100%。成都奥迪新元素兴业汽车服务有限公司创建为“成都市健康企业”。锦江区创建健康支持性环境 9 类 81 个。

【中医事业发展促进】 区卫健局实施中医机构内涵建设，指导成都肛肠专科医院实施“互联网医院”建设，推动成都骨科医院改扩建项目和成都锦欣中医医院迁建项目，指导三圣社区卫生服务中心打造中医馆。开展中医药服务实践活动，组织医院和社区卫生服务中心义诊 99 次，开设讲座 65 次，向群众派发防疫中药汤剂 12800 剂。挖掘济川医学、杨氏骨科、肖小儿中医儿科等川派中医的学术理论和实践经验，推动中医理论研究进程。申报全国名老中医药专家传承工作室建设项目 1 个、四川省中医药科研专项课题 1 个，成都肛肠专科医院、成都骨科医院、成都泰坤堂中医门诊部的 7 个中医药科研课题获准省级立项选送 3 名中医医师、助理医师参加中医全科医生转岗培训，推荐 41 名中医医生参加传统师承和医术确有专长考核。其中 10 人考试合格。为 28 名中医医生备案，录入师承信息。4 月 27 日，承办“健康成都”中医健康促进专项行动启动仪式暨“成都名中医流动车进锦江”中医药文化宣传活动。9 月 6 日，四川省专家组到锦江区验收“全国基层中医药先进单位”创建工作。9 月 7 日，锦江区创建“全国基层中医药先进单位”工作通过四川省专家组复审。截至 12 月，锦江区 65 岁以上老年人的中医药健康管理率 70.27%，3 岁以下儿童的中医药健康管理率 76.06%。

【职业卫生】 区卫健局落实《中华人民共和国职业病防治法》，依据《锦江区职业卫生监督协管工作方案》，实施“健康企业”创建活动，宣传职业病防治的法律法规和预防知识，培训 70 家企业的 2000 名员工。开展企业职业健康调查、尘肺病重点企业专项调查和职业病防治攻坚行动，针对汽车 4S 店、汽车修理厂、加油站、加气站、印刷厂、环卫企业建立常规巡查制度，掌握企业的职业卫生工作情况，督促用人单位落实企业主体责任，确保企业职工身体健康。锦江区工矿企业、商贸企业的职业卫生基础建设达标率 100%。

【优生优育】 锦江区妇幼保健机构为 1449 对准夫妻提供婚前检查服务，婚检率 87.08%。为 1208 对待孕夫妻提供优生检查服务，优生检查覆盖率 82.18%。待孕妇女叶酸服用人数 5782 人，服用率 94.52%。叶酸服用依从人数 5275 人，依从率 91.23%。叶酸知晓人数 3962 人，知晓率 97.16%。孕妇艾滋病检测率 100%、梅毒检测率 100%、乙肝表面抗原检测率 100%，孕产妇管理率 98.12%。锦江区户籍的产妇 3189 人，助产服务机构登记产妇 24787 人，高危妊娠管理率 100%，产妇住院分娩率 100%。区卫健局开展优生遗传专家一对一咨询活动 11 次，举办预防出生缺陷优生优育健康知识讲座 3 次，为 1354 名待孕妇女和孕妇讲解优生优育知识。锦江区 5 岁以下儿童死亡率 3.76‰，初生婴儿死亡率 3.76‰。组织 24075 名儿童体检，体检率 98.33%。锦江区 6 岁以下儿童健康管理率 97.73%。

【基层妇幼保健网点建设】 区卫健局复审 5 家从事妇幼保健业务的医

2021年12月1日，国家卫健委督导组到五福社区卫生服务中心督导创建工作（区卫健局提供）

疗机构的母婴保健专项技术服务项目，合格率100%。复核爱婴医院3家，区妇幼保健院等2家合格。区妇幼保健院通过“四川省儿童早期发展示范基地”复审。三圣社区卫生服务中心、东大社区卫生服务中心、牛市口社区卫生服务中心、五福社区卫生服务中心、龙舟社区卫生服务中心、狮子山社区卫生服务中心、莲新社区卫生服务中心、成龙路社区卫生服务中心、书院街社区卫生服务中心、盐市口社区卫生服务中心的“儿童规范化门诊”创建工作达标，三圣社区卫生服务中心、东大社区卫生服务中心定级AAAAA，牛市口社区卫生服务中心定级AAAA，五福社区卫生服务中心、龙舟社区卫生服务中心、狮子山社区卫生服务中心定级AAA，莲新社区卫生服务中心、成龙路社区卫生服务中心、书院街社区卫生服务中心、盐市口社区卫生服务中心定级AA。狮子山社区卫生服务中心、三圣社区卫生服务中心、莲新社区卫生服务中心、东大社区卫生服务中心、五福社区卫生服务中心“妇女保健规范化门诊”创建工作达标，狮子山社区卫生服务中心、三圣社区卫生服务中心定级AA，莲新社区卫生服务中心、东大社区卫生服务中心、五福社区卫生服务中心定级A。锦江区社区卫生服务中心的“妇女保健规范化门诊”创建率达到33%。

（曾德勇　何　懿）

地方志

【概况】2021年，区地方志办公室将纪律建设和作风建设作为年度重要工作，研究制定内控制度，组织干部职工学习中央和省、市、区纪检监察文件精神，通报违法违纪案例。定期组织业务科室学习中国地方志指导小组办公室和省地方志工作办公室、市地方志编纂委员会办公室的文件精神，学习“方志中国”微信公众号推送的业务指导专文，提高干部职工的业务能力。区地方志办公室在制度建设和能力建设的基础上履行修志、编鉴、地情资源开发利用三大职能，编纂出版《锦江年鉴（2021）》，启动街道（社区）志编纂筹备工作，挖掘整理老字号、唐宋街坊遗址、红星路四段168号院等地情信息，编纂历史文化地标口袋书，启动《携手同行——成都市锦江区对口支援纪实》编纂工作，完成《四川年鉴（2021）》《成都年鉴（2021）》组稿任务和资料年报任务。

【省市工作任务完成】区地方志办公室按照省地方志工作办公室和市地方志编纂委员会办公室要求，完成《四川年鉴（2021）》和《成都年鉴（2021）》的组稿任务，补充完善《成都乡镇简志》锦江区部分的文稿内容，向市地方志编纂委员会办公室报送锦江区2021年度年报资料。

【年鉴编纂】1月，区地方志办公室按照省地方志工作办公室《关于进一步巩固深化综合年鉴“一年一鉴公开出版”成果的通知》要求，启动《锦江年鉴（2021）》组稿工作。区政府办公室制发征稿通知，要求区级部门、街道办事处、群众团体、区属国有公司、功能区管委会对照编纂责任分解表提供稿件。2月，区地方志办公室向市地方志编纂委员会办公室报送《锦江年鉴（2021）》编纂大纲，根据市地方志编纂委员会办公室指定专家的修改意见完善大纲。3月，区地方志办公室启动编纂工作。8月，形成初稿。9—10月，完成三审三校任务。12月，方志出版社审核通过，出版发行。《锦江年鉴（2021）》设类目 19 个。即区情概览、中共成都市锦江区委、成都市锦江区人民代表大会、成都市锦江区人民政府、政协成都市锦江区委员会、民主党派、群众团体、法治、军事、城市建设与管理、生态环境保护、经济管理、经济产业、产业功能区建设、社会事务管理、社会事业、人民生活、街道、区属国有企业。收录图照 171 幅。另设锦江战疫、精准扶贫 2 个专记栏目和特载、大事记、附录等附属板块。索引单设。出版文字 58 万字。客观记录锦江区 2020 年政治、经济、社会、文化、生态各领域建设与发展情况。

2021 年 12 月，《锦江年鉴（2021）》公开出版发行　　（区地方志办公室提供）

【街道（社区）志编纂筹备工作启动】区地方志办公室按照《四川省乡镇（街道）、村志编纂工作指导意见》和《成都市地志办关于进一步做好名镇（街道）志、名村（社区）志和成都风土人文丛书编纂工作的通知》要求，拟订《锦江区街道（社区）志编纂工作总体方案（送审稿）》，报区政府审定。区政府办公室制发《关于印发〈锦江区街道（社区）志编纂工作总体方案〉的通知》，明确街道办事处为编纂工作责任主体，区地方志办公室为督导验收单位。明确春熙路街道、三圣街道为街道志编纂试点单位，三圣街道红砂社区为社区志编纂试点单位。要求试点单位 2023 年完成编纂任务，其他街道 2025 年完成编纂任务。

【对口支援文献编纂工作启动】6 月，区地方志办公室联合区对口支援领导小组办公室、区委党史研究室、甘孜州炉霍县地方志办公室启动对口支援脱贫攻坚文献编纂项目筹备工作。炉霍县地方志办公室作为项目实施主体，区地方志办公室指导具体编纂工作，区委党史研究室协助收集资料，区对口支援领导小组办公室负责审核把关。9 月，成都新创合文化传播有限责任公司通过公开招标方式成为项目中标单位，具体组织实施编印项目。10 月，确定书名。即《携手同行——成都市锦江区对口支援纪实》。11 月，区地方志办公室指导项目中标单位编制大纲，报区对口支援领导小组办公室审核通过。12 月，区地方志办公室指导项目中标单位启动文献编辑工作。《携手同行——成都市锦江区对口支援纪实》预设锦炉两地情、化茧成蝶梦、共画同心圆、平凡见担当、乡村振兴时 5 个篇章，分设统筹推进踏征程、同心同向建家乡、城市旧貌换新颜、社会事业破坚冰、基层治理更完善、产业带动促发展、智力支援传帮带、部门街道齐攻坚、社会各界献爱心、义无反顾献青春、扎根基层报党恩、承前启后谋新局、扶上马再送一程 13 个子篇目。专设精准扶贫的锦江特色栏目和大事记，收录锦江区第一轮对口支援五年规划、第二轮对口支援五年规划、全域结对帮扶规划。预计成书体量达到 30 万字。

【地情资源挖掘利用】区地方志办公室建立锦江区地情资料库，收集锦江区图文和影像资料。按照区委部署，挖掘锦江区人文历史，整理《锦江老字号》《锦江区食品行业老字号》《江南馆街唐宋街坊遗址的前世今生》《梨花街历史文化简介》《金泉街及其周边简介》《三圣街和三圣乡的由来》《红星路四段 168 号院的情况梳理》等地情信息资料，为成都十二月市博物馆建设提供图文资料，向区委组织部、区委宣传部、区商务局、区投促局、区文体旅局提供地方志文献资料。按 11 个街道分类，梳理街巷的名称和历史掌故，编纂历史文化地标口袋书。

锦江区历史（文化）地标口袋书

（区地方志办公室提供）

（韩　旭）

乡村振兴

RURAL VITALIZATION

涉农地区经济促进

【概况】2021年，区公园城市局按照区委、区政府推动乡村振兴的部署，明确“摸清集体家底、厘清产权权属、管好集体资产”的工作思路，在清产核资的基础上开展农村集体经济组织登记赋码工作，汇总上报农村土地承包地确权颁证数据信息和集体经济组织成员的个人信息。探索“公园＋乡村”生态价值转化路径，推动“三圣花乡”转型升级，带动文旅经济发展。建立农业企业服务保障机制，支持农业企业发展。规范农资市场经营行为，查处假冒伪劣农资商品。

【农村集体经济权属明确】区公园城市局推动农村集体经济组织登记赋码工作，完成3个涉农街道11个涉农社区集体经济组织年度清产核资任务。按照市农业农村局《关于做好农村承包地确权登记颁证“回头看”数据汇交工作的通知》要求，核实3个涉农街道24个组4636人的承包经营权证，向市农业农村局报送3个涉农街道农村土地承包地确权颁证数据信息和11个集体经济组织21598人的个人信息。12月6日，中国新闻网发表《三圣乡华丽蜕变，诠释公园城市的乡村表达》。

【“三圣花乡”转型升级】区公园城市局将“三圣花乡”转型升级作为落实乡村振兴战略和建设“美丽宜居公园城市”的重要抓手，配合经济部门打造产业院落11个、网红打卡地12处，培育花艺企业14家，促进“三圣花乡”文旅经济发展。中秋节和国庆期间，“三圣花乡”游客量在四川省各景区中排名第二，三圣街道红砂社区获“天府旅游名村”称号。“公园＋乡村”生态价值转化项目入选“人民网2021年乡村振兴示范案例”。

【农业企业服务保障】区公园城市局建立农业企业服务保障机制，走访国家级农业产业化企业2家、省级农业产业化企业3家、市级农业产业化企业5家，了解企业诉求。组织2家农业企业参加成都市金融服务乡村振兴对接会，为农业企业融资提供指导服务。开展“农业企业进校园”活动，搭建校企对接平台，为企业发展提供人才支持。推荐的10家农业企业进入“蓉易贷”白名单企业库，为1家农业企业争取农业标准化品牌化奖励补助金。

【农资市场管理】区公园城市局配合市农业综合行政执法总队开展农资市场专项整治行动，规范农资市场经营行为。检查290家农资用品经营企业，排查农药、兽用抗生素的经营情况。抽查农药经营个体户6家、种子经营个体户2家、饲料经营个体户1家、兽药经营个体户10家、动物诊疗机构5家，检查假冒伪劣、产品文号、经营许可等情况，向经营单位宣传法律法规。

（杨　雪　汪　强）

涉农地区环境治理

【概况】2021年，区公园城市局按照区委、区政府禁烧秸秆要求，落实经费和人员，建立工作机制，完成禁烧任务。开展禁渔宣传和执法行动，劝导违法垂钓人员。检查农药、化肥等农业投入品使用情况，保障人民健康，降低土壤污染程度。针对禽流感和狂犬病开展宣传、检测、疫苗注射工作。实施农村人居环境整治行动，改善涉农地区生活环境。

【秸秆禁烧】区公园城市局按照大气环境保护的要求，制发《锦江区2021年农作物秸秆综合利用和禁烧工作实施方案》，落实禁烧工作经费20万元，建立“横向到边，纵向到底”防范机制，派出工作人员巡查涉农地区私自焚烧秸秆情况，实现“不见烟雾、不见火光、不见黑斑”的目标。锦江区秸秆综合利用率98.2%。

【禁渔政策落实】区公园城市局落实长江流域十年禁渔政策，召开禁渔工作领导小组成员单位联席会议，牵头开展专项联合整治行动30次，出动执法车650辆，抽调执法人员、宣传人员780人，发送宣传资料8000份，张贴禁渔公告500份，悬挂禁渔宣传横幅50条，劝离360名违法垂钓人员。

【农业投入品管理】区公园城市局建立农业投入品监管长效工作机制，制订农业投入品年度抽查计划，检测蔬菜农药残留样本2400个，未发现违禁农业投入品成分。检查明生、高威、兰苑三家生产性农业企业使用农药和化肥的情况。三家公司使用农药946千克、化肥2.55万千克。

【生活环境整治】区公园城市局制定涉农地区人居环境整治行动方案，清理农业生产废弃物1.85万千克，清洁水塘12个、沟渠50米，疏通堵塞河道2条，排查下河排污口307个，清理转运生活垃圾1845.3万公斤，清理非正规垃圾堆放点67个，巡查涉农区域公厕50个，清理卫生死角90处。

【动物疫病防控】区公园城市局按照动物疫病防控要求，开展高致病性禽流感抽样检测工作。检测高致病性禽流感样本60个，所有样本检测结果为阴性。开展狂犬病犬只病原测毒抽样检测工作，检测样本200个，检测结果为阴性。联合11个街道开展狂犬病预防宣传工作，向社区居民发送宣传资料5000份。采购狂犬灭活疫苗5000份，注射疫苗的家犬4334只。

（杨　雪　徐　慧）

2021年，锦江区确定“两拆一增”点位96个，在街头巷尾构筑城景相融的景观风貌，打造"推门就是美好生活"的城市名片。拆除围墙2.2万米、违法建筑17.4万平方米，新增绿化面积23万平方米。福宇街机关停车场绿植，与道路融为一景；龙兴大道金像寺路、马家沟路等电位建成微绿地，喜树路社区综合体闲置空地建成绿色开敞空间，成为市民休闲新场景。"慢下脚步、亲近自然、享受生活"的目标实现。

（图片由区融媒体中心提供）

人民生活

PEOPLE'S LIVELINOOD

就业服务

【概况】 2021年，区人社局、区就业局推动人力资源市场规范化建设，依托人力资源市场打造智慧就业创业服务平台，建立三级就业精准服务机制，践行就业实名制台账管理制度，通过深化“仅跑一次”改革提升就业服务能力。落实就业创业补贴政策，为大学生群体提供就业创业服务。实施职业能力培训，开展职业技能竞赛，推进人才培训基地和大师工作室建设，促使职业技能水平整体提升。实施人力资源服务业倍增工程，落实创业担保贷款及贴息政策，促进灵活就业。截至12月，锦江区城镇新增就业12271人，失业人员再就业3158人，城镇登记失业率低于3%。锦江区参加补贴性职业技能培训的学员79727人，兑付职业技能培训补贴7993万元。参加劳务品牌培训的学员505人，高校毕业生就业创业5247人，争取创业担保贷款1817万元。省人社厅批准锦江四川高校大学生创业基地为四川省级创业孵化基地。

【就业服务机构及人员设置】 区就业局为区人社局所属副处级参公事业单位。设办公室、财务科、就业培训科、就业援助科、就业服务科、人力资源市场科、失业保险科。设事业编制人员29人。其中局长1人、副局长2人。

【人力资源市场管理】 区人社局、区就业局按照防疫要求和消防安全规定，定期安排工作人员到区人力资源市场检查防疫措施落实情况和消防安全措施落实情况。指导区人力资源市场完善节假日值班制度，组织区人力资源市场工作人员参加思想政治学习和业务知识学习，整理、录入市场职介基础工作数据，建立基础工作卷宗档案，配合公安机关开展市场及周边招用工秩序专项整治，营造规范、整洁、安全的求职环境。

【智慧就业服务平台建设】 区人社局、区就业局兼顾求职需求和岗位用工需求，围绕“求职有记录、岗位有对接、后续有跟踪”的信息数字化全周期就业服务目标，依托区人力资源市场打造“锦江慧求职”智慧就业服务平台，提供家政、餐饮、物业、物流等大量基础性岗位，为外来务工人员等重点群体提供就业服务。2月，平台开通运行。4月，平台2.0升级版本运行，开设劳动维权、政策宣传等板块，集合求职和岗位信息实时动态发布、人脸识别、大数据分析、互联网信息挖掘等功能，利用大数据技术抓取后台数据，为供需双方提供后续跟踪、岗位推荐、精准匹配等服务。求职招工“零距离、零跑路、零成本”的目标实现。截至12月30日，智慧就业服务平台登录注册用户9017人，提供岗位信息14788个，职位供需比为1.64 ∶ 1，帮助省内4509名重点求职群体达成就业意向，为85名灵活从业人员提供生活、医疗、住宿帮扶，帮助51名就业困难人员就业。

【三级就业精准服务机制建立】 区人社局、区就业局依托大数据平台，指导人力资源市场建立“蓝、黄、红”三级就业精准服务机制，根据服务对象实际状况和就业需求提供分类帮扶。蓝色表示连续五日进入市场的未就业求职者，工作人员通过电话联系了解最新求职情况，列为重点关注对象，根据个人意愿提供职业指导、岗位推荐等服务。黄色表示连续十日进入市场的未就业求职者，列为重点帮扶对象，列入一对一就业服务登记台账，根据个人意愿和就业能力提供职业指导服务，向求职者推荐岗位5次。红色表示连续十五日进入市场的未就业求职者，列为重点救助对象，根据求职需求，联合驻场的区住建交局、区司法局、区民政局等部门，提供就业帮助、廉价住宿、法律援助、民政救助等服务。

【就业实名制台账管理】 区人社局、区就业局按照应办尽办的要求，建立实名制台账，录入求职登记、就业登记、失业登记等信息。要求街道办事处加强日常调查，实时反映就业和失业情况，收集整理办证资料，定期更新就业困难人员实名制台账。依托街道社区公共就业服务平台跟踪了解就业困难人员的就业状况、就业能力、就业意愿，为精准就业援助提供基础数据。截至12月，锦江区新增就业困难人员580人，实名制台账动态跟踪管理率100%。

【就业服务能力提升】 区人社局、区就业局深化“仅跑一次”改革，梳理和优化就业困难人员认定以及“就业失业登记证”办理等服务流程，确保群众在材料齐全前提下一次性办理业务。同时提供便民延时服务，在午休时间和周六开放区政务服务中心失业保险申领窗口。组织就业服务窗口工作人员开展业务技能练兵比武活动，提高就业服务人员业务素质和服务水平。利用新媒体发布就业政策、重大活动信息、典型案例。结合常态化疫情防控工作，开展直播带岗促就业活动2次，提供岗位539个，在线观众3274人，现场投递求职简历387份。

【就业创业补贴政策落实】 区人社局、区就业局落实失业保险稳岗返还、吸纳重点群体社保岗位补贴等政策，鼓励企业吸纳重点群体就业。截至12月，锦江区发放稳岗补贴7841.47万元，稳定就业岗位11605个。发放用人单位社保和岗位补贴805.52万元，吸纳重点就业对象7262人。发放职业技能培训补贴7993万元，技能提升培训人数达到7.97万人。兑付灵活就业社保补贴261.41万元，领取灵活就业社保补贴人数达到2662人。按每人1万元标准向68名高校毕业生兑现创业实体补贴，实发补贴68万元。

【大学生就业创业服务】 区人社局、区就业局运用大数据等方式获取离校未就业毕业生信息，将有就业意愿的应届未就业毕业生纳入实名制服务范围，建立离校未就业高校毕业生实名制数据库。同时建立定期回访制度，跟踪了解离校未就业高校毕业生的就业失业情况，分层分类提供精准就业帮扶。创新就业援助服务模式，为零就业家庭、城乡低保家庭、残疾人家庭的高校毕业生分类建档，纳入实名制动态管理范围，根据就业需求提供就业援助，提高服务针对性、实效性。与四川师范大学等高校建立机制，开展在校大学生创业培训59次，培

2021年6月7日，区人社局在银石广场24层智联招聘直播间举办2021年“锦绣前程 职待良才”直播带岗活动
（区人社局提供）

训 2050 人。通过合作培训，促进大学生职业能力和职业素质提升，储备新经济发展所需人才。

【职业能力培训】区人社局、区就业局鼓励社会优质培训机构到锦江区开拓职业培训市场，满足城乡劳动者不同层次的技能培训需求。锦江区协议定点培训机构 17 家，开展失业金领取人员培训 31 次，培训 1177 人。开展劳务品牌培训 16 次，培训 505 人。区人社局、区就业局委托培训机构开展“锦城管家”楼宇管理企业员工培训，提升高端商业商务楼宇管理水平，支撑楼宇经济高端化发展。开展“濯锦天使”医疗骨干人才培训，推动都市康养产业从单一模式向多元化、互助性、共享式发展，支撑都市医养产业发展。开展“金牌店长”连锁经营管理师培训，为提升连锁产业整体服务水平提升提供驱动力，支撑连锁商业领先发展。8 月 30 日，在“1.314”爱情主题公园邂逅广场打造的全透明式“春熙达人”直播间投用，开展直播技能培训，支撑时尚产业发展。截至 12 月，培训新职业、新工种学员 5674 人，兑现培训补贴 1400 万元。锦江区新增技能人才 6063 人。

【职业技能竞赛】区人社局、区就业局开展“味蕾饕餮秀”竞赛评选活动，引领餐饮新趋势，支撑“美食之都”建设。实施“锦江创意无限计划”，举办服装搭配师职业技能大赛，发现生活美学人才，创造新消费场景，引领新消费潮流，支撑锦江区国际消费中心城市核心区建设。7 月 20 日，举行“春熙达人”就业品牌项目启动仪式。成都远洋太古里商业街区、王府井百货商场、茂业百货广场、伊藤洋华堂超市、群光广场、劲浪体育专卖店、仁恒购物中心、华熙 528 文创基地、卓锦曼购中心等 40 家企业派出代表参加。与省连锁商业协会和四川大学锦城学院联合举办成都市首届“春熙达人”直播技能大赛，引领直播行业新趋势，打造锦江区的时尚产业名片。

【人才培训基地和大师工作室建设】区人社局、区就业局发挥技能大师工作室和高技能人才培训基地的示范引领作用，推动各产业专业人才培育工作。同时邀请高新技术服务业、现代金融服务业、文化创意产业、高职院校的技能人才参与市级高技能人才培训基地评选和大师工作室评选，为基地建设和工作室发展提供专业支撑。向创建为省级高技能人才培训基地的华西集团建设有限公司培训中心拨付培训补助金 300 万元，指导成都锦欣职业技能培训学校参加市级高技能人才培训基地申报工作，指导成都市肖志林中式烹调技能大师工作室参加市级技能大师工作室申报工作。

【职业技能提升行动】区人社局、区就业局利用微信公众号、QQ 群、锦江区公众信息网等媒体宣传职业技能提升培训政策，引导城乡劳动者和企业参与职业技能提升培训，享受职业技能提升补贴政策。主动为企业和城乡劳动者排忧解难，确保符合条件的企业和重点人群“应培尽培，应补尽补”。截至 12 月，兑现技能提升补贴 1046.35 万元，惠及 7387 人。

【创业载体建设】区人社局、区就业局牵头推进国家级、省级、市级的大学生创业示范基地创建工作，指导锦江·四川高校大学生创业基地、成都国家广告产业园艺哈大学生创业孵化基地、四川师范大学科技园提升服务质量，向创业者提供创业补贴申领、创业提升培训、创业政策咨询等服务。同时发挥创业园区的示范带动作用，营造“近者悦、远者来”的创新创业生态环境。锦江·四川高校大学生创业基地创建为省级创业孵化基地。

【灵活就业促进】区人社局、区就业局针对新经济形态下的就业形势、就业种类、就业模式开展认定工作，提高就业创业的政策覆盖面，鼓励高校毕业生、就业困难人员、退役军人在新经济产业体系下寻求新的就业点。依托“互联网 +”的线上线下服务模式，在传统社区服务和家庭服务基础上打造新就业服务模式，促进多渠道、多方式、多种类自主就业创业，增加低收入者收入。将共享经济、流量经济下的网约车、网店纳入灵活就业社保范围，促进灵活就业。

【创业担保贷款及贴息政策落实】区人社局、区就业局指导街道办事处开展创业担保政策宣传和业务受理工作，为城镇登记失业人员、毕业五年内的高校毕业生、就业困难人员提供创业担保贷款申请代理服务。联合银行宣传小微企业贴息贷款扶持政策，为小微企业办理贴息资格认定手续，帮助小微企业渡过疫情难关，支持小微企业做大做强。截至12月，为14家小微企业出具“小微企业吸纳人员认定证明”，为11家小微企业争取创业担保贷款1817万元。

【人力资源服务业倍增工程实施】区人社局、区就业局加大人力资源服务机构的监管力度和培育力度，维护人力资源服务业企业库信息，新增2家规模以上入库企业。走访企业350家，宣传扶持政策，帮助企业解决困难，推动人力资源服务业发展。锦江区新增人力资源服务机构41家，机构总数达到113家。依托58集团西南总部办公基地打造省级人力资源服务产业园，促使人力资源服务企业高度聚集，重点发展高端猎头、人力资源服务外包、人力资源信息网络服务、劳务派遣、职业技能培训等行业，打造锦江区人力资源服务产业园。推进锦江区和重庆市渝中区经营性人力资源服务机构许可备案、分支机构设立书面报告、从业人员职业资格互认机制建设，促进两地人力资源服务业协同发展。践行网上年报、电子资料审核、现场检查的流程，组织72家人力资源服务企业年检，提出整改意见，帮助企业解决问题13个。

（李志国　吴卫波）

劳动保障

【概况】2021年，区人社局健全源头预防、处置化解、跟踪服务同步工作机制，推动“温暖人社”高端公共服务体系建设，建成和谐劳动关系公共服务大厅，实现仲裁、监察、工伤等事务一站式办理目标。“锦江区创新三合一劳动争议处置化解机制，助力优化法治营商环境”案例入选“成都市2021年重大行政决策示范案例”，纳入“成都市法治政府建设创新项目”。区人社局、区劳动保障监察综合行政执法大队开展农民工工资支付情况专项检查、农民工工资拖欠清零百日行动、根治欠薪冬季专项行动、清理整顿人力资源市场秩序专项行动、劳动关系领域“有法必依、违法必究”执法专项行动、根治欠薪利剑行动，出动工作人员965人，检查用人单位964家，督促在建项目整改违法用工、工资拖欠等问题58个，帮助劳动者追讨工资949.2万元。处罚4家存在违法行为的用人单位，罚款7.5万元。完善裁审衔接工作机制，提高劳动争议仲裁水平，办理劳动纠纷仲裁案件3143件，仲裁案例入选省、市优秀案例，受到新华社等媒体关注。

【劳动监察机构及人员设置】区人社局、区劳动保障和人才市场监察大队更名区劳动保障监察综合行政执法大队，与区人社局局队合一，编制人员12人。区人社局局长兼任大队长。区劳动人事争议仲裁院为区人社局科级公益一类事业单位。设事业编制人员6人。

【劳务审批】区人社局公开审批行政信息246条，审批劳务派遣案件139件。其中申请劳务派遣资格案件74件、变更劳务派遣资格案件31件、申请劳务派遣资格延续案件20件，注销劳务派遣资格案件14件。审批特殊工时案件107件，涉及企业员工12792人。其中不定时特殊工时的企业员工2072人、综合工时的企业员工10720人。

【劳动纠纷调解机制优化】11月24日，区劳动纠纷多元化解联动处置协调领导小组召开联席会议。区劳动纠纷多元化解领导小组成员单位分管负责人参加会议。区人社局、区法院、区总工会等6家单位联合制发《关于深化劳动纠纷“一站式”多元化解联动处置中心建设的实施方案》，成立区劳动争议人民调解委员会，制定《调解员管理办法》《案件补贴办法》等规章制度，通过激励机制促使劳动纠纷调解效率提升。截至12月，受理调解案件1570件，调解690件，调解成功率43.94%，涉案金额达715.33万元。

【劳动监察执法】区人社局、区劳动保障监察综合行政执法大队落实行政执法责任制，践行行政人员持证上岗、资格管理、行政许可公示、行政处罚公示等制度，提出“执法行为公示、执法过程记录、执法决定法制审核”的要求。召开行政处罚听证会2次，实施行政执法决定法制审核1次。同时开展行政执法监督调研，检查依法行政落实情况，报送行政执法监督调研报告和调查问卷。区劳动保障监察综合行政执法大队接待群众3757人，向6137人提供电话咨询服务，为群众解答劳务纠纷涉及的政策法规问题。受理劳动纠纷投诉和劳动违法举报案件342件，结案率100%。处置信访转办的劳动纠纷案件7299件。5月18日，区根治拖欠农民工工资工作领导小组召开2021年第一次扩大会议暨2020年度保障农民工工资支付考核迎检动员现场会，部署追讨工作。处置因农民工工资问题引发的突发事件18件，涉及农民工462人，为农民工追讨工资597.58万元。处置全国根治欠薪线索反映平台提交的欠薪线索1500条，根据线索查办案件，办结率达到95%。7月16—17日，锦江区通过成都市2020年度保障农民工工资支付实地核查。

【劳动争议仲裁】区劳动人事争议仲裁院召开裁审衔接工作会、案例分析会4次，与区法院民事审判一庭共同编制《锦江区第一期裁审衔接工作会案例及要点汇编》《锦江区第二期裁审衔接工作会案例及要点汇编》，加强裁审衔接。12月1日，区人社局完成标准化仲裁院升级建设，建成仲裁庭4个、调解室2间。截至12月，区劳动人事争议仲裁院受理劳动纠纷仲裁案件3143件，驳回申请仲裁案件210件，办结案件2489件，仲裁信息平台办案率100%。案件类型包括拖欠工资、经济补偿、赔偿金、工伤赔付、确认劳动关系，涉及职工7000人，仲裁金额达9700万元。其中劳动纠纷一站式平台移交的申请仲裁案件1858件。区联合调解中心调解仲裁案件1570件，调解成功的案件690件，调解金额715.33万元。通过仲裁进入法院判决程序的案件786件，仲裁服裁息诉率77.69%。区法院针对20件需补充证据和审理标准不一致的案件作出改判决定，占仲裁案件的0.56%，占仲裁裁决案件的4.4%。省总工会、省网络安全信息化委员会办公室将锦江区调解案例列入“2021年优秀案例”，授予“二等优秀作品”称号。市总工会将锦江区调解案例列入“成都市劳动人事争议调解十佳案例”。新华社、《人民日报》、人民网报道锦江区裁审衔接工作情况，《四川劳动保障》《成都市人力资源社会保障》登载锦江区裁审衔接工作专文。

（李志国 吴卫波）

社会保险

【概况】2021年，区社保局按照人社部“摸清城乡居民在人力资源和社会保障有关方面的基本情况，服务科学决策和政策制定”的部署，推荐10个社区参加全国人力资源社会保障基本情况抽样调查，上报621人的基本情况信息。打造基层社保服务网点，推动基层社保经办能力建设。核查违规领取社会保险待遇现象，追回社保基金72万元。调整企业退休职工、城乡居民、机关事业单位退休人员的养老金，补发养老金3996.88万元。为2249名被征地人员办理社保手续。按照市社保局制发的《成都市人力资源和社会保障局关于明确社会保险基金网络监督工作职责的通知》要求，处置锦江区2021年度社会保险预警信息984条。锦江区53.1万人参加企业职工基本养老保险，较2020年增长27.6%。其中在职职工465896人，较2020年增长30.45%。失业保险参保人数达到327927人，较2020年增长10.05%。工伤保险参保人数达到332230人，较2020年增长9.9%。城乡居民养老保险参保人数达到5775人，较2020年下降8.38%；缴费人数2099人，较2020年下降5.28%。机关事业单位养老保险参保人数15848人，较2020年下降0.38%。锦江区参加工伤保险的公务员和参公人员3664人。

【社保机构及人员设置】区社保局为区人社局所属副处级参公事业单位，设办公室、基金和财务科、业务受理科、业务核定科、业务审核科、综合业务科、稽核和权益维护科、机关事业养老保险科。设事业编制人员49人。其中局长1人、副局长2人。开设社保经办大厅。区医疗保障局是区政府处级工作部门，设办公室、医疗保险科、医疗服务监

锦江区社保经办大厅　　（区社保局提供）

管科。设编制人员7人。其中局长1人、副局长1人、其他编制人员5人。下设锦江区医疗保障事业中心，为副处级公益一类参公事业单位。设定管科、审核科、结算科、综合科、财务科。

【社保经办能力建设】 区社保局牵头打造街道社保业务经办网点16个，打造养老保险待遇资格认证网点32个，将32项业务下沉社保服务经办网点。每月驻点指导街道社保服务网点业务工作，通报街道社保公共服务情况。截至12月，安排业务骨干驻点培训指导41次，通报街道社保基层公共服务情况8次。

【社保稽核】 区社保局核实违规一次性缴纳养老保险费的退休人员数据信息263条，核查一人多次领取大额待遇、身份状态异常、生存状态异常的养老保险待遇领取人员疑点数据信息56条，追回社保基金29524.95元。核查服刑人员违规领取社会保险待遇疑点数据信息75条，追回社保基金90291.27元。核查疑似重复领取养老待遇数据信息7条，追回社保基金315元。受理社保权益举报案件和投诉案件1026件，追回社保基金60.33万元。

【被征地人员社保办理】 区社保局落实《四川省被征地农民养老保障实施办法》和《关于贯彻落实四川省被征地农民养老保障实施办法的若干意见》精神，召开征地政策宣讲会8次、院坝会4次，为800名被征地群众宣讲政策。区规自局报送被征地人员2249人，社保建档率达到100%。

【养老保险待遇调整】 区社保局按照四川省人力资源和社会保障厅、四川省财政厅《关于2021年调整退休人员基本养老金的通知》规定，调整47025名退休人员基本养老金，补发养老金3164.04万元。按照成都市人力资源和社会保障局、成都市财政局《关于2021年度调整城乡居民基本养老保险参保缴费领取待遇人员养老金的通知》规定，为1916名参加城乡居民基本养老保险的缴费人员调整养老金，补发养老金65.69万元。按照预发待遇和重算待遇平稳过渡的要求，依据政策为1258名2014年10月至2021年12月退休的机关事业单位人员核算养老保险待遇。核实5470名机关事业单位退休人员基础信息，修正数据信息1799条。为7100名机关事业单位退休人员调整养老金，每人每月平均增资186.31元，补发养老金767.15万元。根据省政府《关于妥善处理我省原机关事业单位养老保险试点有关问题的通知》和《区政府七届二十四次常务会纪要》，开展改制医院养老保险并轨工作。为621名纳入并轨范围的退休人员核算养老保险金额，转入企业养老保险发放养老金。

【社保扶贫】 区社保局成立由副局长任组长的社保扶贫工作小组，协调市社保局信息中心，批量比对贫困人员信息，为符合条件的贫困人员办理城乡居民基本养老保险手续。协调区财政局，将社会保险扶贫专项资金纳入区财政预算，确保资金实缴到位。为1408名符合条件的贫困人员代缴社保费用121.17万元，政府代缴率100%。

【社保基金监管平台预警】 锦江区社保基金监管平台发出养老保险预警信息31条，处理29条。发出工伤保险预警信息17条，处理5条。发出失业保险预警信息934条，处理914条。发出领取失业保险金待遇月数不符合国家标准的预警信息426条。发出退休、退职等人员同时享受养老保险待遇和失业保险待遇的预警信息6条。其中5人终止发放失业保险待遇，勒令退还违法领取的失业保险金。退还金额5588.13元，待退还金额11176.26元。

【工伤保险管理】 区社保局从优化工伤认定程序、开通线上办理通道和涉疫绿色通道、打造工伤预防项目三个方面完善预防、康复、补偿“三位一体”工伤保险制度，为7000名群众解答工伤认定和劳动能力鉴定的法律法规。举办“我为群众办实事，温暖人社构筑和谐锦江”工伤预防宣教活动45次，制作宣传视频节目1个，发布新闻报道19篇，全网点击量达10万次。区社保局管理1000家企业的工伤保险业务，受理工伤认定申请案件1081件，作出工伤认定决定案件979件。其中个人案件132件，为2020年的3倍。死亡案件34件，为2020年的2.5倍。协助市劳动能力鉴定中心受理劳动能力鉴定申请案件705件。区社保局报送案卷入选“四川省人社系统工伤认定优秀案卷”。

【基本医疗保险】 区医保局按照机构职能划转要求，与区社保局协作，建立工作定期会商机制，核对城乡居民基本医疗保险登记信息，推动城镇职工基本医疗保险各项职能权限划转接续工作。11月16日，区医保局与区社保局完成城镇职工基本医疗保险的往来账目、资金清理交接、账户变更等划转工作。开展医疗保险稽核检查，清查“内外勾结欺诈骗保”“假病人、假病情、假票据”等突出问题。检查单位724家。锦江区参加基本医疗保险的城乡居民18.94万人，完成目标任务的102.75%，超额完成省、市下达的年度民生实事目标任务，实现“病有所医、医有所保”目标。为5150人兑现医疗救助政策。市医保局授予区医保局“2021年度成都市重点行业医疗卫生领域治理工作先进单位”“2021年度成都上线国家医保信息平台先进集体”称号。

（吴卫波　杨双权）

养老服务

【概况】2021年，锦江区年龄达到60岁的老年人16.21万人，占常住人口（90.29万人）的17.95%。年龄达到65岁的老年人11.71万人，占常住人口的12.97%。根据“年龄达到60岁人口占常住人口的10%或年龄达到65岁人口占常住人口的7%”即进入“人口老龄化社会”的国际标准，锦江区进入老龄化社会。区民政局面对人口老龄化趋势，建立“一次认证、一认多证、一卡通用、一网通办、一码通付”的“五个一”便民服务机制，形成民政领域“一认多证”政策体系。实施老年人居家适老化改造项目，惠及100户老年人家庭。构建老年人助餐服务体系，探索智能化养老服务模式，兑现养老金和护理补贴政策，构建居家养老和社区养老结合、医疗养老和健康养老结合的养老服务体系。

【养老服务载体和机构建设】区民政局整合政府资源和社会资源，牵头推进养老服务载体和机构建设。建成社区养老服务综合体2个，新增普惠性养老床位100个、家庭照护床位30个。建成养老服务机构19家，提供床位2863个。打造社区日间照料中心76家，养老服务网络覆盖全域，实现社区日间照料中心社区全覆盖和社区养老服务机构街道全覆盖目标。

2021年锦江区养老服务机构一览表

表31

序号	名称	地址
1	锦江区静颐养老助残中心	成都市锦江区静居寺西街184号
2	锦江区桦林养老助残中心	成都市锦江区经天二街231号
3	锦江区暖巢人家照料护理中心	成都市锦江区东光南二巷70号
4	成都美好家园孝慈苑	成都市锦江区经天二街336号
5	成都晚霞养老服务中心	成都市锦江区柳翠路179号3楼
6	成都益民关怀养老服务中心	成都市锦江区皇经楼社区七组85号
7	锦江区益民养老服务中心	成都市锦江区经天路33号
8	锦江区长者乐生东光苑	成都市锦江区观音桥西路
9	成都春色康养成龙养老服务中心院	成都市锦江区皇经楼一街66号
10	成都市锦江区安馨园养老服务中心	成都市水碾河南三街48号
11	成都福邻康护养老服务有限公司	成都市锦江区东华门正街42号
12	成都锦欣花乡老年公寓	成都市锦江区成龙大道一段2603号
13	成都锦欣九九乐龄康养中心	成都市锦江区锦丰一路69号
14	成都椿萱茂老年公寓	成都市锦江区锦丰一路39号
15	成都市锦江区康源美宏书院街长者屋	成都市锦江区天涯石北街156号
16	成都锦欣沙河堡康养中心	成都市锦江区佳宏路29号
17	成都颐康养老中心	成都市锦江区佳宏南路10号
18	成都医投美邸大观舒养之家	成都市锦江区海桐街79号
19	成都悦年华颐养中心	成都市锦江区华润路2号

【医养结合】区民政局对接区卫健局，探索医疗和养老结合的新型养老模式，构建基层医疗卫生机构与社区养老服务机构无缝对接机制，促进医疗资源和养老资源深度融合。锦江区建成医养结合机构7家，满足1500名失能和半失能老人的照护需求。同步实施医养结合机构服务质量提升行动，指导成都锦欣老年病医院和成都老年康疗院申报“四川省示范医养结合机构”，指导17家医疗机构创建“四川省老年友善医疗机构”。要求医疗机构优化老年人就医流程，为老年人提供友善服务。以“四川省老年友善医疗机构”创建工作为抓手，指导沙河街道静康社区开展“全国示范性老年友好型社区”创建工作。10月，沙河街道静康社区创建为“全国示范性老年友好型社区”。

成都锦欣花乡老年公寓　　（区民政局提供）

【老年人助餐服务】 区民政局安排专项资金1600万元，按照“邻里食堂+共享餐厅+老年餐桌+院落助餐点”模式，采取政府购买方式打造老年人助餐服务体系，建成老年人助餐点位39个，平均每日为3000名老年人提供助餐服务。

【养老金和护理补贴兑付】 区民政局兑现养老服务金2772.69万元，惠及老年人6.4万人。发放高龄津贴2481.06万元，惠及老年人2.1万人。投入资金89.96万元，采取政府购买服务方式，为1917名生活困难的老年人提供上门养老服务。

【智慧养老】 区民政局以锦江区创建“国家智能社会治理特色基地”为契机，依托锦江区居家养老服务和社区养老服务综合管理平台，探索建立覆盖全域的智慧养老服务机制，打造“互联网+”智慧养老服务模式。结合锦江区创建“数字人民币应用试点先行区”工作，为老年人群体发放“交子特惠券”，开发数字人民币在养老领域的应用场景36个。

（杨丽娜　张明安）

成都孝慈社会工作服务中心隶属孝慈苑养老集团公司，位于锦江区经天二街336号，以“与天下儿女敬老爱老”为使命，以“态度好、技能好、安全好、环卫好、膳食好、设施好、医疗好、友爱好”为宗旨，向老年人提供服务。为公建民营的公寓式养老服务机构。中心占地1.8万平方米，建筑面积4000平方米，提供床位312个。周边开通31路、172路、435路、65路、68路、91路公交线路和地铁6号线。

（区民政局提供）

人民生活

街 道

SUB-DISTRICTS

春熙路街道

【概况】2021年，春熙路街道区域面积2.45平方千米，设总府路、盐道街、盐市口、督院街4个社区。区域内分布街巷69条、小区院落143个。实施春熙路商圈和盐市口商圈提档升级工程，发展现代服务业市场主体2586个。打造“运动春熙”“活力春熙”等群众文体活动品牌，开展群众文体活动7次、全民健身活动58次、公益性培训75次。街道办事处成为四川省2021年社会工作服务体系建设试点单位，社会工作服务站年度绩效考评达优。按照“一院一特色”的要求改造老旧院落14个，既有住宅安装电梯20部。街道办事处获“成都市两项改革先进集体”称号，春熙路司法所获“四川省枫桥式司法所”称号。百扬书院入选“成都市社区美空间”，春熙路文创市集入选“成都十二月市示范场景”。引进国内资金24.29亿元、外资5.195亿元，引进世界500强企业2家，地税收入达13.65亿元。

【党建引领】春熙路街道组建春熙党员宣讲队、“两新”组织宣讲队、商圈“楼小助”宣讲队、“春熙孃孃”讲习小分队，采取“进楼宇企业、进商场市场、进社区院落、进机关单位”形式，开展宣讲活动39次，参与群众2000人。完成社区换届选举工作，召开社区党委书记感恩传承会和社区班子队伍建设专题工作会，提升社区班子工作水平。通过党建引领方式，建立企业工会22家，指导80家企业工会完成换届工作。

【经济促进】春熙路街道围绕区委、区政府确立的“百年春熙、再创辉煌”奋斗目标，落实锦江区“1+3+3”产业政策扶持体系要求，推动春熙楼宇品质提升。采取清单式服务模式，收集企业反映问题130个，解决企业诉求100个。街道办事处协调行业主管部门落实政策，受理48家企业的56项扶持申请，申请政策扶持金额达1233.15万元，批准金额1183.64万元。

【垃圾分类示范社区建设】春熙路街道以示范小区创建工作为抓手，推进垃圾分类示范社区建设。申报总府路社区、盐市口社区、盐道街社区创建示范社区，申报“世代锦江”、光华街49号、中心横街3号、“皇后国际”4个小区创建示范小区。改造区域内87个生活垃圾分类投放点位，建成垃圾四分类点位135个，覆盖率达95%。联合大连银行成都分行工会、四川泛华联兴公司省分公司等单位开展“美好生活十大工程”和“垃圾分类就是新时尚”宣传活动，在4个社区配备90名生活垃圾分类督导员、引导员。

【基层信访治理】春熙路街道以“调百家事、解千家难、暖万人心、护一方安”为出发点，开展基层信访治理工作。推进泰华大厦遗留问题矛盾纠纷、财富中心因上调停车场收费标准引发的群体性矛盾纠纷、锦绣童装城租赁合同纠纷以及万紫服装城经销合同纠纷、“小春熙”产权纠纷、同瑞大厦售后包租纠纷、海发商厦招租等群体性事件化解工作，处置市长信箱投诉案件4000件、信访网上平台投诉案件66件、人民网投诉案件49件，调解矛盾纠纷170件，现场处置群体性矛盾纠纷20次，约谈责任单位人员20次。

【社会服务】 春熙路街道向6255名年满80岁的老年人分发放高龄津贴231.49万元，为老年人办理“老年优待证”81个。为111名年满90岁的老年人检查身体，评估失能或半失能情况。组织社区志愿者为孤寡、残疾、失能的老年人提供家政服务、保健服务、精神慰藉服务，向2名居住在养老院的失能和半失能老年人发放补贴。向179名低保户发放低保金189.87万元。帮助4名低保人员享受城乡一体化医疗救助，救助金额1874元。发放社会救助金1500元。审核73个低收入家庭的住房保障资格，核准223人的公租房续租资格。

（袁子钧）

书院街街道

【概况】 2021年，书院街街道区域面积1.8平方千米，设福字街、庆云、五昭路、华兴街4个社区。区域内分布小区院落253个。开展“爱成都 迎大运”主题活动、党史学习教育，摄制庆祝中国共产党成立100周年宣传视频短片。按照公益企业联合运营管理方案，改造庆云社区党群服务中心。以“进机关事业单位、进企业、进校园、进院落、进家庭”活动为抓手，推动生活垃圾分类工作。修葺历史文化保护建筑，启动四圣祠有机更新项目的搬迁腾退工作，完成街区风貌提升整治和业态更新工作。养老生活圈基本形成。引进外资4.43亿元、国内资金18.12亿元，引进新经济企业2231家、重大产业化项目4个，固定资产投资13.22亿元，限额以上社会消费品零售总额54.91亿元，地税收入6.8亿元。

【基层党的建设】 书院街街道开展“讲好党的故事”主题活动，举办党史专题宣讲活动100次，参与活动的干部和群众达1.8万人。开展百年党史网络知识竞赛，摄制的视频短片《少年》获锦江区“与党同唱·想把我唱给你听红歌MV”活动一等奖。拍摄庆祝中国共产党成立100周年宣传视频《百年百人话百佳》，全网点击量达到20万次。开展“坝坝会上听呼声、我为群众办实事”实践活动，组织班子成员到小区院落听取群众意见，解决油烟和噪声扰民等问题272个。建成街道、社区、后备力量三个层面的党建工作队伍，向“两新”组织派驻党建指导员。市委组织部和市物业行业协会授予成都嘉诚新悦集团公司党委“成都市新兴领域五星级党组织”称号和“蓉城先锋·暖心物管示范单位”称号。“红星国际”小区探索商住混合小区示范建设路径，获得“成都市党建引领百佳示范小区”称号。市委组织部授予庆云社区党委“成都市先进基层党组织”称号。

【生活垃圾分类处置】 书院街街道开展生活垃圾分类宣传活动40次，印发宣传资料8万份。设置正成财富ID大厦（物业小区）和慈惠堂街16号（老旧院落）2个生活垃圾分类示范点位，建成200个垃圾分类标准化点位，聘请214名督导员开展生活垃圾分类劝导活动。市城管委授予正成财富ID大厦等4个小区“成都市垃圾分类示范小区”称号。

【城市有机更新】 书院街街道协助《四圣祠国际医美城规划建设运营一体化合作方案》编制工作，修葺谢无量故居等3处历史文化保护建筑。开展四圣祠有机更新项目和搬迁腾退工作，完成房屋测绘、评估、搬迁补偿安置工作。按照大运会“办赛营城”要求，实施望福街、武成大街、中道街、三槐树路、东较场，华星桥的特色化改造工程和猛追湾大运会游泳训练场周边建筑风貌整治项目，改造大陆玉沙生活广场和国民体质检测中心，提升福字街、竹林巷、东城拐下街的街区形象。同时按照区委实施“幸福美好十大工程”部署，改造桂王桥西街54号等5个老旧院落，排查房屋安全隐患10处，整治院落雨污管网5处，优化院落设施和公共活动空间。华兴街特色街区二期项目涉及的梓潼桥西街、永兴巷、暑袜北一街的街区风貌提升整治和业态更新工作完成，打造华兴街纯阳市集特色街区、望福街网红打卡街区，营造城市文化融入衣食住行的新场景。引进公寓式阿奇书店，升级盘飧市餐厅，营造潮流店铺与老成都市井生活元素和谐融合的社区潮享消费场景。华兴街特色街区入选“成都十二月

2022 年 5 月 13 日，书院街街道办事处开展“春暖五昭·青团传情”活动

（书院街街道办事处提供）

市示范场景”。

【养老生活圈打造】书院街街道探索智慧化健康养老模式，依托锦江区居家和社区养老综合服务平台打造智慧养老综合服务平台。收集老年人基础信息数据，绘制养老关爱地图，向老年人群体提供养老保障、生活照料、康复照护、社会救助等服务。建立社区分级巡访机制，组织共产党员、楼栋长、网格员上门巡防，了解老年人需求，提供针对性居家养老服务。定期探访空巢、留守、失能、重残、独居的老年人，为 28 名独居空巢老年人配备具备呼叫援助功能的智能手环，向 59 名失能和半失能老年人提供居家照护服务。向 12194 名老人发放高龄津贴和追缴补助金，建成老年人助餐服务点，完成 150 户家庭的适老化改造项目。10 月，华星路 12 号的养老服务综合体投入运营。

【群众文体活动】书院街街道发动群众开展庆祝中国共产党成立 100 周年活动 70 次，举办游学、讲座等活动 100 次，开展“我们的节日”主题活动 28 次。围绕“爱成都·迎大运”主题，举办社区运动节，开展全民健身活动 25 次。参加“文艺繁星计划”成都市首届戏剧小品曲艺原创作品大赛，选送微型情景剧《舞动书院》。选派 4 个文艺团队参加“奋斗百年路·启航新征程”锦江区第二十二届社区文化节，选送 10 幅书画作品。挖掘传统节日文化内涵，开展“春暖五昭·青团传情”等传统民俗活动。

（张恩峰）

锦官驿街道

【概况】2021 年，锦官驿街道区域面积 2.2 平方千米，设合江亭、大慈寺、崇德里、水井坊、交子、点将台 6 个社区。区域内分布街巷 76 条、小区院落 206 个、省级单位和市级单位 13 家、中学校和小学校 6 所、幼儿园 2 所。以特色项目为牵引，通过打造“一环路市井生活圈”、实施街巷风貌整治、构筑“1.314 爱情专线”等措施促进文旅经济发展。培育消费金融、新能源汽车、电竞电音、高端定制等细分产业，培育税收达亿元楼宇 6 幢、税收达 5000 万元楼宇 5 幢。引进国内资金 24.3 亿元、外资 5.6 亿元，引进新经济企业 1753 家、重大产业化项目 6 个，固定资产投资 15.53 亿元，工业资产投资 3.14 亿元，限额以上社会消费品零售总额 29.87 亿元，文创产业增加值 41.49 亿元，地税收入 19.17 亿元。

【区域化党建】锦官驿街道践行“一核三治、共建共享”治理机制，持续推进“锦官驿共享 +”项目建设。街道办事处干部走访企业 300 家，编制企业需求清单，定期召开企业座谈会，了解企业诉求，促进企业资源共享。锦官驿街道工作经验入选北京师范大学社会治理智库丛书《创新社会治理（四）》。引领慈善力量参与基层治理，将涉及困难群众的 4 类 62 个帮扶项目列入条目式清单，供企业认领。街道办事处获“四川省基层治理示范街道”称号。设立党建业务指导员、服务员、宣传员、联络员，指导“两新”组织的中共组织开展活动。组建“锦官君”青年中共党员新时代文明实践志愿服务队，定期开展党建业务培训、体验式艺术微党课、社会化志愿服务、主题党日等活动。按照“有党组织、有商协会、有街区公约、有共治活动”的标准，制定“四有街区”共建治理方案，推动“四有街区”

2021 年 4 月，纱帽街 31 号外立面风貌整治项目竣工　　（锦官驿街道办事处提供）

建设。锐钯街商协会和商家共建“党员示范户”6家、时代文明实践点13个。鼓励商家中共组织和中共党员亮明身份，激活红色能量，为核心商圈赋能增效。

【文旅经济发展】 锦官驿街道打造“一环路市井生活圈”和“四潮专线”特色空间场景，实施玉成街和黄伞巷风貌整治项目，推动城市更新、业态转型，促进特色文旅经济发展。实施天府锦城“街坊景”建设，打造大慈坊玉成集巷、玉成街14号院、无相禅茶3个点位，按历史文化街区打造标准建设耿家巷，实施纱帽街、下莲池街区、青莲上街、大安正街的街巷游线项目，实施下莲池片区、天仙桥片区、东大街沿线的大运会风貌整治项目，营造“老成都、蜀都味、国际范”生活场景和新经济消费场景。“玉成缘”进驻“歧余食堂”等20家网红店，新增夜购、夜游、夜食、夜秀、夜享夜间经济新业态。天仙桥南路入选“成都市夏季最美街道”，府河合江亭至九眼桥河段获“最美河湖”称号，水井街获“最美上学路”称号。街道办事处获“成都市建设全面体现新发展理念城市改革创新奖”和“成都市建设全面体现新发展理念城市先进集体”称号。

（石楚娟）

牛市口街道

【概况】 2021年，牛市口街道区域面积3.14平方千米，设水碾河路南、华成路、九眼桥、莲桂西路、得胜街、一心桥、莲花、锦东、紫东、龙舟10个社区。区域内分布街道56条、小区院落222个、文化广场8个、文化活动中心2家、社区综合文化活动室13个、医院4家、卫生服务中心2家、中学校3所、小学校3所、幼儿园8所、写字楼5幢、物流企业45家、酒店33家、量贩歌城5家、茶楼17家。引进重大项目4个、企业2387家，引进外资2.25亿元、国内资金14.19亿元，固定资产投资36.31亿元，地税收入4.49亿元。牛市口街道办事处获“2020年四川省基层治理示范社区”“成都市一环路市井生活圈规划建设管理工作担当作为先进集体”等称号。

【老旧院落整治】 牛市口街道完成11个老旧院落的基础设施改造，推进西部战区空军医院家属区工农院街2号老旧院落改造项目，实施老旧院落居民自主增设电梯项目4个，实施5个老旧院落432户的自来水户表改造项目。引进德仁堂集团公司，投资300万元，将水碾河路南三街35号原药材仓库改造为“第三大街”社区美术馆，向市民免费开放。引进泊上年代酒店，投资2500万元，将攀成钢医院闲置用房改造为“熊猫很困”主题酒店。市委办公厅授予牛市口街道办事处“成都市一环路市井生活圈规划建设管理工作担当作为先进集体”称号。

【社会服务】 牛市口街道发放“养老服务智能卡”12924个，慰问独居老年人1776人，向4626名老年人发放高龄津贴522.78万元。受理1357户家庭的住房保障申请，向5896名低保户发放低保金511万元，发放补充医疗救助金16.99万元，发放门诊救助金13万元，救助困难儿童4人。开展流浪乞讨人员夜间巡查，救助流浪乞讨人员9人。为农民工讨回欠薪1110万元。为12776人办理社保年审业务。与137

家企业签订《国有企业退休人员社会化管理服务交接协议》，接收5358名企业退休人员。向136名重点优抚对象发放抚恤金和生活补贴金167.18万元，向46名无军籍退休退职职工、遗属发放退休金及生活补助金309万元。办理"残疾证"39个，为59名残疾人申请辅助器具。向低保残疾人发放补贴金138万元，向379人发放计划生育特殊扶助慰问金30.16万元。

（彭 涛 贾 静）

东湖街道

【概况】2021年，东湖街道区域面积3.4平方千米，设锦华、永兴、东怡、河滨、观音桥、翡翠城、石牛堰7个社区。区域内分布党政机关单位3家，小学校4所、幼儿园10所、农贸市场3个、商业综合体3幢、医院1家、商铺2300家。区域内的静居寺路、锦华路、老成仁路、二环路和滨河风光带、沙河风景带以及东湖市政公园在成都市向东向南发展战略规划中具有桥梁和载体作用。东湖公园、东篱翠湖市政公园和万达广场呈现宜居、宜购、宜游形态。东湖周边及华润路两侧片区按照"生态、高端、文创"思路，以锦江公园为载体，打造华润路特色街区、东湖文化艺术特色街区。锦华路两侧及东光商城片区明确"保留老成都的味道"的发展思路，以川棉厂区域业态调整为抓手，引导产业转向。推动党建引领社区发展治理工作，翡翠城"红色物业"成为成都市物业行业党建工作启动仪式调研点位。依托院落党群服务站、日间照料中心开展传统节日活动和院落美化活动。组织社工机构、物业企业和志愿者开展爱老敬老活动，完善养老设施，提升社区养老水平。创新矛盾调解模式，实现"小事不出小区院落、大事不出社区、重大问题不出街道"目标。截至12月，引进外资1.5亿元、国内资金14.09亿元，引进重大产业化项目2个，限额以上单位消费品零售额增长率10.8%，规模以上其他营利性服务业营收增长率较2020年下降27.4%，地税收入5.12亿元。

【党建引领社区发展治理】东湖街道以党建为引领，整合翡翠城、锦华、石牛堰3个社区资源，链接政府、企业资源，针对居民需求，明确"党建润万家"思路，采取党建引领方式，引导企业参与社区治理，促进社区商业资源共享发展，打造非公有制企业党建阵地"润空间·蓉城驿站"以及"途牛驿话"党员服务站、代驾行业党建阵地、东湖艺术群落党建阵地。街道党工委牵头编制"党建＋物业＋业委会"治理方案，打造翡翠城三期红色管家服务站、红色议事厅、小区党群服务站、红色艺术长廊。建立街道党工委、社区党委、院落党支部、单元党小组四级联动党组织体系，指导院委会、议事会工作。建立"院委＋社工"服务模式，召开院落居民坝坝会、民情恳谈会，订立居民公约。同时成立党员志愿者团队、环境卫生志愿者团队、秩序维护志愿者团队、孝老敬亲志愿者团队提供"最美阳台""垃圾分类""互助养老""院落邻里节"四项特色服务，营造院落和谐氛围。老旧院落安装道闸，规范院落停车和收费管理，安装"智能＋监控"非机动车刷卡设备和车辆充电桩。石牛堰社区、河滨社区龙舟路小区6号院分别获"成都市党建引领示范社区""成都市党建引领示范小区"称号，翡翠城社区、河滨社区龙舟路小区6号院分别获"成都市党建引领百佳示范社区""成都市党建引领百佳示范小区"称号。

【矛盾纠纷调解模式创新】东湖街道创建"1+2+7+N"调解模式。"1"即由街道司法所所长带队，开展针对性业务指导工作。同时引进专业律师，充实人民调解员队伍。"2"即依托街道人民调解室、街道调委会派驻派出所调解室，促进人民调解与治安调解联动。"7"即强化街道7个社区调解阵地建设。"N"即优化无缝对接模式，健全人民调解网络。街道、社区两级调委会与派出所、警务室联动，互相传递纠纷信息。

【养老服务】东湖街道打造15分钟助餐配餐服务网络，设立2个养老助餐点位和3个居家养老点位，利用养老服务专项资金打造"夕阳港湾"，提升乐水苑日间照料中心居民休闲娱乐和养老设施。华润翡翠城小区开展"物业＋养老"试点工作，润楹物业服务有限公司确定专人巡访独居老年人，通过电话访问、微信关怀、上门服务、志愿者服务相结合的方式照护18名独居老年人。

（韩 锐）

沙河街道

【概况】2021年，沙河街道区域面积4.66平方千米，设牛沙路、五福桥、汇泉路、双桂路、沙河、静康、塔子山7个社区。区内分布省农业科学院、省畜牧科学研究院、省农业机械研究设计院、省林业科学院、市射击运动学校、市第十人民医院、四川友谊医院等事业单位。分布社区商业街区7个、五星级酒店4家、甲级写字楼12幢，商务商业面积207万平方米。区域内小学校4所、中学校1所、幼儿园10所。二环路、东大路、双桂路等城市主干道和地铁2号线、地铁8号线、地铁13号线过境。塔子山生态公园位于区域内。引进外资6.15亿元、国内资金22.37亿元，引进企业3033家、人才3316人、重大产业项目3个，固定资产投资29.23亿元，地税收入4.87亿元。

【区域发展定位】沙河街道明确“一路、两带、多点”发展定位。“一路”即东大路。“两带”即打造“迎大运”党建引领特色街区示范带和提升攀成钢商圈党建引领文化艺术街区示范带。“多点”即中粮悦街、华宇广场等社区商业街区。按照“百亿商圈＋国际化社区＋新党建窗口”思路，依托乐天广场、环球汇等重大产业化项目培育专业楼宇、总部楼宇，发展外资证券、新兴金融、高端消费、研发制造等产业，打造“攀成钢新百亿城市商圈”。

【党建引领社区发展治理】沙河街道开展宣讲活动20次，组织4000名中共党员学习习近平总书记在庆祝中国共产党成立100周年大会上的重要讲话精神和中共十九届五中、六中全会精神。打造“学习强国小站”“沙河初心大讲堂”，塑造党史宣讲品牌。《人民日报》等媒体报道沙河街道学党史活动80次。开展中国共产党成立100周年庆祝活动300次，拍摄《“红色经典·致敬百年”万人唱》音乐场景短片。依托成都伽地社区音乐厅开展“致敬逆行者”“党课开讲啦”等主题党日活动，服务群众80万人。在成都伽地社区音乐厅举办“奋斗百年路·启航新征程”庆祝中国共产党成立100周年暨“先锋领航·共创幸福美好生活”主题活动。成都伽地社区音乐厅“党建＋音乐＋N”运营模式入选“成都市庆祝中国共产党成立100周年社区治理案例”。打造汇泉路社区市级微党校中心校示范点，利用汇泉路社区综合体实施党建联盟项目，省委授予汇泉路社区党委“四川省先进基层党组织”称号。汇泉路社区获“成都市百佳示范社区”称号，东韵小区获“成都市百佳示范小区”称号。启动物业服务融入社区发展治理工作，塔子山壹号小区启动红色物业模式，获“成都市百佳示范小区”“成都市十佳天府智慧小区”等7个称号。《人民日报》《中国组织人事报》和新华社分别报道沙河街道物业服务融入社区发展治理工作经验。促进区域化大党建工作，与国家电网城东供电中心党支部等23家企业党组织建立党建结对关系，打造“塔子山网格化不停电示范区”。启动智慧党建引领社区发展治理工作，汇泉路社区获“成都市智慧应用场景示范社区”称号，《人民日报》发表专文《科技赋能基层党建》。以汇泉路社区为载体，整合儿童阅读、儿童教育、数字阅读的资源，将儿童数字阅读产品、服务、活动融入社区场景，打造儿童教学阅读

2021年10月9日，省委常委、组织部部长于立军（左四）到塔子山壹号小区调研红色物业创新工作
（沙河街道办事处提供）

品牌。人民日报社、中国福利会将沙河街道列为“中国儿童数字阅读中心基地”。

【外籍人士服务】 沙河街道针对汇泉路、双桂路、牛沙路、五福桥4个社区外籍人士集中居住的特点，建立外籍人士常态化长效管理服务机制。打造外籍人士服务中心和3个“外籍人士之家”，开通24小时出入境证件自助机。通过健全服务机制，提升服务硬件水平，推动国际化社区建设。

（李　胤）

狮子山街道

【概况】 2021年，狮子山街道区域面积3.8平方千米，设四川师大、万科城花、佳宏路、菱窠、花果、金像寺6个社区。区域内分布省属单位3家、中学校3所、小学校3所、幼儿园7所、博物馆1家、产业孵化园1个、省级重点市场1个。街道办事处明确“抓发展、优治理、造场景、惠民生、保稳定”的发展思路，推进消费场景营造、示范街区打造、城市风貌提升、水岸环境整治等工作，建设“人文狮子山”。开展群众文体活动70次。引进企业2215家，税收2750万元。引进外资1.21亿元、国内资金12.82亿元，固定资产投资18.95亿元，税收22.24亿元。

【基层党的建设】 狮子山街道与四川师范大学联合成立“狮享锦江”党史宣讲团和“小狮妹”党员志愿服务队，联合四川师范大学、西南大学开展“双城互动·校地融合”庆祝中国共产党成立100周年活动。以党建引领社区治理，参加成都市举办的示范社区创建活动。菱窠社区获得“成都市百佳示范社区”称号。组建中共企业支部3家，在“两新”组织中发展中共党员7人。狮子山街道的“两新”微党课入选“成都市基层党建精品课程”。

【城市风貌提升】 狮子山街道实施静安路7号片区和农业高新技术产品市场片区11个点位的提升改造工程，施工面积8.19平方千米。实施劼人路四川省邮电学院围墙改造项目，通过彩绘方式植入文化元素。接收市土地储备中心移交的静嘉路南侧规划绿地，由锦江发展集团公司实施提升打造项目。

【社会服务】 狮子山街道分布居家养老定点服务机构6家，服务老年人7700人，为老服务覆盖率100%。办理“四川省老年证”73个，办理“成都市老年证”73个。向1394名老年人发放长寿金155.16万元，向805人发放低保补贴75.19万元，向526名残疾人发放残疾人生活补贴10.88万元，向2228人发放重度护理补贴19.13万元，向困境儿童发放冬衣73件。

【群众文化活动】 4月17日，狮子山街道办事处在华润幸福里广场举办“生活有书香，幸福宜居狮山汇”读书会活动。6月18日，在菱窠社区凯旋天地商业区广场举办“向党献礼·筑梦新时代”庆祝中国共产党成立100周年文艺演出活动。狮子山街道建成示范书屋、微阅读空间、阅读美空间各1个，开展“书香锦江”全民阅读活动36次。

（雷　鸣）

锦华路街道

【概况】 2021年，锦华路街道区域面积4.8平方千米，设金象花园、经天、皇经、晨辉、凯天、柳江、琉璃7个社区。区域内分布街道67条、小区院落61个。推动“琉璃城中村”征地拆迁和金具厂片区综合开发项目。开展“百年党庆·社区文化·三城互动”暨首届“京成渝”文化交流活动，打造职工活动空间3个，开展活动16次，构建新型跨空间党建互动促建机制。开展“我为群众办实事”实践活动，解决群众问题1400个。依托白鹭湾新经济总部功能区引进重大项目1个，引进企业2475家，限额以上社会消费品零售额增长1.08倍，地方税收7964万元。

【城市风貌提升】 锦华路街道明确“因需而改、治改结合，管理先行、改管一体，长效营运、片区激活”的发展思路，探索区域市容风貌改造和后期治理一体化城市治理新方法。与北京愿景明德控股集团有限公司签订战略合作协议，改造区域内老旧院落8个、老旧楼房66幢，惠及家庭4571个。完成“香江花园”小区、“金红苑”小区、“金象嘉园”小区的整体风貌提升工作，美化和亮化临街楼房外立面，改善中环路周边环境。

【养老服务】锦华路街道新增养老服务点位6个，建成老年人助餐服务点，为3个困难老年人家庭实施适老化改造项目。向生活困难的独居老年人发放救助金407.61万元，惠及1.29万人。开展“智慧助老·跨越数字鸿沟”助老活动，开设智能手机公益课堂，组织老年人学习智能手机使用方法，帮助老年人融入智能社会，共享数字生活。

【群众文体活动】锦华路街道免费开放社区综合文化活动室，为社区群众提供文化活动场所。在“爱成都·迎大运”和“我为群众办实事”锦江区“体育嘉年华”首届社区运动会暨第二届社区运动节期间，举办社区运动会8次。开展“谱写锦绣华章·共庆百年荣耀”庆祝中国共产党成立100周年文艺演出等群众文艺活动81次、举办全民健身等群众体育活动50次，参与群众达到800人。

（苟建伟　周宇欣）

柳江街道

【概况】2021年，柳江街道区域面积12平方千米，设锦馨、包江桥、祝国寺、锦阳、棬子树、锦逸6个社区。区域内分布街巷34条、小区院落20个。开展“永远跟党走·启航新征程”文艺演出、“重读红色影像 点燃伟大梦想——同享读书乐 书香飘柳江”等文化活动。完成社区换届选举工作，选举社区党委和社区居委会成员57人，社区党组织书记兼任社区居委会主任的比例达100%。推进白鹭湾数字总部港、58数字生活城、华侨凤凰都市工业国际创新港建设，打造白鹭汇生活广场和中鼎国际消费场景。引进重大项目5个、企业1500家，引进外资4.9亿元、国内资金24亿元，固定资产投资33.1亿元，限额以上社会消费品零售额220亿元，规模以上工业增加值增长30%，地税收入9.8亿元。

【党建引领社区发展治理】柳江街道采取“一个联盟、一个平台、一家基金”模式，推进党建引领社区发展治理工作。“一个联盟”即在锦逸社区构建社企党建联盟。“一个平台”即在包江桥社区打造社区新经济组织和新社会组织党建多功能服务站，探索“党建引领、贴心服务、合作共赢”的区域党建模式，建设社企共建平台。“一家基金”即在包江桥社区打造社区、企业、社会组织、群众共同参与的共建共享社区基金，孵化一站式智慧社区新经济产业，完善社区商业服务体系。利用“蓉城先锋·初心讲坛”“微党校”“学习强国”等学习平台，组织中共党员学党史、学政策，开展读书会、学习沙龙等活动50次。

【养老服务】柳江街道实施养老服务机构设备更新升级项目，升级改造日间照料中心等12家机构。为老年人提供助餐、助洁、助行、助医、助急服务，构建“五助”为老服务体系。向70岁以上老年人发放“养老服务智能卡”，录入2000名老年人信息，发放高龄津贴61万元。

【社区志愿服务】柳江街道依托文体活动中心、新时代文明实践所等平台，引导社会组织和志愿者参与社区居民自治。在6个社区组建便民服务队、邻里调解队等中共党员志愿服务队，吸纳志愿者5144人。开展环境卫生整治、文明交通劝导、法律法规宣传、百姓生活历史图片展等志愿服务活动150次，参与群众达6000人。

2021年6月27日，锦华路街道办事处举办“谱写锦绣华章 共庆百年荣耀”庆祝中国共产党成立100周年文艺演出暨“七一”表彰颁奖活动　（锦华路街道办事处提供）

2021 年 6 月 17 日，柳江街道举办庆祝中国共产党成立 100 周年百姓生活历史图片展
（柳江街道办事处提供）

【困难群体帮扶】 柳江街道执行住房保障准入制度，为 1483 户家庭办理住房租赁备案手续，为 356 户家庭落实住房保障政策。向 389 名低保户发放低保金 29.9 万元，向 23 名低保学生发放教育激励金 5865 元。投入 26.97 万元，供养特困人员 88 人。向 46 名困难残疾人发送“温暖万家行”慰问金 9200 元，为 52 名残疾儿童和残疾人子女申请自强助学金 2.05 万元，为 3 名残疾人申请灵活就业补贴金 3600 元，为 40 名残疾人申请辅助器具 44 件，为 9 名白内障患者实施免费手术，为 28 名重度精神病残疾人落实免费服药政策，为 127 名残疾人和 57 名残疾儿童、残疾人子女购买城乡居民基本医疗保险和大病统筹医疗保险。耗资 11.43 万元，为 26 名重度残疾人购买养老保险。

【群众文体活动】 柳江街道开展“翰墨迎春”送春联、“书香飘柳江”读书分享、“百年、百姓、百变”庆祝中国共产党成立 100 周年摄影展、“走基层”文艺演出等文化活动 10 次。建成社区运动角和 2 个社区全民健身服务站，开展绿道健身活动 7 次。

（吴胜强 李永福）

成龙路街道

【概况】 2021 年，成龙路街道区域面积 8.24 平方千米，设华新、水杉、卓锦城、国槐、香樟、皇经楼、蓝谷地、粮丰、枫树 9 个社区。分布小区院落 69 个，党政机关单位和企业、事业单位 32 家。开展党史学习教育，建成绿地 468 红色星空党群服务中心，召开庆祝中国共产党成立 100 周年暨“两优一先”表彰大会，促进党建引领社区发展治理，按照“一社区一特色”思路打造“你好，邻居”家园文化品牌，建成社区服务综合体和养老院 2 家。中国西部最高建筑绿地 468 蜀峰大厦位于区域内。截至 12 月，引进外资 2.1 亿元、国内资金 18 亿元，引进企业 2334 家，引进重大产业化项目 4 个，固定资产投资 31.3 亿元，工业投资 3.13 亿元，地方税收 3.57 亿元。

【基层党的建设】 成龙路街道开展习近平总书记在庆祝中国共产党成立 100 周年大会上的重要讲话精神宣讲活动和省委、市委、区委的全会精神宣讲活动 30 次，组织中共党员到红军长征邛崃纪念馆、成都战役纪念馆现场教学，举办“永远跟党走——壮丽诗篇·百年画卷”主题展、“青春心向党·红色咏流传”朗诵比赛、“红色基因代代传——重走红军路”亲子运动会等主题活动 60 次，建成绿地 468 红色星空党群服务中心。街道利用“学习强国”“蓉城先锋”“党史学习教育”3 个平台开展学教活动，召开党史学习教育专题组织生活会，干部撰写心得体会文章 80 篇。召开庆祝中国共产党成立 100 周年暨“两优一先”表彰大会，表彰优秀共产党员 44 人、优秀党务工作者 8 人，表彰先进基层党组织 16 个、先进个人 48 人，表彰共驻共建示范单位 12 家。

【特色社区建设】 成龙路街道建设人城产香樟产业社区、智慧科普国槐 5G 智慧社区、运动健康皇经楼足球社区、数字生活枫树社区。坚持党建引领社区发展治理的工作思路，建设国槐社区科普乐园，打造共享茶铺、共享运动场、商圈党群服务中心、锦城峰荟“邻里人家”、

2021 年 5 月 24 日，成龙路街道卓锦城社区“永远跟党走”党史学习教育开展
（成龙路街道办事处提供）

掇山堂楼宇艺术美学馆。成立香樟社区共香餐饮有限责任公司，通过盈利兼盈利模式运营解决老年人和企业职工就餐问题。成立枫树社区世锦枫尚物业服务有限责任公司，打造枫树综合体。成立皇经楼社区足球俱乐部，聚焦锦江文旅动力轴，研究“运动+”思路，以足球运动为载体，促进运动健康产业发展。街道联合上海绿地集团公司、嘉诚新悦集团公司等企业打造“红色物业”楼宇示范点位，塑造楼宇党建品牌。省委组织部、省民政厅授予国槐社区“四川省基层治理示范街道示范社区”称号，市委宣传部、市委社治委授予绿地 468 红色星空美学馆、国槐社区科普园“成都市社区美空间”称号。香樟社区入选“成都市百佳示范社区”，卓锦城社区、香樟社区入选“成都市党建引领城乡社区发展治理示范社区”。

【文创和电商产业发展】成龙路街道依托东大街商务活力轴，以绿地 468 蜀峰大厦为载体，推动文创产业谷建设，启动“蜀峰 T1”全球招商活动。依托锦江大道新经济动力轴打造成都国家广告产业园数字传媒园区，引进文创总部企业。利用枫树园区、创意山园区、华兴公交大厦打造电商人才孵化基地。与首批进驻枫树园区的企业建立以商招商机制，引进关联企业 15 家，注册资金额达 10.47 亿元。

（张维婷）

三圣街道

【概况】2021 年，三圣街道区域面积 15.67 平方千米，设幸福、红砂、驸马、万福、江家堰、大安桥、喜树路、栀子街、海棠路、白桦林路 10 个社区。分布国家“三圣花乡”旅游景区、白鹭湾湿地公园、七彩田野农业博览园、高威公园、三圣花卉产业园、许燎源现代设计艺术博物馆、蓝顶艺术中心、华熙 LIVE · 528 综合体。区域内小学校 5 所、中学校 1 所、幼儿园 10 所。明确“生态厚植、业态焕新、产业体能、文化彰显、价值转化”的工作思路，推动“三圣花乡”转型升级。引进高能级项目 7 个、全国首店和西南首店 23 家，营利性服务业收入增长 16.29%，社会消费品零售总额增长 38.44%，地税收入 3.3 亿元。三圣街道办事处获“国家级生态乡镇”“全国安全社区”“四川省卫生单位”“成都市首批低碳示范区”等称号。

【基层党的建设】三圣街道打造红色阅读空间、“VR+”智慧型党史阵地，举办“百年党史”大型剪纸艺术展活动，吸引 5 万名群众参观。开展“我为群众办实事”活动，打造 24 小时自助服务驿站，解决民生服务、环境治理等问题 148 个。新建党组织 16 个、党群服务站 12 个。召开“阳光问廉坝坝会”50 次，解决群众关注问题 61 个。以全域党建推进全域治理，成立花乡农居产业社区综合党委、产业院落党支部，构建以街道、社区、行业协会、商家为主体的四级党组织架构，打造全龄友好公园社区党群服务中心，开启“公益 + 商业”社区可持续运营模式，提升产业品质和服务水平。完成社区换届选举工作，选举产生社区党委和社区居委会委员 85 人、党代表 11 人、人民代表 21 人。

【社会服务】三圣街道打造居家养老服务中心、社区长者食堂，建成社区日间照料中心 5 个。为 39 个老年人家庭实施适老化改造项目，为 84 名老年人办理“老年优待证”，增发“老年服务金卡”601 个，向

2021 年 4 月 29 日，三圣街道“永远跟党走”红色经典诵读比赛在喜树路综合体开展

（三圣街道办事处提供）

2094 名年满 80 岁的老年人发放长寿金 52.4 万元。开展住房保障和房屋租赁备案政策宣传活动 2 次，受理 11 户家庭的租金补贴申请，受理 7 户家庭的廉租房资格申请。为 254 户家庭复核公租房续住资格，为 104 户家庭复核廉租房续住资格，为 20 户家庭复核住房租金补贴资格。办理房屋租赁备案手续 1117 件。慰问困难群众 56 人，发送价值 1.9 万元的慰问物资。慰问残疾人家庭 46 户，发送慰问金 9200 元。慰问残疾人 257 人，发送慰问金 5 万元。为 24 名低保户兑现低保金 30 万元。发放特困人员救助金 18.24 万元，向 4 名困境儿童发放救助金 3.5 万元。办理“生育服务证”424 个，慰问计划生育特别扶助人员 82 人。

【群众文化】三圣街道设综合文化服务中心和 2 个分中心，分设社区综合文化服务室 10 个。开展文艺演出活动 31 次、公益培训活动 35 次、全民阅读活动 9 次、全民健身活动 26 次。新增文体类社会组织 7 家。参加成都市第六届社会体育指导员暨成德眉资社会体育指导员健身技能交流展示活动，获得群众文体活动奖项 14 个。

（宋阳俊　万洪骥）

江家艺苑东接江家菜地，南靠绕城高速，西联高威体育公园，北接锦江大道，占地 163 万平方米（2150 亩），定位锦城绿道文化中的艺术时尚文化区、环城生态公园农商文旅体融合发展示范区。区间内建成一级绿道 2.5 千米、二级绿道 3.5 千米、健身步道 13.5 千米。景区设计借鉴北宋画家黄休复《益州名画记》“逸、神、妙、能”四格理论，重现山、水、田、林格局，形成 4 个创意湖群，集生态、生活、艺术于一体。向市民开放迷你高尔夫、滑翔伞、马术、攀爬、皮划艇等运动项目和以艺术审美、科普教育为载体的儿童乐园，建成全国首家滑翔伞城市飞行营地。

（区融媒体中心提供）

附　录

‹‹‹ APPENDIX

锦江荣誉榜

一、国家级荣誉

1月，锦江区入选“2020年中国营商环境百佳示范县市”，排第53位。

1月，锦江区入选“2020年中国社会治理百佳示范县市”，排第11位。

2月25日，区委获“全国脱贫攻坚先进集体”称号。

3月，锦江区入选“2021年中国特色美食百佳县市”，排第1位。

5月，锦江区入选“2021年中国幸福百强区”，排第14位。

8月，锦江区入选“2021年中国高质量发展百强区”，排第72位。

8月，锦江区入选“2021年中国夜经济繁荣百佳县市”，排第38位。

8月，锦江区入选“2021年赛迪中国百强区”，排第69位。

9月，锦江区入选“2021年中国公平教育百佳县市”，排第61位。

9月18日，区委组织部的《以“党建＋众筹”点睛 绘出党建引领乡村振兴图》入选“中国乡村人才振兴优秀案例”。

10月，生态环境部批准锦江区为“国家生态文明建设示范区”。

10月12日，区委组织部在第五届全国人才工作创新案例评选中获优秀案例奖。

10月21日，区委老干部局获全国涉老工作部门庆祝中国共产党100周年暨党史学习教育宣传工作优秀奖。

10月23日，区委组织部、区委党校的《深入学习习近平总书记“七一”重要讲话精神，从党建引领社会力量参与精准扶贫的锦江实践中探索巩固拓展脱贫攻坚成果的新路径》入选中央党校（国家行政学院）报刊社、成都市委党校主编的《学术研讨活动论文集》。

11月12日，中央纪委和国家监察委新闻传播中心记者站、通联站授予区纪委、区监察委“2021年度宣传工作优秀集体”称号。

12月18日，锦江区获“中国最佳引才城市（区县级）奖”。

二、省级荣誉

1月8日，省就业服务管理局授予区就业局“2020年度四川省失业保险工作成效突出的经办单位”称号。

4月19日，区委党校《政府、企业、社会“三位一体”助力脱贫攻坚——成都市锦江区对口帮扶工作的实践与探索》入选四川省委党校（行政学院）主编的《2021年度科研工作会议论文集》。

4月22日，区委组织部获“四川省脱贫攻坚先进集体”称号。

7月，省文旅厅授予锦江区“2021—2023年度四川省民间文化艺术之乡（糖画）”称号。

9月16日，省人社厅授予区就业局四川省优秀公共就业创业服务成果三等奖。

9月29日，区委组织部、区委党校的《党建引领社会组织参与精准扶贫的锦江实践》在全省干部教育培训“好教材、好课程、好案例”评选中获“好案例”评价。

三、市级荣誉

1月，区规自局“集体土地征收执行八步工作法”得到市政府办公厅通报表彰，入选“成都市2020年度法治政府建设创新项目”。

1月27日，区委老干部局获“2020年度全市老干部系统宣传报道工作先进单位”称号。

2月1日，区委组织部获“2020年度全市组织系统组工信息工作先进单位”称号。

2月7日，区委组织部获“成都市两项改革先进集体”称号。

3月29日，市就业服务管理局授予区就业局“2020年成都市就业培训工作成绩突出单位”“2020年成都市农民工服务保障工作成绩突出单位”“2020年成都市资金（基金）管理工作成绩突出单位”称号。

4月2日，区委统战部获“2020年度成都市对口支援阿坝州甘孜州工作先进集体”称号。

4月29日，市人社局授予区人社局“2020年度成都市人社领域收入分配工作成绩突出单位”“2020年度成都市人社领域风险防控工作成绩突出单位”“2020年度成都市人社领域综合管理工作成绩突出单位”称号。

4月29日，市人社局授予区人社局“2020年度成都市人社领域疫情防控工作成绩突出单位”称号。

5月11日，市纪委、市监察委授予区纪委、区监察委“2020年纪检监察工作重点上宣工作先进单位”“办理省委巡视组转交办件工作先进单位”“以案促改工作先进单位”称号。

5月11日，区委组织部的《锦江区援藏援彝干部人才事迹系列报告》入选“2020年度全市组织系统网络宣传优秀正能量作品”。

5月12日，市人才服务中心授予区人力资源服务中心“2020年度流动人员人事档案信息化管理工作成绩突出单位”“2020年度高校毕业生（青年）就业见习工作成绩突出单位”“2020年度公开招聘及引才活动成绩突出单位”称号。

6月25日，区委老干部局获“全市离退休干部‘百年风华 红心向党’文艺汇演优秀组织奖”。

8月10日，市人事考试工作联席会议办公室授予区人社局“2020—2021年度成都市事业单位招聘考试先进单位”“2020—2021年度成都市执（职）业资格考试先进单位”称号。

9月24日，区委组织部、区委党校在第六届成德眉资党校风采交流观摩活动中获“风采展示奖”“优秀组织奖”。

10月25日，区委组织部获“成都市基层党建创新项目工作先进单位”称号。

12月15日，区委老干部局获得“2021年度全市老干部宣传思想工作先进单位”称号。

12月16日，区委老干部局获“2021年度全市老干部系统调研工作优秀组织单位”称号。

12月17日，区委组织部、区委党校的《党建引领社会组织参与基层治理研究》系列丛书获成都市党校（行政学校）优秀成果奖一等奖。

12月31日，区委组织部获“2021年成都市党史信息工作先进单位”称号。

12月，锦江区按照中央和省市“组建一支队伍，打造一批阵地，建立一套机制，形成一批成果”的要求，推广“小牛哥”党建品牌，举行成都市“蓉城暖蜂”行动“爱在锦江”主题活动日暨“小牛哥·刹一脚”爱心智慧驿站启动仪式。锦江区“锦小牛·同心小站”达到37个。“小牛哥·刹一脚”爱心智慧驿站突出“人情味+体验感+智能化”特色，注入“科技+服务”理念，打造快递物流从业人员24小时不打烊“路上之家”。“小牛哥·刹一脚”爱心智慧驿站引进“大牛”人工智能法律机器人，一键生成法律意见书，供快递物流从业人员参考。同步注入文创和社区美空间理念，展示传统文化元素，吸引市民参与。

聚焦锦江

2021 年媒体报道锦江区新闻一览表

表 32

序号	新闻标题	媒体	时间
1	四川成都市锦江区——科技赋能基层党建	人民日报	1 月 26 日
2	年货有保障 新春美味多	人民日报	2 月 12 日
3	各族人民幸福吉祥 伟大祖国繁荣富强	人民日报	2 月 16 日
4	四川成都三圣花乡重新亮相 为新春添一抹馥郁芬芳（假日观察）	人民日报	2 月 16 日
5	关于表彰全国脱贫攻坚先进个人和先进集体的决定	人民日报	2 月 25 日
6	全国脱贫攻坚先进集体名单（1501 个）	人民日报	2 月 25 日
7	社区治理，画好同心圆	人民日报	7 月 18 日
8	花乡农居春意浓	中国改革报	2 月 19 日
9	成都锦江区十举措激励干部干事担当	中国改革报	5 月 7 日
10	政务服务“不打烊”	中国改革报	6 月 9 日
11	成都锦江区：人工智能引领 打造创新高地	中国改革报	10 月 25 日
12	奋力推动新时代治蜀兴川再上新台阶	光明日报	5 月 29 日
13	热搜榜上的“成都温度”聚焦四川成都疫情防控中的志愿服务力量	光明日报	11 月 11 日
14	从“一元的茶香”到“一键的便捷”四川成都以“办实事”检验党史学习教育成效	光明日报	11 月 23 日
15	“小牛哥·刹一脚”驿站走红城市骑手圈	工人日报	1 月 24 日
16	奋斗百年路 启航新征程 东方潮 “锦绣天府”的华丽转身	工人日报	7 月 1 日
17	柔性引导增强垃圾分类意识	经济日报	3 月 20 日
18	成都，推开窗户见雪山	经济日报	7 月 23 日
19	带一只“熊猫”回家	经济日报	11 月 11 日
20	暖心保障贴心服务 大家小家安心过年	中央电视台 1 频道	2 月 7 日
21	浓情端午 家国传承·行走的“中国文化”	中央电视台 1 频道	6 月 13 日
22	中国美好生活大调查 成都上榜中国“十大大美”之城 稳就业成最大加分项	中央电视台财经频道	4 月 25 日
23	中国美好生活大调查 成都上榜中国“十大大美”之城 稳就业成最大加分项	中央电视台财经频道	4 月 25 日
24	成都：休闲经济活跃 “安逸”又“巴适”	中央电视台财经频道	4 月 26 日
25	“五一”看出游 四川成都：穿越千年 “十二月市”盛景再现	中央电视台财经频道	5 月 4 日
26	中国夜市全攻略：四川成都	中央电视台财经频道	8 月 18 日
27	开学季来临 四川成都：开学“预热” 萌娃来报到	中央电视台财经频道	8 月 30 日
28	国际新品首发 潮玩 IP 荟萃 春熙路紧跟时尚脉搏	中央电视台财经频道	10 月 19 日

续表 32

序号	新闻标题	媒体	时间
29	四川成都：运动让你嗨个够 社区运动节启幕	中央电视台中文国防频道	4 月 18 日
30	《长江之歌 6·推动新的时代》	中央电视台纪录频道	4 月 29 日
31	关大姐	中央电视台社会与法治频道	5 月 22 日
32	四川成都 春节临近 年味儿浓·直播连线 锦城锦江川流水 就地过个幸福年	中央电视台新闻频道	2 月 7 日
33	四川成都 除夕夜 来春熙路看 8K 超高清春晚	中央电视台新闻频道	2 月 9 日
34	四川成都 “破五”年味浓 视频照片打卡地标 留蓉过年也精彩	中央电视台新闻频道	2 月 17 日
35	做好疫情防控 春季出游热潮即将到来踏青游赏花游拉动乡村游热度	中央电视台新闻频道	3 月 29 日
36	开局之年 活力中国 记者体验：城乡烟火气 带暖新消费	中央电视台新闻频道	4 月 13 日
37	“五一”假期·消费 商圈步行街活力满满 消费拉动销售增长	中央电视台新闻频道	5 月 6 日
38	“世界家庭医生日” 建设网格化城市医联体 牵手三甲医院 提升家庭医生服务能力	中央电视台新闻频道	5 月 19 日
39	四川成都 6 家公园式婚姻登记中心运行	中央电视台新闻频道	5 月 20 日
40	传承红色文化 今天我入队	中央电视台新闻频道	6 月 1 日
41	假期消费观察·行走的“中国文化” “国潮”风起 掀起消费新热潮	中央电视台新闻频道	6 月 13 日
42	背包里的新风潮	中央电视台新闻频道	7 月 23 日
43	快看！熊猫又爬上楼啦 成都锦江区出现裸眼 3D 熊猫	新华社	1 月 16 日
44	成都“三圣花乡”焕新亮相 “花乡农居”开街迎客	新华社	1 月 28 日
45	2021 年“点亮锦江”春节系列活动在成都启幕	新华社	2 月 8 日
46	点将台亮灯 成都一环路市井生活圈开街	新华社	2 月 9 日
47	体验红色文化、学习垃圾分类、开展特色足球课……成都这所“百年小学”的开学第一课	新华社	3 月 1 日
48	成都成华区、锦江区相继发布“幸福美好生活十大工程”路线图	新华社	3 月 4 日
49	镜观中国特刊丨志愿者 在行动!	新华社	3 月 5 日
50	当你“拍了拍”成都	新华社	3 月 29 日
51	超有仪式感！公园里就能“扯证”结婚	新华社	5 月 20 日
52	2021 年全国射击锦标赛成都开战	新华社	6 月 2 日
53	“蓉城先锋·暖心物管”点亮幸福美好生活	新华社	6 月 17 日
54	成都：炎炎夏日 社区为一线防疫工作者送清凉	新华社	8 月 4 日
55	七夕节，一朵鲜花的“浪漫”之旅	新华社	8 月 14 日
56	成都锦江区：完善产业体系 为乡村振兴注入内生动力	新华社	8 月 30 日

附录

续表 32

序号	新闻标题	媒体	时间
57	佩校徽、唱校歌、签承诺书，成都市锦江区中小学开启新学年	新华社	9月2日
58	比恐龙古老！成都发现水中大熊猫桃花水母	新华社	9月8日
59	潮耀锦江 成都梨花街“七宝市”热闹开街	新华社	9月23日
60	成都锦江启动金秋文旅消费季 发布50个打卡点、3条精品旅线	新华社	9月30日
61	探寻成都市锦江区老年居民生活：重阳 重 YOUNG!	新华社	10月14日
62	MGC熊猫电视台落户成都 黑科技餐厅闪亮春熙路	新华社	10月15日
63	快来打卡！ Pandaful熊猫会客厅就在成都春熙路肯德基餐厅	新华社	10月16日
64	成都市锦江区：争做城市文明践行者 让“文明”成为亮丽“名片”	新华社	10月21日
65	成都：接续奋斗 高质量建设“品位锦江·幸福城区”	新华社	10月29日
66	成都市锦江区：火速集结 织密“安全网”	新华社	11月5日
67	来自成都锦江区的“10万秒”咖啡师斩获全国特奥会5金	新华社	11月12日
68	点灯挂符、花灯巡游……春熙路商圈重现“成都十二月市”	新华网	1月23日
69	成都三圣花乡焕新亮相 花乡农居开街迎客	新华网	1月28日
70	这个春天，我们与爱相约！成都市锦江区“1.314爱情专线”正式上线	新华网	2月8日
71	四条场景消费专线赋能 成都锦江开启美学新生活	新华网	3月15日
72	成都锦江区“百名思政教师百堂党史课”活动启幕	新华网	3月25日
73	成都锦江区老旧院落“新装亮相”	新华网	3月30日
74	让“上班的路”“回家的路”更舒心 成都锦江区将从这些方面努力	新华网	3月31日
75	“1234”成都市锦江区这样推进校园足球发展	新华网	4月2日
76	成都十二月市商业机会场景清单发布60个机会场景重磅亮相	新华网	4月9日
77	成都市基层党员党史学习教育系列活动在锦江区启动	新华网	4月9日
78	成都市锦江区走进沈阳16家商协会、160余家龙头企业踊跃参加投资促进洽谈会	新华网	4月14日
79	成都锦江区启动“锦蚕两生花·熙市扇香来”十二月市消费季活动	新华网	4月28日
80	媒体团走进成都锦江区 解锁“天府成都·品位锦江”美食文化	新华网	5月14日
81	打造婚礼艺术空间 锦江区合江亭婚姻登记处将于5月20日甜蜜“出道”	新华网	5月19日
82	成都锦江师生诵读红色经典 让党史学习教育“活”起来	新华网	5月21日
83	感受天府魅力人文锦江 媒体团打卡成都锦江幸福美好生活	新华网	5月27日
84	成都市锦江区发布首个社区级幸福美好生活指标体系	新华网	5月29日
85	小“小牛哥”送单跑单！参与职业体验，过不一样的“六一”	新华网	6月1日

续表 32

序号	新闻标题	媒体	时间
86	唱红歌颂党恩 成都市锦江区上演“六一”街头快闪	新华网	6月2日
87	2021年全国射击锦标赛成都开战	新华网	6月2日
88	共享幸福美好生活 成都锦江邀请您来“住”	新华网	6月3日
89	勇担金融使命 成都市锦江区举行“学党史、悟思想、办实事、开新局”党日活动	新华网	6月12日
90	成都市锦江区推动“三生渗透叠合”的城市发展路径	新华网	6月17日
91	最高奖励100万元！成都锦江区发布“锦遇良才”行动2.0版	新华网	6月18日
92	总投资额365.7亿元 成都锦江集中开工重大功能性项目26个	新华网	7月9日
93	成都锦江区爱心骑手“小牛哥”集结 每月定期为困难家庭送温暖	新华网	8月13日
94	小燕Vlog丨打卡成都爱情地标，感受一座城市的浪漫	新华网	8月15日
95	“成都十二月市”再上新！快来梨花街七宝市解锁新体验	新华网	9月23日
96	成都城市浪漫焕新！“1.314爱情专线”与情侣熊猫IP甜蜜联动	新华网	9月23日
97	让锦江的时尚、浪漫被更多人看到——2021“美好生活·品位锦江”金秋文旅消费季来啦！	新华网	9月30日
98	谁是蓉城最美快递小哥？“蓉城暖蜂行动”主题活动报名啦！	新华网	10月27日
99	新作为 新担当 新气象 锦江晒出幸福成绩单	新华网	10月29日
100	奋进新时代、启航新征程、担当新使命——接续奋斗 高质量建设“品位锦江·幸福城区”	新华网	10月29日
101	成都市蓝光凯丽香江小区解封 锦江区全域为低风险地区	新华网	11月18日
102	成都锦江区推出原创公益沙画MV致敬抗疫中的平凡英雄	新华网	11月19日
103	春熙路商圈重现“成都十二月市”	人民网	1月22日
104	在蓉过年 成都三圣花乡邀您“花乡农居”迎春	人民网	1月28日
105	和爱情有约！成都锦江区“1.314爱情专线”上线	人民网	2月8日
106	成都锦江区将实施“幸福美好生活十大工程”	人民网	3月4日
107	春熙姐姐艺术团成立 以文艺形式讲述党史	人民网	3月5日
108	视频：推动垃圾分类 公园城市更美丽	人民网	3月18日
109	成都锦江区“百名思政教师百堂党史课”活动启动	人民网	3月24日
110	成都锦江区：构建有温度的通勤场景 让“上班的路”“回家的路”更便利	人民网	3月30日
111	成都锦江区：深入推进城市有机更新 老旧院落“新装亮相”	人民网	3月30日
112	成都市三圣小学开展党员辅导讲党史活动	人民网	4月6日
113	成都基层党员党史学习教育“学党史、守初心、担使命”活动正式启动	人民网	4月8日

续表 32

序号	新闻标题	媒体	时间
114	这场坝坝会好生动 引得成都锦江区社区居民连连点赞	人民网	4 月 9 日
115	方式新 见实效 四川成都扎实推进党史学习教育走深走实	人民网	4 月 9 日
116	成都锦江大力实施青年创新创业就业筑梦工程	人民网	4 月 14 日
117	点亮幸福美好生活 成都强化党建引领物业行业高质量发展	人民网	4 月 23 日
118	红歌声声唱党史 成都锦江区推动党史学习教育走深走实走心	人民网	4 月 27 日
119	锦江区启动“成都十二月市”五月促消费系列活动	人民网	4 月 28 日
120	有了它心里踏实 成都锦江这项服务被快递小哥点赞了	人民网	4 月 29 日
121	“五一”期间 成都锦江区实现旅游综合收入 64.33 亿元	人民网	5 月 7 日
122	千年蓉城 烟火锦江——夜间文旅消费的锦江实践（上）	人民网	5 月 8 日
123	千年蓉城 烟火锦江——夜间文旅消费的锦江实践（下）	人民网	5 月 9 日
124	“厕所革命” “后厨革命” 助力打造全域旅游“锦江典范”	人民网	5 月 11 日
125	成都三圣花乡：进可繁华，退可田园	人民网	5 月 12 日
126	成都华兴街：古锦绣新花，华灯璀璨百业兴	人民网	5 月 19 日
127	锦江河畔人成双 成都合江亭婚姻登记处将于“520”甜蜜“出道”	人民网	5 月 19 日
128	成都合江亭婚姻登记处浪漫上线：让结婚更有仪式感、神圣感	人民网	5 月 20 日
129	成都锦江区“1.314 爱情专线” 以爱之名再次亮相	人民网	5 月 20 日
130	成都锦江师生诵读红色经典 让党史学习教育“活”起来	人民网	5 月 20 日
131	“娱”在锦江 媒体团打卡成都锦江网红地	人民网	5 月 27 日
132	进一扇门、跑一个窗、办所有事 成都锦江区 24 小时政务服务“不打烊”	人民网	5 月 31 日
133	“六一”颂党恩 成都锦江街头上演红色快闪	人民网	6 月 2 日
134	2021 年全国射击锦标赛成都开战	人民网	6 月 2 日
135	共享幸福美好生活 成都锦江邀请您来“住”	人民网	6 月 3 日
136	成都锦江区第五届“濯锦工匠”命名大会顺利举行	人民网	6 月 15 日
137	“锦遇良才”行动升级 成都锦江新政来了	人民网	6 月 18 日
138	成都市锦江区召开“两优一先”表彰大会	人民网	6 月 30 日
139	成都市锦江区党代表：一定牢记党的初心使命	人民网	7 月 1 日
140	成都锦江区召开庆祝中国共产党成立 100 周年座谈会	人民网	7 月 7 日
141	深蓉合作白鹭湾新经济小镇项目开工	人民网	7 月 9 日
142	中国儿童数字阅读中心基地落户四川成都	人民网	7 月 22 日
143	持续 36 度以上的高温天气下 看成都人如何守护他们的城？	人民网	8 月 4 日
144	四川：办好“微实事”，撬动“大民生”	人民网	8 月 10 日

续表 32

序号	新闻标题	媒体	时间
145	成都牛市口街道群众：真实事，心里暖！	人民网	8月12日
146	今年七夕，新人中意传统也喜欢成都“1.314爱情专线”	人民网	8月14日
147	成都锦江区举行千亿级企业培育服务签约仪式	人民网	9月1日
148	为群众办实事丨7年暖心帮扶 助女孩圆了大学梦	人民网	9月18日
149	“成都十二月市”再上新！梨花街七宝市开街仪式举行	人民网	9月22日
150	国际熊猫节，来成都1.314爱情专线邂逅熊猫	人民网	9月22日
151	为一个企业名称，省、市、区三级登记机关快速联动服务	人民网	9月23日
152	办得好丨麻将铺长期噪音扰民 相关部门快速解决	人民网	9月24日
153	明星云集春熙路，惊喜影展醉成都	人民网	9月27日
154	优化教师生态 聚力学校发展 锦江教育改革论坛走进菱窠路小学	人民网	9月27日
155	2021“美好生活·品位锦江”金秋文旅消费季来啦	人民网	9月30日
156	成都“雪山下的公园城市”国庆假期十条畅游之旅	人民网	9月30日
157	临街绿化带变成“垃圾带” 街道办清垃圾盖裸土 持续加强监督和管护	人民网	9月30日
158	动态提醒 精准入栏 共享单车不能“任性停”	人民网	10月18日
159	四川开打“加强针” 打了“加强针”心里更踏实了	人民网	10月18日
160	成都锦江劳动教育出新招 “农场＋教育基地”让学生收获真体验	人民网	10月21日
161	坚持党建引领强关爱 寻找成都最美骑手	人民网	10月26日
162	新作为 新担当 新气象 成都锦江区晒出幸福成绩单	人民网	10月29日
163	奋进新时代、启航新征程、担当新使命——接续奋斗 高质量建设“品位锦江·幸福城区”	人民网	10月29日
164	“不可见·X射线下的艺术”展 演绎当代艺术与传世经典的碰撞与交融	人民网	11月1日
165	成都发布疫情通报：全市紧急启动27个采样点位 加大核酸检测力度	人民网	11月3日
166	直击四川成都涉疫地区：防疫工作有序进行	人民网	11月4日
167	“这几天，还好有你们”	人民网	11月7日
168	成都锦江区部分区域开展全员免费核酸检测	人民网	11月8日
169	寒风中之有“暖”意 成都部分区域连夜核酸检测	人民网	11月9日
170	四川成都：有粮心不慌！企业、个人凝心聚力阻击疫情	人民网	11月10日
171	成都市蓝光凯丽香江小区解封 锦江区全域为低风险地区	人民网	11月18日
172	四川成都：众志成城御风雨 抗击疫情护万家	人民网	11月23日
173	迎接新春消费季，成都锦江“嗨”购不停	人民日报客户端	1月1日

续表 32

序号	新闻标题	媒体	时间
174	“春熙闹灯”！成都春熙路商圈重现“成都十二月市”	人民日报客户端	1月22日
175	人民日报看四川丨四川成都市锦江区——科技赋能基层党建	人民日报客户端	1月26日
176	快来打卡！成都锦江三圣花乡农居开街迎客	人民日报客户端	1月28日
177	成都“点亮锦江”，留你过年！	人民日报客户端	2月7日
178	这个春天，我们和爱情有约！锦江区“1.314 爱情专线”上线啦！	人民日报客户端	2月8日
179	成都锦江区发布幸福美好生活十大工程投资机会清单	人民日报客户端	3月3日
180	成都锦江教育系统“百名思政教师百堂党史课”活动拉开序幕	人民日报客户端	3月24日
181	“发现成都之美·镜头里的公园城市”系列主题活动启动	人民日报客户端	3月29日
182	成都锦江区：深入推进城市有机更新 老旧院落“新装亮相”	人民日报客户端	3月30日
183	“春熙孃孃”成立讲习小分队啦	人民日报客户端	3月30日
184	成都市基层党员党史学习教育相关活动启动	人民日报客户端	4月10日
185	成都市强化党建引领物业行业高质量发展	人民日报客户端	4月23日
186	从“守株待兔”到“一马当先”！成都锦江区探索“红色物业”服务创建实践	人民日报客户端	4月24日
187	按类施策 提升回收利用效率【讲述·垃圾分类工作就是新时尚（下）】	人民日报客户端	4月26日
188	成都锦江启动“成都十二月市”五月促消费系列活动	人民日报客户端	4月28日
189	千年蓉城 烟火锦江——夜间文旅消费的成都锦江实践（上）	人民日报客户端	5月11日
190	千年蓉城 烟火锦江——夜间文旅消费的锦江实践（下）	人民日报客户端	5月11日
191	“厕所革命” 用细节让“方便”更方便	人民日报客户端	5月13日
192	成都三圣花乡：进可繁华，退可田园	人民日报客户端	5月14日
193	久久为功水渐清（人民眼·长江经济带生态环境保护）	人民日报客户端	5月14日
194	成都锦江区“1.314 爱情专线”迎来新华点	人民日报客户端	5月20日
195	成都市锦江区举办“锦市荣熙”潮爱城市秀	人民日报客户端	5月20日
196	成都锦江：诵读红色经典 展情怀颂党恩	人民日报客户端	5月23日
197	四川高质量发展迈上新台阶	人民日报客户端	5月29日
198	党建引领社区发展治理	人民日报客户端	5月29日
199	“相约幸福成都”2021 年全国射击锦标赛（步枪项目）开赛	人民日报客户端	6月4日
200	办好赛事 经营好城市	人民日报客户端	6月26日
201	成都锦江：看两新逐梦远航	人民日报客户端	6月29日
202	成都市锦江区：牢记初心使命，做好新时代先锋	人民日报客户端	7月1日

续表 32

序号	新闻标题	媒体	时间
203	携手共谋社区治理 川澳社区治理合作考察团“打卡”锦江	人民日报客户端	7月12日
204	成都市少年儿童故事大赛总决赛暨“中国儿童数字阅读中心基地”授牌仪式顺利举行	人民日报客户端	7月21日
205	四川：办好“微实事”，撬动“大民生”	人民日报客户端	8月11日
206	成都一公园现“水中大熊猫”：比恐龙还古老	人民日报客户端	9月8日
207	思政课 多些打开方式 解码促进学生全面发展	人民日报客户端	9月9日
208	成都市锦江区万人赏月诵中秋	人民日报客户端	9月14日
209	让锦江的时尚、浪漫被更多人里看到——2021“美好生活·品位锦江”金秋文旅消费季来啦!	人民日报客户端	9月29日
210	成都锦江区：党建引领强关爱 最美骑手树典型	人民日报客户端	10月27日
211	新作为 新担当 新气象 成都锦江区晒出幸福成绩单	人民日报客户端	10月30日
212	接续奋斗 高质量建设“品位锦江·幸福城区”	人民日报客户端	10月30日
213	成都市各区（市）县新一届党委班子产生	人民日报客户端	11月2日
214	锦江区牛市口街道“小牛哥·先锋车手”党员志愿服务品牌创建工作	人民日报客户端	11月16日
215	成都锦江区沙河街道五福桥社区开展传统文化体验活动	人民日报海外网	6月1日
216	成都锦江区：深蓉合作白鹭湾新经济小镇项目开工	人民日报海外网	7月12日
217	春熙闹灯 “成都十二月市”开市啦!	央视新闻	1月23日
218	外卖小牛哥爱心“跑腿” 服务隔离区独居老人	央视新闻	11月7日
219	一位老人民警察的抗疫日记	央视新闻	11月12日
220	四川成都两个小区17日起解除封控管理	央视新闻	11月17日
221	送上祝福 来个拥抱 今天我们“解封”啦	央视新闻	11月17日
222	暖心！成都锦江为解封居民制作防护伴手礼	央视新闻	11月18日
223	全国射击锦标赛女子10米气步枪个人决赛颁奖仪式	央视频	6月1日
224	全场回放：全国射击锦标赛 女子10米气步枪个人决赛	央视频	6月1日
225	全国射击锦标赛50米男子步枪3种姿势决赛 田珈铭夺冠	央视频	6月1日
226	全国射击锦标赛女子10米气步枪团体赛金牌赛 浙江队夺冠	央视频	6月2日
227	全国射击锦标赛女子10米气步枪团体赛铜牌赛 辽宁队战胜山西队	央视频	6月2日
228	成都锦江：看两新逐梦远	央视频	6月30日
229	“成都十二月市”再上新 成都锦江区梨花街七宝市开街	央视频	9月23日
230	国际熊猫节 来成都锦江区1.314爱情专线“和熊猫谈个恋爱”	央视频	9月23日
231	成都锦江区原创沙画MV向抗疫中的平凡英雄致敬	央视频	11月19日
232	成都后花园转型升级了	光明日报客户端	1月28日

续表 32

序号	新闻标题	媒体	时间
233	四川成都锦江区启动“百名思政教师百堂党史课”活动	光明日报客户端	3 月 24 日
234	成都锦江区举办庆祝中国共产党成立 100 周年教师朗诵比赛	光明日报客户端	5 月 21 日
235	60 岁民警退休前仍在抗疫一线	光明网	11 月 8 日
236	成都锦江区：部分区域全员免费核酸检测	光明网	11 月 9 日
237	“飞毛腿”医生的秘密：汽车后排 就是“豪华大床”	光明网	11 月 15 日
238	成都又一小区解封！锦江区全域低风险！	光明网	11 月 18 日
239	成都城东医院：公益体检让老人受益	央广国际在线	1 月 14 日
240	成都街头上演 3D 视觉盛宴：熊猫探出屏幕 跟你打招呼了	央广国际在线	1 月 18 日
241	“推门就是美好生活” 成都锦江首个“全龄友好公园社区”即将启用	央广国际在线	1 月 21 日
242	成都锦江春熙路商圈重现“成都十二月市” 春熙闹灯开市迎新春	央广国际在线	1 月 24 日
243	成都锦江区三圣花乡焕新亮相 “花乡农居”开街迎客	央广国际在线	1 月 28 日
244	连线 | 成都市锦江区委：接续奋斗助力对口支援地区乡村振兴	央广国际在线	2 月 25 日
245	全国表彰！来看看他们都为脱贫攻坚做了什么	央广国际在线	2 月 25 日
246	成都锦江区召开实施“幸福美好生活十大工程”推进大会	央广国际在线	3 月 5 日
247	2021 年成都市锦江区高质量发展推介会举行	央广国际在线	3 月 5 日
248	成都锦江区教育系统“百名思政教师百堂党史课”活动拉开序幕	央广国际在线	3 月 25 日
249	成都锦江：让“上班的路”“回家的路”更加舒心美好	央广国际在线	3 月 30 日
250	成都锦江区老旧院落“新装亮相”	央广国际在线	3 月 31 日
251	成都市基层党员党史学习教育“学党史、守初心、担使命”活动正式启动	央广国际在线	4 月 9 日
252	成都市强化党建引领物业行业高质量发展 点亮幸福美好生活	央广国际在线	4 月 25 日
253	成都锦江区启动“成都十二月市”五月促消费系列活动	央广国际在线	4 月 28 日
254	“十二月市”点燃消费热 成都锦江区“五一”黄金周消费成绩喜人	央广国际在线	5 月 8 日
255	锦江河畔人成双 成都合江亭婚姻登记处将于“520”甜蜜“出道”	央广国际在线	5 月 19 日
256	点亮浪漫“新场景” 成都锦江区“1.314 爱情专线”再添新活力	央广国际在线	5 月 20 日
257	“锦市荣熙”潮爱城市秀亮相成都锦江区“1.314 爱情专线”特色街区	央广国际在线	5 月 21 日
258	“六一”颂党恩 成都锦江区街头上演红色快闪 . 活动	央广国际在线	6 月 2 日
259	成都市锦江区第五届“濯锦工匠”命名大会	央广国际在线	6 月 15 日
260	成都市锦江区召开“两优一先”表彰大会	央广国际在线	7 月 1 日
261	总投资额 365.7 亿元 成都锦江集中开工重大功能性项目 26 个	央广国际在线	7 月 9 日
262	深蓉合作白鹭湾新经济小镇项目开工	央广国际在线	7 月 10 日
263	今年七夕 到成都锦江“1.314 爱情专线”体验浪漫	央广国际在线	8 月 15 日

续表 32

序号	新闻标题	媒体	时间
264	成都锦江区举行千亿级企业培育服务签约仪式	央广国际在线	9月1日
265	为群众办实事 丨 7 年暖心帮扶 助女孩圆了大学梦	央广国际在线	9月19日
266	“成都十二月市”再上新 成都锦江区梨花街七宝市开街	央广国际在线	9月23日
267	国际熊猫节：来成都锦江区“1.314 爱情专线”“和熊猫谈个恋爱”	央广国际在线	9月23日
268	成都市锦江区牛市口街道举办新兴行业劳动者专场主题联谊会	央广国际在线	9月27日
269	2021“美好生活·品位锦江”金秋文旅消费季正式启动	央广国际在线	9月30日
270	新作为 新担当 新气象 成都锦江晒出幸福成绩单	央广国际在线	10月28日
271	奋进新时代、启航新征程、担当新使命——接续奋斗 高质量建设“品位锦江·幸福城区”	央广国际在线	10月29日
272	锦江区党代会 @ 你 来看五年成绩单	央广国际在线	10月29日
273	锦江区党代会 @ 你 未来五年 接续奋斗 高质量建设“品位锦江·幸福城区”	央广国际在线	10月29日
274	“不可见·X 射线下的艺术”展览在成都市锦江区开展	央广国际在线	11月1日
275	一线党员亮身份 并肩作战抗疫情丨锦江区成龙路街道筑牢疫情防控基层战斗堡垒	央广国际在线	11月7日
276	临时党支部成了小区居民的主心骨 全市已在疫情防控第一线建立临时党支部 183 个	央广国际在线	11月7日
277	九个党小组在行动 筑起疫情防控一线“红色堡垒”	央广国际在线	11月7日
278	防疫有序丨成都市锦江区：蔬菜鲜、奶茶甜 居家抗“疫”心不慌	央广国际在线	11月10日
279	人工智能“黑科技”为基层抗“疫”赋能	央广国际在线	11月11日
280	成都抗疫中的平凡英雄 (10) 丨退休民警彪大爷：一脱下警服就换上红马甲 从民警到志愿者无缝衔接	央广国际在线	11月15日
281	隔离不隔爱 一场别开生面的“阳台演唱会”	央广国际在线	11月15日
282	解封不等于解防 娇子 1 号按下播放键 冬夜冷雨挡不住暖心场面	央广国际在线	11月17日
283	成都成华城东医院开展公益体检 锦江区千名老人受益	改革网	1月14日
284	“成都十二月市”再现！锦江区上演“春熙闹灯”喜迎新年	改革网	1月23日
285	都市田园梦 悠然花乡中	改革网	1月28日
286	成都三圣花乡焕新亮相 花乡农居开街迎客	改革网	1月28日
287	华丽蜕变！成都三圣花乡“花乡农居”开街啦	改革网	1月28日
288	在锦江河畔邂逅春天！成都锦江区“1.314 爱情专线”上线啦	改革网	2月8日
289	开街啦！成都一环路市井生活圈添味城市烟火气	改革网	2月9日
290	中共成都市锦江区委员会受全国脱贫攻坚表彰！	改革网	2月25日
291	成都锦江召开实施幸福美好生活十大工程推进大会	改革网	3月3日
292	向幸福美好生活出发 锦江区老旧院落“新装亮相”	改革网	3月30日

续表 32

序号	新闻标题	媒体	时间
293	“1234” 成都锦江推进校园足球发展有新招	改革网	4月3日
294	成都市基层党员党史学教活动在锦江区启动	改革网	4月9日
295	党建引领物业 点亮美好生活	改革网	4月23日
296	“成都十二月市” 五月促消费系列活动在锦江区启动	改革网	4月28日
297	品味锦江从美食开始——2021年中央和省市主流媒体走进锦江	改革网	5月14日
298	成都合江亭婚姻登记处将于520甜蜜出道	改革网	5月18日
299	“520” 点亮锦江新场景 “爱情专线” 激发消费新动能	改革网	5月20日
300	文脉传承+全新场景+产业路演 成都锦江以爱之名再次C位亮相	改革网	5月20日
301	诵读红色经典 成都锦江庆祝建党100周年教师朗诵比赛拉开帷幕	改革网	5月21日
302	娱乐+消费+休闲：品味锦江从 “玩” 深入	改革网	5月27日
303	体验特色民宿和星级酒店 感受锦江的美	改革网	6月2日
304	100名能工巧匠入选成都锦江第五届 “濯锦工匠”	改革网	6月15日
305	总投资365.7亿 成都锦江区集中开工26个项目	改革网	7月9日
306	七夕节 成都锦江区1.314爱情专线给你专属浪漫	改革网	8月14日
307	成都锦江区：梨花街七宝市开街 推动文创珠宝产业加速发展	改革网	9月22日
308	来成都锦江1.314爱情专线 “和熊猫谈个恋爱”	改革网	9月22日
309	“以赛引才、以赛助创” 成都锦江区第一届七宝青年设计师大赛举行	改革网	10月20日
310	寻找最美骑手 “蓉城暖蜂行动” 主题活动启动	改革网	10月27日
311	五年奋进 成都锦江晒出幸福成绩单	改革网	10月29日
312	接续奋斗 高质量建设 “品位锦江·幸福城区”	改革网	10月29日
313	蔬菜鲜、奶茶甜！成都市锦江区抗疫有保障	改革网	11月10日
314	胡润百富发布民宿榜，成都两项指标上榜数均居第一的底气在哪？	中国新闻网	1月15日
315	成都街头再现 “十二月市” 创新传统文化提升消费信心	中国新闻网	1月23日
316	成都三圣花乡焕新亮相 “花乡农居” 开街迎客	中国新闻网	1月27日
317	成都又多一情侣打卡圣地 “1.314爱情专线” 亮相锦江区	中国新闻网	2月8日
318	成都锦江区一环路市井生活圈迎春开街 添就地过年 “年味”	中国新闻网	2月9日
319	成都首家 “杂志铺”：希望民众以文会友 吸引更多文学爱好者	中国新闻网	2月19日
320	成都老旧院落变身 “彩色梦幻岛”	中国新闻网	2月24日
321	看四川的外国人如何过元宵节	中国新闻网	2月26日
322	海归硕士转行做废品回收员？你怎么看……	中国新闻网	2月26日

续表 32

序号	新闻标题	媒体	时间
323	海归硕士转行做废品回收员：相信行行出状元	中国新闻网	2月26日
324	四川“大刀金丝面”：薄如蝉翼 可穿针引线	中国新闻网	3月2日
325	锦江区积极推进实施幸福美好生活十大工程	中国新闻网	3月3日
326	成都锦江区11个重大项目集中签约，总投资124亿元	中国新闻网	3月5日
327	成都闹市一栋老建筑打围“包装”后重焕生机	中国新闻网	3月9日
328	成都和平街小学开展“垃圾分类 绿色共享”主题教育活动	中国新闻网	3月15日
329	四川师范大学发现的宋代古墓已打围 据称系平民墓	中国新闻网	3月22日
330	成都锦江区“百名思政教师百堂党史课”活动启动	中国新闻网	3月25日
331	成都锦江：大力提升城市通勤效率，助力幸福美好生活	中国新闻网	3月30日
332	成都锦江：老旧小区升级版的“幸福美好生活”，打造城市“更新样本”	中国新闻网	3月30日
333	成都新冠疫苗接种稳步推进 部分区县将启用大型临时接种点	中国新闻网	4月6日
334	成都市基层党员党史学教系列活动正式启动	中国新闻网	4月8日
335	“点亮幸福美好生活”成都市物业行业党建示范建设启动	中国新闻网	4月23日
336	“成都十二月市”五月促消费季在锦江启动	中国新闻网	4月27日
337	郎卡杰超级文化IP助力炉霍贫困群众吃“文化饭”走致富路	中国新闻网	4月27日
338	成都锦江区“五一”消费成绩喜人 十二月市点燃新热度	中国新闻网	5月8日
339	成都锦江河畔的“520首席甜蜜” 合江亭婚登处将浪漫“出道”	中国新闻网	5月19日
340	成都锦江“以爱之名”城市潮秀C位亮相	中国新闻网	5月20日
341	成都：合江亭婚姻登记处点亮锦江式浪漫	中国新闻网	5月20日
342	四川发放3.89亿元文旅消费券 “文旅一卡通”带动游客消费热情	中国新闻网	5月26日
343	不一样的“六一”：成都锦江开展快递物流行业职工关爱活动	中国新闻网	6月1日
344	成都锦江：不一样的“六一”街头快闪颂党恩	中国新闻网	6月2日
345	成都锦江区第五届“濯锦工匠”命名大会顺利举行	中国新闻网	6月15日
346	深蓉合作白鹭湾新经济小镇项目开工 核心区域加速创新高质量发展	中国新闻网	7月9日
347	四川开展12至17岁人群疫苗接种	中国新闻网	8月6日
348	探访成都未成年人新冠疫苗接种：监护人需陪同，仅使用两种灭活疫苗	中国新闻网	8月6日
349	浪漫七夕 成都“爱情圣地”让爱变得更传统	中国新闻网	8月14日
350	浪漫七夕 成都“爱情打卡地”甜蜜氛围正浓	中国新闻网	8月14日
351	四川成都：七夕节里结良缘	中国新闻网	8月14日
352	成都闹市街头“77岁”钟表老店：见证行业兴衰 守护“流淌的时间”	中国新闻网	9月1日

续表 32

序号	新闻标题	媒体	时间
353	成都七旬木版水印匠人：传承传统书画意蕴	中国新闻网	9 月 7 日
354	成都七旬木版水印匠人：传承传统书画意蕴	中国新闻网	9 月 10 日
355	成都：老民居化身“公寓书店”	中国新闻网	9 月 14 日
356	中国西南英国商会外籍女主席的“创意”人生	中国新闻网	9 月 16 日
357	成都锦江：助因病致残女孩圆了大学梦	中国新闻网	9 月 19 日
358	“成都十二月市”再上新 梨花街七宝市开街	中国新闻网	9 月 23 日
359	国际熊猫节 去锦江 1.314 爱情专线“和熊猫谈恋爱”	中国新闻网	9 月 23 日
360	成都居民小区双电源改造工程全面启动	中国新闻网	9 月 24 日
361	“爱情专线上的缘分速递” 成都锦江区助力新就业形态劳动者邂逅幸福	中国新闻网	9 月 26 日
362	调查：成都试点城市一刻钟便民生活圈，我们的生活有啥不一样？	中国新闻网	9 月 28 日
363	这个金秋到成都锦江 邂逅浪漫文旅 品味时尚美好生活	中国新闻网	9 月 30 日
364	四川“就地过节”花样多：“爆款”景区受热捧 “就地游”悄然走热	中国新闻网	10 月 4 日
365	关爱老年人 锦江组织开展慢性伤口防控知识公益讲座	中国新闻网	10 月 13 日
366	2022“蓉漂杯”高层次人才创新创业大赛暨锦江区第一届七宝青年设计师大赛顺利举行	中国新闻网	10 月 21 日
367	坚持党建引领 成都锦江将开展关爱快递物流业“蓉城暖蜂行动”	中国新闻网	10 月 27 日
368	接续奋斗 高质量建设“品位锦江·幸福城区”	中国新闻网	10 月 30 日
369	新一届中共成都市锦江区委常委会产生 陈志勇当选区委书记	中国新闻网	10 月 30 日
370	成都：锦江区学校已严格实行校园封闭管理	中国新闻网	11 月 3 日
371	成都：“黄码”人员立即向社区报备 并在 3 天内进行 2 次核酸检测	中国新闻网	11 月 3 日
372	成都激活社会力量参与疫情防控：同心抗“疫”彰显城市温度	中国新闻网	11 月 6 日
373	义务跑腿免费送菜 成都社会力量同心抗疫	中国新闻网	11 月 6 日
374	成都锦江区：关键时刻一线党员齐担当，筑牢疫情防控“红色堡垒”	中国新闻网	11 月 7 日
375	成都锦江：千余份汤剂温暖抗疫一线	中国新闻网	11 月 11 日
376	成都锦江区首个全龄友好公园社区即将启用	中国报道	1 月 20 日
377	成都锦江邀您“春熙闹灯”	中国报道	1 月 23 日
378	成都锦江区“1.314 爱情专线”上线啦！	中国报道	2 月 8 日
379	开启幸福美好生活新征程——锦江区实施幸福美好生活十大工程推进大会暨投资机会清单发布会	中国报道	3 月 5 日
380	成都锦江区“百名思政教师百堂党史课”活动拉开序幕	中国报道	3 月 25 日
381	成都锦江区：老旧院落“新装亮相”	中国报道	3 月 30 日

续表 32

序号	新闻标题	媒体	时间
382	成都市基层党员党史学习教育“学党史、守初心、担使命”活动正式启动	中国报道	4月9日
383	成都市强化党建引领物业行业高质量发展 点亮幸福美好生活	中国报道	4月25日
384	从“守株待兔”到“一马当先”！成都锦江区探索“红色物业”服务创建实践	中国报道	4月25日
385	十二月市点燃消费热，成都锦江区“五一”黄金周消费成绩喜人	中国报道	5月8日
386	锦江河畔人成双，合江亭下结鸳鸯——成都合江亭婚姻登记处将于520甜蜜“出道”	中国报道	5月19日
387	启动婚姻仪式新引擎 点亮浪漫背后新场景——成都锦江区“1.314爱情专线”迎来新华点	中国报道	5月20日
388	深蓉合作白鹭湾新经济小镇项目开工	中国报道	7月9日
389	“成都十二月市”再上新！梨花街七宝市开街仪式举行	中国报道	9月23日
390	国际熊猫日，来成都锦江1.314爱情专线“和熊猫谈个恋爱”	中国报道	9月23日
391	2021“美好生活·品位锦江”金秋文旅消费季来啦！	中国报道	9月30日
392	2022“蓉漂杯”高层次人才创新创业大赛 暨锦江区第一届七宝青年设计师大赛 圆满落幕！	中国报道	10月21日
393	成都锦江区：党建引领强关爱 最美骑手树典型	中国报道	10月27日
394	奋进新时代、启航新征程、担当新使命——接续奋斗 高质量建设“品位锦江·幸福城区”	中国报道	10月29日
395	成都市锦江区老旧院落居民迎来“电梯时代”	环球人物网	3月30日
396	“小小牛哥”上岗，过不一样的六一儿童节	环球人物网	6月1日
397	“六一”颂党恩 成都锦江街头上演“红色快闪”	环球人物网	6月2日
398	成都市锦江区第五届“濯锦工匠”命名大会	环球人物网	6月15日
399	“双城互动 校地融合 我为职工办实事”主题系列活动举行	环球人物网	9月27日
400	我为职工办实事丨成都锦江区举行党史学习讲座	环球人物网	10月11日
401	成长手牵手 成都锦江区“亲子健康跑”开跑	环球人物网	10月26日
402	带伤上“疫”线 一位来自基层工会干部的坚守	环球人物网	11月16日
403	成都市锦江区总工会：做好疫情防控 守护幸福家园	环球人物网	11月17日
404	339.75米！“成都高度”刷新了！	中国网	1月18日
405	成都市锦江区首个“全龄友好公园社区”即将启用	中国网	1月20日
406	锦江区委党校：立足优势 走一流特色基层党校建设之路	中国网	1月20日
407	“三圣花乡”焕新亮相 花乡农居开街迎客	中国网	1月28日
408	“爱成都·迎大运”成都市锦江区推中英读本细品锦江	中国网	1月28日
409	成都市锦江区委：接续奋斗助力对口支援地区乡村振兴	中国网	2月25日

附录

续表 32

序号	新闻标题	媒体	时间
410	柳江街道多措并举高品质服务成都幸福美好生活十大工程	中国网	4月29日
411	成都市锦江区“1.314 爱情专线”迎来新华点	中国网	5月20日
412	诵读红色经典 展情怀颂党恩	中国网	5月21日
413	100 名能工巧匠获评成都市锦江区第五届 “濯锦工匠”	中国网	6月16日
414	深蓉合作白鹭湾新经济小镇项目正式开工	中国网	7月9日
415	今年开学 成都锦江教育送来“双减”大礼包	中国网	9月1日
416	请党放心 强国有我——成都市锦江区各学校开学典礼信仰味道浓	中国网	9月1日
417	成都市锦江区总工会开展《重温党史守初心》党史学习讲座	中国网	10月11日
418	美好生活在柳江——构建 15 分钟生活圈，打造社区“宜居感”，提升居民“幸福味”	中国网	10月12日
419	杨世映当选为锦江区总工会第四届委员会主席	中国网	10月13日
420	成都市锦江区 OST 传媒以创意为核心 促新媒体内容生态良性发展	中国网	10月14日
421	成都市锦江区对外开放工作领导小组 2021 年第 4 次会议暨重大项目调度会召开	中国网	10月18日
422	域上和美集团打造成都东湖当代都市艺术群落应用场景 IP	中国网	10月18日
423	第二届“全球减贫案例征集活动”获奖名单揭晓 锦江区“飞地经济 + 众筹”产业扶贫模式入选获奖案例	中国网	10月20日
424	四川省成都市锦江区总工会 推动“三化” 创响工会创新服务项目品牌	中国网	10月25日
425	成都锦江区：坚持党建引领强关爱 寻找“最美骑手”树典型	中国网	10月28日
426	谱好“四步曲” 唱响新时代职工之家主旋律	中国网	10月28日
427	新作为 新担当 新气象 成都市锦江区晒出幸福成绩单	中国网	10月29日
428	接续奋斗 高质量建设“品位锦江 · 幸福城区”	中国网	10月29日
429	奋战 24 小时！成都锦江区柳江街道开展重点区域集中核酸检测，单日检测量过万	中国网	11月8日
430	同心战疫 我们在一起——锦江区柳江街道集中核酸检测实纪	中国网	11月8日
431	“柳江力量”全力支援春熙路街道、东湖街道核酸检测工作	中国网	11月10日
432	锦江区总工会党组成员、副主席、机关党支部书记曾刚：像一颗钉子一样，“钉”在疫情防控岗上	中国网	11月10日
433	成都市锦江区总工会成立锦江区职工抗疫突击队助力疫情防控	中国网	11月11日
434	履职尽责有作为 抗击疫情有担当——成都市锦江区总工会抗疫工作纪实	中国网	11月11日
435	有需要就找“和善嬢嬢”，这个平均年龄 60 岁的“最暖女团”厉害了！	中国网	11月12日
436	成都市锦江区委书记陈志勇视频会见大搜车集团 CEO 姚军红	中国网	11月19日

2021年成都市锦江区国民经济和社会发展统计公报

2021年，面对严峻复杂的外部环境、反复多变的新冠肺炎疫情和经济下行压力加剧等多重挑战，锦江区坚持以习近平新时代中国特色社会主义思想为指导，贯彻落实中央、省、市各项决策部署，做好“六稳”工作，完成“六保”任务，经济发展总体平稳，社会大局保持稳定，“十三五”规划收官，“十四五”规划开局。

一、综合

2021年，根据成都市区（市）县地区生产总值统一初步核算结果，锦江区地区生产总值1260.6亿元。按可比价格计算，较2020年增长7.2%。2019—2021年平均增长4.6%。分产业看，第一产业增加值0.7亿元，较2020年增长0.9%。2019—2021年平均增长1.1%。第二产业增加值139.7亿元，较2020年增长5.2%。2019—2021年平均增长4.0%。第三产业增加值1120.2亿元，较2020年增长7.5%，2019—2021年平均增长4.7%。三次产业结构比为0.06 ∶ 11.08 ∶ 88.86。

锦江区民营经济增加值634.89亿元，较2020年增长8.7%，占地区生产总值的50.4%。区级一般公共预算收入90.05亿元，较2020年增长8.9%。其中税收74.51亿元，较2020年增长10.3%。区级一般公共预算支出59.86亿元，较2020年增长5.3%。

二、农业

2021年，锦江区农业总产值1.20亿元，较2020年增长0.5%。化肥施用量1.8万公斤，较2020年下降40%。农药施用量为550公斤，较2020年下降45%。农业增加值0.73亿元，较2020年增长0.9%。

三、工业和建筑业

2021年，锦江区规模以上工业增加值较2020年增长13.6%，规模以上工业产值较2020年增长18.3%。规模以上工业企业产品产销率74.9%。生物医药产业较2020年增长13.9%，计算机、通信和其他电子设备制造业较2020年增长42.2%。规模以上工业企业主营业务收入54.41亿元，较2020年增长89.4%。利润总额22.46亿元，较2020年增长304%。

锦江区建筑业增加值较2020年增长1.7%。具有总承包资质或专业承包资质的建筑业法人企业193家。其中新增企业48家。房屋施工面积5765.33万平方米。其中新开工面积1668.13万平方米。

四、固定资产投资

2021年，锦江区固定资产投资较2020年增长14.1%。分产业看，第二产业投资同比增长21.7%。其中工业投资较2020年增长21.9%。第三产业投资较2020年增长13.4%。基础设施投资较2020年增长87.6%。公共服务投资较2020年增长101.9%。民间投资占固定资产投资的28%。

房地产开发投资较2020年增长3.1%。商品房销售面积104.9万平方米，较2020年增长6.8%。

五、商业

2021年，锦江区社会消费品零售总额1324.3亿元，较2020年增长13.7%。文化办公用品类商品零售额增长158.8%，体育娱乐用品类商品零售额增长38.4%，通讯器材类商品零售额增长16.7%。限额以上单位的互联网商品零售额、餐饮收入分别增长58.9%和82.1%。

六、高质量发展

2021年，锦江区单位地区生产总值能耗下降0.1%，单位工业增加值能耗下降7.1%。规模以上高技术制造业增加值增长24.0%，规模以上科技服务业营业收入较2020年增长4.4%。

锦江区高新技术企业152家，高新技术产业主营业务收入530.56亿元。引进新经济500强企业5家，新增新经济企业28747家，较2020年增长218.75%。新增注册资本1419.09亿元。新经济企业总数达到7.4万家，营业收入1266亿元，全口径税收30亿元。新增种子企业10家、准独角兽企业3家。新经济企业获得风险投资37.76亿元。

七、国际化营商环境建设

2021年，锦江区548项事项“零差别”受理，窗口压缩率56%，窗口工作人员压减30%，企业群众办事窗口等候时间减少三分之一。服务事项网上可办率100%，全程网办率94.6%，一次办理率100%，能够马上办理的服务事项占比达63.8%，承诺提速率85%。建成24小时智慧服务大厅，提供自助办理、人证核验、材料智审、进度查询等十大主题服务。

八、对外开放

2021年，锦江区外贸进出口总

区纪委

书　记

刘嘉聪

副书记

淳　茂（2021年10月任）

龚仁勇（2021年10月任）

罗培民（任至2021年10月）

杨文波（任至2021年9月）

纪委常委

祝　勋

李　直（2021年10月任）

马　伊（2021年10月任）

罗月敏（2021年10月任）

胡　颖（2021年7月挂任）

梁　永（任至2021年10月）

郭　伟（任至2021年10月）

赵　怡（任至2021年10月）

区监察委

主　任

刘嘉聪

副主任

淳 茂（2021年10月任）

龚仁勇（2021年10月任）

罗培民（任至2021年11月）

杨文波（任至2021年9月）

委　员

祝　勋

李　直

唐联科（2021年12月任）

周　婧（2021年12月任）

梁　永（任至2021年11月）

郭　伟（任至2021年11月）

魏　明（任至2021年11月）

区纪委、区监察委内设机构

办公室主任

贡　茜

组织部部长

石丽娟（任至2021年11月）

宣传部部长

隆坚成（任至2021年11月）

党风政风监督室主任

李 智

信访室主任

龙会光

第一纪检监察室主任

马 伊（任至2021年11月）

第二纪检监察室主任

王刚（任至2020年12月）

第三纪检监察室主任　唐联科

第四纪检监察室主任　徐　锐

第五纪检监察室主任　韩　毅

案件审理室主任　周　婧

派驻纪检监察组

驻区委办公室纪检监察组组长

李文清（2021年3月任）

驻区人大常委会纪检监察组组长

张 林

驻区政府办公室纪检监察组组长

龚波龙

驻区政协机关纪检监察组组长

沈 汉

驻区委组织部纪检监察组组长

苟旭红（任至2021年11月）

驻区委宣传部纪检监察组组长

王万芬

驻区委统战部纪检监察组组长

郎永峰

驻区委政法委纪检监察组组长

向明洪

驻区发改局（区粮食储备局）纪检监察组组长　李颜延

驻区经信局纪检监察组组长

张前恩

驻区教育局纪检监察组组长

刘贤莉

驻区民政局纪检监察组组长

黄　利

驻区财政局（区国资局）纪检监察组组长　季　玫

驻区人社局纪检监察组组长

沙　征（2021年3月任）

驻区住建和交通局（人防办）纪检监察组组长

夏桂荣

驻区公园城市局（区农业农村局）纪检监察组组长

刘　华

驻区卫健局纪检监察组组长

徐　敏

驻区市场监管局纪检监察组组长

王金伟

驻区行政审批局（区网络理政办）纪检监察组组长　刘　冬

驻区综合执法局（区城管局）纪检监察组组长

胡　海（2021年3月任）

李文清（任至2021年3月）

区委组织部

部　长

余家洪（2021年8月任）

罗文川（任至2021年8月）

常务副部长　李凌云

副　部　长

温　萍（兼）

罗晓东（2021年4月兼任）

谭　烜

刘　鹏（2021年11月兼任）

武德箭（兼任至2021年4月）

荀志强（兼任至2021年11月）

周　兵（任至2021年11月）

赵　雷（兼任至2021年6月）

部务委员

贺新郎

刘　鹏（任至2021年11月）

机关党委书记　张　粤

区直机关工委

书　记

余家洪（2021年9月任）

罗文川（任至2021年8月）

区公务员局

局　长

刘　鹏（任至2021年11月）

区委党史研究室

主　任　谭　烜

副主任　王　东

区委“两新”工委

副书记

李顺平（2021年11月任）

区委党校、区行政学校

区委党校校长

余家洪（2021年9月兼任）

罗文川（兼任至2021年8月）

区行政学校校长

余家洪（2021年9月兼任）

王　庆（兼任至2021年9月）

常务副校长　雷伟春

副　校　长　吴雅洁

区委宣传部

部　长

彭洪泽（2021年9月任）

邱长宝（任至2021年9月）

常务副部长　汪　宏

副　部　长

许　波（兼）

王喜雪

王　欣

赵　怡（2021年11月任）

李德军

区新闻出版局（区版权局）

局　长　许　波

网络新闻信息中心

主　任　白晓丰

文化创意产业促进中心

主　任　佟　强

区文联

主　席

赵　怡（2021年11月任）

王　欣（任至2021年11月）

常务副主席　董　均

区社科联

主　席　王喜雪

副主席　田仕琴（2021年11月任）

融媒体中心

副主任　张红波（2021年3月任）

副主任　陈　丽（2021年11月任）

区委统战部

部　长

唐　勇（2021年9月任）

李香贵（任至2021年9月）

常务副部长　王耀军

副　部　长　彭华苹

侯　滔

姚艳洪（兼）

古　斌

区民宗局

局　长　王耀军

副局长　李　璞

区台联

常务副会长　段蓓蓓

区委政法委

书　记

刘刚毅（2021年8月任）

欧泽春（任至2021年8月）

常务副书记

蔡承尧（2021年11月任）

黄忠才（任至2021年11月）

副　书　记

王　政（挂职）

林　红

丁　夏

程润林（2021年7月任）

政治部主任

王　寅

区委政研室

主　任

李　润（2021年3月任）

杨建华（任至2021年3月）

副主任

刘沈镭

张　勇

丁　元（任至2021年11月）

区委社治委

主　　任

余家洪（2021年9月兼任）

罗文川（兼任至2021年8月）

常务副主任

王延松（2021年11月任）

赵　雷（任至2021年6月）

副　主　任

陈晓阳

卢　佳

社会管理信息服务中心

主　任　郭清平

区委机构编制办公室

主　任

刘　鹏（2021年11月任）

荀志强（任至2021年11月）

副主任

尤　涛

陈　楠

机构编制信息中心

主　任　董继涛

区委巡察办公室

主　任　何江东

副主任

罗月敏（任至2021年11月）

第一巡察组

组　长　郭　伟

副组长　张昌文

第二巡察组

组　长

龚仁勇（任至2021年11月）

副组长

段　伟

张防振

第三巡察组

组　长　魏　明

副组长　曾爱平

区委老干部局

局　长　温　萍
副局长　刘　浣
　　　　李　婷

区老干部活动中心

主　任　张　灵

区法院

院　长
李　科（2021 年 10 月任）
昌荣珍（任至 2021 年 10 月）
副院长
陈　康
易　文
王发广（2021 年 8 月任）
冯　雪（2021 年 8 月任）
周　悦（任至 2021 年 8 月）
张卫宏（任至 2021 年 6 月）
机关党委书记　冉雪瑛
政治处主任　周　路
执行局局长
李　俊（2021 年 7 月任）
王发广（任至 2021 年 6 月）
审判委员会专职委员
李　娅（任至 2021 年 8 月）

区检察院

检察长
赵　峰（2021 年 10 月任）
伍　健（任至 2021 年 10 月）
副检察长
钟燕玲
果晓峰
李薇薇（2021 年 8 月任）
余　沙（任至 2021 年 8 月）
机关党委书记
陈　俊（2021 年 6 月任）
政治处主任
孙　洋（2021 年 6 月任）刘
永　红（任至 2021 年 6 月）
党组成员
宣　栋（任至 2021 年 6 月）
检察委员会专职委员
詹　曦
余小俐

区发改局

局　长　罗仕明
党委书记　吴　畏
副局长
谢　菲
马国虎
陈　丹（2021 年 6 月任）
刘晓鹏（任至 2021 年 6 月）
郑智峰（挂职）
投资项目评审中心主任
张　康

区经信局

党组书记　张官友
局　长
兰　毅（任至 2021 年 12 月）
副局长
王　康（挂职）
张力弋

区教育局

局　长　吴海乐
党委书记　赵万华
副局长　秦　梅
　　　　刘国良
　　　　杨　岚

区民政局

局　长　朱文飞
党委书记　何婉霞
副局长　文　海
　　　　何　文

区养老服务指导中心

主　任　杨丽娜（2021 年 7 月任）

区殡葬服务中心（成都市东郊殡仪馆）

主任（馆长）　李卫东

区司法局

局　长
罗　伟（2021 年 11 月任）
张　文（任至 2021 年 11 月）
依法治区办公室主任
罗　伟（任至 2021 年 11 月）
党委书记
蔡承尧（任至 2021 年 11 月）
副局长
杨　莉
张红旗（任至 2021 年 11 月）

区财政局、区国有资产管理局

局　长
张红宇（2021 年 12 月任）
皮红跃（任至 2021 年 11 月）
副局长　常　娟
　　　　龙　建
　　　　王　琳
　　　　雷　骧（挂职）
总会计师　郑万喜

支付中心

主　任　吴　静

区人社局

局　长
罗晓东（2021 年 4 月任）
武德箭（任至 2021 年 4 月）
党委书记
李志国（任至 2021 年 11 月）
副局长
丁　璐
李海洋（2021 年 11 月任）

区社保局

局　长
乔　苓（2020 年 9 月任）

区就业局

局　长　赖　兵

区住建交局、区人防办公室

局　长（主任）　蒋卫权
副局长
张灵玲（2021 年 3 月任）
杨　浪（2021 年 3 月任）
张全胜（任至 2021 年 11 月）
汪明月（任至 2021 年 11 月）
党组成员

张灵玲（任至 2021 年 3 月）
苏　非（任至 2021 年 3 月）
总工程师
杨　浪（任至 2021 年 3 月）

区公园城市局、区农业农村局

局　长
杨　刚（任至 2021 年 12 月）
党委书记　毕　天
副局长
吴成昆
陈　磊
苏　非（2021 年 3 月任）
肖　平（任至 2021 年 3 月）
党组成员
陈细辉

农业综合执法大队

大队长
陈细辉（任至 2021 年 6 月）

城市有机更新事务中心（公园城市建设服务中心）

主　任
赵　兵（2021 年 11 月任）
副主任
梅　静（2021 年 11 月任）
何允强（2021 年 11 月任）

区危旧房改造中心（已撤销）

主　任
许　亮（任至 2021 年 11 月）
副主任
梅　静（任至 2021 年 11 月）

区商务局

局　长、供销联社主任
付尤宏（2021 年 4 月任）
罗晓东（任至 2021 年 4 月）
党委书记　鄢　宇
副局长
陈　莹
赵　印
董　华（2021 年 7 月任）
林雪松（任至 2021 年 6 月）

区服务业投资服务中心

主　任
夏秀火（2021 年 7 月任）

区投促局

局　长　兰华娟
党委书记
苟　磊（任至 2021 年 11 月）
副局长　曹　华
严永航
袁方军
刘　蓉

投资服务中心

主　任　谭　乔

投资服务第二中心

主　任　王　峥

资服务第三中心

主　任　王　康

投资服务第四中心

主　任　薛　敏

区文体旅局、区广电局、区文物局

局　长　许　波
党委书记　陈　彤
副局长　王祥勇
孙英航
徐基权

区卫健局

局　长　万　科
党委书记　曾德勇
副局长
王　磊
李拥军（2021 年 11 月任）
陈思权

区疾控中心

主　任
曹誉龄（2021 年 11 月任）
李拥军（任至 2021 年 11 月）

区退役军人局

局　长　肖福明
党委书记　邱　强
副局长　余　影
孙红松

区退役军人服务中心

主　任　刘红宇

区市场监管局

局　长　魏　晖
党委书记　王芝忠
副局长
方　涛
李朝阳
肖　平（2021 年 3 月任）
傅学峰（任至 2021 年 3 月）
张艳阳（任至 2021 年 3 月）

区市场和质量监管综合执法大队

大队长　赵　琨

区统计局

局　长　游嘉庆
副局长　白　敏
张志群
党组成员　韩曙光

区应急局

党委书记　刘家根
局　长
张大伟（2021 年 4 月任）
王　敏（任至 2021 年 4 月）
机关党委书记
陈继志（任至 2021 年 11 月）
副局长
左　超
杨建军（2021 年 11 月任）
唐　静（任至 2021 年 3 月）

区审计局

局　长
文　军（2021 年 12 月任）
党委书记　李廷斌
副局长　肖　筠
李　瑛
总审计师　方吉军

区机关事务局

局　长　鲁　彬
副局长　杨　和

党组成员

陈春林（任至 2021 年 11 月）

区机关服务中心

主 任 陈 裕

区采购中心

主 任 罗 硕

区信访局

局 长 张旭东

党委书记

罗 坤（任至 2021 年 11 月）

副 局 长

廖华俊

张运飞

区信访调处服务中心

主 任 阳运平

区金融局

局 长

林渠丰（2021 年 9 月任）

凌 刚（任至 2021 年 9 月）

机关党委书记

罗志蓉（2021 年 3 月任）

副局长

刘晓鹏（2021 年 6 月任）

杨丽娟

罗志蓉（任至 2021 年 3 月）

区新科局

局 长

凌 刚（2021 年 9 月任）

林渠丰（任至 2021 年 9 月）

党组副书记

易皓华（任至 2021 年 7 月）

副 局 长 李斯思

张其川

党组成员

刘 文（2021 年 7 月任）

宋 英（2021 年 7 月任）

区医保局

局 长

陈雪松（任至 2021 年 12 月）

机关党委书记

冯志灵（2021 年 3 月任）

副局长

冯志灵（任至 2021 年 3 月）

区医疗保障事务中心

主 任

郑 敏（2021 年 11 月任）

区行政审批局、区网络理政办公室

局 长

黄 勤（2021 年 12 月任）

张红宇（任至 2021 年 12 月）

副局长

谢 川

黄 飞

张艳阳（2021 年 3 月任）

区政务服务中心

主 任

彭 云（2021 年 12 月任）

黄 勤（任至 2021 年 12 月）

副主任 李 峰

区综合执法局、区城管局

局 长 杨永红

党委书记 覃 兵

副 局 长 雷仁君

游 健

苏 健

区城市管理数字化监督管理中心

主 任 王 刚

区城市管理综合执法大队

大队长

胡 军（任至 2021 年 11 月）

区规划和自然资源局

党组书记

李骐莉（2021 年 6 月任）

张 勇（任至 2021 年 6 月）

局 长

王 佳（任至 2021 年 6 月）

副局长 牟克武

陶 谦

王彦景

征地事务中心

主 任 袁 莉

区公安分局

局 长

郑 麟（2021 年 9 月任）

李 刚（任至 2021 年 9 月）

政 委 郑雅丽

副 局 长 陈 进

王 政

吴 杰

邓 宇（2020 年 2 月任）

李佩弦

政治处主任

刘建林（任至 2021 年 8 月）

区税务局

局 长 都 斌

机关党委书记 汪小卉

副局长 谢冬梅

郭 燕

张 明

纪检组组长 黄 娅

锦江生态环境局

局 长 徐 洋

副局长

杜 康（2020 年 6 月任）

赵 刚

何 敏

何仕栩（任至 2021 年 6 月）

区环境保护督查办公室

专职副主任

赵宗湘（任至 2021 年 12 月）

锦江支队副支队长

张永刚（2021 年 5 月任职）

春熙路时尚活力区管委会

党工委书记

唐 勇（2021 年 1 月任）

邱长宝（任至 2021 年 1 月）

主 任

杨小明（2021 年 1 月任）

唐 勇（任至 2021 年 1 月）

党工委副书记、纪工委书记

叶时文
副主任
刘　港
徐孝飞（挂职）
刘静敏（任至 2021 年 3 月）

白鹭湾新经济总部功能区管委会

主　任
凌　刚（2021 年 9 月任）
林渠丰（任至 2021 年 9 月）
党工委副书记、纪工委书记
易皓华（任至 2021 年 7 月）
副主任　刘　文
宋　英

锦江新兴传媒功能区管委会（撤销）

主　任
彭　云（任至 2021 年 11 月）
党工委副书记、纪工委书记
魏荣昌（任至 2021 年 11 月）
副主任
万　雪（任至 2021 年 11 月）

春熙路街道

党工委书记
杨建华（2021 年 3 月任）
杨小明（任至 2021 年 3 月）
党工委副书记、办事处主任
龚晓兰
党工委委员、人大工委主任
王　文（2021 年 4 月任）
胡永忠（任至 2020 年 4 月）
党工委副书记
魏　捷（2021 年 7 月任）
王　文（任至 2021 年 7 月）
党工委副书记、政法委员
曹　欣（2021 年 3 月任）
党工委委员、纪工委书记、监察办主任　王植平
党工委委员、办事处副主任
陈红斌
陈小兵
叶其界
闵宁俊（2021 年 7 月任）
党工委委员、人武部部长
徐　晖
党工委委员、便民中心主任
刘　勇

书院街街道

党工委书记　辜金山
党工委副书记、办事处主任
赵　雷（2021 年 6 月任）
蔡永瑞（任至 2021 年 6 月）
党工委委员、人大工委主任
蔡永瑞（2021 年 8 月任）
张　力（任至 2021 年 8 月）
党工委副书记
王　辉
郑　立（任至 2021 年 11 月）
党工委副书记、政法委员
曾　阳（2021 年 7 月任）
杨　涛（任至 2021 年 7 月）
党工委委员、纪工委书记、监察办公室主任
唐　瑞（2021 年 3 月任）
胡　海（任至 2021 年 3 月）
党工委委员、办事处副主任
刘永平（2021 年 3 月任）
邱文韬（2021 年 3 月任）
寇含巡（任至 2021 年 3 月）
叶　晴（任至 2021 年 3 月）
党工委委员、便民中心主任
余　戟
党工委委员、人武部部长　廖祥文
党工委委员、组织员
丽媛（2021 年 7 月任）
刘永平（任至 2021 年 3 月）

锦官驿街道

党工委书记
张骁勇（2021 年 11 月任）
付尤宏（任至 2021 年 3 月）
党工委副书记、办事处主任
张骁勇（任至 2021 年 11 月）
党工委委员、人大工委主任
胡　军（2021 年 12 月任）
刘丽玲（任至 2021 年 12 月）
党工委副书记　李静怡
胡晓东
党工委副书记、政法委员　付贤柱
党工委委员、纪工委书记、监察办公室主任
董小玲
党工委委员、办事处副主任
刘朝辉
唐　华
钟　涛
党委委员、便民中心主任
姚　晋
党工委委员、人武部部长　唐　旭
党工委委员、组织员　刘　涵

牛市口街道

党工委书记　魏巍爱
党工委副书记、办事处主任
彭　超
党工委委员、人大工委主任
苟旭红（2021 年 12 月任）
张　竞（任至 2021 年 12 月）
党工委副书记
廖明友（2021 年 3 月任）
曹　伟（任至 2021 年 6 月）
党工委副书记、政法委员　吴正茂
党工委委员、纪工委书记、监察办公室主任　张添文
党工委委员、办事处副主任
叶　亮（2021 年 3 月任）
郑砚文（2021 年 11 月任）
严　朗
甘泽华（任至 2021 年 3 月）
魏大刚（任至 2021 年 11 月）
办事处副主任　叶　伟
党工委委员、人武部部长
叶世兴（任至 2021 年 11 月）
党工委委员、组织员

郑砚文（任至 2021 年 11 月）

东湖街道

党工委书记 叶云虎

党工委副书记、办事处主任

周 净

党工委委员、人大工委主任

张全胜（2021 年 12 月任）

方 宏（任至 2021 年 12 月）

党工委副书记 肖建光

党工委副书记、政法委员 曾 阳

党工委委员、纪工委书记、监察办公室主任 林文莉

党工委委员、办事处副主任

周 军

朱 鹏

党工委委员、便民中心主任

陈 龙（2021 年 6 月任）

党工委委员、人武部长

杨振英

党工委委员、组织员

廖秀学

沙河街道

党工委书记 郭夏明

党工委副书记、办事处主任

邓姗姗

党工委委员、人大工委主任

郑 立（2021 年 12 月任）

岳 雄（任至 2021 年 12 月）

党工委副书记

吴 杰

杨 书

党工委副书记、政法委员

唐 隽

党工委委员、纪工委书记、监察办公室主任 钟 军

党工委委员、办事处副主任

欧 萍

吴立均

陈静萍

党工委委员、便民中心主任

张晓霞

党工委委员、人武部部长 王 峰

党工委委员、组织员

宋 军（任至 2021 年 3 月）

狮子山街道

党工委书记 周方齐

党工委副书记、办事处主任

胡文虎

党工委委员、人大工委主任

杨 芳

党工委副书记、政法委员

冯 惠（任至 2021 年 11 月）

党工委副书记 余 姣

党工委委员、纪工委书记、监察办公室主任 左益民

党工委委员、政法委员

石思平（2021 年 11 月任）

党工委委员、办事处副主任

王 炜

李林辉

石思平（任至 2021 年 11 月）

党工委委员、便民中心主任

邹纲军（2021 年 7 月任）

党工委委员、人武部部长 刘太富

党工委委员、组织员 吴金成

锦华路街道

党工委书记 张 进

党工委副书记、办事处主任

包贵云

党工委委员、人大工委主任

刘静敏（2021 年 4 月任）

李亚娟（任至 2021 年 4 月）

党工委副书记、政法委员 黄 明

党工委副书记 梁益莉

党工委委员、纪工委书记、监察办公室主任 贾兴满

党工委委员、办事处副主任

彭 川（2021 年 3 月任）

何志恒（任至 2021 年 11 月）

党工委委员、便民中心主任

马 治

党工委委员、人武部部长 应 亮

党工委委员、组织员

黄 辉（2021 年 3 月任）

彭 川（任至 2021 年 3 月）

柳江街道

党工委书记 伍 勇

党工委副书记、办事处主任

张治康

党工委委员、人大工委主任

毕 天（2021 年 12 月任）

周 杰（任至 2021 年 12 月）

党工委副书记、政法委员

伍保军（任至 2021 年 7 月）

党工委副书记 张 倩

党工委委员、纪工委书记、监察办公室主任 何 静

党工委委员、办事处副主任

青 成

岳金凤

胡小庆

党工委委员、人武部部长 刘 嘉

党工委委员、便民中心主任

赵 兵（任至 2021 年 11 月）

党工委委员、组织员

邹棹霞（任至 2021 年 11 月）

成龙路街道

党工委书记 李小松

党工委副书记、办事处主任

魏鹏飞

党工委委员、人大工委主任

梁 永（2021 年 12 月任）

钟世春（任至 2021 年 12 月）

党工委副书记

罗 培（2021 年 3 月任）

党工委委员、政法委员 洪 江

党工委委员、纪工委书记、监察办公室主任

祖海波（2021 年 3 月任）

沙 征（任至 2021 年 3 月）

党工委委员、办事处副主任
吴 刚
王 宏
严 枫（2021年3月任）
黄上师（2021年11月任）
罗 培（任至2021年3月）
卢立新（任至2021年11月）
党工委委员、便民中心主任
杜雪松
党工委委员、人武部部长
谢定平（2021年11月任）
李 翔（任至2021年11月）
党工委委员、组织员
严 枫（任至2021年3月）

三圣街道

党工委书记 李 峰
党工委副书记、办事处主任
叶志伟
党工委委员、人大工委主任
张光勇（2021年12月任）
伍 华（任至2021年12月）
党工委副书记
王延松（任至2021年11月）
党工委委员、政法委员 吴红伟
党工委委员、纪工委书记、监察办公室主任
郝 忠
党工委委员、办事处副主任
冉 晟
钟 武
党工委委员、人武部部长 肖 凯
党工委委员、组织员 彭薇薇

区三圣花乡景区管理局

局 长 叶志伟
常务副局长
张光勇（任至2021年11月）
副 局 长 胡小平

区总工会

主 席
杨世映（2021年10月任）
吴文辉（任至2021年9月）
常务副主席 王 严
副 主 席 曾 刚
刘 丽
李 婷（挂职）

团区委

书 记 徐 颖
副书记 蔡垚曦
付丽洁（2021年7月任）
冉 晟（挂职）
杨志超（任至2021年3月）

区妇联

主 席 唐海燕
副主席 陶 菓
成 文（挂职）
邱 蓉（任至2021年11月）

区科协

党组书记、副主席
汪艳菊（2021年11月任）
淳 茂（任至2021年11月）
主 席（不驻会） 宋兴荣
副主席 乐兆峰
李 亮（2021年7月任）

区工商联（区民间商会）

党组书记、副主席（副会长）
姚艳洪
主 席（会长） 杨 洪
副主席（副会长） 刘世英
秘书长 毛运涛

区侨联

主 席 李胜冰
副主席 何 彦

区残联

理 事 长 陈 兰
副理事长 冯 涛
赵庆华
陈 裕（挂职）

区红十字会

会 长
万 科（2021年11月任）
文 华（任至2021年9月）
常务副会长
张 笛（2021年11月任）
蒋 熙（任至2021年11月）
副会长
沈定武
王宝玉（任至2021年11月）

锦江发展集团公司

党委书记、董事长
皮红跃（顶岗）
党委副书记、总经理 夏 勇

专职党委副书记、纪委书记、审计监察法务部部长（兼）

蒋 利
党委委员、副总经理
李 毅
黄 安
曾 武
党委委员、副总经理
周劲松（顶岗）
锦江发展集团投资风控部部长
刘 松
资产运营管理部部长 王文旭
投资风控部副部长 黄 密
建设管理部副部长 赵若朋
综合管理部副部长 李 华
人力资源部副部长 柯谨旖
财务融资部副部长 唐 平

锦江发展建投公司

党委书记、董事长 夏 勇
党委副书记、总经理 刘 移
副总经理 王文旭
封正辉
周劲松（挂职）
姜晓波（挂职）
区财政局纪检监察组驻锦江发展建投公司纪检监察专员 伍小平

成都市兴锦城市建设投资有限责任公司

董事长 夏 勇

总经理　　王文旭

成都市锦江区统一建设有限公司

董事长　　夏 勇

总经理　　黄 密

成都恒锦旧城改造投资建设有限责任公司

董 事 长　　夏 勇

副总经理　　赵若朋

成都锦江区中小企业融资担保有限公司

董 事 长　　廖 宁

锦江发展生态公司

党委书记、董事长　　曾 武

党委副书记、总经理　　袁 治

副总经理　李 剑　刘志伟

锦江发展百年春熙公司

党委书记、董事长　李 毅

副总经理　陈慧琦

成都市树基教育发展有限公司

总 经 理　　张学勇

成都兴锦商贸投资集团有限公司

副总经理　　陈慧琦

成都兴锦文化旅游投资有限公司

副总经理　　薛 敏（挂职）

邓德昌（挂职）

区国投公司

董事长　黄 安

成都兴锦股权投资基金公司

党委书记、董事长　黄 安

党委副书记　廖 宁

附录

成都锦江
CHENGDU JINJIANG

索 引

INDEX

说 明

一、本索引采用分析索引法，按拼音字母（同音字按声调）顺序排列。

二、索引词条用宋体字表明。数字表示内容所在的页码，数字后面字母（a、b、c）表示栏别（从左到右），未标注的为居中排列。

A

B

C

D

F

G

H

J

K

R

S

T

W

X

Y

Z